外国刑法学原理

（大陆法系）

贾济东 著

科学出版社
北 京

内 容 简 介

本书全面、系统地阐述了大陆法系的刑法基本理论、立法及判例，洞察了理论与立法和司法的互动关系，把握了刑法理论的形成和发展规律，揭示了大陆法系刑法理论与实践的真实面貌；在介绍外国刑法学最新进展的同时，提出并论证了诸多新观点，从而使本书兼具社会价值和学术分量。本书结合实践阐释理论，深入浅出，论证严密，具有较强的说理性和可读性。

本书既可以作为教材供高等院校法学专业的学生全面了解大陆法系刑法学使用，又可以作为专著供学界同行参考借鉴。

图书在版编目（CIP）数据

外国刑法学原理：大陆法系/贾济东著.—北京：科学出版社，2013

ISBN 978-7-03-037455-4

Ⅰ.①外… Ⅱ.①贾… Ⅲ.①刑法－法的理论－国外－高等学校－教材 Ⅳ.①D914.01

中国版本图书馆 CIP 数据核字（2013）第 096622 号

责任编辑：王京苏 / 责任校对：徐榕榕
责任印制：张 伟 / 封面设计：蓝正设计

科学出版社 出版
北京东黄城根北街 16 号
邮政编码：100717
http://www.sciencep.com
北京凌奇印刷有限责任公司 印刷
科学出版社发行 各地新华书店经销

*

2013 年 8 月第 一 版 开本：787×1092 1/16
2022 年 8 月第五次印刷 印张：33 1/4
字数：830 000

定价：78.00 元

（如有印装质量问题，我社负责调换）

外国刑法学研究的新进展（代序言）

高铭暄①

近年来，中国某些刑法学者认为，中国刑法学中的四要件犯罪构成理论需要“全面清理”；中国刑法学体系需要按照德日刑法学递进式三阶层犯罪论体系“推倒重建”。在我看来，“推倒重建”的观点是不可取的。那么，是否需要研究、借鉴外国刑法学理论？答案无疑是肯定的，学习他人是必要的，但切不可在学习中迷失了自我，迷失了方向。学习要科学合理，不可妄自菲薄。只有深入了解外国刑法理论的全貌和精髓，才能正确阐释和评判它的是非优劣；只有科学认识外国刑法学理论的原貌和生存土壤，并结合中国的文化传统和国情予以合理扬弃，才能与时俱进，在改革中坚持、发展和完善中国刑法学理论体系。当然，这一切都有赖于对外国刑法理论与实践进行全面、系统、深入的研究。

华中科技大学法学院贾济东教授在给博士和硕士研究生讲授《欧陆日本刑法学》的同时，密切关注外国刑法理论与实践的最新进展。最近，他将教学感悟与研究心得凝成《外国刑法学原理（大陆法系）》一书，即将由科学出版社出版。济东教授在武汉大学师从李希慧教授攻读刑法学博士学位时，深受我的故友马克昌先生的青睐，现在又到北京师范大学跟随赵秉志教授从事博士后合作研究，这种锲而不舍、不断进取的求学精神，令我深受感动。当他将新著交到我手上后，我一气读完。翻阅之余，认为该书具有以下特点：

第一，体系完整，内容全面。全书共分 15 章，依次为刑法与刑法学、刑法理论流派、刑法基本原则、刑法的效力范围、犯罪概说、犯罪论体系概说、行为、构成要件、违法性、责任、未遂、正犯与共犯、竞合、刑罚、保安处分和修复性司法。作者系统、全面地阐述了大陆法系的刑法基本理论、立法及判例，尤其是对犯罪论体系进行了充

① 中国人民大学荣誉一级教授暨法学院教授、博士生导师，兼任北京师范大学刑事法律科学研究院名誉院长、特聘教授、博士生导师，中国法学会学术委员会副主任，中国刑法学研究会名誉会长，国际刑法学协会名誉副主席暨中国分会名誉主席，北京市法学会名誉会长。

分的阐述，重点较为突出。该书通过对相关刑法理论、刑事立法和司法实践进行阐述、分析和比较，梳理理论源流，评述利弊得失，吸取经验教训，洞察理论、立法与司法的互动关系，进而把握刑法理论的形成和发展规律，有利于读者全面、准确地了解大陆法系刑法理论与实践的真实面貌。

第二，资料新颖，引证翔实。科学的研究是建立在详尽收集资料的基础上的，正如恩格斯所说："只有当自然和历史的材料搜集到一定程度以后，才能进行批判的整理和比较。"不搞调查研究，不详细占有资料，仅凭一鳞半爪、只语片言，是不可能进行比较研究、得出科学结论的。作者十分注重国外一手资料的收集和运用，大量引用德国、日本等大陆法系典型国家的原文资料，很多参考资料都是德日等国目前的最新版本，有利于国内学者全面准确地掌握国外理论研究的成果。例如，日文资料引注了前田雅英、山中敬一、山口厚等学者近年的新作；德文资料除了引用贝林（Beling）、李斯特（Liszt）、耶赛克（Jescheck）、魏根特（Weigend）、雅科布斯（Jakobs）等学者的经典著作以外，还有罗克辛（Roxin）、许迺曼（Schünemann）、韦塞尔斯（Wessels）、博伊尔克（Beulke）、施特拉腾韦特（Stratenwerth）、库伦（Kuhlen）等学者近年的新作，在一定程度上反映了外国刑法学者研究的最新进展。

第三，勇于创新，不落俗套。该书在参考相关论文、专著和教材的同时，提出了一系列具有创新性的观点。例如，关于犯罪论体系的流变，该书认为德日犯罪论经历了前古典犯罪论体系、古典犯罪论体系、新古典犯罪论体系、目的行为论犯罪论体系、现代新古典犯罪论体系、目的理性犯罪论体系六个阶段；关于犯罪论体系的类型，该书按照行为、构成要件符合性、违法性和有责性四阶层进行内容的编排和论述；关于违法性，该书主张行为无价值二元论，认为违法性的本质在于脱离社会相当性或违反社会伦理规范的手段惹起法益侵害或侵害危险的行为；关于责任，该书认为责任能力、期待可能性和违法性意识的可能性为责任要素，故意与过失为构成要件要素，在责任判断中仅作为责任评价的对象，并非责任本身的内容；关于正犯与共犯的区分标准，该书主张构成要件行为支配说，与国内其他学者所翻译的"犯行支配"、"犯罪支配"、"犯罪事实支配"、"行为支配"不同的是，该书将德国学者罗克辛的犯罪支配行为理解为符合构成要件的行为，将德文原文"Tatherrschaft"翻译为"构成要件行为支配"，等等。作者在对传统观点进行介绍、分析和评判的基础上，提出了诸多颇具新意的观点，并进行了阐释和论证，不乏真知灼见，令人耳目一新。

第四，立足实践，科学论证。贾济东教授曾在司法实务部门工作多年，十分注重理论与实践的有机结合，该书也体现了这一特色。大陆法系刑法学的理论色彩较为浓厚，该书在阐释理论的同时，十分注重紧密联系立法和司法实际。例如，该书援引了大陆法系典型国家的立法例和司法判例，在介绍立法例的同时，又注重说明相关立法的理论依据和社会背景；为了使理论分析更通俗易懂，作者引述了相当数量的典型案例，使该书具有较强的可读性。此外，该书结合立法实践和司法实践，科学阐释外国刑法理论，对不同观点进行了深入分析和比较研究，论证严密，具有较强的说服力。

该书美中不足之处在于对刑罚论的研究相对较弱，这可能与大陆法系刑法理论研究本身重犯罪论轻刑罚论有关。在罪刑关系上，刑罚与犯罪同为不可或缺的重要一极，然而，该书在犯罪论与刑罚论写作分量的平衡与协调方面未给予同等考虑，似为缺憾。

概而言之，该书既可以作为教材供法学专业学生全面了解大陆法系刑法学使用，又可以作为专著供同行参考借鉴。全书结构合理，立场鲜明，观点新颖，论证严谨，是一部不可多得的学术新著，是对外国刑法理论研究的可贵贡献。这对于我们全面审视外国刑法理论与实践，正确评价中国刑法理论体系，在推进中国刑事法治建设的进程中做到“洋为中用”，扬弃糟粕，借鉴精华，具有积极的意义。

济东教授来北京师范大学做博士后合作研究，与我亦有师生之谊，我为他在刑法学研究上取得的新成绩感到欣喜，希望他能以此为新的起点，假装前途，永不懈怠，力争取得新的更大成就，是为序。

高铭暄

2013 年 6 月 5 日

目 录

第一章

刑法与刑法学

第一节　刑法的概念和种类

一、刑法的概念

（一）刑法的称谓

世界各国都有刑法，但是不同国家对刑法的称谓并不一致。有称“刑法”为“刑罚法”（penal law）的，如日本、德国、意大利、俄罗斯（日文称为“刑法”，德文称为“Strafrecht”，意大利文称为“il diritto penale”，俄文称为“уголовное право”）等；也有使用“犯罪法”（criminal law）的，例如，在英国、美国多用犯罪法（criminal law）一词，虽然有时也用刑法（penal law）一词，但通常只用于规定刑罚的法律的场合。在法国，刑法（droit penal）与犯罪法（droit criminel）几乎被对半使用①。此外，还有使用“罪刑法”（law of crime and punishment）的。

如何看待刑法的不同称谓？有人认为，称谓不同是因各国文化传统不同所致，只是形式上的差别，并无实质差异。例如，日本学者团藤重光认为，是使用“刑法”概念，还是使用“犯罪法”概念，主要是一种习惯，难以认为二者之间具有实质区别。使用“刑法”一词时所重视的是规范的一面，使用“犯罪法”一词时所重视的是事实的一面②。也就是说，criminal law 是以犯罪为中心、以事实为重点的“刑法”；penal law 是以刑罚为中心、以规范为重点的“刑法”；law of crime and punishment 则是犯罪和刑罚并重的“刑法”。也有学者认为，不同称谓是因为视角不同。从施加刑罚的主体即国家方面来看，应称之为

---

① 马克昌：《外国刑法学总论（大陆法系）》，中国人民大学出版社，2009 年，第 4 页。

② 〔日〕团藤重光：《刑法纲要总论》，创文社，1990 年，第 3 页。

“刑法”；从加害者、被害者即普通国民的角度来看，则应称之为“犯罪法”[①]。事实上，不管是“刑法”、“犯罪法”，还是“罪刑法”，其所指的法律完全相同，因而它们并无实质上的区别。正如中国台湾学者郑健才所言：“刑随罪至，罪因刑显；单称犯罪法或单称刑法，亦均足以赅括罪刑兼有之义。”[②] 因此，我们认为，刑和罪之间有着密切的关系，没有必要将“刑法”改称“罪刑法”。

保安处分的出现，对“刑法”一词的妥当性提出了挑战。有学者提出否定的观点，例如，罗克辛认为：“笼统地使用‘刑法’这个名称实际上是不正确的，准确地说，人们本来应当称之为‘刑法和保安处分法’。”[③] 也有学者提出折中的意见，例如，耶赛克、魏根特认为：“在除刑罚外还有保安处分时期，虽然‘刑法’的表述，严格地讲不再代表上文所说的整个法领域，但对普通刑法的传统的表述还是无可非议的，因为，处于首要位置的是作为社会控制手段的刑罚，而保安处分更多的是具有补充性的功能。”[④]

我们认为，保安处分不是刑罚却被规定在刑法中，而刑法中的“刑”只能被解释为“刑罚”，因而采用“刑法”一词确有不妥之处。但由于保安处分形成的时间较晚，为了简便起见，德国、日本等依然称之为“刑法”。中国刑法虽然也规定了非刑罚性的处罚措施，但由于约定俗成的缘故，仍使用“刑法”一词。可见，“刑法”的称谓未变，但内含的观念实已发生变化。

（二）刑法的界定

何谓刑法？德国学者李斯特曾指出：“刑法规范将特定的犯罪构成（实施一个经详细规定的行为）与特定的法律后果（刑罚）紧密地联系在一起。”[⑤] 可见，犯罪与刑罚是传统刑法中的两个基本范畴，也就是说，传统意义上的刑法是规定犯罪和刑罚的法律。

上文已指出，保安处分的出现对刑法的称谓产生了冲击，同样地，其对刑法的界定也产生了重大影响，并导致学者在界定刑法的概念时，往往将保安处分作为重要内容纳入。例如，德国学者韦塞尔斯（Wessels）、博伊尔克（Beulke）认为：“刑法（Strafrecht），是法制秩序对构成行为之可罚性的前提条件、可科处刑罚之举止的各个特征、特定的刑罚上威吓和在已有的法律后果之外对特别的矫正和保安处分予以规定的那个部分。”[⑥] 德国学者罗克辛也指出：“刑法是由一些条文的总和组成的，这些条文规范着作为刑罚或者保安处分所威胁的行为的条件或者后果。”[⑦]

意大利学者帕多瓦尼则认为：“任何法律规范，只要规定了刑事制裁，都可以变为刑法规范。正是由于这个原因，所有与适用刑罚有关的法律规定，即使它们只是允许在特定

---

① 〔日〕浅田和茂：《刑法总论》（补正版），成文堂，2007 年，第 4 页。

② 郑健才：《刑法总则》，台北三民书局，1982 年，第 3 页。

③ Roxin C. Strafrecht Allgemeiner Teil Band Ⅰ. Verlag C. H. Beck，2006，4. Aufl.，S. 2.

④ Jescheck H H，Weigend T. Lehrbuch des Strafrechts Allgemeiner Teil. Drucker & Humblot，1996，5. Aufl.，S. 10.

⑤ 〔德〕李斯特：《德国刑法教科书》（修订译本），徐久生译，法律出版社，2006 年，第 125 页。

⑥ Wessels，Beulke. Strafrecht Allgemeiner Teil：Die Straftat und ihr Aufbau. C. F. Müller，2010，40. Aufl.，S. 3.

⑦ Roxin C. Strafrecht Allgemeiner Teil Band Ⅰ. Verlag C. H. Beck，2006，4. Aufl.，S. 1.

条件下实施一般应受刑罚处罚的行为的规范（即允许性规范，如各种正当化理由），或者只能免除、消除特定行为可罚性的规范，或者仅仅只是规定减轻或加重刑事处罚的规范，统统都具有刑法的性质。”① 有学者认为，由于《意大利刑法典》既规定了刑罚，也规定了保安处分，因此，这里的“刑事制裁”同时包括了刑罚和保安处分②。

日本学界对于刑法概念中是否包含保安处分的观点也不一致。例如，日本学者西田典之认为：“刑法就是规定对违反禁止、命令（规范）的行为给予刑罚制裁的法律。”③ 板仓宏认为：“所谓刑法，可以说是规定在什么场合犯罪成立这一处罚的前提条件与对犯罪科处什么刑罚这一处罚的内容的法。”④ 这些刑法概念中并未包含保安处分。但也有学者（如香川达夫、福田平等）在给刑法下定义时明确指出：“刑法是规定有关犯罪、刑罚及保安处分的法律。”⑤ 山中敬一也认为：“刑法是规定犯罪的成立要件和作为对犯罪的法律效果的刑罚（或者处分）的法律。”⑥ 尽管日本学者对于刑法概念是否包含保安处分存有争论，但总体而言，持肯定论者不在少数。

在立法上，《德国刑法典》第三章将“刑罚”和“矫正与保安处分”作为“行为的法律后果”予以规定；《意大利刑法典》在第二章专门规定了“刑罚”之后，又于第七章和第八章分别规定了“民事制裁”和“行政保安处分”；日本现行刑法没有保安处分的相关规定，但是在日本《改正刑法草案》中，在规定刑罚之后，第十五章有保安处分的相关规定。

综上可见，尽管大陆法系典型国家在刑法中规定了矫正和保安处分，但并未将之纳入“刑事制裁”。而传统意义上的刑法概念仅仅局限于犯罪和刑罚，并没有包含矫正和保安处分的内容。显然，传统的刑法概念已经不能与社会形势的发展相适应。因而，我们认为，现代刑法是规定犯罪、刑罚以及矫正和保安处分的法律。

二、刑法的性质

（一）刑法是公法

法律有公法与私法之分，这是罗马法以来法的传统分类。公法是涉及公共利益，规定国家或公共团体与国民之间法律关系的法律。在公法关系中，个人之于国家处于法律上的从属地位。私法是涉及私人利益，规定私人间对等关系的法律，如民法、商法等。在私法关系中，各主体之间处于法律上的平等地位。刑法主要是规定国家如何行使刑罚权这种公权力的法律，调整的是国家和公民之间的公权力性质关系，因此，刑法是公法。它体现的是国家与犯罪人之间的权力强制与服从关系，个人处于受国家权力支配的地位。

---

① 〔意〕杜里奥·帕多瓦尼：《意大利刑法学原理》（注评版），陈忠林译评，中国人民大学出版社，2004年，第2页。

② 马克昌：《外国刑法学总论（大陆法系）》，中国人民大学出版社，2009年，第4页；陈家林：《外国刑法通论》，中国人民公安大学出版社，2009年，第1页。

③ 〔日〕西田典之：《日本刑法总论》（第二版），王昭武、刘明祥译，法律出版社，2013年，第4页。

④ 〔日〕板仓宏：《新订刑法总论》，劲草书房，1994年，第1页。

⑤ 〔日〕香川达夫：《刑法讲义总论》（第三版），成文堂，1995年，第1页；〔日〕福田平：《全订刑法总论》（第四版），有斐阁，2004年，第1页。

⑥ 〔日〕山中敬一：《刑法总论》（第二版），成文堂，2008年，第3页。

（二）刑法是实体法

在法的体系中，还有实体法与程序法之分。简单说来，实体法是指规定具体权利义务内容的法律，程序法是指规定权利义务得以实现的具体程序的法律。刑法是规定何种行为是犯罪以及如何处罚的法律，而不是规定对犯罪行为的追诉方法与程序的法律，因此，刑法是实体法。

（三）刑法是强行法

强行法是与任意法相对应的概念。任意法具有意思自治的性质，法律允许法律关系参加者自己确定相互之间的权利义务的具体内容，如合同法。而强行法则是必须强制执行的法律。在刑法中，某一行为一旦构成犯罪（除少数告诉才处理的犯罪之外），一律应当追究刑事责任，因而刑法具有强行法的特征。当然，刑法中也有任意性规范，极少量犯罪采取告诉才处理的原则，例如，侮辱诽谤罪，刑法规定告诉才处理。在这种情况下，刑法就有一定的任意法的特征；但总体上还是强行法。当然，现代刑法也出现了所谓“公法私法化”的趋势，如在刑事领域重视刑事和解，赋予被害人对犯罪人一定的处置权，等等。但其强行法的特征并未从根本上动摇。

（四）刑法是司法法

西方国家往往将法律分为立法法、司法法和行政法。刑法作为国家的裁判规范，应当以法的安定性作为指导原理，因而原则上刑法是司法法。

三、刑法的分类

根据不同的标准，可以从不同的角度对刑法进行不同的分类。具体如何区分，大陆法系刑法学者之间意见多有分歧。概而言之，主要有以下几种分类。

（一）形式刑法与实质刑法

从表现形式的角度，刑法可以分为形式刑法和实质刑法。其中，形式刑法，是指从法律的名称或者外观便可知悉其为刑法的法律，即现行的刑法典；实质刑法，是指规定犯罪与刑罚的一切法律法规，即实质刑法不仅包括刑法典，还包括特别刑法。

实质刑法包含形式刑法，所以形式刑法也称狭义的刑法，实质刑法也称广义的刑法。

（二）普通刑法与特别刑法

普通刑法又称一般刑法，指现行刑法典，它规定的内容是侵害社会生活中最重要法益（Rechtsgut）的行为及其法律后果，可以指导其他刑法法规。

特别刑法又可以分为广义的特别刑法和狭义的特别刑法。广义的特别刑法是指普通刑法以外的所有关于犯罪及其处理的法律法规。狭义的特别刑法是指包含于广义的特别刑法中而与行政刑法、其他刑法（如商法的“罚则”等）相对应的部分，如日本的《轻犯罪法》、《关于处罚暴力行为等的法律》、《关于防止及处分盗犯等的法律》，等等。它与刑法典一样，以具有自然犯、刑事犯性质的行为作为规制的对象，即规定的是在道德上被非难的反社会的行为。

（三）刑事刑法与行政刑法

刑事刑法也称司法刑法，包括上文的普通刑法和狭义的特别刑法，即规定违反社会伦理道德的犯罪及其法律后果的法律。刑事刑法中的犯罪，称为刑事犯或自然犯，其特点在于行为本身的反社会性、反伦理性。

行政刑法，是指对行政违法行为规定刑罚的法律，如日本的《国家公务员法》中的"罚则"（第109～111条）。行政刑法中的犯罪，称为行政犯或法定犯，其特点在于，认定行为构成犯罪的依据不是行为本身的反社会性、反伦理性，而是法律的禁止性或命令性规定。

日本学者山中敬一对两者的区别作了专门说明：所谓自然犯、刑事犯，是指超越时代、空间，被任何时代、任何社会普遍认为是犯罪的行为（它本身的恶）。与此相对应，所谓法定犯、行政犯，是由于行政取缔的原因，在技术上被禁止，因而被认为是犯罪的行为（被禁止之故的恶）。这样的见解，即自然犯、刑事犯违反伦理、道义，法定犯、行政犯在伦理上、道义上是"无色"的违法行为，是两类犯罪的区别标准的通说。除此之外，还有学者（M. E. 迈尔）根据侵害的规范的性质进行区别，认为行政犯只是违反法律规范，而刑事犯违反法律规范的同时还违反文化规范。另有学者（福田平）认为，违反基本的生活秩序的行为是刑事犯，违反派生的生活秩序的行为是行政犯[①]。

综观现代各国刑法，由于司法刑法（刑事刑法）具有较强的伦理性，所以其数量相对稳定；而行政刑法则具有较强的目的性和明显的变动性，其内容随着社会生活的变迁而不断变化，在一定时期内作为行政犯处理的行为很可能在之后就不按犯罪处理了，但从总体来看，行政刑法的数量呈现递增的趋势。需要强调的是，刑事刑法与行政刑法的区别是相对的、不断变化的，要结合当时的实际情况予以考察。

（四）权威刑法与自由刑法

权威刑法反对个人主义、自由主义，提倡全体主义、国家主义，认为刑法的根本任务是保护国家权力，极端限制个人自由，使刑罚严酷化，特别强调死刑的重要性。与此相反，自由刑法提倡个人主义、自由主义，强调罪刑法定，主张以法律限制国家的刑罚权，认为刑罚的目的在于对犯人进行改造和教育，从而使犯人重新步入社会。因此，自由刑法又称"社会的自由刑法"或"社会刑法"。权威刑法与自由刑法的区别，在德国法西斯政权下被强调，纳粹刑法学者以强调权威刑法而著名[②]。自由刑法则为现代西方学者所强调。

（五）侵害刑法与危险刑法

侵害刑法与危险刑法，是以刑法或刑罚对象的侧重点是客观实害还是危险意志为标准划分的。侵害刑法中的刑法或刑罚的对象更偏重于法益侵害结果；危险刑法与侵害刑法相对，其刑法或刑罚的对象侧重于行为人危险的恶意。如果是彻底的侵害刑法，那么该刑法只处罚既遂犯，不处罚未遂犯与预备犯；如果是彻底的危险刑法，那么该刑法处罚所有的

---

① 〔日〕山中敬一：《刑法总论》（第二版），成文堂，2008年，第12页。
② 〔日〕木村龟二：《刑法总论》（增补版），有斐阁，1978年，第73～74页。

预备犯和未遂犯，甚至连没有行为的恶意也会成为刑法的处罚对象，但是，危险刑法不处罚中止犯。

（六）行为刑法与行为人刑法

犯罪是行为人的行为。根据立法者在立法的时候的选择，可以将刑法分为行为刑法和行为人刑法。行为刑法是指应该受谴责的是犯罪行为；而行为人刑法是指应该受谴责的是犯罪行为人而不是犯罪行为。

例如，德国学者耶赛克、魏根特认为："在行为刑法体系中，刑罚是与违法行为联系在一起的，对可罚性起决定作用的是对行为人因实施表明其特性的犯罪行为的指责（行为责任）；在行为人刑法体系中，刑罚则是直接与行为人的危险性联系在一起的，这种危险性源自于行为人的生活方式责任。这里，起决定作用的是对行为人具有犯罪人个性的指责。"①

现行各国刑法绝大多数是行为刑法，但也存在着行为人刑法，"例如意大利刑法典第108条规定的'倾向犯'就属于行为人刑法。德国学者认为德国刑法典第56条关于缓刑的规定是行为人刑法的最好的例子，保安处分则是行为人刑法思想产生的结果"②。但从历史上看，"无论是在学术上还是立法上，从来都没有尝试过建立一贯的行为人刑法"，"纯行为人刑法在实践中必然要失败"③。

（七）国内刑法与国际刑法

这是根据刑法适用的范围而作的分类。国内刑法，是指仅适用于国内的关于犯罪、刑罚和保安处分的法律规定。国际刑法，是指国际公约中旨在制裁国际犯罪、维护各国共同利益的各种刑事性法律文件。

近年来，国际社会通过了一系列旨在惩治国际犯罪的国际刑法公约。这些国际刑法公约对于维护世界各国人民的共同利益，保障国际公共秩序的安宁，具有重要的意义。但是，在目前的国际环境下，这些国际刑法公约的适用，主要还是通过各国国内刑事司法系统在本国主权所及范围内追诉国际犯罪的活动即国内刑事司法活动来实现的。所以，国际刑法公约中有关国际犯罪的实体法规定、程序和证据规则的规定、刑事司法合作的规定、预防性措施的规定等，应当成为国内立法体现国际刑法规范的主要内容。

第二节 刑法规范

一、刑法规范的概念

规范是指人类共同生活应遵循的一定的行动准则。日本学者西田典之认为："所谓规

① Jescheck H H，Weigend T. Lehrbuch des Strafrechts Allgemeiner Teil. Drucker & Humblot，1996，5. Aufl.，S. 54.

② 马克昌：《外国刑法学总论（大陆法系）》，中国人民大学出版社，2009年，第8页。

③ Jescheck H H，Weigend T. Lehrbuch des Strafrechts Allgemeiner Teil. Drucker & Humblot，1996，5. Aufl.，S. 55.

范，是一种当为命题，内容包含‘不得为……’这类禁止规范与‘应为……’这种命令规范。”[①] 刑法规范是法律规范中的一种。有学者认为，刑法规范是指由国家制定或认可并由国家强制力保证实施的，禁止人们实施犯罪行为、命令人们履行义务以免犯罪，指示司法人员如何认定犯罪和科处刑罚（包括免除刑罚处罚）的法律规范[②]。也有学者认为，刑法规范是指由国家制定或认可的并以国家强制力保证实施的，以一定的作为或不作为为条件，并赋予一定的法律效果的具有普遍约束力的行为规则[③]。在一般意义上讲，上述两种观点都是有道理的。不过后一种观点中的“法律效果”在此处只应包括科处刑罚和免除刑罚两种情况，而不包括矫正和保安处分等非刑罚处罚措施。虽然德国、意大利、日本等国在刑法典中规定了矫正和保安处分（如《德国刑法典》规定的“矫正与保安处分”、《意大利刑法典》规定的“民事制裁”和“行政保安处分”、日本《改正刑法草案》规定的“保安处分”等），但这些规定仅仅是刑法条文，而非刑法规范。

刑法规范以法律要件和法律效果作为内容，这些内容以文字的形式表现出来形成了刑法条文。刑法条文是刑法规范的载体，刑法规范寓于刑法条文之中。一个刑法规范可以体现在一个刑法条文中，如《德国刑法典》第223条；一个刑法规范也可体现在几个刑法条文中，即将法律要件和法律效果分别规定在不同的条文之中，将这几个不同的条文同时结合起来，才可以构成一个完整的刑法规范。这些刑法条文大多散布于特别刑法之中，例如，日本《国家公务员法》第7条第3项规定：“曾是人事官的人，在退职后一年间，不能被任命人事院的官职以外的官职。”该法第109条又规定：“符合下述各号之一的人，处一年以下的惩役或者三万日元以下的罚金。一、违反第7条第3项的规定受诺了任命的人……”像这样在不同的条文中规定犯罪内容及其刑罚的例子在国外刑法中不在少数，但从刑法规范整体性的角度来看，由几个条文加以规定与由一个条文加以规定的刑法规范并无实质的不同[④]。然而并不是所有的刑法条文都表现为刑法规范，刑法中那些不以法律要件和法律效果为内容的条文就不属于刑法规范的范畴。

二、刑法规范的分类

根据不同的分类标准，可以对刑法规范作出不同的分类。传统上一般将刑法规范分为行为规范与裁判规范、评价规范与决定规范。

（一）行为规范与裁判规范

行为规范，是指以禁止或命令行为人实施一定行为为内容的规范，一般是法条的前半段内容。例如，从《日本刑法典》第235条盗窃罪的规定可以解读出，“禁止盗窃”这一行为规范，是以禁止实施一定行为为内容的规范，又称禁止规范；从《日本刑法典》第217、218条关于遗弃罪的规定可以解读出，“应该保护年老人、年幼人、身体障碍或者病人”这一行为规范，是以命令实施一定行为为内容的规范，又称命令规范。

---

① 〔日〕西田典之：《日本刑法总论》（第二版），王昭武、刘明祥译，法律出版社，2013年，第1～2页。

② 张明楷：《刑法学》（第四版），法律出版社，2011年，第30页。

③ 李希慧：《刑法总论》，武汉大学出版社，2008年，第17页。

④ 冯军、李春雷：《外国刑法学概论》，中国民主法制出版社，2004年，第10页。

如果说行为规范是规范行为人的，那么裁判规范就是规范法院和法官的。裁判规范是指法院和法官对犯罪人判处刑罚的依据，一般是法条的后半段内容。当行为人经过法院的审理，其行为被认定构成犯罪，法官依照相应裁判规范对其判处刑罚。

学界在刑法规范究竟是行为规范还是裁判规范，或者既是行为规范又是裁判规范方面，一直都是存在争议的。有学者认为："有关刑法规范究竟是裁判规范还是行为规范的争论，与对违法性的理解有密切关系。如果采取行为无价值论的立场，就会重视刑法的行为规范性；反之，倘若采取结果无价值论的立场，则会重视刑法的裁判规范性。换言之，假如认为刑法是对现实发生的犯罪进行裁判的基准，就必须从结果开始进行回溯性的考察，因而采取结果无价值论；如若认为刑法是指示国民不得犯罪的行为规范，那么，刑法就必须对控制行为的内心起作用，因而采取行为无价值论。基于同样的理由，在违法性问题上同时采取结果无价值与行为无价值的二元论立场的学者，会认为刑法既是裁判规范，也是行为规范。"[①] 我们认为，这种理解是值得借鉴的。

（二）评价规范与决定规范

将刑法规范分为评价规范与决定规范是由德国学者梅茨格尔（E. Mezger）最先提出的。所谓评价规范，是指客观判断某种行为在刑法上是否属于无价值的规范。所谓决定规范，是指刑法规范命令行为人在实施行为时作出遵从刑法的意思决定，所以又称意思决定规范。从逻辑关系来说，评价规范在前，决定规范在后。梅茨格尔指出，作为决定规范（即命令）的法律，如果没有作为评价规范的法律，是很难想象的；作为评价规范的法律是作为决定规范的法律的绝对的逻辑前提；作为决定规范的法律的逻辑前提，是作为评价规范的法律，是作为"客观生活秩序"的法律。梅茨格尔进而认为，违法性是由评价规范决定的，有责性（责任）是由决定规范决定的。但是，也有人认为，评价规范与决定规范共同决定违法性。显然，如果就违法性采取规范违反说，则很容易导致主观的违法性论。因为如果认为违反意思决定规范就是违法，那么，就不能不认为决定规范是规范的重要部分。但是，如果就违法性采取法益侵害说，则理当采取客观的违法性论，即违法性是由"刑法应当保护何种利益"这种评价来决定的[①]。

第三节　刑法的任务和机能

一、刑法的任务

西方国家的刑法典通常没有规定刑法的任务。但学界还是有相关的论述。例如，耶赛克和魏根特认为："刑法的任务是保护人类社会的共同生活秩序。"[②]

俄罗斯学者对刑法的任务也作了简要论述，概括言之，主要是：①刑法典的首要任务是维护人和公民的权利和自由。因为俄罗斯宪法宣布，保护人和公民的权利与自由是国家

---

① 张明楷：《外国刑法纲要》（第二版），清华大学出版社，2007年，第5页。

② Jescheck H H，Weigend T. Lehrbuch des Strafrechts Allgemeiner Teil. Drucker & Humblot，1996，5. Aufl.，S. 2.

的义务，刑法典分则专辟关于侵害人身的犯罪一编就是这一任务的体现。②刑法典的任务还在于保护各种形式的所有权，维护社会秩序和公共安全，保护环境；捍卫俄罗斯联邦的宪法制度，以防犯罪行为的侵害。其将“破坏人类和平与安全的犯罪”这一编列入分则，即是与维护和平和维护人类免受危险犯罪的侵害联系在一起的。③刑法典的一项重要任务是预防犯罪。为此刑法典规定了哪些危害个人、社会或国家的行为是犯罪，并规定了处罚犯罪的刑罚种类和其他刑法性质的方法。刑法典的预防作用既在于培养公民必须遵守国家现存社会关系，不损害各种受保护的价值的立场观点，又在于以刑事责任和刑罚的威胁阻止道德方面不稳定的人实施犯罪[①]。

所以，我们认为，不管各国刑法典是否明确规定刑法的任务，刑法的任务都是客观存在的，但是因为各国的具体情况不同，刑法的任务也随之有所不同。在学界，一直存在着法益保护说和社会伦理秩序维持说的争议。

（一） 法益保护说

法益保护说认为：“刑法的任务、目的在于保护人们在社会中的共同生活，具体而言，即保护个人的生命、身体、自由、名誉、财产等法益。”[②] 此说认为，犯罪的本质是侵害法益，有犯罪的发生就一定有相对应的法益侵害的发生。例如，故意杀人罪所保护的法益是人的生命权；强奸罪所保护的法益是性自主权。刑法的任务是通过预防和惩罚犯罪，进而保护犯罪侵害的法益。此说的坚持者多是结果无价值（Erfolgsunwert）论者。

（二） 社会伦理秩序维持说

刑法和社会伦理是两个不同的范畴，但是二者又是不能截然分开的。刑法不能离开社会伦理，因为首先，社会伦理是刑法赖以存在的前提；其次，刑法的目的之一就是要维护社会的正常伦理秩序。例如，德国学者韦尔策尔（Welzel）认为，刑法的目的就在于维持社会伦理秩序[③]。

社会伦理秩序维持说认为，国家本身具有实现某种伦理价值的目的，因此刑法的任务在于增强社会道德，通过处罚违反道德者的行为来实现和促进社会伦理秩序。社会伦理秩序维持说将国家视为国民道德的保护者，即以家长主义（paternalism）的国家观作为基础[④]。此说的坚持者多是行为无价值（Handlungsunwert）论者或者“二元论”者。

（三） 两说的主要对立

如何理解刑法与道德的关系是两说的主要对立所在。法益保护说认为，刑法的根本任务就是保护法益，法益得到了保护，社会稳定了，社会伦理秩序也就相应地得到了维护，即维持社会伦理秩序是在保护法益的过程中的附带效果。但是，社会伦理秩序维持说认为，虽然刑法保护法益，但是刑法的任务还是在于维持社会伦理秩序，保护法益是附带效果。两种观点针锋相对，但是从实际上看，法益保护说现在已在德国、日本取得压倒性优势。

---

① 〔俄〕斯库拉托夫等：《俄罗斯联邦刑法典释义》（上册），黄道秀译，中国政法大学出版社，2000 年，第 4～5 页。

② 〔日〕高桥则夫：《刑法总论讲义案》，成文堂，2006 年，第 5 页。

③ Welzel H. Das deutsche Strafrecht. Walter de Gruyter & Co., 1969, 11. Aufl., S. 1.

④ 陈家林：《外国刑法通论》，中国人民公安大学出版社，2009 年，第 7 页。

二、刑法的机能

（一）刑法机能的概念

刑法的机能，是刑法所应具有的积极作用，同时，它以刑法作为法的理念为思想基础[①]。刑法的机能，也可以说是刑法的作用，从德日刑法学者的论述来看，他们认为对于作为规范逻辑学的刑法解释学而言，在说到刑法的机能时，“第一，与刑法或者刑罚在现实中如何发挥功能或作用的观点相比，更主要的是从刑法或者刑罚应当发挥的功能或作用的观点来加以讨论；第二，在这种场合下，重点不是放在事实认识的侧面而是目的认识的侧面，将理念的机能概念前置；第三，这里采用的思考方法，是从刑法或刑罚的理念的本质、目的出发，提出演绎的机能概念的‘向下思考的方法’”[②]。

（二）刑法机能的历史发展

社会状况总是不断发展变化的，刑法的机能也会随之发展变化。从历史上看，刑法主要是国家统治的工具或者说是对国民威吓的暴力机器。中世纪的德国，“刑罚权的分割导致刑法的非常大的分裂，但同时也导致专制和对于中世纪而言所特有的刑事司法严厉。当时刑法的典型特征是，对严重的犯罪适用残忍的身体刑和生命刑，对轻微的犯罪适用杖刑、打烙印和耻辱柱”[③]。可见，当时的刑法完全没有体现保障自由的机能。

“东亚各国也是如此。日本江户时代的《御定书百条》并不对国民公开，而只是法官进行审判时的指南。即便到明治维新之后，日本的假刑律、新律纲领、改定律例之类的‘刑法’仍然将刑罚权视为国家权力的象征，刑法是为了维护体制的基本法。”[④]

然而，近代刑法在人民主权和自由主义原理指导下，确立了犯罪与刑罚必须事先预告的原则（即罪刑法定主义），“刑法的机能也谋求180度的转变。认为刑法作为必要的恶，应当谦抑地加以规定，现行刑法也立于这样的传统之上”[⑤]。

所以，现代各国学者所谓的刑法机能，主要是指以罪刑法定主义为基本原则，重视保护个人权利的机能。

（三）现代刑法的机能

根据不同理念和概括方法，不同学者总结出了不同的刑法机能。总的说来，刑法的法益保护机能与自由保障机能，是大多数学者都承认的；至于社会伦理机能、行为规制机能，则主要是规范违反说、行为无价值论的主张者所承认的[⑥]。我们认为，从刑法规范的角度来看，刑法具有行为规制机能、法益保护机能以及自由保障机能。

---

① 赵秉志：《略论刑法的机能》，《北京联合大学学报（人文社会科学版）》，2006年第2期，第65页。

② 〔日〕关哲夫：《刑法解释研究》，成文堂，2006年，第213页。

③ Jescheck H H，Weigend T. Lehrbuch des Strafrechts Allgemeiner Teil. Drucker & Humblot，1996，5. Aufl.，S. 92.

④ 陈家林：《外国刑法通论》，中国人民公安大学出版社，2009年，第15页。

⑤ 〔日〕浅田和茂：《刑法总论》，成文堂，2005年，第8～9页。

⑥ 张明楷：《外国刑法纲要》（第二版），清华大学出版社，2007年，第6页。

1. 行为规制机能

行为规制机能，是指刑法具有明示对犯罪行为的规范评价，从而引导公民行为的机能。“刑法通过预告对违反者将科处一定的制裁从而在事前对人的行为进行控制的机能。”[①] 其具体内容是指，刑法将一定的行为规定为犯罪并给予刑罚处罚，同时引导行为人作出不实施这种犯罪行为的内心意思决定。

在刑法对行为发挥规制机能的过程中，衍生出刑法的评价机能与引导机能。评价机能是指刑法具有告诉人们如何评价各种行为的功能。国家从大量的反社会行为中抽出一部分具有严重的社会危害性的行为，作为法律上的犯罪类型，规定为应受刑罚处罚的行为，从而体现国家对此种行为的否定评价。引导机能是指刑法具有引导人们不实施犯罪行为的功能。刑法通过明确规定犯罪和对犯罪的处罚，告诉人们凡实施犯罪，都要受到刑事追究，从而引导人们更好地预测自己的行为及其后果，实际上就是引导人们不要实施犯罪行为，因此，这种引导机能也可称为意思决定机能。例如，故意杀人罪的规定告诉人们，故意杀人要承担相应的刑事责任，因此不要实施故意杀人的行为。

部分学者将行为规制机能称为规范机能、社会伦理机能，即强调国家为国民所提供的行动基准的伦理道德上的意义[②]。但也有反对意见认为，这种思想“不符合以个人自由发展为基础的现行宪法的立场，也不适于价值观多样化的现代社会。刑法要求的仅是不实施犯罪，并不要求它一定是出于伦理、道德的判断（毫无疑问，因为伦理的、道德的立场而不实施犯罪是值得鼓励的，但即使是仅仅因为害怕被发现或恐惧而不实施犯罪，也完全符合刑法的要求）。培养正直的国民应委之于家庭和教育。因此，强调规范的机能、社会伦理的机能存在问题”[③]。这两种观点的差异实际上是学者们出于对刑法与道德关系的不同认识而作出的不同评价。

2. 法益保护机能

法益保护机能，源于刑法的法益保护目的，是指保护法益不受犯罪行为侵害或威胁的功能。日本学者西田典之认为：“刑法得首要任务是，保护现实社会中重要的并且是最基本的价值或法益（保护法益）。”[④] 保护法益是刑法存在的根本理由，刑法如果不具有保护功能，它就没有存在的价值与意义。

人类社会的发展经验表明，刑法存在的正当性在于保障社会团体和睦昌盛的共同生活，即保护法益。所谓法益就是法律所保护的利益或价值。大陆法系国家的刑法，通常把法益分为个人法益、社会法益和国家法益。法益保护机能具体表现为：①通过对抽象地侵害一定法益的行为设定刑罚，防止一般国民侵害法益（一般预防）；②通过对现实已经发生的犯罪科处刑罚，防止犯罪人重新侵害法益（特殊预防）[⑤]。

从某种意义上来讲，所有的法律都以保护法益为目的，但需要注意的是，刑法不是保

---

① 〔日〕山中敬一：《刑法总论》（第二版），成文堂，2008 年，第 16 页。

② 〔日〕内藤谦：《刑法总论讲义》（上），有斐阁，1983 年，第 47 页；〔日〕中山研一：《刑法总论》，成文堂，1982 年，第 13 页。

③ 〔日〕浅田和茂：《刑法总论》（补正版），成文堂，2007 年，第 10 页。

④ 〔日〕西田典之：《日本刑法总论》（第二版），王昭武、刘明祥译，法律出版社，2013 年，第 24 页。

⑤ 张明楷：《外国刑法纲要》（第二版），清华大学出版社，2007 年，第 6 页。

护法益的唯一手段，保护法益并不是刑法固有的任务，刑法之外的法律规范如民法和行政法等社会规范，也能够起到保护法益的作用。所以，即使刑法具有保护法益的机能，但是也不应轻易地使用刑法这种最残酷的手段。“刑法只着眼于对我们社会生活而言无可替代的重要法益，仅在通过刑罚之外的制裁不可能保护或无法充分保护该法益时才加以动用。……刑法所具有的保护机能（法益保护机能），必须在这种意义上加以理解。”① 即刑法是保护法益的最后救济手段。这里着重说明了在保护法益上刑法的补充性。

3. 自由保障机能

自由保障机能（也称人权保障机能），通常简称“保障机能”，源于罪刑法定主义，是指刑法具有限制国家刑罚权滥用的作用，具有保障无罪的人不受刑事追究以及犯罪的人不受法外制裁的功能。根据罪刑法定主义的要求，何种行为构成犯罪以及如何对该犯罪处以刑罚都必须由法律明文进行规定，罪刑法定主义的首要目标就是要限制刑罚权的滥用，进而保障人权。如果因某种行为具有当罚性，就可以由裁判官任意处罚，那么国民的行动自由就会被完全剥夺②。

刑法担负的保障机能应该包括：①在对犯罪行为构成要件和法律后果的规定上，刑法条文必须具有明确性，即刑法条文必须清楚地告诉人们，什么是允许做的，而什么又是被禁止的，要让人们能够明白自己的举止是否被允许。②对确立刑罚的法律规定以及对加重刑罚的法律规定，要遵循禁止溯及既往原则（有利于被告人的情况除外）。③不允许用习惯法或者类推的方法来创立新的犯罪构成要件，或者因将现有的构成要件严厉化或者扩展化而对当事人产生不利的影响。

第四节 刑法学概说

一、刑法学的界定

刑法学属于部门法学的范畴，是部门法学中最重要的学科之一。学者们在如何理解刑法学概念的问题上存在诸多分歧。例如，日本学者中山研一认为：“所谓刑法学，狭义上虽然意味着刑法解释学，但广义上进而包含刑法哲学、刑法文学、比较刑法学，在叫做更广的‘全刑法学’的场合，也包含刑事学（犯罪学）、刑事诉讼法学及行刑法学等。”③ 而大谷实则认为，刑法学是以规定犯罪、刑罚和刑事责任等的法律为研究对象的学问领域，但严格地说包含广狭二义，狭义的刑法学是刑法解释学，广义的刑法学除刑法解释学外包含基础刑法学④。久礼田益喜在《日本刑法总论》一书中仅给刑法学下了一般的定义：“刑法学是研究犯罪、刑罚及两者的关系的法律学。”同时又称：“以刑法为对象的法律学

① 〔日〕井田良：《讲义刑法学·总论》，有斐阁，2008年，第16～17页。

② 〔日〕西田典之：《日本刑法总论》（第二版），王昭武、刘明祥译，法律出版社，2013年，第31页。

③ 〔日〕中山研一：《刑法总论》，成文堂，1989年，第16页。

④ 〔日〕大谷实：《刑法讲义总论》（新版第二版），黎宏译，中国人民大学出版社，2008年，第11页。

即刑法学。”[①] 概略而言，学者们关于刑法学的界定，有最广义、广义和狭义三种见解。

最广义的刑法学，是指研究有关犯罪、刑事责任及其实现方式的一切问题的学科，其研究对象包括实体的刑法规范、犯罪原因与对策、刑事诉讼程序、刑罚的执行等内容。既包括以实体刑法为研究对象的广义刑法学，也包括以刑事程序为研究对象的刑事诉讼法学、以犯罪现象及犯罪原因为内容的犯罪学、以犯罪对策为内容的刑事政策学，以及行刑法学[②]。

广义的刑法学，既包括以解释实定刑法为任务的刑法解释学，也包括为刑法解释学提供理论支撑和科学素材的基础刑法学。它是指解释现行刑法（刑法解释学）、阐述刑法规范的哲学基础（刑法哲学或理论刑法学）、研究刑法历史（刑法史学）、比较不同刑法（比较刑法学）的学科。

狭义的刑法学，仅指刑法解释学。通常所说的刑法学，是指狭义的刑法学，也就是刑法解释学。

下文重点介绍广义的刑法学，即刑法解释学和基础刑法学。

二、刑法解释学

（一）刑法解释学的定义及对象

对于刑法解释的重要性，人们在认识上经历了一个从否定到肯定的过程。在 19 世纪的绝对罪刑法定主义时期，人们信奉严格规则主义，把法官的角色定位于法律机械的执行者，反对甚至否定法官享有法律解释权。随着罪刑法定原则发展到相对罪刑法定主义时期，开始允许法官享有一定的刑法解释权，人们对刑法解释的重要性才有了一个正确的认识。正如菲利所言：“如果没有好的法官来实施，最有学术价值和崇高的法典也不会产生多大的效果。但是如果有好的法官来实施，即使法典或法令不太完善也不要紧。”[③]

刑法解释学是刑法学的核心，它是指使用解释的方法对刑法条文（主要是刑法规范）的含义进行系统的阐述与说明的学问。也有学者如耶赛克和魏根特将刑法解释学称为刑法教义学，他们认为：“其基础和界限源于刑法法规，致力于研究法规范的概念内容和结构，将法律素材编排成一个体系，并试图寻找概念构成和系统学的新的方法。”[④]

刑法解释学的对象是本国的现行刑法。这里所说的现行刑法，虽然主要指刑法典，但不以之为限，其他单行刑事法律以及附属刑法均包括在内。刑法解释学通常与现代各国的刑法典总则和分则相对应，所以刑法解释学一般分为刑法总论与刑法各论。刑法总论以刑法总则的规定为中心，阐释犯罪与刑罚的共同的一般的性质；刑法分论以刑法分则的规定为中心，说明各个犯罪应有的构成要件，明确处罚范围，同时确定各个犯罪相互的关系及其区别。

---

① 〔日〕久礼田益喜：《日本刑法总论》，严松堂，1925 年，第 9～10 页。

② 〔日〕曾根威彦：《刑法总论》（第四版），有斐阁，2008 年，第 3 页。

③ 〔意〕恩里科·菲利：《犯罪社会学》，郭建安译，中国人民公安大学出版社，2004 年，第 243 页。

④ Jescheck H H，Weigend T. Lehrbuch des Strafrechts Allgemeiner Teil. Drucker & Humblot，1996，5. Aufl.，S. 42.

（二）刑法解释的立场

刑法解释的目标是追求解释结论的正确性，准确地挖掘出刑法条文的内涵，消除法律的歧义，解决法律条文中存在的矛盾与冲突。那么，采用什么样的标准才能保证解释结论的正确性呢？在外国刑法史上，刑法解释标准的理论先后经历了主观说—客观说—综合说的嬗变。

主观说，又称立法者意思说，这一观点风行于19世纪的欧洲大陆。该说认为刑法解释的目标在于探求立法者制定法律时真实、正确的意思。

客观说，又称法律客观意思说，该说自19世纪末20世纪初由以耶林（Jhering）为代表的自由法学派首创以来，到20世纪60年代德国哲学家伽达默尔创立哲学解释学而达到鼎盛时期。该说认为法律一经制定，即与立法者分离，成为一种客观存在，刑法解释的目标应该在于阐明解释时刑法条文客观上所表现出来的意思，而不是立法者制定刑法条文时主观上所赋予刑法条文的意思。

主观说主张在进行刑法解释时应以探求立法原意为唯一目标，这一做法可以防止法官对刑法进行任意解释，从而实现刑法的保障机能，这与绝对罪刑法定原则的基本要求是一致的。但是主观说会使刑法丧失活力，即按照立法意图解释刑法时，可能会出现立法意图在适用时已因时过境迁而招致极大的不公平的情况。而客观说也并非完美，它最大的弊端就是会造成司法的越俎代庖，代行立法权能，从而极易背离罪刑法定原则的初衷，使刑法陷于不确定的危险之中。因此，国外学者及司法实践试图在主观说与客观说之间寻求一种平衡，即以下列方式寻找到一种综合体：只要公正性上的迫切理由、社会关系的发展或时代精神，不将过去的价值判断视为过时，就尽可能尊重并忠实于法律中所明确表述的历史上的立法者的意志①。目前，德国在新的司法判例中，较多地支持这种“综合说”。

在刑法解释的限度问题上，历史上一直有严格解释与自由解释的争论。古典学派基于绝对罪刑法定原则，主张对刑法应该进行严格解释，其直接原因在于对封建罪刑擅断的憎恶和对法官公正执法的怀疑。由此可见，严格解释的初衷就在于防止司法权力的专横和腐败以保障人权，严格解释在取得巨大的价值贡献的同时，其弊端也是显而易见的：一方面强调个人权利的终极追求，而忽视了社会的整体利益；另一方面将法官视为法律的机械执行者忽视了法官的能动性。伴随着“理性万能”神话的破灭以及个人中心主义的衰落和社会本位的兴起，刑事实证学派主张对刑法进行自由解释。自由解释论者在批判严格解释片面强调人权保障而忽视社会秩序的同时，又从一个极端转向了另外一个极端，即完全忽视了刑法的人权保障机能。因此，当前众多学者都力求为自由解释厘定一个科学合理的限度。

（三）刑法解释学的方法及其适用

如同其他任何法律一样，刑法也必须经由解释而适用。因为刑法所规定的犯罪行为是类型化的行为，它们与实际发生的犯罪行为之间是存在距离的，所以，要将抽象的刑法规

① Jescheck H H，Weigend T. Lehrbuch des Strafrechts Allgemeiner Teil. Drucker & Humblot，1996，5. Aufl.，S. 157.

范适用于具体案件，就必须通过解释，对法律所规定的事项予以具体化。刑法解释的方法也是多种多样的，一般可以分为文义解释和论理解释，而论理解释又可分为扩张解释、限制解释、当然解释、历史解释等。下面分别予以介绍：

（1）文义解释，亦称文意解释、文理解释，是对法律规范的文、词、字、句进行字面解释。文义解释是刑法解释诸多方法中具有优先性的一种方法，素有“黄金规则”之称。但是文义解释的功能也是有限的，如果文义解释产生多种可能存在的解释结论或者通过文义解释得出的结论难以令人信服时，则需要考虑进一步采用其他解释方法。

（2）论理解释，是指根据国家的政策、刑法制定的理由和目的、刑法的基本原理、刑法的沿革以及形式逻辑原理等，阐明刑法条文的含义的方法。论理解释的特点是：在解释刑法的某一规定时，不拘泥于该规定的字面意义，而是联系一切与之有关的因素阐明其含义。论理解释方法主要包括以下几种：

第一，扩张解释，亦称扩大解释、扩充解释，是指超过被解释对象的字面含义或日常含义范围的解释方法。

第二，限制解释，亦称限缩解释、缩小解释，是指对刑法条文作出窄于字面含义的解释。当刑法条文所使用的文字过于宽泛，不足以表明刑法的真实含义时，就有必要限制其含义。限制解释往往体现了严格解释刑法的要求。

第三，当然解释，即自然解释，是指刑法规范虽然没有明示某一事项，但依形式逻辑、规范目的及事物的当然道理，将该事项解释为包括在该规定的适用范围之内的解释方法。

第四，体系解释，也称语境解释、系统解释，是指根据被解释的刑法条文或用语在整个刑法规范中的地位，联系相关条文的含义，阐明其规范意旨的解释方法。体系解释的价值在于避免断章取义，以使被解释的条文或用语与刑法整体相协调。

第五，历史解释，亦即法意解释、沿革解释，是指在追溯、研究立法资料的基础上，探究立法者在制定立法时所作的价值判断及其所欲实现的目的，寻求立法原意的解释方法。

第六，目的解释，是指依据社会的需要，确定法律规范的合理目的和宗旨，并以该目的为指导，确定法律规范含义的解释方法。当不同的解释方法得出多重结论或者不能得出结论时，往往由目的解释来决定取舍。

第七，补正解释，是指在刑法文字发生错误时，统观刑法全文加以补正，以阐明刑法真实含义的解释方法。补正解释可以有效地弥补刑法规定的不足和欠缺。在一定意义上可以说，它同限制解释类似，同时又洋溢着体系解释的精神。

第八，比较解释，是将刑法的相关规定与外国立法和判例相互参照，借以阐明刑法条文真实含义的解释方法。

三、基础刑法学

基础刑法学以研究有关刑法解释学前提的理论为主要内容，刑法解释学以解释现行刑法为主要任务，二者有着密不可分的关系。基础刑法学又可以进一步分为刑法哲学、刑法史学、比较刑法学。刑法哲学研究的是犯罪与刑罚的哲学基础；刑法史学则运用历史学的方法考察刑法的历史发展；比较刑法学是比较并考察各国刑法的学问。尽管上述学科具有不同的研究领域，但是，作为刑法解释学的对象的现行刑法却是在上述领域的研究成果的基础上所制定的。如果将刑法解释学称为临床医学的话，那么上述其他领域就是基础医学了①。

① 〔日〕大谷实：《刑法讲义总论》（新版第二版），黎宏译，中国人民大学出版社，2008年，第12页。

第二章

刑法理论流派

第一节 启蒙主义的刑法思想

一、概述

从中世纪到近代初期，西欧各国的封建制刑法被当时的政治权力所支配。封建制刑法以法与宗教道德的不可分性、罪刑擅断主义、刑罚的残酷性、基于身份的不平等性等为特点。

14～15 世纪（中世纪末期）欧洲资本主义开始萌芽，到 16 世纪得到进一步的发展，资本主义经济的发展促使资产阶级反对封建专制制度，并向封建统治者要求政治上的权力。16 世纪末至 18 世纪，经过一批进步学者的努力，启蒙主义的刑法思想产生，学者们鼓励个人从中世纪封建专制和教会束缚下解脱出来，唤起了人们对自由、理性的觉醒，中世纪的精神包袱直至启蒙运动才被最终抛弃。

启蒙时期学者提倡以自由、民主、平等、天赋人权来反对封建专制和特权；以无神论、自然论或唯物论来反对宗教迷信。启蒙主义的刑法思想可以归结为刑法与宗教分离、罪刑法定、客观主义、罪刑均衡、目的论的刑罚观、法律面前人人平等，等等。

二、主要代表人物的刑法思想

著名的启蒙思想家主要有荷兰的格老秀斯，英国的霍布斯、洛克，法国的孟德斯鸠、卢梭等。

（一）格老秀斯

格老秀斯（Hugo Hrotius，1583—1645 年），荷兰政治思想家、古典自然法学派创始人之一，也是近代资产阶级国际法的鼻祖。其名著《战争与和平法》不仅是重要的法学著作，而且是西方资产阶级人权学说关于自然法与自然权利理论的开创性著作。

格老秀斯是近代西方启蒙思想家中第一个比较系统地论述自然法理论的学者。他认为，自然法是如此的不可变易，连上帝也不能加以改变。因为上帝的权力虽然无限，但有一些事物即便有无限的权力也是不能动摇的。正如上帝本身不能使二乘二不等于四一样，他也不能颠倒是非，把本质上是恶的说成是善[①]。自然法来源于人的"理性"，人们在理性的支配下按照自然的规定来指导自己的行为。人性是自然法的源泉，神是法的第二源泉。作为一种正当理性的命令，自然法是正当的理性法则，是一切法律的基础和依据。有约必践、有害必偿、有罪必罚等都是自然法。

根据自然法理论，格老秀斯阐述了天赋的自然权利和社会契约等观点，他坚持以自然法和社会契约为基础的国家学说，认为人民之间通过订立契约，而后产生作为统治者的国家，国家是人们为了享受法律利益和谋求共同福利而组成的最完善的联盟。全体人民根据自己的意志通过社会契约把统治自己的权力转让给一个人或者多数人之后，便不能收回这项权力，人民就要永远服从君主的命令，人类遵守社会契约是自然法的要求，"为了维护公共和平和良好秩序，国家有权力制止彼此间无限制地应用那种权利，毫无疑问，国家是这样做了，因为如果允许滥用抵抗的权利，国家将无法存在，而变成一个一盘散沙式的人群"[②]。

格老秀斯认为，惩罚是由邪恶行为所招致的痛苦，惩罚的对象是罪有应得的人。他强调刑罚的目的和效用，认为对罪犯不一定总要惩罚，要求在惩罚罪犯时注意关于罪犯、受害者和普通人的效用问题，惩罚的第一目的是"改造"。格老秀斯并不反对死刑，但主张限制死刑，认为只有罪大恶极的人才可被处死。

（二） 霍布斯

霍布斯（Thomas Hobbes，1588—1679 年），英国政治法律思想家、哲学家，著有《利维坦》。

霍布斯的法律思想集中体现在《利维坦》（1651 年）一书中，他以利维坦比喻一个强大的国家，认为人们在自然状态下基于渴望和平和安定生活的需要，在理性的支配下，通过转让权利订立契约的方式组成"利维坦"（国家）。"把大家所有的权力和力量托付给某一个人或一个通过多数的意见把大家的意志化为一个意志的多人组成的集体。像这样统一在一个人格之中的一群人就称为国家，在拉丁文中称城邦，这就是伟大的利维坦的诞生"[③]，让它来维持内部的和平、并抵抗外来的敌人。他认为"在自然状态下进行着'万人对万人的战争'（Bellum omnium contra omnes）[④]，人们从自我保存的本能出发，根据自由意思建立国家，为了得到它的保护，提供了各人的自由，他以这种社会契约论为基础论及刑罚"[⑤]。霍布斯所说的自然状态是一种一切人反对一切人的战争状态，这是基于人

---

① 〔荷〕格老秀斯：《战争与和平法》，何勤华等译，上海人民出版社，2005 年，第 33～34 页。
② 法学教材编辑部：《西方法律思想史资料选编》，北京大学出版社，1983 年，第 146 页。
③ 〔英〕霍布斯：《利维坦》，黎思复、黎廷弼译，商务印书馆，1985 年，第 131～132 页。
④ 也有人将"Bellum omnium contra omnes"译为"一切人反对一切人的战争"。
⑤ 〔日〕大塚仁：《刑法概说（总论）》（第三版），冯军译，中国人民大学出版社，2003 年，第 32 页。

性恶的品性所造成的。自然权利是“每一个人按照自己所愿意的方式运用自己的力量保全自己的天性——也就是保全自己的生命——的自由”①，而自然法就是促使人类走出上述自然状态的条件和规律，是建立在理性基础上的普遍法则，用以限制自然权利以维护秩序与和平。他将自然法归结为“己所不欲，勿施于人”，将法律定义为：“法律，普遍说来都不是建议，而是命令，也不是任何一个人对任何另外一个人的命令，而是专对原先有义务服从的人民发布的那种人的命令；至于国法则只是加上了发布命令的人的名称。”② 按照霍布斯的观点，法律的作用就是要确保契约的执行。霍布斯基于人性，在自然法理论的基础上，倡导社会契约论，认为“权利的互相转让就是人们所谓的契约”③。他提出“自然状态”和国家起源说，认为国家是人们为了遵守“自然法”而订立契约所形成的，是一部人造的机器人，他反对君权神授论，主张实行专制政体。他把罗马教皇比做魔王，把僧侣比做群鬼，但主张利用“国教”来管束人民，维护“秩序”。

关于犯罪的概念和原因，霍布斯认为，犯罪是违反了法律所禁止的言论与行动，凡是法律所规定的而又不执行的就是恶，就是犯罪，但思想不构成犯罪。霍布斯认为一切罪行都来自无知、谬见或某种感情的爆发。在衡量罪行轻重上，他认为，应当考虑到犯罪的原因、后果、时间、地点、人物等因素。霍布斯将刑罚定义为：“惩（刑）罚即公共当局认为某人做或不做某事是违法的行为，并为了使人们的意志因此更好地服从起见而施加的痛苦。”④ 可以看出，霍布斯坚持罪刑法定与罪刑均衡，认为惩罚的目的是使犯罪人改过自新，并借以儆戒他人。

（三）洛克

洛克（John Locke，1632—1704 年），英国哲学家，自然法的代表人物，自由主义的奠基人。

洛克的《政府论》（上下篇）（1689 年）是他在法律思想方面的代表作。洛克在继承霍布斯思想的基础上又有所进步，他发展了“自然权利”理论，认为在法律产生之前人类处在“自然状态”中。他引用胡克尔的话：“人类基于自然的平等是既明显又不容置疑，因而把它作为人类互爱义务的基础，并在这个基础上建立人们相互之间应有的种种义务，从而引申出正义和仁爱的重要准则。”⑤ 自然法对这种自然状态下的自然权利进行约束，“理性，也就是自然法，教导着有意遵从理性的全人类：人们既然都是平等和独立的，任何人就不得侵害他人的生命、健康、自由或财产”⑥。洛克将执行自然法的权利交予每个人，每个人都有惩罚违反自然法的人的权利，“处罚每一种犯罪的程度和轻重，以是否足以使罪犯觉得不值得犯罪，使他知道悔悟，并且儆戒别人不犯同样的罪行而定”⑦，这点和霍布斯的观点是一致的。洛克论述自然状态、自然法旨在寻找一种理论来与反人民的封

① 〔英〕霍布斯：《利维坦》，黎思复、黎廷弼译，商务印书馆，1985 年，第 97 页。
② 〔英〕霍布斯：《利维坦》，黎思复、黎廷弼译，商务印书馆，1985 年，第 206 页。
③ 〔英〕霍布斯：《利维坦》，黎思复、黎廷弼译，商务印书馆，1985 年，第 100 页。
④ 〔英〕霍布斯：《利维坦》，黎思复、黎廷弼译，商务印书馆，1985 年，第 241 页。
⑤ 〔英〕洛克：《政府论》（下篇），叶启芳、瞿菊农译，商务印书馆，1964 年，第 3 页。
⑥ 〔英〕洛克：《政府论》（下篇），叶启芳、瞿菊农译，商务印书馆，1964 年，第 4 页。
⑦ 〔英〕洛克：《政府论》（下篇），叶启芳、瞿菊农译，商务印书馆，1964 年，第 7 页。

建专制进行斗争，他指出，在自然法状态中还存在着战争状态，它是自然状态中自然法遭到破坏时的一种状态，被迫处于战争状态中的人的反抗行为是合乎自然法的，是正义。可见，洛克论述的战争状态不同于霍布斯所说的战争状态。

由于自然状态存在着缺乏安定性等缺陷，洛克认为应坚持社会契约论，人们应将自己的一部分权利交给社会，由社会委托专门机构来执行自然法的权力，这就成立了国家，形成了公共权力和法律，但当公共机构超出社会利益行使权力时，人民就有权进行反抗，因为公共机构的目的只是服务于人民。他还主张在政治体制中立法权、执行权（行政权）与对外权（外交权）三权分立①。洛克的分权理论后经孟德斯鸠得到了进一步发展，孟德斯鸠在此基础上提出了立法权、行政权与司法权三权分立的学说，并广为传播。

洛克提出了较为彻底的法治原则，认为“无论国家采取什么形式，统治者应该以正式公布的和被接受的法律，而不是以临时的命令和未定的决议来进行统治……政府所有的一切权力，既然只是为社会谋幸福，因而不应该是专断的和凭一时高兴的，而是应该根据既定的和公布的法律来行使”②。已经公布的法律要执行，“法律一经制定，任何人也不能凭他自己的权威逃避法律的制裁；也不能以地位优越为借口，放任自己或任何下属胡作非为，而要求免受法律的制裁”③。

（四）孟德斯鸠

孟德斯鸠（Montesquieu，1689—1755 年），18 世纪法国启蒙思想家、法学家、古典自然法学派代表之一。

他于 1748 年出版了《论法的精神》，认为“从最广泛的意义来说，法是由事物的性质产生出来的必然关系。在这个意义上，一切存在物都有它们的法。上帝有他的法；物质世界有它的法；高于人类的‘智灵们’即神有他们的法；兽类有它们的法；人类有他们的法”④。孟德斯鸠认为一切客观存在都有其规律，有其自己的法。在人类最初生活状态中没有国家、没有制定法，自然法支配着人们的行为。他不同意霍布斯的“一切人反对一切人的战争”（即“万人对万人的战争”）的观点，反而认为在自然状态下人们会为保全自身而相互亲近。自然法是人类理性的表现，它源自于人的生命的本质，然而人的社会性决定了人类要过社会生活，他们之间的平等就会消失，会产生战争状态。国家之间、个人之间的战争状态使人与人之间的法律建立起来，这就是人法。人法以自然法为基础，是自然法所体现的人类理性的具体适用。人法包括国际法、政治法和民法。国际法是调整各国间关系的法律，政治法是调整治者与被治者之间关系的法律，民法不同于今日意义上的民法，它是指调整一切公民之间关系的法律，包括民法、刑法等在内。孟德斯鸠还承认神法的存在，“任何人都同意，人为的法律在性质上同宗教的法律是不一样的”⑤。

孟德斯鸠主张在法律与其他事物的联系中寻找法律的实质，认为法律同国家的政体、

① 〔英〕洛克：《政府论》（下篇），叶启芳、瞿菊农译，商务印书馆，1964 年，第 91～93 页。
② 〔英〕洛克：《政府论》（下篇），叶启芳、瞿菊农译，商务印书馆，1964 年，第 87 页。
③ 〔英〕洛克：《政府论》（下篇），叶启芳、瞿菊农译，商务印书馆，1964 年，第 58 页。
④ 〔法〕孟德斯鸠：《论法的精神》（上册），张雁深译，商务印书馆，1961 年，第 1 页。
⑤ 〔法〕孟德斯鸠：《论法的精神》（下册），张雁深译，商务印书馆，1963 年，第 174 页。

民族精神、风俗习惯、气候、土壤、宗教等有关，这些关系的综合体就是法的精神。孟德斯鸠认为必须使法律同已经建立或者将要建立的政体相适应，他主张实行君主立宪政体、分权与法治，并进一步发展了洛克关于立法权、行政权与外交权的权力划分，提出立法权、行政权与司法权三权分立，让权力相互制约，以防止权力滥用，从而保护公民自由。其中他关于立法权与司法权的分立，给罪刑法定主义奠定了理论基础。他明确提出“法律的责任只是惩罚外部的行动”[①]，反对思想定罪，“言语并不构成‘罪体’”[②]。他将犯罪分为四种，即危害宗教罪、危害风俗罪、危害公民罪和危害公民安全罪。孟德斯鸠认为刑法的目的在于通过对犯罪进行惩罚来维护公民权利、自由和安全，恢复法律秩序，他说，“惩罚犯罪应该总是以恢复秩序为目的”[③]。在罪与刑的关系上，他主张罪刑相应，对不同的犯罪适用不同的刑罚，必要时可适用赦免。另外，他认为死刑是病态社会的药剂，不主张废除死刑，不过他主张在刑罚中实行人道主义，反对肉刑、报复刑和株连，反对苛酷的刑罚。

（五）卢梭

卢梭（Jean Jacques Rousseau，1712—1778年），18世纪法国启蒙思想家、哲学家、教育家、文学家，法国大革命的思想先驱，古典自然法学派代表之一。他在政治法律方面的著作主要有《论人类不平等的起源和基础》与《社会契约论》。

卢梭认为人类之间的不平等源于私有制，他主张建立资产阶级民主共和国，重视自由和平等，“人是生而自由的，但却无往不在枷锁之中”[④]。他认为人类原来生活在自然状态下，每个人都是自由、平等的，人们的行为受到自然法支配，他不同意霍布斯所说的“一切人对一切人的战争”的自然状态。随着人类智能的发展以及私有制的产生，不平等也就出现了，卢梭主张用法律来帮助实现自由与平等。

马克思认为，社会契约的观点也即认为国家起源于人们相互间的契约的观点，首次出现是在伊壁鸠鲁的论述中。马克思在他的哲学博士论文《德谟克利特的自然哲学与伊壁鸠鲁的自然哲学的区别》中指出，“就社会政治思想来说，他虽然没有或没有留传下来系统的著作，但他也有三个方面的看法值得注意：一是他的伦理观；二是他的无神论；三是他对政治和国家起源的‘契约说’”。伊壁鸠鲁（公元前341—前270年）曾于公元前307年在雅典创办了一个学园，宣传唯物主义和无神论的思想，他认为世人没有绝对的正义，只有在任何地区，在人们的相互交往中，为了预防伤害造成的损失和痛苦而互相约定。这种“约定”就是公正，就是法律的来源。伊壁鸠鲁的政治哲学是以唯物主义原则为基础的，并用它来说明人类社会制度的起源和发展。这种关于社会进化以及关于纯粹以自我主义和契约为基础的政治法律思想，对后来霍布斯的政治学说影响甚大[⑤]。后来，格老秀斯、霍布斯、洛克对社会契约学说进行发展，而卢梭则是社会契约学说的集大成者。

---

① 〔法〕孟德斯鸠：《论法的精神》（上册），张雁深译，商务印书馆，1961年，第197页。
② 〔法〕孟德斯鸠：《论法的精神》（上册），张雁深译，商务印书馆，1961年，第198页。
③ 〔法〕孟德斯鸠：《论法的精神》（上册），张雁深译，商务印书馆，1961年，第200页。
④ 〔法〕卢梭：《社会契约论》，何兆武译，商务印书馆，1980年，第8页。
⑤ 张宏生、谷春德：《西方法律思想史》，北京大学出版社，1990年，第28～29页。

卢梭认为真正的社会契约是人民自由协议的产物，通过社会契约的方式产生国家，来调整个人与国家之间的关系。他认为社会契约以保全缔约者为目的，“要寻找出一种结合的形式，使它能以全部共同的力量来卫护和保障每个结合者的人身和财富，并且由于这一结合而使每一个与全体相联合的个人又只不过是在服从自己本人，并且仍然像以往一样地自由”[①]。社会契约的实质在于：“我们每个人都以其自身及其全部的力量共同置于公意的最高指导之下，并且我们在共同体中接纳每一个成员作为全体之不可分割的一部分。”[②]可见，卢梭在人们交出权利的问题上的观点是与霍布斯比较接近的，认为为了摆脱自然状态，人们应该把自己原先拥有的全部权利都交给国家[③]。当根据契约产生的国家违背契约，破坏公意，损害公共利益时，人民就有权取消契约。

卢梭指出，“当全体人民对全体人民作出规定时……这时人们所规定的事情就是公共的，正如作出规定的意志是公意一样。正是这种行为，我就称之为法律”[④]。在国家成立后，仅仅有自然法还不足够，还须由人民制定实在法，卢梭将实在法分为四种，即政治法、民法、刑法、习惯法。这里所说的民法是调整公民之间、公民与集体之间的关系的法律，刑法是调整个人与法律之间的关系的法律，“刑法在根本上与其说是一种特别的法律，还不如说是对其他一切法律的制裁”[⑤]。卢梭肯定死刑的必要性，认为“对罪犯处以死刑，这与其说是把他当做公民，不如说是把他当做敌人。起诉和判决就是他已经破坏了社会条约的证明和宣告，因此他就不再是国家的成员了”，但他反对轻易使用死刑，因为“我们没有权利把人处死，哪怕仅仅是以儆效尤，除非对于那些如果保存下来便不能没有危险的人”。他否定频繁使用刑罚，“刑罚频繁总是政府衰弱或者无能的一种标志”。在刑事政策上，他主张对罪犯实行赦免或减刑应持慎重态度，以免使犯罪得不到惩罚，“唯有当国家衰微时大量犯罪的出现，才保障了罪犯不受到惩罚……频繁的赦免就说明不久罪犯就会不再需要赦免了，大家都看得出来那会引向哪里去的”[⑥]。

第二节 前期古典学派的刑法思想

一、概述

古典学派相对于近代学派而言，又称旧派；近代学派相对于古典学派而言，则称新派。关于古典学派内部如何划分，学者们观点不一。这是由于学派的划分依据主要在于思想的差异或时间的先后，因此，对于学派的划分并无绝对的标准。例如，大谷实将费尔巴哈等认定为启蒙时期代表人物，并将启蒙时期的刑法理论（以费尔巴哈为中心）和以报应刑论（以宾丁为中心）为基础的刑法理论合并称为古典学派，认为二者之间具有相当大的

---

① 〔法〕卢梭：《社会契约论》，何兆武译，商务印书馆，1980年，第23页。
② 〔法〕卢梭：《社会契约论》，何兆武译，商务印书馆，1980年，第24～25页。
③ 孙逸舟：《霍布斯、洛克、卢梭之社会契约理论解析》，《河北法学》，2011年第11期，第184页。
④ 〔法〕卢梭：《社会契约论》，何兆武译，商务印书馆，1980年，第50页。
⑤ 〔法〕卢梭：《社会契约论》，何兆武译，商务印书馆，1980年，第73页。
⑥ 〔法〕卢梭：《社会契约论》，何兆武译，商务印书馆，1980年，第46～48页。

差别，前者以个人自由主义为基础，而后者具有国家自由主义的特征，前者被称为前期古典学派（前期旧派），后者被称为后期古典学派（后期旧派），但基于二者在意志自由、道义责任、罪刑法定、罪刑均衡、刑罚人道主义等方面本质上的共同点，所以一并将其作为古典学派[①]。野村稔则以黑格尔为界限，将古典学派（旧派）根据思想基础的不同，分为具有强烈的黑格尔以前的个人主义的自由主义色彩的前期旧派以及黑格尔以后的具有强烈的国家主义色彩的后期旧派，并指出前期旧派和后期旧派之间在自由主义以及以经验的方法考察刑罚的效果及其界限方面具有共同性[②]。

本书采取时间顺序将古典学派分为前期古典学派和后期古典学派。前期古典学派（18世纪中后期～19世纪前半期）是基于启蒙思想时期合理主义的刑法理论而形成的，以社会契约论、自然法理论为思想基础，否定封建刑法的干涉性、恣意性、身份性和残酷性，是对启蒙时期刑法思想的继承和发扬，主要代表人物有贝卡里亚、边沁、费尔巴哈、康德、黑格尔等。由于旧派理论未能阻止19世纪后期西方国家的犯罪浪潮，近代学派即新派于19世纪末兴起，代表人物有龙勃罗梭、菲利、加罗法洛、李斯特等。后期古典学派（19世纪末）是基于报应主义的刑法理论而发展起来的，以宾丁、比克迈尔、贝林、M. E. 迈尔、梅茨格尔、小野清一郎等为代表。“古典学派的工作领域是现行法律的释义学，其方法是逻辑——法学体系的方法。”[③] 古典学派的学问功绩在于，赋予刑法学以统一的体系，同时明确了犯罪中的各种概念，形成了近代刑法学的理论框架[④]。

二、主要代表人物的刑法思想

（一）贝卡里亚

关于贝卡里亚是否属于启蒙时期刑法学家，存在着争议。意大利刑法学家杜里奥·帕多瓦尼在其著作《意大利刑法学原理》中，将贝卡里亚归入启蒙时期代表人物：“在意大利刑法学家们看来，尽管贝卡利亚（即贝卡里亚）及其同时代的人是现代刑法思想的奠基人，但他们只是刑法领域中的启蒙者，而兴起于19世纪中叶的意大利刑事古典学派中的大师们才是真正意义上的刑法学家。因为只有在他们手里，近代刑法学完备而详细的体系才告初步形成。”[⑤] 日本刑法学家大谷实也认为贝卡里亚是启蒙时期代表人物：“他意图通过贯彻合理主义、理性主义，来抵抗中世纪刑法的干涉性、肆意性、身份性、残酷性。”[⑥] 贝卡里亚也因此被称为“近代刑法学的鼻祖”。大塚仁亦持相同观点[⑦]。然而，中国学者大多将贝卡里亚列为古典学派的重要代表。这是因为尽管他的刑法理论是基于启蒙思想而形成的，但是他不仅具有刑法思想，而且拥有系统的刑法理论。因此，本书将贝卡里亚归入古典学派来论述。

---

① 〔日〕大谷实：《刑法讲义总论》（新版第二版），黎宏译，中国人民大学出版社，2008年，第18页。
② 〔日〕野村稔：《刑法总论》，全理其、何力译，法律出版社，2001年，第73页。
③ 〔德〕李斯特：《德国刑法教科书》（修订译本），徐久生译，法律出版社，2006年，第24页。
④ 〔日〕大塚仁：《刑法概说（总论）》（第三版），冯军译，中国人民大学出版社，2003年，第36页。
⑤ 〔意〕杜里奥·帕多瓦尼：《意大利刑法学原理》（注评版），陈忠林译评，中国人民大学出版社，2004年，第29页。
⑥ 〔日〕大谷实：《刑法讲义总论》（新版第二版），黎宏译，中国人民大学出版社，2008年，第14页。
⑦ 〔日〕大塚仁：《刑法概说（总论）》（第三版），冯军译，中国人民大学出版社，2003年，第33页。

贝卡里亚（Cesare Bonesana Marchese di Beccaria，1738—1794年），意大利著名刑法学家，意大利刑事古典学派刑法理论的创始人，近代刑法学的始祖。其名著《论犯罪与刑罚》一经问世，立即引起轰动，为他赢得了长久的声誉。该书先后被译为德文、英文、荷兰文、波兰文、西班牙文、希腊文、俄文等多种文字。据估计，在18世纪末，《论犯罪与刑罚》的各种版本不下60种[①]，这部垂范青史的著作，奠定了贝卡里亚作为古典学派创始人的地位，对于人类关于刑事政策问题的认识也意义重大。贝卡里亚深受卢梭、孟德斯鸠、伏尔泰等启蒙思想家的影响，并在此基础上形成了一系列反映当时资产阶级民主要求的刑法思想。

1. 罪刑法定主义

"只有法律才能为犯罪规定刑罚。只有代表根据社会契约而联合起来的整个社会的立法者才拥有这一权威……超越法律限度的刑罚就不再是一种正义的刑罚。"[②] 也就是说，只应该由法律来规定刑罚权，他坚决反对封建社会的罪刑擅断主义。为了实现罪刑法定主义，他还讨论了立法权、法律的含混性、法律解释权等问题，他认为颁布法律的权力只能属于立法者，刑事法官不是立法者，他们也没有解释刑事法律的权力。

2. 客观主义

关于犯罪，贝卡里亚采取了以表现于外界的社会侵害这种客观标准来理解犯罪的客观主义理论，认为"衡量犯罪的唯一和真正的标尺是对国家造成的损害"[③]。为了证明其自身的观点，贝卡里亚分别对"犯罪时所怀有的意图"、"被害者的地位"、"罪孽的轻重程度"等内容进行了具体的阐述。

3. 罪刑均衡

在罪与刑的关系上，贝卡里亚十分强调罪刑相对称，即刑罚的轻重应与犯罪对社会造成的危害的大小相当，犯罪造成的危害越大，促使犯罪的力量就越强，相应地刑罚也应该越强有力。由于私人利益的相互斗争和为避免斗争而妥协的社会契约的存在，人们实际上能够发现一个由一系列越轨行为构成的阶梯，把这些行为按照从高到低的顺序排列，并与由最强到最弱的刑罚阶梯相对应，这样的刑罚分配能使人们基于较大惩罚的考量而不去实施相应的犯罪。

4. 刑罚权的根据

受社会契约论的影响，贝卡里亚将刑罚权的根据置于社会契约论之上。"人们牺牲一部分自由是为了平安无忧地享受剩下的那份自由。为了切身利益而牺牲的这一份份自由总合起来，就形成了一个国家的君权。君主就是这一份份自由的合法保存者和管理者。"[④] 立法的目标是给最多的人分配最大幸福，在维持社会全体的幸福的必要限度内，各人必须牺牲其一部分自由，君主应该在社会契约的范围内行使刑罚权[⑤]。

---

① 〔意〕切萨雷·贝卡里亚：《论犯罪与刑罚》，黄风译，北京大学出版社，2008年，第171页。
② 〔意〕切萨雷·贝卡里亚：《论犯罪与刑罚》，黄风译，北京大学出版社，2008年，第10页。
③ 〔意〕切萨雷·贝卡里亚：《论犯罪与刑罚》，黄风译，北京大学出版社，2008年，第20页。
④ 〔意〕切萨雷·贝卡里亚：《论犯罪与刑罚》，黄风译，北京大学出版社，2008年，第7页。
⑤ 〔日〕大塚仁：《刑法概说（总论）》（第三版），冯军译，中国人民大学出版社，2003年，第33页。

5. 刑罚人道主义

贝卡里亚极力反对封建社会的残酷刑罚，提倡刑罚理应人道主义化。即使严酷的刑罚的确不是直接与公共福利及预防犯罪的宗旨相对抗，它也未被赋予开明理性所萌发的善良美德——这种理性往往支配着幸福的人们，而不是一群陷于怯懦的残忍循环之中的奴隶——同时，严酷的刑罚也违背了公正和社会契约的本质①。贝卡里亚坚决反对死刑，认为死刑既不是必要的也不是有益的。他于1791年被奥地利皇帝利奥波德任命为伦巴第刑事立法委员会的成员。1792年1月12日，伦巴第刑事立法委员会开会讨论死刑是否在新刑法典中继续保留并且在何种程度上保留的问题，由于出现了不同意见，会议暂且搁置并且向当时主管米兰省的考尼特兹大臣提交了两份附有发言记录的报告，少数派的报告就是贝卡里亚撰写的《关于死刑问题的意见》，贝卡里亚认为："不应当适用死刑，除非存在着具有某种积极必要性的情况，在社会的和平状态中并且在正常的司法管理条件下，我们很难发现这种积极必要性……首先是因为死刑是不必要的，因而是不公正的。其次是因为死刑不如终身刑有效，如果这种终身刑具有有效和持续的公开性；第三是因为死刑是不可补救的。"②

6. 相对主义

贝卡里亚认为预防犯罪比惩罚犯罪更高明，刑罚是以保护社会免受侵害为目的，他首次提出了以预防为中心的刑法改革的完整计划。"刑罚的目的既不是要摧残折磨一个感知者，也不是要消除业已犯下的罪行……刑罚的目的仅仅在于：阻止罪犯再重新侵害公民，并规诫其他人不要重蹈覆辙。因而，刑罚和实施刑罚的方式应该经过仔细推敲，一旦建立了对应关系，它会给人以一种更有效、更持久、更少摧残犯人躯体的印象。"③ 刑罚的本质不是报应，而是对犯人将来犯罪的预防和对社会一般人的警告，超出这种必要的刑罚是残虐的、不正当的。关于刑罚，贝卡里亚采用了以一般预防和特别预防为目的的所谓相对主义④。

贝卡里亚的刑法思想为资产阶级刑法理论体系的建立奠定了基础，彻底否定了封建专制主义的刑法理论体系，是刑法史上的一次重要革命。

（二）边沁

边沁（Jeremy Bentham，1748—1832年），英国法学家、哲学家、经济学家、功利主义理论的创始人。边沁于1789年出版著作《道德与立法原理导论》，1802年出版著作《立法理论——刑法典原理》，其刑法思想可概括为以下几个方面。

1. 功利主义的犯罪观

功利主义思想出现得很早，公元前5世纪的亚里斯提卜、公元前4世纪的伊壁鸠鲁、中国古代的墨子及其追随者的伦理学中都有追求"最大幸福"的思想。近代英国哲学家、伦理学家如坎伯兰、法兰西斯·哈奇森与休姆都有功利主义的倾向。法国功利主义大师爱

---

① 〔意〕切萨雷·贝卡里亚：《论犯罪与刑罚》，黄风译，北京大学出版社，2008年，第11页。
② 〔意〕切萨雷·贝卡里亚：《论犯罪与刑罚》，黄风译，北京大学出版社，2008年，第183页。
③ 〔意〕切萨雷·贝卡里亚：《论犯罪与刑罚》，黄风译，北京大学出版社，2008年，第29页。
④ 〔日〕大塚仁：《刑法概说（总论）》（第三版），冯军译，中国人民大学出版社，2003年，第33页。

尔维修（Claude-Adrien Helvetius）在其著作《论人及其智力和教育》中写道："如果在一个国家里最高权力被同等地分配给一切公民等级，那么整个民族就是统治者。它的愿望是什么？尽可能使大多数人得到幸福。"① 意大利法学家贝卡里亚也具有功利主义的刑法思想，他认为刑罚直接对人的感受器官造成痛苦的印象，犯罪对人们的意义在于，犯罪所能获得的好处被刑罚所带来的恶果所抵消，人们在经过利弊得失的权衡与计算之后，就会相应地抑制犯罪。

18 世纪末 19 世纪初，在边沁和密尔（John Stuar Mill）的推动下，功利主义的哲学观正式形成。边沁认为："自然把人类置于两位主公——快乐和痛苦——的主宰之下。只有它们才指示我们应当干什么，决定我们将要干什么。是非标准，因果联系，俱由其定夺……功利是指任何客体的这么一种性质：它倾向于给利益有关者带来实惠、好处、快乐、利益或幸福（所有这些在此含义相同），或者倾向于防止利益有关者遭受损害、痛苦、祸患或不幸（这些也含义相同）；如果利益有关者是一般的共同体，那就是共同体的幸福，如果是一个具体的个人，那就是这个人的幸福。"② 边沁将他的功利主义的伦理学建立在"最大幸福原则"之上，并从中推演出具有非常严密逻辑性的理性的刑事政策③。他反对契约说，认为契约即使存在，它的力量也是在于功利，国家是基于服从的需要而产生的，功利是国家产生的根据，是国家的目的。

2. 罪刑相称

边沁指出，"犯罪是指一切基于可以产生或者可能产生某种罪恶的理由而人们认为应当禁止的行为"④，认为唯有对社会有害的行动才应当是罪过。他将犯罪分为五类：一是私人罪过，是对个人所犯的罪；二是半公罪，是对社会中某个单独集团的犯罪；三是内向罪过，是关于单纯目的和行为，是指为了满足罪犯私利的针对私人的犯罪；四是公共罪过，是对整个社会所犯的罪；五是杂式罪过，如欺骗罪和背信罪等⑤。边沁主张对英国实行的残酷的刑罚制度进行彻底改革，提倡罪刑相应，他认为孟德斯鸠和贝卡里亚虽然提出了罪刑相称原则，但没有进行解释。于是，他提出，"在每一件为惩罚而被审议的具体事务中，有四个需予以考虑的因素：①所采取的行动本身；②采取行动时所处的环境；③可能与之相伴的意图；④可能与之相伴的知觉、不觉或错觉"⑥，"罪过造成的苦痛当然也按照每种罪过的性质而有大有小。在每种具体的罪过当中，一项苦痛与另一项苦痛之间的比例因而将有所不同"⑦。

3. 个人责任原则

《圣经》有言："他必照个人的行为报应个人。"⑧ 因此，在责任承担的问题上，边沁极

---

① 〔苏〕维·彼·沃尔金：《十八世纪法国社会思想的发展》，杨穆、金颖译，商务印书馆，1983 年，第 192 页。

② 〔英〕边沁：《道德与立法原理导论》，时殷弘译，商务印书馆，2000 年，第 57～58 页。

③ Jescheck H H, Weigend T. Lehrbuch des Strafrechts Allgemeiner Teil. Drucker & Humblot, 1996, 5. Aufl., S. 72.

④ 〔英〕边沁：《立法理论——刑法典原理》，孙力译，中国人民公安大学出版社，1993 年，第 1 页。

⑤ 〔英〕边沁：《道德与立法原理导论》，时殷弘译，商务印书馆，2000 年，第 251～253 页。

⑥ 〔英〕边沁：《道德与立法原理导论》，时殷弘译，商务印书馆，2000 年，第 123 页。

⑦ 〔英〕边沁：《道德与立法原理导论》，时殷弘译，商务印书馆，2000 年，第 222 页。

⑧ 参见《圣经·新约全书》之《罗马书》第 2 章第 6 节。

力反对株连，主张刑罚只能适用于实施犯罪行为之人，如果株连无辜，那就是错误之刑或滥用之刑[①]。自由意志和个人责任这两个方面是相互联系的，因为只有当一个人能够如他所期望的那样从一开始就自由地行动时，我们才能对这些实际上发生的事件追究责任。如果我们每个人都在精神上生活在一个主观规定的、但却是我们的个人现实的王国里，那么，就需要为生活中自由意志的多种可能性承担个人责任，抓住每一个机会来丰富我们的经验。

4. 预防主义

边沁认为惩罚的目的在于预防犯罪，消灭作恶的意向，减少犯罪，从而增加社会的幸福，“政府的业务在于通过赏罚来促进社会幸福，由罚构成的那部分政府业务尤其是刑法的主题。一项行动越趋于破坏社会幸福，越具有有害倾向，它产生的惩罚要求就越大”[②]。“一切法律所具有或通常应具有的一般目的，是增长社会幸福的总和，因而首先要尽可能排除每一种趋于减损这幸福的东西，亦即排除损害。然而，所有惩罚都是损害，所有惩罚本身都是恶。根据功利原理，如果它应当被允许，那只是因为它有可能排除某种更大的恶。”[③] 边沁指出，在值得惩罚的时候，惩罚应以设法杜绝任何罪过为目的，若一个人必定犯某种类型的罪过，则下一个目的便是诱导他犯一项害处较小而非较大的罪过，使他在符合自己所期望的得益的限度内，尽少为害。不管要加以防止的损害是什么，应以尽可能小的代价去防止[④]。“惩罚的首要目的是防止发生类似的犯罪。过去发生的毕竟只有一个行为，而未来则未可限量。已经实施的犯罪仅涉及某一个人，类似的犯罪将可能影响整个社会。”[⑤] 边沁认为在“用较小的代价便可以有效地达到防止犯罪行径的目的，例如依靠教育，就像依靠恐惧一样有效；依靠晓之以理，就像依靠直接影响意愿一样成功”[⑥] 的情况下，就没有必要动用惩罚。

5. 反对死刑

在死刑问题上，边沁赞成贝卡里亚的主张，认为他对此问题的论证充分。边沁指出：“在这方面效力最大的惩罚，显然是死刑。在此情况下，它的效能是确定无疑的。……此类损害可能更像带有敌对而非惩罚的意味。与此同时，这种惩罚显然在可观的程度上是不节约的，这构成了许多缘由中的一个缘由，要求除非在非常特别的情况下无论如何不使用之。”[⑦]

（三）费尔巴哈

费尔巴哈（Paul Johann Anselm Feuerbach，1775—1833 年），刑事古典学派的重要代表之一，德国刑法学家，近代刑法思想的奠基人，德国著名唯物主义哲学家路德维希·费尔巴哈（1804—1872 年）之父。费尔巴哈的刑法理论，支配了 19 世纪前半期的德国刑法学，并对近代刑法理论产生了极大影响。基于此，费尔巴哈又被称为“近代刑法学之父”。他于 1799 年和 1800 年发表了《实定刑法原理与基本概念的省察》上下两卷，1801

---

① 马克昌：《比较刑法原理：外国刑法学总论》，武汉大学出版社，2002 年，第 26 页。
② 〔英〕边沁：《道德与立法原理导论》，时殷弘译，商务印书馆，2000 年，第 74 页。
③ 〔英〕边沁：《道德与立法原理导论》，时殷弘译，商务印书馆，2000 年，第 158 页。
④ 〔英〕边沁：《道德与立法原理导论》，时殷弘译，商务印书馆，2000 年，第 224～225 页。
⑤ 〔英〕边沁：《立法理论——刑法典原理》，孙力译，中国人民公安大学出版社，1993 年，第 96 页。
⑥ 〔英〕边沁：《道德与立法原理导论》，时殷弘译，商务印书馆，2000 年，第 223 页。
⑦ 〔英〕边沁：《道德与立法原理导论》，时殷弘译，商务印书馆，2000 年，第 242 页。

年出版著作《德国现行普通刑法教科书》。他最大的贡献在于提出了心理强制说，并在此基础上论证了罪刑法定主义，其关于刑法的基本观点可概括为以下几个方面。

1. 犯罪本质论

费尔巴哈主张排除中世纪刑法的干涉性，提出权利侵害说，认为不应当干涉内在的宗教和伦理问题，法律应对外部行为发生作用。他严格区分法律和伦理，认为犯罪是犯人表现于外界的侵害他人权利的行为，犯罪的本质是侵害权利，犯罪的尺度是犯罪所产生的社会损害，刑法只有在防止侵害权利的范围之内，才能被正当化。这就排除了中世纪刑罚的残酷性，也坚持了罪刑均衡，同时也克服了刑法的不安定性，防止了刑法的干涉性和恣意性。

2. 心理强制说

帕噶诺（M. Pagano，1748—1799 年）第一个以报应的观念为基础准确地规定了刑罚是犯罪的定义和罪刑相适应的基本要求①，并提出了刑罚是犯罪的“反动机”（contrario motivo）的著名论断，为费尔巴哈的心理强制说提供了理论基础。稍后的罗马诺司（Romagnosi，1767—1835 年）则第一个在刑法史上旗帜鲜明地提出防卫社会是刑法的唯一目的，首开刑事社会学派的先河②。费尔巴哈认为国家为了防止违反人类共同生活目的的犯罪行为，能够加以种种的物理强制，作为其前提，必须肯定一定的心理性强制③。人都在理性地计算快乐和痛苦，将犯罪所得到的快乐（＝利益）和因此而受到的不快（＝刑罚）相比较，在后者大于前者的时候，就不会选择犯罪。如果法律中明确规定“实施某种行为，就要受到某种处罚”的话，就会在心理上强制一般人不要实施某种犯罪，从而达到预防犯罪的目的。这种见解就是所谓心理强制说④。

3. 罪刑法定主义

费尔巴哈确立了刑事审判的法治国思想，主张以各种手段来限制国家的刑罚权，这包括罪刑法定原则的法律限制、以行为作为科处刑罚标准的行为限制以及将法律与伦理相区别的限制方法。费尔巴哈认为，每一个刑法条款后面都有作为保护对象的个人或者国家的权利，从而，必须由法律来事先规定犯罪以及犯罪的法律后果。犯罪是触犯了刑法规定且侵犯了权利的行为，犯人为了由犯罪得到满足感而侵害了法律，因此，为了防止犯罪，就必须对犯罪科处刑罚。在“无法无罪，无法无罚”的法谚之上，他树立了罪刑法定原则。

4. 一般预防主义

费尔巴哈认为刑法的任务是预告与犯罪相适应的刑罚，通过对人们进行心理强制而抑止犯罪。费尔巴哈提倡国家对侵害权利的现象必须采取预防性措施，建议最好事先以法律的形式向国民预告犯罪和刑罚，他坚持预防犯罪的一般预防论。费尔巴哈首次从理论上区分了特殊预防和一般预防。他将一般预防与刑罚威慑联系在一起，并置于其体系的中心，

① 帕噶诺认为，刑罚是“因侵犯权利或不履行义务而丧失的权利”；刑罚与被侵犯的权利“不论在质量或数量上均应相等”，“犯罪人剥夺他人多少权利，就应该剥夺犯罪人多少权利”。参见〔意〕杜里奥·帕多瓦尼：《意大利刑法学原理》（注评版），陈忠林译评，中国人民大学出版社，2004 年，第 28 页。

② 〔意〕杜里奥·帕多瓦尼：《意大利刑法学原理》（注评版），陈忠林译评，中国人民大学出版社，2004 年，第 28 页。

③ 〔日〕大塚仁：《刑法概说（总论）》（第三版），冯军译，中国人民大学出版社，2003 年，第 35 页。

④ 〔日〕大谷实：《刑法讲义总论》（新版第二版），黎宏译，中国人民大学出版社，2008 年，第 14 页。

从而将启蒙时期的刑罚理论发展到一个新的高度。费尔巴哈不再追随贝卡里亚和边沁的古典功利刑罚理论，而是试图在与康德的伦理学之间架设一座桥梁。“通过心理强制的一般预防”应当达到刑罚威慑的效果，刑罚的适用应当使每个人都能认清其严肃性[①]。

5. 死刑赞成论

尽管费尔巴哈反对刑罚的残酷性，但却持死刑赞成论，“如果判处死刑，犯罪就不可能实施，这样的见解是妥当的。对之判处自由刑恐怕毕竟没有那样的效果，因为生命比自由更宝贵，被杀比做奴隶可怕得多”[②]。

（四）康德

康德（Immanuel Kant，1724—1804年），德国古典唯心主义哲学的创始人，是观念论哲学的代表，康德在1770年之前主要研讨自然科学，1770年之后开始了他的“批判哲学”体系，逐渐成为唯心主义先验论的哲学家。他建立了“批判哲学”体系，认为在认识中不是心灵去符合事物，而是事物要适应心灵。在政治思想上，他深受启蒙思想家特别是卢梭的影响。

康德的名著有《纯粹理性批判》、《实践理性批判》、《道德的形而上学》等。在他的著作中，他对法（包括刑法）发表了不少见解，他的刑法思想可概括为以下几个方面。

1. 社会契约论

康德受卢梭等启蒙思想家的影响，遵循社会契约论，认为人类具有理性，他们能够通过缔结社会契约的方式来建立国家，由国家确立具有公共强制性的法律，并按照法律所规范的秩序来生活，他承认人是为了获得作为公共成员的自由、得到以法律为基础的法制状态下的自由而放弃自己的自然状态的自由，“人民根据一项法规，把自己组成一个国家，这种法规叫做原始契约……人民中所有人和每个人都放弃他们的外在自由，为的是立刻又获得作为一个共和国成员的自由。从人民联合成为一个国家的角度看，这个共和国就是人民，但不能说在这个国家中的个人为了一个特殊的目标，已经牺牲了他与生俱来的一部分——外在的自由。他只是完全抛弃了那种粗野的无法律状态的自由，以此来再次获得他并未减少的全部正当的自由……这种彼此相依的关系，产生于他自己的那种有调整作用的立法意志”[③]。

2. 意志自由论

康德以自由观念为基础，把作为理性存在者的人视为思考的基石，“对法律的每一次违犯，只能并且必须解释为这是产生于犯法者的行为准则，即他把这种错误的做法作为他自己行为的规则。因为，如果不是把他看做是一个自由的生灵的话，就不能把违法行为加在他身上”[④]。“我们必须承认每个具有意志的有理性的东西都是自由的，并且依从自由观念而行动……我们必赋予每个具有理性和意志的东西以依照其自由观念而规定自身去行动

---

① Jescheck H H，Weigend T. Lehrbuch des Strafrechts Allgemeiner Teil. Drucker & Humblot，1996，5. Aufl.，S. 72～73.

② 〔德〕凯帕：《费尔巴哈传》，西村克彦译，良书普及会，1979年，第202页。

③ 〔德〕康德：《法的形而上学原理——权利的科学》，沈叔平译，商务印书馆，1991年，第143页。

④ 〔德〕康德：《法的形而上学原理——权利的科学》，沈叔平译，商务印书馆，1991年，第150页。

的固有性质”[①]，“除非我愿意自己的准则也变为普遍规律，我不应行动……这样单纯的与规律相符合性就一般地充当意志的原则”[②]。“人，一般说来，每个有理性的东西，都自在地作为目的而实存着，他不单纯是这个或那个意志所随意使用的工具。在他的一切行动中，不论对于自己还是对其他有理性的东西，任何时候都必须被当做目的……有理性的本性作为自在目的而实存着。”[③]“你的行动，对待每个有理性的东西，都同样遵循当做自在目的的准则，不论是自己还是别人。”[④]在权利问题上，康德以自由作为衡量标准，认为人们基于纯粹理性而作出的行为选择是自由意志的体现。

3. 道义责任论

由于人具有自由意志，就应对其行为承担道义责任。康德的伦理学是以自由法则、道德法则与法律法则为理论基础的，特别是道德法则。“约束性的根据既不能在人类本性中寻找，也不能在他所处的世界环境中寻找，而是完全要先天地在纯粹理性的概念中去寻找。”[⑤]“道德的第一个命题是：只有出于责任的行为才具有道德价值。第二个命题是：一个出于责任的行为，其道德价值不取决于它所要实现的意图，而取决于它所被规定的准则……第三个命题，作为以上两个命题的结论，我将这样表述：责任就是由于尊重规律而产生的行为必要性。”[⑥]“我很快就会觉察到，虽然我愿意说谎，但我却不愿意让说谎变成一条普遍的规律……这样看来，如若我一旦把我的准则变为普遍规律，那么它也就毁灭自身。”[⑦]不符合这个条件的行为，就是违背道德。道德法则是一种具有强制性且由人类理性所承认的法则，法律肩负着必然的道德使命。一种行为与法律法则相一致就符合合法性，而与伦理法则相一致就是它的道德性，所谓伦理法则是指除了要求外在行为的合法性之外，还要求法则本身成为决定我们行为的原则的法则。道德法则不是从经验中得来，而是先验的和必然的，这样，道德法则就与自由意志相一致。“自律性是道德的唯一原则”[⑧]，康德认为，法律是他律，不如道德的自律，但法律至少也须配合当时道德规范的要求。人们服从法律，在政治上是一种义务，法律既然与理性、道德一致，服从法律就等于服从理性和道德，“一切和意志自身普遍立法不一致的准则都要被抛弃，从而，意志并不去简单地服从规律或法律，他之所以服从，由于他自身也是个立法者，正由于这规律，法律是他自己制定的，所以他才必须服从”[⑨]。“我们由于赋予自身以意志自由，所以把自己想成是服从道德规律的。”[⑩]“合乎意志自律性的行为，是许可的，不合乎意志自律性的行为，是不许可的。其准则和自律规律必然符合的意志，是神圣的、彻底善良的意志。一个不彻底善良的意志对自律原则的依赖，道德的强制性，是约束性，出于约束性的行为客

① 〔德〕康德：《道德形而上学原理》，苗力田译，上海人民出版社，1986年，第102～103页。
② 〔德〕康德：《道德形而上学原理》，苗力田译，上海人民出版社，1986年，第51页。
③ 〔德〕康德：《道德形而上学原理》，苗力田译，上海人民出版社，1986年，第80～81页。
④ 〔德〕康德：《道德形而上学原理》，苗力田译，上海人民出版社，1986年，第91页。
⑤ 〔德〕康德：《道德形而上学原理》，苗力田译，上海人民出版社，1986年，第37页。
⑥ 〔德〕康德：《道德形而上学原理》，苗力田译，上海人民出版社，1986年，第49～50页。
⑦ 〔德〕康德：《道德形而上学原理》，苗力田译，上海人民出版社，1986年，第53页。
⑧ 〔德〕康德：《道德形而上学原理》，苗力田译，上海人民出版社，1986年，第94页。
⑨ 〔德〕康德：《道德形而上学原理》，苗力田译，上海人民出版社，1986年，第83～84页。
⑩ 〔德〕康德：《道德形而上学原理》，苗力田译，上海人民出版社，1986年，第105页。

观必然性，称为责任。"① 人类理性越发展，则自律越强，自律越强，人的意志就越自由。这时的自由符合理性，也不违背道德。由此可见，法律必须体现道德的要求，所以，行为人所负的就是一种道义责任。

4. 绝对的报应刑论

康德在主张犯罪和刑罚均衡的同时，还以预防刑使人格成为手段为由，彻底拒绝费尔巴哈提倡的预防刑，倡导个人主义的刑罚观②。康德反对将刑罚作为实现某种目的的手段，认为杀人者应该被杀，这是报复的权利，并且永久和平的目标是由法律来保证的，康德将公正和正义作为惩罚的标准，犯罪者必须得到惩罚。"法院的惩罚绝对不能仅仅作为促进另一种善的手段，不论是对犯罪者本人或者对公民社会。惩罚在任何情况下，必须只是由于一个人已经犯了一种罪行才加刑于他。因为一个人绝对不应该仅仅作为一种手段去达到他人的目的，也不能与物权的对象混淆。"③ 他认为犯罪违反了以社会契约为前提的国家性法规，刑罚是所谓实践理性的定言命令，对犯人科处刑罚是正义的当然要求。无论是在犯人的人格中，还是在人类社会中，刑罚都绝不应该作为实现其他目的的手段来科处，总是必须仅仅以他犯了罪这一理由来给犯人科处刑罚（绝对主义）。即，应该在同害报复法（ius talionis）中寻求刑罚的绝对性质（报应主义），通过抵消犯罪、使犯人尽责，使他再次恢复为道德的人格者④。

绝对主义是前期旧派的主张，以绝对的报应刑论为内容，故绝对主义与报应刑论属意义等同的概念。报应刑论将刑罚理解为对犯罪的报应，即刑罚是针对恶行的恶报，恶报的内容必须是恶害，恶报必须与恶行相均衡。恶有恶报、善有善报是古老的正义观念，基于报应的原理对恶害的犯罪以痛苦的刑罚进行报应，就体现了正义，这便是刑罚的正当化根据。"因为有犯罪而科处刑罚"，是绝对主义刑罚理念的经典表述⑤。绝对的刑罚理论（Absolute Straftheorie）只关注报应中的刑罚的法律根据和意义，通过报应，公正地使罪犯对其行为承担应有的不利后果。刑罚不具有任何目的上的考虑，只是作为抵偿有责地实施的违法行为的一种痛苦而出现的。绝对理论的世界观根据，承认国家是世俗公正的维护者和道德思想的集中体现，相信人类具有自决能力，限制保护个人自由的国家任务。因此，绝对刑罚理论集中了唯心主义的、保守主义的和自由主义的思想。绝对刑罚理论还为基督教伦理学所主张。其基础一方面是上帝创造世界的世界秩序观，另一方面是上帝和人的存在相适应的思想⑥。

5. 死刑赞成论

康德公开赞成死刑制度，认为死刑的存在是正义的体现，符合报应刑的需要。他明确提出："谋杀人者必须处死，在这种情况下，没有什么法律的替换品或代替物能够用它们

---

① 〔德〕康德：《道德形而上学原理》，苗力田译，上海人民出版社，1986年，第93页。

② 〔日〕大谷实：《刑法讲义总论》（新版第二版），黎宏译，中国人民大学出版社，2008年，第17页。

③ 〔德〕康德：《法的形而上学原理——权利的科学》，沈叔平译，商务印书馆，1991年，第164页。

④ 〔日〕大塚仁：《刑法概说（总论）》（第三版），冯军译，中国人民大学出版社，2003年，第34～35页。

⑤ 张明楷：《刑法学》（第四版），法律出版社，2011年，第453页。

⑥ Jescheck H H，Weigend T. Lehrbuch des Strafrechts Allgemeiner Teil. Drucker & Humblot，1996，5. Aufl.，S. 70～71.

的增或减来满足正义的原则。没有类似生命的东西，也不能在生命之间进行比较，不管如何痛苦，只有死。因此，在谋杀罪与谋杀的报复之间没有平等问题，只有依法对犯人执行死刑。处死他，但绝对不能对他有任何虐待，使得别人看了恶心和可恶，有损于人性。甚至假定有一个公民社会，经过它所有成员的同意，决定解散这个社会，并假定这些人是住在一个海岛上，决定彼此分开散居到世界各地，可是，如果监狱里还有最后一个谋杀犯，也应该处死他以后，才执行他们解散的决定。应该这样做的原因是让每一个人都可以认识到自己言行有应得的报应，也认识到不应该把有血债的人留给人民。如果不这样做，他们将被认为是参与了这次谋杀，是对正义的公开违犯。”①

（五）黑格尔

黑格尔（Georg Wilhelm Friedrich Hegel，1770—1831年），德国著名的客观唯心主义哲学家、古典唯心主义和唯心辩证法的创始人、德国古典法哲学的主要代表，既是德国古典哲学的集大成者，也是近代刑法学中的“行为概念之父”。他构筑了一个庞大的哲学体系，并且根据这个体系提出自己对法、对犯罪和刑罚的看法。1821年他发表了法哲学名著《法哲学原理》，对法（包括刑法）发表了许多见解，在其《小逻辑》、《逻辑学》和《精神现象学》等著作中，也包含着对刑法的论述。黑格尔关于刑法的观点可以主要概括为以下几点。

1. 犯罪的概念

黑格尔提出犯罪不但是对单个权利的侵害，而且侵犯了一般的法律秩序，因而具有社会危险性。“任何定在，只要是自由意志的定在，就叫做法。所以一般说来，法就是作为理念的自由”②，“从自由的角度看，财产是自由最初的定在。它本身是本质的目的……因为我的意志作为人的意志，从而作为单个人的意志，在所有权中，对我说来是成为客观的了，所以所有权获得了私人所有权的性质；共同所有权由于它的本性可变为个别所有，也获得了一种自在地可分解的共同性的规定”③，那么，对所有权的侵犯就是不法和犯罪。黑格尔认为犯罪属于不法的一种，但是与不法又有区别，不法是犯罪的前提，犯罪是不法的最高阶段，他认为不法有三种情况：一是无犯意的不法，行为人误认为自己的不法行为为合法，其主观上并没有不法的意图，对此情形一般不规定刑罚；二是诈欺，行为人假借法的名义为不法的事实，形式上承认法而事实上又破坏了法，对此情形应予以处罚；三是犯罪，即彻底的不法，行为人在主观和客观上、形式上和实质上都破坏了法。

2. 自由意志论

黑格尔将德国古典唯心主义发展到了顶峰，他认为法律的内容是意志，意志是自由的，所以法律是自由意志的体现，法律的实质是自由意志，“法的基地一般说来是精神的东西，它的确定的地位和出发点是意志。意志是自由的，所以自由就构成法的实体和规定性。至于法的体系是实现了的自由的王国，是从精神自身产生出来的、作为第二天性的那

---

① 〔德〕康德：《法的形而上学原理——权利的科学》，沈叔平译，商务印书馆，1991年，第166～167页。
② 〔德〕黑格尔：《法哲学原理》，范扬、张企泰译，商务印书馆，1961年，第36页。
③ 〔德〕黑格尔：《法哲学原理》，范扬、张企泰译，商务印书馆，1961年，第54页。

精神的世界”[①]。他指出，人是具有自由意志的，自由是意志的根本规定，有意志而没有自由，这只能是空话。但小孩、白痴、疯子等就其自身行为完全没有或者仅有限定的行为能力，这些人不可能有自由意志，“所以意志，作为存在于自身中的自由，是主观性本身，从而这一主观性就是意志的概念，因而也就是意志的客观性……主观性有时指某种完全特异的东西，有时指具有高度权能的东西，因为我所应该承认的一切，都有成为我的东西并在我处达到有效性这一任务……凡我们拿来作为我们对象的一切东西，不问我们放在自己面前的现实存在或是单纯思想，都可指为客观的。我们还可以把目的应在其中实现的定在的那直接性包括在这一范畴内。尽管目的本身是完全特异的和主观的，但当它表现出来的时候，我们却仍然称之为客观的……我们也可把完全没入客体中的意志叫做客观的意志，例如儿童的意志……又如奴隶的意志”[②]。

3. 罪刑法定和罪刑相应论

黑格尔明确提出，“对各个犯罪应该怎样处罚，不能用思想来解决，而必须由法律来规定”[③]，这是罪刑法定思想的体现。在罪刑关系上，黑格尔认为，刑罚要按照犯罪的质和量来衡量，他主张实行罪刑相应原则，“由于文化的进步，对犯罪的看法已比较缓和了，今天刑罚早已不像百年以前那样严峻。犯罪或刑罚并没有变化，而是两者的关系发生了变化”[③]，即对犯罪的处罚要视时代的具体情况而定，这是由于罪行和刑罚的轻重因社会情况的不同而不同，因而，“一部刑法典主要是属于它那个时代和那个时代的市民社会情况的……一部刑法典不可能在任何时代都合用”[④]。

4. 国家主义的辩证的报应刑论

黑格尔认为犯罪是自由意志人所实施的作为暴力行为的一种非法强制，侵犯了法，是对法的否定，而刑罚则是对非法强制的强制，是对犯罪的否定，以恢复被侵犯的法。“关于强制在它的概念中自己破坏自己这一点，在强制被强制所扬弃中获得其实在的表现。所以强制不仅是附条件地合法的，而且是必然的，它是作为扬弃第一种强制的第二种强制”[⑤]，“侵害唯有作为犯人的特殊意志才具有肯定的实存。所以，破坏这一作为定在着的意志的犯人的特殊意志，就是扬弃犯罪（否则会变成有效的了），并恢复法的原状”[⑥]，“犯罪的扬弃是报复，因为从概念说，报复是对侵害的侵害”[⑦]，这种报复是由国家实施的，具有正义性。他认为，刑罚“包含着犯人自己的法，所以处罚他，正是尊敬他是理性的存在。如果不从犯人行为中去寻求刑罚的概念和尺度，他就得不到这种尊重”[⑧]。黑格尔将刑罚建立在辩证法的原则之上，根据该原则，法秩序表明了公众的“普遍意志”。根据该原则，犯罪人在其违法行为中表现的“特殊意志”因刑罚而被否定，且在公众的道德

---

① 〔德〕黑格尔：《法哲学原理》，范扬、张企泰译，商务印书馆，1961年，第10页。
② 〔德〕黑格尔：《法哲学原理》，范扬、张企泰译，商务印书馆，1961年，第34～35页。
③ 〔德〕黑格尔：《法哲学原理》，范扬、张企泰译，商务印书馆，1961年，第99页。
④ 〔德〕黑格尔：《法哲学原理》，范扬、张企泰译，商务印书馆，1961年，第228～229页。
⑤ 〔德〕黑格尔：《法哲学原理》，范扬、张企泰译，商务印书馆，1961年，第96页。
⑥ 〔德〕黑格尔：《法哲学原理》，范扬、张企泰译，商务印书馆，1961年，第101页。
⑦ 〔德〕黑格尔：《法哲学原理》，范扬、张企泰译，商务印书馆，1961年，第104页。
⑧ 〔德〕黑格尔：《法哲学原理》，范扬、张企泰译，商务印书馆，1961年，第103页。

优势中被“废除”。以这种方式达成的普遍意思与特殊意思的统一，因宣布犯罪无效而得以重建，且同时表明，犯罪是无效的[①]。他认为：“如果以威吓为刑罚的根据，就好像对着狗举起杖来，这不是对人的尊严和自由予以应有的重视，而是像狗一样对待他……威吓毕竟把正义摔在一旁。”[②] 黑格尔指出，科处刑罚是理性，是国家的权力，犯罪人基于自由意志而实施犯罪，该意思只要不为国家所否定，犯罪人的理性就不会恢复[③]。

三、对前期古典学派理论的评价

前期古典学派是基于启蒙思想的刑法理论，这种理论以理性主义、自由主义为基础，在刑罚理论上主张一般预防和报应。对于基于自由意志而实施的客观违法行为，能够追究道义上的责任，通过一般预防来预防犯罪，通过刑罚来对恶行进行恶果的报应。

前期古典学派的刑法思想不乏历史局限性，例如，他们提出的意思自由论属于唯心主义，事实上，人不可能不受自己所处的环境的影响。他们注重行为，然而，犯罪的轻重不仅会受到犯罪行为客观危害大小的影响，也会受到行为人主观方面的影响。在刑罚目的上，相对主义的一般预防论忽视特别预防，失之片面，而绝对主义的报应刑论又与刑罚逐步文明化的发展路径相违，不啻圆凿对方枘。

同时，我们也应充分肯定前期古典学派刑法思想在历史上所具有的巨大进步意义，他们提倡的罪刑法定、罪刑均衡是对封建专制刑法的罪刑擅断主义的否定，并为其后法治国家刑法发展奠定了基础，事实上，罪刑法定、罪刑均衡均发展为刑法的基本原则。而意志自由论虽然有其唯心主义的一面，但它毕竟注意到了人的主观能动性和自由主义。前期古典学派主张的道义责任论虽然有其缺陷，但却开创了刑事责任根据学说之先河。

综上，前期古典学派虽然存在不足之处，但它反映了自由主义在法治上的要求，代表了资本主义对封建专制刑法制度的批判，开创了作为法学部门之一的近代刑法学。其功绩不仅载入史册，且百世流芳，应予肯定。

第三节　近代学派的刑法思想

一、概述

近代学派产生于19世纪后期。进入这一时期，资本主义日益发达，欧洲大陆的产业革命招致了激烈的经济、社会混乱，失业、贫富差距等不稳定现象增多，犯罪特别是累犯以及少年犯罪增加，而古典学派以犯罪人的自由意志为基础、主张追究道义责任的传统刑法理论对此显得无能为力。得益于当时处于勃兴之中的自然科学方法的支撑以及犯罪学发

---

① Jescheck H H，Weigend T. Lehrbuch des Strafrechts Allgemeiner Teil. Drucker & Humblot，1996，5. Aufl.，S. 70.

② 〔德〕黑格尔：《法哲学原理》，范扬、张企泰译，商务印书馆，1961年，第102页。

③ 〔日〕大谷实：《刑法讲义总论》（新版第二版），黎宏译，中国人民大学出版社，2008年，第17页。

达的机缘，寻求犯罪对策的新派理论就应运而生①。近代学派相对于前期旧派（前期古典学派）而言，又称新派。它分为刑事人类学派和刑事社会学派。刑事人类学派由意大利的龙勃罗梭及其追随者菲利（后转入刑事社会学派）、加罗法洛所创立，刑事社会学派由菲利、李斯特等创立。鉴于刑事人类学派和刑事社会学派都是以自然科学方法的实证主义理论为基础的，因而近代学派也被称为实证学派。

二、主要代表人物的刑法思想

（一）龙勃罗梭

切萨雷·龙勃罗梭（Cesare Lombroso，1835—1909年），意大利犯罪学家、精神病学家，被称为“近代犯罪学之父”。他运用实证的方法观察、分析犯罪现象，采用自然科学的方法对犯罪人进行生物学、病理学研究，于1876年出版了《犯罪人论》。他的理论存在着一定的局限性，后期他也曾对自己的理论进行修正。但不可否认的是，龙勃罗梭开创了近代犯罪学的先河，引入了刑法学研究的新方法，即实证分析方法。他的主要学术观点有以下几个方面。

1. 天生犯罪人论

龙勃罗梭通过临床试验的方法得出了天生犯罪人论。他认为，犯罪并不是个人自由意志的结果，犯罪人具有生来就要犯罪的命运，他们是人类学上的一种变种，属犯罪人类。犯罪人可以和一般人区别开来，他着眼于精神病人和犯罪人的身体特征特别是头盖骨的形态，认为他们具有身体、心理、精神上的特征，而且不同犯罪的犯罪人，其身体异常状况也具有特殊的定型。他坚信在犯罪人身上发现的特征为把罪犯作为一种人类学类型对待提供了基础。这些特征与社会的、个人的生活条件无关，具有不可抗拒的必然性。他指出，犯罪人是向野蛮人返祖的人（隔世遗传）或者蜕化者，他们具有在生物学上进化迟钝的恶劣特性。不过，龙勃罗梭并不认为所有的犯罪人都是天生犯罪人，此外，还存在着精神病犯罪人、偶然犯罪人与激情犯罪人等。后期，龙勃罗梭也逐渐认识到自然因素和社会因素对犯罪产生的作用是不可忽视的。

2. 社会防卫论

龙勃罗梭反对道义责任，认为犯罪是对社会的侵害，“存在着犯罪的必然性，但是，也存在着防卫和处罚的必要性……惩罚权应当以自然必要性和自我防卫权为基础”②，为了保卫社会的利益，国家必须对犯罪人科以刑罚。他坚持彻底的社会防卫和犯罪人改善，认为应当首先预防犯罪人的产生，如果没有预防成功，就应当对犯罪人进行矫治，在无法矫治的情况下再对其进行隔离。

3. 主观主义

关于确定犯罪和刑罚轻重的标准，龙勃罗梭反对刑事古典学派的客观主义，主张主观

---

① 〔意〕杜里奥·帕多瓦尼：《意大利刑法学原理》（注评版），陈忠林译评，中国人民大学出版社，2004年，第30页。随着龙勃罗梭的《犯罪人论》（1876年）、加罗法洛的《犯罪学》（1891年）、菲利的《犯罪社会学》（1892年）相继出版，强调生理、心理或社会的因素是犯罪产生的根本原因，主张刑法的核心由行为向行为者转变，强调应根据行为人生理、心理特点对犯罪人采取特殊预防措施的实证主义刑法理论，终于形成具有世界影响的刑法思潮。

② 〔意〕切萨雷·龙勃罗梭：《犯罪人论》，黄风译，北京大学出版社，2011年，第229页。

主义，他说："同一罪恶，犯之者如或为生而为恶之人，或为生而有犯罪性之人，或为偶然犯罪之人，则施罚自各不同。"① 他认为，犯罪是由犯罪人自身不同的生理、心理、精神特征所造成的，犯罪人的主观恶性和危险性各不相同，所以针对同一犯罪行为这样的犯罪事实对犯罪人判处刑罚时，刑罚的轻重应根据犯罪人人身危险性的情况来决定。

4. 特殊预防论

龙勃罗梭指出："今则刑罚宽和，监狱舒适，更无令人恐吓之理；况施罚所以恐吓他人，公道究何在乎？"② 可以得知，龙勃罗梭反对一般预防。他提出了矫治犯罪人的具体的预防性措施和法律措施，包括预防贫穷儿童、贫穷成年人犯罪的机构以及对性犯罪、诈骗犯罪等具体犯罪的预防，并提出了根据不同的犯罪人而采取的具体的矫治措施。对真正的激情犯罪人来说，懊悔自责造成的痛苦比任何法律惩罚都要大，此外，还应当进行流放、赔偿损害等；对倾向犯罪人应当避免反复使用短期监禁刑，以免他们与习惯性犯罪人接触；对于习惯性犯罪人，龙勃罗梭认为应当实行隔离；由于生来犯罪人、癫痫病人和悖德狂者的犯罪是由他们先天的邪恶本能引起的，因此，不能把他们送入普通的监狱，应当把这些人监禁在特别的机构中进行矫治，应当为这些犯罪人建立专门的监禁和矫治机构③。龙勃罗梭针对轻微犯罪还提出了叱责、断食、冷水浴、身体刑、自宅拘禁等处置措施。

（二）菲利

恩里克·菲利（Eurico Ferri，1856—1929 年），刑事实证学派的主要代表人物、意大利社会改革的先驱者。他是龙勃罗梭的学生，龙勃罗梭对他的影响非常重大。菲利曾为刑事人类学派的代表人物之一，之后他转入刑事社会学派，与德国刑法学家李斯特等一起，成为刑事社会学派的主要代表。其代表著作有《实证派犯罪学》（1883 年）和《犯罪社会学》（1884 年）。

1. 生来犯罪人论

菲利将罪犯分为天生犯罪人、习惯性犯罪人、偶发性犯罪人、激情犯罪人和精神病犯罪人五类。他受龙勃罗梭影响，承认遗传的或者先天的犯罪人的存在，并且引用龙勃罗梭的统计数据进行具体说明，认为天生犯罪人最容易表现出犯罪人类学所确定的器质和心理特征，天生犯罪人把监禁看做是从事其职业所必须承担的风险，所以实际的惩罚比惩罚的恐吓对他们的影响要小得多。菲利后来受到马克思的历史唯物主义的影响，认为个人因素与社会因素之间存在着一定联系，如果仅有先天的体质缺陷，而没有后天的不良环境的影响，犯罪就不会发生。

2. 反对意志自由论

菲利反对刑事古典学派的理论基础意志自由论，认为现代实证研究方法武装起来的近代心理学否认了自由意志的存在，认为自由意志不过是纯然的幻想，并证明人的任何行为均系犯罪人的人格与其所处的环境相互作用的结果，意志自由的概念将在刑法中失去地

① 〔意〕切萨雷·龙勃罗梭：《朗伯罗梭氏犯罪学》（二），刘麟生译，商务印书馆，1929 年，第 139～140 页。
② 〔意〕切萨雷·龙勃罗梭：《朗伯罗梭氏犯罪学》（二），刘麟生译，商务印书馆，1929 年，第 141 页。
③ 〔意〕切萨雷·龙勃罗梭：《犯罪人论》，黄风译，北京大学出版社，2011 年，第 21 页。

位。“实证派犯罪学主张，犯罪人犯罪并非出于自愿；一个人要成为罪犯，就必须使自己永久地或暂时地置身于一种个人的、自然的和道德的状态之下，并生活在从内部和外部促使他走向犯罪的那种因果关系链条的环境之中。”①

3. 犯罪原因三元论

菲利对天生犯罪人论的不足进行补充，认为犯罪的原因包括人类学因素（个人因素）、自然因素（地理因素）与社会因素，这些原因实际上总是交织在一个密不可分的网中。菲利认为产生犯罪的原因主要是社会因素，强调犯罪是上述三种因素的“综合作用”，反对仅用某一种因素去诠释犯罪。菲利指出，“人类学因素、自然因素和社会环境的相对作用随着每一种违法行为的心理学和社会学特征的不同而不同”②，“人类学、自然及社会三方面因素的影响大小，在每一个案件中各不相同”③。

4. 犯罪饱和论

基于犯罪原因三元论，菲利提出了“犯罪饱和”的理论，他认为，每一个社会都有其应有的犯罪，这些犯罪的产生是由于自然及社会条件引起的，其质和量是与每一个社会集体的发展相适应的。因此，艾米特莉特的古老格言是可以坚信的，犯罪也有年终平衡，其增多与减少比国民经济的收支还带有规律性④。“就像我们发现一定数量的水在一定的温度之下就能溶解一定数量的化学物质但并非原子的增减一样，在一定的自然环境和社会环境下，我们会发现一定数量的犯罪。”⑤ 此外，菲利指出，尽管在一般情况下，各国的犯罪是按照饱和法则变化，但是在社会环境异常的情况下会发生超饱和现象：“我们发现，在化学中除正常饱和之外，增加液体的温度会导致一种异常的超饱和状态。在犯罪社会学中也是如此，除了正常饱和之外，由于社会环境的异常，我们有时也发现一种犯罪的超饱和状态。”⑥

5. 社会责任论

菲利认为用暴力来矫正暴力总不是一种好办法，社会防卫才是刑事司法的目的，他指出，“刑罚不应当是对犯罪的报应，而应当是社会用以防卫罪犯威胁的手段”⑦，“预防并非仅仅是第二位的辅助手段，今后应当在社会防卫中起主要作用，因为镇压对犯罪现象所起的作用很小”⑧。菲利认为，“实证派所主张的社会防卫制度必然会代替古典派的刑罚和监狱制度”⑨。犯罪人作为社会的一员生活着，就必须对其向社会所施加的侵害行为（犯罪）承担责任，菲利提倡针对危险的犯罪人来防卫社会，罪犯基于此而承受处分的地位就是社会责任论。

---

① 〔意〕恩里科·菲利：《实证派犯罪学》，郭建安译，中国人民公安大学出版社，2004年，第132页。

② 〔意〕恩里科·菲利：《犯罪社会学》，郭建安译，中国人民公安大学出版社，2004年，第147页。

③ 〔意〕恩里科·菲利：《实证派犯罪学》，郭建安译，中国人民公安大学出版社，2004年，第160页。

④ 〔意〕恩里科·菲利：《实证派犯罪学》，郭建安译，中国人民公安大学出版社，2004年，第183～184页。

⑤ 〔意〕恩里科·菲利：《犯罪社会学》，郭建安译，中国人民公安大学出版社，2004年，第163页。

⑥ 〔意〕恩里科·菲利：《犯罪社会学》，郭建安译，中国人民公安大学出版社，2004年，第164页。

⑦ 〔意〕恩里科·菲利：《犯罪社会学》，郭建安译，中国人民公安大学出版社，2004年，第272页。

⑧ 〔意〕恩里科·菲利：《犯罪社会学》，郭建安译，中国人民公安大学出版社，2004年，第214页。

⑨ 〔意〕恩里科·菲利：《犯罪社会学》，郭建安译，中国人民公安大学出版社，2004年，第332页。

6. 刑罚个别化

菲利认为应该将犯罪人分为不同的类别，然后采取不同的教育、矫正措施，从实际出发，倡导刑罚的个别化，对不同的犯罪人施以不同的对策。他主张对天生犯罪人和习惯性犯罪人实行不定期隔离，对情感犯鉴于其犯罪后会受到真诚的懊悔心理的惩罚只需施以严格赔偿而代替短期监禁，对精神病犯设立专门犯罪精神病院进行隔离，对犯了轻罪的偶犯以损失赔偿的方式进行矫正，对犯了重罪的偶犯视具体情况判处暂时迁出犯罪地或者进行不定期隔离。

7. 刑罚和保安处分一元论

菲利提出，为了防卫社会，使之免受犯罪的侵害，必须完善社会政策；为了防止行为人反复实施犯罪，对其必须适用作为刑罚的替代的制裁措施①。菲利把一个国家为了预防犯罪并因此减少刑罚适用而采取的刑事立法之外的所有社会措施通称为刑罚的替代措施。菲利指出，刑罚替代措施是间接社会防卫的手段，“刑罚的替代措施则应当成为社会防卫机能的主要手段，因此刑罚尽管是永久的，但却要成为次要的手段”②。菲利列举了经济领域、政治领域、科学领域、立法和行政领域、教育领域的刑罚的替代措施，指出“刑罚替代措施的目标不是使所有重罪和轻罪都不可能产生，而是在任何特定的自然和社会环境下都力争将它们减少到最小的数量”③。在刑罚与保安处分的关系上，他认为刑罚和保安处分的目的是一样的，都是为了预防犯罪人犯罪。菲利在 1921 年起草的《意大利刑法典草案》中，以“制裁”代替“刑罚”一词，建议以不定期刑代替定期刑，认为最重要的制裁是不定期刑和保安处分，从而使该草案成为刑罚和保安处分一元论的典型。

（三）加罗法洛

拉斐尔·加罗法洛（Raffaele Garofalo，1852—1934 年），意大利法学家、犯罪学家，犯罪人类学派主要代表人物之一。他是龙勃罗梭的学生，他的思想和龙勃罗梭一脉相承，但在许多方面又突破了龙勃罗梭的理论框架，形成了自己的独到见解。加罗法洛在龙勃罗梭的犯罪人类学之上加入了心理学方面的考虑，试图将其与法律学结合在一起。他区别了自然犯（delitto naturale）和法定犯（delitto legale），并且认为，在对犯罪人进行处遇时，与客观行为的轻重相比，更应该考虑他自身具有的危险性（temibilità）④。可以看出，加罗法洛发展了老师龙勃罗梭的思想，他侧重从心理学的角度来研究犯罪的原因，即在天生犯罪人理论上加入了心理学方面的因素，认为以前刑法研究的犯罪仅具有形式意义，应该对犯罪进行实质的研究。1885 年他出版了代表作《犯罪学》，之后多次再版，并先后被译成英文、法文、西班牙文、葡萄牙文等多种文字。《犯罪学》的出版标志着犯罪学作为法学中独立学科的诞生。加罗法洛在该书中首次提出了自然犯罪的概念，其刑法思想可以概括为以下几个方面。

1. 自然犯罪观

加罗法洛学说的特色在于他的自然犯罪原理。“在一个行为被公众认为是犯罪前所必

---

① 〔日〕大谷实：《刑法讲义总论》（新版第二版），黎宏译，中国人民大学出版社，2008 年，第 19 页。
② 〔意〕恩里科·菲利：《犯罪社会学》，郭建安译，中国人民公安大学出版社，2004 年，第 193 页。
③ 〔意〕恩里科·菲利：《犯罪社会学》，郭建安译，中国人民公安大学出版社，2004 年，第 211～212 页。
④ 〔日〕大塚仁：《刑法概说（总论）》（第三版），冯军译，中国人民大学出版社，2003 年，第 38 页。

需的不道德因素是对道德的伤害，而这种伤害又绝对表现为对怜悯和正直这两种基本利他情感的伤害。而且，对这些情感的伤害不是在较高级和较优良的层次上，而是在全社会都具有的平常程度上，而这种程度对于个人适应社会来说是必不可少的。我们可以确切地把伤害以上两种情感之一的行为称为‘自然犯罪’。”①

加罗法洛将自然犯和法定犯区别开来，他采取自然犯罪的概念，认为犯罪的法律概念必须被看做是对犯罪研究的目标毫无意义的东西，我们需要首先抛开所有不伤害利他情感的事实（因为绝对不可能将这类事实看做犯罪），然后将利他情感归为以上两种类型。那些未被列入的犯罪不属于社会学研究的范围，这些行为并不说明行为人的异常，并不证明他们缺少社会进化为人类提供的道德感。这些被排除的犯罪常常只是侵害了偏见、违反了习惯或特定社会的法律，而这些法律又因国家的不同而不同，而且对社会的共同存在并不是必不可少的。

2. 否定自由意志论和道义责任论

加罗法洛否认绝对的自由意志，并基于此认为道义责任的原理是荒谬的。他指出：“自由意志经常为那些可能影响个人意志的内在或外在情况所限定。它通常是相对的，其转化通常也是无限的，而且经常容易把自己转化为无足轻重和难以感觉的最低限度……道义责任的原理只能导致刑事遏制的目的失败。”②

3. 犯罪类型观

加罗法洛认为龙勃罗梭提出的特定的生理特征中没有一个是永恒不变的，不过，通过对犯罪人与非犯罪人进行比较，确实可以证明这些特征在犯罪人中的发生率较高。加罗法洛基于道德异常标准把犯罪人分为谋杀犯、暴力罪犯、缺乏正直感的罪犯和色情犯四种类型，并认为应对他们分别科处合理的刑罚措施，以使罪犯不再犯罪，或者教育罪犯使其具备道德感。加罗法洛指出，所有的罪犯（包括法定犯，他主要在于违法了法律，并不表现为任何道德低下）都应归入这四类中的某一类。他还列出了与这些类型并列的相应形式的精神错乱或精神病，并基于少年犯因不能完全理解其所作所为和所犯的罪而将其自成一类。他归结道：“唯一没有纳入这种分类的犯罪是那些单纯的反叛或违法行为……不同国家的地方法典只需对这些最后提到的犯罪作出规定。”③

（四）李斯特

李斯特（Franz v. Liszt，1851—1919 年），德国刑法学家、刑事社会学派的集大成者，学派之争时新派的旗手和主将。他立足于实证主义的方法论，将近代学派的主张发展到法律学，提升到刑法学的高度④。1889 年李斯特与荷兰的哈麦尔、比利时的普林斯一道创立了国际刑事法协会，第一次世界大战前，它在新刑事政策方面在科学上和宣传上发挥了重要的作用，在李斯特去世之后，该协会在 1924 年更名为国际刑法学会。李斯特的代表作有 1881 年的《德国刑法教科书》、1882 年的《刑法的目的观念》等。他的主要观点

① 〔意〕加罗法洛：《犯罪学》，耿伟、王新译，中国大百科全书出版社，1996 年，第 44 页。
② 〔意〕加罗法洛：《犯罪学》，耿伟、王新译，中国大百科全书出版社，1996 年，第 245～246 页。
③ 〔意〕加罗法洛：《犯罪学》，耿伟、王新译，中国大百科全书出版社，1996 年，第 127 页。
④ 〔日〕大谷实：《刑法讲义总论》（新版第二版），黎宏译，中国人民大学出版社，2008 年，第 19 页。

如下。

1. 犯罪原因二元论

李斯特根据意思决定论，认为任何一个具体犯罪的产生均由两个方面的因素共同导致，一个是犯罪人的个人因素，另一个是犯罪人的外界的、社会的因素，尤其是经济的因素。消除社会原因须主要依靠刑事政策，而刑罚则主要是用以消除个人原因。个人因素是重要的诱因，在由于个人原因而引起的犯罪中，状态犯（“性格犯”或“倾向犯”）就属于这种类型，状态犯的行为人中又可分为可矫正的和不可矫正的两种。李斯特指出犯罪学的主要任务在于，通过对犯罪人个体的深入研究来认识其特征。在犯罪人的“体格”以及犯罪人的“生命力”这两个方向加深对犯罪人的研究，是刑事政策对犯罪人的评价超越外行对犯罪动机所作的陈词滥调的解释的前提条件，它也是现代刑罚执行工作取得成效的先决条件，同时它还是正确运用现代刑事政策为特殊预防目的而提供的各种各样的措施的先决条件①。

2. 行为人主义

李斯特认为：“在根据我们的观点得出的结论中，这也许应当仅仅顾及为人处事的态度，而不是要等到构成行为时才处罚，就像家庭医生不需要等到病痛已经严重爆发时才处理，而应当努力预防这种情况的发生。”但是，根据维护个人自由的理由，他的这个观点是难以勉强同意的。当然，他在应然的意义上要求对行为构成“根据行为人的人格，更准确地说，根据他的犯罪性态度的强烈程度，做出尽可能的区别”，“在法制国家，只有当行为人的敌对思想以明文规定的行为表现出来，始可科处行为人刑罚。犯罪行为的界限应尽可能地从客观方面来划定，该原则也适用于未遂犯罪和共同犯罪。只有这样，才能保证准确无误地区别应受处罚的行为和不受处罚的行为。”② 罗克辛认为：“无论如何，这种主观方面的区别，为量刑时考虑行为人的人格提供了更大的可能性。在这里，清楚地显示出李斯特主张的完全一般性的行为人刑法的特征。”③

另外，在犯罪论体系上，李斯特提出：“犯罪是符合犯罪构成的、违法的和有责的行为。”④

3. 目的刑主义

刑罚被作为保卫法秩序的手段，不能不为保卫法益服务。由目的观念来约束刑罚权力，正是刑罚正义的要求。李斯特指出：“在谈到刑罚对犯罪人的效果时，我们不可忽视其对社会的反作用，即对整个社会的影响。过分强调矫正思想对于全民的法律意识及国家的生存，都会造成灾难性的后果，如同对偶犯处罚过于严厉，对不可矫正的罪犯处罚过于残酷会带来灾难一样。目的刑思想有其界限。不考虑所要达到的目的，而一味地强调自我保护，永远也不会收到满意的效果。”②

4. 特别预防论

从法律规范中可以看出，刑罚具有警告和威胁作用。刑罚对具有法律意识的公民具有

---

① 〔德〕李斯特：《德国刑法教科书》（修订译本），徐久生译，法律出版社，2006年，第12～15页。

② 〔德〕李斯特：《德国刑法教科书》（修订译本），徐久生译，法律出版社，2006年，第23页。

③ Roxin C. Strafrecht Allgemeiner Teil Band Ⅰ. Verlag C. H. Beck，2006，4. Aufl.，S. 180.

④ 〔德〕李斯特：《德国刑法教科书》（修订译本），徐久生译，法律出版社，2006年，第169页。

威慑作用，它向这些人清楚地表明，国家是何等地重视其命令（刑罚作为对违法行为的“责难”，作为法律的和社会的“否定评价”）；对于少数敏感的犯罪人来说，科处刑罚是其违法行为的必然的法律后果。刑罚的执行能遏制犯罪人的犯罪癖好，同时，刑罚的威慑作用也是针对全体社会成员的（一般预防）[①]。刑罚的任务应当是对犯罪人施以适合其个性的影响。因此，特殊预防的思想应当置于首位，但又不应当取消一般预防，不应当以“保护刑”或“目的刑”取代“报应刑”[②]。大塚仁在其书中指出，李斯特“要以反社会性的强弱为标准对犯罪人进行分类，谋求与其相应的威吓、改善、排害等所谓刑罚的个别化，借此达到防卫社会之实（特别预防主义）”[③]。

5. 保安处分论

李斯特认为，“保安处分”是指这样一些国家处分，其目的要么是将具体之个人适应社会（教育性或矫正性处分），要么是使不能适应社会者从社会中被剔除（狭义的保护性或保安性处分）。如果保安处分与应受处罚的行为的实施联系在一起，那么，它就完全具有了刑罚的特征，而且是从报应理论的立场出发。如果刑罚——哪怕是附带性地——能够实现矫正及保安处分之目的，则刑罚同样程度地涉及保安处分领域的内容。此两种法律制度的关系如同两个相互交叠的圆圈：纯威慑刑罚（报应刑）和纯保安处分相互对立；在它们的相同部分，保安处分可代替刑罚（与刑罚“相互替代”），刑罚可代替保安处分（“保安性之刑罚”）[④]。李斯特预测，刑法与保安处分的并存将会让位于一个综合的刑罚体系。在该综合的刑罚体系中，刑罚被视为保安处分的亚种，并根据特定的目的刑思想，作为与犯罪作斗争的武器。通过对刑法史的粗略的了解，这一预测的可行性便可以得到证实[⑤]。

对此，耶赛克和魏根特指出：“这一由少数人所主张的学说，在德国没有什么市场，因为如此一来，将会放弃作为根据和刑罚界限的罪责原则，且同时也将在一定程度上放弃法安全性。正是鉴于此等原因，1990年8月30日的《少年法院法修改法》，废除了（《少年法院法》第19条）定期少年刑罚。在国外，立法中的不定期刑也属于个别例外情况。”[⑥]

（五）牧野英一

牧野英一（1878—1970年），日本刑法学家、法哲学家，曾师从著名新派刑法学者李斯特，是日本刑法学近代学派的代表人物。

牧野英一认为刑法肇始于原始复仇时代，再到国家威吓时代，进而进入人道或博爱时代，最后到达科学时代。前两个时代是本能的、反射的制度，后两个时代是自觉的、有意识的制度。刑法中的重点变迁应该由适应人道主义时代的个人主义、报应刑、客观主义，向适应科学时代的团体主义、目的刑、主观主义进化。牧野英一认为：“犯罪并不是侵害

① 〔德〕李斯特：《德国刑法教科书》（修订译本），徐久生译，法律出版社，2006年，第9页。
② 〔德〕李斯特：《德国刑法教科书》（修订译本），徐久生译，法律出版社，2006年，第25页。
③ 〔日〕大塚仁：《刑法概说（总论）》（第三版），冯军译，中国人民大学出版社，2003年，第38页。
④ 〔德〕李斯特：《德国刑法教科书》（修订译本），徐久生译，法律出版社，2006年，第402页。
⑤ 〔德〕李斯特：《德国刑法教科书》（修订译本），徐久生译，法律出版社，2006年，第29页。
⑥ Jescheck H H，Weigend T. Lehrbuch des Strafrechts Allgemeiner Teil. Drucker & Humblot，1996，5. Aufl.，S. 79.

法益，而是恶性的表现。”[①] 他将主观主义的犯罪理论归结为征表主义，提出了著名的“犯罪征表说”。他指出：“刑法中的客观主义与主观主义之争，简而言之，可以说是事实主义与人格主义之争，又可以说是犯罪主义与犯人主义之争。而在德国，则将其称为现实主义（Realistik）与征表主义（Symptomatik）之争。”由于旧派“以现实发生的损害作为犯罪观念的核心，所以，称之为客观主义或现实主义”；新派则“以犯罪是犯人反社会性的征表为核心，因而被称之为征表主义”[②]。他认为，行为只是借以认定犯罪人主观恶性的手段，而非认定犯罪的本质因素，它仅具有征表犯罪人人身危险性的意义，也就是说，犯罪行为不过是犯罪人的人身危险性、反社会性的性格的征表。他主张对犯罪采取社会的合理保全，对犯罪人实施预防应以犯罪人的主观恶性为基础。刑罚是由犯罪人再进行侵害的可能性即主观恶性的程度所决定的。客观主义向主观主义进化是时代的要求，19 世纪后半期实证方法被应用于犯罪人研究，对不同犯罪实行个别化的处理就成了必然结果。牧野英一倡导目的刑、教育刑，将报应刑向目的刑、教育刑的转变看做刑罚和刑罚思想的进化。另外，他认为删除罪刑法定主义有其积极的理由，主张松弛甚至取消它，这主要是因为罪刑法定主义制约了牧野英一所主张的目的刑、教育刑、主观主义等。针对否定罪刑法定主义可能导致法官裁量权泛滥的质疑，牧野英一回应道：“现在的时代距法国大革命已经百年有余，中世纪残酷的擅断主义只是作为历史沿革的遗迹残留在社会的记忆中而已。”[③] 牧野英一持构成要件否认论，其在《日本刑法》一书中，无视构成要件的概念[④]，这是其罪刑法定主义论的必然结果。

牧野英一的老师李斯特虽然主张行为人主义，但仍然坚持罪刑法定主义，反对类推解释。然而，作为李斯特的学生，牧野英一在推进主观主义的同时，却主张松弛甚至取消罪刑法定主义原则，这无异于放任司法权，必然会危及公民自由权。

（六）木村龟二

木村龟二（1897—1972 年），日本刑法学家，近代学派的代表人物。

尽管木村龟二受牧野英一的影响颇深，但其在近代学派阵营中具有自身的独特性。他赞成实证主义的犯罪观，对犯罪和刑罚采取实证的态度；他否定自由意志，认为犯罪人不能进行理性判断；为与犯罪人的反社会性相适应，他坚持行为人主义、主观主义的刑法理论，并提倡教育刑论。

木村龟二在第二次世界大战前认为罪刑法定主义虽然是个人主义政治思想的产物，但也须通过社会本位的团体主义加以修正，所以不能否定罪刑法定主义的现代意义。第二次世界大战后，木村龟二的基本思想主要体现在要求刑法把新宪法的理念（自由、民主、人权）具体化。他认为新宪法强调的罪刑法定主义是从保障个人自由的基本精神中引申而来，他虽然批判了盲目信仰罪刑法定主义的倾向，指出了其历史局限性，但是认为只要社

① 〔日〕中山研一：《刑法的基本思想》，百家学术译丛编委会译（马万里、谭继廉），国际文化出版公司，1988 年，第 16 页。

② 〔日〕牧野英一：《罪刑法定主义与犯罪征表说》，有斐阁，1918 年，第 130 页。

③ 〔日〕中山研一：《刑法的基本思想》，百家学术译丛编委会译（马万里、谭继廉），国际文化出版公司，1988 年，第 2～8 页。

④ 〔日〕夏目文雄、上野达彦：《犯罪概说》，敬文堂，1992 年，第 153～154 页。

会内部仍然存在对立，罪刑法定主义作为保护弱者的原则便不能被放弃，可见其与牧野英一的观点不同。再者，他在第二次世界大战战后初期指出，刑法不仅具有针对国家刑罚权保障个人的机能，也具有针对犯罪保障法益的机能。可以看出木村龟二已经倾向于个人自由和保障人权，但后来由于其研究重点已转至以犯罪论为核心的刑法解释学领域，便不特别强调个人自由和保障人权。而在教育刑方面，木村龟二从第二次世界大战前至第二次世界大战后几乎没有变化，他指出教育刑以实现最高道德为任务，具有积极意义，当受刑者重新成为有益于社会、国家的一员时，教育刑的内容才最终完成。不过，木村龟二也积极评价了报应刑思想，认为报应刑对克服教育刑思想的柔弱性有一定的作用。另外，木村龟二在第二次世界大战前坚持主观主义的观点，认为客观主义与主观主义的对立主要表现为客观主义将重点放在行为的客观方面，主观主义将重点放在行为人的主观方面；客观主义采用脱离行为人理解的行为的抽象的、脱离现实的、观念的思想方法，主观主义采用根据行为人的行为有机理解行为的实证的、全面的思想方法；从思想发展史上分析，客观主义源于启蒙的个人主义，主观主义源于以调和社会与个人为本质的团体主义。第二次世界大战后，木村龟二不再是纯粹的主观主义者，对于客观主义和主观主义，他只谈论立法的刑事政策动向，省略了主观主义在犯罪论领域带来的具体问题的总结性叙述，对于客观主义和主观主义之间对立的原因以及内容也不甚明确①。

三、对近代学派理论的评价

近代学派主张意志决定论、社会责任、行为人主义、特殊预防、改善刑。它认为，人没有自由意志，犯罪是基于一定的原因产生的。为了防止犯罪就必须研究犯罪的原因，犯罪是由行为人的性格和环境等因素所决定的。因此，行为人的主观危险性对犯罪预防的意义重大。鉴于应当受处罚的不是行为而是行为人的危险性格，对犯罪行为所征表的行为人的社会的危险性就有必要进行社会防卫，行为人基于此而承担的责任就是社会责任。刑罚的目的也不是报应，而是预防犯罪人重新犯罪，矫正犯罪人的反社会性，以教育、改善有社会危险性的人复归社会为目的。鉴于刑罚的主要目的是矫正犯人的危险性，因此刑罚和保安处分之间就没有本质的区别。近代学派认为，费尔巴哈等主张的一般预防并不是刑罚的直接目的，它坚持特别预防主义，从防卫社会的角度出发，建立了刑法学的体系。中国刑法学者张明楷认为："相对主义则属于新派的理论，以目的刑论为内容，故相对主义与目的刑论是意义等同的概念。目的刑论认为，刑罚本身并没有什么意义，只有在为了实现一定目的即预防犯罪的意义上才具有价值，因此，在预防犯罪所必要而且有效的限度内，刑罚才是正当的。目的刑论与预防论基本等同。预防论分为一般预防论与特殊预防论。一般预防论又分为通过刑罚预告的一般预防论与通过刑罚执行的一般预防论；特殊预防论中的惩罚论或威慑论，主张通过惩罚或威慑犯罪人使其不再犯罪；特殊预防论中的教育刑论或改善刑论，主张通过教育或者改善犯罪人使其不再犯罪。根据目的刑论的观点，刑罚的正当化根据在于刑罚目的的正当性与有效性。'为了没有犯罪而科处刑罚'，是相对主义刑

① 〔日〕中山研一：《刑法的基本思想》，百家学术译丛编委会译（马万里、谭继廉），国际文化出版公司，1988年，第22～29页。

罚理念的经典表述。”[①]

对于近代学派的是非功过，学界褒贬不一。客观地看，近代学派的刑法理论既存在着明显的缺陷，同时又对刑法理论的发展有重要的作用。它关于二元或三元的犯罪原因论，仅仅列举了表象的、具体的犯罪原因，而未触及资本主义社会根本制度这一犯罪的深层的根本原因，是其缺陷；然而，它在全面探寻犯罪原因方面又意义重大。它的意志决定论的观点完全反对人的自由意志，看不见人的主观能动性是不对的；不过，它承认人的意志受存在的影响无疑又具有正确的一面。它的主观主义理论忽视犯罪行为，只强调犯罪人本身，给纳粹分子破坏刑法的保护机能和保障机能提供了借口；但它强调犯罪人的主观差异和刑罚个别化的理论又是值得肯定的。它提倡目的刑主义，只强调特别预防，而否定一般预防，有失全面；不过对报应刑的摒除，又具有一定的历史进步性。可见，只有兼而观之，方能对近代学派的刑法理论作出公允的评价。

第四节　后期古典学派的刑法思想

一、概述

19世纪后半期，随着资本主义的发展，资产阶级与工人阶级间的对立日益尖锐，贫富差距突出，犯罪现象增加，近代学派应运而生。前期古典学派的刑法理论因为不能对犯罪作出有效反应而备受近代学派的攻击。这个时代，相比于个人理性，人们更倾向于追求超越个人的民族精神，民族精神来源于民族的历史，而国家由民族发展而来，因而催生了国家自由主义思想。古典学派的学者一面与近代学派论战，一面反思前期古典学派的刑法理论，这一背景促使了后期古典学派的诞生。后期古典学派与前期古典学派一脉相承，同时二者又存在重大差异。前者立足于功利主义的相对主义的立场，从一般预防的角度出发，将刑法体系化；而后者在对基于恶意实施的行为科处作为报应的刑罚之时，强调实现正义的绝对主义观念。二者虽然是基于不同的思想、社会背景而形成的，但都具有自由主义的一面，前者以个人自由主义为基础，而后者在为维护国家权威而适用刑法方面，特征较为明显，具有国家自由主义的特征[②]。

二、主要代表人物的刑法思想

（一）宾丁

宾丁（Karl Binding，1841—1920年），德国刑法学家，规范学派的创始人。宾丁的代表作为《德国刑法纲要》、《规范及其违反》等。《规范及其违反》系统地阐述了“规范论”思想，奠定了宾丁在后期古典学派的地位。“规范论”发表后产生了巨大影响，被认为是宾丁的第一业绩。他的理论使得德国刑法学从康德式的玄想进入了新的时代。其刑法

① 张明楷：《刑法学》（第四版），法律出版社，2011年，第453页。

② 〔日〕大谷实：《刑法讲义总论》（新版第二版），黎宏译，中国人民大学出版社，2008年，第18页。

思想可概括为以下几个方面。

1. 实证方法与规范说

宾丁认为犯罪是违反了作为刑罚法规前提的一定的行为法，即规定禁止或者命令一定行为的规范的行为。宾丁摆脱了康德、黑格尔的形而上学性思维，只努力于确立实定刑法学，特别是分析了实定刑法的构造，提倡严格区别刑罚法规及从其中推导出的规范的所谓规范说。他认为，刑罚法规是规定刑罚权者与犯人之间的法律关系的法，不是直接指向国民的行为规范，规范是指向行为能力者的包含着行为的禁止或者命令的东西，作为刑罚法规的前提，可以从刑罚法规所表示的构成要件中推导出规范。所以，存在对该规范的违反时，就由刑罚法规发动刑罚权①。

2. 报应刑论

关于刑罚目的，宾丁认为，刑罚是对作为规范的否定的犯罪的否定，目的是维护法律即国家的权威。因此，犯罪对秩序的侵害越严重，相应地，犯人所应受到的处罚也就越严厉（客观主义）。宾丁正是从对法秩序的侵害的角度出发，主张报应刑的（法律报应刑论）②。

3. 权威主义刑法理论

宾丁的刑法思想以法律的权威性及规范的命令为根据，刑罚的正当化根据须在刑罚法规自身中寻求。根据宾丁的见解，刑罚是“使犯罪者服从于法的威严”，使其服从于“法这一种常胜的权力”③。这是极端权威主义、道德主义的理论。宾丁保守的、权威主义的刑法思想，与当时德国实现统一有必要突出国家的权威与权力的时代背景有一定的关系。

宾丁的见解，在法律的报应这一点上与康德相近，在国家主义这一点上与黑格尔相近，在通过实定法的分析构成其见解方面有新意。由于罕见的理论思索而被日本著名刑法学家团藤重光评价为“在构筑刑法学的理论体系方面有重要的功绩”④。

（二）比克迈尔

比克迈尔（Karl von Birkmeyer，1847—1920 年），德国刑法学家，李斯特的论敌，后期古典学派的重要代表。其代表作有 1890 年出版的《德国刑法讲义纲要》、1910 年出版的《对德国刑法典草案的评论》。

在刑法学派之争中，比克迈尔鲜明地维护了传统古典学派的理论主张，他围绕犯罪论和刑罚论的本质问题，并在与刑法近代学派代表李斯特为期 20 多年的长期论争中逐步完善自己的理论体系。他彻底地贯彻了基于自由意志论的报应刑论、因果关系论、共犯论和保安处分论。他主张刑法学不能脱离其应有的领域，而必须一如既往地研究关于犯罪与刑罚之规定的体系建构和逻辑发展，并且从犯罪结果出发展开对刑法学问题的思考。比克迈尔的刑法思想可概括为以下几个方面。

1. 意志自由论

比克迈尔坚持意志自由论，认为人具有自由意志，能够决定其是否实施犯罪。他认为

---

① 〔日〕大塚仁：《刑法概说（总论）》（第三版），冯军译，中国人民大学出版社，2003 年，第 35～36 页。

② 〔日〕大谷实：《刑法讲义总论》（新版第二版），黎宏译，中国人民大学出版社，2008 年，第 17～18 页。

③ 〔日〕山中敬一：《刑法总论》（第二版），成文堂，2008 年，第 27 页。

④ 〔日〕川端博：《刑法总论讲义》，成文堂，1995 年，第 29～30 页。

每个人都有责任能力，人的责任能力并没有不同，差别只是在于各人所实施的罪恶的大小。所以，刑罚处罚的轻重，应当依据犯罪事实的危害大小来确定，而不应当依据行为人的人格来确定。

2. 报应刑论

比克迈尔是报应刑论的积极支持者，他认为刑罚是对犯罪行为所给予的报应，没有报应则没有刑罚。报应刑思想与法律发展的历史和国民的法律信仰相符合，已经成为一个不可动摇的法的信念。

3. 刑罚与保安处分二元论

比克迈尔在刑罚与保安处分的关系上坚持二元论。他指出："保安处分与刑罚在内容上应当区别而不能混同。虽然保安处分也由剥夺自由组成，无疑是国家施加的痛苦，但这种剥夺自由或痛苦，不是以犯罪为前提的。因为对于完全没有能力犯罪的人，也可能科处保安处分。诚然，对犯罪人也可能科处保安处分，但在这种情况下，行为人所实施的犯罪并不是科处保安处分的原因，只不过是科处保安处分的远因或者机会；与保安处分具有因果关系的不是犯罪，而是犯罪人的危险（由犯罪所证明的犯罪人的危险性）；保安处分是针对将来危险的必要处分，其本质是预防而不是镇压；换言之，保安处分是为了预防、为了保护，而不包括对已然犯罪的报应。因此，作为对将来犯罪的预防的保安处分，与作为对已然犯罪的报应的刑罚，在内容上具有重要区别。"①

（三） 贝林

贝林（Ernst Beling，1866—1932 年），德国刑法学家，构成要件理论的创始人。他著有《犯罪论》（1906 年）和《构成要件论》（1930 年）。贝林的主要刑法观点可概括为以下几个方面。

1. 建立古典犯罪论体系

贝林在 1906 年出版的《犯罪论》一书中提出，构成要件是犯罪类型的轮廓，它有益于犯罪类型的个别化，并把自己的观点称为类型说。他区分了概念的构成要件和符合它的具体的构成要件，认为只有前者才应该称为构成要件，并严格区别了构成要件和违法性，认为违法性是规范的、价值的概念，而构成要件则是记述的、客观的概念。之后，他在 1930 年的《构成要件论》中，在坚持把构成要件要素限定在客观的层面、在违法性中处理犯罪的规范性要素、于责任中处理犯罪的主观要素的基础上，修正了他之前的一些观点，即，他认为构成要件是从各本条的犯罪类型中抽象出的、逻辑上先行于各本条的犯罪类型，而且是对其加以规制的观念上的指导形象。贝林对构成要件、违法性与有责性的区分也使得犯罪阶层体系明确化。

2. 报应刑论

贝林在一定程度上承认自由意志以及个人责任，他的报应刑论并不是为了确立国家权威这样的绝对的报应，而是为了保证人们的共同生活的相对的报应，认为刑罚是对有责行为的报应，同时也具有维持社会秩序的目的。贝林认为："预防将来的犯罪与对犯罪的报

① 〔日〕下村康正：《毕克麦耶》，载〔日〕木村龟二：《刑法学入门》，有斐阁，1957 年，第 79 页。

应，不论在理论上或在实际上都迥然不同。预防的条件是危险，报应的条件是行为，二者绝不一致。用‘刑罚’一词表示二者，是词的滥用。刑罚是‘因为犯了什么’而被科处，从而当然是报应的一种。”他并不排斥预防，认为报应与预防在各自领域中均为可行。另外，在保安处分问题上，他持刑罚与保安处分二元论，“有保安处分未参与的刑法，也有与报应思想无关系的保安处分”①。

（四）M. E. 迈尔

M. E. 迈尔（Max Ernst Mayer，1875—1923 年），德国刑法学家，代表作是 1915 年出版的《刑法论》。M. E. 迈尔的主要刑法思想有以下几个方面。

1. 文化规范论

M. E. 迈尔提出的文化规范论，是对宾丁的规范论的进一步发展。M. E. 迈尔指出在法规范背后存在着文化规范，认为犯罪违反的规范是在人类的社会生活中自然发生、存在于人类的意识之中并从内部指导人们进行社会行为的文化规范。

2. 构成要件理论

M. E. 迈尔继承了贝林的理论，并对其进行完善。M. E. 迈尔把构成要件分为抽象的构成要件（法律的构成要件）和具体的构成要件（事实的构成要件），两者一致时，就具有构成要件符合性。他认为某种行为符合构成要件就表明其具有违法性，构成要件是违法性的认识根据，两者之间是烟与火的关系，构成要件能够推定违法性。另外，M. E. 迈尔认为构成要件要素包含规范的要素，即 M. E. 迈尔承认规范的构成要件要素，这是 M. E. 迈尔构成要件理论的特点之一。

3. 分配理论

M. E. 迈尔在刑罚论中提出了“分配理论”，他主张将刑罚的报应和刑罚的预防在立法、审判和行刑过程中依次实现。他“认为刑罚的本质在于报应，虽然在立法阶段上是报应、在裁判阶段上是法的确认处于支配地位，但在行刑阶段则要以特别预防的理念作为指导”②。

（五）梅茨格尔

梅茨格尔（Edmund Mezger，1883—1962 年），德国刑法学家，新古典犯罪阶层体系的集大成者。

梅茨格尔对构成要件理论提出了个人见解。他认为，构成要件就是违法类型，符合构成要件的话，原则上就具有违法性，两者之间不仅仅是“认识根据”的关系，还完全是“存在根据”的关系，符合构成要件的行为，只要没有特别的排除违法性事由，就具有违法性。他还认为，规范要素以及主观要素，都是构成要件要素。梅茨格尔价值性地考察构成要件的见解，在和贝林的见解相对比的意义上，被称为新构成要件论。新构成要件论后来在德国成为通说③。

梅茨格尔的新构成要件论不同于贝林和 M. E. 迈尔的体系，他将构成要件进一步变成了不法构成要件，即在没有违法阻却事由的情况下，符合构成要件的行为就具有违法

---

① 〔日〕团藤重光：《泷川幸辰刑法著作集》（第五卷），世界思想社，1981 年，第 543 页。

② 〔日〕大谷实：《刑法讲义总论》（新版第二版），黎宏译，中国人民大学出版社，2008 年，第 21 页。

③ 〔日〕大谷实：《刑法讲义总论》（新版第二版），黎宏译，中国人民大学出版社，2008 年，第 98 页。

性，构成要件与违法性具有了原则与例外的关系。

另外，梅茨格尔承认主观的违法要素（如意图、倾向等），这动摇了构成要件的中立性质，并促使犯罪论体系从古典体系向新古典体系倾斜，同时也赋予了行为的社会伦理色彩。而对超法规违法阻却事由的承认则是梅茨格尔的又一特色，由于超法规违法阻却事由不依赖法定的违法阻却事由，因此，它主要是通过把握实质违法性来进行判断。

在责任要件上，梅茨格尔采取人格责任论，认为："人格中包括根据环境和素质而必然形成的部分以及行为人负责任地形成的部分，只有在后者的场合，才能对行为人的人格进行谴责，这种有责任地形成的人格，是通过平常的恶行所形成的，因此，只有在能够改变该恶行的限度之内，才能对人格进行谴责，即主张生活决定责任论。"①

（六）小野清一郎

小野清一郎（1891—1986年），日本刑法学家，著有《犯罪构成要件理论》。

小野清一郎在贝林、梅茨格尔的构成要件理论基础上提倡构成要件不仅是违法类型，同时也是责任类型。"所谓构成要件，是指将违法并有道义责任的行为予以类型化的观念形象，是作为刑罚法规中科刑根据的概念性规定。"② 他认为，构成要件具有抽象性和形式性，需要通过解释来明确构成要件的规范性意义，并由此使构成要件的抽象性、形式性向具体性、实体性靠近。他接受了贝林关于构成要件的实体概念，即构成要件是犯罪类型的轮廓，是把事实类型化以成为法律上的定型。他指出，从构成要件在刑罚法规中所发挥的机能性质来看，它是客观的、记叙性的，然而从其伦理的、法的意义上看，它又包括规范要素和主观要素。此外，在刑法各条所规定的罪中都含有主观要素，这一点比规范要素更为明显。因而，主观要素既属于构成要件，又属于责任。另外，小野清一郎提出了修正的构成要件理论，把未遂犯和共犯作为修正的构成要件的一种形式。同时，他还赋予构成要件以刑事诉讼法学上的机能，把诉讼法中的"应当成立犯罪的事实"理解为符合构成要件的事实。

小野清一郎主张报应刑论，他的报应刑论，既不同于康德的"等价报应刑"论，也有别于黑格尔的"理性报应刑"论和宾丁的"法律报应刑"论③。他将刑罚的本质与刑罚的目的相区别，主张在报应的观念中谋求刑罚的本质，而刑罚的目的则在于通过报应维持国民的道义秩序，促进公共的福祉，即实现道义的惩肃④。他指出，"刑罚合理的根据在于维持促进现实社会中存在的文化"。刑罚在形式上有必要由法律来进行客观的约束，在实质上需要由国民的人格自由、道义责任的理念来限制。小野清一郎认为刑罚在上述"形式的制约"之下，"应尽可能是保安的并且是教育的。这就是目的刑或教育刑"。关于刑罚的机能，他认为："刑罚的机能本来是统一的，但如果从经验上观察，它有对一般国民精神的影响（所谓一般预防）以及对受刑者个人的影响（所谓特别预防），那么它们都是受到

① 〔日〕大谷实：《刑法讲义总论》（新版第二版），黎宏译，中国人民大学出版社，2008年，第284页。
② 〔日〕小野清一郎：《犯罪构成要件理论》，王泰译，中国人民公安大学出版社，2004年，第12页。
③ 陈家林：《小野清一郎刑法思想的再认识》，《云南大学学报（法学版）》，2008年第3期，第35页。
④ 〔日〕小野清一郎：《日本法理的自觉展开》，有斐阁，1942年，第114页。

道义的、社会伦理的观念的支配。”①

小野清一郎认为犯罪不仅是侵害国家的危险性行为，实质上也是反道义、反文化的行为，基于这种立场，他坚持客观主义，注重评价客观化的行为整体。在如今注重个人自由的时代，他认为科处法律制裁应以客观主义为基础。再者，他认为违法的本质是违反文化规范的伦理违法性，主张根据规范主义的观点，通过精神科学、文化科学来把握犯罪的本质②。可见，小野清一郎认为违法性和道义责任属于规范、伦理的判断，这里的伦理可以称为社会规范或者文化规范，但又不单纯指通过社会科学所认识的作为文化性、社会性事实的社会规范和文化规范，而必须是作为人伦生活事理的道义和伦理。另外，他主张道义责任，这与他将伦理规范作为国家法律的根基的观点相符合。

三、对后期古典学派理论的评价

后期古典学派是基于报应主义的刑罚理论，它是在前期古典学派的基础上反对新派而形成的。这种理论以超个人的民族精神、国家主义为基础，是哲学上从康德到黑格尔的德国观念论的抬头。后期古典学派主张自由意志、行为主义、道义责任、报应刑论，具有国家权威主义的倾向。为了捍卫古典学派的理论，它与近代学派进行了激烈的论争。

后期古典学派以意志自由论批判意志决定论，我们应认可人具有相对的意志自由，不过，绝对的意志自由是不存在的。该派的学者以客观主义批判主观主义，事实上，犯罪是主客观的统一，强调犯罪行为和客观事实是很有必要的，但也不能不考虑行为人的人格因素。他们以报应刑论批判目的刑论，诚然刑罚具有惩罚、报应的作用，但也应承认刑罚具有一定的目的，这一目的也是符合社会统治者的需要的。另外，后期古典学派学者提出的构成要件理论、文化规范说，不能不说是对近代刑法理论的发展，而 M.E. 迈尔的“分配理论”，在坚持刑罚的报应论的同时，也支持刑罚的目的论，这种折中的观点正体现了刑法理论向综合主义方向发展的趋势。

第五节 刑法学派之争

一、刑法学派之争的要点

新派与后期古典学派之间存在着诸多分歧，新、旧两派之间就此展开了“学派之争”。尤其是代表后期古典学派的比克迈尔与指导近代学派的李斯特之间的论争成为学派之争的核心。

学派之争的要点可概括为以下几个方面。

（一）意志自由论对意志决定论

比克迈尔论述了以自由意思论为基础的犯罪人的责任；李斯特则认为意思是否自由是

① 〔日〕小野清一郎：《刑法讲义（总论）》，有斐阁，1932 年，第 16～17 页。

② 〔日〕中山研一：《刑法的基本思想》，百家学术译丛编委会译（马万里、谭继廉），国际文化出版公司，1988 年，第 46～47 页。

哲学问题，应该科学地探索犯罪意思的原因，对其采用社会防卫的方法[①]。

（二）道义责任论对社会责任论

旧派坚持自由意志论，也就是坚持道义责任论。它认为人具有自由意志，能够选择如何行为，那么对于行为人的犯罪就应在道义上对其进行非难，即道义责任论。近代学派否定自由意志，认为不能对犯人加以道义上的非难。它注重探寻犯罪的原因，认为犯罪是个体因素和社会因素的综合作用，刑罚的轻重应当与犯罪的社会危险性的大小相一致，即社会责任论。

（三）报应刑论对目的刑论

在刑罚目的上，李斯特坚持“即使对刑罚的过去的记忆未完全失去，即使今日仍有人主张报应刑，但刑罚的变革却从未停止过：无意识、无节制的本能行为演变成由目的思想决定的、适度的、有意识的行为”[②]。而比克迈尔认为：“在立法上不可能进行古典学派与近代学派的妥协，采用近代学派的理论就意味着刑法本身的废绝。”[①]

不过这种对立也不是绝对的，李斯特指出：“特殊预防的思想应当置于首位，而又不应当取消一般预防，以‘保护刑’或‘目的刑’取代‘报应刑’。”[③]

（四）一般预防论对特别预防论

一般预防注重犯罪行为对法治所造成的实际损害，而特殊预防则注重犯罪人的反社会因素。李斯特认为：“在关于刑罚目的的不同刑法理论的矛盾冲突中，立法者的观点是：越来越放弃单纯的一般预防思想，主张刑罚的目的在于适应或剔除犯罪人。制定一个冷静的目标明确的刑事政策是刑罚发展史向我们提出的一个不容拒绝的要求。”[②]与近代学派不同的是，后期古典学派主张一般预防。

（五）刑罚与保安处分二元主义与一元主义

近代学派基于犯罪人的社会危险性的差异论述了刑罚的个别化，并由此主张应该扩大法定刑的范围、采用不定期刑，而且认为作为对犯罪人的改善、教育的手段，刑罚和保安处分具有相同的性质（一元主义）；古典学派则从与犯罪相均衡的刑罚这种报应刑论的立场出发，认为不应该承认不定期刑的观念，而且强调以责任为基础的刑罚与以危险性为前提的保安处分具有不同性质（二元主义）[④]。

另外，关于客观主义与主观主义，日本的刑法学者认为，旧派与新派之间存在着客观主义与主观主义的论争，例如，大谷实提出：“比克迈尔坚持康德所提出的命题，即‘正因为实施了犯罪行为，所以才受到处罚；如果没有实施犯罪行为，就不应受到处罚’，主张不采取报应刑论的话，就不能维持罪刑法定原则、客观主义、行为主义。”[⑤] 大塚仁也提到了古典学派“行为主义、现实主义、客观主义”与近代学派“行为人主义、征表主

---

① 〔日〕大塚仁：《刑法概说（总论）》（第三版），冯军译，中国人民大学出版社，2003年，第39页。

② 〔德〕李斯特：《德国刑法教科书》（修订译本），徐久生译，法律出版社，2006年，第32页。

③ 〔德〕李斯特：《德国刑法教科书》（修订译本），徐久生译，法律出版社，2006年，第25页。

④ 〔日〕大塚仁：《刑法概说（总论）》（第三版），冯军译，中国人民大学出版社，2003年，第40页。

⑤ 〔日〕大谷实：《刑法讲义总论》（新版第二版），黎宏译，中国人民大学出版社，2008年，第21页。

义、主观主义”的区别[①]。野村稔还在其《刑法总论》一书中详细论述了主观主义的刑法理论和客观主义的刑法理论的区别[②]。然而，在德国，该论点并没有成为学派之争的焦点。

二、刑法学派之争的扬弃

古典学派和近代学派的刑法理论各有所长，也均存有一定的不足，两派的争论于李斯特与比克迈尔时最为激烈，随着1919年、1920年两人相继去世，学派之争渐渐消减。古典学派从防止犯罪的立场出发，也意识到须考虑犯人的人身危险性，两派之间达成妥协，而超越了学派对立的诸多学者参与国际刑法学会，也是导致学派之争熄火的原因之一。

在德国，希佩尔（R. V. Hippel，1866—1951年）提出并存的并合说，主张在正当报应的范围之内，承认一般预防和特别预防目的。M. E. 迈尔主张的分配说，也试图克服学派之间的对立。由梅茨格尔及博克尔曼所展开的人格责任论明显是以扬弃古典学派的行为责任论和近代学派的性格责任论为目标的，在第二次世界大战后的德意志联邦共和国，由韦尔策尔和毛拉赫（Maurach）等有力展开的目的行为论……可以说其意图仍然是想统一以前的古典学派和近代学派的主张[③]。以古典学派为基础的折中说或者并合说成为有力学说，同时，孔拉西（Eduard Kohlrausch）、施密特（Eb. Schmidt）等以近代学派的立场为基础而提倡的刑法理论对这种对立也起到了扬弃的作用[④]。

意大利刑事古典学派与刑事实证主义学派间对立的结局是形成了第三学派，“亦称‘法律技术学派’，兴起、形成于20世纪20年代。其主要代表人物阿尔图洛·洛克和曼兹尼等。他们认为，国家制定的法是刑法学家应以‘严格的宗教似的虔诚’待之的唯一的研究的对象，除此之外，既不应该承认，也不可能存在任何‘纯粹理性的刑法’”。1922年意大利法西斯上台后，第三学派很自然地在意大利刑法学中占据了绝对的统治地位。帕多瓦尼指出，法律技术学派“强调只有现实中国家制定的法才是刑法学主要的研究对象”、“在刑法学领域首先运用对刑法规范进行严格逻辑分析的方法”、“在运用上述方法的基础上，将刑法基本概念本身作为刑法学独立的研究范畴，从而建立了系统、完整的刑法学的概念体系”，这有着积极的意义。但是，他们抛弃“理性”、“应然”的刑法学传统，割裂刑法学与历史、政治以及社会学、犯罪学乃至外国刑法学间的联系，使刑法学变成了“形式”的科学[⑤]。

日本在欧洲特别是德国刑法学的影响下，两派间也展开了激烈的论争。木村亀二放弃了其一直坚持的主观主义刑法学的立场，而试图从目的行为论的观点出发，消除新、旧两派之间的差别。同时，团藤重光试图从旧派的立场出发，展开人格责任论，以向行为人刑法接近。另外，佐伯千仞也从特别预防论的立场出发，提倡保障人权的客观主义刑法理

---

① 〔日〕大塚仁：《刑法概说（总论）》（第三版），冯军译，中国人民大学出版社，2003年，第39页。

② 〔日〕野村稔：《刑法总论》，全理其、何力译，法律出版社，2001年，第72～74页。

③ 〔日〕大塚仁：《刑法概说（总论）》（第三版），冯军译，中国人民大学出版社，2003年，第40页。

④ 〔日〕大谷实：《刑法讲义总论》（新版第二版），黎宏译，中国人民大学出版社，2008年，第22页。

⑤ 〔意〕杜里奥·帕多瓦尼：《意大利刑法学原理》（注评版），陈忠林译评，中国人民大学出版社，2004年，第30～31页。

论。在昭和30年（1955年），刑法学界的基本趋势是，以古典学派的见解为基础，然后加入近代学派的主张来构建其刑法理论。但是，随着第二次世界大战后修改刑法工作的展开，社会伦理主义和法益保护主义之间的对立产生了，该对立一直延续到现在。现代刑法理论，是以上述两个基本观念的对立为基础而展开的①。

三、两派刑法思想的总体评价

进入20世纪20年代，学派之争以李斯特和比克迈尔的相继逝世为契机急剧降温。而纳粹政权对刑法的适用，剥夺了两个学派的基础，谋求了刑法思想的国家性统一，导致了两学派对立的形式性终结。

事实上，两派的对立属于犯罪学与刑法学的区别，旧派侧重于对刑法规范的分析，是一门规范（价值）科学，它很少探讨犯罪的原因，也不够注重对犯罪人的研究；而新派则侧重于对犯罪原因和犯罪对策的研究，是一门刑事科学。但总的趋势是，在犯罪论方面注重旧派的主张，在刑罚论方面则侧重于新派的立场。

可以说，现代刑法学的构建归功于旧派的刑法理论，新派对旧派的一些观点进行相应的修正和补充，使得旧派这种片面的深刻逐渐走向全面与科学。

第六节　第二次世界大战后的刑法思想

一、概述

第二次世界大战以法西斯的失败而告终。第二次世界大战后，各国对人权的保障引起人们的普遍关注，基于人权与人道主义的自然法思想逐步复活。

日本在第二次世界大战后由美国占领，美国的占领政策对日本刑法学的发展难免有所影响。日本刑法学者根据自由主义、民主主义也展开了刑法学的再构筑。

二、主要代表人物的刑法思想

（一）拉德布鲁赫

拉德布鲁赫（Gustav Radbruch，1878—1949年），德国法哲学家、法政治家。他于1910年出版《法学导论》，于1932年出版《法哲学》，其中也包含了对刑法的论述。

在刑法理论来源问题上，拉德布鲁赫主张："刑法理论从来源上区分为刑罚的原因说和刑罚的目的说。""刑罚的原因问题来源于一个特定时代的历史环境，在这个历史环境中，个人还不能和一个还不是基于人民意志而建立的国家相对抗……国家简直就是相对于个人的'一个他人'！在这种国家观中，只有用两种不同的方法才可能证明国家刑罚的正确性：要么证明国家刑罚是犯罪者自己所希望的，要么证明国家刑罚是犯罪者所应得的。"

---

① 〔日〕大谷实：《刑法讲义总论》（新版第二版），黎宏译，中国人民大学出版社，2008年，第28页。

他从同意理论和报复理论来展开论述，认为在费尔巴哈提出的同意理论中，“对于个人来说，对他行为结果的一贯容忍就被当做是对他的意愿的一种无理要求……当行为人必定一贯希望的事物被视为是他通过行为来追求的，那么用黑格尔的话说，犯罪者将会被尊称为一个理智的人，刑罚则会被视为是在他的行为中包含的自己的权利”。而在康德的报复理论中，对刑罚的证明则是基于刑罚是犯罪者所应得的考量。另外，在国家对另一国家刑罚的正确性证明上，他除了运用刑罚原因说来证明刑罚的合理性外，还运用了刑罚的目的说，也即“对于国家、社会或者法律秩序而言的刑罚必要性学说”①。

拉德布鲁赫认为，最好的刑法也只能是相对公正的刑法，“自从社会划分为阶级以来，最好的刑法也不过是相对公正的刑法……如果主要是阶级状况导致犯罪恶化及刑罚的施行，那么应采用的不是刑法……刑法能否对犯罪者弥补因缺少社会政策而造成的不幸，实在值得怀疑。更尖锐的思想是，事先在诉讼和执行方面的消耗，何曾足以阻止犯罪！冠冕堂皇的刑法理论——报复和威慑——应在这种令人省悟的观点面前感到羞愧，从而使理性刑法理论——教育和保安——在社会伦理上获得接受”②。他指出，刑罚的概念无论是否被“惩罚”、“社会保护措施”等名称所代替，“在报复理念的意义上形成的法律部门仍不可置疑地扮演着‘刑罚’的角色”，即使“当一部一贯在改良和保障理论的意义上形成的刑法最终不再是‘刑’法的时候”。而且，他也相信“刑法的发展将来会慢慢地脱离刑法，刑法的完善也不会是迈向一个更好的刑法，而是迈向一个比刑法更好的改良和教养法”③。

在死刑问题上，拉德布鲁赫认为：“只有超个人主义的法律观能够证明死刑的合理性，也只有它能够赋予国家生杀予夺的权力。”④ 死刑与个人主义国家观的基本思想不一致，“人们因而必定会从契约论的立场出发与贝卡里亚一起抵制死刑，但这不是因为犯罪者不允许同意死刑，而是因为由于死刑中缺乏他自己的利益而在理智上不能够同意死刑”。不过，他也承认个人因为某种信念而自愿献出生命的情况下，也是实现了生命的价值，这与个人主义是不相矛盾的，“只要有罪责者已经将刑罚作为他意志当中的罪过来接纳”，这是可以实施死刑的。而且，他指出，在正当防卫（Notwehr）的情况下也允许杀人行为，由于确实存在着对生命的危害，侵害者死亡的可能性就使死刑具有了现实效果⑤。

（二）韦尔策尔

韦尔策尔（Hans Welzel，1904—1977 年），德国法学家，目的论体系最主要和最典型的代表者，他开创了目的论体系并对其进行拓展，提倡目的行为论、行为无价值等。韦尔策尔建立的目的行为论，在国际上产生了巨大的影响，而且今天仍然还有一部分影响⑥。

韦尔策尔认为，将犯罪分解为相互组合的三个评判和评价阶层，给法律适用带来了高

① 〔德〕古斯塔夫·拉德布鲁赫：《法哲学》，王朴译，法律出版社，2005 年，第 162～164 页。
② 〔德〕古斯塔夫·拉德布鲁赫：《法学导论》，米健、朱林译，中国大百科全书出版社，1997 年，第 88 页。
③ 〔德〕古斯塔夫·拉德布鲁赫：《法哲学》，王朴译，法律出版社，2005 年，第 167～168 页。
④ 〔德〕古斯塔夫·拉德布鲁赫：《法哲学》，王朴译，法律出版社，2005 年，第 169 页。
⑤ 〔德〕古斯塔夫·拉德布鲁赫：《法哲学》，王朴译，法律出版社，2005 年，第 171～172 页。
⑥ 〔德〕克劳斯·罗克辛：《构建刑法体系的思考》，蔡桂生译，《中外法学》，2010 年第 1 期，第 7 页。

度的理性与安全性，还使获得正义的最终结论成为可能[1]。韦尔策尔的三阶层犯罪论体系为行为—不法—责任，其中目的行为是韦尔策尔体系的核心概念。关于行为，他认为："人类共同生活是建立在人的目的行为之上的，这种共同生活以共同体成员能有目的意识地行为为前提，亦即，他们能够挑选所需要的手段以实现其目的，在这个过程中，他们是有目的意识的。这种目的行为即为'行为'。"[2] 针对目的行为论，有学者认为，目的行为论在对行为"目的性"（主观要素）和身体活动（客观要素）的界定上具有限界机能。然而，过失犯中难以认定目的（尽管目的行为论者认为过失犯具有和故意不同意义的目的），目的行为论也就难以满足行为概念的统一机能。在这一点上，尽管目的行为论在向认为行为被人的"行态"观念所包括的立场转变，但是，不同目的的身体活动，或者说，将行为和非行为这种相反的概念统一在一个目的行为概念之下，也差不多是对原有理论的放弃[3]。

韦尔策尔将构成要件视为违法类型，作为违法性的认识根据。符合构成要件，则同时违反了规范，构成要件和规范违反一起作为违法性的"标记"，构成要件和违法之间并不是对等的关系，正当化事由使得抽象的违法性在演变成具体的法义务时受到阻却[4]。与目的行为论相一致，韦尔策尔对应于结果不法的概念，提出了"个人不法"理论（即行为不法），他将犯罪阶层体系围绕"个人不法"进行构造，认为犯罪的关键在于行为人，行为人认识到行为无价值，乃是特定"个人不法"的体现[5]。

韦尔策尔认为不法性意识的体系性地位涉及违法性的本质，违法性的本质是对于构成要件的评价，对这种评价的认识属于责任阶层，而非构成要件符合性阶层[6]。至于期待可能性不过是法秩序对处于非常情况下的行为人进行宽大处理的"事实免责理由"，并不是"责任阻却事由"。期待可能性并不常见也并非必要，它虽然是在责任阶层进行讨论，但并不具有和无责任能力、禁止错误同等的地位，期待可能性并非可责难的条件之一[7]。

（三）格拉马蒂卡

格拉马蒂卡（Filippo Gramatica，1901—1979年），第二次世界大战后社会防卫运动的前期代表人物，意大利刑法学家。1947年成立的"国际社会防卫协会"，由他担任主席。

社会防卫论最初由近代学派提出，认为刑罚以防卫社会为目的。1889年国际刑事法协会建立后，大力提倡社会防卫论，至20世纪它成为一种独立的学说。第二次世界大战后，对人的尊重再次引起人们的普通关注，格拉马蒂卡倡导的社会防卫运动由此诞生了。

格拉马蒂卡的代表作《社会防卫原理》（1961年出版）系统地论述了其社会防卫思

---

① 〔德〕汉斯·韦尔策尔：《近百年的德意志刑法学理与目的行为论（1867—1966）》，蔡桂生译，载陈泽宪：《刑事法前沿》（第6卷），中国人民公安大学出版社，2012年，第234页。

② Welzel H. Das Deutsche Strafrecht. Walter de Gruyter，1969，11. Aufl.，S. 30.

③ 〔日〕大谷实：《刑法讲义总论》（新版第二版），黎宏译，中国人民大学出版社，2008年，第91～92页。

④ Welzel H. Das Deutsche Strafrecht. Walter de Gruyter，1969，11. Aufl.，S. 80.

⑤ Schünemann. Grundfragen des modernen Strafrechtssystem. Walter de Gruyter，1984，S. 37.

⑥ Welzel H. Das Deutsche Strafrecht. Walter de Gruyter，1969，11. Aufl.，S. 77.

⑦ Welzel H. Das Deutsche Strafrecht. Walter de Gruyter，1969，11. Aufl.，S. 179.

想。他认为，社会防卫的本质在于改善那些反社会的人，使之回归社会。国家担负着拯救罪犯、把罪犯改造成为能够重新适应社会生活的新人的义务，这是最高尚的人道主义。他强调个人权利、个人利益，对那些与社会为敌的人，不应该总让他们负应受惩罚的义务，他们首先应享有国家改善他们的权利。格拉马蒂卡的社会防卫论对整个国际社会的刑法改革有着积极的作用。然而，“其激进派想以反社会性代替犯罪，以危险性代替责任，以处分代替刑罚”[①]，在否定犯罪、责任及刑罚的基础上，取消整个刑法体系，建立全新的社会防卫论新体系，这些彻底解构传统刑法的激进观点受到许多人（包括来自社会防卫学派内部的人）的批评。

（四）安塞尔

安塞尔（Marc Ansel，1902—1990年），法国刑法学家，他是新社会防卫论的倡导者，著有《新社会防卫论》，主张“人道主义的刑事政策运动”。

新社会防卫论对社会防卫论加以修改和发展，它承认罪责原则和人的责任性，并不否定意志自由，试图通过人道主义的刑事政策运动达到被判刑人的再社会化。他将社会防卫运动的基本观点归纳为三点：“（一）社会防卫论首先对现有的与犯罪在斗争的制度进行批判性的研究，甚至提出质疑。”“（二）社会防卫论始终主张联合所有的人文科学以对犯罪现象进行多学科的研究。”“（三）自然，社会防卫论希望利用它对现行制度的科学批判及它与人文科学的合作这两点，并遵照以下两个互为补充的指导思想建立起一个崭新的刑事政策体系：一方面，坚决反对传统的报复性惩罚制度，由此，社会防卫运动自一开始就是一场反刑法或起码是非刑法（即刑法以外）的运动。另一方面，立志坚决保护权利，保卫人类，提高人类价值。这也就是人们所说的社会防卫运动的人道主义。”[②] 新社会防卫论一方面立足于近代学派的社会防卫论；另一方面，又肯定自由意思，主张在犯罪人的处罚上，要积极利用自由意思中所体现出来的责任观念，提倡以犯罪人的人格尊严为基础的人道主义的社会防卫论[③]。关于该理论，大塚仁也有类似的阐述[④]。

（五）耶赛克

耶赛克（Hans-Heinrich Jescheck，1915—2009年），德国刑法学家，著有《德国刑法教科书》。

在行为刑法与行为人刑法问题上，耶赛克指出：“现行德国刑法是行为刑法，但在量刑时，它同时考虑到行为人的个性（例如刑法典第46条第2款规定的不同的行为人类型）。纯正的处罚行为人的例子，现行刑法中已不复存在了。”[⑤]

耶赛克主张在报应与预防之间建立联系。他认为：“还存在将报应与预防加以联系的可能性。这是指，刑罚通过对过去有责地实施的违法行为进行公正的报应，有助于预防将

① Jescheck H H，Weigend T. Lehrbuch des Strafrechts Allgemeiner Teil. Drucker & Humblot，1996，5. Aufl.，S. 74.

② 〔法〕安塞尔：《新刑法理论》，卢建平译，香港天地图书有限公司，1990年，第30～31页。

③ 〔日〕大谷实：《刑法讲义总论》（新版第二版），黎宏译，中国人民大学出版社，2008年，第23～24页。

④ 〔日〕大塚仁：《刑法概说（总论）》（第三版），冯军译，中国人民大学出版社，2003年，第40页。

⑤ Jescheck H H，Weigend T. Lehrbuch des Strafrechts Allgemeiner Teil. Drucker & Humblot，1996，5. Aufl.，S. 54.

来可能发生的犯罪行为……此外，还有一个将报应和预防溶合为一体的因素：为了使预防合法化，要确信，国家有权通过刑罚强制，使得危险的犯罪人融合到主流社会中去。因此，其先决条件是，预防还有道德价值，在这一点上，这两个体系的出发点就其基本思想而言是完全一致的。如此，刑事司法的道德观也就在报应和预防之间架起一座桥梁。”①

耶赛克在其《德国刑法教科书》中提出了作为刑罚目的的综合理论，综合理论注重责任抵偿、一般预防和特殊预防的均衡关系。综合理论试图调和绝对理论和相对理论，当然不是将互相矛盾的观点简单相加，而是就刑罚对涉及之人适用的实际情况，和可能对公众所具有的功能，进行有益的思考，将全部刑罚目的处于均衡的关系之中（辩证的方法），但是，在不可避免的“刑罚目的之规范”情况下，是这个原则还是那个原则受到重视，其判断标准是罪责的程度如何。经验表明，只有由责任程度证明是适当的刑罚，才具有威慑效果和社会教育意义上的教育效果，所以，一般预防和公正的报应应结合在一起。依据责任程度科处的刑罚，不能出于一般预防或特殊预防理由而被超越。因此，综合理论具有多维的，以罪责抵偿思想为中心，但并不受其限制的刑罚概念特征。耶赛克提出，在今天的德国，通说均坚持这一观点。他通过《刑法典》第 47 条第 1 款、第 576 条第 3 款、第 59 条第 1 款第 3 项中的“维护法秩序”概念得出结论，认为立法者以默示的方式，将维护法秩序作为刑罚的不言而喻的目的。另外，无论是积极的还是消极的一般预防，公正的、与责任相适应的刑罚的效能均是足够的②。

耶赛克认为刑罚的双轨制很有必要，他指出，德国现行刑法保留了刑罚的双轨制原则，“刑罚必须通过处分来加以补充，其目的在于对行为和行为人的履历中所表现出来的危险性，通过治疗、帮助、保安或消除措施来予以克服。通过刑罚的双轨制，可避免只能在放弃罪责原则的情况下才能实现的刑罚的预防任务，同时，创造了对危险的犯罪人采取医学的和社会教育的措施的可能性”③。

（六）罗克辛

罗克辛（Claus Roxin，1931—　），德国法学家。他的学术成果涵盖了刑法、刑事诉讼法、刑事政策等多个领域。

关于实体的犯罪概念，罗克辛论及了应受刑事惩罚行为的实质标准，也即法益侵害。他对法益进行了深入的分析，认为“法益应当与具体的行为对象相区分。……在具体情况下，法益与行为对象的关系是不同的。第一种情况是二者相重合，如在欺诈的情形下，行为人所侵害的财物同时也是该罪所保护的法益，在此种情况下，行为对象和法益在形式和内容上是一致的；在第二种情况下，虽然在内容上一致，但在形式上却不一致，如刑法第 212 条（杀人）的行为对象是人，但保护的法益却是人的生命；在第三种情况下，二者是

① Jescheck H H，Weigend T. Lehrbuch des Strafrechts Allgemeiner Teil. Drucker & Humblot，1996，5. Aufl.，S. 66，68.

② Jescheck H H，Weigend T. Lehrbuch des Strafrechts Allgemeiner Teil. Drucker & Humblot，1996，5. Aufl.，S. 75～77.

③ Jescheck H H，Weigend T. Lehrbuch des Strafrechts Allgemeiner Teil. Drucker & Humblot，1996，5. Aufl.，S. 83.

相分离的。……法益经常被理解为一种单纯抽象的东西、思维上的产物或者观念上的价值”[①]。他指出，法益概念具有可变性，“是在符合宪法的目的设定的范围内，向历史的变化和经验性知识的进步开放的”[②]。

关于犯罪事实支配，1913 年德国刑法学者黑格勒（Hegler）首次提出“犯罪事实支配”一词，将其作为责任要素，Bruns 最早将“犯罪事实支配”用于界定正犯与共犯，1939 年韦尔策尔以目的行为论为基础提出“目的犯罪事实支配”，之后学者们在韦尔策尔理论的基础上进行发展，其犯罪事实支配理论可以称为韦尔策尔时代的犯罪事实支配理论。1963 年罗克辛发表刑法著作《正犯与犯罪事实支配》，开辟了犯罪事实支配理论的新时代，他本人因此成为犯罪事实支配理论的集大成者。关于罗克辛的犯罪事实支配理论，我们主张译为“构成要件行为支配”，详见本书第十二章。

在犯罪论体系上，罗克辛提出了“行为（Handlung）—行为构成符合性（Tatbestandmäßigkeit）—违法性（Rechtswidrigkeit）—责任（Schuld）—其他刑事可罚性的条件（Sonstige Strafbarkeitsvoraussetzungen）”的体系[③]。罗克辛在阐述他提出的目的理性体系时指出，“对这个体系来说，在最高的犯罪范畴之外，根据原则和‘具体到一般概念’的运用而形成的秩序，比广泛传播的概念性推论的工作方法更合适。在这里，这个秩序的内容，首先是从受一般目的设定影响而变动的结果和各种特殊法律材料的紧密结合中共同产生的……对于一个目的论和刑事政策性的方案来说，一个抽象定义的体系经常转向的‘事实的阻力’，是导向正确的解决方法的指南……虽然，一种‘物本逻辑’或者一种‘事物的本质’并不能提供法学的评价标准，但是，具体的结论的确也绝没有就自己从引导性的规范性观点中成长起来，而总是先从它在不同的事实特点中的使用中成长起来的”[④]。罗克辛对他以刑事政策为基础构建的体系进行论述，“我的出发点是：刑法上的不法，要从刑法的任务中导引出来；相反，罪责这一体系性的范畴，则要从具体的处罚目标中推导出来。这两者之间是不一样的”[⑤]。“和以前不同时代的体系性发展相比，我的犯罪论最大的不同点在于，我并不是按照存在论的标准（因果关系和目的性），而是按照刑事政策的目标设定（刑法的任务和具体的刑罚科处）来进行体系化构建的；同时，按照我这种观点，在不法阶段增添了客观归属理论，在罪责阶段引入了以预防为目的的处罚必要性，因此发展出了答责性理论。”[⑥]

罗克辛在谈到刑罚的目的时，对三种基本的观点进行了阐述。一是报应理论（正义理论、赎罪理论），他认为：“报应理论在知识界获得的长期重要影响，与其说是由于它的历史性尊严或者一般理论说服力，不如说是通过德国唯心主义哲学奠定了基础。但是，我们

① Roxin C. Strafrecht Allgemeiner Teil Band Ⅰ. Verlag C. H. Beck，2006，4. Aufl.，S. 34.

② Roxin C. Strafrecht Allgemeiner Teil Band Ⅰ. Verlag C. H. Beck，2006，4. Aufl.，S. 32.

③ Roxin C. Strafrecht Allgemeiner Teil Band Ⅰ. Verlag C. H. Beck，2006，4. Aufl.，S. 196～198.

④ Roxin C. Strafrecht Allgemeiner Teil Band Ⅰ. Verlag C. H. Beck，2006，4. Aufl.，S. 233～234.

⑤ 〔德〕克劳斯·罗克辛：《刑事政策与刑法体系》（第二版），蔡桂生译，中国人民大学出版社，2011 年，第 70 页。

⑥ 〔德〕克劳斯·罗克辛：《刑事政策与刑法体系》（第二版），蔡桂生译，中国人民大学出版社，2011 年，第 81 页。

不能过高地估计这个哲学对刑法精神历史发展的意义。”“在司法判决中，报应理论直到最近还起了相当大的作用”，罗克辛承认报应理论的好处，它“从社会心理方面具有给人深刻印象的力量，并且，这种内在的力量为刑罚的严厉性提供了一个限度原则”，不过，他并不认同报应理论是刑罚的目的，“在今天的学术界，报应理论已经不再是靠得住的了”。二是特殊预防理论，罗克辛指出特殊预防的优点在于它“强调重新社会化原则”，“对保护个人和社会负有义务这个范围内，这个理论出色地证明刑法的任务是公正的。同时，特殊预防也在帮助行为人……使他与社会融为一体”。然而，特殊预防存在着缺陷，它“没有为刑罚提供一种限制原则”，这会产生“不定期刑判决”，也容易基于人的犯罪危险性而发生“对人的侵犯”。三是一般预防理论，它“除了具有一般地和立即地预防犯罪行为实施的意义之外，在社会政策方面也具有值得追求的价值，而这一点也正是一般预防的各种理论的目标”。最后，他将他的刑罚理论归结为：“刑罚是为特殊预防和一般预防服务的。刑罚在其严厉程度上是由罪责的程度限制的，并且，只要根据特殊预防的考虑认为是必要的，同时，根据一般预防的考虑也不反对，那么，就可以不达到罪责的程度。”①

在行为刑法和行为人刑法二者当中，罗克辛认为：“无法无罪和无法无罚这个宪法的基本原则，对于行为刑法的发展是比对行为人刑法的发展更有利的……建立在自由的法治国基本原则基础上的一种法律制度，总是倾向于行为刑法的。”② 他指出，“人们公认，现行法律绝大多数是一种行为刑法”③，但在保安处分中又体现了行为人刑法思想，在保安处分中，“行为人的人格被置于优先的地位，而行为仅仅被用做引起惩罚和防止刑罚不符合比例适用的手段”④。

罗克辛坚持刑罚与保安处分二元论，认为“刑法是由一些条文的总和组成的，这些条文规范着作为刑罚或者保安处分所威胁的行为的条件或者后果……这些结果，总的来说，是指第 38 条至第 76a 条的惩罚性规定，包括刑罚的裁量或者排列，还有保安处分的判处和执行”⑤。

（七） 雅科布斯

雅科布斯（Günther Jakobs，1937— ），德国波恩大学教授，法哲学研究所所长。

雅科布斯的刑法构造体系是建立在纯粹规范化的体系性理论之上的。他认为：“犯罪不是法益侵害，而是规范否认。”⑥ 他在《刑法保护什么：法益还是规范适用》一文中，尤其强调规范适用，“行为是对社会结构的否定，刑罚将这种否定边缘化，即确认这种结构。根据这个观点，通过刑罚的执行，总是能够实现刑罚的目的的：社会的形成是被确认的。此外，个人心理的或者社会心理的效果是否会出现——威慑、培养对法律的忠诚或者其他——对于刑罚的目的来说不是重要的，即使这种效果作为刑罚的潜在作用也绝不会是无关紧要的……在这里重要的是，在一个个体秩序中的规范侵害和刑罚产生了并表现在一

① Roxin C. Strafrecht Allgemeiner Teil Band Ⅰ. Verlag C. H. Beck，2006，4. Aufl.，S. 70～79，95.
② Roxin C. Strafrecht Allgemeiner Teil Band Ⅰ. Verlag C. H. Beck，2006，4. Aufl.，S. 179.
③ Roxin C. Strafrecht Allgemeiner Teil Band Ⅰ. Verlag C. H. Beck，2006，4. Aufl.，S. 185.
④ Roxin C. Strafrecht Allgemeiner Teil Band Ⅰ. Verlag C. H. Beck，2006，4. Aufl.，S. 189.
⑤ Roxin C. Strafrecht Allgemeiner Teil Band Ⅰ. Verlag C. H. Beck，2006，4. Aufl.，S. 1.
⑥ 〔德〕格吕恩特·雅科布斯：《行为 责任 刑法》，冯军译，中国政法大学出版社，1997 年，第 2 页。

个概念上，即刑罚真的消除了规范侵害……行为是对规范适用的损害；刑罚是对这种损害的清除”[①]。雅科布斯认为，刑法的任务在于保障规范的效用，在于反映社会的同一性[②]。在他的机能主义规范论刑法观中，“‘刑法的机能’在于：‘按照固定角色确定的社会规范若遭了违犯，刑法就要反对这种违犯。亦即，刑法要确证社会中固定角色’”[③]。

关于行为，雅科布斯认为：“有关特殊的客观的归属联系的理论不过是在更准确地说明行为概念。客观的归属联系的理论所使用的规范化涉及的不是与行为并列的某种东西，而是行为本身……作为刑法上的概念的行为概念必须保证的是，使刑法上可以归属的行动不是——像总是发生的那样——异质的特征的混杂，而是一个统一的意义。行为概念只属于不法理论，这在今天几乎是无争议的。”[④]“不法并没有引起刑罚，不法概念纯粹是刑法上的一个辅助概念。因此，必须把其中积蓄了刑法的全部内容的这一行为概念延伸到责任之中……行为只有视为相对于规范有效性的损害的自我有责地、负责地活动，才是责任刑法中的行为……一个实质的行为概念是与一个当时的社会相联系的概念。”[⑤]雅科布斯否定没有罪责的不法，取消了不法和罪责之间的区分，“建造于法益侵害之上的传统理论通常分离不法和责任，这种分离在我看来没有实质的（不是教学的）意义，因为规范否认只有作为必须答责的现象才是可以想见的，而不是作为——像疾病一样的——作为自然侵袭人的过程”[⑥]。

雅科布斯对刑罚目的的观点接近黑格尔的绝对理论，他在《行为 责任 刑法》中指出，刑罚的功效在于，从另一方面与对具有同一性的社会规范的对抗相对抗。刑罚确证了社会的同一性，也就是说，犯罪既不能被视为一种进化的开始，也不能被归结为一种认识上就能消除的结果，而是应被视为一种有缺陷的交往，并且，这种缺陷要作为其罪责归于行为人。刑罚不只是一种维持社会同一性的工具，而且已经是这种维持本身，它意味着一种自我确认[⑦]。

（八）许迺曼

许迺曼（Schünemann，1944— ），德国法学家。

许迺曼在《刑法体系与刑事政策》中提出，“刑事政策与刑法体系之间的关联可由法发现理论道出”。他对“纯粹实用主义”与“实存化刑法体系学”进行了批判，“对于一个极端的实用主义来说，一方面只存在着具日常语言意义内容之刑法，其内容不应该由刑事政策之论点取代；另一方面则是刑事政策所设定之目标，其在刑法赋予法官裁量空间之前提下，例如在未明文规定之可罚性要件或更是在量刑的时候，引导着法官之行为。在此种

---

① 〔德〕格吕恩特·雅科布斯：《刑法保护什么：法益还是规范适用》，王世洲译，《比较法研究》，2004年第1期，第107页。

② 蔡桂生：《敌人刑法的思与辩》，《中外法学》，2010年第4期，第604页。

③ 〔德〕格吕恩特·雅科布斯：《处在机能主义和“古典欧洲”原则思想之间的刑法》，《整体刑法学杂志》，1995年第107卷，第849页；转引自〔德〕克劳斯·罗克辛：《刑事政策与刑法体系》（第二版），蔡桂生译，中国人民大学出版社，2011年，第84页。

④ 〔德〕格吕恩特·雅科布斯：《行为 责任 刑法》，冯军译，中国政法大学出版社，1997年，第66～68页。

⑤ 〔德〕格吕恩特·雅科布斯：《行为 责任 刑法》，冯军译，中国政法大学出版社，1997年，第98～100页。

⑥ 〔德〕格吕恩特·雅科布斯：《行为 责任 刑法》，冯军译，中国政法大学出版社，1997年，中译本序，第2页。

⑦ 〔德〕格吕恩特·雅科布斯：《行为 责任 刑法》，冯军译，中国政法大学出版社，1997年，第103页。

理解之下，特别是德国刑法释义学意义下的刑法体系，亦即补充及具体化成文法规范之规范性归责原则架构并不存在；而是只有一个在通俗意义下与由立法或判例所产生的所有法律命题相等同的刑法秩序，因此这种刑法秩序不可能与刑事政策之准则产生交集或竞合”①。

许迺曼对刑法体系架构也进行了综合性的阐述，他将其分为五个时期，分别为自然主义、导致再规范化的新康德主义、导致非理性主义的整体思考方法、目的主义以及目的理性主义②。在此基础上，他提出“本论文集所收录关于刑法体系问题与刑法法理问题的各篇论文，都是在目的性与评价性的基本思考中，找出体系问题与实质问题的解决之道，或者用不同的说法，就是力图避免在概念的建构上急躁地加以确定，并因而造成规范观点的萎缩，这些论文因而是目的理性刑法思考范本的试剂……与目的理性刑法思考有关联的学术基础，并非存在于接受会巩固正统教义的特定内涵，而是存在于明确的规范性提问，以及存在于拒绝纯粹概念法学的、不具规范性或规范性不足的建构和演绎”③。

另外，关于不法与罪责二者之间的关系，许迺曼并不认同雅科布斯的观点。许迺曼认为不法与罪责在犯罪论体系中以及在个别问题的解决中均具有不同的功能，有必要对它们进行区分④。

---

① 〔德〕许迺曼：《刑法体系与刑事政策》，王效文译，载许玉秀、陈志辉：《不移不惑献身法与正义——许迺曼教授刑事法论文选辑》，公益信托春风煦日学术基金，2006年，第38页。

② 〔德〕许迺曼：《刑法体系思想导论》，许玉秀译，载许玉秀、陈志辉：《不移不惑献身法与正义——许迺曼教授刑事法论文选辑》，公益信托春风煦日学术基金，2006年，第264页。

③ 〔德〕许迺曼：《刑法体系思想导论》，许玉秀译，载许玉秀、陈志辉：《不移不惑献身法与正义——许迺曼教授刑事法论文选辑》，公益信托春风煦日学术基金，2006年，第299页。

④ 〔德〕许迺曼：《区分不法与罪责的功能》，彭文茂译，载许玉秀、陈志辉：《不移不惑献身法与正义——许迺曼教授刑事法论文选辑》，公益信托春风煦日学术基金，2006年，第433～456页。

第三章

刑法基本原则

第一节　刑法基本原则概说

一、刑法基本原则的概念

刑法的基本原则，是指在刑事立法、司法活动过程中都必须普遍遵守的根本性和指导性的准则。

不同的学者对此概念有不同的表达：①日本学者井田良、铃木茂嗣与韩国学者金日秀、徐辅鹤等均称其为刑法的基本原则，如井田良认为“刑法的基本原则，是指无论是对于立法还是既存法规的解释、适用而言都不能突破的根本性规则”[①]；②俄罗斯学者 H. Ф. 库兹涅佐娃、И. M. 佳日科娃称之为刑事立法的原则，即“立法、执法机关和公民在与犯罪作斗争方面必须遵循的基本原则”[②]；③德国学者耶赛克、魏根特则称之为刑事政策的基本原则（Grundsätze der Kriminalpolitik），“刑事政策所要探讨的是刑法应如何制定从而使其对社会的保护任务最好地得以实现的问题……刑事政策的公正性标准主要是罪责原则（der Schuldgrundsatz）、法治国家原则（der Grundsatz der Rechtsstaatlichkeit）和人道主义原则（der Grundsatz der Humanität）”[③]。虽然称谓不同，但其内容均是刑事立法及司法所应遵循的最根本的准则。本书采用最常见的“刑法的基本原则”这一概念。

---

① 〔日〕井田良：《讲义刑法学·总论》，有斐阁，2008 年，第 28 页。

② 〔俄〕H. Ф. 库兹涅佐娃、И. M. 佳日科娃：《俄罗斯刑法教程（总论）》（上卷），黄道秀译，中国法制出版社，2002 年，第 67 页。

③ Jescheck H H，Weigend T. Lehrbuch des Strafrechts Allgemeiner Teil. Drucker & Humblot，1996，5. Aufl.，S. 22～23.

二、刑法基本原则的内容

虽然大陆法系各国刑法典一般仅明文规定了罪刑法定原则这一基本原则①，但是学者们在理论探讨上各自秉持着不同的观点。

日本学者井田良认为，刑法的基本原则有行为主义、罪刑法定主义、责任主义三个原则，他指出："这三个原则是互相关联、互相依存、不可分离的。正因为有了行为主义的原则才使罪刑法定主义的原则具有意义，而只有存在罪刑法定主义的原则才使责任主义成为可能。"② 浅田和茂在承认行为主义、罪刑法定主义、责任主义三个刑法基本原则的基础上，认为"在这三个原则之外，刑法中的谦抑主义也是近代刑法的基本原则"③。川端博认为，刑法的基本原则包括罪刑法定主义、谦抑主义和责任主义④。铃木茂嗣认为刑法具有六个基本原则："（1）法益侵害原理；（2）行为原理；（3）行为规范原理；（4）责任原理；（5）谦抑原理；（6）罪刑法定原理。"⑤ 团藤重光、大塚仁、西原春夫、曾根威彦、前田雅英、山中敬一、高桥则夫等则仅仅论述罪刑法定主义而不涉及其他原则⑥。

如上所述，德国学者耶赛克、魏根特认为刑法的基本原则包括罪责原则、法治国家原则和人道主义原则；但罗克辛在其《刑法总论》中仅论述罪刑法定原则⑦。

韩国学者金日秀、徐辅鹤认为，刑法的基本原则包括罪刑法定原则、责任原则、比例性原则和行为刑法的原则⑧。韩国学者李在祥也仅论述了罪刑法定主义⑨。

意大利刑法学者帕多瓦尼也仅论述了罪刑法定原则⑩。

据上述各种观点可知，罪刑法定原则作为刑法的基本原则已经成为各国刑法理论的通说，对于其他各项原则，学者们均有各自的论述。本书结合学者们的观点，认为根据大陆法系犯罪构成的三阶层理论，即构成要件符合性、违法性和有责性，分别将罪刑法定原则、法益保护原则和责任主义原则作为刑法的基本内容进行论述；考虑到保障人权的理念和限制刑罚的功能，本书认为谦抑主义也是刑法的基本原则之一。同时，鉴于罪刑均衡在罪刑法定原则的实质内容中已有所表述，本书不再单独对罪行均衡原则进行论述。

因此，本书认为刑法的基本原则包括罪刑法定原则、法益保护原则、责任主义和谦抑主义。

---

① 大陆法系各国刑法一般仅规定了罪刑法定原则，但是《俄罗斯联邦刑法典》第3～7条就规定了法制原则、公民在法律面前一律平等的原则、罪过原则、公正原则和人道原则五个刑法基本原则。

② 〔日〕井田良：《讲义刑法学·总论》，有斐阁，2008年，第28页。

③ 〔日〕浅田和茂：《刑法总论》（补正版），成文堂，2007年，第47页。

④ 〔日〕川端博：《刑法总论讲义》（第二版），成文堂，2006年，第41页。

⑤ 〔日〕铃木茂嗣：《刑法总论（犯罪论）》，成文堂，2001年，第4页。

⑥ 陈家林：《外国刑法通论》，中国人民公安大学出版社，2009年，第68页。

⑦ Roxin C. Strafrecht Allgemeiner Teil Band Ⅰ. Verlag C. H. Beck，2006，4. Aufl.，S. 135.

⑧ 〔韩〕金日秀、徐辅鹤：《韩国刑法总论》（第十一版），郑军男译，武汉大学出版社，2008年，第55～83页。

⑨ 〔韩〕李在祥：《韩国刑法总论》，〔韩〕韩相敦译，中国人民大学出版社，2005年，第8页。

⑩ 〔意〕杜里奥·帕多瓦尼：《意大利刑法学原理》（注评版），陈忠林译评，中国人民大学出版社，2004年，第11页。

第二节 罪刑法定原则

一、罪刑法定原则的概念和意义

对于罪刑法定原则，德国学者耶赛克、魏根特称之为法治国家原则（der Grundsatz der Rechtsstaatlichkeit）①，韦塞尔斯、博伊尔克、罗克辛、鲍曼（Baumann）、韦伯（Weber）、米奇（Mitsch）等称之为法治原则（das Gesetzlichkeitsprinzip）②；日本的学者一般都称之为罪刑法定主义③。这些称谓其实就是罪刑法定原则的不同表达，其内容是一样的。由于罪刑法定原则已经被世界各国认可，故本书采用罪刑法定原则这一称谓。

罪刑法定原则，是指什么行为是犯罪和对这种行为处以何种刑罚，必须预先由法律明文加以规定的原则④。对于罪刑法定原则的概念，不同的学者有不同的表达。日本学者金泽文雄认为："所谓罪刑法定主义是没有以成文的法律预先在犯罪之前的规定，就没有犯罪也没有刑罚的原则。"⑤ 中山研一主张："所谓罪刑法定主义是为了处罚某种行为，在该行为实行以前，用法律将它规定为犯罪并且应当科处的刑罚的种类与程度也必须用法律加以规定的原则。"⑥ 松宫孝明认为，根据罪刑法定原则（罪刑法定主义），"何为犯罪，以及相应地对犯罪要处以何种刑罚，必须由法律事先加以明文规定"⑦。根据上述定义，罪刑法定主义具有如下特点：①犯罪与刑罚必须由成文的法律加以规定；②必须在犯罪以前预先加以规定；③没有法律规定就没有犯罪；④没有法律规定也没有刑罚。即不论对社会多么有危险的行为，如果法律没有预先将它作为犯罪规定时，不得处以刑罚；即使根据法律作为犯罪处罚时，也不得用法律预先规定以外的刑罚处罚④。

罪刑法定原则最先存在于1776年美国联邦宪法，1789年法国著名的《人权宣言》也对此进行了规定。但是对此原则进行深刻论述的是德国的费尔巴哈，其在1801年的《德国刑法教科书》中用拉丁语对罪刑法定原则进行了表述，即"法无明文规定不处罚（Nulla poena sine lege）"、"法无明文规定不为罪（Nulla poena sine crimine）"、"有罪必罚（Nullum crimen sine poena）"⑧。自此，罪刑法定原则得以定式化，而且在立法中得到更

---

① Jescheck H H，Weigend T. Lehrbuch des Strafrechts Allgemeiner Teil. Drucker & Humblot，1996，5. Aufl.，S. 23.

② Wessels，Beulke. Strafrecht Allgemeiner Teil：Die Straftat und ihr Aufbau. C. F. Müller，2010，40. Aufl.，S. 12；Roxin C. Strafrecht Allgemeiner Teil Band Ⅰ. Verlag C. H. Beck，2006，4. Aufl.，S. 135；Baumann，Weber，Mitsch. Strafrecht Allgemeiner Teil. Verlag Ernst und Werner Gieseking，2003，11. Aufl.，S. 135.

③ 〔日〕山口厚：《刑法总论》（第二版），有斐阁，2007年，第9页；〔日〕前田雅英：《刑法总论讲义》（第五版），东京大学出版会，2011年，第54页；〔日〕山中敬一：《刑法总论》（第二版），成文堂，2008年，第63页。

④ 马克昌：《比较刑法原理：外国刑法学总论》，武汉大学出版社，2002年，第55页。

⑤ 〔日〕中山研一等：《现代刑法讲座》（第1卷），成文堂，1980年，第85页。

⑥ 〔日〕中山研一：《刑法总论》，成文堂，1989年，第59页。

⑦ 〔日〕松宫孝明：《刑法总论讲义》（第四版补正版），钱叶六译，中国人民大学出版社，2013年，第14页。

⑧ 〔德〕安塞尔姆·里特尔·冯·费尔巴哈：《德国刑法教科书》（第十四版），徐久生译，中国方正出版社，2010年，第31页。

为广泛的体现，并已然成为民主法治国家最为重要的刑法原则。

罪刑法定原则最重要的意义在于其确立了法律的统治，反对罪刑擅断主义，保障国民的可预测性，从而起到了保障个人权利和自由的作用。

二、罪刑法定原则的沿革

罪刑法定原则的产生源于对封建专制、罪刑擅断的反抗，是资产阶级在反封建专制的革命过程中专门为抑制司法专横的罪刑擅断所提出的一种思想武器和制度设计①。通常认为，罪刑法定原则缘起于1215年英国的《大宪章》(Magna Charta)，因为《大宪章》第39条规定："任何自由人，如未经其同级贵族之依法裁判，或经国法判决，皆不得被逮捕、监禁、没收财产、剥夺法律保护权、流放，或加以任何其他损害。"② 虽然该条规定了应该通过法律进行刑法处罚的思想，但是该条的重点在于对贵族、僧侣和市民权益的保护，而不适用于全体的国民。因而，将《大宪章》视为罪刑法定原则的渊源有欠妥当。

德国学者罗克辛认为罪刑法定原则起源于1776年美国弗吉尼亚州（Virginia）和马里兰州（Maryland）的州宪法③。1776年6月12日公布的《弗吉尼亚权利法案》第8条规定："……除了国家法律或同等的公民的裁判外，任何人的自由不应受到剥夺。"这一规定被誉为美国法律中最初的罪刑法定主义原则的宣言④。1789年著名的法国《人权宣言》对此亦有规定。《人权宣言》第8条："法律必须严格而明确地规定必要的刑罚，任何人不依据犯罪前制定公布的法律，不受处罚。"这一规定在1810年的《法国刑法典》（也称《拿破仑刑法典》）中得以体现，该法典第4条明确规定："不论违警罪、轻罪或重罪，均不得以实施犯罪法律未规定处罚之。"1813年由费尔巴哈起草的《巴伐利亚刑法典》也体现了罪刑法定原则，1971年的《德国刑法典》第2条就是1813年《法国刑法典》第4条原文的翻译⑤。以《法国刑法典》为蓝本，日本1880年旧刑法也规定了罪刑法定原则，其第2条规定："法律无正条者，无论何种行为，均不得罚之。"

虽然罪刑法定原则很快被写入诸多国家的法律，但其发展也曾遭遇挫折。在法西斯统治时期，德国和意大利等国家的法律遭到了很大程度的践踏。1935年纳粹德国的立法者修改了《德国刑法典》第2条，根据修改后的法律，允许"根据刑法基本思想以及根据健康的民族感情（nach gesundem Volksempfinden）"作出惩罚，这一规定就意味着允许类推的适用，自此，启蒙运动以来所取得的成就就被销毁殆尽⑥。意大利在法西斯统治时期颁布的1930年刑法典，尽管仍保留了罪刑法定原则，但该原则却只有保证法律规范确定性的作用，而仅靠确定性并不足以保障公民的自由，一个含义"确定的"犯罪规范，完全

---

① 杨兴培：《检视罪刑法定原则在当前中国的命运境遇——兼论中国刑法理论的危机到来》，《华东政法大学学报》，2010年第1期，第5页。

② 其实在《大宪章》之前，基督教《圣经新约全书》中的"罗马书"第五章第十三节就写道："没有律法之先，罪已经在世上。但没有律法，罪也不算罪。"这一段文字就蕴含了罪刑法定原则的思想。

③ Roxin C. Strafrecht Allgemeiner Teil Band Ⅰ. Verlag C. H. Beck，2006，4. Aufl.，S. 143.

④ 马克昌：《外国刑法学总论（大陆法系）》，中国人民大学出版社，2009年，第33页。

⑤ Roxin C. Strafrecht Allgemeiner Teil Band Ⅰ. Verlag C. H. Beck，2006，4. Aufl.，S. 144.

⑥ Roxin C. Strafrecht Allgemeiner Teil Band Ⅰ. Verlag C. H. Beck，2006，4. Aufl.，S. 144～145.

可能是专横与无理的产物。由此可见，在当时的意大利，罪刑法定原则侧重于发挥刑罚威慑功能，而削弱了对个人权利和自由的保护[①]。

在第二次世界大战以后，《德国刑法典》第 2 条在 1945 年立即被宣布不能被适用，并被明确取消，而且在 1946 年被新的罪刑法定原则条款取代。1949 年 5 月 23 日颁布的《德国基本法》第 103 条第 2 款明确取消了类推制度，1975 年《联邦德国刑法典》第 1 条明文规定了罪刑法定原则。1958 年苏联重新规定了罪刑法定原则[②]。日本现行刑法虽未规定罪刑法定原则，但 1946 年的《日本国宪法》第 31 条与第 39 条第 1 款都作了规定，它当然也是日本刑法的基本原则[③]。

罪刑法定原则不仅存在于各国国内立法中，还被写入了国际条约。联合国大会 1948 年 12 月 10 日通过的《世界人权宣言》第 11 条第 2 款也明文规定了罪刑法定原则："任何人在刑事上之作为或不作为，于其行为时依国内法或国际法不构成犯罪的，不认为是犯罪，刑罚不得重于行为是法律之规定。"[④] 联合国大会在 1966 年 12 月 6 日通过的《公民权利和政治权利国际公约》第 15 条第 1 款也作了类似规定："任何人的任何作为或不作为，在其发生时依照国内法或国际法均不构成刑事罪者，不得认为犯有刑事罪，所加的刑罚也不得重于犯罪时适用的规定。如果在犯罪之后依法规定了应处以较轻的刑罚，犯罪者应予以减刑。"[⑤]

纵观罪刑法定原则的起源及发展可知，其不仅具有广泛的国内法基础，而且也得到了国际法的承认，是现代刑法必须遵循的原则。

三、罪刑法定原则的思想基础

尽管罪刑法定的思想可以追溯到 13 世纪，甚至可以溯源于《圣经·新约全书》，但是罪刑法定主义发展成为刑法明文规定的基本原则，则是在启蒙思想支配影响下的 18～19 世纪的事情[⑥]。

一般认为，罪刑法定原则的产生，其思想基础主要是三权分立思想和心理强制说。

(1) 三权分立思想。三权分立思想来自于英国的洛克，他认为应该将立法权、行政权以及外交权相分离。法国的孟德斯鸠则认为，应该使立法权、行政权和司法权相互分立，分别由立法机关、行政机关和司法机关行使，这三个机关之间相互制衡。立法机关依照正当的立法程序制定法律，行政机关依照法律法规的规定行使行政权力、执行行政事务，司法机关则依据法律作出正确的判决。因而，对于何种行为构成犯罪、罪犯应该承担何种刑事责任等问题，必须由立法机关事先制定法律加以规定；司法机关则依据法律对行为人的

---

① 冯军、李春雷：《外国刑法学概论》，中国民主法制出版社，2004 年，第 27～28 页。

② Roxin C. Strafrecht Allgemeiner Teil Band Ⅰ. Verlag C. H. Beck，2006，4. Aufl.，S. 144.

③ 马克昌：《比较刑法原理：外国刑法学总论》，武汉大学出版社，2002 年，第 75～78 页。

④ 林山田：《刑法通论》（上册）（增订十版），元照出版有限公司，2008 年，第 71 页。

⑤ 可是必须注意到，在国际上存在一些严重违反罪刑法定原则的事件，如以色列曾经根据本国法律对第二次世界大战战犯进行审判，而第二次世界大战时以色列还没有建国。这些现象说明，在国际法上，罪刑法定原则远远未得到尊重和贯彻。参见童德华：《外国刑法原论》，北京大学出版社，2005 年，第 38 页。

⑥ 林山田：《刑法通论》（上册）（增订十版），元照出版有限公司，2008 年，第 69 页。

行为进行定罪处罚，没有法律的事先规定，司法机关不能对行为人予以定罪处罚；行政机关则在法律规定的职权范围内对最终判决予以执行，并不得对最终判决结果非法变更。由此可知，三权分立思想是罪刑法定原则最为重要的思想基础之一。

（2）心理强制说。心理强制说（psychologische Zwangstheorie）的主张者是费尔巴哈，该说也是罪刑法定原则的重要思想基础。在费尔巴哈看来，物理强制只对特定个体起作用，而要阻止对法的破坏，国家应实施心理强制，将违法行为（Übertretung）与恶害（Übel）相连。他说："所有的违法行为在感性上都有其心理学上的起因，人的贪欲在一定程度上会因对行为的乐趣或者产生于行为的乐趣得到强化。这种内心的动机通过下列方式加以消除：让每个人知道，在其行为之后必然有一个恶在等待着自己，而且这种恶要大于源自于未满足的行为动机的恶。"[①] 费尔巴哈进一步认为，为了建立上述恶与侮辱之间的必然联系，就需要满足两个条件：其一是法定的威慑，即必须由法律将这种恶明文规定为行为的必然后果；其二是判决的执行，即只要有违法行为的发生，就要立即给予法律上的惩处。"威慑目的的执行权与立法权的有效协调，构成了心理强制。"[①] 从费尔巴哈的理论中不难看出，心理强制说要求法律对犯罪与刑罚作出明文规定，让行为人知道，其若实施违法行为，就需要承担恶害的不利后果，这也是罪刑法定原则的内在要求。

然而，对于罪刑法定原则而言，三权分立思想和心理强制说只具有沿革上的意义，因为三权分立思想不能为罪刑法定原则的内容提供完整的理论依据，而心理强制说本身就存在缺陷。虽然三权分立思想否定了罪刑擅断主义，并为罪刑法定原则的法律主义奠定了思想基础，但是其对罪刑法定主义的实质内容和其他形式内容不能提供理论上的依据。现在一般的观点都认为，对于那些有犯罪倾向的人而言，不是刑罚的严厉性发挥了威慑的作用，发生威慑作用的是被抓住的危险程度[②]。因此，费尔巴哈的强制说就逐渐丧失了说服力。

随着时代的变迁，特别是民主主义思想和尊重人权思想的加强，罪刑法定原则逐渐被赋予了新的内容。日本刑法学者大谷实教授认为："现代的罪刑法定原则，应当说，是以自由主义为核心的尊重人权原则为基础的。即，即便在现代国家中，国家权力也仍然具有任意行使的危险，为了防止这种危险，在通过民主程序规定犯罪和刑罚的同时，为了保障个人自由，尊重人权，还必须明确规定什么是犯罪，只有在该预告的范围之内，才能进行处罚。"[③] 本书赞同大谷实教授的观点，认为现代罪刑法定原则的思想基础是民主主义和尊重人权主义。

（1）民主主义。民主体现的是一国公民的共同意志，民主主义的基本要求是国家重大事务应该由一国公民共同决定，那么各种法律（特别是刑法）必须由公民共同制定。大谷实教授认为："什么是犯罪，对其应当予以什么样的处罚，必须由国民民主地决定的民主主义的要求为根据。"[③] 由于各国公民不可能直接制定刑法，所以各国公民都通过民主程序

---

① 〔德〕安塞尔姆·里特尔·冯·费尔巴哈：《德国刑法教科书》（第十四版），徐久生译，中国方正出版社，2010年，第28页。

② Roxin C. Strafrecht Allgemeiner Teil Band Ⅰ. Verlag C. H. Beck，2006，4. Aufl.，S. 80.

③ 〔日〕大谷实：《刑法讲义总论》（新版第二版），黎宏译，中国人民大学出版社，2008年，第47页。

选举了自己的代表成立立法机关，由立法机关来制定刑法。由于立法机关代表的是全体公民的共同意志，其在制定刑法时必须体现全体公民的共同意志，最大限度地保护每个人的利益，维护公民的自由。因此，立法机关在制定刑法时必须对犯罪与刑罚予以明确的规定，同时禁止类推解释并排除习惯法，从而保障国民的预测性，让每个人都能在法律之下充分享有自由。

（2）尊重人权主义。人权是人之所以为人的权利，是人生存和发展最为基本的权利，尊重人权是现代法治的核心和价值追求。尊重人权的前提是对人权的保障，在给予公民充分自由的同时能让其预测到何种行为是合法的、何种行为构成犯罪，这就要求法律必须对犯罪和刑罚事先予以明确的规定，禁止事后法对于公民的不利溯及，否则会侵害国民的预测。同时，尊重人权主义反对对人权的恣意践踏。刑法的任务之一是打击犯罪，但是刑法的终极目标是保障人权，在对行为人的行为定罪处罚时必须判处确定而适正的刑罚，否则行为人的人权将无从保障。因此，尊重人权主义要求法律的明确规定，禁止事后法、绝对不确定刑和类推解释，并要求刑罚法规的适正性。

四、罪刑法定原则的基本内容

（一）概述

罪刑法定原则的基本内容就是法律对于犯罪与刑罚事先明文的规定。但是罪刑法定原则具体包括哪些内容，学者们持有不同的观点。

德国刑法学者罗克辛教授认为罪刑法定原则有四个作用，即禁止类推（das Analogieverbot）、禁止作为刑罚根据和使刑罚严厉的习惯法（das Verbot strafbegründenden und strafschärfenden Gewohnheitsrechts）、禁止溯及既往（das Rückwirkungsverbot）、禁止不确定的刑法和刑罚（das Verbot unbestimmter Strafgesetze und Strafen）①。奥托（Harro Otto）认为罪刑法定原则包括确定性原则（der Bestimmmtheitsgrundsatz）、禁止溯及既往（das Rückwirkungsverbot）、禁止类推解释（das Analogieverbot）和排除习惯法（der Ausschluss des Gewohnheitsrechts）四项内容②。鲍曼、韦伯、米奇认为：就刑法规范的设置而言，罪刑法定原则包括确定规范（Bestimmtheitsgebot）和禁止溯及既往；就刑法规范的运用而言，罪刑法定原则意味着禁止溯及既往和禁止类推解释③。

日本刑法学者山中敬一认为，罪刑法定原则的内容是法律主义，罪刑法定原则的派生原则包括类推解释的禁止、明确性的原则和适正处罚的原则④。山口厚认为，罪刑法定原则包括法律主义、事后法的禁止和刑罚法规的适正（包括明确性原则、内容的适正和罪刑的均衡）⑤。野村稔认为，罪刑法定原则包括罪刑的法定、刑罚法规不溯及（事后法禁止）

---

① Roxin C. Strafrecht Allgemeiner Teil Band Ⅰ. Verlag C. H. Beck，2006，4. Aufl.，S. 141.

② Otto H. Grundkurs Strafrecht：Allgemeine Strafrechtslehre. De Gruyter Recht，2004，7. Aufl.，S. 17.

③ Baumann，Weber，Mitsch. Strafrecht Allgemeiner Teil. Verlag Ernst und Werner Gieseking，2003，11. Aufl.，S. 137～160.

④ 〔日〕山中敬一：《刑法总论》（第二版），成文堂，2008 年，第 67～87 页。

⑤ 〔日〕山口厚：《刑法总论》（第二版），有斐阁，2007 年，第 9～22 页。

的原则和类推解释的禁止[①]。内藤谦教授主张，罪刑法定原则的内容分为形式方面和实质方面，前者包括法律主义、事后法的禁止、类推解释的禁止和绝对的不定刑的禁止；后者包括明确性原则和刑罚法规正当的原则[②]。松宫孝明认为，罪刑法定原则主要内容包括法律主义、禁止溯及处罚、禁止类推、禁止绝对的不定期刑、刑罚法规的明确性及其内容的适正性等派生原则[③]。

较其他学者而言，内藤谦教授将罪刑法定原则内容从形式和实质两个层面进行划分，对罪刑法定原则的阐释更为细致和全面，但是日本刑法学界一般都将刑罚法规正当的原则分为明确性原则和刑罚法规内容的妥当，是故本书在内藤谦教授的观点的基础上稍作调整，认为罪刑法定原则的实质内容包括明确性原则和刑罚法规内容的妥当。

（二）罪刑法定原则的形式内容

1. 法律主义

罪刑法定原则的法律主义，是指法律必须对犯罪与刑罚予以明文的规定，也即“法无明文规定不为罪”、“法无明文规定不处刑”的必然要求。拉德布鲁赫说：“刑法比其他法的领域更需要法的安定性，因为只有成文法才能保证法的安定性，故此每部现代刑法典都将刑法完全浇注为成文法的形式。”[④] 韦塞尔斯、博伊尔克认为：“只有依据法律的成文规定，才能够确立某一行为的可罚性，并将刑罚作为法律后果相威吓。”[⑤] 即法律主义要求刑罚法规的成文化。成文的刑罚法规有两个重要的作用：第一，使司法者在处理案件时有明确的法律依据，且其对案件的处理必须依据成文法作出；第二，使国民能够清楚地认识到何种行为构成犯罪并可能导致何种法律责任，保障了国民的可预测性。

在对法律主义进行理解时，有几个问题需要探讨。

1）习惯法能否成为刑法的法源

习惯法是指“当一个社会中经常实施的某种事实被民众作为共通的规范意识（民众的法律确信）而加以遵守时，能因此被视为法律渊源的规范”[⑥]。习惯法虽然同制定法一样，源自于人民的法确信，但它不是由正式的立法行为制定的。耶赛克认为：“产生习惯法必须具备两个前提条件：其一是，从法律的角度看，规范必须得到普遍的承认；其二是，社会的法效力意志必须通过持续的实践明确地向外表现出来。”[⑦]

习惯法在民商事领域常常被当做法律渊源，如日本 2006 年 6 月 21 日修订的《法律适用的通则法》(Act on the General Rules of Application of Laws) 第 3 条便是例证[⑧]。即在

---

① 〔日〕野村稔：《刑法总论》，全理其、何力译，法律出版社，2001 年，第 47～51 页。

② 〔日〕内藤谦：《刑法讲义总论》(上)，有斐阁，1983 年，第 27～39 页。

③ 〔日〕松宫孝明：《刑法总论讲义》(第四版补正版)，钱叶六译，中国人民大学出版社，2012 年，第 14 页。

④ 〔德〕古斯塔夫・拉德布鲁赫：《法律智慧警句集》，舒国滢译，中国法制出版社，2001 年，第 38 页。

⑤ Wessels, Beulke. Strafrecht Allgemeiner Teil: Die Straftat und ihr Aufbau. C. F. Müller, 2010, 40. Aufl., S. 12.

⑥ 〔日〕山中敬一：《刑法总论》(第二版)，成文堂，2008 年，第 67 页。

⑦ Jescheck H H, Weigend T. Lehrbuch des Strafrechts Allgemeiner Teil. Drucker & Humblot, 1996, 5. Aufl., S. 112.

⑧ 《法律适用的通则法》第 3 条规定：“不违反公共秩序和善良风俗的习惯，在法律规定所认可的事项或关于法律未作规定的事项的范围内，与法律具有同一效力。”

确认了法律较习惯法的优先效力的同时，承认了习惯法的法源性。那么在刑事法领域，习惯法能否成为刑法的法源呢？通说给出了否定的答案，并且认为“排除习惯法”是罪刑法定原则一项极为重要的内容。

对于习惯法被排除在刑法法源之外的原因，日本的川端博作了如下的论述：“其内容和效力发生时期都非常不明了。行为人要知道其存在和内容比较困难。如果基于习惯法进行审判，会大幅认可法官的恣意判断，导致行为人的自由受到较大限制。”① 罗克辛认为：“刑事可罚性不能通过习惯法来建立或者加重，这种法律上的规定当然能够得出这个结论：刑事可罚性只允许在法律上加以规定。”②

需要注意的是，虽然不能用习惯法来决定犯罪与刑罚是“排除习惯法”的应有之意，但并不能就此全部否定习惯的存在意义。关于犯罪的成立以及刑罚的量定，有时需要借助习惯或者条理来决定或者来对刑法法条进行解释。首先，对于有些犯罪的成立要件，需要借助习惯来确定，例如，《日本刑法典》第 123 条（妨害水利罪）保护的客体是水利权，“它既包括契约上的水利权，也包括习惯上认可的水利权。因此，为了明确水利权的有无及范围，有必要考虑习惯”③。又如，对于不作为犯罪而言，行为人必须违反作为义务，而这种义务的范围除了在法律上予以明确规定外，还需要根据习惯、条理判断是否成立，《日本刑法典》第 218 条（遗弃罪）中的保护责任的根据即为适例④。其次，由于刑法对自由刑、财产刑范围的设定一般都比较宽泛，法官在量刑时有较大的自由裁量权，其在刑罚量定的过程中也常常借助于习惯和价值观。大谷实教授指出：“‘不违反公序良俗的习惯，在法无明文规定的事项上，和法律具有同等的效力’（法例第 2 条）的规定，对于刑法不适用。但是，在构成要件的内容或违法性、责任的判断根据等方面，不少情况下必须依据上述习惯。另外，排除习惯法，是新设置犯罪和刑罚的场合的原理，在刑罚法规的解释或违法性的判断上，习惯、条理对于刑罚法规具有补充的机能。”⑤

2）判例能否成为刑法的法源

所谓判例，“在广义上指的是裁判例（判决例），更准确地说，应指的是推导出判决结论的法律上的理由，即‘判决理由’”⑥。在英美法系国家，判例法是国家法律重要的组成部分，判例具有约束力；但是在大陆法系国家，学者一般都认为判例不能构成刑法的渊源，因为判例不是立法者所制定的法律。如日本的山口厚教授就认为：“就刑法而言，判例不能成为形式的法源。”⑦

判例对于后来的争议案件而言，可能成为其判决的依据；而且判例会影响国民对违法性的预测，因此判例具有一定的指引作用。日本的山中敬一教授认为：“在大多数场合，判例能够补充成文法的内容，使其具体化、明确化，为国民提供行为准则，因此也不能说

---

① 〔日〕川端博：《刑法总论讲义》（第二版），成文堂，2006 年，第 46 页。
② Roxin C. Strafrecht Allgemeiner Teil Band Ⅰ. Verlag C. H. Beck，2006，4. Aufl.，S. 142.
③ 〔日〕井田良：《讲义刑法学·总论》，有斐阁，2008 年，第 34 页。
④ 〔日〕大野真义、墨谷葵：《要说刑法总论》（改订版），嵯峨野书院，1990 年，第 18～19 页。
⑤ 〔日〕大谷实：《刑法讲义总论》（第二版），黎宏译，中国人民大学出版社，2008 年，第 51～52 页。
⑥ 〔日〕大谷实：《判例讲义刑法Ⅰ（总论）》，悠悠社，2001 年，第 11 页。
⑦ 〔日〕山口厚：《刑法总论》（第二版），有斐阁，2007 年，第 16 页。

不是国民的行为规范。判例具有法源性，只是使法律具体化、明确化，而不能超出法律解释的框架，在这个意义上，判例不能说具有独自的法源性。”① 团藤重光教授认为：“罪刑法定主义要求犯罪的定型化；不过，只以法律的规定，即使用多么精密的表达记述犯罪的成立要件，犯罪的定型也只能抽象地规定。由于就各个具体的案件法院所下判断的积累，犯罪定型的具体内容开始形成起来。承认判例有这样意义的形成的机能，不但不违反罪刑法定主义，实际上毋宁应当说是罪刑法定主义的要求。此外，对否定犯罪成立或可罚性的方向的判例的机能，也与罪刑法定主义没有矛盾。”② 大塚仁教授认为：“判例作为法院对刑法的有权解释，它明确了刑法的意义，事实上对将来的裁判具有很强的约束力，从这个观点来看，不能否定它具有准法源的意义。”③ 因而认为判例可以成为刑法的法源。

如果承认判例的法源性，那么是否所有的判例都可以作为刑法的渊源呢？大谷实教授认为：“判例要取得法源性，其意旨必须明确到能够作为法规范成为国民或法官行动指针的程度，也必须如同法律的稳定性一样具有相当程度的稳定性。在这个意义上，最不容易变更的最高法院的大法庭判决是最稳定的。而小法庭的判决如果其精神在一定期间内被反复重申，一定时间内不会变更的话，也能取得与法规同样的法源性。下级审的判决也是一样。其实，裁判例最初就是法院的有权解释的提示，不仅能成为国民行动的指针，而且经常在判决理由中被引用，几乎所有的法官在判决时都会考虑同种事实之前的先例。因此可以毫不夸张地说，在现实生活中，所有的裁判例都具有法源性。当然，判旨不明确，有被推翻可能性的判决不应被视为法源。”④

3）政令与条例能否成为刑法的法源

“所谓政令，是指内阁制定的命令。”⑤ 也即，政令是行政机关制定的命令。罪刑法定原则的法律主义要求成文的刑罚法规一般只能由立法机关来制定，行政机关的政令无权规定犯罪与刑罚。但《日本宪法》第 73 条第 6 项的但书规定：“……但政令中除有法律特别授权者外，不得制定罚则。”这一规定表明，在有法律的特别授权时，政令可以制定罚则。大塚仁教授进一步论述指出：“为了防止在政令中规定法律不能预料的罚则，在规定法律委任时，作为基础法律必须有具体的、个别的委任。也就是说，有必要对处罚行为个别地定下大概的范围。此外，虽然不属于以上的罚则委任的情况，但是例如刑法第 94 条（中立命令违背罪）那样，法律只规定了罚则，构成要件的内容由政令以下的命令来规定的场合（空白刑罚法规）也成为问题。但是，在此场合，如果满足了以下条件，也被认为是合宪的。即：有合理的理由，且仅限于特定的事项，而且法律予以处罚的行为范围基本上能够确定。”⑥

4）地方性法规能否成为刑法的法源

不论是采取联邦制还是采取单一制，世界各国都普遍允许地方立法机关进行立法，那

---

① 〔日〕山中敬一：《刑法总论》（第二版），成文堂，2008 年，第 67 页。
② 〔日〕团藤重光：《刑法纲要总论》（改订版），创文社，1979 年，第 46 页。
③ 〔日〕大塚仁：《刑法概说（总论）》（第三版），冯军译，中国人民大学出版社，2003 年，第 67 页。
④ 〔日〕大谷实：《判例讲义刑法Ⅰ（总论）》，悠悠社，2001 年，第 12 页。
⑤ 〔日〕野村稔：《刑法总论》，全理其、何力译，法律出版社，2001 年，第 53 页。
⑥ 〔日〕野村稔：《刑法总论》，全理其、何力译，法律出版社，2001 年，第 53～54 页。

么地方性法规能否成为刑法的法源?

在德国,“作为刑法制定法渊源的法律,分别由联邦和各州制定……只有当联邦未行使立法权时,各州才有权进行刑事立法(《基本法》第72条、第74条第1款)。但各州立法时,只要联邦法律没有明文允许有不同的规定,则必须受《刑法典》总则的约束(《刑法典施行法》第1条第2款)。而分则部分的内容由《刑法典》进行独断规定,极少情况下才允许各州进行立法(《刑法典施行法》第4条第2至5款)……总的而言,州刑法(Landesstrafrecht)仅享有极小的空间”[①]。

日本《地方自治法》第14条第1款规定:“‘只要不违反法令’,普通地方公共团体(即日本的都道府县及市町村)的议会可以依据法令有权处理的事务制定条例。”第14条第3款规定:“普通地方公共团体,除法律有特别规定的以外,可以在其条例中规定,对违反条例者处2年以下惩役或禁锢,100万日元以下罚金、拘留、科料或没收之刑。”法律主义的实质根据在于,对于何为犯罪应由国民通过民主主义的形式得以确定。而条例是通过公民所选举的议会制定,所以在条例中规定罚则并不违反民主主义。就此意义而言,地方自治法一般地、包括地委任了普通地方公共团体所制定的条例中可以制定的罚则,并不违反民主主义。日本的判例认为,“在通过条例制定刑法的场合,只要法律的授权在相当程度上是具体的、有所限定的就足够了”,地方自治法规就“具体内容的事项”来说在“有所限定的刑罚”范围之内用条例制定罚则并不违反《日本宪法》第31条[②]。

2. 禁止事后法

禁止事后法,又称禁止溯及既往,即“在行为实施之前,可罚性必须通过法律加以明确的规定。具有可罚性或使可罚性程度更高的刑法是不允许溯及既往的,进一步而言,禁止溯及既往适用于实质刑法中可罚性的所有前提”[③]。罗克辛教授对溯及既往的形式进行了细分,他认为:“一个行为在实施之时不具有可罚性,若溯及既往却可能会被判处刑罚;一个根据刑法具有可罚性的行为可能通过溯及既往导致更为严厉的刑种(如可能由罚金刑变为了自由刑)或者在相同的刑种之下刑罚变得更重(如由五年有期徒刑变为10年)。因为在行为之前行为的可罚性(种类或者承担)都没有通过法律进行宣布和确定,因而上述三种溯及既往的形式均为宪法所不允许。”[④] 山口厚教授也认为,如果不禁止溯及处罚,国民就丧失了关于自身行动的预测可能性,导致国民生活于对未来刑法变更的恐惧之中而畏缩不前[⑤],这是对尊重人权主义极大的违法。因而法国的刑法学者斯特法尼认为:“有人将刑法比喻为一根‘带哨子的皮鞭’:在打人之前,法律应当给一个‘预先通知’。这就是‘lex moneat priusquam feriat’(法律在作出惩罚之前应当作出警告)的规则。所以,

① Stratenwerth G, Kuhlen L. Strafrecht Allgemeiner Teil: Die straftat. Verlag Franz Vahlen, 2011, 6. Aufl., S. 41~42.

② 〔日〕山口厚:《刑法总论》(第二版),有斐阁,2007年,第12~13页。

③ Otto H. Grundkurs Strafrecht: Allgemeine Strafrechtslehre. De Gruyter Rechtswissenschaft Verlag, 2004, 7. Aufl., S. 18~19.

④ Roxin C. Strafrecht Allgemeiner Teil Band Ⅰ. Verlag C. H. Beck, 2006, 4. Aufl., S. 142.

⑤ 〔日〕山口厚:《刑法总论》(第二版),有斐阁,2007年,第15页。

刑法仅适用于其颁布之后的行为。”[①] 禁止溯及既往既是对于法安定性的维护，更是对人权的尊重和保障。

对于禁止事后法，有两点需要加以注意：

第一，基于对国民预测可能性的保障以及人权的尊重和保障，禁止事后法只适用于犯罪化规范或不利于罪犯的规范，它只禁止对被告人不利的事后法，而不禁止对被告人有利的事后法的适用。藤木英雄等认为：“根据罪刑法定主义的要求。原则上刑罚法规的效力只及于施行后的行为。不过，溯及适用对犯罪人有利的法律，不违反罪刑法定主义。”[②]

第二，若法院的判例（大陆法系国家的判例）向着不利于被告人的方向变化，该判例能否溯及既往？例如，对于某行为，行为之前的判例不认为构成犯罪，但行为之后的判例态度发生转变，将该行为认定为犯罪。那么，能否以判处有罪的判例对事后发现的、发生在有罪判例之前的行为予以定罪处罚？答案肯定是否定的，但是不同学者的理由迥异。一种观点认为：判例不能溯及既往，故不能依据行为后的有罪判例对该行为进行定罪处罚。例如，曾根威彦认为：“判例事实上具有国民行动准则的机能，从保障被告人预测可能性的角度出发，应当禁止不利于被告人的判例溯及既往。”[③] 浅田和茂进而指出：“当有不利于被告人的判例变更时，应对该事件适用此前的判例不进行处罚，而宣告将来要处罚该行为，即应采用所谓的宣告的判决制度。”[④] 另一种观点认为，对该行为宣判无罪是因为行为人缺乏违法性意识的可能性，而不是因为“判例不得溯及既往”的原因。判例不是正式的刑法渊源，但它体现的是刑法的本来意思，判例的变更只是发现法律的本来意思而非法律本身的变更。日本最高法院1996年11月18日（《刑集》第50卷第10号第745页）认为，将根据行为当时的最高法院的判例解释，应当认定为无罪的行为，通过变更判例而加以处罚的情形，并不违反《宪法》第39条的规定。确实，认为判例和立法具有相同的效果的观点，可以说是违反三权分立原则的，因此，就相信最高法院判例而行动的被告人而言，将其信任在责任的一点上加以考虑，可能就足够了（具体信赖说）[⑤]。

3. 禁止绝对不确定刑

罪刑法定原则不仅要求刑法对何种行为构成犯罪需要作出规定，对某一犯罪所应判处刑罚的种类和程度也应明确作出规定，禁止绝对不确定刑。罗克辛称之为“禁止不确定的刑法和刑罚”（das Verbot unbestimmter Strafgesetze und Strafen），其认为：“不允许完全不确定的刑罚。若第303条的规定如下：‘违法损坏或者毁灭他人物品的人，应处以刑罚’，便是违反宪法和无效的，因为应在何种程度上判处何种刑罚，在法律上仍不确定。”[⑥]

不确定刑与不定期刑是不同的概念。不确定刑是在刑法条文中没有规定确定的刑罚内容和期间；而不定期刑是指“对刑罚的种类、数量的全部和部分不予确定，而在执行阶段

---

① 〔法〕卡斯东·斯特法尼等：《法国刑法总论精义》，罗结珍译，中国政法大学出版社，1998年，第158页。

② 〔日〕藤木英雄：《刑法》（第三版），有斐阁，2008年，第14～15页。

③ 〔日〕曾根威彦：《刑法总论》（第四版），有斐阁，2008年，第16页。

④ 〔日〕浅田和茂：《刑法总论》（补正版），成文堂，2007年，第65页。

⑤ 〔日〕大谷实：《刑法讲义总论》（新版第二版），黎宏译，中国人民大学出版社，2008年，第61页。

⑥ Roxin C. Strafrecht Allgemeiner Teil Band Ⅰ. Verlag C. H. Beck，2006，4. Aufl.，S. 142.

确定的不确定宣告原则”[①]。李斯特主张应当采取不确定的判决（unbestimmte Verurteilung，也即不定期刑），他认为：“刑事司法与刑罚执行的固定的有机联系，是所有刑事政策富有成效的不可缺少的前提条件。……对于有必要对犯罪人个性进行持续性研究和探讨的案件，法官应当首先科处不确定的刑罚，然后在法定最高刑和最低刑幅度内，根据事后对犯罪人个性的更确切的认证，再作出最终判决（所谓的不确定判决）。……对于哪些案件适用不确定判决，目前仍未取得一致性意见。但有一点是肯定的，在那些适用自由刑能对犯罪人起到积极的矫正作用的案件中，适用作为教育思想的最重要成果的不确定判决是必不可少的。因此，不确定判决问题与刑罚执行的改革问题，尤其是与自由刑的执行紧密地联系在一起。被其他措施替代的短期自由刑越多，自由刑才能越彻底地恢复其作为教育刑和矫正刑的最初特征。”[②] 但井田良认为：“如果重视防止行为人再犯罪（特别预防），那么由于在判决时难以确定何种程度的刑罚能够防止再犯，因而应当事先不确定刑罚的期间（刑期），在行为人改造好之前都一直收容在监狱之中。但是，不定期刑的制度，由于具有使受刑者地位不安定的缺点，因而对成年人采用这种制度的主张没有被认可。……总而言之，不定期刑的问题不是罪刑法定主义的问题。”[③]虽然对于成年人不适用不定期刑，但是日本《少年法》第52条中规定，对于审判时未满20岁的少年，可以宣告相对的不定期刑，即“在其刑的范围内确定长期与短期而宣告之”。

根据罪刑法定原则的本意，为了保障国民的预测可能性以及限制法官量刑的随意性，法律应对与犯罪行为相对应的刑罚作出严格规定，即刑罚就应当是绝对确定的。但是，若规定了绝对确定的刑种和刑期，法官将沦为法律的“传声筒”，而不能根据行为人的社会危险程度和犯罪的具体情况判处相适应的刑罚，这必然导致无限的实质不平衡，且不符合刑罚的矫正目的，违背“刑罚个别化”的理念。因此，除个别情况下，各国刑法一般不规定绝对确定的法定刑。

根据“刑罚个别化要求”和“人权保障机能”，现在各国采用的多是相对的不确定刑，“绝对的法定刑”只作为一种例外存在。相对的不确定刑是指刑法在一定范围内允许法官选择刑种，同时规定刑罚的上下限，只要其范围没有不当地扩大，就被认为是合法的。

4. 禁止类推解释

德国刑法学家考夫曼指出，类推一直是人类认识包括法律认识的重要思维方式[④]。本书认为，所谓类推，是指基于两个事物间的共同要素，将符合其中某一事物的结论，运用于另一事物之上的方法。而法律上的类推解释，是指“通过类似性推论的方法，将一个法律规则适用于另一个在法律上没有规定的案件的方式”[⑤]。

刑法理论界对于在实践中如何贯彻“禁止类推解释”颇有异议。一般而言，各国都允许对刑法条文进行扩大解释，并认为类推解释是法官造法，而不属于法律解释的范

---

① 〔日〕大谷实：《刑法讲义总论》（新版第二版），黎宏译，中国人民大学出版社，2008年，第476页。

② 〔德〕李斯特：《德国刑法教科书》（修订译本），徐久生译，法律出版社，2006年，第20～21页。

③ 〔日〕井田良：《讲义刑法学·总论》，有斐阁，2008年，第36页。

④ 黄继坤：《刑法类推解释如何得以进行——刑法演绎推理中的类推解释》，《现代法学》，2011年第5期，第66页。

⑤ Roxin C. Strafrecht Allgemeiner Teil Band Ⅰ. Verlag C. H. Beck，2006，4. Aufl.，S. 141.

畴。如日本学者山中敬一认为：“类推解释不是解释法律，而是创造法律。”[①] 在形式上，类推解释扩大了处罚的范围，导致法官适用法律的恣意性，伤及国民的预测可能性，侵害个人的自由权利，因此一般学者都主张应对刑法实行严格解释。罗克辛论及类推解释时谈到：“在其他法律领域中属于查明法律常用手段的类推方法，只要会对行为人产生不利的影响，就会基于在刑法中保护行为人的目的，为基本法第103条第2款所禁止。”[②] 西田典之认为：“在民事法律的解释中，采用类推解释（也称为‘准用’），这实属理所当然。……其理由在于，对于民事法律关系，不一定必须通过裁判解决（禁止司法拒绝），为了合理解决民事纠纷，即便允许类推解释，也并无弊害。相反，刑法则不允许类推解释。……其理由在于，所谓类推解释实质上就是裁判官对刑罚法规的创造，不仅有违法律主义的原则，还会造成对行为之时不受处罚的行为予以处罚的情况，也就是还有违禁止事后法的原则。”[③]

随着国家主义思想的兴起，并基于自由法运动（Freirechtsbewegung），在第二次世界大战前和战争期间的日本，肯定类推解释的见解成为通说。在第二次世界大战后，与强调保障人权相应，禁止说再次成为通说[④]。不少学者都主张禁止类推解释，允许扩张解释；当然，学者也并非全然禁止类推解释。针对这些问题，下面将展开详细的论述。

1）类推解释与扩张解释的界限

扩张解释，是将刑罚法规使用的语言，超出其通常的含义、但限于以日常语言为法律条文的语义在可能包含的范围所作的解释。与类推解释不同，扩张解释没有违反罪刑法定原则，因为它没有损害国民的预测可能性。

对于类推解释与扩张解释的区别，刑法理论上存在不同的观点。有学者认为，二者之间存在区别，但是对于区别的标准，学者间存在不同的观点。一种观点认为二者的区别标准在于是否超出了法律文字可能涵括的意思范围，如木村龟二认为：“类推解释与扩张解释的不同在于：扩张解释限于刑法成文语言的可能意义的界限内，相反地，类推解释超越其可能意义的界限，从而对成文没有规定的事项承认刑法规范的妥当性。”[⑤] 故应考虑语词的日常的、自然的意义与所作的解释的共通的程度、偏离的程度，来决定“可能的意义”。另一种观点则认为“可能的意义”这一区分标准是不明确的，“关于行为处罚的一般国民的预测可能性”才是二者正确的区分标准。大谷实认为：“从严格解释刑法的宗旨来看，应当说，即便对该行为具有处罚的必要性和合理性，并且，该行为也在法条用语的可能解释的范围之内，但是，如果该解释的内容脱离了一般国民可能预测的范围的话，这样的扩张解释就不允许。换句话说，扩张解释应当以一般人的预测的可能性为基准，超出了一般人的预测可能性的扩张解释是违反宪法第31条的规定的。”[⑥] 还有学者认为二者是一致的，不存在区别。如德国刑法学者萨克斯（Sax）认为：“做类似性判断时，所要检讨

---

① 〔日〕山中敬一：《刑法总论》（第二版），成文堂，2008年，第76页。

② Roxin C. Strafrecht Allgemeiner Teil Band Ⅰ. Verlag C. H. Beck，2006，4. Aufl.，S. 141～142.

③ 〔日〕西田典之：《日本刑法总论》（第二版），王昭武、刘明祥译，法律出版社，2013年，第42页。

④ 〔日〕大谷实：《刑法讲义总论》（新版第二版），黎宏译，中国人民大学出版社，2008年，第56～57页。

⑤ 〔日〕木村龟二：《刑法总论》（增补版），有斐阁，1984年，第21页。

⑥ 〔日〕大谷实：《刑法讲义总论》（新版第二版），黎宏译，中国人民大学出版社，2008年，第57～58页。

的事物之间性质的一致性，必须透过具体的性质特征以及具体的标准去掌握，不可能从逻辑上抽象地掌握类似性；法解释的任务不是将法条文字作一个清楚地阐明，而是要发掘法律的意义；透过法律上的类推，才能使法律的意义发挥其作用；法律上的类推是一个中间地带，介于为实证法律所规范之领域及确定未为法条规定之领域二者之间；法律上的类推是以相同的规范目的为理由，导出可适用相同法律效果之结论。所以，法律上的类推与法解释之间其实是互通的，因为法律上的类推只有在目的论的法律解释的范围内，才称得上是逻辑上的正确推论。”① 意大利刑法学者帕多瓦尼在其著作中提到：“由于扩张解释和类推很难区分，有些国家（主要是拉美国家）干脆连扩张解释与类推一样纳入禁止之列。”②

既然大部分国家都允许扩大解释，那么扩大解释的界限在哪里？德国刑法学者雅科布斯认为，在以下四个条件下允许超越文字的界限进行解释：第一，超越文字界限符合概念发展的连续性；第二，如果不超越文字界限就会导致恶意性评价；第三，超越文字界限符合相同案件相同处理的需要；第四，超越文字界限具有解决问题的妥当性。如果允许这样做，那么每个界限的作用就完结了③。

2）对被告人有利的类推解释

罪刑法定原则并非禁止一切的类推解释，而只是禁止对行为人不利的类推解释，对行为人有利的类推解释是被允许的，因为它有利于保障国民的行动自由和其他各项权利。罗克辛认为：“对行为人有利的类推解释是不被限制地为刑法所允许的。”④ 松宫孝明认为，原则上应禁止的是不利于被告人的类推，但对被告人有利的类推，却未必受到禁止⑤。木村龟二也认为：“我有一个想法，就是不允许不利于被告人的类推解释，相反，可以允许有利于被告人的类推解释（例如，可以扩大解释法律明文规定的紧急避难的条件，对危害贞操、名誉的危险也适用刑法第 37 条）。这种类推解释在有利于保障个人自由的意义上，符合罪刑法定主义精神，应该允许。如果有人指责这种看法偏重个人利益，无视社会利益，无视保护社会、保护法益，那就是谴责现在的刑法完全无视其赖以存在的社会基础。”⑥

虽然有利于被告人的类推解释是被允许的，但是有学者进一步指出：“不过，即使是正当化事由的类推解释，也不是无限度地被允许。它需要满足法的安定性要求，确保国民的预测可能性。这种有利于被告人的类推解释必须能够从规范的立法目的和意旨中得到合理的说明。”⑦

（三）罪刑法定原则的实质内容

形式上的罪刑法定原则注重法律主义、禁止事后法、禁止绝对不确定刑和禁止类推解

---

① 张明楷：《外国刑法纲要》（第二版），清华大学出版社，2007 年，第 27～28 页。

② 〔意〕杜里奥·帕多瓦尼：《意大利刑法学原理》（注评版），陈忠林译评，中国人民大学出版社，2004 年，第 31 页。

③ Roxin C. Strafrecht Allgemeiner Teil Band Ⅰ. Verlag C. H. Beck，2006，4. Aufl.，S. 156.

④ Roxin C. Strafrecht Allgemeiner Teil Band Ⅰ. Verlag C. H. Beck，2006，4. Aufl.，S. 159.

⑤ 〔日〕松宫孝明：《刑法总论讲义》（第四版补正版），钱叶六译，中国人民大学出版社，2013 年，第 17 页。

⑥ 〔日〕木村龟二：《刑法学词典》，顾肖荣、郑树周等译，上海翻译出版公司，1993 年，第 69 页。

⑦ 〔日〕山中敬一：《刑法总论》（第二版），成文堂，2008 年，第 79 页。

释，防止了司法者恣意行使刑罚权，为国民权利和自由的保障奠定了基础。但是，形式上的罪刑法定原则并未涉及刑法的实质内容，从而无法防范立法者对于刑罚权的滥用。要真正做到对人权的尊重和保障，还要求实体的正当性。而实体的正当性可以细分为明确性原则和刑罚法规内容的妥当，这两项内容构成了罪刑法定原则的实质内容。下面将对这两项内容分别进行论述。

1. 明确性原则

法律的用语应当明确，才能让国民清楚地了解法律规定的内容，保障国民的预测可能性。贝卡里亚曾论述道："法律是用一种人民所不了解的语言写成的，这就使人民处于对少数法律解释者的依赖地位，而无从掌握自己的自由，或处置自己的命运。这种语言把一部庄重的公共典籍简直变成了一本家用私书。"[①]

我们在论述罪刑法定原则的"法律主义"以及"禁止绝对不确定刑"时，强调了法律的确定性。确定性与明确性语义极为相同，二者都表达了一种基本的要求：规定犯罪的法律条文必须清楚明确，使人能确切地了解违法行为的内容，准确地确定犯罪行为与非犯罪行为的范围，以保障该规范没有明文规定的行为不会成为该规范适用的对象。但是二者所强调的侧重点是不同的：确定性原则着眼于刑法规范在形式上对于犯罪构成以及刑罚的规定，其主要目的在于防止司法者滥用职权；而明确性原则则着眼于刑法规范的内部构造，对于何为犯罪、对犯罪予以何种处罚予以明确的规定，其目的在于约束立法者表述刑法规范的形式[②]。刑法规范所起到的作用恰好就是刑法明确性原则所要求的目的——尽可能地使符合刑法规定的犯罪行为构成要件事实明确地涵盖在构成要件要素规定的范围内[③]。因此，一般认为，明确性原则有以下机能：①对国民事前正当告知什么是犯罪的机能；②禁止侦查机关和法院恣意运用法规的机能[④]。

德国刑法学者恩吉斯（Engisch）根据明确性的程度高低，将概念分为四组：首先，是数字的这种绝对确定的概念；其次，是在整体社会之中为人所普遍一致使用的分类概念（习惯上被称为"描述性的构成要件要素"）；再次，是非透过本质上相同的感官经验而是透过本质上相同的社会机能所建立的功能性概念（习惯上被称为"规范性的构成要件要素"）；最后，是纯然的价值概念（习惯上被称为"概括的条款"）[⑤]。显然，一项立法包含的由第一组和第二组概念所构成的构成要件要素越多，必然就越明确；而过多地使用规范性的构成要件要素乃至动用概括性条款，则有悖于罪刑法定原则的基本思想。

然而，规范性的构成要件要素和概括性条款的应用日益扩张已然成为事实。德国刑法学者瑙克（Naucke）断言，战后（即第二次世界大战后）时代的刑法到处渗透着概括性

---

① 〔意〕切萨雷·贝卡里亚：《论犯罪与刑罚》，黄风译，北京大学出版社，2008年，第15页。

② 〔意〕杜里奥·帕多瓦尼：《意大利刑法学原理》（注评版），陈忠林译评，中国人民大学出版社，2004年，第24页。

③ 韩啸：《浅议刑法的明确性》，《中国刑事法杂志》，2013年第1期，第25页。

④ 〔日〕山中敬一：《刑法总论》（第二版），成文堂，2008年，第80页。

⑤ 〔德〕许迺曼：《无法律即无刑罚？法律发现在刑法中的法理论意涵以及宪法意涵》，徐育安译，载许玉秀、陈志辉：《不移不惑献身法与正义——许迺曼教授刑事法论文选辑》，公益信托春风煦日学术基金，2006年，第26～27页。

条款，它已经构成晚近立法技术历史中的固定组成部分①。

不仅概括性条款与规范性构成要件要素存在不明确问题，描述性构成要件要素也并不能保障法的明确性。正如伦克纳（Lenckner）所言，以“明确”和“不明确”作为分母来区分“描述性的”与“规范性的”做法，无法成立。因为就描述性构成要件要素而言，人们离其确定的“概念内核”越远，此类要素也就同样愈加失去其清晰性。区别只在于，规范性构成要件要素中与绝对明确的概念的距离原则上要比在描述性构成要件要素中大些。伦克纳由此认定，即使严格遵循描述性要素的方式，法安全要求也不可能完全实现②。在成文法传统之下，罪刑法定所强调的明确性要求必然会与现代刑法体系的开放性形成尖锐的矛盾。因为成文法体系通过立法语言本身，不可能解决法的稳定性和开放性之间的紧张与语言在核心范围内的明确和在边陲范围内的模糊之间的紧张。推行罪刑法定的现行刑法体系由此陷入了两难的困境：倘若全面排斥模糊性概念，则杜绝了法律发展的可能，使法律蜕变成僵死的教条；倘若全面引入概括性条款与需要填充价值的概念，则又将对法的明确性及其相关的价值构成直接的冲击。

于是，对于法律明确性的判断便是一个相当重要的问题。在对明确性进行判断时，应注意两点：“（1）判断一个条文的规定是否明确时，应该对该条文使用的语言进行全面的分析，从整体上判断该条文是否明确规定了适用的范围；（2）不能脱离法律规范的作用来孤立地考察法律规定是否明确的问题。”③ 对于明确性的标准，学者间还存在不同的观点。日本通说与判例的观点是以一般人的理解能力为判断标准。“在具有通常判断能力的一般人的理解中，是否有可能判断出该行为在该具体情况下应否适用该刑罚法规，应以此为判断基准。”④ 大谷实认为：“承认明确性原则的根据在于，确保刑罚法规对国民的告知机能和防止法律执行机关的擅断专横，特别是前者尤为重要，所以，必须以具有通常的判断能力的人能够认识判断的程度作为判断明确性的基准。”⑤ 德国刑法学者鲍曼、韦伯、米奇则认为，明确性原则不仅要求刑罚法规对可罚的行为的类型之明示，还要求以刑罚的种类、分量明示可罚性的程度⑥。本书认为，鲍曼的观点较为可取，因为较日本通说和判例的观点而言，鲍曼提出的标准更为具体和细致。

2. 刑罚法规内容的妥当

所谓刑罚法规内容的妥当，是指“刑罚法规中所规定的犯罪和刑罚，在将该行为规定为犯罪上，具有合理根据，并且，该行为和该犯罪之间是均衡适当的原则”⑦。《日本宪法》第 31 条规定：“任何人非依法律所定程序，不得剥夺其生命或自由，或科其他刑罚。”

---

① Naucke W. Über Generalklauseln und Rechtsanwendung im Strafrecht. J. C. B. Mohr，1973，S. 8，11. 转引自劳东燕：《罪刑法定的明确性困境及其出路》，《法学研究》，2004 年第 6 期，第 82 页。

② Lenckner T. Wertausfüllungsbedürftige Begriffe im Strafrecht und der Satz nullum crimen sine lege. JuS 1968，Heft 6，S. 256～257. 转引自劳东燕：《罪刑法定的明确性困境及其出路》，《法学研究》，2004 年第 6 期，第 82～83 页。

③ 赵秉志：《外国刑法原理（大陆法系）》，中国人民大学出版社，2000 年，第 25 页。

④ 〔日〕东京高等裁判所 1995 年 10 月 31 日《判例时报》第 1566 号，第 134 页。

⑤ 〔日〕大谷实：《刑法讲义总论》（新版第二版），黎宏译，中国人民大学出版社，2008 年，第 53 页。

⑥ Baumann，Weber，Mitsch. Strafrecht Allgemeiner Teil. Verlag Ernst und Werner Gieseking，2003，11. Aufl.，S. 137.

⑦ 〔日〕大谷实：《刑法讲义总论》（新版第二版），黎宏译，中国人民大学出版社，2008 年，第 55 页。

第36条禁止“残忍的刑罚”，可见该项内容是《日本宪法》第31条和第36条的具体体现。

一般认为，刑罚法规内容的妥当包括两项内容：要求禁止处罚不当罚的行为和要求禁止残虐的、不均衡的刑罚。

（1）禁止处罚不当罚的行为，即刑罚法规所设置的犯罪行为具有处罚的必要性和合理性。大谷实认为：“犯罪和刑罚即便在法律中被明确规定，但在其内容缺乏处罚的必要性和合理根据的时候，也是刑罚权的滥用，实质上是对国民的人权侵害。”① 禁止处罚不当罚的行为，不仅要求不得处罚合法的和无害的行为，还要求不得处罚不值得处罚的行为（如行为的危害性较为轻微或者缺乏处罚条件）。

（2）禁止残虐的、不均衡的刑罚。各国宪法一般都禁止“残虐的刑罚”，在各国的刑罚体系中也不存在身体刑，唯一有争议的是死刑是否属于“残虐的刑罚”，日本最高裁判所曾明确指出：死刑本身不属于宪法规定予以禁止的“残虐的刑罚”②。

刑罚法规内容妥当的原则，与刑法的机能（特别是法益保护机能）有着密切的联系，它以需要保护的法益和该法益的刑法保护必要性为前提，且以罪刑均衡作为判断的基础①。

刑罚法规内容妥当的原则与比例性原则（Verhältnismäßigkeitsgrundsatz）也有较为密切的关系。比例性原则是指“针对保安处分的法治国家的界限原则”。韩国刑法学者金日秀、徐辅鹤认为，比例性原则包括适合性原则、必要性原则和均衡性原则三种。而比例性原则不仅适用于判断是否宣告特定的保安处分的情况，还适用于数个保安处分中判断具体选择哪一个进行宣告，甚至还适用在被宣告的保安处分之执行和保安处分执行中的人的释放问题等的保安处分法的全体领域③。可见，刑罚法规内容妥当的原则与比例性原则都注重实质公正，在对行为人科处相应的惩罚时，都强调适合性、比例性和均衡性。然而，比例性原则的适用范围较刑罚法规内容妥当原则的适用范围小，故本书将比例性原则作为刑罚法规内容妥当原则的一个部分，而没有单独予以阐述。

第三节　法益保护原则

一、法益保护原则的概述

“法益”是法益保护原则的核心词汇，它的产生经历了一个长期的发展过程。早在18世纪，意大利的刑事古典学派创始人贝卡里亚就认为犯罪对社会的危害性即为衡量犯罪的标尺④。其后，德国的费尔巴哈提出了罪刑法定原则，而为了贯彻这一思想，他提出了权利侵害说。“逾越了法定的自由，就是违法。违反了通过国家契约保证的、刑法保障的自

① 〔日〕大谷实：《刑法讲义总论》（新版第二版），黎宏译，中国人民大学出版社，2008年，第55页。

② 赵秉志：《外国刑法原理（大陆法系）》，中国人民大学出版社，2000年，第26页。

③ 〔韩〕金日秀、徐辅鹤：《韩国刑法总论》（第十一版），郑军男译，武汉大学出版社，2008年，第81～82页。

④ 〔意〕切萨雷·贝卡里亚：《论犯罪与刑罚》，黄风译，北京大学出版社，2008年，第22页。

由，就是犯罪。因此，从最广义上说，犯罪是一个刑法中规定的违法或者说由刑法加以威慑的与他人权利相违背的行为。……受到刑法保障的权利构成了狭义上的犯罪的概念。……由于权利的维护是刑法的当然目的，所以，无论是臣民的权利还是国家（道义上的人）的权利，都是刑法保护性威慑的对象。如果由于违反刑法而直接侵害国家的权利，则是针对国家的犯罪（Staatsverbrechen）；如果臣民的权利成为违法行为的直接对象，就是针对私人的犯罪（Privatverbrechen）。”[①] 即费尔巴哈认为，权利侵害说包含如下内容：犯罪的本质是对他人权利的侵害，而权利既包括个人权利也包括国家权利；刑法的任务就是保护权利。黑格尔学派推动了法益概念的产生，但是将法益提升为刑法体系基本概念的却是宾丁和李斯特[②]。

宾丁的规范说认为："刑罚法规即处罚犯罪行为的法规，与禁止、命令一定行为的行为规范，在逻辑上是分离的，两者具有不同的机能，犯罪是违反规范的行为。……犯罪并不是违反制裁法即刑罚法规的行为，相反是符合刑罚法规前句所规定的构成要件的行为；因此，犯罪所违反的不是刑罚法规本身，而是违反了作为刑罚法规前提的一定的行为法即规定禁止或者命令一定行为的规范。”[③] 在规范说的基础上，宾丁提出了状态说。状态说认为："法益是一种状态，产生于立法者的价值判断，法益的内容必须与实定法一致；法益的主体不是个人而是全体。”[④] 李斯特基于对刑罚本质的考察展开了对法益概念的论述，他"强调把握刑罚本质立场的正当性，主张将刑罚从报应观念中解放出来，使刑罚概念彻底转换到有目的意识的法益保护”[⑤]。李斯特关于法益论的学说被称为利益说，该说认为："所有的法益，无论是个人的利益，还是集体的利益，都是生活利益，这些利益的存在并非法制的产物，而是社会本身的产物。但是，法律的保护将生活利益上升为法益。”[⑥]

日本刑法学界对于法益的讨论是在德国法益论学说的基础上展开的，比较有代表性的人物是木村龟二和内藤谦。木村龟二认为："法益是指法所保护的利益或者价值；法益并不限于法所创造的价值，法以外的道德、宗教等具有文化价值的东西，经由法承认的价值也包含在内。法益并不限于刑法的保护，各种法领域都以其特殊的方法保护法益，而刑法保护法益的固有方法是针对犯罪对法益的侵害而科处刑罚。”[⑦] 内藤谦则认为："作为刑罚法规的保护客体的法益是指，'从宪法的基本原理与构造来看值得由刑罚法规保护的生活利益'。……由于作为法益内容的生活利益，必须值得刑罚法规保护，故必须联系刑法的保护机能中的谦抑性、片断性、适应性等原则来理解法益的概念。……刑法应当优先保护的是个人法益，即个人尊严基础上的生命、身体、自由、财产等生活利益。社会法益与国

---

① 〔德〕安塞尔姆·里特尔·冯·费尔巴哈：《德国刑法教科书》（第十四版），徐久生译，中国方正出版社，2010年，第34～36页。

② 张明楷：《法益初论》，中国政法大学出版社，2000年，第22、29页。

③ 张明楷：《法益初论》，中国政法大学出版社，2000年，第30页。

④ 刘芝祥：《法益概念辨识》，《政法论坛》，2008年第4期，第100页。

⑤ 张明楷：《法益初论》，中国政法大学出版社，2000年，第35页。

⑥ 〔德〕李斯特：《德国刑法教科书》（修订译本），徐久生译，法律出版社，2006年，第6页。

⑦ 〔日〕木村龟二：《刑法总论》，有斐阁，1978年，第160页。

家法益都是保护这种个人生活利益的必不可少的外部前提条件，是社会、国家的生活利益。因为社会并不是脱离个人的、超个人的实体，社会组织、社会过程终究是为了个人利益，保护社会法益必须以保护个人法益为出发点；保护国家法益也不是将国家作为超个人的具有自身目的的存在来保护的，而是将国家作为保护个人的生命、身体、自由、财产的机构来保护的。”[①]

现在一般都认为，法益是法律所保护的价值或利益。如韦塞尔斯、博伊尔克认为："法益是指生命财产、社会价值、个人的或者集体的因为对社会有着特别意义而享受法律保护（Rechtsschutzgenießen）的合法利益。"[②] 某种行为被刑法规定为犯罪的原因在于该行为已然或者可能对刑法所保护的法益产生侵害。法益保护原则是指以法益保护为目的，贯穿于刑事法律规范始终的原则。

二、关于法益保护原则的争论

在刑法学界，一直都存在着"法益保护说"与"社会伦理秩序维持说"的争论。法益保护说认为，"法益的拥护是刑法的任务、犯罪应该限定于对法益的加害行为（对法益予以侵害的行为，及产生了法益侵害危险的行为）"[③]。根据该说的观点，犯罪是侵犯法益的行为，若未侵犯法益便不构成犯罪。社会伦理秩序维持说认为："国家本身具有实现某种伦理价值的目的，因此刑法的任务在于增强社会道德，通过处罚违反道德者的行为来实现和促进社会伦理秩序。"[④] 该说以家长主义的国家观为基础，视国家为国民道德的保护者。

上述两种学说的对立点在于其对刑法与社会伦理关系的理解。法益保护说认为，"立法者是为了保护一定的利益而制定法律，维持社会伦理只是附带的效果"[⑤]。而社会伦理秩序维持说强调刑法的任务在于维持社会伦理秩序，保护法益只是派生的效果，必要时可以仅以行为的不道德性为理由而将其规定为犯罪并进行处罚，从而肯定刑法的道德形成机能[⑥]。

其实，大部分的犯罪既侵害或威胁法益，又违反社会伦理，如杀人罪、盗窃罪等，在对待这些犯罪行为时，二者之间并不存在分歧。但对于"没有被害人的犯罪"及"自己是被害人的犯罪"而言，两种学说处理的结果却不尽相同。依据社会伦理秩序维持说，成人间的同性恋、通奸、兽奸等行为均违背了社会的伦理道德，理应作为犯罪处理；但是依据法益侵害说，上述行为并未侵犯他人的法益，不应作为犯罪处理。德国曾经对于是否应废除处罚同性恋的规定等问题存在激烈争论，由于"法益侵害说"日益受到青睐，1975年《联邦德国刑法典》中没有规定成人之间的同性恋犯罪；日本也曾围绕着应否废除通奸罪等问题进行了激烈的辩论，通奸罪在第二次世界大战后已被废除。

---

① 张明楷：《法益初论》，中国政法大学出版社，2000年，第147～149页。

② Wessle，Beulke. Strafrecht Allgemeiner Teil：Die Straftat und ihr Aufbau. C. F. Müller，2010，40. Aufl.，S. 2.

③ 〔日〕山口厚：《刑法总论》（第二版），有斐阁，2007年，第4页。

④ 陈家林：《外国刑法通论》，中国人民公安大学出版社，2009年，第7页。

⑤ 〔日〕高桥则夫：《刑法总论讲义案》，成文堂，2006年，第6页。

⑥ 〔日〕曾根威彦：《刑法总论》（第四版），有斐阁，2008年，第7页。

一般认为，法益可以分为个人法益、社会法益和国家法益。某个行为虽然没有侵害他人法益，但若侵害了社会法益或国家法益，也应作为犯罪处理。因此持“法益侵害说”的人也并不一定都认为“没有被害人的犯罪”与“自己是被害人的犯罪”均不能作犯罪处理。这是因为，如果行为没有侵害他人法益，但侵害了社会法益时，仍应当做犯罪处理。因此，两种不同学说的争论会对立法产生影响。

二者的对立，还会对违法性的认识产生影响。一般都认为，法益保护是刑法的重要任务。如日本学者西田典之认为：“刑法的首要任务是保护现实社会中重要的并且是最基本的价值和法益（保护法益）。由刑法所保护的法益，从生命、身体、自由、财产这些个人法益开始，到公共安全、通货制度与文书制度这样的社会公共法益乃至国家的作用。这些都是维持我们共同的社会生活安全所必要的。从此种意义上可以说刑法是通过保护法益来维护社会秩序。”① 由于刑法的任务是保护法益，故其将违反法益目的的事态作为禁止的对象，这些事态主要是指引起了法益侵害或者是法益侵害的危险，这被称为“结果无价值”（Erfolgsunwert）。违法性的实质就是引起了结果无价值，这种法益侵害的学说又被称为“结果无价值论”②。坚持法益侵害说的刑法学者一般都坚持结果无价值的一元论③。还有一种观点认为：“刑法的机能、目的是保护称为国家社会秩序之基础的社会伦理或刑法规范。按照这种见解，对犯罪人适用刑罚是为了确认‘不得杀人’之类的社会伦理规范、刑法规范的存在，从而唤醒、强化国民的伦理意识、规范意识。”①按照这种观点，对行为的社会非难（也即“行为无价值”，Handlungsunwert）也应包含在违法评价之中，即违法性的实质在于对法益的侵害以及对行为的非难，这种理论被称为“行为无价值论”②。大谷实教授认为：“重视行为无价值的人，则是坚持以结果无价值为基础，并导入了人的违法观的违法二元论的观点，因此，可以说，上述严格意义上的行为无价值论不存在。”③

第四节 责任主义原则

一、责任主义原则的概念和意义

责任（Schuld）一词有广义和狭义之分，就广义而言，它指行为人必须接受的刑罚惩罚，也即刑事责任（与政治责任、社会责任相对应）；而在狭义上，责任是指对行为人意思决定的非难可能性④。本书采用的是狭义的责任概念。责任主义原则（Schuldprinzip）也有广义与狭义之分。狭义的责任主义原则是指“行为人的行为只有以责任能力与故意或过失为条件，才可能非难行为人，追究该行为人责任的原则”⑤。狭义的责任主义原则又

① 〔日〕西田典之：《日本刑法总论》（第二版），王昭武、刘明祥译，法律出版社，2013年，第25页。

② 〔日〕山口厚：《刑法总论》（第二版），有斐阁，2007年，第101页。

③ 〔日〕大谷实：《刑法讲义总论》（新版第二版），黎宏译，中国人民大学出版社，2008年，第220页。

④ 〔日〕林幹人：《刑法总论》（第二版），东京大学出版会，2008年，第38页。

⑤ 马克昌：《外国刑法学总论（大陆法系）》，中国人民大学出版社，2009年，第45页。

被称为归责的责任主义，其口号是“无责任则无刑罚”（nulla poena sine culpa）。除了“归责中的责任主义”，还有“量刑中的责任主义”，它指的是“刑罚必须与责任之量成比例”，即责任是量刑的基准[①]。“归责的责任主义”与“量刑的责任主义”构成了广义的责任主义原则。

一般认为，责任主义可分为消极的责任主义与积极的责任主义。前者指责任应当承担限制刑罚的机能（“无责任则无刑罚”）；后者指责任应当承担给刑罚以根据的观点（“有责任则有刑罚”）[②]。日本学者大谷实对这种分类提出了批评，他认为：“由于认为责任在成为刑罚根据的同时，也具有限定刑罚的机能，因此，这样区分为二者，并不妥当。”[③]

责任主义原则的提出具有非常重要的意义。德国刑法学者罗克辛认为：“所有的预防理论本身都存在一个缺陷：在它们的理论之中，没有包含法治国所要求的对刑罚权的限制，而这最好通过一种禁止超过责任限度的办法加以补救。然后，即便出于处理、安全或威慑利益的考量需要判处更长的关押时间，刑罚的期限也不得超过责任的范围。在此案件中，国家的干涉权力冲击着被判刑人的自由利益，被判刑人必须服从国家的需要，而这种服从并非基于国家的愿望，而是基于自己应承担的罪责范围。因此，责任主义原则就有完全独立于各种报应刑之外的一种自由功能，而且，为了公民的自由，这种功能也将保留到现代刑法之中。”[④] 韩国刑法学者金日秀、徐辅鹤认为，责任主义原则应与“单纯根据所引起的结果进行处罚的结果刑法相区别。不仅如此，也与通过以行为人的危险性替代责任进而将犯罪行为单纯视为行为人人格性（Täterpersönlichkeit）的表征，而且把对犯人的一般生活经营的处罚或纯粹的保安处分、社会防卫等作为目的的危险性刑法相区别”[⑤]。

二、责任主义原则的内容

在近代以前，在确定行为人的责任时采取的是客观责任（或曰结果责任）和团体责任标准。“前者是指，只要造成客观危害，就要追究责任；后者是指，只要构成犯罪，不仅追究责任者本人的责任，还要追究与犯罪人有关的人的责任。”[⑥] 后来这一标准发生了变化，现在一般认为责任主义原则的内容包括主观责任和个人责任。如井田良认为：“对行为人的意思决定只有在能够进行主观及个人的非难时，才能使对其之处罚正当化。”[⑦] 因此，客观责任和团体责任应该予以排除。

1. 主观责任

所谓主观责任，是指“不能仅以客观上发生了法益侵害或侵害的危险为理由来处罚行为人，只有当行为人具备了责任能力、故意或过失（心理的责任）并且具有适法行为的期

① 〔日〕川端博：《刑法总论讲义》（第二版），成文堂，2006年，第55页。
② 马克昌：《外国刑法学总论（大陆法系）》，中国人民大学出版社，2009年，第45～46页。
③ 〔日〕大谷实：《刑法讲义总论》（第二版），黎宏译，中国人民大学出版社，2008年，第282页。
④ Roxin C. Strafrecht Allgemeiner Teil Band Ⅰ. Verlag C. H. Beck，2006，4. Aufl.，S. 91～92.
⑤ 〔韩〕金日秀、徐辅鹤：《韩国刑法总论》（第十一版），郑军男译，武汉大学出版社，2008年，第79页。
⑥ 张明楷：《外国刑法纲要》（第二版），清华大学出版社，2007年，第37页。
⑦ 〔日〕井田良：《讲义刑法学·总论》，有斐阁，2008年，第40页。

待可能性时，才有可能非难行为人并对其进行处罚”[①]。即，只有当行为人具有责任能力以及故意、过失与期待可能性时，才能对行为人进行非难。

客观责任曾在人类历史上长期盛行。罗马时代中期“受希腊哲学的影响已经产生了‘恶意’（dolus）这一观念，成为今日主观责任思想的滥觞，但当时还不存在一般性的过失观念，其责任观念是非常不彻底的”[②]。在古代日耳曼的“行为人杀人（犯人）”，不论行为人有无犯意，均以“结果刑法”对其进行处罚。在法兰克时代教会要求犯人忏悔的背景下，意思的要素才渐渐被认识，民事责任与刑事责任也开始得以区分[③]。在被认为继受罗马法的最大的成果的《加洛林纳刑法典》中，经过启蒙时期个人主义、自由主义的洗礼，主观责任才真正在刑法典中得到贯彻[④]。

2. 个人责任

所谓个人责任，是指“只能就行为人自己实施的个人行为对其进行非难，不能以行为人属于某一团体为理由使其为他人的犯罪承受处罚”[⑤]，即只能就个人的行为对行为人进行非难。

古代日耳曼所流行的氏族之间的血亲复仇、中世纪欧洲流行的团体没收财产、日本的律令制中的连坐（关于官吏的公罪，一起从事公务的同一官府内的官吏共同处罚）与缘坐（处罚犯人的家族或家人），均是团体责任的典型表现。

克服上述结果责任、团体责任，是近代刑法的要求。由于认为没有责任能力及故意、过失的行为不罚，因而（与罪刑法定原则并行）国家刑罚权的制约与市民自由的保护才被考虑。其后，在规范的责任论展开的同时，量刑中的责任主义自觉担负任务，“刑罚不能超过责任的程度”的原则才可能被主张[⑥]。

三、责任主义的贯彻

为了限定刑罚，在犯罪概念中加入了“责任”或“有责性”的要素，自 19 世纪以来还确立了“没有责任就没有刑罚，刑罚必须与责任相适应”的原则，即责任主义原则。

平野龙一认为，责任主义以最小限度的故意或过失为必要，由于欠缺责任能力或期待可能性，责任将被排除，因此责任主义必须包含所有这些内容[③]。一般认为，责任主义有以下三种表现形式：第一，不能就行为人没有责任的“行为”对其科处刑罚；第二，不能就行为人没有责任的“结果”来加重其刑罚；第三，不能仅以行为人的“危险性”作为刑罚的加重原因[⑦]。

有的国家在认定责任时，不以故意、过失作为非难的基础，而采用严格责任。“在英

① 〔日〕曾根威彦：《刑法总论》（第四版），有斐阁，2008 年，第 133 页。
② 〔日〕大塚仁等：《大コンメンタ－ノし刑法》（第 3 卷）（第二版），青林书院，1999 年，第 8 页。
③ 马克昌：《外国刑法学总论（大陆法系）》，中国人民大学出版社，2009 年，第 46 页。
④ 〔日〕川端博：《刑法总论讲义》（第二版），成文堂，2006 年，第 56 页。
⑤ 〔日〕曾根威彦：《刑法总论》（第四版），有斐阁，2008 年，第 134 页。
⑥ 〔日〕浅田和茂：《刑法总论》，成文堂，2005 年，第 45～46 页。
⑦ 〔日〕曾根威彦：《刑法总论》（第四版），有斐阁，2008 年，第 134～135 页。

美法中，对于所谓行政取缔上的犯罪（public welfare offence），从一般预防的角度出发，不管行为人是否具有过失，一律予以处罚的严格原则（strict liability）现在仍然存在。”[①]大陆法系国家刑法都规定，犯罪的成立原则上以有故意为必要，例外情况下可以是过失。如《德国刑法典》第 15 条规定："本法只处罚故意行为，但法条明确规定处罚过失行为的，不在此限。"《日本刑法典》第 38 条第 1 款规定："没有犯罪故意的行为，不处罚，但法律有特别规定的，不在此限。"[②]"有特别规定"如何理解？这是跟责任主义原则密切相关的一个问题。木村龟二等认为，"有特别规定"是指法律明文规定了处罚过失行为的情形；团藤重光等则认为，不一定要求有明文规定，只要从行政刑法的规定中可以看出其具有处罚过失行为的旨趣，就属于"有特别规定"[③]。

"从责任主义的角度来看特别成为问题的是被称为结果加重犯的犯罪类型。"[④] 在考查结果加重犯的基本行为与加重结果之间的关系时，对于加重结果是否要求行为人具有过失？以往，各国几乎都采用结果责任、绝对责任的立场：在故意实施某种犯罪时，只要发生了行为人预想以外的重结果时，即使行为人对此结果不能预见，也应对重结果承担责任。李斯特等认为刑法关于结果加重犯的规定是"古代结果责任的遗物"，与责任主义原则相违背，应该予以废除[⑤]。但是一般还是认为，在不违反责任主义原则的范围内还是应当承认结果加重犯，即行为人应该对其在实施基本的犯罪行为时能够预见的加重结果承担责任。《德国刑法典》第 18 条[⑥]、日本《改正刑法草案》第 22 条[⑦]均为该观点的体现。另有观点认为，只要基本行为与加重结果之间具有相当因果关系就成立结果加重犯。日本审判实践仅要求基本行为与加重结果之间具有条件关系，而不问行为人对加重结果有无过失。通说则认为，虽然预见可能性的范围与相当因果关系的范围通常是一致的，二者所导致的结论没有实质的差异，但从贯彻责任主义原则的观点来看，还是应当就行为人对加重结果有无过失进行认定[⑧]。

责任主义原则的贯彻还存在诸多问题。处罚"原因自由行为"是否违背责任主义，如果不违背，如何解释两者之间的关系[⑨]？关于法人犯罪的代罚规定与两罚规定，能否理解为对业主或法人实行无过失责任？故意的成立是否要求违法性的意识（可能性）？共谋共同正犯是否违反个人的责任？期待可能性的判断标准与责任主义原则之间的关系应如何理解？客观的处罚条件是否是责任主义的例外？如此等等。本书后续章节会对这些问题进行说明，在此不予赘述。

---

① 〔日〕大谷实：《刑法讲义总论》（第二版），黎宏译，中国人民大学出版社，2008 年，第 282 页。
② 张明楷译：《日本刑法典》（第二版），法律出版社，2006 年，第 20 页。
③ 张明楷：《外国刑法纲要》（第二版），清华大学出版社，2007 年，第 40 页。
④ 〔日〕井田良：《讲义刑法学・总论》，有斐阁，2008 年，第 40 页。
⑤ 张明楷：《外国刑法纲要》（第二版），清华大学出版社，2007 年，第 39 页。
⑥ 该条规定："本法对行为的特别后果加重处罚的，只有当正犯或共犯至少对此后果与有过失的，方可适用。"
⑦ 该条规定："对于因发生结果而加重刑罚的犯罪，不能预见该结果的，不得作为加重犯处断。"
⑧ 张明楷：《外国刑法纲要》（第二版），清华大学出版社，2007 年，第 40 页。
⑨ 〔日〕大塚仁等：《大コンメンターノし刑法》（第 3 卷）（第二版），青林书院，1999 年，第 9～11 页。

第五节 谦抑主义

一、谦抑主义的概念

刑法的谦抑主义，是指“刑法的发动不应以所有的违法行为为对象，刑罚只有在不得已的情况下才能加以适用的原则”[①]。有学者认为，谦抑主义“是必罚主义的否定，是干涉主义的排斥。它自然而然是恣意与苛酷的共同否定。所谓谦抑，的确不外乎过大的干涉与必罚，进而恣意与苛酷的反题”[②]。

随着对于刑法认知的加深，人们了解到了刑法作用的局限性。刑法对犯罪行为人科处刑罚，即通过国家强制性地剥夺犯罪人重要的法益（自由、财产乃至生命），这是一种严厉的制裁。刑罚虽然可能有效，但其本身就是一种害恶，用之不当其后果极为危险。日本的川端博也认为：“之所以认为刑法即使为了保护生活利益也不应当直接发动，因为刑罚是基于物理的强制力剥夺人的自由、财产，它本身不是可喜的，而是不得已的手段。刑罚的执行，由于作为其反作用不能不伴有较多的弊害，从而采取其他社会统治手段够用时，就必须委之于该种手段。总之，刑法发动应当限于采取伦理的制裁或民事的损害赔偿、按照行政程序的制裁等刑法以外的社会统治手段不充分之时，在这个意义上，刑法是为了保护生活利益的‘最后的手段’。”[③] 因此，谦抑主义便成为了刑法上重要的原则。

二、谦抑主义的沿革

自近代以来，谦抑主义才成为刑法的原则，但谦抑主义的思想却可以追溯至罗马法时期。“法官不拘泥小事”（minima non curat praetor）这一格言便体现了法律不应干预损害轻微案件的思想。

英国思想家边沁认为，法的目的就是增进社会公共的全体的利益，刑罚同时也是一个害恶，应对其适用作出限制。他将不应适用刑罚的案件归纳为四类。第一，滥用之刑，仅仅由于政府的偏见、憎恨、错误或禁欲原则等而被规定为犯罪的，属于虚假之罪，不应对之适用刑罚。第二，无效之刑，“对不知法者、非故意行为者、因错误判断或不可抗力而无辜干坏事者所适用之刑，都是无效的。儿童、弱智者、白痴等人虽然在某种程度上能被奖赏或威胁所影响，但他们缺乏足够的受刑罚禁止的未来意识。在他们的案件中，刑罚也是无效的。”第三，过分之刑，“当通过更温和的手段——指导、示范、请求、缓期、褒奖可以获得同样效果时，适用刑罚就是过分的。”第四，昂贵之刑，“如果刑罚之恶超过罪行之恶，立法者就是制造更大的痛苦而不是防止痛苦，是以较大恶之代价来消除较小之恶。”[④]

---

① 〔日〕川端博：《刑法总论讲义》（第二版），成文堂，2006年，第60～61页。

② 〔日〕平场安治等：《团藤重光博士古稀祝贺论文集》，有斐阁，1984年，第2卷，第4～5页。

③ 〔日〕川端博：《刑法总论讲义》，成文堂，1995年，第55～56页。

④ 〔英〕吉米·边沁：《立法理论》，李贵方等译，中国人民公安大学出版社，2004年，第373～374页。

在日本，较早将谦抑主义作为刑法基本原则的，当属宫本英脩。他对谦抑主义作了较为详细的论述："刑法以规范的责任主义为前提，应以特别预防主义为特色理解之。原来犯罪是社会的必然的现象，不可能根绝。如欲强根绝之，即使以一般方策为之，或以刑罚施之，或者即使其目的基于人类爱的理想，认为在于一方面保护社会的安全，一方面谋取犯罪人的改善，却随意侵害个人的利益，以至于妨害社会文化的发达。故刑罚有限度行之。此系刑罚本身谦抑，不以一切违法行为为处罚的原因，仅限制种类与范围，所以专以适于科处的特殊的反规范的性情为征表的违法行为为处罚的原因。予谓刑法之如斯态度名为刑法的谦抑主义。"[①]嗣后，对刑法的谦抑主义，日本不少学者有所论述，近年来更多学者在刑法教材中论及或者以较多的篇幅予以说明[②]。

德国刑法学者罗克辛在其著作中论述了"法益保护的辅助性"（die Subsidiarität des Rechtsgüterschutzes）。他认为："法益的保护不是仅仅靠刑法来实现的，而应该借助于全部法律制度的协调。甚至可以说，刑法只是最后的保护措施，也即，仅当社会问题解决手段（如民事诉讼、警察或工商管理规定以及非刑法制裁措施等）不起作用时，刑法才得以适用。人们因此称刑罚为'社会政策的最后手段'（ultima ratio der Sozialpolitik），并将其任务定位为辅助性的法益保护（subsidiären Rechtsgüterschutz）。就此而言，刑法只保护法益的一部分，且刑法对此部分的保护并非一般性的，而经常（如针对财产）只在对个人进行攻击时才予以保护，因此人们认为刑法具有'片断'的性质（fragmentarische Natur）。"[③]

三、谦抑主义的内容

日本学者一般都认为，刑法的谦抑主义包括三个方面的内容，即刑法的补充性、片断性和宽容性。如川端博认为："从谦抑主义可推导出'刑法的补充性'、'刑法的片断性'与'刑法的宽容性'。即像李斯特所说的那样'最好的社会政策是最好的刑事政策'，仅仅以刑法为手段不可能抑制犯罪，并且因为刑罚是剥夺人的自由、财产等极苛酷的制裁，应当限于为了防止犯罪的'最后的手段'（刑法的补充性）。基于刑法的规制不应当波及生活领域的各个方面，对维持社会秩序来说应当限于必要的最小限度的领域（刑法的片断性）。再者，犯罪即使是现行的，在衡量法益保护之后，只要不能认为是必要不得已的情况，就应当重视宽容精神而慎重处罚（刑法的宽容性）。这样，谦抑主义是以刑法的补充性、片断性和宽容性为内容，成为刑法的立法和解释的原理。"[④] 平野龙一也认为刑法谦抑主义有三个方面的含义："第一是刑法的补充性。即使是有关市民安全的事项，也只有在其他手段如习惯的、道德的制裁即地域社会的非正式的控制或民事的规制不充分时，才能发动刑法。……第二是刑法的不完整性（也即片断性，作者注）。如果像上面那样认为刑法具有补充的性质，那么，发动刑法的情况自然是不完整的。……第三是刑法的宽容性，或者可以说是自由尊重性。即使市民的安全受到侵犯，其他控制手段没有充分发挥效果，刑法

---

① 〔日〕川端博：《刑法总论讲义》，成文堂，1995年，第55～56页。
② 马克昌：《危险社会与刑法谦抑原则》，《人民检察》，2010年第3期，第7页。
③ Roxin C. Strafrecht Allgemeiner Teil Band Ⅰ. Verlag C. H. Beck，2006，4. Aufl.，S. 45.
④ 〔日〕川端博：《刑法总论讲义》，成文堂，1995年，第56～57页。

也没有必要无遗漏地处罚。在现代社会，人不或多或少侵犯他人就不能生存下去，因此，各人在某种程度上必须相互忍耐他人的侵犯。如果对所有的侵犯行为都禁止，反而容易阻碍个人的自由活动。”① 本书同意这一观点，并对谦抑主义三个方面的内容进行介绍。

（一）刑法的补充性

根据川端博和平野龙一的论述可知，刑法的补充性，是指刑法是防止犯罪的最后手段（ultima ratio），只有其他手段对法益的保护不充分时，才能发动刑法。

法国刑法学者卡斯东·斯特法尼也认为刑法具有最后手段性，他说：“刑事法律在现代生活中侵占越来越多的地位是一种令人担心的事情。‘刑事膨胀’是一种令人遗憾的现象。因此，在确保在任何一个领域里已经确定的规则得到遵守，立法者借助于刑法的帮助是正常的，但是，只能在显然有必要的情况下才这样做，而不能将其作为一种可以免除其他手段的简便方法加以使用。借助刑事制裁是一种‘最后手段’，在此之前应当试行更为合适的‘技术性制裁’。”②

需要注意的是，刑法补充性的判断标准并非一成不变的。原本通过民事、行政手段就可以有效规制的行为，其危害性随着时代的发展也不断增强，这时就需要考虑借用刑法的力量。如山口厚认为：“若是感觉到民事上的救济不充分，为了阻止此种行为，需要扩张犯罪化的领域。”③在 1960 年之前，日本的通说和判例均认为由于不动产是“不会动”的，即便遭受侵害，通过民事上的救济就足以解决问题，因此没必要将不动产的侵夺作为犯罪处理，但是 1960 年日本刑法增设了第 235 条之二（侵夺不动产罪）。

（二）刑法的片断性

刑法的片断性是指刑法的规制不应当波及生活领域的各个方面，而应当限于必要的最小限度的领域。

意大利刑法学者帕多瓦尼在其著作中论述了刑法的分散性（也即片断性）。他认为：“刑法调整范围的广泛性，决定了刑法规范调整的内容不可避免地具有‘分散的’（frammentario）的性质。刑法的这一特点表现在三个方面：首先，刑法的内容并不涵盖所有的违法行为（如一般的违约行为就不属于刑法调整的范畴），所以不能将刑事违法行为与一般违法行为混为一谈；其次，不道德的行为与违反刑法的行为之间，也不一定都存在内在的必然联系（例如，设法不让成年的子女上学并不构成刑法典第 570 条第 2 款规定的不履行家庭义务罪），因而不能将道义上应受谴责的行为统统都视为刑事违法行为；再次，在大多数情况下，并不是所有侵害刑法所保护利益的行为，都是刑法规范的制裁对象，刑法只处罚以某些特定方式侵犯该法益的行为（如刑法典第 640 条第 1 款惩治的诈骗罪，是指用诱使他人陷于错误的方法来谋取不法利益，如果被害人的错误不是受行为人欺骗的结果，该罪就不成立）。”④

---

① 〔日〕平野龙一：《现代法Ⅱ——现代法と罚》，岩波书店，1965 年，第 21～22 页。

② 〔法〕卡斯东·斯特法尼等：《法国刑法总论精义》，罗结珍译，中国政法大学出版社，1998 年，第 34 页。

③ 〔日〕山口厚：《刑法总论》（第二版），有斐阁，2007 年，第 6 页。

④ 〔意〕杜里奥·帕多瓦尼：《意大利刑法学原理》（注评版），陈忠林译评，中国人民大学出版社，2004 年，第 5 页。

宾丁对刑法的片断性持批评态度，他认为，由于现行法律对于法益的保护是不完整的，因而可能会出现处罚一些行为而不处罚另一些与之类似的行为的情况，这将导致处罚上的不均衡[①]。然而，现在学者虽然承认刑法的片断性可能导致某种程度上的不均衡，但是一般都从赞赏肯定的立场来论述刑法的片断性。如日本学者井田良认为："考虑到这种形态的侵害自由的行为是社会中司空见惯的情况，为了不使犯罪的成立毫无限制，所以限定了处罚的范围。"[②]

（三）刑法的宽容性

刑法的宽容性是指即使已经实施了犯罪，在衡量法益保护之后，只要不能认为是必要的、不得已的情况，就应当重视宽容精神而慎重处罚。

刑法应当轻缓、宽容，这在18世纪启蒙思想家发起的刑法改革中就已经提出。贝卡里亚在《论犯罪与刑罚》一书中对历史上残忍而严酷的刑罚进行了抨击，他说："纵观历史，目睹由那些自命不凡、冷酷无情的智者所设计和实施的野蛮而无益的酷刑，谁能不触目惊心呢？目睹帮助少数人、欺压多数人的法律有意使或容忍成千上万的人陷于不幸，从而使他们绝望地返回到原始的自然状态，谁能不毛骨悚然呢？目睹某些具有同样感官、因而也具有同样欲望的人在戏弄狂热的群众，他们采用刻意设置的手段和漫长残酷的刑讯，指控不幸的人们犯有可能的或可怕的愚昧所罗织的犯罪，或者仅仅因为人们忠实于自己的原则，就把他们指为罪犯，谁能不浑身发抖呢？"[③] 在此基础上，他认为："只要刑罚的恶果大于犯罪所带来的好处，刑罚就可以收到它的效果。这种大于好处的恶果中应该包含的，一是刑罚的坚定性，二是犯罪既得利益的丧失。除此之外的一切都是多余的，因而也就是暴虐的。"[④]

随着资产阶级的兴起，关于人性、人的价值与尊严的人道主义思想得以传播，其核心内容是把任何一个人都当成人来看待。法国思想家福柯就曾经指出："排除酷刑的惩罚这种要求最先被提出来，因为它是出自内心的或者说是出于义愤的呼喊。即使是在惩罚最卑劣的凶手时，他身上至少有一样东西应该受到尊重，亦即他的'人性'。"[⑤] 正如德国学者威廉·冯·洪堡所说："刑罚的完善总是——不言而喻，这是指在同样有效的情况下，随着刑罚的宽大程度一起并进。因为不仅各种宽大的刑罚本身是较少的弊端，它们也以最符合人的尊严的方式引导着人离开犯罪行为。因为它们在身体上引起的痛苦愈少，愈少一些恐怖，它们就愈是符合道德与此相反，巨大的身体苦难在受难者本人身上减少耻辱感，在旁观者身上则减少厌恶感。"[⑥]

需要注意的是，刑法的宽容性不仅应在司法和执法阶段予以贯彻，也应该在立法阶段予以体现。因为通过立法，可以使宽容的精神贯穿于整个刑事法律，使司法和执法阶段贯彻宽容精神有法可依。

---

① 陈家林：《外国刑法通论》，中国人民公安大学出版社，2009年，第94页。
② 〔日〕井田良：《讲义刑法学·总论》，有斐阁，2008年，第19页。
③ 〔意〕切萨雷·贝卡里亚：《论犯罪与刑罚》，黄风译，北京大学出版社，2008年，第64页。
④ 〔意〕切萨雷·贝卡里亚：《论犯罪与刑罚》，黄风译，北京大学出版社，2008年，第63页。
⑤ 〔法〕米歇尔·福柯：《规训与惩罚》，刘北成、杨远婴译，三联书店，1999年，第82页。
⑥ 〔德〕威廉·冯·洪堡：《论国家的作用》，林荣远、冯兴元译，中国社会科学出版社，1998年，第144页。

第四章

刑法的效力范围

刑法并非对世界上所有发生过的事情都有规范效力，其适用是有一定限制的。行为可否适用刑法，取决于实施行为的时间、空间以及行为人的属性，还关系着国家主权以及国际关系。

刑法的效力范围，又称刑法的适用范围，包括刑法的时间效力和空间效力。刑法的时间效力，涉及罪刑法定原则的内容；刑法的空间效力，包括对人的效力。

德国学者耶赛克、魏根特认为，刑法效力范围可划分为三个问题：第一，涉及外国法秩序的犯罪事实，是否受德国刑罚权调整，人们称之为“国际刑法”[①]。第二，涉及对特定人员的解释，根据宪法或国际法，他们不受国家刑罚权调整，可将之称为刑法“对人的效力范围”。第三，如果在同一法领域的数个范围，对一个犯罪行为的裁判可适用不同的刑法，那么适用哪一个刑法呢？这一问题被称为“区域间刑法”[②]。日本学者大塚仁则将刑法的适用范围分为时间的适用范围、场所的适用范围、人的适用范围、物的适用范围[③]，其中，人的适用范围就是下文所讲的豁免，物的适用范围主要针对特别刑法的特殊规定。

第一节　刑法的时间效力

刑法的时间效力，是指刑法在时间上的有效性，指刑法从什么时点到什么时点具有效力的问题，也称为时际刑法，其中包括刑法的生效时间、失效时间、变更期间的效力，以

---

① 注意这里只是德国理论上的国际刑法，不是我们通常意义上有关国际犯罪和国际司法协助的公约或者条约，后者才是我们主张的国际刑法。

② Jescheck H H，Weigend T. Lehrbuch des Strafrechts Allgemeiner Teil. Drucker & Humblot，1996，5. Aufl.，S. 160.

③ 〔日〕大塚仁：《刑法概说（总论）》（第三版），冯军译，中国人民大学出版社，2003年，第70～84页。

及刑法是否具有溯及力的问题。

一、刑法的生效时间和失效时间

各国刑法关于生效时间的规定一般有两种形式：一种是于刑法批准之日或刑法公布之日起，实施生效；另一种是于批准或公布之后，经过一段时间再施行，刑法自施行之日起生效。大陆法系国家刑法发生效力的时间大多是采后者，如意大利刑法于 1930 年 10 月 19 日第 1398 号谕令批准，1931 年 7 月 1 日生效；日本 1907 年刑法颁布后，通过 1908 年第 163 号敕令规定其生效的时间为 1908 年 10 月 1 日。这样做主要是为了更好地对公民进行宣传教育，使广大人民群众做好实施新法的心理准备，使司法工作人员做好组织准备及业务准备。

刑法的失效，是指一部刑法自宣布废止之日起，不再具有法律效力。它也包括两种基本方式：一是以法律明文规定，新法颁布，旧法予以废止。如日本刑法，明治 41 年（1908 年）敕令第 163 号规定，于同年 10 月 1 日开始实施之刑法，自其实施之日，明治 13 年（1880 年）第 36 号公布的刑法应予废止。二是自然失效，即新法的施行代替了同类内容的旧法，或者由于原来特殊的立法条件已经消失，旧法自行废止。

二、刑法的溯及力

刑法的溯及力，是指刑法生效后，对于其生效以前未经审判或者判决尚未确定的行为是否适用。如果适用，就是有溯及力；如果不适用，就是没有溯及力。这里涉及刑法生效时间和犯罪时间相比较的问题。刑法生效时间一般有正式文件予以规定，不存在问题。但是，各国对犯罪时间的认定则有不同，《德国刑法典》第 8 条规定：“正犯或共犯采取行动的时间，为犯罪时；在不作为犯罪情况下，以应当有所作为的时间为其犯罪时。结果何时发生，不是决定犯罪时的标准。”《奥地利联邦共和国刑法典》第 67 条第 1 款规定：“行为人实施行为或者应当履行作为义务时，为行为时；应受刑罚处罚的行为结果何时发生，不是决定行为时的标准。”学界对这个问题也曾提出三种不同的学说。“行为说”主张应以作为或不作为的实施时间为犯罪时间，该说为通说；“结果说”认为应以犯罪结果的发生时间为犯罪时间；而“混合标准说”则强调犯罪行为的实施时间或是犯罪结果的发生时间都是犯罪时间，认为“在不同的刑法制度中（如时效、刑事责任能力、犯罪的主客观要件），犯罪时间具有不同的意义”，即在确定犯罪时间时，必须考虑具体刑法制度的需要，因此，不应该有一个适用于所有情况的统一标准。

各国刑法对溯及力都有规定，主要有四种情形：一是从新原则，即对于新法生效前未经审判或者判决尚未确定的行为，新法一律具有溯及力；二是从旧原则，即新法对其生效前的行为一律没有溯及力；三是从轻原则，即比较新法和旧法对行为的规定，适用有利于行为人的法律；四是折中原则，它是在评价上述三个原则不足之处的基础上形成的一种原则。在折中原则中，有的规定从旧兼从轻，即新法原则上不具有溯及力，但是新法不认为是犯罪或者处刑较轻的，应按照新法处理；有的是从新兼从轻，即新法原则上具有溯及力，但是旧法不认为是犯罪或者处刑较轻的，应按照旧法处理。

大陆法系国家大多主张从轻或从旧兼从轻原则。从轻原则的适用主要以德国、意大利、日本等国刑法为代表，以行为时和裁判时刑罚的轻重为选择的标准。例如，《意大利刑法典》第2条第5款规定："如果行为实施时的法律与后来的法律不同，适用其规定对罪犯较为有利的法律，除非已经宣告了不可撤销的判决。"适用从旧兼从轻原则的国家主要有法国、瑞士、韩国等。例如，《瑞士联邦刑法典》第2条第2款规定："本法生效前所为之重罪或轻罪于本法生效后判处的，唯本法处罚较轻者，始可适用本法。"

（一）禁止溯及既往原则

根据罪刑法定原则的要求，定罪量刑应以行为时有法律的明文规定为限，不允许根据行为实施之后的刑罚法规处罚刑罚法规施行之前的行为，这就是禁止溯及既往原则，或者叫禁止追溯处罚原则。关于禁止溯及既往原则的必要性主要有以下两个方面：一方面，立法者可能在引起轰动的行为的压力下，通过引入刑罚威胁或者加重刑罚威胁，来平息一种在政治上不愿看到的动乱和激愤，这种持续存在的法律政策的现实性产生了禁止溯及既往的必要性①；另一方面，行为人只能根据已经施行的法律来规范自己的行为，预测自己行为的后果，以事后法为根据处罚前行为达不到预防的效果，不利于维护社会安定。

不过，也有主张认为刑罚法规原则上具有溯及效果。这由来于德国学者宾丁将规范和刑罚法规加以区分的观点以及认为新法比旧法进步的思想立场。在纳粹时代，德国制定了很多刑事事后法，其极端的代表是1938年6月28日的汽车强盗法，它回溯到公布之日的约两年半前，从1936年1月1日开始适用，严重违反罪刑法定原则。

（二）有利于行为人的溯及既往

禁止溯及既往原则是为了保护行为人，因而，事后法也并非绝对被禁止，当新法轻于旧法时溯及适用新法现在也演变为该原则的内容。刑法禁止溯及既往实际上只禁止不利于行为人的溯及既往。正如罗克辛所言："溯及既往效力有许多可以想象的形式。一个行为，在实施时不是应受刑事惩罚的，但是通过溯及既往却可以被置于刑罚之下；一个根据刑法可以处以刑罚的行为，通过溯及既往也可以引入更重的刑罚种类；或者在同一种刑罚威胁的范围中从重处罚的程度。这三种溯及既往的形式都是宪法所不能允许的，因为刑事可罚性（其种类或程度）在行为之前并没有法律加以宣布和加以明确。"②

禁止溯及既往原则的作用在于保护公民的预见性，保护公民的自由。如果新法轻于旧法，依新法行为人将不受处罚或者接受较轻的处罚，这没有违反公民的预见性。所以有利于行为人的溯及既往为大多数国家所接受，例如，《日本刑法典》第6条规定："犯罪后的法律使刑罚有变更时，适用处罚较轻的法律。"

（三）禁止溯及既往原则与司法判决

在德国和日本，对司法判决都不适用禁止溯及既往原则。如果法院对一项规则作出比现有的司法判决更不利于被告的解释，那么，被告就必须接受这个对自己不利的解释。从思想方法上说，这个新的解释不是根据溯及既往的惩罚或者从重的刑罚作出的，而是为了

---

① Roxin C. Strafrecht Allgemeiner Teil Band Ⅰ. Verlag C. H. Beck，2006，4. Aufl.，S. 161.

② Roxin C. Strafrecht Allgemeiner Teil Band Ⅰ. Verlag C. H. Beck，2006，4. Aufl.，S. 142.

实现已经存在但现在才被正确认识了的法律的意图[①]。

也有学者认为，判例在实际上具有约束力，国民也通过判例预测自己行为的法律效果，展开行动。在由于变更判例而剥夺了预测行动的可能性的时候，就会出现侵害国民行动自由，违反罪刑法定原则要求的结果，因此，对于判例也应当适用禁止溯及既往的原则，当然此处的判例只限于具有作为先例的约束力的最高裁判所的判例[②]。但是，这种观点与大陆法系国家法治原则的基本精神相矛盾，法律与司法判决不在同一个等级上。公民不需要认识这些司法判决，而应该相信法律原文。因为司法判决的变化必须保持在可能的文字含义之内，所以，从趋势上说，这种变化没有法律的变化那么重要和那么容易预见到，同时，个人能够而且必须在一些情况下适应这种变化[③]。

三、限时法

所谓限时法[④]，简单来说，就是只在一定时期内实施的法律，它属于特别法的一种。松宫孝明认为，“仅仅对一定时期内实施的行为加以处罚的旨趣的刑罚法规，称之为限时法”[⑤]。限时法是针对一时的社会情况，为应对特殊需要而制定，且实施期间也有限定的法律。在该刑罚法规有效期内所发生的违法行为，即使在法规废止后受到裁判，仍适用行为当时的原有法规予以处罚。例如，《德国刑法典》第 2 条第 4 项规定：“仅适用于特定时期的法律，即使该法律在审判时已失效，但仍可适用于在其有效期间实施的行为。法律另有规定的除外。”《意大利刑法典》第 2 条第 4 款规定：“如果涉及的是非常的或临时的法律，不适用以上各款的规定。”

限时法有广义与狭义之分。狭义的限时法，是指明确规定只适用于特定期间的法律。广义的限时法，除包括狭义的限时法外，还包括对有效期限规定很模糊的法律，或者从法律性质来看，是为了处理临时事态的法律。德国、意大利理论学界一般承认广义的限时法概念。德国判例也认为，限时法是指适用于特定时期或受其他方式限制期间的法律，其内容往往是为了适应特殊时局需要的临时规定，或者在特殊时期，因事实上的理由而不需要处罚[⑥]。日本、韩国法律上没有明文规定限时法。日本有学者赞成广义的限时法[⑦]。韩国通说则主张狭义的限时法。即，一是明示有效期间的刑罚法令具有对有效期间的行为在废止以后也要予以处罚的立法意思，所以应与没有明示的法令有所分别；二是因临时性概念也是相对性概念，不易分辨是否为了对应一时情况而定的法令，因此有侵害法律安定性的嫌疑[⑧]。

---

① Roxin C. Strafrecht Allgemeiner Teil Band Ⅰ. Verlag C. H. Beck，2006，4. Aufl.，S. 168.

② 〔日〕大塚仁：《刑法概说（总论）》（第三版），冯军译，中国人民大学出版社，2003 年，第 71 页。

③ Roxin C. Strafrecht Allgemeiner Teil Band Ⅰ. Verlag C. H. Beck，2006，4. Aufl.，S. 168～169.

④ 有学者翻译为“时间法律”，参见〔德〕克劳斯·罗克辛：《德国刑法学总论》（第 1 卷），王世洲译，法律出版社，2005 年，第 99 页，我们不赞同这种译法。

⑤ 〔日〕松宫孝明：《刑法总论讲义》，钱叶六译，中国人民大学出版社，2013 年，第 27 页。

⑥ Jescheck H H，Weigend T. Lehrbuch des Strafrechts Allgemeiner Teil. Drucker & Humblot，1996，5. Aufl.，S. 141.

⑦ 〔日〕大谷实：《刑法讲义总论》（新版第二版），黎宏译，中国人民大学出版社，2008 年，第 65 页。

⑧ 〔韩〕李在祥：《韩国刑法总论》，〔韩〕韩相敦译，中国人民大学出版社，2005 年，第 31 页。

关于限时法的效力，在德国、意大利等国，限时法在其被废除后也能适用于其有效期间内的违反行为，这种效力被称为限时法的追及效力，而日本、韩国则没有规定这种效力。日本学界有以下观点：①有学者主张，既然是限时法，那么，即便在有效期间经过之后，也应当对期间内的违反行为进行处罚。②有人认为，废止刑罚法规的理由，要根据是否基于国家的法律见解的变更而加以区别，在法律见解发生变更的场合，不应当承认追溯适用的效力，但是，在仅仅是由于事实变化而导致的场合，则要承认追溯适用的效力，应当予以处罚，这被称为动机说。③还有学者认为，应当适用以构成要件的重要部分是否发生变化为基准来判断是否应当承认追溯适用的效力的构成要件重要部分说[①]。韩国也存在着否定溯及既往说、认定溯及既往说和动机说等学说分歧，判例的观点也不统一[②]。

第二节 刑法的空间效力

刑法的空间效力，解决的是国家刑事管辖权的范围问题，是一国刑法在什么范围内适用的问题。一国的刑法不仅能适用于本国领域内的行为，而且在一定条件下能适用于本国领域外的行为。但是刑法在国外的适用会受到当地法和国际法的制约。

刑法在空间上的适用范围，涉及对国内犯与国外犯的适用范围[③]。在各国的刑法立法例中，大致上有所谓的属地原则（旗国原则是属地原则的补充）、属人原则、保护原则和普遍管辖原则等几个基本方式的考量，并且大多数国家采用的是这几个不同方式的组合，例如，德国、日本、法国、意大利等国都没有采用单一原则。

一、国内犯

（一）属地原则、旗国原则

对于国内犯，大陆法系国家刑法普遍采取属地原则与旗国原则。根据属地原则，在其领域（这里所说的“领域”包括领土、领水、领空以及领陆和领水的底土）内实施的所有犯罪行为，即使行为人是外国人，也适用本国刑法；同时，放弃对外国领域内犯罪行为的刑事管辖权，因为在其他国家领域内，自有外国行使国家主权及刑罚权。属地原则是与国家主权原则、独立原则、平等原则相适应的。此外，根据属地原则在犯罪地取证，将会得到最可信赖的结果，更有助于实现具体案件的审判公正性和诉讼经济性。所以，大多数国家都不约而同地选择了这一原则。例如，《德国刑法典》第3条规定：“德国刑法适用于在国内所实施的一切行为。”《法国新刑法典》第113-2条第1款规定：“在共和国领域内实行的犯罪，适用法国刑法。”《意大利刑法典》第3条第1款规定：“意大利法律对于所有处于意大利国家领域内的公民或者外国人具有约束力，国内公法或者国际法规定的例外情

---

① 〔日〕大谷实：《刑法讲义总论》（新版第二版），黎宏译，中国人民大学出版社，2008年，第66页。

② 〔韩〕李在祥：《韩国刑法总论》，〔韩〕韩相敦译，中国人民大学出版社，2005年，第32～36页；〔韩〕金日秀、徐辅鹤：《韩国刑法总论》（第十一版），郑军男译，武汉大学出版社，2008年，第44～45页。

③ 国内犯与国外犯分别指发生在本国领域内的犯罪与发生在本国领域外的犯罪，而不是指本国人的犯罪与外国人的犯罪。

况除外。”《日本刑法典》第1条第1款规定：“本法适用于在日本国内犯罪的一切人。”

为了对属地原则进行补充，大陆法系国家一般还规定了旗国原则。如《德国刑法典》第4条规定：“在悬挂德意志联邦共和国国旗或国徽的船舶、航空器内发生的犯罪行为，无论行为地法律如何规定，均适用德国刑法。”《日本刑法典》第1条第2款规定：“对在处于日本国外的日本船舶或者日本航空器内犯罪的人，亦适用本法。”根据该原则，在悬挂有该国国旗的船舶或航空器（不管是国家的还是私人的，不管是军用的还是民用的）内实施的犯罪行为，即使行为人是外国人，实施地点在外国领土、领空或公海，均可适用本国刑法。根据1944年芝加哥协议规定，每架航空器只允许有一个登记国。1963年在东京签署的《关于在航空器实施的犯罪或特定的其他行为的国籍协议》的规定，签字国有义务作为注册国适用本国的刑罚权①。

关于驻外使领馆是否属于本国领土，存在争论。理论上存在“派遣国领域说”、“驻在国领域说”、“拟制领土说”② 和“主权所及说”③。例如，日本学者大谷实主张驻在国领域说，认为“日本国领域之内的外国大使、公使馆之内，以及日本国的领海内的外国船舶内部，也都视为日本国内”④。意大利学者杜里奥·帕多瓦尼则认为：“意大利驻外使领馆的馆舍不是我国的领域，外国驻意大利的使领馆也不是外国的领土。因为这些地方实际上只是享有特殊的、限制所在国强制行使权力的豁免权，但它们仍然是所在国领土的一部分。”⑤ 俄罗斯学者 Л. В. 伊诺加莫娃-海格指出：“俄罗斯驻他国使馆，包括挂有俄罗斯政府旗帜的使馆汽车、使馆建筑物等，根据相互原则在驻在国享有司法豁免权，适用俄罗斯国内的法律制度。”⑥

（二）犯罪地

如果采取属地主义，那么，一国行使其刑事管辖权，就必须严格确定犯罪地。确定犯罪地，并不只是指确定犯罪的发生地是不是在本国的领域内，而是确定犯罪发生地本身。一个犯罪总是具有多种因素，而且犯罪行为的最终实现具有阶段性，即预备阶段、实施阶段（中止形态、未遂形态）和结果发生阶段（既遂形态）。如果上述发展阶段均为一地，则不存在对犯罪发生地本身予以确认的问题，倘若各个阶段的行为地是异地，或共同犯罪人的行为地是异地的，如何确定犯罪发生地就显得十分重要了。理论上对犯罪地的确定有以下几种观点。

第一，行为地说。此说将行为人实施犯罪行为的地点，或在不作为犯罪情况下应当有

---

① Jescheck H H，Weigend T. Lehrbuch des Strafrechts Allgemeiner Teil. Drucker & Humblot，1996，5. Aufl.，S. 168.

② 拟制领土说认为：一个国家的领域还包括“拟制领土”，如悬挂本国国旗的船舶、在本国登记的航空器，用做使馆馆舍的房屋等。

③ 主权所及说认为：各国驻外使馆虽在外国领域内，但按照国际法原则它并不服从接受国之裁判权，故本国驻外使馆亦为本国法权之所及，因此，在本国驻外使馆内犯罪者，应当适用本国刑法。

④〔日〕大谷实：《刑法讲义总论》（新版第二版），黎宏译，中国人民大学出版社，2008年，第59页。

⑤〔意〕杜里奥·帕多瓦尼：《意大利刑法学原理》（注评版），陈忠林译评，中国人民大学出版社，2004年，第51页。

⑥〔俄〕Л. В. 伊诺加莫娃-海格：《俄罗斯联邦刑法（总论）》（第二版），黄芳等译，中国人民大学出版社，2010年，第20～21页。

所作为的地点作为犯罪地。

第二，结果地说。此说将发生符合构成要件的结果发生地作为犯罪地。所谓结果，形式上固然只是结果犯的构成要件所要求具备的客观事实，但实质上，结果之所以被列入构成要件，是为了确定法益侵害的事实。结果地被视为犯罪地的标准之一，基本上所考虑的也是对本国利益的保护，包括对本国法律秩序的维护。

第三，中间地说（或中间影响地说）。中间地，是指在从犯罪的实行行为到结果发生之间的通过地中，对结果发生的危险起增加作用的场所。

第四，遍在说，即折中说、行为与结果择一说。它将犯罪行为的实施地和符合犯罪构成要件的结果的发生地均视为犯罪地。因为对于犯罪内涵而言，行为和结果是同等重要的。

各国的刑法立法大多采取“遍在说”，概括起来，大致有三种方式：一是规定行为或结果的发生地为犯罪地，至于是全部发生地还是一部发生地，则不明确。如《德国刑法典》第 9 条第 1 款规定：“正犯实施行为的地点、在不作为犯罪情况下正犯应当有所作为的地点、属于构成要件的结果发生地或者根据正犯的想象应当发生结果的地点，皆为行为地。”二是规定行为地、结果全部或一部发生地为犯罪地。如《奥地利联邦共和国刑法典》第 67 条第 2 款规定：“行为人实施行为或者应当履行作为义务之地，或者构成要件的结果全部或者部分发生地，或者行为人希望的结果发生地，均为行为地。”三是规定行为的全部或一部发生地、结果地为犯罪地[①]。如《意大利刑法典》第 6 条第 2 款规定：“当构成犯罪的作为或者不作为的全部或部分发生在意大利，或者因上述作为或不作为而产生的结果发生在意大利时，犯罪被认为实施于意大利国家领域。”

“遍在说”现在成为主流理论，但是也受到一些学者的批判：这种方法的适用以国家对其领域内的人具有服从要求权为根据，存在扩大主权与刑罚权的倾向，如果每个国家都实行此说，就会引起管辖权争议。

关于未遂犯和共犯犯罪地的确认问题，历来是刑法空间效力范围的难点。

由于大陆法系国家大多采取“遍在说”，所以，当行为处于未遂状态时，未遂犯没有发生犯罪结果，便可将行为的实施地或“犯罪人愿意结果发生之地”、“可能发生结果之地”都视为犯罪地。例如，《瑞士联邦刑法典》第 7 条第 2 款规定：“在犯罪未遂情况下，行为人实施该犯罪之地和行为人希望结果发生之地，同样为犯罪地。”

关于共同犯罪的犯罪地的确定，理论上存在争议，主要有以下三种观点。第一种观点：正犯与共犯（狭义的共犯）的犯罪地都是共同犯罪的犯罪地，这主要是共犯独立性理论的主张，但采取共犯从属性理论的学者，也可能采取这种观点。第二种观点：正犯的犯罪之地为共同犯罪的犯罪地，采取共犯从属性理论的人通常主张这一观点。第三种观点：共犯的共同行为发生之地为共同犯罪的犯罪地[②]。从刑事立法上看，只有少数国家刑法对此设立了规定，如《德国刑法典》第 9 条第 2 款规定：“正犯实施行为的地点、共犯采取行动的地点，在不作为犯罪情况下应当有所作为的地点，或共犯希望结果发生地，皆为共

---

① 张明楷：《外国刑法纲要》（第二版），清华大学出版社，2007 年，第 46～47 页。

② 张明楷：《外国刑法纲要》（第二版），清华大学出版社，2007 年，第 47 页。

犯的行为地。共犯在国内参与国外犯罪的，即使依行为地法律不处罚的，仍适用德国刑法。”

（三）豁免

当然，在国内法上和国际法上，也存在从人的方面排除刑法适用的情形，我们称之为刑法上的豁免，也就是日本学者所谓的“发动刑罚权的身份障碍”①。

一国国内法尤其是宪法在某种程度上会影响该国刑法的实施，例如，在日本，根据《皇室典范》和《日本宪法》，天皇、摄政、参众两院的议员以及国务大臣因身份障碍不受处罚。参众两院的议员在议院进行的演说、讨论以及表决，在院外不承担责任。国内法上不适用刑法的各种情形，实际上仅仅是存在身份的处罚阻却事由，或者缺乏追诉条件，并非排除刑法的适用本身，也就是说，这些行为符合构成要件具有违法性，但因为没有有责性而排除犯罪。因此，可以肯定与这些人构成的共犯，对这些人的行为也能够进行正当防卫，等等。

根据国际法的规定，对持有外交特权或豁免权的人不适用本国刑法追究刑事责任，包括外国首脑、外国使节、外国军队、军舰和军用飞机、外国领事。例如，1961 年的《维也纳外交关系公约》第 31 条规定，外交代表对接受国的刑事管辖享有豁免。

关于如何看待上述人员的刑事豁免，存在不同观点。一种观点认为，对这些人不适用本国刑法，他们是属地原则的例外。如《意大利刑法典》第 3 条第 1 款规定：“意大利法律对于所有处于意大利国家领域内的公民或者外国人具有约束力，国内公法或者国际法规定的例外情况除外。”另一种观点认为，对这些人不追究责任，是因为存在诉讼障碍或者犯罪阻却事由。两种观点在具体问题上的看法是不一样的。例如，如果某人行为时享有外交特权或豁免权，行为后丧失了该项权利，且仍在本国内的，能否追究其刑事责任？根据前一观点，不能追究刑事责任；根据后一观点，则可以追究刑事责任。

关于豁免的法律性质，在意大利，有学者认为豁免是消除司法管辖权的原因；有学者主张豁免是对刑法空间效力的限制，即豁免可以不遵守刑法的规定；还有学者将豁免纳入无刑事能力的范畴。目前的通说是，豁免只是排除刑罚的原因，并不能消除犯罪行为的非法性，享有豁免的人同样应履行遵守刑法的义务。不过，帕多瓦尼等学者主张对豁免进行具体分析，认为实体法意义的豁免具有行使合法权利或履行正当职务的性质，因而“应属于刑法中的正当化理由的范畴”；而程序性的豁免因不能完全消除行为的刑法意义，只是阻却诉讼的进行，属于如何进行司法管辖的问题②。

二、国外犯

属地原则对国内犯而言，是最理想的原则。但还有三种国外犯是属地原则所不能解决的问题。第一是本国公民在国外实施的犯罪；第二是外国人在国外实施的侵害本国利益或本国国民权益的犯罪；第三是外国人在国外（包括不为任何一国所有的地域或场所，如公

① 〔日〕大谷实：《刑法讲义总论》（新版第二版），黎宏译，中国人民大学出版社，2008 年，第 73 页。

② 〔意〕杜里奥·帕多瓦尼：《意大利刑法学原理》（注评版），陈忠林译评，中国人民大学出版社，2004 年，第 66 页。

海、南极）实施的侵害各国共同利益的犯罪。对此，各国刑法通常采取以下几项原则。

（一）积极的属人原则

积极的属人原则，又称属人原则或国籍原则，是指对本国国民在国外犯某些罪的，也适用本国刑法。例如，《法国新刑法典》第 113-6 条第 1 款和第 2 款规定："法国人在法国领域外犯任何重罪[①]，适用法国刑法。法国人在法国领域外犯轻罪，如行为受其发生地国家之法律惩处，适用法国刑法。"所谓本国国民是指具有本国国籍的人。至于消极的属人原则，是指在犯罪的被害人为本国国民的时候，对该犯罪的犯人适用本国刑法的原则，现在多称为保护原则，详见下文关于保护原则的阐述。

关于属人原则的根据，有三种学说。一是国家忠诚说，它是基于国家主义的思想，认为本国国民即使在国外，也要效忠母国，有遵守本国刑法的义务，这是由国家与国民之间本来的道义关系所决定的。其导致的结果是，对在外国犯任何罪的本国国民，无论在外国是否受刑罚处罚都应适用本国刑法，被称为无限制的积极的属人原则。二是代理处罚说，该说立足于国际协同主义的思想，认为本国国民在外国犯罪时，原则上应适用所在国刑法，但是当行为人未受处罚回到本国时，根据国际法所承认的本国公民不引渡的原则，不将本国国民引渡到外国，由本国在国内为外国进行"代理处罚"。它除了要求犯罪地的法律也认为是犯罪之外，还要求本国刑法轻于犯罪地国的刑法，且在外国没有受到刑罚处罚，被称为有限制的积极的属人原则[②]。三是社会秩序维持说，认为如果放任国外犯罪不管，则也会扰乱本国的社会秩序，从维护本国的立场出发，即使行为地法律不认为是犯罪的，也应该处罚[③]。就目前各国立法来说，日本采取的是国家忠诚说，西欧各国基本上是向代理处罚说发展。

（二）保护原则

1. 保护原则的含义

保护原则，又称受害人国籍原则、消极的属人原则、被动的属人原则、现实性原则[④]，该原则是以侵害的对象是本国国家或公民的利益为标准，主张凡是侵害本国国家利益或者公民利益的，无论犯罪发生地是在该国领域内还是领域外，也不问犯罪行为人是本国国民还是外国人抑或是无国籍人，均适用该国刑法。保护原则旨在补充属地原则的不足，突出的是刑法对域外非本国国民犯罪行为的管辖。《俄罗斯联邦刑法典》第 12 条第 3 款规定："不在俄罗斯联邦常住的外国公民和无国籍人在俄罗斯联邦境外实施犯罪的，如果犯罪侵害的是俄罗斯联邦的利益，……犯罪人在国外未被判刑和正在俄罗斯联邦境内被追究刑事责任的，应依照本法典承担刑事责任。"

---

① 重罪与轻罪概念的适用是大陆法系国家的普遍现象，而划分的标准则起源于 1810 年《法国刑法典》的规定，该法典第 1 条规定了重罪，"法律以身体刑或名誉刑处罚的犯罪是重罪"。第 5 条规定了轻罪，"法律以惩治刑处罚的犯罪是轻罪"。

② 张明楷：《外国刑法纲要》（第二版），清华大学出版社，2007 年，第 48 页。

③ 〔日〕大谷实：《刑法讲义总论》（新版第二版），黎宏译，中国人民大学出版社，2008 年，第 70 页。

④ 俄罗斯称为"现实性原则"，更强调实施侵害俄罗斯联邦的利益的犯罪人是"正在俄罗斯联邦境内被追究刑事责任的"人。

2. 刑法保护原则的具体内容

刑法保护原则的具体内容包含两个方面：一是因侵害本国利益而适用本国刑法；二是因侵害本国公民利益而适用本国刑法。前者称为“国家保护主义”，后者称为“国民保护主义”。

所谓侵害本国国家法益的犯罪，通常限于侵害国家安全、领土主权、名誉、信用方面的犯罪，包括内乱罪、外患罪、伪造货币罪等。如《意大利刑法典》第 7 条规定：“本国公民或外国人在国外实施下列犯罪之一的，依意大利法律处罚：①国事罪；②伪造国家印章罪，使用伪造的国家印章罪；③伪造在国家领域合法流通的货币、印花或者意大利公共信用票据罪；④为国家服务的公务员滥用职权或者违反其职责义务而实施的犯罪；⑤根据法律的特别规定或者国际条约，对其可适用意大利刑法的任何其他犯罪。”

外国人侵害本国国民法益的犯罪范围太广，不宜全部适用本国刑法。一般只对较严重的侵害本国国民法益的犯罪适用本国刑法，并且往往以外国刑法对该行为也有处罚规定为前提，以希望借助刑罚法规的一致性来减少国际冲突。如《瑞士联邦刑法典》第 5 条第 1 款规定：“在外国实施针对瑞士国民的重罪或轻罪，如该行为在行为地也被认为是犯罪的，适用瑞士法律，但以行为人在瑞士且未被引渡给外国，或者行为人被引渡至瑞士联邦者为限。行为地法律对行为人处罚较轻的，适用行为地之法律。”

但是，由于各国刑法保护对象的种类和范围存在差异，因此在执行该原则的过程中难免与他国立场产生冲突。为取得实际性效果，还有必要引入关于犯人引渡的国际条约和采取互惠平等的立法措施。

（三）普遍管辖原则

1. 普遍管辖原则的含义

普遍管辖原则，又称世界主义原则，是从维护世界法律秩序整体化的要求出发，以保护各国的共同利益为标准，主张凡是侵害当今和平的国际秩序的犯罪（如发动战争、海盗、劫持航空器、国际恐怖主义等），或者是违反多数国家共同利益的犯罪（如伪造货币、贩毒等），或者直接侵害人类尊严的反人道犯罪（如种族灭绝、贩卖人口等），无论犯罪人是本国人还是外国人，也不论犯罪发生在本国领域内还是领域外，均适用本国刑法。格老秀斯就认为，发现犯罪人的国家必须将犯罪人交其他国家处罚，或者直接对其进行处罚。采用普遍管辖原则的一个前提是，国际社会的高度统一，或者各国对犯罪的评价有完全一致的标准。例如，1958 年的《公海条约》规定，各国对不属于任何国家管辖地域的海盗船舶、航空器有追捕、处罚的权利。

普遍管辖原则通常以国家之间的条约或公约为基础，当事国对于侵害国家共同利益的一定犯罪负有依据本国刑罚进行处罚的义务。该原则强调对反人道性犯罪进行社会防卫的国际性、连带性。20 世纪 70 年代以来，为了对付不断猖獗的国际犯罪，国际社会先后制定了多个国际条约。如 1970 年的《关于制止非法劫持航空器的公约》、1971 年的《关于制止危害民用航空安全的非法行为的公约》、1973 年的《关于防止和惩处侵害应受国际保护人员包括外交代表的罪行的公约》、1979 年的《反对劫持人质国际条约》等。这些国际条约规定，各缔约国应将条约上所规定的非法行为规定为国内法上的罪行，并应采取必要措施，对这些犯罪行使刑事管辖权，而不论罪犯是否为本国人、罪行是否发生在本国内。

《德国刑法典》第 6 条规定，“根据对德意志联邦共和国有约束力的国际条约的规定而应当予以追诉的国外行为”，“无论行为地法律如何规定……同样适用德国刑法”。日本于 1987 年追加的刑法第 4 条之二规定，基于条约应受处罚的国外犯是刑法典上的犯罪时，依法处罚该国外犯[①]。大谷实也指出，日本刑法典自身还没有达到采用世界原则的程度，但是，在 1987 年部分修改刑法的时候，新设了对国外犯的概括性处罚规定，向世界原则迈进了一大步。国外犯的概括性处罚规定，是为了对付不断发生的杀害外交官、占领外使馆以及劫持人质等国际恐怖活动[②]。

2. 普遍管辖原则的特点

普遍管辖原则主要有以下特点：①适用管辖的非属地性。犯罪行为不发生在追诉国的领土范围内，按照属地原则是没有管辖权的，所以我们说普遍管辖原则是属地原则的补充。②适用管辖的非属人性。犯罪人不具有追诉国国籍，按照属人原则，犯罪人应被引渡回其国籍国，但实际国籍国并未提出这种请求，犯罪人所在地国或罪犯逮捕地国才将犯罪分子诉诸法律。③追诉犯罪分子的动机和目的的非功利性。追诉国不是出于保护本国国家或公民的直接利益的功利考虑，而是为了维护世界法律秩序整体化，保护各国的共同利益。④适用普遍管辖原则进行追诉犯罪的特定性。即必须是有关国际公约明确规定可予以普遍管辖并在世界上得到公认的那些危害国际社会的罪行，如海盗罪、贩毒罪、贩卖奴隶罪、破坏和平罪（战争罪）、种族灭绝罪、危害国际民用航空安全罪等。⑤适用普遍管辖原则进行追诉的犯罪，原则上不应受到双重审判，否则罪犯可能受到无穷无尽的审判和处罚。

3. 普遍管辖原则的局限性

作为传统国际法所赋予国家的域外刑事管辖权，普遍管辖对于解决核心国际犯罪有罪不罚的局面，具有重要意义[③]。适用普遍管辖原则的国家，本质上是在履行自己的国际义务，但适用的却是本国国内刑法。与案件没有直接关系的国家要行使普遍管辖原则，就会在刑事诉讼的诸多方面受到局限。有的国家为此不愿管辖此种犯罪案件，这事实上就放弃了普遍管辖原则的适用。

三、国际刑法及国际刑事司法协助

（一） 国际刑法

第二次世界大战以后，各国为了维护国际社会的共同利益，为了防止国际犯罪，同时也为了减少各国刑法空间效力的冲突，一方面通过缔结国际条约，尽可能实现统一化，另一方面在各国刑法中规定了国际犯罪（如海盗罪、贩毒罪、贩卖人口罪、伪造货币罪、破坏和平罪或战争罪、种族灭绝罪、劫持航空器罪等）及其适用规则。于是，国际刑法诞生了。

国际刑法有广义和狭义之分。广义的国际刑法是指存在于国际法和国内刑法之中，旨

---

① 张明楷：《外国刑法纲要》（第二版），清华大学出版社，2007 年，第 49 页。

② 〔日〕大谷实：《刑法总论》（新版第二版），黎宏译，中国人民大学出版社，2008 年，第 71～72 页。

③ 朱利江：《普遍管辖国内立法近期发展态势》，《环球法律评论》，2010 年第 1 期，第 144 页。

在同国际性犯罪和跨国性犯罪作斗争，规定国际犯罪和国际禁止行为，调整国家之间、地区之间刑事司法协助方面的实体法和程序法规范、原则和制度的总称。狭义的国际刑法，是指国内刑法有关空间效力范围的法律。这是一般意义上的国际刑法。

基于国家主权原则，各国适用的仅仅是本国国内刑法。但为了追诉犯罪，惩罚犯罪人和保障被告人的权利，1961 年的国际刑法会议决议提倡，对在外国实施的犯罪，适用行为地的外国刑法，这与调整冲突、决定准据法的国际私法相对应，也是国际刑法的内容①。

由于犯罪地、犯罪人及被害者的国籍不同，几个国家可基于属地原则、属人原则和保护原则对同一个犯罪都适用本国刑法。在这种情况下，具体由哪一国来行使刑事管辖权，应由国际刑法来决定。

此外，与国际刑事司法协助相关的国际法、国内法，亦可称为国际刑法。例如，日本于 1953 年制定了《逃亡犯人引渡法》，1979 年制定了《国际搜查互助法》。又如，《意大利刑法典》第 13 条规定："犯人的引渡，由意大利法律、国际条约和国际惯例调整。如果引渡请求所针对的行为，不被意大利法律和有关外国的法律规定为犯罪，不得引渡。对于国际条约未规定的犯罪，只要这些条约不明确禁止，也可以允许或者提议引渡。不允许引渡本国公民，除非国际条约予以明确许可。"

（二）国际刑事司法协助

国际刑事司法协助是国际社会要求各国在惩治国际犯罪的刑事诉讼活动中互相提供帮助、合作或其他便利诉讼的措施，其方式主要有委托、协助证据的提供与调查、引渡、诉讼移管以及外国判决的承认与执行。国际社会为此达成了一系列公约，如 1957 年的《引渡公约》、1972 年的《刑事诉讼移管公约》和 1973 年联合国通过的《关于侦查、逮捕、引渡和惩治战争罪犯和危害人类罪犯的国际合作原则》。

1. 外国判决的承认与执行

外国判决的承认与执行是国际刑事司法协助的主要方式之一，是指根据国际条约或者互惠原则，一国承认他国法院的刑事判决书在本国具有法律效力，并根据判决国的请求执行该项判决。简言之，它是对判决国审判的公正性、合法性及其定罪量刑的认可。

关于外国判决的承认和执行，各国规定的方式主要有两种：

第一种方式是积极的承认与执行，即承认外国判决的既判力。本国具有刑事管辖权的犯罪行为，在外国受到有罪判决时，将该犯人移至本国后，执行外国法院所确定的有关判决；如果犯人在外国已经将刑事判决所确定的刑罚执行完毕，或者外国法院虽宣告有罪但免除刑罚，或者对行为人作出无罪判决，则本国不再予以追诉。欧盟各国已采取这种做法，这是为了避免犯人受到双重处罚，使犯罪人顺利地重返社会。例如，《瑞士联邦刑法典》第 6 条第 2 款规定："行为人因其重罪或轻罪在外国受审判，经判决确定无罪；或者所受宣判之刑罚已执行完毕，免除或时效完毕时，在瑞士即不再受处罚，如其所受宣判之刑罚在外国仅受部分之执行，将其已执行的刑罚折抵之。"

第二种方式是消极的承认与执行，即承认外国判决的事实而不承认其既判力，外国确

---

① 张明楷：《外国刑法纲要》（第二版），清华大学出版社，2007 年，第 50 页。

定的刑事判决不制约本国刑罚权的实现，即不管外国确定的是有罪判决还是无罪判决，对同一行为本国可行使审判权，但对外国判决及刑罚执行的事实会给予考虑。例如，《日本刑法典》第 5 条规定："同一行为虽然已经在外国受到确定判决的，不妨碍另行处罚。但犯罪人在外国已经全部或者部分执行了所宣告刑罚的，减轻或者免除其刑罚的执行。"

此外，随着国际刑事审判的逐渐发展与使用，对外国判决的承认与执行还应包括对国际审判机构所作出的刑事判决的承认与执行。例如，第二次世界大战后的东京审判和纽伦堡审判。

2. 引渡

所谓引渡，是指一国将在其领域外犯罪的个人，依据条约、互惠或者睦谊，应有管辖权的他国的请求，移交他国，使罪犯受到刑事追诉或者处罚的正式程序。引渡是最古老的国际协作形式，引渡的目的在于解决因刑法空间效力的限制而带来的不便。

根据不同的标准，引渡有不同的分类：第一，如果出于进行审判的目的将一个人由一个国家移交给另一个国家，是"诉讼性引渡"；若是出于执行已判决的刑罚的目的，则是"执行性引渡"。第二，如果向外国请求引渡，是"主动的引渡"；如果是接受外国的引渡，则是"被动的引渡"。

目前，国际社会中大体存在三种引渡方式：第一种是通过有关的国际公约；第二种是通过国与国之间签订的引渡条约；第三种是通过某一国际组织的协助。当一个国家收到另一国家的引渡请求时，它可以决定将有关嫌犯引渡给该请求国，或拒绝该国的引渡请求，这是其主权范围内自由决定的事情。

大陆法系国家在引渡的适用上主要有以下几个原则：

第一，"同一原则"，也叫双重犯罪原则。即，可以作为引渡条件的犯罪，必须是请求国和被请求国的法律都认为是犯罪的行为或者是引渡条约上所指定的犯罪。例如，《意大利刑法典》第 13 条第 2 款规定："如果引渡请求所针对的行为不被意大利法律和有关外国的法律规定为犯罪，不允许引渡。"第二，特定主义原则。即，请求国将犯罪人引渡回国后，只能针对引渡时请求的罪名进行追诉或者处罚，对于请求引渡时未提出的罪行，除非被请求国同意，否则不能进行追诉和处罚。第三，一事不再理原则。即，当被请求国就同一犯罪事实正在进行诉讼或者该事实已经作出判决，或者就同一犯罪事实已经在第三国进行诉讼或者已经作出确定的判决时，不得引渡。例如，《日本逃亡人犯引渡法》第 2 条第 7 款规定："被请求引渡犯罪事件经系属日本国法院正在审理中，或其事件经由本国法院依法确定判决者，不予引渡。"第四，政治犯不引渡的原则。引渡的对象一般不包括政治犯（军事、宗教性质的包括在内）。例如，《日本引渡法》第 2 条规定："如引渡犯罪属于政治犯罪者，或如认为请求引渡的逃亡犯人系为审判的政治犯，或执行刑罚的目的者，不予引渡。"第五，本国公民不予引渡的原则。遵循这一原则的国家原则上对本国人的引渡采取非常消极的态度，认为将本国国民引渡给请求国加以审判或处罚，就表明该国放弃了其属人管辖权，而且放弃了对其国民的法律保护，更为严重的是放弃了其司法主权[①]。因

① 马德才：《本国国民不引渡原则的发展趋势分析——兼论我国〈引渡法〉的完善》，《江西社会科学》，2011 年第 2 期，第 166 页。

此，其对本国人的域外犯罪情形多采属人原则，从而扩大本国法院管辖的范围。例如，1968年《意大利宪法》第26条第1项规定："只限于国际协定有明文规定的情形下，承认本国人的引渡是被允许的。"第六，死刑犯不引渡原则。即，当被请求国有理由相信被请求引渡者在引渡后有可能被请求国判处或者执行死刑时拒绝予以引渡的原则。例如，1982年《联邦德国国际刑事司法协助法》第8条规定："一行为按请求国的法律可被处以死刑，则只在该请求国保证不判死刑或不执行死刑的情况下，方准予引渡。"

第五章

犯罪概说

第一节　犯罪的概念

什么是犯罪？如何认定犯罪？这是刑法学中最为基本的问题。只有界定了犯罪的概念，我们才能对犯罪论的一系列问题展开研究。正如日本学者平场安治所言："犯罪论的体系如何确立，与将犯罪作为什么样的概念来把握是有关系的。"① 梳理大陆法系的刑法理论和刑事立法，主要有形式的、实质的和混合的三种犯罪概念。

一、形式的犯罪概念

形式的犯罪概念，是指从犯罪的形式上（或法律特征上）对犯罪所作的界定，即根据法律的处罚规定给犯罪下的定义。

一些国家在刑法典中规定了犯罪的形式概念，较早的规定可追溯到 1810 年的《法国刑法典》，其第 1 条规定："法律以违警刑所处罚之犯罪，称违警罪。法律以惩治刑处罚之犯罪，称轻罪。法律以身体刑或名誉刑处罚之犯罪，称重罪。"② 现行《法国新刑法典》第 1 条作了类似的规定："刑事犯罪，依其严重程度，分为重罪、轻罪和违警罪。"③ 现行《德国刑法典》第 12 条第 1、2 款规定："重罪指最低刑为一年或一年以上自由刑的违法行为。轻罪指最低刑为更轻微的自由刑或者被科处罚金刑的违法行为。"

在刑法理论上，学者们对于形式的犯罪概念有不同的观点。如德国刑法学者耶赛克、魏根特认为："犯罪是法秩序以刑罚相威吓的人的行为。"④ 日本刑法学者山口厚认为：

---

① 〔日〕平场安治：《关于犯罪论的体系》，《法曹时报》，1977 年第 29 卷第 9 号，第 1 页。

② 马克昌：《外国刑法学总论（大陆法系）》，中国人民大学出版社，2009 年，第 53 页。

③ 罗结珍译：《法国新刑法典》，中国法制出版社，2003 年，第 3 页。

④ Jescheck H H，Weigend T. Lehrbuch des Strafrechts Allgemeiner Teil. Drucker & Humblot，1996，5. Aufl.，S. 50.

“所谓犯罪，形式地说，是指‘针对其实施而应予科处刑罚的行为’。”① 西田典之认为：“犯罪，是指刑法分则规定的杀人罪（第199条）、盗窃罪（第235条）、业务过失致死伤罪（第211条第1款）等具体罪名。”② 韩国刑法学者金日秀、徐辅鹤认为：“形式的犯罪概念的内容是：为处罚某一行为，在现行法上需要具备哪些法律要素。据此，犯罪被定义为符合构成要件的违法且有责的行为。”③ 意大利刑法学者帕多瓦尼认为：“‘犯罪’（reato）是‘刑事违法’的同义词。它意味着违反了刑法规范，即违反了以刑法典为‘重罪’和‘轻罪’规定的主刑（及平时军事刑法典第20条为‘军职罪’规定的主刑）为制裁措施的法律规范。”④

形式的犯罪概念揭示了现行刑事法律规范如何处罚一定的行为，将犯罪行为与其他违法行为相区分，并为司法实务者在方法论上提供了一种切实可行的体系或阶段性的犯罪认定的标准，此乃形式的犯罪概念之优点。但是也有不少学者指出了其不足之处。如德国学者耶赛克、魏根特认为：“此等形式上的犯罪概念并没有说明，在何种实体条件下应当科处刑罚，也就是说，立法者可以对何种行为方式予以刑罚威胁。”⑤ 金日秀、徐辅鹤认为：“形式的犯罪概念的缺陷在于，无法回答为何处罚一定的行为而不处罚其他的行为。这是因为，该问题是以立法者的价值决定为前提的。”⑥

二、实质的犯罪概念

实质的犯罪概念不涉及犯罪的形式特征，而是深入犯罪的实质，揭示犯罪所侵犯的法律价值。如德国刑法学者罗克辛认为：“实质的犯罪概念是位于刑法典之前的，是为立法者所提供的什么可以惩罚和什么不可惩罚的刑事政策方面的标准。”⑦ 日本刑法学者井田良认为，实质的犯罪概念“不去理会现行法是否有处罚规定，而通过提供独立的基准（即超实定法的基准）来判断某种行为是否应视为犯罪”⑧。

1919年《苏俄刑法》指导原则第6条规定：“犯罪是危害某种社会关系制度的作为或不作为。”1950年《匈牙利刑法典》总则第1条第2款规定：“犯罪行为是对匈牙利人民共和国的国家制度、社会制度或经济制度，以及对公民的人身和权利有危害的作为或不作为。”⑨ 这两个条文都是关于犯罪的实质概念的规定。

一些刑法学者也对犯罪的实质概念进行了论述。苏联著名学者B.M.契柯瓦认为：

---

① 〔日〕山口厚：《刑法总论》（第二版），有斐阁，2007年，第2页。

② 〔日〕西田典之：《日本刑法总论》（第二版），王昭武、刘明祥译，法律出版社，2013年，第49页。

③ 〔韩〕金日秀、徐辅鹤：《韩国刑法总论》（第十一版），郑军男译，武汉大学出版社，2008年，第13页。

④ 〔意〕杜里奥·帕多瓦尼：《意大利刑法学原理》（注评版），陈忠林译评，中国人民大学出版社，2004年，第68页。

⑤ Jescheck H H, Weigend T. Lehrbuch des Strafrechts Allgemeiner Teil. Drucker & Humblot, 1996, 5. Aufl., S. 50.

⑥ 〔韩〕金日秀、徐辅鹤：《韩国刑法总论》（第十一版），郑军男译，武汉大学出版社，2008年，第14页。

⑦ Roxin C. Strafrecht Allgemeiner Teil Band Ⅰ. Verlag C. H. Beck, 2006, 4. Aufl., S. 13～14.

⑧ 〔日〕井田良：《讲义刑法学·总论》，有斐阁，2008年，第14页。

⑨ 马克昌：《比较刑法原理：外国刑法学总论》，武汉大学出版社，2002年，第87页。

“任何旨在反对苏维埃制度及其所确定的法律秩序的危害社会的作为或不作为，都是犯罪。”[①] 日本学者大谷实认为：“所谓犯罪，就是违反社会上的一般人当然应当遵守的社会伦理规范的侵害法益的行为，以及具有侵害法益的危险的行为。”[②] 金日秀、徐辅鹤认为：“实质的犯罪概念仅指除刑法以外的其他制裁手段无法给予充分保护的严重的社会有害的法益危害行为。在这里，刑法所要保护的法益的具体内容，最终只能根据一个人的自由与他人的利益及公共利益之间的利益衡量来加以决定。”[③]

实质的犯罪概念揭示了行为人如何行为，国家才能对其使用刑罚，即揭示了应受刑事惩罚的行为的内在是什么的问题[④]。这是形式的犯罪概念所无法达到的目标。然而，有学者对实质的犯罪概念提出了批评，如金日秀认为：“实质的犯罪概念虽然从其实质的角度把握法益侵害和社会有害性，但其界限因时常变动而导致不明确也是此概念的缺点。”[③]

三、混合的犯罪概念

混合的犯罪概念，也可称为综合的犯罪概念，是指既从形式的角度也从实质的角度来给犯罪下定义。例如，《俄罗斯联邦刑法典》第 14 条第 1 款规定：“本法典以刑罚相威胁所禁止的有罪过地实施的危害社会的行为，被认为是犯罪。”[⑤] 该条就是关于形式与实质相融合的犯罪概念的规定。

许多刑法学者，从形式和实质两个方面综合对犯罪的概念进行阐述。德国学者费尔巴哈认为：“违反了通过国家契约保证的、刑法保障的自由，就是犯罪。”[⑥] 日本学者大塚仁认为：“所谓犯罪，一般而言，从形式的观点可以说是符合构成要件的违法而且有责的行为；从实质的观点可以说是反社会的行为或者社会侵害性行为。”[⑦] 松宫孝明认为：“所谓犯罪，可谓从实质上来看是违法、有责的行为，而且法律对之预先规定了刑罚。”[⑧] 韩国学者金日秀认为：“形式的犯罪概念忠实于罪刑法定原则之要求的体系性犯罪概念。而且形式的犯罪概念能够为犯罪实质问题的探讨提供所必要的思维体系和分析方法。然而，只根据形式的犯罪概念自身是无法解明什么是应当符合构成要件、什么是实质的违法、何人应当承担责任等问题的。在这里，实质的犯罪概念通过在法治国家秩序范围内提示当罚性内容的根据和界限，发挥着从稳定的共同社会秩序立场上确保共同体和个人利益的作用。因此，形式的犯罪概念和实质的犯罪概念必须发挥相互补充的机能。”[③]

现在，大陆法系国家刑法多采用形式与实质相结合的混合的犯罪概念。

---

① 中国人民大学刑法教研室：《苏维埃刑法论文选译》（第 1 辑），中国人民大学出版社，1955 年，第 7 页。

② 〔日〕大谷实：《刑法讲义总论》（第二版），黎宏译，中国人民大学出版社，2008 年，第 36 页。

③ 〔韩〕金日秀、徐辅鹤：《韩国刑法总论》（第十一版），郑军男译，武汉大学出版社，2008 年，第 15 页。

④ Roxin C. Strafrecht Allgemeiner Teil Band Ⅰ. Verlag C. H. Beck，2006，4. Aufl.，S. 13.

⑤ 黄道秀译：《俄罗斯联邦刑法典》，中国法制出版社，2004 年，第 5 页。

⑥ 〔德〕安塞尔姆·里特尔·冯·费尔巴哈：《德国刑法教科书》（第十四版），徐久生译，中国方正出版社，2010 年，第 34 页。

⑦ 〔日〕大塚仁：《犯罪论的基本问题》，冯军译，中国政法大学出版社，1993 年，第 1 页。

⑧ 〔日〕松宫孝明：《刑法总论讲义》（第四版补正版），钱叶六译，中国人民大学出版社，2013 年，第 4 页。

第二节 犯罪的本质

何为犯罪的本质？学者们从犯罪行为所侵犯的对象出发，纷纷提出各自的见解。下面简要介绍几种主要的学说。

一、权利侵害说

在启蒙时期人权思想的倡导下，德国刑法学家费尔巴哈提出了权利侵害说。

费尔巴哈认为：第一，天赋人权，任何人都享有权利。“权利的产生与政府行为的履行和国家声明无关。……国家有权用警察法间接地对其目的施加影响，这样做不可能不发生违法行为，假如国家享有放弃这些特别加以禁止的行为的特别权利的话，则我们不能忘记，这些权利本来是臣民们依法享有的。”① 第二，国家与个人都享有权利，根据权利享有主体的不同，可将犯罪分为针对国家的犯罪和针对私人的犯罪。“由于权利的维护是刑法的当然目的，所以，无论是臣民的权利还是国家（道义上的人）的权利，都是刑法保护性威慑的对象。如果由于违反刑法而直接侵害国家的权利，则是针对国家的犯罪（Staatsverbrechen）；如果臣民的权利成为违法行为的直接对象，就是针对私人的犯罪（Privatverbrechen）。”② 第三，费尔巴哈提出的权利侵害说，是为了实现法律与伦理的区分；同时也是为了限定国家目的和任务，并克服刑法的不安定性，防止刑法的干涉性和恣意性③。

费尔巴哈的权利侵害说遭到了一些刑法学者的批评。日本学者浅田和茂认为：“它具有正确的思想内核。但是，用权利侵害来说明所有的犯罪（如将内乱罪解释为对国家权利的侵害等）是不可能的。”④ 生田胜义批评道：“费尔巴哈的理论不仅承认人权还承认国家的权利，但其问题在于否定社会（的权利）。”⑤ 韩国学者李在祥认为：“权利侵害说不能对不以权利侵害为内容的犯罪予以说明，权利离开了法也不能被承认，所以它被批评为只不过是循环论。”⑥ 因此，权利侵害说被法益侵害说所取代。

二、法益侵害说

法益侵害说由宾丁和李斯特所倡导，但是该理论可以追溯到比尔恩鲍姆（Birnbaum）的财侵害说。比尔恩鲍姆对权利侵害说提出了批判，他认为，权利侵害说的用语存在问题。“侵害”是指人或事物（特别是属于我们的东西）被他人的行为夺走或减少，它是与

---

① 〔德〕安塞尔姆·里特尔·冯·费尔巴哈：《德国刑法教科书》（第十四版），徐久生译，中国方正出版社，2010年，第34～35页。

② 〔德〕安塞尔姆·里特尔·冯·费尔巴哈：《德国刑法教科书》（第十四版），徐久生译，中国方正出版社，2010年，第35～36页。

③ 张明楷：《法益初论》，中国政法大学出版社，2000年，第8～11页。

④ 〔日〕浅田和茂：《刑法总论》（补正版），成文堂2007年，第43页。

⑤ 〔日〕生田胜义：《行为原理与刑事违法论》，信山社，2002年，第59页。

⑥ 〔韩〕李在祥：《韩国刑法总论》，〔韩〕韩相敦译，中国人民大学出版社，2005年，第60页。

“财”（Gut）相关的概念，即使作为权利对象的财被夺走或减少，权利本身并没有被夺走或减少。所以，侵害的概念与权利概念无关，而与财概念有关；侵害的对象不是权利本身，而是权利的对象——财。比尔恩鲍姆由此得出结论：犯罪的本质是侵害或威胁了应当由国家保护的“财”[①]。

法益侵害说认为，刑法的目的并不只是单单为了维护社会伦理，而是为了保护法所要保护的利益[②]，也即，犯罪是对法所保护的生活利益的侵害或引起的危险。法益侵害说有如下四个方面的特征。第一，该说立足于个人主义与自由主义，认为世界以人为存在基础，人的存在本身就是目的，为了个人的生产与发展，就必须尽可能少地限制个人自由，尽可能多地对国家权力进行限制，代表国家权威与规制的刑法，也应当限定处罚范围。第二，该说将国民利益受侵害视为违法性的原点，对超个人法益的保护也是为了保护个人的法益，只有侵害了法益的行为才能被认定为犯罪。第三，该说强调刑法与伦理道德的分离。首先，由于伦理价值具有易变性，若不将刑法与伦理道德相分离，将有损刑法的安定性并侵害国民的预测可能性；其次，伦理价值具有多样性，社会不仅应宽容不同的价值观，还应尊重个人观念上的差异；最后，刑罚是一种痛苦，是社会控制的不得已的手段，若将维持伦理价值作为刑法的任务，对刑法及国民都未免过于牵强。第四，法益侵害说主张结果无价值论，它根据行为是否侵害或者威胁了法益来判断行为的违法性。若行为没有侵害或威胁法益，不论行为人的内心有多恶，也不论行为本身对社会伦理价值的违反有多严重，也不具有违法性[③]。

三、义务违反说

义务违反说，是在德国纳粹时期由基尔学派的代表人物之一夏弗斯塔因（Friedrich Schaffstein）提出的学说。夏弗斯塔因反对“所有的犯罪都侵害或威胁了法益”的观点，反对将刑法的法益机能绝对化，否认法益侵害是决定犯罪的违法内容的唯一要因，而主张将刑法的重点从法益侵害转移到义务侵害，进而认为，“与法益侵害相比，应该把义务的违反（Pflichtverletzung）视为犯罪的本质”[④]。根据义务违反说，犯罪是违反了对国家和社会共同体所负有的义务的行为，因而，犯罪的本质是“义务犯”，从而彻底否定“法益”侵害说。

义务违反说的提出受到了不少刑法学者的批评。如日本学者浅田和茂批评道：“义务违反说中的义务如果意味着伦理的、道德的义务，则违反要求严格区别法与道德这一近代刑法的出发点。如果意味着对国家的义务，那么它虽然适合帝国宪法中臣民的思想，但与……宪法的国民主权、基本人权的保障的要求不相容。”[⑤] 大塚仁认为：“义务违反的观念，乍见把握了所有犯罪共通的性质，但是，它过于模糊，与法益侵害的观点相比，缺乏

---

① 张明楷：《法益初论》，中国政法大学出版社，2000年，第18～19页。
② 〔日〕松宫孝明：《刑法总论讲义》（第四版补正版），钱叶六译，中国人民大学出版社，2013年，第11页。
③ 张明楷：《法益初论》，中国政法大学出版社，2000年，第274～277页。
④ 〔日〕大塚仁：《刑法概说（总论）》（第三版），冯军译，中国人民大学出版社，2003年，第91页。
⑤ 〔日〕浅田和茂：《刑法总论》（补正版），成文堂，2007年，第86页。

具体性，不能充分发挥认识各个罪的具体性质的机能。”①

虽然在纳粹政权崩溃之后很少有人主张义务违反说，且该说遭到了诸多的批判，但该说并未彻底退出历史舞台，反而以行为无价值一元论（一元的人的不法论）的形式获得再生。具体而言，“第二次世界大战后的德国，以韦尔策尔为中心的学者以目的行为论为基础，提倡人的不法概念，认为作为犯罪要素的不法，不单是作为‘结果无价值’的法益侵害，还必须考虑与行为人有关的人的不法的‘行为无价值’。这种二元的行为无价值（二元的人的不法论）得到了强有力的展开，形成了今日的通说”②。

四、伦理规范违反说

伦理规范违反说，是由小野清一郎在 M. E. 迈尔的文化规范论的基础上所提出的理论。文化规范论认为，现实地教导国民当为或不当为一定行为的不是法规范，而是与法规范内容相一致的道德、宗教、习俗等文化规范，犯罪在本质上就是对这种文化规范的现实否定或违反。当行为违反文化规范时，就违反了法秩序的精神，违反了社会的正常性，因而奠定了处罚的基础，当违反文化规范的行为符合刑法各条所规定的构成要件时，便是可罚的行为即犯罪行为③。

伦理规范违反说认为，犯罪的本质在于违反刑法背后的规范，即社会伦理规范。小野清一郎指出：“伦理规范是国家法律的根底。所谓法，实际上就是由国家认可、限定、组织和形成的伦理。法的实质是伦理，不，法本身就是伦理。但由于法是国家所认可和制定的，所以使它有了作为法而应有的特殊机能。”④

这种学说在日本产生了一定的影响，在德国也有学者曾明确提出：“犯罪不是法益侵害，而是规范否认！”⑤ 但是，当今社会的价值是多元的，若将伦理作为刑法的保护对象，将会导致某一种伦理价值的强制推广，无异于权威主义的表现，与民主法治思想相违背，因此该学说也受到学者的批评与质疑。

五、综合说

不少学者认为，上述四种学说均有一定的道理，但是又各自存在着不足，因此一些学者兼取其中两种学说，从而创立了综合说。由于兼取的学说不同，因此，综合说主要又可分为两类：

一是兼取法益侵害说与义务违反说的综合说。此说认为，犯罪的本质基本上是对法益的侵害或威胁，在例外的情况下，犯罪也是对义务的违反。如日本学者大塚仁教授认为：“今日的刑罚法规，都是以从我们个人的观点来看属于生活利益或者属于国家的、社会的

---

① 〔日〕大塚仁：《犯罪论的基本问题》，冯军译，中国政法大学出版社，1993年，第7页。

② 〔日〕川端博：《刑法总论讲义》（第二版），成文堂，2006年，第80页。

③ 张明楷：《法益初论》，中国政法大学出版社，2000年，第71页。

④ 〔日〕小野清一郎：《犯罪构成要件理论》，王泰译，中国人民公安大学出版社，2004年，第30页。

⑤ 〔德〕格吕恩特·雅科布斯：《行为 责任 刑法》，冯军译，中国政法大学出版社，1997年，中文版序言第2页。

观点中的利益为保护的对象，可以认为犯罪是以法益侵害为其核心来构成的。即，通说的法益侵害说的立场基本上是妥当的，必须摒斥把法益观念精神化、视其为立法目的的霍尼希、施温格等的见解。但是，刑罚法规中不少并非仅仅根据对法益的侵害性结果定立着犯罪，而是同时也重视着对法益的侵害、威胁的形式这一方面。例如，窃盗罪、诈欺罪、横领罪等①，在以侵害个人的财产性法益为内容这一点上，虽然具有共同的性质，但是，基于其侵害的形式不同，被区别为不同的种类。因此，对仅仅着眼于法益侵害结果的立场，尚有批判的余地。必须包括侵害、威胁的方法和种类等来理解作为犯罪本质的法益的侵害、威胁。韦尔策尔主张的人的不法概念，从这种观点来看，是对认识犯罪的贡献。进一步考虑时，必须率直地承认犯罪中也存在应该作为义务违反来把握的一面。例如，尽管被侵害的法益完全同一，但是，在所谓不真正身份犯中，有身份者的行为比没有身份者的行为受到更重的处罚等，无视身份者的义务违反的观点，就难以说明其更重处罚的理由。这样，犯罪的本质，基本上是对也包含着其侵害·威胁的形式的法益的侵害·威胁，同时，也必须认为是对一定法义务的违反。”②

二是兼取法益侵害说与社会伦理规范违反说的综合说。此说力图消除法益侵害说和社会伦理规范违反说之间的对立，主张以“没有法益侵害就没有犯罪”的原则为基础，将社会伦理规范理解为社会一般人认为妥当的一般行为标准，而非从若干伦理规范中所抽象出来的某一种伦理规范。如大谷实教授认为：“第一，我的见解是以保护法益为前提的，以‘没有法益侵害就没有犯罪’的原则为基础……第二，我也承认伦理观念是多元化的，但是，这里所说的社会伦理规范，是社会一般人认为妥当的一般行为标准，而不是从若干伦理规范中所抽象出来的某一种伦理规范。关于其具体内容将在违法性论中进行展开，但是，我力图将犯罪的本质理解为违反社会伦理规范的侵害法益的行为，并根据这种见解，消除法益侵害说和社会伦理规范说之间的对立。”③ 诚如有的学者所言，“从学说发展史上看，在刑法的目的是否维护社会伦理这个问题上，法益侵害说与规范违反说得出的结论并不必然相反”，两种学说“只是包裹着时代价值的糖衣，其内核随着时代的变化而变化”④。

第三节 犯罪的分类

犯罪可以根据不同的标准进行分类，不同的刑法学者对犯罪作了不同的区分。德国刑法学者韦塞尔斯、博伊尔克将犯罪分为八类：重罪与轻罪；结果犯和行为犯；实害犯与危险犯；持续犯和状态犯；作为犯与不作为犯；一般犯、身份犯与亲手犯；举动犯；故意犯和过失犯⑤。奥托将犯罪分为七类：重罪和轻罪；作为犯与不作为犯；结果犯和单纯的行

① 此处所列日本刑法中的窃盗罪、诈欺罪、横领罪，大致相当于中国刑法中的盗窃罪、诈骗罪、侵占罪。

② 〔日〕大塚仁：《刑法概说（总论）》（第三版），冯军译，中国人民大学出版社，2003年，第91～92页。

③ 〔日〕大谷实：《刑法讲义总论》（第二版），黎宏译，中国人民大学出版社，2008年，第84页。

④ 丁慧敏：《刑法目的观转变简史——以德国、日本刑法的祛伦理化为视角》，《环球法律评论》，2011年第2期，第62页。

⑤ Wessels，Beulke. Strafrecht Allgemeiner Teil：Die Straftat und ihr Aufbau. C.F. Müller，2010，40. Aufl.，S. 6～11.

为犯；实害犯与危险犯；状态犯和持续犯；一般犯和身份犯；亲手犯[①]。日本刑法学者大谷实将犯罪分为三类：自然犯、刑事犯和法定犯、行政犯；政治犯和确信犯；自诉罪和非自诉罪[②]。大塚仁将犯罪分为四类：重罪、轻罪及违警罪；亲告罪和非亲告罪；政治犯、普通犯和混合犯；自然犯、刑事犯和法定犯、行政犯[③]。法国刑法学者斯特法尼（Stefani）根据两种不同的分类标准对犯罪作了区分：根据犯罪的严重程度不同，犯罪可分为重罪、轻罪和违警罪；根据犯罪性质不同，犯罪可分为政治犯罪与普通法上的犯罪、军事犯罪与普通法上的犯罪、恐怖活动罪与普通法上的犯罪[④]。韩国刑法学者李在祥将犯罪分为四类：结果犯和形式犯、侵害犯与危险犯、继续犯与状态犯、一般犯和身份犯及亲身犯[⑤]。对于结果犯、行为犯、实害犯、危险犯等基本的概念，本书在第八章第四节将会作详细阐述，因此，这里将仅针对以下四种分类进行介绍：重罪、轻罪与违警罪；政治犯、普通犯和混合犯；自然犯与法定犯；亲告罪与非亲告罪。

一、重罪、轻罪与违警罪

根据犯罪的严重程度不同，犯罪可分为重罪、轻罪与违警罪。这一分类在一些国家现行或曾经的刑事立法上有所体现。《法国新刑法典》第 111-1 条规定："刑事犯罪，依其严重程度，分为重罪、轻罪和违警罪。"[⑥] 德国 1871 年《刑法典》和日本 1870 年《刑法典》也采用了此种分类方法[⑦]。

法国刑法学者斯特法尼在其著作中介绍了这三种分类的区分标准："《新刑法典》第 131-12 条与第 121-13 条对违警罪刑罚规定的罚金分别是：第五级违警罪，罚金数额不超过 10 000 法郎，累犯之场合，罚金数额可加至 20 000 法郎，并由法典的条例部分具体加以明确。在犯罪当处'矫正刑'刑罚时，也就是科处最高刑为 10 年监禁，罚金刑至少为 25 000 法郎（《新刑法典》第 131-4 条与 1992 年 12 月 16 日法律修改的《刑事诉讼法典》第 381 条）刑罚时，此种犯罪是轻罪。最后，如犯罪当处'无期徒刑'或'终身拘押'刑，或者当处 30 年、20 年或 15 年有期徒刑（或有期拘押刑），此种犯罪构成为重罪。"[⑧]

虽然在历史上，《德国刑法典》将犯罪分为了上述三类，但是在现行《德国刑法典》中，只将犯罪分为重罪（Verbrechen）和轻罪（Vergehen）两类。现行《德国刑法典》第 12 条第 1 款规定："重罪指最低刑为一年或一年以上自由刑的违法行为。"第 12 条第 2 款规定："轻罪指最高刑为一年以下自由刑或者被科处罚金刑的违法行为。"对于这种分类，韦塞尔斯、博伊尔克认为："对行为属于轻、重罪性质的认定，主要是对于确定未遂

---

① Otto H. Grundkurs Strafrecht：Allgemeine Strafrechtslehre. De Gruyter Rechtswissenschaft，2004，7. Aufl.，S. 40～42.

② 〔日〕大谷实：《刑法讲义总论》（第二版），黎宏译，中国人民大学出版社，2008 年，第 89～90 页。

③ 〔日〕大塚仁：《刑法概说（总论）》（第三版），冯军译，中国人民大学出版社，2003 年，第 92 页。

④ 〔法〕卡斯东·斯特法尼等：《法国刑法总论精义》，罗结珍译，中国政法大学出版社，1998 年，第 182～204 页。

⑤ 〔韩〕李在祥：《韩国刑法总论》，〔韩〕韩相敦译，中国人民大学出版社，2005 年，第 63～65 页。

⑥ 罗结珍译：《法国新刑法典》，中国法制出版社，2003 年，第 3 页。

⑦ 陈家林：《外国刑法通论》，中国人民公安大学出版社，2009 年，第 109 页。

⑧ 〔法〕卡斯东·斯特法尼等：《法国刑法总论精义》，罗结珍译，中国政法大学出版社，1998 年，第 182～183 页。

的可罚性（《刑法典》第23条第1款）、未遂的共犯（《刑法典》第30条）和停止诉讼程序（《刑事诉讼法典》第155条及之后），具有实际的意义。”[①]

虽然法国和德国的这种分类具有一定的意义，但这种分类的方式还是遭到了批评，批评者主要认为这种分类方式缺乏逻辑性，且这种分类方式将刑法典的体系变为了一种“人为”的体系。

二、政治犯、普通犯和混合犯

刑法学上所指称的“政治犯”与政治学上的“政治犯”是不同的概念，刑法学上的政治犯又称国事犯，是指扰乱国家的基本政治秩序或者以此为目的而实施的犯罪。典型的例子是德国刑法中的背叛国家罪和日本刑法中的内乱罪。

普通犯是与政治犯相对的概念，它指的是一般的犯罪，因此又可称为常事犯。政治犯与普通犯结合起来即为混合犯。

日本刑法学者野村稔在其书中提到，日本刑法对于政治犯有特别的规定，主要表现为：“在审判和判决时都应当在公开的法庭进行，犯罪人不能成为引渡的对象；在量刑方面也有一些特点，例如作为名誉刑的监禁是否可以规定，基于政治的信条而为政治犯罪的在量刑上怎样予以考虑等等，一般认为与普通犯罪相比有一些需要特别考虑的问题。”[②]

与政治犯相关联的，还存在确信犯，它为拉德布鲁赫（Gustav Radbruch）所提倡。“所谓确信犯，就是以自己的道德、宗教或者政治信仰为决定动机的罪。这种犯罪人的动机崇高，而且确信自己的行为正确所以才实施了犯罪行为，因此，刑罚恐吓以及改造都很困难，反伦理性的色彩也不浓厚。”[③] 对确信犯是否应当采取和普通犯罪不同的特别处遇这一问题，一直都有争议。本书认为，对于确信犯的刑事责任问题，可以运用期待可能性理论予以解决。而对于非政治犯的确信犯，无需给予特别对待。

三、自然犯与法定犯

自然犯与法定犯的分类，源于加罗法洛，他认为，违反诚实和怜悯这种本来感情的犯罪是自然犯，它不同于基于立法的犯罪即法定犯。也就是说，自然犯是不待法律的规定，以本来应受社会伦理非难的行为为内容，而法定犯是以由于法律禁止才开始成为非难的对象的行为为要素[④]。

关于自然犯和法定犯的概念，刑法学者之间产生了分歧。德国学者费尔巴哈认为，自然犯是刑事不法，是侵害权利的行为，而法定犯是警察不法，其本身仅是违反法规而已。M. E. 迈尔认为，刑事犯违反的是文化规范以及法规范，而行政犯仅是违反法规范[⑤]。日

---

① Wessels，Beulke. Strafrecht Allgemeiner Teil：Die Straftat und ihr Aufbau. C.F. Müller，2010，40. Aufl.，S. 7.

② 〔日〕野村稔：《刑法总论》，全理其、何力译，法律出版社，2001年，第83页。

③ 〔日〕大谷实：《刑法讲义总论》（第二版），黎宏译，中国人民大学出版社，2008年，第89页。

④ 〔日〕大塚仁：《刑法概说（总论）》（第三版），冯军译，中国人民大学出版社，2003年，第94页。

⑤ 陈家林：《外国刑法通论》，中国人民公安大学出版社，2009年，第111页。

本学者大谷实指出："自然犯，不是因为法律规定而是因为其性质违反伦理而被规定为犯罪的情形，也被称为刑事犯。法定犯，是因为被法律所禁止才成为犯罪的情形，在出于行政取缔的目的而被规定为犯罪的意义上，也被称为行政犯。"①

一些学者对这种分类提出了质疑。如日本学者野村稔认为："刑法规范的内容与社会伦理的规范并非完全一致，而且根据社会状况的变化以及国民的价值观的变化，也会出现自然犯的非犯罪化，或者出现法定犯的自然犯化的现象。"② 大塚仁也认为："这种犯罪的分类，难免与时间和场所相适应，是相对的。因此，常被指出'法定犯·行政犯的自然犯·刑事犯化'现象。特别是在我国，关于第二次世界大战中的违反经济统制法规的行为，以自由主义经济体制为前提时，其当初曾是法定犯、行政犯，但是，随着战争的深刻化，发生了生活物资的极度不足，基于这种社会状况的变化，社会伦理观念也发生了变更，以至于其时把这种行为视为本来难以允许的，从而转移成自然犯、刑事犯。"③ 德国学者 H. 迈尔（Hellmuth Mayer）也认为自然犯与法定犯之间并没有质的差异，而仅有量的区别④。

另有一些刑法学者对这种分类持肯定态度，因为就非犯罪化而言，对自然犯与行政犯进行区分是有意义的。"例如，即使是行政犯、法定犯，只要将其规定为犯罪，就应当解释为与法益相关联。相反，如果将没有法益侵害或危险的行为规定为犯罪，就应当朝否定其可罚性（非犯罪化）的方向努力。应要求将犯罪限定为真正可罚的行为。"⑤

四、亲告罪与非亲告罪

所谓亲告罪（Antragsverbrechen），"是指作为追诉的要件需要告诉权人的告诉的犯罪"⑥。不是亲告罪的犯罪为非亲告罪。

设立亲告罪主要有两个方面的原因：第一，有的犯罪涉及被害人的名誉，为了尊重被害人的名誉，便将这些犯罪规定为亲告罪，例如，《日本刑法典》第 180 条将强制猥亵罪、强奸罪、准强制猥亵和准强奸罪规定为亲告罪。第二，有的犯罪情节轻微，需要考虑被害人的意见，而有的犯罪是经请求才处理的，故将这两类犯罪也规定为亲告罪。例如，《日本刑法典》第 264 条基于这一考虑将毁弃私用文书罪、器物损坏罪、隐匿书信罪等规定为亲告罪；《日本刑法典》第 92 条（对象征外国的物件予以损坏等）第 2 款便是经过"请求"才能提起的犯罪。

根据《日本刑事诉讼法》第 338 条第 4 项⑦的规定，对于亲告罪，在没有告诉而提起公诉时，该公诉行为无效，在判决时将会被驳回公诉。

---

① 〔日〕大谷实：《刑法讲义总论》（第二版），黎宏译，中国人民大学出版社，2008 年，第 89 页。

② 〔日〕野村稔：《刑法总论》，全理其、何力译，法律出版社，2001 年，第 81 页。

③ 〔日〕大塚仁：《刑法概说（总论）》（第三版），冯军译，中国人民大学出版社，2003 年，第 94 页。

④ 〔日〕浅田和茂：《刑法总论》（补正版），成文堂，2007 年，第 5 页。

⑤ 〔日〕浅田和茂：《刑法总论》（补正版），成文堂，2007 年，第 6 页。

⑥ 〔日〕大塚仁：《刑法概说（总论）》（第三版），冯军译，中国人民大学出版社，2003 年，第 93 页。

⑦ 《日本刑事诉讼法》第 338 条规定："在下列场合，应当以判决宣告公诉不受理：一、对被告人没有审判权时；二、违反第 340 条的规定而提起公诉时；三、已经提起公诉的案件，又在同一法院重新提起公诉的；四、由于提起公诉的程序违反而无效时。"宋英辉译：《日本刑事诉讼法》，中国政法大学出版社，2000 年，第 77 页。

第六章

犯罪论体系概说

第一节　犯罪论体系的概念及意义

一、犯罪论体系的概念

犯罪论作为刑法学的核心问题，是刑法解释学中最具理论魅力的篇章。所谓犯罪论，是以刑法总则的规定为基础，研究犯罪成立的一般要件及其形态的一般理论。犯罪论探讨的不是个别犯罪类型的特征，而是所有犯罪行为都具有的犯罪概念的组成部分[1]。

所谓体系，就是按照一定原理所组织起来的有关知识的统一体，在刑法学上，以刑法的目的、机能为基准，将对于实现该机能来说互相协调的知识进行统一化、组织化，这就是体系构成的任务[2]。

因此，犯罪论体系就是基于一定的综合原理的指导，对构成犯罪一般成立要件的各种个别认识、原理或理论说明进行整序，通过明确其内部的联系而使判断某种情况是否为犯罪或是否符合犯罪成立要件的过程合理化、机能化的实践的认识体系[3]。日本学者大谷实认为，犯罪是由行为、构成要件、违法性以及责任这四个方面的要素所组成的，将这些犯罪要素按照一定的原理进行系统化之后的东西，就是犯罪论的体系[2]。

综上所述，犯罪论体系主要包括以下两方面：其一，构成犯罪需要哪些要件；其二，犯罪构成要件如何组合。

二、犯罪论体系的意义

到底要不要建构一种抽象的、精细的犯罪论体系，在大陆法系刑法学界是一个有争议

---

① Jescheck H H, Weigend T. Lehrbuch des Strafrechts Allgemeiner Teil. Drucker & Humblot, 1996, 5. Aufl., S. 194～195.

② 〔日〕大谷实：《刑法讲义总论》（新版第二版），黎宏译，中国人民大学出版社，2008年，第85页。

③ 〔日〕山中敬一：《刑法总论》（第二版），成文堂，2008年，第118页。

的问题。

一些学者认为，犯罪论体系的建构只是一场益智游戏，没有非此不可的道理。“当出现某一事件，需要将该事件是否构成犯罪或者构成何种犯罪当做问题时，只要不超越刑罚法规解释所能容许的范围并慎重地进行判断，就应该能够很恰当地解决问题。所以，只要有刑法各论就足够了，犯罪论如此抽象的理论体系是不必要的。”① 德国学者雅科布斯和普珀（Puppe）都认为随便使用哪一种犯罪论体系都一样，学者们执着于构建犯罪论体系，纯粹是由于第二次世界大战后逃避政治压力而将精力放在这种技术性问题之上所致②。

不过，大部分学者认为，建立一个精细、合理的犯罪论体系是必须的，也是重要的。

德国学者李斯特认为，作为实用性很强的学科，为了适应刑事司法的需要，并从司法实践中汲取更多的营养，刑法学必须自成体系，只有将体系中的知识系统化，才能保证有一个站得住脚的统一的学说，否则，刑法的运用只能停留在半瓶醋的水平上，总是为偶然因素和专断所左右③。

许迺曼则从日常语言体系角度，阐释犯罪论体系架构的必要性：①只有透过体系架构，将个别的认识相互纳入一个逻辑关系之中，才可以完全明白，这种个别的认知，是否彼此在逻辑上可以互相包容或不互相矛盾；②法学领域根本不可能有一个完全没有体系的、漫无章法的思想，因为它所研究的课题，即人类的社会关系，从一开始只能透过日常语言的媒介才能够加以理解和描述，所以当我们开始发展第一个法学思想时，我们始终在使用日常语言所制造、强制出来的规则及体系化的成果；③放弃任何一个法学体系的建立，意味着解决社会冲突将停留在使用日常生活用语进行描述和分析的层次，并会随着于此所发现的多种见解和立场、争执和反省、方案和结论的多样化而改变④。

日本学者西田典之认为犯罪论体系的意义在于，通过明确犯罪的成立条件，控制裁判官以及涉及搜查、追诉活动的警官、检察官的判断，进而保证刑法得以正确适用⑤。其实，人们在控制司法权的时候，也不能放松对立法权的警惕。日本学者松宫孝明认为，“犯罪论的体系化，并非出于某一法官整理思考的目的，而是为了以新型的解释论或体系论的发展为基础对总则规定进行整备，以为制订更为单纯且更具操作性的便于使用的刑法提供资助，即是为立法者提供参考”⑥。

德国学者罗克辛全面总结了犯罪论体系的优点：①减少审查案件的难度。在一个信条学体系中，刑事可罚性的条件的分类与组合，都具有简化和完成案件审查的实践性优点。那种在体系上毫无划分，对案件涉及的法律问题不加抉择的“探察”，很容易忽略一些重要的方面而陷入错误的决定之中。②有利于平等而有区别地适用法律。除了减少审查的实

---

① 〔日〕井田良：《讲义刑法学·总论》，有斐阁，2008年，第72页。

② 许玉秀：《当代刑法思潮》，中国民主法制出版社，2005年，第53页。

③ 〔德〕李斯特：《德国刑法教科书》（修订译本），徐久生译，法律出版社，2006年，第4页。

④ 〔德〕许迺曼：《刑法体系思想导论》，许玉秀译，载许玉秀、陈志辉：《不移不惑献身法与正义——许迺曼教授刑事法论文选辑》，公益信托春风煦日学术基金，2006年，第250～254页。

⑤ 〔日〕西田典之：《日本刑法总论》（第二版），王昭武、刘明祥译，法律出版社，2013年，第50页。

⑥ 〔日〕松宫孝明：《犯罪体系论再考》，张小宁译，《中外法学》，2008年第4期，第566页。

际工作之外，这个体系还能够为法律材料安排一种与实际情况相符合的而有区别的法律秩序。反之，在一个非常松散的体系之中对具体案件作出评价性结论，将会使结果处于一种不安定、无保障的状态之中。③使法律简化并具有更好的可操作性。体系性的思考也预示着简化法律的适用，省去法官判明方向的工作。④体系化是深化法学的路标。体系化使创造性的深化法律的工作成为可能，能够帮助人们理解具体法律规范与体系化的目的论基础的内在联系。

同时，罗克辛指出体系化思考也存在着危险：①忽视具体案件中的正义性。②减少解决问题的可能性。③确定案件情况缺少刑事政策的思考，不能使刑事政策成为合法性体系的向导。④抽象概念的选择会忽视和歪曲法律材料的不同结构。当人们尝试将所有的生活形态都归结到几种主导性观点之下时，通过对抽象概念的选择，法律事实的不同结构会被忽略或被扭曲[①]。当然，罗克辛指出体系性思考的危险并不是要否定体系性构建，而是要找到一个着眼于具体问题而能够恰当解决这些问题的合理的体系。正如罗克辛所言，“体系性思考和问题性思考之间进行综合是富有成果的，并且在一定程度上是可能的”[②]。

概略而言，作为一种理论体系，犯罪论体系毫无疑问具有其自身的理论意义；同时，作为认定犯罪以及司法操作的规格或者模式，犯罪论体系当然也具有对于实践的指导作用。因此，犯罪论体系具有理论和实践两方面的重要意义和功能作用。也就是说，犯罪论体系的基本机能包括理论机能和实践机能两个方面。其理论机能主要表现为犯罪论作为一种认定犯罪成立的理论体系所独立具有的功能形态；其实践机能在于犯罪论体系作为认定犯罪的一种规格在认定犯罪过程中所体现的一种价值取向或者对于司法实践的影响。其功能具体表现为体系化的机能、认知功能、确立法律忠诚的机能、知识传承机能、保障判决公平统一的机能等[③]。

第二节　犯罪论体系的流变

一、前古典犯罪论体系

德国、日本的刑法理论不是一成不变的，而是一个不断变化的历史过程。就连德国、日本通说的三阶层犯罪论体系也是“五花八门，变动不居”的[④]，而且在三阶层犯罪论体系产生之前，德国、日本就已存在着前古典二元论的犯罪论体系和古典四阶层的犯罪论体系。

以注释古罗马法为基础而发展起来的中世纪以来的德国普通法的传统，一直到 19 世

① Roxin C. Strafrecht Allgemeiner Teil Band Ⅰ. Verlag C. H. Beck，2006，4. Aufl.，S. 211～219.

② Roxin C. Strafrecht Allgemeiner Teil Band Ⅰ. Verlag C. H. Beck，2006，4. Aufl.，S. 220.

③ 贾济东：《大陆法系犯罪论体系及其机能述评》，《理论月刊》，2005 年第 6 期，第 118～119 页。

④ 高铭暄：《对主张以三阶层犯罪成立体系取代我国通行犯罪构成理论者的回应》，载赵秉志主编：《刑法论丛》，法律出版社，2009 年第 3 卷，第 10 页。

纪中叶，都是分为“客观的归属与主观的归属”两个方向，来判定某种事实能否说是犯人的“过错”[①]。

罗马法中，犯罪是指一切受刑罚打击的非法行为。同一般的非法行为一样，犯罪要求具备两个要件：对某一权利的侵害和主观意愿（即罪过）[②]，即客观行为与主观罪过。德国学者学习罗马法，并非直接继受罗马法的原始资料，而是来自于意大利学者的注释文本[③]。

德国学者德切安诺斯（Tiberius Decianus）和特窝多里古斯（Petrus Theodoricus）分别在1590年、1618年的著作中区分了客观归责与主观归责，普芬多夫（Samuel Pufendorf）在1660年、沃尔夫（Christian Wolff）在1738年、胡梅尔（K. F. Hommel）在1784年进一步阐释了它们之间的区别[④]。

德国学者格罗尔曼（v. Grolmann）主张，犯罪的成立条件可以分为两种：客观面与主观面、事实面与意思面。他认为违法性、未遂、既遂以及正犯与从犯是犯罪的客观的构成要素；而故意、过失、责任能力为犯罪的主观的构成要素[⑤]。

比克迈尔认为，之所以处罚行为人，是因为他的所为以及他的所愿，犯罪要件分为客观的构成要件和主观的构成要件两个方面。前者包括行为、结果、因果关系，以及行为的违法性及其阻却事由；后者包括行为人的责任和责任能力[⑥]。

德国的前古典犯罪论体系很快传到了日本。大场茂马将犯罪构成要素分为客观要素、主观要素与中介要素（责任）。客观要素包括“行为存在”、“该行为是违法的”、“该行为在刑法上有作为犯罪科以处罚的规定”，主观要素包括“行为是人”、“行为者有负担责任的能力”和“该行为应该由行为人负责”，中介要素的责任则负责将这两个要素结合起来[⑦]。牧野英一在其1907年的《日本刑法通义》中主张，犯罪成立条件分为主观的条件与客观的条件。主观条件是犯人人格与行为的关系，包括责任能力、犯意（或过失）；客观条件即为结果（法益侵害）与行为的关系，包括因果关系和行为不法[⑧]。

当然，除了客观和主观二元的犯罪论体系以外，德国还存在着其他的体系。比如，费尔巴哈将犯罪成立条件划分为必要条件与择一必要条件[⑨]。其中，必要条件包括行为（外在的可认识性的行为）、违法性（缺少法律根据）、对象（受法律保护之人）；择一必要条

① 〔日〕西原春夫：《刑法·儒学与亚洲和平——西原春夫教授在华演讲集》，山东大学出版社，2008年，第103页。

② 〔意〕彼德罗·彭梵得：《罗马法教科书》，黄风译，中国政法大学出版社，2005年，第305页。

③ 〔英〕保罗·维诺格拉多夫：《中世纪欧洲的罗马法》，钟云龙译，中国政法大学出版社，2010年，第106页。

④ 赵秉志：《外国刑法原理（大陆法系）》，中国人民大学出版社，2000年，第69页。

⑤ 洪福增：《刑法理论之基础》，台北刑事法杂志社，1977年，第3页。

⑥ 〔日〕大塚仁：《刑法概说（总论）》（第三版），冯军译，中国人民大学出版社，2003年，第104页。

⑦ 马克昌：《外国刑法学总论（大陆法系）》，中国人民大学出版社，2009年，第63页。

⑧ 〔日〕牧野英一：《日本刑法通义》，陈承泽译，中国政法大学出版社，2003年，第45页。当然，后来他改变了自己的理论，认为犯罪的成立条件是行为、侵害、违法、有责。

⑨ 这是洪福增先生的总结，费尔巴哈教科书中提到的是“犯罪的必要条件”、“违反刑法的不同表现形式”两个方面。不过结合两个方面的内容来看，“违反刑法的不同表现形式”确实应该纳入犯罪要件，所以洪福增的总结可以说是合理的。参见洪福增：《刑法理论之基础》，台北刑事法杂志社，1977年，第3页；〔德〕安塞尔姆·里特尔·冯·费尔巴哈：《德国刑法教科书》（第十四版），徐久生译，中国方正出版社，2010年，第39～66页。

件包括既遂与未遂、正犯与共犯、故意和过失[①]。

二、古典犯罪论体系

一般认为，德国、日本犯罪论体系的通说是构成要件符合性、违法性、有责性三阶层体系，这种体系实际上是M. E. 迈尔首创的[②]。而德、日古典犯罪论体系是由李斯特、贝林提出的行为、构成要件符合性、违法性、有责性四阶层体系。

构成要件（Tatbestand）一词是由 Constare de delicto 和 Corpus delicti 演变而来。"Constare de delicto"（犯罪的确证）这一概念最早可以追溯到13世纪意大利的纠问程序。当时的纠问程序分为一般纠问与特别纠问。一般纠问是对行为的确认，特别纠问则是对行为人的确认。一般纠问中，对实施犯罪的事实的证明就是所谓的 Constare de delicto[③]。

后来，"Constare de delicto"一词又发展出"Corpus delicti"一词，最初是由意大利刑法学者法利那休斯（Farinacius）于1875年作为"指示已被证明的犯罪事实的东西"来使用的。

德国在15、16世纪继受意大利的诉讼程序之时，将"Corpus delicti"这一概念引入了刑事诉讼法之中；到18世纪末叶，这一概念已经在德国的刑事诉讼中扎下根来[④]。1751年《巴伐利亚刑法典》第2、3章中"犯行的发现"的拉丁文就是 Corpus Delicti，其中第1条规定，"corpus delicti 是全刑事纠问的主要基石，如果没有犯罪事实，即便有任意的坦白或认罪，也不能处以死刑"。

1796年，德国刑法学家克莱因（Klein）最早把"Corpus delicti"译成德语"Tatbestand"（构成要件），用来表明认定犯罪成立需要的客观事实情况。不过，克莱因认为需要确证的犯罪客观事实，是在审判程序中获取的，故构成要件仍然是诉讼法上的概念。日本学者泷川幸辰指出："克莱因的构成要件概念是外部的、诉讼性质的，并且是来源于反对法官自由裁量的法定证据法的。"[⑤] 直到斯求贝尔和费尔巴哈之后，构成要件（Tatbestand）才具有实体意义[⑥]。

斯求贝尔主张特殊预防理论，认为犯罪本质所要求的只是犯罪意志以什么样的形式出现，而不需要出现符合构成要件的结果。他认为构成要件是用来确认作为科处一定刑罚的全部事实的，反对将犯罪结果纳入构成要件之列。费尔巴哈则从一般预防、客观主义出发，主张犯罪结果也属于 Tatbestand（构成要件），认为"特定行为特征的整体，或者包含在特定种类的违法行为的法定概念中的事实，叫做犯罪的构成要件（der Tatbestand

---

① 〔德〕安塞尔姆·里特尔·冯·费尔巴哈：《德国刑法教科书》（第十四版），徐久生译，中国方正出版社，2010年，第39～66页。

② 〔日〕小野清一郎：《犯罪构成要件理论》，王泰译，中国人民公安大学出版社，2004年，第21页。

③ 〔日〕齐藤由纪：《犯罪事实与构成要件》，齐虹丽译，《昆明理工大学学报（社会科学版）》，2009年第3期，第50页。

④ 〔日〕西原春夫：《犯罪实行行为论》，戴波、江溯译，北京大学出版社，2006年，第27页。

⑤ 〔日〕泷川幸辰：《犯罪论序说（上）》，王泰译，载高铭瑄、赵秉志主编：《刑法论丛》，法律出版社，1999年第3卷，第184页。

⑥ 〔日〕小野清一郎：《犯罪构成要件理论》，王泰译，中国人民公安大学出版社，2004年，第3～4页。

des Verbrechens，corpus delicti）”[①]。“通常情况下属于构成要件的有：Ⅰ. 行为的特定的违法后果；Ⅱ. 违法行为的特定的主观（存在于犯罪人的内心）根据。要么是 a. 特定的意图（目的），要么是 b. 特定的意思决定的种类；Ⅲ. 属于犯罪构成要件的特定的外在行为的特征。”[②]

1805 年，施蒂贝尔在《犯罪构成要件》一文中区分了行为的不法与归责[③]。不过，当时行为概念还没有成为刑法中一个独立的探讨对象。黑格尔被认为是刑法行为概念之父，“但是意志的法，在意志的行动中仅仅以意志在它的目的中所知道的这些假定以及包含在故意中的东西为限，承认是它的行为，而应对这一行为负责。行动只有作为意志的过错才能归责于我”[④]。卢登在 1840 年提出了犯罪概念的三分法，即行为、违法性和罪责：①一种犯罪性的、由自然人的行为产生的现象；②这种行为的违法性；③这种行为的故意性或罪责性的属性。黑格尔的学生贝尔纳在 1857 年明确指出，犯罪是行为，行为的概念是犯罪理论的骨架[⑤]。

李斯特在其 1881 年的《刑法教科书》中提出，犯罪是违法、有责，且应科处刑罚的行为。他将犯罪成立条件分为行为、违法、有责。有责性只能在违法性之后探讨。贝林在 1906 年发表的《犯罪论》中，受罪刑法定主义的影响，认为只有符合刑法明确规定的构成要件的行为，才能认定为犯罪，故犯罪的概念应补上构成要件符合性。因此，贝林认为，犯罪是构成要件符合性、违法且有责，并应科处刑罚的行为。

古典犯罪论体系主张因果行为论（自然行为论）。行为是指人内心意思带动身体动作，而引起外界变动的因果历程。至于意思是故意还是过失，因果变动的社会意义，均在所不问。行为不同于事件，是有意的身体举止（有意行为）[⑥]。李斯特认为，“行为是相对于外部世界的任意举止，具体地讲：这一任意行为能够改变外部世界，不论是造成某种改变的作为，还是造成某种改变的不作为”[⑦]。

关于构成要件，贝林在早期著作中将它等同于犯罪类型，但晚期作品中，贝林对构成要件与犯罪类型的关系进行了重新定位，认为构成要件是犯罪类型的轮廓，是犯罪类型的指导形象（Leitbild）。构成要件是客观方面的问题，而犯罪类型则必须考虑主观方面的因素，如过失杀人与故意杀人共有一个构成要件，但分属不同的犯罪类型。构成要件本质上是刑法规定的要素，是对行为事件纯外在的描述，是行为类型。构成要素只接受纯描述性要素，不接受规范性要素。

---

① 〔德〕安塞尔姆·里特尔·冯·费尔巴哈：《德国刑法教科书》（第十四版），徐久生译，中国方正出版社，2010 年，第 83 页。

② 〔德〕安塞尔姆·里特尔·冯·费尔巴哈：《德国刑法教科书》（第十四版），徐久生译，中国方正出版社，2010 年，第 85～86 页。

③ Jescheck H H，Weigend T. Lehrbuch des Strafrechts Allgemeiner Teil. Drucker & Humblot，1996，5. Aufl.，S. 201.

④ 〔德〕黑格尔：《法哲学原理》，范扬、张企泰译，商务印书馆，1961 年，第 119 页。

⑤ Roxin C. Strafrecht Allgemeiner Teil Band Ⅰ. Verlag C. H. Beck，2006，4. Aufl.，S. 240.

⑥ 〔韩〕金日秀：《关于犯罪论体系的方法论考察》，郑军男译，载赵秉志主编：《刑法论丛》，法律出版社，2012 年第 2 卷，第 35 页。

⑦ 〔德〕李斯特：《德国刑法教科书》（修订译本），徐久生译，法律出版社，2006 年，第 176～177 页。

至于因果关系，古典犯罪论体系主张条件说。“即使人们不考虑行为，认为结果也可能出现，那么就缺乏条件关系，结果也不能归责于这种行为。”[①] 条件说的基本公式就是，如果没有前者就没有后者，那么前者就是后者的条件。

古典犯罪论体系主张形式违法性、客观违法性。李斯特认为，违法是指一行为在形式上与法制的要求或禁止背道而驰，破坏或危害一种法益[②]。作为不法的犯罪，就是对犯罪行为作出的客观的、法律上的否定评价。构成要件该当的行为是否违法，只需要检验法定的违法阻却事由，即正当防卫和紧急避险。

所谓责任，是指与客观行为对应的心理事实，即心理责任论。责任虽然存在于主观方面，但以客观的构成要件符合性和违法性为基础，表现为一种行为人与构成要件符合性、违法性行为之间的心理联系[③]。行为与责任同时存在。责任能力是指具备正确认识社会要求并以该认识而行为的一般能力[④]。虽然在无责任能力状态下通过作为或不作为导致不法结果的发生，但该行为是由于在有责任能力状态下实施的故意或过失行为（作为或不作为）造成的，那么就具备了责任能力，这种情形在理论上被称为原因自由行为[⑤]。故意犯罪是指行为人虽然预见到其行为的违法性，且能够期望其以合法行为代替违法行为，但他仍然实施了符合构成要件的违法行为。故意又可分为确定故意（直接故意）和未必故意（间接故意）。过失犯罪则指行为人实施违法行为而没有预见符合构成要件的结果，但根据客观情况他应当预见，并以合法行为代替非法行为。

概括说来，古典犯罪论体系主张因果行为论，认为构成要件并无价值判断，行为是否该当构成要件，仅就行为在客观上显现的现象进行判断，而无须从事主观的价值判断；违法性是指客观发生的事实与法律规范在形式上的矛盾；责任概念则是以行为人内心的意思与行为的关系而为判断，责任能力是责任要件，故意、过失是两种不同的责任方式。

受德国刑法理论的影响，日本学者牧野英一改变了原来的主张，在1922年的《日本刑法》一书中提出，“刑罚法令中列举的行为只限于具有故意或过失的责任能力者的违法行为”，根据这个定义，犯罪成立条件为：“犯罪是一种行为”；“犯罪是一种侵害行为”；“犯罪是一种违法行为”；“犯罪是有责行为”。“犯罪是一种侵害行为”，应理解为构成犯罪的事实是对法益的侵害或危害。“犯罪是一种违法行为”，由于要解决阻却违法事由的问题而提出正当防卫和紧急避险理论。“犯罪是有责行为”，这是要解决责任能力、责任条件和错误等问题[⑥]。

随着时代的发展，许多学者开始质疑古典犯罪论体系关于构成要件中立性的理解，到20世纪二三十年代，古典犯罪论体系逐渐丧失了其影响力。但近年来，理论上又出现了回归该体系的动向。例如，日本学者中山研一、浅田和茂等又重新采用古典犯罪论体系。

① 〔德〕恩施特·贝林：《构成要件理论》，王安异译，中国人民公安大学出版社，2006年，第76页。
② 〔德〕李斯特：《德国刑法教科书》（修订译本），徐久生译，法律出版社，2006年，第167页。
③ 〔德〕恩施特·贝林：《构成要件理论》，王安异译，中国人民公安大学出版社，2006年，第23～24页。
④ 〔德〕李斯特：《德国刑法教科书》（修订译本），徐久生译，法律出版社，2006年，第269页。
⑤ 〔德〕李斯特：《德国刑法教科书》（修订译本），徐久生译，法律出版社，2006年，第272页。
⑥ 〔日〕中山研一：《牧野英一的刑法理论——刑法解释论》，甘雨沛译，《国外法学》，1981年第5期，第18页。

不过，有学者认为，“犯罪论体系，应当随着社会的发展和由此引发的新课题而变迁，牧歌式的市民社会中的犯罪论体系，对于将现代危险社会中的犯罪现象体系化而言是无能为力的”①。

三、新古典犯罪论体系

新古典犯罪论体系对古典犯罪论体系进行了一次深刻的改造，但不完全与过去体系的思想相背离，而只是更多地涉及体系固有的成分的改造。新古典犯罪论基本上维持了古典犯罪论体系的基本框架，但是批判了其自然主义、实证主义的方法论，其与古典犯罪论体系最大的区别在于，新古典犯罪论取而代之以新康德主义的认识论作为刑法的方法论。

M. E. 迈尔和梅茨格尔是新古典犯罪论体系的杰出代表。正如小野清一郎所说，德国、日本现在的通说是构成要件该当性、违法性、有责性三阶层体系，这种体系实际上是M. E. 迈尔首创的②。由于这种体系，德国刑法学的影响力达到了最高点，并得到国际上的广泛承认。德国刑法学开始向意大利、西班牙、波兰、葡萄牙、希腊和拉丁美洲广为传播。

新古典的犯罪论利用新的方法论逐步对古典犯罪体系的所有要素进行改良③。

一是行为的概念。古典犯罪论中行为的概念具有自然主义特征，这导致它不能和与价值有关的刑法体系相关联。如自然的行为概念无法解释侮辱行为，因为侮辱行为并不仅是心理学和生理学现象，而涉及对当事人尊重要求的侵害，这必然要引入价值判断。刑法学者为解决自然行为论的难点提出了各种不同的方法，以改变古典犯罪论体系中自然主义色彩浓重的因果行为论。梅茨格尔又提出了“行态”（Verhalten）这一概念，认为“行态”是人的意志在外界的有效作用，试图用“行态”来取代“行为”。拉德布鲁赫则直接把构成要件作为犯罪论的出发点，因为他认为没有一个概念可以成为“作为”和“不作为”的上位概念。直至德国刑法学家 Eb. 施密特提出了社会行为概念，行为被理解为“社会现实作用方向的社会现象”。

二是构成要件领域。构成要件领域的改造是新古典犯罪论体系对古典犯罪论体系最大的改变。新古典犯罪论体系中的构成要件突破了纯粹的客观概念，提出了主观的要素，也包含需要法官评价的规范要素。例如，《德国刑法典》第 168 条规定的“侮辱性的行为”、第 211 条第 2 款规定的“其他卑劣动机”，等等。

三是违法性。刑法学者从刑法规范目的的角度，采取实质的违法性论④。这种实质的考虑方式为不法的等级划分提供了可能性，这种可能性基于不法对利益侵害的严重程度。如果实际上根本不存在利益侵害，那么，行为就不可能是违法的。所以，借助于实质违法性学说，有助于发展新的法律上没有规定的（超法规的）正当化事由。

---

① 〔日〕山中敬一：《刑法总论》（第二版），成文堂，2008 年，第 130 页。

② 〔日〕小野清一郎：《犯罪构成要件理论》，王泰译，中国人民公安大学出版社，2004 年，第 21 页。

③ 陈家林：《犯罪论体系之演变》，载赵秉志主编：《刑法论丛》，法律出版社，2009 年第 3 卷，第 100～101 页。

④ 马琳：《德日犯罪论的中国命运考量》，《政法论丛》，2012 年第 1 期，第 124 页。

对规范性构成要件和实质的违法性的理解，也改变了对构成要件与违法性的关系的认识。该变化了的观点随着承认规范的构成要件特征和对不法的实质理解而展示出来。在新古典犯罪论体系中，构成要件符合性与违法性联系密切，构成要件不再被认为是对外在事情进行的价值中性的记述，而被看做是立法者对该犯罪类型特有的行为的不法内容的特征进行概括的辅助手段。例如，M. E. 迈尔认为，前者是后者的认识根据，是“烟与火的关系”；梅茨格尔认为，构成要件是违法性的实在根据，是违法行为的类型。

四是有责性。新古典犯罪论体系已经认识到免责的紧急避险中的客观情况能够阻却责任，从而提出了规范责任论。“在紧急避险情况下，尽管行为人具备责任能力和故意，责任非难可予以否定，因为在当时以其他方法不可能避免生命危险的情况下，法秩序并不要求英雄行为。”[①]

虽然新古典犯罪论体系对行为、构成要件、违法性和罪责的内容均进行了改造，但就其原始的形式而言，在现今的德国仅得到少数人的支持，而在其他国家还为一部分刑法学者所主张。新古典犯罪论体系在理论上仍然不完善，尚需要进一步的改造。“该体系的缺点在于对刑法的基本价值在政治上强调中立性，这对即将来临的科学水准与专制国家的意识形态上的意见分歧和工业化时期的社会矛盾产生影响，加快了解释论与刑事政策的分裂。理论上的不同意见变少了。此等不同意见主要涉及不同的矛盾和漏洞，继续改正这些矛盾则是必要的。因此，行为概念变成了无意义的公式，且需要一个新的概念，以便能够重新获得作为体系基本概念的地位。”[②] 对新古典的犯罪论进行改造和重构的是由韦尔策尔所倡导的目的主义的犯罪论。

四、目的行为论犯罪论体系

目的行为论犯罪论体系在新古典犯罪论体系基础之上对犯罪概念的构成作出了必要的修改。与新古典犯罪论体系相比，目的论犯罪论体系在方法论上体现为“一元论”与“二元论”的对立[③]。目的行为论犯罪论体系的杰出代表韦尔策尔，在 20 世纪 30 年代初抛弃过去的抽象的思维方式和价值相对主义，重新构建犯罪论。韦尔策尔的体系尝试以人类行为的现实存在和社会存在的现实性为基础，以先于法律形式而存在的“事实逻辑构造”、“事物的本性”为基础。其理论体系称为目的主义的犯罪论体系。除韦尔策尔外，目的行为论的先驱者还有冯·韦伯（v. Weber）、E. 沃尔夫（E. Wolf）和格拉夫·Z. 多纳（Graf Zu Dohna）等。

目的主义的方法论以现象学和存在主义哲学为理论基础，“这种哲学理论试图明确指出自然人存在的结构性原理，并且试图创设研究人的学术基础”[④]。目的主义犯罪论认为，人的行为属于与自然界的因果现象完全不同的范畴，它是“目的活动的履行”，借助于自

① Jescheck H H，Weigend T. Lehrbuch des Strafrechts Allgemeiner Teil. Drucker & Humblot，1996，5. Aufl.，S. 207.

② Jescheck H H，Weigend T. Lehrbuch des Strafrechts Allgemeiner Teil. Drucker & Humblot，1996，5. Aufl.，S. 208.

③ 杨志国：《德国犯罪论体系演变的现代西方哲学思潮背景》，《政治与法律》，2010 年第 7 期，第 121 页。

④ Roxin C. Strafrecht Allgemeiner Teil Band I. Verlag C. H. Beck，2006，4. Aufl.，S. 204.

己对因果关系的认识，人可以将事件控制在一定的范围之内，将其行为有计划地引导至目标的实现上[①]。因此，人们致力于探讨每一个法形态所规定的“事实结构”，并将刑法建立在“事物本质”之上。

韦尔策尔认为，行为的本质要素在于其目的性（意思的内容）。符合构成要件的行为的目的性就是故意，故意以及其他的主观性不法要素是构成要件的内容，因为构成要件的任务是用所有对可罚性而言重要的不法要素来表述行为[②]。在目的主义的犯罪论中，构成要件包含了故意，这就导致犯罪论体系发生根本性的结构变化，它使故意、过失成为构成要件要素，而不是责任要素；不法不是单纯由结果无价值决定，而是由结果无价值与行为无价值共同决定[③]。

具体而言，目的论体系在犯罪论以下几个方面发生了根本的构成变化。

（1）违法性的认识从故意概念中分离出来。构成要件中的故意是对具体事实的认识，是纯意志的实现。而违法性认识则是责任概念的核心要素，因为就行为人的意志对其进行谴责的前提是，行为人认识到其行为具有违法性，但仍作出实施行为的决定。

（2）基于违法性认识与故意相分离，区分构成要件的错误与禁止错误，构成要件的错误可以排除故意，禁止的错误不能排除故意，但是在不可避免的情况下可以排除责任。

（3）违法性概念的变化。由于故意被认为是违法性的主观化，这导致了对违法性概念界定的变化。违法性进一步融入主观化因素，产生了“人格的不法要素”（personalen Unrechtselement）这一概念，目的主义的犯罪论对“不法”的理解，不仅表现在社会侵害性后果的“结果无价值”上，而且进一步提出了“行为无价值”的概念，认为所谓“不法”是人的“社会上显著的有缺陷的所为”。据此，从目的主义的犯罪论开始，对违法性的本质的探讨，从法益侵害的结果无价值，转向人的违法行为无价值。

（4）关于过失的本质，韦尔策尔认为，过失作为对交往上所必需的注意义务的侵害是不法的内容，作为侵害注意义务上所存在的人的非难可能性是责任要素。这样，故意行为和过失行为的原则区别，不仅表现在责任形式上，而且已经表现在不法构成要件之中。

（5）关于不作为，阿明·考夫曼（Armin Kaufmann）创建的不作为犯罪理论完善了目的主义的犯罪概念，他认为，不作为不为目的行为概念所包括，不作为犯是一种特殊表现形式的犯罪，是故意的作为犯和过失的作为犯之外的犯罪的第三种表现形式，区别于前两种犯罪，不作为犯具有以保证人地位为核心的独自的要素和构成[④]。

目的主义的犯罪论影响了德国的判例和立法，对德国刑法理论的发展亦具有重大的里程碑式的意义。例如，《德国刑法典》第 16 条和第 17 条关于构成要件的错误与禁止的错误的区别规定，第 26 条和第 27 条关于狭义的共犯（教唆犯和帮助犯）的成立需要存在正犯的故意实行行为的规定（因为韦尔策尔认为没有故意就不存在实行行为的构成要件）

---

① Jescheck H H，Weigend T. Lehrbuch des Strafrechts Allgemeiner Teil. Drucker & Humblot，1996，5. Aufl.，S. 211.

② 赵秉志：《外国刑法原理（大陆法系）》，中国人民大学出版社，2000 年，第 74 页。

③ 〔日〕浅田和茂：《刑法总论》（补正版），成文堂，2007 年，第 33 页。

④ Wessels，Beulke. Strafrecht Allgemeiner Teil：Die Straftat und ihr Aufbau. C. F. Müller，2010，40. Aufl.，S. 34～36.

等，都是以目的主义的犯罪论为根据的。由于目的行为论的衰落，目的行为论犯罪论体系的影响力不及以往；但仍有不少学者，如希尔斯（Hirsch）、福田平、井田良等采用这种体系。

五、现代新古典犯罪论体系

现代新古典犯罪论体系结合了新古典犯罪论体系与目的行为论犯罪论体系。主张现代新古典论的学者大多采用社会行为论，也有个别学者采用因果行为论、消极行为论等行为理论，但是几乎所有现代新古典学者均不采纳目的行为论；关于构成要件，现代新古典犯罪论体系肯定构成要件的故意，承认故意及主观的违法要素对违法性有加重机能；关于违法性，现代新古典犯罪论体系支持行为无价值；关于有责性，故意的一部分留在了责任领域，而没有采用故意都属于构成要件的观点；违法性认识的可能性也属于责任[①]。新古典犯罪论体系对不法和责任的实质理解被现代新古典犯罪论体系继承和发展，不法是对构成行为的无价值评价，相反，罪责是对行为人的无价值评价[②]。

现代新古典犯罪论体系被认为是一种实质上的行为无价值与结果无价值并存的二元论体系，德国、日本许多学者都支持该体系。但是，也有学者认为，“这种体系是以刑法的行为规范的侧面为犯罪论构筑的出发点，因此理论上作为行为无价值的犯罪体系能够一以贯之，但如果仔细考虑结果无价值的话，它仅仅起到处罚条件的作用。承认并存的通说，是在理论与刑事政策的妥当性的狭隘空间内保持危险的平衡”[①]。这一体系是目前德国的通说[③]。

六、目的理性犯罪论体系

目的理性犯罪论体系，又称机能主义的犯罪论体系。自 20 世纪 70 年代，德国刑法学家罗克辛、雅科布斯等从刑法目的设定的角度出发建构犯罪论，他们的理论体系即为目的理性（zweckrationale）犯罪论。这种体系也得到了日本一些学者的支持，如松宫孝明等。

目的理性的犯罪论体系与它之前的犯罪论体系相比，有两个重要的方法论指导：其一是体系构造方向以新康德学派的规范论和新黑格尔学派的归责思想作为基础；其二是该体系构造的设计同时符合了应罚性和需罚性的要求，这就突破了区分应罚性和需罚性的传统观点。目的理性的犯罪论体系最显著的特征便是，将刑法的体系与道德伦理相区分，以一般预防论的刑事政策作为体系的核心，从而建构出兼具合理性与经验科学性的体系。

目的理性的犯罪论体系在内容上有以下几个著名的创新。

第一，罗克辛提出客观归责理论（Lehre von der objektiven Zurechnung）。在古典的犯罪论中，构成要件的内容是客观的；在新古典的犯罪论中，主观性要素被纳入到构成要件之中；在目的主义的犯罪论中，故意也是构成要件的内容。在这些理论中，对结果犯的

---

① 〔日〕山中敬一：《刑法总论》（第二版），成文堂，2008 年，第 131 页。

② Roxin C. Strafrecht Allgemeiner Teil Band Ⅰ. Verlag C. H. Beck，2006，4. Aufl.，S. 208.

③ 林东茂：《刑法纵览》，中国人民大学出版社，2009 年，第 43 页。

处罚来说，重要的是因果关系的有无。客观归责理论则认为，在行为引起了构成要件中规定的结果的情况下，对针对行为进行归责而言，重要的不是因果关系，而是行为实现了处于规范的保护目的之内的不被允许的危险①。

第二，雅科布斯确立以积极的一般预防为内容的责任理论。雅科布斯不再将罪责理解为独立的、以行为人可为其他行为为基础的标准，而是仅理解为社会的刑罚需要功能②。同时，他扩大了责任的范围，将责任的内涵从非难可能性，延伸到预防的必要性。责任主要不是由实施其他行为的可能性所确定的，而是由维持对规范的信赖的必要性所确定的。责任理论因此就在规范有效性的意义上与刑罚目的理论融为一体③。

目的理性犯罪论体系对于过失犯、不作为犯和共犯也都有新的认识。"可以说，现代的源自于目的主义的体系具有较高的说服力。这种体系被来自外界的体系思想彻底改变的危险要小于其因与实务接触较少而自我毁灭的危险。"④ 但也有学者批评说，它在追求问题解决的同时，使传统的概念发生混乱，使体系丧失整合性，结果导致在体系上发生了明确性丧失和不适合逻辑思考的情况。例如，在相当因果关系的概念中加入新的要素，尽管是完全不同性质的仍认为它属于相当因果关系，这会招致混乱。又如，认为在正犯行为终了后，还存在实行着手，因而正犯的实行行为可以存在于正犯行为终了之后⑤。

除了上面介绍的体系，理论上也还存在各种其他的新体系，如沃尔特（Wolter）的实质的犯罪阶层体系、施密特霍伊泽尔（Schmidhäuser）的目的论体系、毛拉赫的行为责任阶层体系，等等。

第三节　犯罪论体系演进之方法论

犯罪论体系的发展，绝不是一个单纯的刑法内部讨论的结果，作为一种对犯罪事实的评价体系，它属于科学性知识体系的一种，同一般科学性知识系统形成一样，有着哲学和思想史的发展背景。

一、自然科学实证主义

所谓自然科学的自然主义，是认为自然界有一个因果定则决定事物的生灭，一切的存在现象都可以用物理性的检验加以验证，因此又被称为实证主义（Positivismus）。自然科学实证主义和刑法上的罪刑法定主义互相契合。罗克辛认为，这种自然主义，将思想性的学术工作置于自然科学的精确性理想下。刑法体系要被引导到可以计量的、从经验上可以证明的现实的构成部分上去。这种标准，要么只能是客观的外部世界的要素，要么只能是

---

① Vgl. Roxin C. Strafrecht Allgemeiner Teil Band I. Verlag C. H. Beck，2006，4. Aufl.，S. 371～373.

② Jescheck H H，Weigend T. Lehrbuch des Strafrechts Allgemeiner Teil. Drucker & Humblot，1996，5. Aufl.，S. 215～216.

③ 赵秉志：《外国刑法原理（大陆法系）》，中国人民大学出版社，2000 年，第 76 页。

④ Jescheck H H，Weigend T. Lehrbuch des Strafrechts Allgemeiner Teil. Drucker & Humblot，1996，5. Aufl.，S. 217.

⑤ 〔日〕山中敬一：《刑法总论》（第二版），成文堂，2008 年，第 132 页。

主观的内在心理上的过程[①]。

自然科学实证主义者认为，行为本身是一种因果的、机械性的现象。李斯特将行为定义为意志所造成的外界变动[②]，是依机械规律而发生的。犯罪和刑罚之间的因果关系产生于一切自然现象的因果决定性[③]。贝林认为结果、因果关系、行为客体等构成要件要素都是对引起外界变动这个行为的客观描述，所描述的只是外界变动这个现象，因此有人被杀死了，不管杀人的是一个人或一头牛，都成立杀人，如果牛杀人不构成犯罪，不是因为构成要件不合致，而是因为没有行为[④]。换句话说，外界的变动现象符合刑法分则的构成要件，就具备了构成要件符合性。

二、新康德主义价值哲学

价值哲学由西南德意志学派中的文德尔班（Windelband）和李凯尔特（Rickert）首倡，这种哲学所探讨的是各种文化领域中的价值结构。这个哲学试图建立一个绕过自然主义的专属社会科学的基础。价值哲学认为，现实应当与作为各个学科基础的确定的最高价值相联系，应当通过这个价值来形成和划清界限，并且应当在这个价值的视角下进行体系化[①]。

不少德国刑法学者在20世纪初都非常重视价值哲学。例如，拉德布鲁赫、M. E. 迈尔、梅茨格尔等认为，有两个世界，一是现实世界，一是非现实的价值世界，犯罪阶层体系相对于犯罪事实，自然是非现实的价值世界，刑法也就不是被用在一个无义的、物质的、心理的世界，而是被用在有意义的、有价值差异的世界[⑤]。因此，构成要件要素注定不会是客观中性的；而违法性的本质，必须从法秩序以外的地方着手，也就是要回到产生法律的地方去找，那就是刑法所赖以建立的文化价值观[⑥]。因此，所谓违法性就是行为违反国家所承认的文化规范[⑦]。此外，弗兰克（Frank）应用综合的方法和分析的方法提出了规范罪责概念，认为可责难性是罪责的同义字，是综合各种罪责要素的合成概念，但弗兰克认为可责难性在指向它所想表征的对象时含有评价，但其本身并不含有价值[⑧]。

继而，从这个立场出发“就可以前后一致地从社会危害性和应受谴责性的评价标准出发，说明不法和罪责迄今为止是如何以一种实践上有意义的方式，在大多数的体系性建议中得以实现的”[⑨]。

三、现象学与目的主义

在一般哲学领域，新康德主义哲学的影响因纳粹当权而没落，在20世纪20年代末期

---

① Roxin C. Strafrecht Allgemeiner Teil Band Ⅰ. Verlag C. H. Beck，2006，4. Aufl.，S. 203.

② 〔德〕李斯特：《德国刑法教科书》（修订译本），徐久生译，法律出版社，2006年，第176～177页。

③ Welzel H. Naturalismus und Wertphilosophie im Strafrecht. Deutsches Druck-und Verlags-Haus，1935，S. 22.

④ Beling. Die Lehre vom Verbrechen. Scientia，1906，2. Aufl，S. 28，145.

⑤ 许玉秀：《当代刑法思潮》，中国民主法制出版社，2005年，第132页。

⑥ Mayer M E. Der Allgemeine Teil Des Deutschen Strafrechts. C. Winter，1915，S. 177，179，181.

⑦ Mayer M E. Der Allgemeine Teil Des Deutschen Strafrechts. C. Winter，1915，S. 180.

⑧ 许玉秀：《当代刑法思潮》，中国民主法制出版社，2005年，第129～133页。

⑨ Roxin C. Strafrecht Allgemeiner Teil Band Ⅰ. Verlag C. H. Beck，2006，4. Aufl.，S. 203～204.

被现象学取代。现象学的口号是“回到事物本身”，且“事物本身”不再是传统哲学所描述的、隐藏在现象背后的本体或本质，而就是所显现的“现象”。韦尔策尔认为，所有的秩序和意义原本就存在于客观现实之中，换言之，价值原本隐藏于存在之中。在概念形成之前，存在一个具有意义内涵的真实世界，这个世界不是透过方法论上的概念塑造才产生的。相反，概念只是对已成形的现实加以描述而已①。

韦尔策尔的目的主义是通过其目的行为概念建立起来的。他认为，行为的目的性是刑法的基本理论构造，由于刑法的目的是法益保护，因此应当以行为的目的构造为犯罪论的基础，有目的地引起或者规避结果的活动以及人的能力就成为刑法的基础②。因此，这样“一个享有优先权的人类学的基本概念，例如人的行为这样的基本概念，应当挪到一般犯罪理论的中心位置上来”，并且，“应当根据行为的存在特征，建立一个对立法者来说已经预先规定了的物本逻辑结构（sachlogischen Strukturen）的体系”③。

目的主义对“目的”的强调使本体的事实成为了价值的存在体，韦尔策尔据此建立了目的行为论的犯罪论体系，并“在德国获得大胜利”，“成为德国重要的心智出口产品，影响了许多国家的刑法学思考”④。

四、目的理性主义

罗克辛继承和整合了新康德和新黑格尔思想，提出了目的理性主义，这种哲学对新康德主义模糊的文化价值概念进行了改造，以刑事政策上所倡言的刑罚目的理论取代所谓的文化价值观。

罗克辛利用新康德学派所谓非现实价值世界的说法，从刑罚目的价值观入手构建新的体系。在对客观归责理论以及故意的认识上，罗克辛继承了黑格尔思想，回归到黑格尔学派“将结果当做行为人的作品而归责给行为人”的归责思想⑤，并且认为行为并不是纯粹的因果流程，只有透过故意才能赋予事实一个有界限的轮廓⑤，也就是说，只有通过故意的判断，才能确定犯罪事实的范围、确定用来归责行为人的归责事实和范围。他将客观可归责性定义为“构成要件效力范围内实现不被容许的风险”⑥，体现了刑事政策预防的特点，也属对新康德思想的运用。

综合罗克辛的论著，其基本思路是：以刑事政策目的为导向来判断行为是否成立犯罪，是否应受处罚，所谓的犯罪论体系也应当是指向这一目标的、合理的认识体系。

第四节　犯罪论体系的类型

在犯罪论体系如何构成的问题上，不同历史时期的理论对当代的学者均产生了积极的

① 许玉秀：《当代刑法思潮》，中国民主法制出版社，2005年，第134～136页。

② 童德华：《哲学思潮与犯罪构成——以德国犯罪论的谱系为视角》，《环球法律评论》，2007年第3期，第24页。

③ Roxin C. Strafrecht Allgemeiner Teil Band Ⅰ. Verlag C. H. Beck，2006，4. Aufl.，S. 204.

④ 林东茂：《一个知识论上的刑法学思考》（增订三版），中国人民大学出版社，2009年，第25页。

⑤ 许玉秀：《当代刑法思潮》，中国民主法制出版社，2005年，第143页。

⑥ Roxin C. Strafrecht Allgemeiner Teil Band Ⅰ. Verlag C. H. Beck，2006，4. Aufl.，S. 372.

意义，形成了现今不同的犯罪论体系类型。区别各种类型最主要的标准是对犯罪构成要素的整合和排序。纵观各国刑法理论中的犯罪论体系，大体上可以分为两类，即平面的犯罪论体系和阶层的犯罪论体系。

一、平面的犯罪论体系

（一）二元的犯罪论体系

(1) 客观的要素与主观的要素区分说。对犯罪区分为客观要素和主观要素的体系，为以前的德国所接受，并对日本刑法学也产生了很大的影响。德国学者格罗尔曼主张，犯罪的成立条件可以分为两种，即客观面与主观面、事实面与意思面。比克迈尔将犯罪要件分为“客观的构成要件”与“主观的构成要件”。H. 迈尔将犯罪要素分为“客观的违法”与“主观的归责可能性”。日本的大场茂马将犯罪的要素分为“客观的要素”、“主观的要素”与“中介要素（责任）”。该体系认为，客观要素包括“行为存在”、“该行为是违法的”、“该行为在刑法上有作为犯罪科以处罚的规定”；主观要素包括“行为是人”、“行为者有负担责任的能力”和“该行为应该由行为人负责”；作为中介要素的责任则负责将这两个要素结合起来。近来，前田雅英对二元说进行了改造，加上了违法性阻却事由和责任阻却事由，采取了客观的构成要件、主观的构成要件、违法性阻却事由、责任阻却事由的体系①。

(2) 行为与行为人的二元说。该体系将构成犯罪的要素区分为行为和行为人二元。法国是世界上较早采取“行为—行为人”二元犯罪论体系的国家之一。犯罪行为要件主要包括犯罪事实要件与犯罪心理要件。构成犯罪的事实要件是行为，包括作为与不作为。即使行为未实行终了或者没有产生危害结果，也不影响事实要件的成立②。心理要件是行为人与行为的联系，包括故意、过失等。行为人要件是指应负刑事责任的主体要件和应负刑事责任的原因。责任要件的判断既要考察正当防卫等不负刑事责任的客观原因，也要考察精神紊乱等不负刑事责任的主观原因。

行为与行为人的二元说在德国有一定的支持者。例如，坎托罗维奇（Hermann kantorouicz）就将可罚的行为（Straftat）定义为“有责地实施的符合构成要件的不法行为”，把它分为“客观的行为面”与“主观的行为人面”，并将其体系化，在行为面论述“行为”、“构成要件符合性”、“缺乏违法阻却事由”；在行为人面论述“行为人”、“责任”、“缺乏一身性处罚阻却事由”。德国刑法学家拉德布鲁赫从行为人的刑事政策的角度出发，将成立犯罪的条件分为“犯罪”与“犯罪人”，认为前者涉及“构成要件符合性”与“违法性”；后者主要涉及对犯罪人的“归责可能性”与“归责能力”③。

（二）四元的犯罪论体系

苏联及东欧社会主义诸国普遍采用的是四元的犯罪论体系，将犯罪的构成要素分为

---

① 〔日〕前田雅英：《刑法总论讲义》（第五版），东京大学出版会，2011 年，第 32 页。

② 〔法〕卡斯东·斯特法尼等：《法国刑法总论精义》，罗结珍译，中国政法大学出版社，1998 年，第 214 页。

③ 〔日〕川端博：《刑法总论讲义》（第二版），成文堂，2004 年，第 87 页。

“犯罪客体”、“犯罪客观方面”、“犯罪主体”和“犯罪主观方面”。苏联学者特拉伊宁在1958年出版的《犯罪构成的一般学说》一书中，首次系统论述了著名的四要件理论，该理论产生了强烈的反响，此后，这一犯罪构成要件理论正式成为苏联的通说。

随后，该体系传至日本，也得到部分学者的认同。例如，日本学者夏目文雄、上野达彦采在其合著的《犯罪概说》（1992年版）中亦采取这种犯罪论体系，只是对犯罪构成要件的顺序稍作改变，将“犯罪的主体”置于“犯罪的客体”之后。他们认为：“近年来刑法学展开了基于极为缜密的规范论理学的理论。但是，其过于形式主义的方向也使得刑法学的整体变得难以看透。现在，在讲解刑法学的时候，我们痛感到有必要鸟瞰其全体。采纳像本书这样的犯罪论构成的教科书未必很多，但今后如果或多或少能够成为针对规范主义刑法学的反省的话，就很荣幸了。”①

二、阶层的犯罪论体系

以德国、日本为代表的大陆法系刑法理论一般将犯罪构成的要素逐一按序评价，形成一种位阶结构，这种体系一般被称为阶层的犯罪论体系。主张阶层的犯罪论体系的学者认为，“作为根据一般的共同的要件（一般构成要件）而构成的（一般的）犯罪（作为一般的类型的犯罪），是一种该当构成要件的、违法、有责的行为”②。

但是，在阶层的犯罪论体系之中，对于某种犯罪构成要素的有无，这些构成要素的排列顺序，以及在是否成立犯罪的场合如何辨明等问题，学者之间存在诸多的争议和鲜明的对立。本书着重介绍以下几种理论。

（一）三元说

1. 构成要件符合性、违法性及有责性三阶层犯罪论体系

该学说的首位倡导者是德国学者M. E. 迈尔，他认为构成犯罪的要素包括构成要件符合性、违法性及有责性，并且应当按照其顺序予以考察。该体系对日后德日刑法犯罪论的发展有决定性的影响，同时也是目前的通说。德国的雅科布斯等学者，日本的小野清一郎、木村龟二、团藤重光、大塚仁、福田平、山口厚、内田文昭等学者都采取此说。

该体系的主要特点是认为行为不是一个独立的犯罪要素单元，而是将其作为构成要件的成分之一。构成要件的核心是行为，把行为当成法律的构成要件的评价之前的东西来考虑的，就是“纯粹”行为论（即赤裸行为论，也称裸的行为论）。刑法上的行为，归根到底是合乎构成要件的行为，也是违法并且有道义责任的行为③。把行为独立地放在构成要件符合性之前说明，是不符合思维逻辑的，也是没有任何意义的。

2. 行为、不法、责任三要素体系

该体系认为构成犯罪的三个要素分别为行为、不法及责任，并且应当依其顺序考察。德国学者梅茨格尔首创该体系，Eb. 施密特和意大利学者贝梯厄勒、巴特格尼里、马基娃雷，日本学者植田重正、青柳文雄、中义胜、齐藤金作、西原春夫、野村稔等也支持该体

① 〔日〕夏目文雄、上野达彦：《刑法学概说（总论）》，敬文堂，2004年，前言。

② 〔日〕野村稔：《刑法总论》，全理其、何力译，法律出版社，2001年，第84页。

③ 〔日〕小野清一郎：《犯罪构成要件理论》，王泰译，中国人民公安大学出版社，2004年，第80页。

系。例如，野村稔的《刑法总论》（1998年补订版）一书采取的即为该体系。

此体系的主要特点如下：一是认为行为在犯罪构成要素中具有独立的地位；二是将构成要件符合性与违法性包含于不法之中①。

（二）四元说

四元说即行为、构成要件符合性、违法性及责任四阶层体系说。德国学者贝林，日本学者山中敬一、泷川幸辰、中山研一等支持这种犯罪论体系。成立犯罪具有构成要件符合性、违法性、有责性是必要的，但是上述三个要素是对行为的限定，所以行为是先于构成要件符合性、违法性、有责性的犯罪成立的首要要素。

该体系最显著的特点在于赋予行为以独立的地位，认为行为应当在构成要件符合性之前说明，因为没有行为就没有犯罪，行为是成立犯罪的第一要件，符合构成要件性、违法性、有责性都是针对行为的评价。

（三）五元说

五元说即行为、构成要件符合性、违法性、有责性和其他刑事可罚条件。该说为德国学者罗克辛所倡导。罗克辛认为："在现代刑法信条学中，人们基本上都同意：各种应受刑事惩罚的举止行为，都表现为一种符合构成要件的、违法的、有责的，并且可能需要满足其他刑事可罚性条件的行为。"②

该体系的主要特征在于，它不仅赋予行为以独立的地位，且在行为之后再依次考察构成要件符合性、违法性和有责性，在此之后还应考虑其他刑事可罚条件，即该体系对犯罪的认定赋予了更多的要素。

第五节 本书的立场

一、平面的犯罪论体系检讨

犯罪论体系是如此的错综复杂，甚至是针锋相对，那么，究竟哪种体系是妥当的，应该予以采纳呢？对此，本书认为应该从犯罪论体系的结构入手考虑。

日本学者大塚仁指出："主观的违法要素，虽然是主观的要素，但是，应该像客观的违法性要素一样被作为违法性判断的对象，同时，像客观的责任要素，尽管是客观的事实，但是，是与其他的主观要素一样，应在决定可否对行为人进行责任非难时加以考虑。区分犯罪的客观要素和主观要素的体系，有忽视客观的要素和主观的要素各自内在的差异之嫌，而且，这样仅仅平板地对待犯罪的要素，既难以判定犯罪的成立与否，又难以具体地论及所成立的犯罪的轻重。"③

此外，他还认为将行为人和行为列为相等地位的二元说体系与行为主义刑法理论不相

① 〔日〕川端博：《刑法总论讲义》，成文堂，1995年，第90页。

② Roxin C. Strafrecht Allgemeiner Teil Band Ⅰ. Verlag C. H. Beck，2006，4. Aufl.，S. 195～196.

③ 〔日〕大塚仁：《刑法概说（总论）》（第三版），冯军译，中国人民大学出版社，2003年，第107页。

兼容，“行为人处在行为的背后，是第二层次的问题。即使构成要件上表示着一定的行为人类型，它也只不过是构成要件的要素，对符合构成要件的行为人的具体评价，结局不外乎是违法性及责任的问题”。“坎托罗维奇（Kanlorowicz）和拉德布鲁赫所意图的行为人性，主要与责任一面相关，米特迈尔（Millermaier）提出的行为人意味着违法性和归责的前提。因此，在犯罪概念的基底中补充地承认行为人的意义时，就没有必要对以行为概念为基干的犯罪论体系再加修正。”①

德国、日本的通说认为，阶层的犯罪论体系更符合对犯罪的认定过程，具有优越性。

正如西原春夫所言，“的确，犯罪论是明确‘什么是犯罪’的理论，因此，如果认为犯罪论的任务仅在于此的话，争论就会仅仅涉及对整理、说明犯罪的成立要件而言哪种见解更容易理解的问题。区分犯罪的主观性要件和客观性要件来加以说明……的见解，作为一个重要理论，也是可以成立的。但是，如果我们回过头来思考为什么必须存在犯罪论的话，就会知道，它的意义在于为决定是否科处刑罚这一重大的利益侵害提供尺度。这样的话，在犯罪论的任务的背后所存在的东西，不就是为了明确为何可以对这样的行为科处刑罚、为何必须科处刑罚这种非常深刻的理由吗？也就是说，犯罪论的任务不仅仅是明确犯罪的成立要件，不是也包括阐明为什么必须对这种人类的行为科处刑罚的理由吗？通过严密地探索这一理由，不是可以严格地限定国家刑罚权的行使吗？这样考虑的话，我认为将犯罪视为违法有责的行为的德国及日本的犯罪论体系在这方面具有长处”②。

日本学者长井圆进一步指出，“在犯罪的实质性意义和处罚根据中，就算不使用‘行为’、‘不法’、‘责任’、‘可罚性’这些词语，各个国家的犯罪论体系也都进行着几乎同一的对于犯罪的分析和考量。但是，据克劳斯·罗克辛（C. Roxin）分析，他认为通过将法素材体系化，能够洞察个别的法律规范之间的内在关联性，展示出法规范的目的论基准，并使得法律的发展成为可能。简言之，并非仅是单纯的客观要件和主观要件的区别和结合，而是要通过区分行为的不法和责任，来划清作为犯——不作为犯、故意犯——过失犯、正犯——共犯的成立界限，区分其可罚性本质上的区别。但是如果仅仅是区分客观要件和主观要件的话，或者再对主体和客体进行区分的话，或者将其与作为其媒介的行为——因果关系相结合，只要没有将不法和责任进行明确区分，就根本不可能产生上述界分犯罪本质性差异的体系机能”③。

二、阶层的犯罪论体系检讨

在阶层的犯罪论体系之中，存在着三元说体系、四元说体系与五元说体系之争。尽管德国、日本刑法学的通说为构成要件符合性、违法性和有责性的体系，但是，行为、不法和责任三元说体系，行为、构成要件符合性、违法性和有责性四元说体系，以及行为、构成要件符合性、违法性、有责性和其他刑事可罚条件五元说体系，也都获得不少学者的支持。

规范的构成要件要素和主观的构成要件要素的发现，使得贝林的四阶层的犯罪论体系

① 〔日〕大塚仁：《刑法概说（总论）》（第三版），冯军译，中国人民大学出版社，2003年，第108页。

② 〔日〕西原春夫：《构成要件的概念与构成要件的理论》，陈家林译，《法律科学》，2007年第5期，第67页。

③ 〔日〕长井圆：《德日两大犯罪论体系比较研究》，牛犇译，《国家检察官学院学报》，2009年第1期，第30页。

发生了根本性的改变，是否应该维持行为、构成要件该当性、违法性、有责性的四要件，成为一个令人质疑的问题。日本学者西原春夫认为，构成要件的内容变得过于丰富，承载了过多的价值，反而淹没在价值之中，构成要件的概念只不过成了德国和日本刑法学者的“悲哀的玩具”，他无法赞成将构成要件该当性与违法性相分离的见解，主张采用齐藤金作教授提出的行为—违法—责任的三阶层体系[①]。但是，行为、不法、责任三阶层体系，使构成要素包含于所谓不法之内，不承认作为独立的犯罪要素的意义这一点，忽视了构成要件符合性的判断与违法性的判断的质的差异，同时切断了构成要件与责任的关系，必须被批判[②]。不能将构成要件该当性与违法性混为一谈，拍死一只蚊子（缺少构成要件符合性）与正当防卫杀人（符合构成要件但阻却违法性）不应该相提并论[③]。同时，为了避免出现将刑罚法规中没有预定的行为作为犯罪进行处罚的危险，另外，也为了防止将判断者的肆意性介入其中，所以，构成要件符合性的判断，必须是形式的、类型的判断[④]。因此，行为、不法、责任三要素体系不承认构成要件的独立存在意义是不妥当的。

在三元说与四元说的争论中，最大的争论的焦点是，应否把行为作为犯罪成立要件的第一要件，置于犯罪论的开头，裸的行为论（在构成要件符合性之前论述行为）是否是妥当的学说。虽然有学者认为，“作为犯罪的构成要素，不应该把单纯的行为本身而应该以符合构成要件的行为作为问题对待。在犯罪论的基底上所思考的行为，如上所述，毕竟只不过是刑法判断的对象，不能成为关于犯罪成否的刑法判断的标准”[②]。但是，也有很多学者重视作为犯罪论的存在基础的行为，主张在构成要件该当性之前单独讨论行为[⑤]。换句话说，四阶层理论是在三阶层检验前，先对行为是否为刑法意义上的行为，加以论证。行为概念是否有存在的必要，取决于它对犯罪的认定是否有所帮助。德国学者迈霍弗提出了行为概念的三种机能：①作为基本要素的机能，是指行为作为被修饰语，具有为了定义犯罪而将构成要件符合性、违法性、有责性等体现犯罪属性的修饰语连接起来的机能；②作为结合要素的机能，是指行为具有将作为犯罪属性的其他犯罪要素结合在一起，以确保犯罪论体系的一贯性的机能；③作为界限要素的机能，即对于刑法上完全不重要的举动、自然现象、社会现象以及纯粹的人的思想等不纳入行为的范畴，一开始就将其置于刑法考察的范围外[⑥]。除此之外，日本学者曾根威彦认为还存在第四种机能——作为统一要素的机能，即在犯罪都是行为（行为以外没有犯罪）的意义上，行为具有将所有的犯罪形态统一在行为之内的机能[⑦]。而且，行为的机能不仅仅作用于刑法的适用之际，在立法的时候也发挥出来。行为反映人的外部的态度（运动、静止），如果立法者将思想本身作为犯罪处罚，而在刑事立法中作出规定，这是不能被容许的。所以，行为应当作为犯罪论体系的第一要件。

---

① 〔日〕西原春夫：《犯罪实行行为论》，戴波、江溯译，北京大学出版社，2006年，第25、52页。

② 〔日〕大塚仁：《刑法概说（总论）》（第三版），冯军译，中国人民大学出版社，2003年，第108页。

③ 林钰雄：《新刑法总则》，中国人民大学出版社，2009年，第104页。

④ 〔日〕大谷实：《刑法讲义总论》（新版第二版），黎宏译，中国人民大学出版社，2008年，第87页。

⑤ 林山田：《刑法通论》（上册）（增订十版），元照出版有限公司，2008年，第198页。

⑥ 〔日〕大塚仁：《刑法概说（总论）》（第三版），冯军译，中国人民大学出版社，2003年，第95页。

⑦ 〔日〕曾根威彦：《刑法学基础》，黎宏译，法律出版社，2005年，第183～184页。

三、结论

在大陆法系刑法理论中，本书赞同行为、构成要件符合性、违法性和有责性四阶层的犯罪论体系。其中，行为是作为犯罪评价的客体（即对象），构成要件是违法类型的指导形象，“对于不法有决定性意义的事实，将会在犯罪构造里的构成要件与‘违法性’这两个评价阶层进行分配。从某种程度上说，违法性本身只是构成要件该当性与缺乏违法事由的结果”[①]。换句话说，构成要件符合性与违法阻却事由都是判断行为的不法，二者的区分仅具有启发性与技术性的意义，出于正当防卫杀人与打死一只蚊子同样不具有社会危害性。构成要件符合性和违法性只表明行为违反了法律秩序，却不能说明适用刑罚的正当性，或者对行为人的非难可能性。构成要件符合性和违法性根据法益侵害的危险性和社会危害性来说明，而罪责则根据非难可能性来说明。所以，不法与责任才是构筑刑法体系与众不同的材料，是犯罪概念的两大支柱[②]。从这个意义上讲，在阶层的犯罪论体系之中，无论是三元说体系、四元说体系，还是五元说体系，其实质是一样的。

正如中国学者高铭暄所言：“深入到德日刑法学理论内部便会发现，递进式的三阶层犯罪论体系并不是无懈可击的，其自身实际上也存在很多矛盾、冲突之处。……没有哪一种理论是绝对合理、完美无缺的。”[③] 刑法理论中的犯罪论体系类似于语言学中的“语法”。要建构思维以及相互交流，“语法”是必不可少的工具，正如世界上存在多种语言一样，不可能存在一种完全“正确的语法”。同样，由于彼此的关注点与历史背景不同，也可能存在数种犯罪论体系，探讨哪一种体系才是“正确的体系”，这是毫无意义的。但是，犯罪论体系最好能够做到：就体系内部而言，理论上不矛盾，具备尽可能地将思维过程予以可视化，且可加以验证的明晰性；对体系外部而言，能更好地反映属于社会事实的犯罪的实质，有助于解释与适用刑法，并有利于发现刑法理论上的问题[④]。

中国学者赵秉志研究指出，每一种犯罪论体系背后都存在着对应的历史背景、文化渊源。中国文化模式属于机体宇宙论，与“天人合一”的自本体现和直觉体悟的认识论相关联；西方文化模式属于机械宇宙论，与“征服自然”的他本体现和逻辑分析的认识论相关联。中国的犯罪构成是机体的犯罪构成，体现的诉讼规则是综合规则；西方的犯罪构成是机器的犯罪构成，体现的诉讼规则是可废除规则。在提高司法效率与实现司法公正方面，机体的犯罪构成与机器的犯罪构成均能实现各自均衡[⑤]。因此，一个妥当的犯罪论体系，应该是一种在理论上能够无矛盾地、合理地解释犯罪的概念，同时在实践中又能够准确地认定和判断犯罪成立的理论体系。

---

① Stratenwerth G，Kuhlen L. Strafrecht Allgemeiner Teil：Die straftat. Verlag Franz Vahlen，2011，6. Aufl.，S. 114.

② 〔德〕许迺曼：《区分不法与罪责的功能》，彭文茂译，载许玉秀、陈志辉：《不移不惑献身法与正义——许迺曼教授刑事法论文选辑》，公益信托春风煦日学术基金，2006 年，第 416 页。

③ 高铭暄：《论四要件犯罪构成理论的合理性暨对中国刑法学体系的坚持》，《中国法学》，2009 年第 2 期，第 8 页。

④ 〔日〕松原芳博：《刑法总论专题研究（二）》，王昭武译，《河南省政法管理干部学院学报》，2010 年第 4 期，第 127 页。

⑤ 赵秉志、彭文华：《文化模式与犯罪构成模式》，《法学研究》，2011 年第 5 期，第 96 页。

第七章 行　为

第一节　行为的概念与机能

一、行为的概念

从“犯罪是行为”的命题中，我们可以发现，行为是犯罪论体系中的基本要素。“行为”一词有多种含义，如何界定刑法上的行为概念，是个非常有争议的问题。德日学者对行为的概念众说纷纭。李斯特认为：“行为是相对于外部世界的任意举止，具体地讲：这一任意行为能够改变外部世界，不论是造成某种改变的作为，还是造成某种改变的不作为。”① 野村稔认为：“行为的概念可以表述为，可能受意思支配的具有社会意义的人的外部的态度。”② 大谷实认为：“所谓行为，就是人的意思可以支配的具有社会意义的身体的外部态度（动静）。”③

日本还有一些刑法学者，在解释行为时，认为行为有不同的用法或意义，有时行为可能包含结果。例如，木村亀二认为：“在刑法上行为的场合，最广义上意味着直至决意时的内部的动作与实现被决意的意思的外部动作与被实现的结果的全体，狭义上意味着上述外部的动作与结果，最狭义上意味着外部的动作。从而，关于用语的各个场合应当正确地认识其意义。”④

我们应当明确刑法上的行为有不同的内涵，需根据具体的情形来判断“行为”具有何种意义。本书在行为论中论述的行为是广义的行为，即由意思支配或可由意思支配，且因而在外界引起社会重要性结果的人类举止。

---

① 〔德〕李斯特：《德国刑法教科书》（修订译本），徐久生译，法律出版社，2006年，第177页。

② 〔日〕野村稔：《刑法总论》，全理其、何力译，法律出版社，2001年，第124页。

③ 〔日〕大谷实：《刑法讲义总论》（新版第二版），黎宏译，中国人民大学出版社，2008年，第95页。

④ 〔日〕木村亀二：《刑法总论》（增补版），有斐阁，1984年，第168页。

二、行为的机能

行为的机能，或称行为的功能，是指行为可能发挥的积极作用。关于行为具有哪些机能，学者们的表述并不一致。现对德国、意大利、日本等国学者的观点予以概括介绍。

德国刑法学家迈霍弗（Maihofer）将行为概念的基本机能区分为三种：①作为基本要素的机能，指逻辑意义的机能，即在刑法判断的范围内，作为记述性确认或者规范性评价而考虑的所有宾语和附加语都必须回溯到行为这一共同概念之上；②作为结合要素的机能，指体系意义的机能，即在构筑犯罪的体系时，把违法、有责、可罚性这种无价值判断结合在一起；③作为界限要素的机能，指实际意义的机能，即对于刑法上完全不重要的举动形式不视为行为，一开始就将其置于刑法考察的范围外①。

意大利学者帕多瓦尼认为行为的概念应该具有三个基本功能：①“分类功能”，即作为概念可以同时合理地解释现存制度中行为的两种表现形式：作为与不作为；②“限制功能或否定功能”，即作为界定具有刑法意义的人类举止的首要特征，能发挥排斥不具有刑法意义的人类举止的作用；③“教义与应用功能”，即可用其作为理论与实践中判断行为统一性的标准②。

日本学者曾根威彦认为行为具有以下机能：①具有为了对犯罪进行定义而将构成要件符合性、违法性、有责性等体现犯罪属性的修饰语连接起来（符合构成要件、违法、有责的）的机能（作为基本要素的机能）；②具有将作为犯罪属性的其他犯罪要素结合在一起，以确保犯罪论体系的一贯性的机能（作为结合要素的机能）；③由于行为评价对象只限于行为（行为原则），因此具有将非行为的自然现象、社会现象以及纯粹的人的思想和意思从一开始就排除在犯罪概念以外的机能（作为界限要素的机能）；④在犯罪都是行为（行为以外没有犯罪）的意义上，行为具有将所有的犯罪形态统一在行为之内的机能（作为统一要素的机能）③。

上述学者的观点只是表述方式与角度有所不同，实质内容并无太大差异。那么，如何理解这些机能的相互关系及优先顺序呢？就曾根威彦的机能分类来说，基本要素机能要求行为必须具有实质内容，界限机能要求行为概念能够将很多情况从刑法评价中排除，而统一机能要求行为概念必须尽可能空泛以包含所有犯罪形态，结合机能又要求行为概念须先于刑法评价，是中性的。由此看来，四者所求方向并不统一。一般而言，如果采用将行为论前置于构成要件论的立场，在两者要求相矛盾的情况下，主张优先判断统一机能、结合机能，适当兼顾界限机能和基本要素机能④。

---

① 〔日〕大塚仁：《刑法概说（总论）》（第三版），冯军译，中国人民大学出版社，2003年，第95页。

② 〔意〕杜里奥·帕多瓦尼：《意大利刑法学原理》（注评版），陈忠林译评，中国人民大学出版社，2004年，第102页。

③ 〔日〕曾根威彦：《刑法学基础》，黎宏译，法律出版社，2005年，第183页。

④ 〔日〕浅田和茂：《刑法总论》，成文堂，2005年，第99～100页。

第二节 关于行为的学说

现代刑法中对行为概念的研究是由黑格尔最先开始的，他认为，“意志作为主观的或道德的意志表现于外在时，就是行为”[①]。黑格尔详尽地说明了行为在刑法中的意义，由此被誉为“刑法中行为概念之父”。一百多年来刑法理论发展中形成了纷繁复杂的关于行为的学说，其中具有较大影响力的主要有以下几种。

一、自然行为论

自然行为论是19世纪形成的主流学说，主张将行为理解为人的“客观的身体活动和由其引起的外界变动”这一物理过程，所以被称为自然行为论，又因为它将行为理解为一种因果事实而被称为因果行为论。依此说，“行为”便是“所任意的身体举止”（贝林），或者是“在外部世界导致了某个改变性的，可以追究到人的愿望的造成”（李斯特）。行为在这里被分解为外部的因果过程和行为人对行为结果的内心上的关系，所有客观-因果的都被归于“不法”，所有主观-内心的都被纳为“责任”[②]。

该说认为，行为是由意思这种内心要素（有意性）和物理上能够感知的身体动静这种外部要素（身体性）所组成的，因此，反射运动、睡眠中的身体动作、无意识动作等由于没有有意性，所以不是行为；思想和人格由于没有身体性也应当从刑法的评价对象中排除[③]。但是，“将自然行为论贯彻到底的话，就很难说不作为是物理意义上的自然性举动，理应不能与作为同视”[④]。因此，这一行为理论不能将作为犯与不作为犯、故意犯与过失犯等都作为行为而加以统一。

二、目的行为论

目的行为论于20世纪30年代在德国兴起，以目的论为哲学基础，认为应当在本体论上考察人的行为，它不仅表现为行为人的身体活动，同时也应包括行为的意向。“从目的论的角度看，任何人类行为都应该归结为追求一定目的的活动。”[⑤] 这种见解，在德国，为冯·韦伯、韦尔策尔、布施（Busch）、尼泽（Niese）等所赞同，在日本，也可看到木村龟二、平场安治、福田平等共鸣者。

目的行为论的特色在于，“把过去一般在责任论中作为问题对待的故意观念视为目的行为的本质要素，认为它是主观的违法要素，因为故意不外是欲实现行为人预定东西的意

---

① 〔德〕黑格尔：《法哲学原理》，范扬、张企泰译，商务印书馆，1961年，第116页。

② Wessels，Beulke. Strafrecht Allgemeiner Teil：Die Straftat und ihr Aufbau. C.F. Müller，2010，40. Aufl.，S. 34.

③ 〔日〕大谷实：《刑法讲义总论》（新版第二版），黎宏译，中国人民大学出版社，2008年，第91页。

④ 〔日〕大塚仁：《刑法概说（总论）》（第三版），冯军译，中国人民大学出版社，2003年，第96页。

⑤ 〔意〕杜里奥·帕多瓦尼：《意大利刑法学原理》（注评版），陈忠林译评，中国人民大学出版社，2004年，第102页。

思，具有所谓的目的性”①。但它使得在过失犯中难以认定目的、在不作为中难以认定对因果关系的操纵和支配②。然而，目的行为论并不将过失犯、不作为犯排除于犯罪之外。对此，它这样解释：

首先，关于过失犯。韦尔策尔认为，过失行为中存在以构成要件的结果以外的结果为目标的目的性，因为存在以法上不重要的结果为目标的目的性，是目的行为。目的行为论的支持者大都赞成这种看法①。

其次，关于不作为犯。韦尔策尔认为，不作为本身并不是行为，它缺乏因果性和（现实的）目的性，也缺乏作为犯中的事实性故意，但它受目的性行动力——能够根据行为人的目的统治其意思的能力——所支配，在这一点上，可以纳入包括它和行为的上位概念即人的行态观念之中。毛拉赫则认为，因为刑法中的行为概念是指向一定结果的人的态度，也包括不做一定行动的不作为③。

不赞同此说的论者认为，行为的在法律制定之前就已经具有的目的性结构对于立法者而言存在制约力，故在法律的范围内不允许制定出偏离该结构的规定。而这样的批评，已经为一些目的行为论的主张者所认同④。

三、社会行为论

社会行为论在20世纪30年代由德国学者Eb. 施密特提出后，成为德国最有力的行为论。在德国持社会行为论的还有恩吉施（Engisch）、迈霍弗、耶赛克等；在日本持该说的有佐伯千仞、吉田敏雄、西原春夫等。行为的概念，在这里被叙述为：“由意志所承载的，所产生的作用触及邻人生活范围的，从规范的角度看构成了社会影响上意义单元的举止”（Eb. 施密特）；“是对社会有重大意义的自然人的举止行为”（耶赛克）；“客观上可以由人所控制的，朝着客观上可以预见的社会影响结果方向动作的举止”（迈霍弗）④。社会行为论仅将犯罪的主观要素作为责任论的问题对待⑤。

社会行为论的优点是很明显的，首先，它能够很好地发挥行为的统一机能，将故意行为与过失行为、作为与不作为都纳入行为的范畴之内。其次，与自然主义的因果行为论和无法囊括不作为和过失行为的目的行为论相比，它使刑法评价一开始就集中于具有社会意义的人的举止上，有其积极的意义⑥。

对于此说，也存在着批判，“基于无认识过失的不作为犯，因为缺乏有意性，在这种立场上大都将其解释为不是行为”，社会行为论在不能使行为观念发挥作为界限要素的机能这方面，与自然行为论无异⑦。还有学者认为：“这一理论的根本缺陷在于失之太泛，

---

① 〔日〕大塚仁：《刑法概说（总论）》（第三版），冯军译，中国人民大学出版社，2003年，第98页。

② 〔日〕大谷实：《刑法讲义总论》（新版第二版），黎宏译，中国人民大学出版社，2008年，第92页。

③ 〔日〕大塚仁：《刑法概说（总论）》（第三版），冯军译，中国人民大学出版社，2003年，第99页。

④ Wessels，Beulke. Strafrecht Allgemeiner Teil：Die Straftat und ihr Aufbau. C. F. Müller，2010，40. Aufl.，S. 35.

⑤ 〔日〕大塚仁：《刑法概说（总论）》（第三版），冯军译，中国人民大学出版社，2003年，第96页。

⑥ 李海东：《刑法原理入门——犯罪论基础》，法律出版社，1998年，第28页。

⑦ 〔日〕大塚仁：《刑法概说（总论）》（第三版），冯军译，中国人民大学出版社，2003年，第97页。

因为其用来确定行为范围的标准（社会意义）本身就是一个不确定的概念。”[①] 另外，社会的和法律的评价密切相连，难以区分，社会的行为概念不能与构成行为的评价等级划分界限[②]。

德国还出现了将行为理解为社会上具有重要性的人的行态的见解，对于行为的要素不强调有意性，因而将忘却犯也理解为社会性行为就没有什么障碍。但是，这种行为论没有充分理解行为的存在论意义，同时在内容上过于模糊，不能充分发挥行为概念作为界限要素的机能[③]。

四、人格行为论

人格行为论是第二次世界大战后兴起的一种行为理论，具有较大的影响力，德国的考夫曼、罗克辛与日本的团藤重光、大塚仁等都支持这种学说。

人格行为论把刑法中的行为理解为行为人人格的表现。团藤重光认为，行为是作为“行为人人格的主体性现实化”的“身体的动静”，其中既包含作为和不作为，也包含基于故意、过失的东西。但是，单纯的反射运动和基于绝对强制的动作一开始就不是行为，而且这种行为具有生物学的基础和社会的基础，是在人格和环境的相互作用中由行为人的主体性态度所实施的。所以，忘却犯“因为是与本人的主体性人格态度相结合的不作为，仍然是行为”[④]。罗克辛指出，行为首先是能够归于作为心理和精神活动为中心的自然人的一切。所以，一方面，不可抗力、反射性举止等，不是人格的表现，因而不是行为；另一方面，思想与意志冲动虽然属于人的心理与精神领域，但由于仅停留在内心而没有表现出来，所以不是人格表现，也不是行为。而且，罗克辛认为，人格行为论有利于行为概念发挥各种机能[⑤]。

人格行为论受到的主要批评是：人格行为论在发挥行为的界限功能上仍有不足，它包括不具有社会意义的广泛的事件[⑥]；人格行为论在忘却犯的处理上存在矛盾，且何谓人格并不明确；强调行为人的主体性，无疑与“有责”有同等意思，在行为概念上事先涵盖了责任的意义[⑦]；而在其中加入“具有社会意义”等内容，就不再是纯粹的人格行为论了。

五、消极的行为概念

有学者致力于从新的角度对行为进行诠释，其中影响最大的就是消极的行为概念（又

---

① 〔意〕杜里奥·帕多瓦尼：《意大利刑法学原理》（注评版），陈忠林译评，中国人民大学出版社，2004 年，第 102 页。

② Roxin C. Strafrecht Allgemeiner Teil Band Ⅰ. Verlag C. H. Beck，2006，4. Aufl.，S. 249.

③ 〔日〕大塚仁：《刑法概说（总论）》（第三版），冯军译，中国人民大学出版社，2003 年，第 97 页。

④ 〔日〕大塚仁：《刑法概说（总论）》（第三版），冯军译，中国人民大学出版社，2003 年，第 100 页。

⑤ Roxin C. Strafrecht Allgemeiner Teil Band Ⅰ. Verlag C. H. Beck，2006，4. Aufl.，S. 256.

⑥ 正因为如此，大塚仁在赞成人格行为论的同时，加入了社会行为论的内容。他认为，作为犯罪概念的基底的行为，是作为行为人人格的主体性表现的基于有意性的身体动静，是由一般人的认识性判断能够肯定其社会意义的东西。参见〔日〕大塚仁：《刑法概说（总论）》（第三版），冯军译，中国人民大学出版社，2003 年，第 101～102 页。

⑦ 〔日〕大谷实：《刑法讲义总论》（新版第二版），黎宏译，中国人民大学出版社，2008 年，第 92 页。

称否定的行为概念），这种行为理论的核心思想可以概括为“避免可能性的原则”①。

卡尔斯（Kahrs）是消极的行为概念的倡导者之一。他认为，如果一个行为人能够避免某种结果的发生，法律也要求他避免这种结果的发生，那么，只要他没有避免而使这种结果发生，就应当将该结果归责于该行为人（言下之意，能够避免结果而没有避免的，就存在行为）。卡尔斯在可避免性中仅仅看到一种行为构成的归责原则，赫茨贝格（Herzberg）则第一次将该原则称为“否定的”，同时包括作为和不作为的行为概念的基础。赫茨贝格认为，“刑法的行为是指在保障地位上所作的能够避免的不避免”。因此，作为犯和不作为犯两者均是指能够避免“某种情况”而没有避免的人①。

消极的行为概念也受到很多批评。例如，罗克辛指出，“人们能否真的用这种否定的行为概念来赢得一种共同的基础因素，看来是真的值得怀疑的……另外，否定的行为概念也不能作为传统意义上的连接要素来使用……否定的行为概念也难以满足界限的机能。不作为的反控制在作出决定之前，就在自己心灵的领域中开始反对自身灵魂中的破坏性趋势，并且因此跨到纯粹的思想范围中”②。

对于行为理论的研究价值，理论上也有不同看法。有学者指出：行为理论曾经是刑法学研究中的一个热点问题，这是因为人们在刑法研究中对于哲学性思考过于执著，从而导致对行为本质的讨论过于白热化。进入 20 世纪 70 年代以后，随着刑法学中刑事政策与意识形态对立的深刻化，人们从理论和实践两方面对行为论的界限机能提出了质疑。从理论上说，人们认识到关于行为理论争论的重要性是极为有限的。从实务来说，因为单纯否认行为性而宣告无罪的极为罕见，大多是因为否认构成要件符合性而宣告无罪。因此，20 世纪 80 年代以后，关于行为理论的讨论基本消失了③。但也有的学者认为，行为的问题不是可以简单消除的。例如，人们经常用“符合构成要件的行为”这种表述，那么伴随在“符合构成要件”这个标志上的行为是什么？而且，行为概念所具有的结合要素的机能也并非多余④。因而本书认为，行为在整个犯罪论中有着基础性地位，仍有深入研究的必要。

---

① Roxin C. Strafrecht Allgemeiner Teil Band Ⅰ. Verlag C. H. Beck，2006，4. Aufl.，S. 251.

② Roxin C. Strafrecht Allgemeiner Teil Band Ⅰ. Verlag C. H. Beck，2006，4. Aufl.，S. 252～254.

③ 〔日〕山中敬一：《构成要件论》，《Jurist》，2008 年特集《刑法典百年》，第 12～13 页。

④ Roxin C. Strafrecht Allgemeiner Teil Band Ⅰ. Verlag C. H. Beck，2006，4. Aufl.，S. 255～256.

第八章

构成要件

第一节　构成要件概说

一、构成要件的概念

（一）构成要件的定义与特点

构成要件的观念，在沿革上，由来于中世纪意大利的纠问程序中所谓一般纠问程序所证明的犯罪事实即 corpus delicti 这一概念。据德国学者哈尔（Hall）考证，此前，更早使用的是 constare de delicti（犯罪的确证）一词，这是中世纪纠问程序中使用的术语。在这种纠问程序中，首先必须调查是否有犯罪存在（一般纠问），在得到存在犯罪的确证之后，方可对特定的嫌疑人进行纠问（特殊纠问）。而 corpus delicti（犯罪事实）最初由意大利刑法学者法利那休斯（Farnacins）作为“指示已被证明的犯罪事实的东西”来使用。随后传到德国，在普通法时代被采用，并由克莱因在其《普通德国刑法纲要》一书中译为德语的 Tatbestand。不过这里的 Tatbestand 仍未突破诉讼法意义的范畴，“主要是用于证明客观犯罪事实的存在，强调如果没有严格按照证据法则得来的确证，就不得来进行特别纠问（包括拷问）的原则，从而达到限制官衙主义的目的”①。

赋予 Tatbestand 实体法意义的是施蒂贝尔（C. C. Stübel）和费尔巴哈。施蒂贝尔把构成要件引入刑法，使之具有实体法意义。他认为，“构成要件是那些应当判处法律所规定的刑罚的一切情况的总和”，反对将犯罪结果纳入构成要件之列②。而费尔巴哈则从一

① 〔日〕小野清一郎：《犯罪构成要件理论》，王泰译，中国人民公安大学出版社，2004 年，第 3 页。

② 日本学者泷川幸辰教授认为，施蒂贝尔和古洛尔曼是 19 世纪初期的主观主义与特殊预防主义者。他们认为，犯罪的实质是主观上的犯罪意志的表现，犯罪结果不属于 Tatbestand 之内。参见〔日〕小野清一郎：《犯罪构成要件理论》，王泰译，中国人民公安大学出版社，2004 年，第 4 页。

般预防主义、客观主义立场出发，主张犯罪结果也属于构成要件，认为犯罪的构成要件，是“特定行为特征的整体，或者包含在特定种类的违法行为的法定概念中的事实”①。

但需注意的是，在19世纪，构成要件只是被区别为一般构成要件和特殊构成要件，刑法学意义贫乏；建立真正意义上的构成要件理论是20世纪初以来的事情，这其中，有贝林、M. E. 迈尔和梅茨格尔等的功绩②。

虽然“构成要件”一词在德日司法实践与刑法理论中被广泛使用，但法律上对其并没有一个严格的定义，刑法典条文中也并未使用它。所以，关于“构成要件”的概念众说纷纭：小野清一郎认为，“所谓构成要件，是指将违法并有道义责任的行为予以类型化的观念形象（定型），是作为刑罚法规中科刑根据的概念性规定”③；西田典之认为，“何为构成要件？要给出一个严格的定义，确实不太容易，姑且可以定义为，在刑罚法规中除去法律效果（法定刑）之外的部分”④；大谷实认为，“所谓构成要件就是刑罚法规中所规定的违法、有责的值得处罚的行为类型或定型”⑤。

西原春夫将构成要件认定为一般的、类型化的观念形象，它是对各种法律效果不同、性质不同的规范违反行为的抽象。根据该定义，他认为构成要件具有如下特点：①构成要件是抽象的一般的观念形象，应区别于社会上发生的具体的现实的犯罪行为；②构成要件把性质不同的规范违反行为类型化：一方面它使不同性质的规范违反行为相互加以区别，另一方面在同一性质的规范违反行为中则可以包容各种具体的犯罪⑥。

（二）构成要件与相关概念的区别

德语中的Tatbestand一词不仅用来表示法律的构成要件，也可表示事实的构成要件。因此在学说中，为了将它明确起来，贝林主张把法律的构成要件叫做“概念性的”Tatbestand，事实的构成要件叫做“具体性的”Tatbestand。在日语中，为了避免混淆而将前者称为构成要件，将后者称为构成事实。Tatbestand是一种观念形象，虽然它是由各个概念性的要素组成，但却也是一种将这些要素整体化了的观念。所以，表述这一观念还是使用“构成要件”一词较为妥当⑦。

构成要件符合性与构成要件也不同，构成要件符合性，也称为构成要件该当性，是指现实实施的行为符合构成要件。构成要件与平常发生的事实没有直接关系，是一般性、抽象性的思想的意义的形态，不论任何具体的、个别的事实是否被发现，构成要件都可以实现，与此相反，构成要件该当性具备日常发生的具体、个别、特定事实的性质，而离开特定的事实来考虑构成要件该当性是不行的⑧。

---

① 〔德〕安塞尔姆·里特尔·冯·费尔巴哈：《德国刑法教科书》（第十四版），徐久生译，中国方正出版社，2010年，第83页。

② 〔日〕大塚仁：《刑法概说（总论）》（第三版），冯军译，中国人民大学出版社，2003年，第111页。

③ 〔日〕小野清一郎：《犯罪构成要件理论》，王泰译，中国人民公安大学出版社，2004年，第17页。

④ 〔日〕西田典之：《日本刑法总论》（第二版），王昭武、刘明祥译，法律出版社，2013年，第56页。

⑤ 〔日〕大谷实：《刑法讲义总论》（新版第二版），黎宏译，中国人民大学出版社，2008年，第97页。

⑥ 〔日〕西原春夫：《刑法总论》（上卷）（改订版），成文堂，1995年，第145～146页。

⑦ 〔日〕小野清一郎：《犯罪构成要件理论》，王泰译，中国人民公安大学出版社，2004年，第11～12页。

⑧ 〔日〕木村龟二：《刑法学词典》，顾肖荣、郑树周等译，上海翻译出版公司，1991年，第117页。

对于构成要件与刑法条文的关系，理论上存在不同的意见。少数人认为，刑法分则各条的前半部分是关于构成要件的规定，后半部分是关于刑罚的规定，因此可以说构成要件与刑法条文是完全统一的；但多数人认为相当多的刑法条文需要进行解释才可能明确构成要件，并且刑法条文存在技术性规定性质的条文，故而构成要件与刑法条文不能简单地等同，它是对刑法条文进行解释后得到的抽象的观念性形象①。

关于构成要件与犯罪成立条件的关系，意见则比较统一。在德国、日本等国，不管采取何种犯罪论体系，构成要件都不等于犯罪成立条件，而只是条件之一。

关于构成要件与犯罪类型的关系，也存在争议。多数学者认为，构成要件就是犯罪类型。关键在于对构成要件的内容的认定上，如果认为故意、过失属于构成要件，则构成要件就是犯罪类型，反之则不是。

二、构成要件理论

（一）构成要件理论的沿革

通常认为，构成要件理论始于德国，由贝林首倡，经过 M.E. 迈尔的展开，到梅茨格尔形成新构成要件论。其间，小野清一郎、泷川幸辰将该理论介绍到日本，他们各有所师承，也有所发挥，并引起以后一些学者对这一理论的关注，对构成要件理论作出了新的贡献。

革命前的俄国引入 Tatbestand 理论，将其翻译成“犯罪构成”，在主客观相统一的概念上使用它，并构建其理论体系。苏联建国后，对犯罪构成理论并未给予应有的注意。直至 1946 年特拉伊宁的《犯罪构成的学说》问世，苏联学者才逐步重视犯罪构成理论，契柯瓦则、皮昂特考夫斯基等学者相继对其进行了研讨，建立起不同于德国、日本学者的犯罪构成理论。为了了解构成要件理论的发展，本书拟基本按照历史的顺序，将德国、日本和苏俄主要学者的构成要件理论分述如下。

1. 德国构成要件理论的演进

1）贝林的构成要件论

贝林的构成要件理论可以分为前后两个阶段。前期理论代表为其 1906 年出版的《犯罪的理论》，他认为构成要件是犯罪类型的轮廓，有益于犯罪类型的个别化，并把自己的立场命名为类型说。他区分了概念的构成要件和符合它的具体的构成要件，认为本来只有前者才应该称为构成要件。并且，严格区别构成要件和违法性，认为违法性是规范的、价值的概念，构成要件则停留于记述的、客观的内容。不过，在 1930 年的《构成要件论》中，贝林修正了上述观点，区别了构成要件和犯罪类型，认为构成要件是从各本条的犯罪类型中抽象出的、逻辑上先行于各本条的犯罪类型，而且是对其加以规制的观念上的指导形象。即，各犯罪类型中多样的要素由一定的指导形象即统一于构成要件的东西形成其犯罪类型。并且，他更加彻底地采取了把构成要件的要素限定在客观的、记述的东西上的态度，认为应该与构成要件相分离，分别在违法性中处理犯罪的规范性要素、在责任中处理

① 赵秉志：《外国刑法原理（大陆法系）》，中国人民大学出版社，2000 年，第 93 页。

主观的要素[①]。

2）韦尔策尔的构成要件论

韦尔策尔基本上坚持了贝林的行为构成要件说的立场，同时又对构成要件与违法性的关系作了更为清晰的说明。在他看来，一方面，构成要件客观地描述了什么是刑法所禁止的东西，从而构成禁止的素材。因此，构成要件符合性意味着规范违反性。但是，另一方面，法秩序不只是由规范所构成的，而且由容许命题构成，因此，构成要件符合性并不直接意味着违法性，而是要等到确定了是否符合容许命题即合法化事由之后，它才能成为违法的[②]。韦尔策尔提出了一个新的概念——“开放的构成要件”，他将包含了规范性构成要件要素的构成要件与单纯的描述性构成要件区分开来，认为前者属于“开放的构成要件”。但是，所谓“开放的”，是指对于违法性是开放的，它意味着如果不首先进行违法性判断，就无法确定构成要件符合性[③]。

3）M. E. 迈尔的构成要件论

M. E. 迈尔承认贝林前期所主张的将构成要件和违法性严格区分的立场，认为某种行为符合构成要件的话，该行为就具有表明违法性存在的迹象，认为构成要件是违法性的“认识根据”，两者之间是烟与火的关系。他还把构成要件分为抽象的或者法律的构成要件和具体的或者事实的构成要件，两者一致时，就存在构成要件符合性。但是，他认为作为构成要件的要素，有规范的要素，并且存在主观的违法要素。

由此可见，M. E. 迈尔的构成要件论较之贝林的构成要件论有所发展，其构成要件论中的构成要件已与违法性相接近。不过他的理论前后还缺乏一贯性，并且还受着贝林比较强的影响。正如小野清一郎对他批评时所说：M. E. 迈尔“一方面笼统地承认法律上的构成要件中有规范性要素和主观性要素，另一方面，实际上却又提出一些不属于构成要件而应属于违法性的东西来，仍然维持了构成要件只具有无价值的记叙性和客观性的观点”[④]。

4）梅茨格尔的违法类型论

构成要件的理论由梅茨格尔作了重要的修改。他认为，构成要件就是违法类型，符合构成要件的话，原则上就具有违法性，两者之间不仅仅是“认识根据”的关系，而完全是“存在根据”的关系，符合构成要件的行为，只要没有特别的排除违法事由，就具有违法性。而且，他还认为，规范要素以及主观要素，都是构成要件要素。梅茨格尔的价值性地考察构成要件的见解，在与贝林的见解相对比的意义上，被称为新构成要件论，很快在德国成为通说[⑤]。虽然在枝节问题上还有不同，但是，现在仍然有力的见解认为构成要件是违法行为的类型[⑥]。

---

① 〔日〕大塚仁：《刑法概说（总论）》（第三版），冯军译，中国人民大学出版社，2003年，第111页。

② 〔日〕西原春夫：《犯罪实行行为论》，戴波译，北京大学出版社，2006年，第47页。

③ 〔日〕西原春夫：《犯罪实行行为论》，戴波译，北京大学出版社，2006年，第41页。

④ 〔日〕小野清一郎：《犯罪构成要件理论》，王泰译，中国人民公安大学出版社，1991年，第13页。

⑤ 〔日〕大谷实：《刑法讲义总论》（新版第二版），黎宏译，中国人民大学出版社，2008年，第98页。

⑥ 〔日〕西原春夫：《构成要件的概念与构成要件的理论》，《法律科学（西北政法学院学报）》，2007年第5期，第64页。

2. 日本构成要件理论的变迁

日本直至昭和初期（1926年以后），小野清一郎、泷川幸辰二位博士引进德国贝林、M. E. 迈尔的构成要件理论后，才开始有正式意义上的“构成要件理论”。日本刑法学界的构成要件理论基本沿袭了德国刑法理论，并进行了辩证扬弃，最突出者当属小野清一郎。

1）小野清一郎的违法责任类型论

小野清一郎认为，构成要件是指将违法并有道义责任的行为予以类型化的观念形象，是作为刑罚法规中科刑根据的概念性规定。他在贝林、梅茨格尔的犯罪构成理论基础上，提倡构成要件不仅是非法类型，同时也是责任类型。首先，他认为，在构成要件理论中所研究的构成要件是法律上的概念，必须区分构成要件与符合构成要件的事实，构成要件是一种将社会生活中出现的事实加以类型化的观念形象。因此，构成要件作为法律上规定的概念，是抽象的、形式的，它与所有法律观念一样需要加以解释，必须通过解释来明确构成要件的规范性意义，并由此而使构成要件的抽象性、形式性向具体性、实体性靠近。其次，他接受贝林关于构成要件的实体概念，认为构成要件是犯罪类型的轮廓。详言之，构成要件就是把社会中的事实类型化，进而把它作为一种法律上的定型概念规定下来。再次，他认为，从构成要件在刑罚法规中所发挥的机能性质上看，它是客观的、记叙性的，然而从其伦理的、法的意义上看，从中又可以找出规范的和主观的要素。此外，在刑法各条所规定的罪中都含有主观要素，这一点比规范要素更为明显。因而，主观要素既属于构成要件，又属于责任。最后，小野清一郎提出了修正的构成要件理论，认为未遂犯和共犯是修正构成要件的一般形式。同时，他还赋予构成要件以刑事诉讼法学上的机能，诉讼法方面所谓的“应当成立犯罪的事实”，必须理解为符合构成要件的事实，亦即犯罪构成事实。刑事程序中形成实体（判决）的过程，都是以刑法分则相应条款的构成要件为指导形象进行的①。

总之，小野清一郎的构成要件论使构成要件理论进一步充实完善，他所提出的未遂犯与共犯是构成要件的修正形式的观点，为日本多数学者所接受，他在构成要件论上的贡献是应当肯定的。但他的理论也不是完美无缺的。例如，构成要件是否是犯罪成立的充分条件，在他的理论中并没有得到清楚的说明。

2）日本其他学者的构成要件论

与小野清一郎同时代将德国构成要件理论介绍到日本的，还有泷川幸辰。在泷川的构成要件理论中，可以看到前后有相当大的变迁。他最初遵循的是M. E. 迈尔的立场，其后，采用了贝林作为指导形象的构成要件概念，在晚年又论述了梅茨格尔流派的作为违法类型的构成要件②。

第二次世界大战后，人权保障思想在刑事法领域中地位日益重要，实证主义思想开始占据支配地位，要求以制定法限制法官司法擅断。由此，构成要件理论又重新受到重视。日本刑法学者团藤重光在前人的基础上提出了“定型说”，认为构成要件是违法、有责行

① 〔日〕小野清一郎：《犯罪构成要件理论》，王泰译，中国人民公安大学出版社，2004年，第12～19页。

② 〔日〕大塚仁：《刑法概说（总论）》（第三版），冯军译，中国人民大学出版社，2003年，第113页。

为的法的定型。但是，批判意见认为，定型的内容、实体并不明确。的确，如果仅仅将定型理解为社会一般观念或者社会心理上的概念的话，其内容就会极为模糊不清①。

采取小野、团藤理论观点的，有大塚仁、吉川经夫、大谷实、香川达夫等；而梅茨格尔的违法类型在日本也有很强的力量，平野龙一、中山研一等予以支持；而曾根威彦则提倡行为类型论，主张构成要件给犯罪以轮廓的观念形象，是形式的价值中立的行为的类型②；而牧野英一则持构成要件否认论，无视构成要件的概念而采取独自的体系③。

3. 苏俄的犯罪构成理论

1）特拉伊宁的犯罪构成论

特拉伊宁的犯罪构成理论集中体现在他的《犯罪构成的一般学说》一书中，他指出，犯罪构成论在社会主义刑法理论中占据着核心的地位，它是苏维埃法律认定具体的、危害社会主义国家的作为（或不作为）犯罪的一切客观要件和主观要件（因素）的总和。特拉伊宁认为，"在社会主义的刑法体系中，犯罪构成的学说应当以犯罪的阶级性的一般学说和它的实质定义与形式定义为基础。立法者也正是通过综合那些统一起来即构成社会危害行为的特征来制定犯罪构成的"④。

此外，特拉伊宁从实质上阐明犯罪构成因素并对其作四个方面的分类。他认为："犯罪构成的因素就是决定苏维埃法律所规定的犯罪对社会主义国家有社会危害性并决定其程度的全部事实特征中的每一个特征。"⑤ 他否认责任能力是犯罪构成因素，同时批评社会危害性是犯罪客观方面的一个因素的观点，主张"必须将犯罪构成的因素分为四类：①表明犯罪客体的构成因素；②表明犯罪客观方面的构成因素；③表明犯罪主体的构成因素；④表明犯罪主观方面的构成因素"⑥。另外，特拉伊宁对犯罪构成与刑法总则方面的问题、犯罪构成与诉讼问题等也作了详细的论述。

特拉伊宁关于犯罪构成的见解，对苏维埃刑法中的犯罪构成理论作出了巨大贡献，但他著作中的不少提法还是值得商榷的。在其犯罪构成中，虽然没有构成要件，但却还有着构成要件的影子，由此形成特拉伊宁犯罪构成论中的一个深刻矛盾⑦。

2）苏俄其他学者的犯罪构成论

苏俄学者除特拉伊宁外，还有不少学者对犯罪构成进行了研究，主要的学者有 H. Ф. 库兹涅佐娃。H. Ф. 库兹涅佐娃认为，犯罪构成是构成危害社会行为的客观和主观必要要素的体系，其要件在刑法典总则和分则性法规范的处理部分中加以描述。犯罪构成所包含的不是犯罪的所有要素和要件，而是必要的和足以认定构成刑事责任根据的那些要件和要素。犯罪构成形成行为的社会危害性。犯罪构成可分为：基本构成、有加重情节的构成和有减轻情节的构成；简单构成和复杂构成；具有具体要件的构成和具有评价性要件的构

---

① 〔日〕大谷实：《刑法讲义总论》（新版第二版），黎宏译，中国人民大学出版社，2008 年，第 100 页。
② 〔日〕曾根威彦：《刑法学基础》，黎宏译，法律出版社，2005 年，第 192～194 页。
③ 〔日〕夏目文雄、上野达彦：《犯罪概说》，敬文堂，1992 年，第 153～154 页。
④ 〔苏〕A. H. 特拉伊宁：《犯罪构成的一般学说》，薛秉忠等译，中国人民大学出版社，1958 年，第 43 页。
⑤ 〔苏〕A. H. 特拉伊宁：《犯罪构成的一般学说》，薛秉忠等译，中国人民大学出版社，1958 年，第 69 页。
⑥ 〔苏〕A. H. 特拉伊宁：《犯罪构成的一般学说》，薛秉忠等译，中国人民大学出版社，1958 年，第 100 页。
⑦ 陈兴良：《构成要件论：从贝林到特拉伊宁》，《比较法研究》，2011 年第 4 期，第 77 页。

成；实际造成危害社会后果的构成和造成这种威胁的构成[①]。

从上面的介绍中我们可以看到，德日的构成要件理论虽有所不同，但师承关系很明显，在成立犯罪上，都认为除符合构成要件以外还有其他条件；而苏俄的犯罪构成理论则直接说明成立犯罪的诸要求。二者存在区别，并非同一概念。

（二）主要学说评析

1. 行为类型说

行为类型说将构成要件把握为“描述犯罪轮廓的观念形象”。作为刑法理论的体系，认为不管是违法的行为还是不违法的行为，都平等地包含在构成要件之内。构成要件理论的创始人贝林所主张的就是行为类型说。贝林后期将构成要件解释为在理论上先行于犯罪类型的指导形象，构成要件就成为内容空虚的抽象的概念。小野清一郎对此批评说：“这种从企图把责任问题中的主观要素与构成要件对应起来的观点中产生出的极端抽象的观念形象，是不能叫做‘法律上的’构成要件的。”[②] 这一批评是十分中肯的。

在日本，内田文昭、曾根威彦也采用行为构成要件说（行为类型论）。例如，曾根威彦指出，既然构成要件是犯罪的观念形象，那么它就仅是一种形式，不表示实质内容；构成要件符合性的判断，是一种形式的事实判断，而非对事实的实质的价值判断。因此，构成要件符合性，必须和对事实的实质否定的价值判断即违法性判断相区别。构成要件符合性与违法性的关系，不是原则与例外的关系，而是形式与实质的关系。其否定构成要件在逻辑上对违法性、有责性的推定机能，而仅承认构成要件对违法性、有责性的事实上的推定。认为构成要件是“划定犯罪轮廓的观念的形象（型）”，它均等包括违法行为与非违法行为。根据这一观点，在违法性判断阶段，违法性的判断不是单纯的、消极的违法阻却事由的判断，而需要积极的违法判断[③]。显然，曾根威彦的观点与贝林的观点并不完全相同。

但是，行为类型说存在着问题，其面临的主要批评是：行为类型说虽然承认构成要件属于违法且有责的行为的类型化，但同时又认为，某行为虽该当于构成要件，仅此还不足以推定具有违法性、有责性。它将构成要件该当性的判断作为形式性的判断，看上去似乎合乎构成要件的罪刑法定主义机能，事实上，正因为该说否定了违法推定机能，反而在违法判断之时，留下了在构成要件之外另外进行论理性判断的余地，最终适得其反，因而并不妥当。

2. 违法类型说

根据其代表人物梅茨格尔的观点，构成要件是类型化的不法，构成要件符合性是违法性的妥当根据和实在根据。只要没有被特别的不法阻却事由所适法化，符合构成要件的行为就是违法的，从而更加紧密地把握了构成要件和违法性的关系[④]。

---

① 〔俄〕Н. Ф. 库兹涅佐娃、И. М. 佳日科娃：《俄罗斯刑法教程（总论）》（上卷），黄道秀译，中国法制出版社，2002年，第170～190页。

② 〔日〕小野清一郎：《犯罪构成要件理论》，王泰译，中国人民公安大学出版社，1991年，第63页。

③ 〔日〕曾根威彦：《刑法学基础》，黎宏译，法律出版社，2005年，第194页。

④ 〔日〕大塚仁：《刑法概说（总论）》（第三版），冯军译，中国人民大学出版社，2003年，第112页。

首先，在该见解的内部，依据对构成要件和违法性之间关系的理解的不同，又可以细分为认识根据说和存在（实在）根据说两种学说。

1）认识根据说

此说认为，构成要件是违法性的认识根据。它是由 M. E. 迈尔在修正贝林观点的基础上提出来的学说。在区分构成要件符合性和违法性的基础上，认为前者是原则（违法），而后者是例外（排除违法）。这种见解从构成要件符合性是违法性的征表、构成要件是违法性的认识根据的立场出发，认为：一方面，构成要件具有在理论上推定违法性的机能；另一方面，构成要件符合性独立于违法性，而且在违法性的判断之前就必须加以认定。即，在某种行为被判断为符合构成要件的时候，在理论上就可以推定该行为违法，只是在例外地具有排除违法事由的场合，被推定的违法性才被排除①。

2）存在（实在）根据说

存在（实在）根据说对构成要件与违法性的关系在认识根据说的基础上更进一步，认为构成要件是违法性的实在根据。存在（实在）根据说又可以分为以下学说：

（1）原则型与例外型说。该说在德国被称为新构成要件论，它是由梅茨格尔提出的。梅茨格尔认为，构成要件与违法性阻却事由是原则与例外的关系；当行为该当构成要件时，原则上即具有违法性，唯有在存在正当化事由时例外地阻却违法。他将构成要件与违法性把握为一体，仅在与违法阻却事由的关系上肯定其独立性。

但是，这种立场存在疑问：如果说违法类型论在违法性判断上，只具有以排除违法事由的形式所体现出来的单纯的消极的“例外”判断意义的话，就不能积极地确认“违法”行为；另外，如果说违法论的任务完全体现在将不属于排除违法事由的行为都作为违法行为的话，就没有必要讨论违法性的强弱问题，也没有考虑违法性程度问题的可罚的违法性问题的余地②。

（2）构成要件违法性解消说。此说将构成要件纳入违法性判断中，认为犯罪成立要件可以区分为一般成立要件和特别成立要件。构成要件意味着具体的犯罪类型，即“杀人的”或“窃取他人财物的”这样的特别成立要件，它是刑法各论的课题。刑法总论只需要探讨作为一般成立要件的“行为、违法、责任”就已足够③。也有的学者认为，“构成要件该当性显示的是作为规范违反性的违法性的内容，因此在犯罪概念中并不是独立的概念要素，而应该在违法性这一概念要素内部加以论述”④。

对此说的主要批评是，作为违法行为类型的构成要件与违法评价，在概念上还是应当明确加以区别。以法益侵害行为作为观念形象的构成要件原则上是不法类型，但违法判断的独特性在于它具有对利益冲突状态中的法秩序的利害调整机能⑤。

---

① 〔日〕曾根威彦：《刑法学基础》，黎宏译，法律出版社，2005年，第193页。

② 〔日〕曾根威彦：《刑法学基础》，黎宏译，法律出版社，2005年，第193～194页。

③ 〔日〕齐藤金作：《刑法总论》，有斐阁，1955年，第71页；转引自〔日〕山中敬一：《刑法总论》（第二版），成文堂，2008年，第157页。

④ 〔日〕西原春夫：《刑法总论》（上卷）（改订版），成文堂，1993年，第155页；转引自〔日〕山中敬一：《刑法总论》（第二版），成文堂，2008年，第157页。

⑤ 〔日〕山中敬一：《刑法总论》（第二版），成文堂，2008年，第157页。

(3) 消极的构成要件要素理论。这一理论最早由默克尔（Merkel）于 19 世纪提出。它将违法性解消在构成要件的判断之中，认为除对犯罪来说典型的情况外，构成要件还要包括所有涉及违法性的情况，合法化事由被理解为消极的构成要件要素。它假定立法者在指定规范命令时已经考虑到例外情况，所以，禁止自始就因排除不法事由而受到限制；构成要件要素与合法化事由的区别，不是以实质的矛盾为基础，而是受表述修辞技巧的要求制约。就实际结果而言，该理论主要用于解决混乱的错误问题：如果合法化事由作为消极的要素被纳入构成要件，那么，关于其先决条件的错误会被毫无例外地作为构成要件错误来对待①。

但是，该理论将构成要件要素与合法化事由特征简单地互换并不恰当，两者的区别更多地受到实体条件的限制：欠缺构成要件的行为之所以不受处罚，是因为它不具有刑法上的重要性；而虽然符合构成要件但被合法化的行为之所以不受处罚，则是因为尽管行为对受保护的法益造成了损害，但并不是实质的不法②。

消极的构成要件要素理论提出后，影响逐渐扩大，到 20 世纪 60 年代，已经成为德国的多数说。但此后即开始在德国趋向衰退、消亡③。在日本，倡导消极的构成要件要素理论最著名的学者是井田良，植田重正、中义胜等也支持消极的构成要件要素理论，但截至目前，其一直是少数说。

其次，根据对违法性的理解不同，在违法类型说的内部，又有行为无价值型的违法行为类型说和结果无价值型的违法行为类型说的区别。

行为无价值型的违法行为类型说立足于违法的本质在于规范的侵害、违反规范的意思这一立场，认为故意、过失当然属于作为违法要素的构成要件要素。这是德国的多数说，日本的福田平、中义胜、井田良等持这种观点。这种立场肯定了构成要件的违法推定机能与犯罪个别化机能，却否定了构成要件的故意规制机能。

结果无价值型的违法行为类型说立足于违法的本质在于法益侵害或者法益侵害的危险这一立场，其中，既有观点认为，由于故意、过失属于责任要素，因而并不包含在构成要件内；更有观点从否定主观性违法要素的视角出发，认为伪造罪中的“行使的目的”也属于主观性责任要素。这便否定了构成要件的犯罪个别化机能。内藤谦、中山研一、山口厚、浅田和茂等持这种观点。

行为无价值型的违法行为类型说对结果无价值型的违法行为类型说提出了以下批判：按照结果无价值型的违法行为类型说的观点，无法在构成要件阶段区别杀人罪、伤害致死罪、过失致死罪，因而丧失了构成要件的犯罪个别化机能。但是，既然在责任阶段能够对此予以区分，说明这一点并非该说的本质性难点。事实上，其问题在于，在将构成要件理

---

① Jescheck H H，Weigend T. Lehrbuch des Strafrechts Allgemeiner Teil. Drucker & Humblot，1996，5. Aufl.，S. 249.

② Jescheck H H，Weigend T. Lehrbuch des Strafrechts Allgemeiner Teil. Drucker & Humblot，1996，5. Aufl.，S. 250.

③ Baumann、Weber、Bockelmann、Yolk、Eser、Burkhardt、Roxin、Hirsch. Gallas、Jakobs、Lackner、Arnin Kaufmann、Schmidt、Maurach、Zipf、Päffgen、Dreher、Welzel、Noll、Schmidhäuser、Statenwerth、Wolter 等学者都反对消极的构成要件要素理论。

解为违法行为类型的基础上，试图取得与构成要件的故意规制机能的理论性结合。这样一来，只能是将这些客观性责任要素不作为构成要件要素，而排除在故意的对象之外，这显然并不合适①。

3. 违法有责类型说

违法有责类型说（违法有责行为类型说）认为，构成要件既是违法行为类型，同时也是有责行为类型。违法有责类型说在日本是有力的学说。小野清一郎是日本较早研究构成要件并作出重要贡献的学者。他指出，“构成要件在将行为的违法性加以类型化的同时，也要将行为人的道义责任类型化，还要将违法并且有责的行为中具有可罚性的行为用法律概念加以规定。……这种被刑法分则相应条款规定的特殊的、类型性违法的有责行为，即是构成要件。出现在前面的是构成要件，站在它后面的，是具有实体意义的违法性及道义责任”②。藤木英雄、大塚仁、大谷实等也持上述观点。

依据各自理论立场的不同，该说对故意、过失是否包含在构成要件要素之内又分为多种观点。有的学者认为，故意、过失是责任要素，也是构成要件要素（前田雅英）；有的学者认为，故意、过失既是违法要素也是责任要素，还是构成要件要素（团藤重光、大塚仁）；有的学者认为，故意、过失属于并非该犯罪的固有要素的一般责任要素，因而并不包含在构成要件之内（町野朔）③。

主张违法有责类型说的西田典之认为，将构成要件理解为可罚的违法、有责类型，可以实现其最重要的机能即保障机能；将构成要件理解为由违法构成要件与责任构成要件组合，可以维持其个别化机能；由于违法构成要件具有违法推定机能、责任构成要件具有责任推定机能，有利于实现与《日本刑事诉讼法》第 335 条相对应的诉讼法的机能；还有利于解决假想防卫与共犯问题④。

（三）小结

多数学者赞成违法有责类型说，他们认为，这是构成要件概念的应有之义，也是由构成要件在犯罪论体系中的地位所决定的。

三、构成要件的机能

构成要件的机能，实际上也就是说构成要件这个概念具有的意义⑤。构成要件的机能包括刑法理论的机能和社会的机能。所谓刑法理论的机能，是指构成要件应该发挥作为犯罪论中理论支柱的机能，具体包括体系机能、违法性推定机能和故意规制机能。所谓社会机能，是指保障自由的机能和维持秩序的机能⑥。

---

① 〔日〕西田典之：《日本刑法总论》（第二版），王昭武、刘明祥译，法律出版社，2013 年，第 58～59 页。

② 〔日〕小野清一郎：《犯罪构成要件理论》，王泰译，中国人民公安大学出版社，2004 年，第 28～29 页。

③ 〔日〕前田雅英：《刑法总论讲义》（第五版），东京大学出版会，2011 年，第 47～48 页；〔日〕大塚仁：《刑法概说（总论）》（第三版），冯军译，中国人民大学出版社，2003 年，第 178 页；〔日〕西田典之：《日本刑法总论》（第二版），王昭武、刘明祥译，法律出版社，2013 年，第 59～60 页。

④ 〔日〕西田典之：《日本刑法总论》（第二版），王昭武、刘明祥译，法律出版社，2013 年，第 60～61 页。

⑤ 蔡桂生：《构成要件论：罪刑法定与机能权衡》，《中外法学》，2013 年第 1 期，第 140 页。

⑥ 〔日〕大塚仁：《刑法概说（总论）》（第三版），冯军译，中国人民大学出版社，2003 年，第 115～116 页。

（一）自由保障机能

在法治国家，保障国民自由的重要之处，是由刑罚法规的构成要件来表示的。贝林从罪刑法定主义上求得构成要件理论的论据，也是这种意义。为了保障自由，要求犯罪的个别化、明确化①。只要不实施符合构成要件的行为，就不会受到国家刑法的干预，保障一般国民的自由；刑罚只在符合构成要件的范围内适用，保障犯罪人不受不当的处罚。构成要件将罪刑法定原则机能进一步深化，也在发挥将单个犯罪和其他犯罪区分开来的机能②。

（二）社会秩序维持机能③

从构成要件演绎出的行为规范，作为一般国民的行为标准，服务于对犯罪的抑制（一般预防），同时，也间接地担负着作为矫正特定犯罪人的犯罪性的指针的任务（特别预防），这就是构成要件的维持秩序机能①。

（三）体系机能

后文我们将要阐述的未遂犯和共犯是基本的构成要件的修正形式，其内容也受构成要件的指导和制约。而且，与犯罪的个数有关的罪数也是以构成要件为基准加以确定的。这样，构成要件具有将成立犯罪所必要的要素进行体系化的功能。这便是构成要件的体系机能④。

（四）违法性推定机能

一般来说，构成要件具有将符合构成要件的行为推定为违法的机能，即违法性推定机能。在构成要件理论部分我们已作说明，主张构成要件是违法类型的观点认为，该当构成要件的行为原则上即违法，构成要件具有违法推定机能。但需注意的是，主张构成要件为行为类型的观点仅承认构成要件具有事实上的推定作用，并无实质的违法推定机能；而主张构成要件乃违法有责类型的观点认为构成要件除违法以外还有有责性推定机能。这是构成要件的征表机能。

（五）故意规制机能

犯罪原则上必须出于故意，但由于故意的内容是对符合构成要件的客观事实的认识和实现的意思，因此，在结局上，决定成立故意所必要的事实范围的还是构成要件。构成要件具有规制故意内容的机能。这一机能被称为故意规制机能⑤。

四、构成要件的种类

特拉伊宁主张将犯罪构成依据不同标准进行三种分类：第一种是作为建立刑法分则体

---

① 〔日〕大塚仁：《刑法概说（总论）》（第三版），冯军译，中国人民大学出版社，2003年，第116页。

② 〔日〕曾根威彦：《刑法学基础》，黎宏译，法律出版社，2005年，第185页。

③ 大谷实认为，从罪刑法定原则来看，无论是怎样值得处罚的行为，只要是刑罚法规中的构成要件上没有预定的行为，就不得予以处罚，因此，构成要件的社会机能，可以归结于保障人权机能或罪刑法定原则机能，维持秩序机能不过是其反射机能而已。参见〔日〕大谷实：《刑法讲义总论》（新版第二版），黎宏译，中国人民大学出版社，2008年，第102页。

④ 〔日〕大谷实：《刑法讲义总论》（新版第二版），黎宏译，中国人民大学出版社，2008年，第102页。

⑤ 〔日〕大谷实：《刑法讲义总论》（新版第二版），黎宏译，中国人民大学出版社，2008年，第103页。

系结构基础的犯罪构成的分类，实质上也就是按照它们的社会危害程度进行的分类。第二种是按照各犯罪构成所包含的犯罪行为的社会危害程度进行的分类，必须将它们分为三种形式：①基本的构成；②社会危害性较大的构成；③社会危害性较小的构成。实际上并不是所有的犯罪构成都分为上述三种形式，有许多犯罪构成根本没有这样细致的划分。第三种按照构成的法律结构进行的分类，应对犯罪构成作如下区分：第一，简单的构成。其包括：①叙述的构成。法律中有所叙述，但叙述得极其简要和明确。②空白的构成。法律没有给犯罪行为下定义，而只是援引一下其他的规范。第二，复杂的构成。其包括：①选择的构成。法律规定有供选择的犯罪构成的因素，可能是行为或者是结果，可能是犯罪构成的其他因素（如方法、环境、目的等），也可能是犯罪主体。在选择的构成的情况下，只要有选择因素中的任何一个因素，就能成立犯罪构成。②包括两个行为的犯罪构成。③包括两个罪过形式的犯罪构成。④包含两个客体的犯罪构成①。

关于构成要件的分类，日本学者众说纷纭。木村龟二对构成要件进行二分，即基本构成要件与它派生的构成要件、完结的构成要件与以补充为必要的构成要件②。川端博也采二分法，即积极的构成要件与消极的构成要件、完结的构成要件与以补充为必要的构成要件③。大塚仁、大谷实则根据不同标准进行三种分类，即基本的构成要件与修正的构成要件、封闭的构成要件与开放的构成要件、积极的构成要件与消极的构成要件④。下面对其中几种主要的分类进行详细介绍。

（一）基本的构成要件和修正的构成要件

所谓基本的构成要件，是指刑法分则或各刑罚法规所规定的具体的犯罪构成，一般是以单独犯的既遂犯的形式所表示的构成要件。所谓修正的构成要件，是指以基本的构成要件为前提，就预备犯、未遂犯以及共犯等问题，对基本构成要件进行修正以后形成的构成要件。

在日本，基本的构成要件和修正的构成要件的划分方式经小野清一郎提出以后，得到团藤重光、大塚仁、大谷实等的赞同。但是也存在不同的意见："修正的构成要件"概念容易使人误认为只有未遂犯、共犯的构成要件才是"正确的构成要件"⑤；也容易使人只通过对通常的构成要件理论的部分修正来处理未遂与共犯问题；更没有说明处罚未遂犯、共犯的实质根据⑥。

在德国，学者们多将未遂犯与共犯作为犯罪的现象形态或犯罪形态或刑罚扩张事由来认识，而不认为存在修正的构成要件。不过，日本有学者对此持不同意见，犯罪的现象形态乃至犯罪形态并不限于未遂犯和共犯。例如，作为犯和不作为犯、故意犯和过失犯，以及杀人罪和盗窃罪等各个犯罪，都是犯罪的形态。刑罚扩张事由仅仅着眼于以处罚来论述

---

① 〔苏〕A. H. 特拉伊宁：《犯罪构成的一般学说》，薛秉忠等译，中国人民大学出版社，1958年，第84～97页。

② 〔日〕木村龟二：《刑法总论》（增补版），有斐阁，1984年，第137～138页。

③ 〔日〕川端博：《刑法总论讲义》，成文堂，1997年，第107～108页。

④ 〔日〕大塚仁：《刑法概说（总论）》（第三版），冯军译，中国人民大学出版社，2003年，第116～118页；〔日〕大谷实：《刑法讲义总论》（新版第二版），黎宏译，中国人民大学出版社，2008年，第103～105页。

⑤ 〔日〕平野龙一：《刑法总论Ⅱ》，有斐阁，1975年，第307页。

⑥ 〔日〕前田雅英：《刑法总论讲义》（第五版），东京大学出版会，2011年，第90页。

犯罪的性质，并不妥当。作为处罚扩张的前提，必须首先明确其犯罪本身的性质。未遂犯、共犯，也和既遂犯、单独犯一样，其成立首先要符合各自被修正的构成要件[①]。

（二）积极的构成要件和消极的构成要件

在构成要件乃违法性和责任的类型的立场，符合构成要件即推定违法性与责任的存在。故而构成要件一般积极地表示犯罪成立的要件，此种意义上的构成要件即为积极的构成要件。但也有构成要件是否认犯罪性的要件，这种构成要件就是消极的构成要件。例如，《日本刑法典》第 109 条第 2 款关于对自己所有的物放火时，规定“前项的物属于自己所有的物时，处 6 个月以上 7 年以下的徒刑”，这是积极的构成要件，其后但书中规定“但是，没有公共危险的时候，不处罚”，就是消极的构成要件。

也有学说在其他意义上使用消极的构成要件要素（negative Tatbestand-smerkmale）甚至消极的行为事情（negative Tatumstānde）的观念。将构成要件符合性与违法性判断等同，在同一层次上理解构成要件的要素和违法性阻却事由，这显然是不当的，构成要件符合性与违法性判断虽是紧密联系的，但前者是形式的、类型的判断，后者是实质的、个别的判断，不能混为一谈。这是构成要件理论中的问题，并不能与此处的消极的构成要件等同。

（三）封闭的构成要件与开放的构成要件

封闭的构成要件和开放的构成要件是由韦尔策尔提出的一种分类方式。所谓封闭的构成要件，也称完结的构成要件，是指刑罚法规在构成要件的规定上，已经完善地表示了所有犯罪要素的情形；而开放的构成要件，也称需待补充的构成要件，是指刑罚法规在构成要件上只规定了一部分犯罪要素，其他则需由法官在具体适用时进行补充的情形。比如在过失犯中所要求的行为人的注意义务的具体内容，不真正不作为犯场合下行为人所应承担的作为义务的有无及其具体范围等，法律都未作详细规定，需由法官进行判断。

对于开放的构成要件这一概念，德日刑法学界存在不少批评意见；承认开放的构成要件，就会承认由裁判官的价值判断来补充构成要件，会破坏罪刑法定主义所要求的刑罚法规的明确性原则；使构成要件失去违法推定机能[②]；将需要补充的构成要件要素从构成要件中转移到违法性中，继而将其排除在故意认识对象之外[③]。但是作为实际问题，不可能对过失犯、不真正不作为犯规定封闭的构成要件，所以只能采取开放的形式，并严格对其进行解释。

这里需要注意的是，并非当一个构成要件中存在不成文的构成要件要素时，就是开放的构成要件；只有当某构成要件没有指示违法，因而需要在构成要件之外确定“专门的违法性特征”时，该构成要件才是开放的构成要件。

（四）基本的构成要件、派生的构成要件与独立的构成要件

这种划分是德国学者所采用的分类方式。他们认为，在以保护一定的法益为目的的刑

---

① 〔日〕大塚仁：《刑法概说（总论）》（第三版），冯军译，中国人民大学出版社，2003 年，第 117 页。

② 〔日〕山中敬一：《刑法总论》（第二版），成文堂，2008 年，第 177 页。

③ 〔日〕山口厚：《刑法总论》（第二版），有斐阁，2007 年，第 35 页。

法条文的内部关系上，相互间有着多种层次上的关联，从而可以进行分类。

其中，基本的构成要件是指对犯罪类型基本形式的规定，它包含可罚性的最起码前提条件；这些前提条件说明了犯罪的典型表征并确定了它的不法性。而派生的构成要件是指立法者对基本构成要件附加新的要素而形成的构成要件。独立的构成要件是指虽然在保护法益、行为记述等方面都与基本的构成要件具有类似性，但却不属于派生的构成要件而是独立的不法类型的构成要件①。

举例而言，《德国刑法典》第 242 条规定的盗窃罪是基本的构成要件，第 243 条规定的特别严重的盗窃则是派生的构成要件中的加重构成要件，第 248 条 C 盗用电力罪则是独立的构成要件②。

五、构成要件要素

构成要件要素不同于构成要件的概念，它旨在说明构成要件的内容。分析研究具体的构成要件要素是刑法各论的任务，不同的罪名的构成要件要素不尽相同；而在总论中所要说明的，是不同构成要件要素所共通的一般要素。

从刑法总论的角度看，构成要件要素可以分为哪些种类，学者们的意见不完全一致。大塚仁将构成要件要素作了四种分类，即基本的构成要件的一般要素与修正的构成要件的要素、客观的构成要件要素与主观的构成要件要素、记述的构成要件要素与规范的构成要件要素、作为违法类型的构成要件要素与作为责任类型的构成要件要素③。板仓宏则从三个方面对构成要件作了分类，即记述的要素、规范的要素；客观的要素、主观的要素；作为违法行为类型的构成要件要素与作为有责行为类型的构成要件要素④。可以说板仓宏的这一分类简单明了，为多数学者所接受，下文据此进行分析。

（一）客观的构成要件要素与主观的构成要件要素⑤

1. 客观的构成要件要素

客观的构成要件要素是记述表现在外的现象的要素，其存在在外观上可以认识，包括行为主体、行为客体（即对象）、行为状况、（实行）行为、结果、行为和结果之间的因果关系等。

(1) 行为主体。所谓行为主体，是指实施成为构成要件内容的行为的人，即行为人，通常是指自然人。刑法分则条款中的构成要件在决定可罚性时，原则上并不问一定的行为是什么人的行为，只是在某些场合，构成要件中才明确地将行为人的属性当做概念要素予以规定，如“公务员”、“有保护老人，儿童、残疾人或病人责任者”等。这些也可以说是

---

① Wessels，Beulke. Strafrecht Allgemeiner Teil：Die Straftat und ihr Aufbau. C. F. Müller，2010，40. Aufl.，S. 42.

② Wessels，Beulke. Strafrecht Allgemeiner Teil：Die Straftat und ihr Aufbau. C. F. Müller，2010，40. Aufl.，S. 44.

③ 〔日〕大塚仁：《刑法概说（总论）》（第三版），冯军译，中国人民大学出版社，2003 年，第 116～131 页。

④ 〔日〕板仓宏：《新订刑法总论》，劲草书房，1998 年，第 92～95 页。

⑤ 这里需要说明的是，只有承认主观的构成要件要素的学者，才承认这种分类；否认主观的构成要件要素的学者，必然否认这种分类。

身份犯[1]。另外，对于规定处罚法人自身的刑罚法规而言，法人也能成为行为主体。

(2) 行为客体。所谓行为客体，即行为的对象，就是行为所指向的人或物。它不同于刑罚法规中的保护客体，后者是刑罚法规根据其构成要件所保护的利益即法益。如杀人罪的行为客体是“人”，而保护客体是人的“生命”；妨害执行公务罪的行为客体是“公务员”，而保护客体是公务。

(3) 行为状况。行为状况又称构成要件状况，是指行为发生时的外部状况。如日本刑法中违反中立命令罪中的“和外国交战之际”、妨害灭火罪中的“火灾之际”等就相当于此。在这里，行为状况成为构成要件要素，因此，欠缺与此相当的犯罪事实时，即不符合构成要件。

(4)（实行）行为。“行为论中所讲述的行为，是指能够受意思支配的具有社会意义的人的外部态度，是作为刑法上的构成要件符合的对象的社会事实的行为”[2]。关于行为的一般内容，参见本书第七章。这里在构成要件中所讲的行为，是作为构成要件要素的行为，即实行行为。

(5) 结果。结果是由行为引起的外界变化，但它在构成要件中是处于被类型化和被定型化的限度之内的。结果在多数场合都意味着对作为保护客体的法益的侵害，有时也可以只是危险。依据构成要件上的行为或结果与所保护法益的侵害之间的关系，可以划分出即成犯、状态犯、继续犯三种形态方面的类型。在构成要件中，一般以行为的主观方面与客观方面及结果相对应为原则。但有例外，一方面有的构成要件含有超主观要素（目的犯）；另一方面，有的构成要件还有超过行为主观方面的结果存在（结果加重犯）[3]。

(6) 行为和结果之间的因果关系。行为与结果之间具有因果关系，在结果犯的场合是符合构成要件之必要条件；即使在构成要件中并没有明确规定，此种场合下，因果关系也常常是构成要件要素。如以杀人罪为例，即使实施了杀人的实行行为，如果它和死亡的结果之间没有因果关系，也不成立杀人罪既遂。关于因果关系的具体内容，详见后文。

2. 主观的构成要件要素

所谓主观的构成要件要素，是指作为构成要件要素的行为人的内心态度。在初期的构成要件理论中并不承认这一主观构成要件要素。但是，随着其后主观的违法要素理论的发展，这种情形有了改变。如今，在德国，通说承认主观的构成要件要素，但在日本，学者之间则存在争议。

如何看待主观的构成要件要素，日本学者有以下不同的见解：①主观的违法要素（及主观的责任要素）肯定说。此说认为由于主观的构成要件要素具有加重违法性的机能，是行为无价值的重要要素，因而是作为违法类型的构成要件的不可或缺的要素。团藤重光、福田平、大塚仁、西原春夫、野村稔等均持此说。这一见解是今日德国、日本的通说。②主观的责任要素肯定说。此说主张主观的构成要件要素，作为责任要素给予肯定，但不承认其是违法要素。内田文昭、曾根威彦、前田雅英等持此说。③主观的构成要件要素全

---

① 〔日〕小野清一郎：《犯罪构成要件理论》，王泰译，中国人民公安大学出版社，2004 年，第 181 页。

② 〔日〕大谷实：《刑法讲义总论》（新版第二版），黎宏译，中国人民大学出版社，2008 年，第 112～113 页。

③ 〔日〕小野清一郎：《犯罪构成要件理论》，王泰译，中国人民公安大学出版社，2004 年，第 187～189 页。

面否定说。此说认为主观的构成要件要素会导致“刑法的不健全的主观化”，主张不要主观的构成要件要素。④主观的构成要件要素部分肯定说。此说将目的犯区分为“以结果为目的的犯罪”（如虚伪告诉罪中使受刑事处分等的目的）和“以后续行为为目的的犯罪”（如伪造通货罪中的行使的目的），认为在后者的场合不能不承认主观的违法要素，而在前者的场合则有一定的问题，至少这个目的不是纯主观的。平野龙一持此说[①]。

上述诸说，我们认为当以第一说为妥。刑法中规定的作为犯罪类型的构成要件都包含主观要素，如果不承认其为违法责任要素，则如杀人罪与过失致人死亡罪就无从区别。

主观的要素可以分为一般的主观要素与特殊的主观要素。

1）一般的主观要素

这里主要包括故意和过失。故意，是指对犯罪事实即符合客观的构成要件事实有认识且有实现该认识内容的意思。过失，是指由于不注意而对违反注意义务的事实没有认识或没有形成反对动机，因而实施一定的作为或不作为。关于故意和过失，本书将另外专门加以论述。

2）特殊的主观要素

（1）目的犯中的目的。目的犯是指以一定目的为主观的构成要件要素的犯罪。所谓目的犯中的“目的”，是实现一定事项的意欲。根据目的性质不同可以对目的犯进行分类。首先，从通过实施构成要件性行为能否实现其目的可以分为断绝的结果犯（直接的目的犯）与缩短的行为犯（间接的目的犯）。在前者场合，目的通过行为本身或作为行为附随现象被实现，不需要实施新的行为，但需要行为人把目的的内容作为确定的东西加以认识；在后者场合，为了实现目的需要实施另外的行为，且一般只需要具备未必的认识即已足够。其次，存在真正目的犯（纯正目的犯）和不真正目的犯（不纯正目的犯）的区别。前者以目的的存在为犯罪成立的要件；后者目的的存在只不过是刑罚的加重事由或免除事由[②]。最后，根据目的是否由法律明文加以规定，可以将目的犯分为明示的目的犯和暗示的目的犯。如日本刑法中的盗窃罪、诈欺罪等所谓领得罪中的“不法占有意思”都是解释论上承认的目的，属于暗示的目的犯[③]。

（2）倾向犯中的内心的倾向。所谓倾向犯是指只有当行为表现出行为人的主观内心倾向时才肯定构成要件符合性的犯罪。例如，日本刑法中的公然猥亵罪、强制猥亵罪等，只有在刺激或者满足行为人的性冲动的倾向下进行时，才视为犯罪，外表上虽然是同样的行为，以诊断和治疗的目的进行的行为等则不包含在内[④]。

（3）表现犯中的内心状态。表现犯是指只有当行为作为行为人心理过程或状态而显现时才成立犯罪的犯罪。不比较外部的事象和行为人的精神面，就不能正确地判断其违法性和构成要件符合性。例如，伪证罪，只有在行为人违反其记忆作了虚伪的陈述时，才为犯罪[⑤]。

---

① 〔日〕山中敬一：《刑法总论》（第二版），成文堂，2008年，第180页。
② 〔日〕大塚仁：《刑法概说（总论）》（第三版），冯军译，中国人民大学出版社，2003年，第124页。
③ 〔日〕川端博：《刑法总论讲义》（第二版），成文堂，2006年，第109页。
④ 〔日〕大塚仁：《刑法概说（总论）》（第三版），冯军译，中国人民大学出版社，2003年，第124～125页。
⑤ 〔日〕大塚仁：《刑法概说（总论）》（第三版），冯军译，中国人民大学出版社，2003年，第125页。

（二）记述的构成要件要素与规范的构成要件要素

1. 记述的构成要件要素

在认定构成要件要素存在与否时，仅依法官的解释或认识活动即可确定而不需加入价值判断的要素，称为记述的构成要件要素。例如，“杀人”中的“人”。需明确的是，记述的构成要件要素也需要进行解释，但只要对某个概念作出一定的解释，根据大致的事实认识活动就能认定。就如关于人的始期有一部露出说、全部露出说、独立呼吸说等诸多争论，但只要依其中一种标准进行解释，就能够明确对象是否是“人”。

2. 规范的构成要件要素

在认定构成要件要素存在与否时，要求必须经过法官的规范的、评价的价值判断才能确定的构成要件要素，称为规范的构成要件要素。对于规范的构成要件要素，其存在与否，即使在有明确的法律解释的场合，也是不够的，某种事实是否符合构成要件仍需要法官进行价值判断。例如，即使将“淫秽”界定为“无益的兴奋或刺激性欲，损害普通人对性的正常的羞耻心，违反善良的性道义观念”[①]，某种文书是否属于淫秽文书还是不能简单地加以判断。

正确地划分记述的要素与规范的因素，不仅有助于正确地界定犯罪的范围，对于正确理解故意和刑法中的错误等理论更是具有特别的意义。

基于罪刑法定原则的要求，构成要件应该尽可能地采用记述性要素而非规范性要素。但是，构成要件是将作为社会性存在的行为加以类型化的法律概念，因此，为了适当对应复杂的社会现象，不可能完全将规范要素从刑法中排除出去。因此，在其确定上，必须以社会一般观念为基础，在尽可能客观、严格地解释的同时，力求通过判例的蓄积，将其类型化[②]。

（三）违法行为类型的要素与有责行为类型的要素

从违法、责任类型的立场来看，可以将构成要件分为违法行为类型的要素和有责行为类型的要素。

一般认为，所谓违法，是指行为违反法规范，即在法规范的立场上是不被允许的；所谓责任，是指把违法的行为与行为人的人格相联系，能够谴责行为人。因此，不少学者认为，作为违法行为类型的构成要件要素是以客观的要素为中心的，作为有责行为类型的构成要件要素则主要是主观的要素。但是，能够成为违法性判断的对象的，其实不限于客观的要素，承认所谓主观的违法要素乃是今日刑法学的一般倾向。因此，故意、过失、目的等，在被作为责任要素考虑之前，也应被赋予作为主观的违法要素之意义。因为通过一并考虑这些主观的要素，才能更正确地判断行为是否违反法规范及其违反的程度。因而，这些要素具有作为违法类型的要素和作为责任类型的要素这两方面的性质。梅茨格尔所提出的倾向犯、表现犯，也是如此。另外，在责任判断的对象中也承认诸如适法行为的期待可能性这种客观的要素，在构成要件中将其类型化了时，就是作为责任要素的构成要件要

① 〔日〕最高裁判所1951年3月13日《最高裁判所刑事判例集》第5卷第6号，第1026页。

② 〔日〕大谷实：《刑法讲义总论》（新版第二版），黎宏译，中国人民大学出版社，2008年，第120～121页。

素。例如，“之所以对收取伪造的通货后知情行使罪（第152条）规定着较轻的处罚，可以说是考虑了因为行为人存在关于行使伪造通货行为的较弱的人性，因而存在着较小的期待可能性”①。

六、构成要件符合性

（一）构成要件符合性的概念

所谓构成要件符合性，就是具体事实符合法律上的个别犯罪构成要件，它是与违法性和责任并列的犯罪成立条件之一。成立犯罪，首先必须具有符合构成要件的行为。

大谷实认为，构成要件符合性的判断存在三个阶段：首先，根据证据确定在刑法上成为问题的事实；其次，用根据解释所确定的构成要件来衡量该事实；最后，判断该事实是否符合该构成要件所预定的行为。符合构成要件的事实就是犯罪事实②。

关于构成要件符合性，小野清一郎认为除“符合”以外，还应当承认“充足”的观念，完全满足基本的构成要件的事实的场合，叫“充分满足”，像未遂犯的犯罪事实那样，不过是符合基本的构成要件的一部分，应当说是“符合”；而大塚仁则认为“符合”即可。大谷实指出，未遂犯在充分满足修正的构成要件这一点上，与既遂犯的场合并没有什么区别，没有特意使用“充分满足”观念的必要②。

（二）构成要件的解释

根据罪刑法定原则的要求，在确立刑罚法规时，立法者必须尽可能具体明确各构成要件的内容。但是现实却是千变万化的，在不少情形中，从现有立法技术出发，几乎不可能毫无疑问地明确规定构成要件的内容，由此便产生解释和补充的必要。这主要体现在开放的构成要件、规范的构成要件与修正的构成要件之中。

在开放的构成要件的场合，主要问题在于过失犯和不真正不作为犯的构成要件。刑罚法规对于过失犯的构成要件，通常只规定着“因过失而……的”，并未明确过失的具体内容。而过失实质上是对法律上注意义务的违反，因此在认定过失的构成要件时，需要法官在具体案件中解释补充过失的具体内容。而在不真正不作为犯中，也必须在具体案件中确认作为犯罪成立条件的作为义务的具体内容。当然也有见解认为应当将过失或违反义务作为违法或责任要素，但我们已经阐明这是不恰当的，所以为确定构成要件，需对此明确化。

关于含有规范的构成要件要素的构成要件，法官必须根据法律的、文化的评价活动或者认识判断进行确定，所以需要加以解释。在法律评价活动的场合，由于是按照法律标准来进行判断，对于解释、适用的客观性可以保证，问题较少；但是在文化评价活动的场合，容易优先考虑法官的价值基准，所以必须按照社会一般人认为妥当的价值基准，客观地确定其构成要件要素③。

---

① 〔日〕大塚仁：《刑法概说（总论）》（第三版），冯军译，中国人民大学出版社，2003年，第131～132页。

② 〔日〕大谷实：《刑法讲义总论》（新版第二版），黎宏译，中国人民大学出版社，2008年，第106页。

③ 〔日〕大谷实：《刑法讲义总论》（新版第二版），黎宏译，中国人民大学出版社，2008年，第123页。

在修正的构成要件的场合，主要是未遂犯和共犯的构成要件的问题。这些情形下，刑罚法规对该构成要件的具体内容并未明确规定，因此也必须由法官来确定。但是，上述规定都是以基本的构成要件为基础的，所以，应当在这种关系之中补充构成要件，离开了基本的构成要件，就无法确定修正的构成要件①。

第二节 行为主体与客体

一、行为主体

所谓行为主体，又称犯罪主体，是指实施构成要件行为的人，即行为人。从世界范围看，刑罚法规对行为主体通常以“实施……的人”来规定，这里的人一般是指自然人，同时又不仅限于此，对于法规规定处罚法人的场合，法人也能成为行为主体。虽然意大利刑法认为犯罪主体只能是自然人，不过，这种限制并不是本体性的，或者说单位并不是绝对不可能成为犯罪的主体。事实上，根据“团体理论”，人们可以认为一个“单位”的“下属机构”的行为，就是该机构本身的行为，并继而通过机构和单位间的一体化，将该行为归结为单位的行为；以此为据，就可以要求单位对履行其职能（如纳税），或者纯粹为其谋利益（如非法购买第三者的财产）等活动中的刑事违法行为承担责任②。但是，苏俄刑法仅规定了自然人主体，诚如 H. A. 别利亚耶夫所指出的：“苏维埃刑法认为，实施了危害社会行为并达到法定年龄的有责任能力者是犯罪主体。”③ 又如《俄罗斯联邦刑法典》第 4 条规定：“只有达到本法典规定的年龄并具有刑事责任能力的自然人才得承担刑事责任。”

由此可见，犯罪的主体是自然人没有争议，存在问题的是，法人是否属于犯罪主体，以及自然人的身份在犯罪体系中处于何种地位和作用。

（一）自然人

自然人成为行为主体，并不过问其责任年龄、责任能力等问题。只要自然人的行为符合构成要件，即可对其进行违法性评价。责任年龄、责任能力等属于责任要素，并不在构成要件符合性中予以判断。

但存在例外，有的构成要件需要行为人具有一定的身份，这种犯罪也就是身份犯。在身份犯中，有的是行为人具有一定的身份才构成犯罪，有的则只不过是加重或者减轻法定刑。前者称为真正身份犯，后者称为不真正身份犯。关于身份的意义，日本判例认为，“不限于男女的性别、亲属关系、作为公务员的资格这种关系，而是指所有与一定的犯罪行为相关的作为犯人的人的关系的特殊地位或者状态”④。

---

① 〔日〕大谷实：《刑法讲义总论》（新版第二版），黎宏译，中国人民大学出版社，2008 年，第 123～124 页。

② 〔意〕杜里奥·帕多瓦尼：《意大利刑法学原理》（注评版），陈忠林译评，中国人民大学出版社，2004 年，第 84 页。

③ 〔苏〕H. A. 别利亚耶夫等：《苏维埃刑法总论》，马改秀等译，群众出版社，1987 年，第 108 页。

④ 〔日〕大塚仁：《刑法概说（总论）》（第三版），冯军译，中国人民大学出版社，2003 年，第 128 页。

（二）法人

在德国、日本等国，法人是否是犯罪主体，存在的争论主要涉及的是法人有无犯罪能力的问题。对此存在否定说、肯定说与折中说三种意见：

否定说认为应当坚持“法人没有犯罪能力”的原则，其理由是：①法人是无血无肉的拟制存在，不具有作为刑法评价对象的行为能力；②责任是对行为人的人格进行的谴责，并非伦理上的实践主体的法人，不具有承担责任的能力；③以自由刑为中心的现行刑罚体系不适合对法人进行处罚；④只要对法人机关即自然人进行处罚就够了，否则就违反“禁止二重处罚的原则”，认为特别法上的代罚规定和两罚规定中的刑罚（罚金），实质上是保安处分[①]。这种否定法人的犯罪能力的观点，在日本曾一度居于优势，得到很多学者诸如牧野英一、小野清一郎、泷川幸辰等的支持；在德国和意大利等国仍然是相当有力的学说。

肯定说肯定法人的犯罪能力，其理由是：①法人也是按照机关的意思，作为机关而展开行动的，具有行为能力；②只要是按照法人的意思而实施行为，就可以对法人进行谴责；③只要规定有与法人相适应的财产刑，就不会产生处罚上的不合适；④为了抑制法人犯罪，有必要将法人自身作为处罚的对象。针对代罚规定以及两罚规定，该说认为现行法上所规定的罚金是刑罚，同时，作为立法论，该说主张在刑法典中也承认法人的犯罪能力[①]。该说已得到越来越多的学者诸如木村龟二、西原春夫等的赞同，成为日本的通说。

折中说认为，与固有刑法重视道德伦理的违反不同，特别刑法、行政刑法领域更重视对政策要求的违反。应在固有刑法中否认法人的犯罪能力，但在特别刑法、行政刑法中可以予以肯定[①]。

总的来看，德国、意大利等国对此持否定说，“法人和社团在自然的意义上不具备行为能力，因此不能被科处刑事处罚”[②]。“如果单位的代表、管理人员或雇员无力缴纳被判处的财产刑，（某些情况下）单位也要承担（民事性质的）连带责任（刑法典第 197 条），这一规定也从反面说明，单位本身不能承担任何刑事责任。”[③] 英美法系各国和法国持肯定说，在法国，法人与自然人受到相同对待，《法国新刑法典》第 121-2 条规定，“除国家之外，法人依第 121-4 条至第 121-7 条所定之区分，且在法律或条例有规定的情况下，对其机关或代表为其利益实行的犯罪负刑事责任”。而在日本，现今肯定说为通说，但大塚仁、福田平等持折中说。法人犯罪能力否定说立足于传统的刑法理论，有其一定的道理。但是，在实际生活中，随着法人社会活动范围的扩大，在特别刑法特别是行政刑法领域，有必要对法人的违法活动进行刑法规制[④]。法人也和自然人一样，在社会中实施有意义的活动，这种法人活动，是受作为代表机关的自然人即从业人员的意思所支配或者说是可以支配的，因此，认为法人具有行为能力并无不当。法人是根据其固有的意思，作为社会现

① 〔日〕大谷实：《刑法讲义总论》（新版第二版），黎宏译，中国人民大学出版社，2008 年，第 108 页。

② Wessels，Beulke. Strafrecht Allgemeiner Teil：Die Straftat und ihr Aufbau. C. F. Müller，2010，40. Aufl.，S. 37.

③ 〔意〕杜里奥·帕多瓦尼：《意大利刑法学原理》（注评版），陈忠林译评，中国人民大学出版社，2004 年，第 85 页。

④ 〔日〕大塚仁：《刑法概说（总论）》（第三版），冯军译，中国人民大学出版社，2003 年，第 126 页。

实中的存在而独立展开活动的，对于这种法人可以进行谴责，应当说，法人具有承担刑事责任的能力。虽然现行刑罚体系的中心是自由刑，不能对法人科处，但是，适合处罚法人的财产刑目前也存在，另外可以增设有效的制裁方法①。

由此看来，肯定说是可取的。当然，理论上认为法人有刑法上的行为能力，可以成为犯罪的主体，并不能代替刑法的立场。实践中必须考虑各国刑法的具体规定。

二、行为的客体

（一）行为客体的概念

意大利学者认为，犯罪客体具有双重含义：一是指犯罪行为所侵犯的“刑法规范所保护的个人或集体的利益”；二是指犯罪行为所直接作用的人或物。前者即“犯罪的法律客体”；后者为“犯罪的物质客体”。犯罪的法律客体，是犯罪行为所侵犯的受刑法规范保护的个人或集体的利益，即“法益”②。西田典之认为，“行为客体即作为行为对象的人或物”，而保护客体，即保护法益③。H. Ф. 库兹涅佐娃认为，犯罪客体是“刑事法律所保护的、实施犯罪的人所侵害的、由于犯罪行为的结果受到或可能受到重大损害的具有社会意义的价值、利益、财富”④。

从上述定义可以看出，意大利学者的犯罪客体有两层含义：一是指法益；二是指行为客体。西田典之教授则直接区分行为客体与保护客体。俄罗斯学者认为犯罪的客体是刑法所保护的社会关系，而不是具体的人或物，这是与保护客体相类似的概念。

本书所论及的行为客体是客观的构成要件要素，即行为作用的人或物，从而与保护客体即法益区别开来。这与中国刑法中的犯罪对象大致相同。

行为客体并非存在于所有的犯罪之中，没有行为客体也可能成立犯罪。例如，《日本刑法典》第 169 条规定的伪证罪、第 230 条规定的毁损名誉罪就是适例。

（二）行为客体与保护客体

行为客体与保护客体既相联系，又有区别。保护客体即法益，是刑罚法规所保护的利益或价值，而行为客体是行为的对象。保护客体是从被保护的层面而言的，从被犯罪侵害的层面来说，法益又被称为“侵害的客体”。

关于刑法所保护的法益，杀人罪可以说是人的生命，伤害罪可以说的是人的健康，盗窃罪可以说是财产，纵火罪可以说是公共的安全。保护客体是根据法律所保护的观念上的对象，是价值上的对象，因而与行为的对象不同，不必在构成要件中明确记载，即使有例外地被规定的情况，因为承担着法益，也不能直接称为构成要件要素⑤。刑法一般不对法益进行规定，但也有例外情形，如《日本刑法典》第 233 条（毁损信用罪）规定的“他人

---

① 〔日〕大谷实：《刑法讲义总论》（新版第二版），黎宏译，中国人民大学出版社，2008 年，第 109 页。

② 陈忠林：《意大利刑法纲要》，中国人民大学出版社，1999 年，第 145～146 页。

③ 〔日〕西田典之：《日本刑法总论》（第二版），王昭武、刘明祥译，法律出版社，2013 年，第 66 页。

④ 〔俄〕H. Ф. 库兹涅佐娃、И. М. 佳日科娃：《俄罗斯刑法教程（总论）》（上卷），黄道秀译，中国法制出版社，2002 年，第 205 页。

⑤ 〔日〕木村龟二：《刑法学词典》，顾肖荣、郑树周等译，上海翻译出版公司，1991 年，第 137 页。

的信用”等。

行为客体与保护客体的主要区别在于：第一，行为客体是构成要件要素，而保护客体承担着法益，不能直接称为构成要件要素；第二，行为客体是行为的具体的作用对象，如人的身体、财物、建筑物等；而保护客体是观念的对象，如人的生命、财产、居住的安全等。所以，对行为客体与法益要明确地加以区别。

第三节　实行行为

一、实行行为的含义与类型

（一）实行行为的含义

前面已在行为论中对广义上的行为进行了阐述。而在构成要件论中论述的行为，是指符合构成要件的行为，也就是刑法中的实行行为。

从广义上说，实行行为是指符合构成要件的行为，而根据前面所述的关于构成要件的种类，实行行为不仅包括符合基本的构成要件的行为，也包括符合修正的构成要件的行为。在这个意义上，应当把符合既遂犯、未遂犯、共犯、预备罪、阴谋罪的构成要件的行为都称为实行行为。

这里论及的实行行为采用的是狭义的概念，即实行的着手之后的行为，既不包括结果，也不包括因果关系。需要注意的是，如果刑法分则将着手实行前的预备、阴谋行为规定为特别的构成要件，则符合这种构成要件的行为也可被认为是实行行为。而关于实行的着手这一内容将在本书第十一章予以说明。

在下列场合，实行行为论具有现实意义。例如，“甲寻思着乙最好能被雷打死，并（出于此愿望）命令乙到森林中去，乙果真被雷电打死，在此种情形下，当乙遭遇雷电发生死亡危险之时，便产生了未遂结果，但由于命令乙去森林的行为与雷电所引起的死亡危险性之间并无相当因果关系，因而该行为不具有实行行为性，也不具有杀人罪（未遂）的可罚性”①。

（二）实行行为的类型

根据实行行为形态的不同，可以将其划分为如下类型：①直接正犯行为和间接正犯行为。有关正犯的实行行为将在本书第十二章予以详细论述。②故意实行行为和过失实行行为。前者是基于故意的心理态度实行的行为；后者是基于过失的心理态度实行的行为。③作为和不作为。

对于什么是作为与不作为，学者们有不同的观点：

大塚仁认为刑法中的行为是表现于外界的身体性动静，而表现于外界的行为人的身体性动静，被分为属于积极性身体活动（动）的作为和属于一定的消极性身体活动（静）的

---

① 〔日〕西田典之：《日本刑法总论》（第二版），王昭武、刘明祥译，法律出版社，2013年，第69页。

不作为[①]。例如，母亲不给刚出生的婴儿喂奶而致其饿死。从不喂奶的角度看，母亲的行为是静止；但与此同时母亲可能在逛街，这又是运动。因此，运动与静止并不能完全对应作为与不作为。

西原春夫认为，不作为是指“不实施一定的身体运动”，作为是指“实施一定的身体运动”。由此，“如果从物理的角度来看，那么，作为通常是身体的运动；与此相反，不作为既有身体运动的场合，也有静止的场合”[②]。

帕多瓦尼认为：“如果从客观现象的角度分析，作为可定义为一种能从外部感受到的身体活动。不过，这是一个非常抽象的定义，其具体内容必须根据刑法对不同犯罪的具体规定来决定……‘不作为’，是行为的第二种形式，其特点是没有实证的内容。根据刑法典第 361 条第 1 款，公务员不及时报告自己知道的犯罪是应受处罚的行为。刑法典这样规定的理由，显然不是因为行为人做了什么，而只是因为行为人没有做他应该做的事情。”[③]

Л. В. 伊诺加莫娃-海格认为，《俄罗斯联邦刑法典》第 14 条中的“行为”一词，明确地被用于只是表述客观方面的含义，而在第 14 条第 2 款以及其他有关罪过的条文中，“行为”概念包括更广阔的含义，可以是作为，也可以是不作为[④]。

上述关于作为和不作为概念的界定，可以说各有长短。西原春夫的论述，阐明了作为和不作为的区分是以一定的身体运动为标准，并不排斥不作为也可能有身体运动的情形，在这点上其观点是正确的；但他没有指明刑法中的作为和不作为的特点。帕多瓦尼的解释，以刑法的规定为例，指出了不作为的内容在于没有做应该做的事，这是值得肯定的；但他对作为和不作为的定义也不够明晰。Л. В. 伊诺加莫娃-海格针对刑法规范作出了一定的说明，但是她却没有对不作为给出明确的界定。

以行为是违反禁止规范还是违反命令规范为标准来区分作为与不作为，是一种传统的观点。这种观点现在并没有过时，仍然具有重要意义，本书认同这种观点。

二、不作为犯

法国学者认为，成立犯罪所必需的事实要件可以是“积极行为”（作为）或“消极行为”（不作为），所谓“积极行为”是指，实行了受法律禁止的行为；“消极行为”是指，不完成法律为整体利益规定的应当完成的行为[⑤]。耶赛克、魏根特认同考夫曼、韦尔策尔的观点，即不作为犯均是违反了命令规范的行为[⑥]。福田平等学者认为，犯罪虽以作为犯为原则，但由于不作为犯（即不做出积极的动作）也能构成犯罪，这叫做不作为犯[⑦]。俄

① 〔日〕大塚仁：《刑法概说（总论）》（第三版），冯军译，中国人民大学出版社，2003 年，第 95 页。

② 〔日〕西原春夫：《犯罪实行行为论》，戴波、江溯译，北京大学出版社，2006 年，第 86 页。

③ 〔意〕杜里奥·帕多瓦尼：《意大利刑法学原理》（注评版），陈忠林译评，中国人民大学出版社，2004 年，第 106～107 页。

④ 〔俄〕Л. В. 伊诺加莫娃-海格：《俄罗斯联邦刑法（总论）》（第二版），黄芳等译，中国人民大学出版社，2010 年，第 66 页。

⑤ 〔法〕卡斯东·斯特法尼等：《法国刑法总论精义》，罗结珍译，中国政法大学出版社，1998 年，第 215 页。

⑥ Jescheck H H，Weigend T. Lehrbuch des Strafrechts Allgemeiner Teil. Drucker & Humblot，1996，5. Aufl.，S. 601.

⑦ 〔日〕福田平、大塚仁：《日本刑法总论讲义》，李乔等译，辽宁人民出版社，1986 年，第 55 页。

罗斯学者认为："不作为是消极的行为，它在于人不实施他根据某种理由在具体条件下应该而且可能实施的行为。"[①]

以上观点中，法国学者的观点揭示了不作为成为行为的前提，即有法律规定的应当完成的行为，但没有显示作为和不作为的物理区别。德国学者将不作为囿于真正不作为犯这一范围。俄罗斯学者提出了实行行为的能力条件，但没有揭示作为和不作为的区别。可见对不作为犯还需进一步研究。

关于不作为犯的种类，韦塞尔斯、博伊尔克认为，不作为犯在形式上可划分为两组结构完全不同的形式，即纯正不作为犯和不纯正不作为犯。前者是指那些只是不遵照法律上的命令规范，不实施法律所要求行为的单纯不作为的犯罪行为。后者则是那些行为，即不作为者系一个"保障人"，承担着阻止结果发生的义务，他的不作为从价值的角度看相当于以作为的形式实现了法定构成要件[②]。大谷实认为，"不作为犯的原则形式是真正不作为犯，相反地，不真正不作为犯是以作为形式所规定的，本来只应该认可作为的实行行为，但是也认可了与其正好相反的不作为的实行行为"[③]。H. Ф. 库兹涅佐娃等认为，犯罪的不作为可以分为两种：纯粹的不作为和混合的不作为，纯粹的不作为极少见到，混合性不作为是不履行所担负的法律义务同时实施保障该不作为的积极作为[④]。

以上学者关于不作为犯的种类的论述，分类差异不大，只是名称表述上的不同，其实质内容基本一致。即真正不作为犯，是指只能以不作为方式才能实现构成要件的犯罪，即以不实行构成要件中所要求的行为为内容的犯罪；不真正不作为犯，是指以不作为的方式实现刑法规定的通常以作为的方式实施的构成要件的犯罪。

（一）处罚不作为犯的法理与问题

在以积极的作为实现构成要件的场合，作为直接侵害了法益，其处罚根据非常明确。刑法法规虽以处罚作为犯为常态，但在特定场合，对不作为犯，即"正在发生的指向结果的因果经过放任不管、并不介入的态度也予以处罚"。这是出于保护法益的考量。但这种考量必须有一定的限制，因为如果刑法无限处罚不作为，将使市民日常生活陷入不安与混乱[⑤]。

《德国刑法典》第 13 条对不作为犯作了规定，即"(1) 不防止属于刑法构成要件的结果发生的人，只有当其有依法保证该结果不发生的义务，且当其不作为与因作为而使法定构成要件的实现相当时，才依法受处罚。(2) 可依第 49 条第 1 款减轻处罚"。《韩国刑法典》第 18 条也规定了不作为犯，即"负有防止危险发生的义务或者因自己的行为引起危险，而未防止危险之结果发生的，依危险所致的结果处罚"。这些立法对不作为犯的概念、

---

① 〔俄〕H. Ф. 库兹涅佐娃、И. М. 佳日科娃：《俄罗斯刑法教程（总论）》（上卷），黄道秀译，中国法制出版社，2002 年，第 225 页。

② Wessels，Beulke. Strafrecht Allgemeiner Teil：Die Straftat und ihr Aufbau. C. F. Müller，2010，40. Aufl.，S. 271～272.

③ 〔日〕大谷实：《刑法讲义总论》（新版第二版），黎宏译，中国人民大学出版社，2008 年，第 126～127 页。

④ 〔俄〕H. Ф. 库兹涅佐娃、И. М. 佳日科娃：《俄罗斯刑法教程（总论）》（上卷），黄道秀译，中国法制出版社，2002 年，第 228 页。

⑤ 〔日〕西田典之：《日本刑法总论》（第二版），王昭武、刘明祥译，法律出版社，2013 年，第 97 页。

要素和处罚予以规定，从而使对不作为犯的处罚有了一定的法律依据。

大多数犯罪行为表现为作为，关于作为的实行行为性理论上没有什么争议，但不作为是否具有实行行为性，在刑法理论上有不同的观点。目前，大多数学者都认为不作为与作为是实行行为的两种基本形式，肯定不作为也是行为。耶赛克、魏根特就认为，“在不作为可被视为侵害的情况下，很难作一般性的描述。但是，如果存在刑法上或法秩序上的应受制裁的作为义务，如同在纯正不作为犯以及具备负有避免结果发生的保证人义务情形下一样，不作为始可被视为侵害”①。本书也赞同这种观点。

对不作为犯的实行行为，真正不作为犯的认识并不困难，因为在构成要件性行为被规定为不作为的犯罪中，符合构成要件的一定的不作为就是实行行为；不真正不作为犯的构成要件是所谓开放的构成要件，对应当成为决定不作为的实行行为性的根据的作为义务，并没有特别的明示，一般需要解释来补充。而关于究竟如何补充的问题，大塚仁赞同保证人说②。本书在后文中将对此作具体介绍。

（二）不作为犯与罪刑法定原则的关系

对真正不作为犯来说，由于存在法条的明文规定，对其构成要件的认定没有特别的问题，一般情况下也不会发生与罪刑法定原则相冲突的情形。存在问题的是不真正不作为犯，由于法律并没有明确规定其作为义务，没有明确规定其实行行为，因而德国学者考夫曼、日本学者金泽文雄等都认为处罚不真正不作为犯是一种类推解释，违反罪刑法定原则③。

大塚仁认为，“从形式的观点看，的确存在着这样的疑问。但是，对现实上从母亲想杀死婴儿故意不喂奶、放置不管的不作为，刑法能付之不问？从社会观念上看，这样的不作为无疑是当罚的。刑法理论的构成有必要尽可能地与社会观念相符合”，因而从规定的形式上被认为是作为的表述，在文理解释上也完全可能包含不作为。这样，“关于不真正的不作为犯，不应当认为刑法上没有处罚规定，而应当认为在形式上是作为犯的规定中实质上一并包含着不真正的不作为犯”④。

川端博认为，假定重视作为与不作为的存在论的构造及规范构造的不同，而完全排除价值论的考虑，就会使作为犯（禁止规范）的构成要件不能包括不作为犯。如果使作为犯的构成要件包括不作为犯，则必然有不为刑法所容许的类推解释，而违反罪刑法定主义。因此，彻底贯彻这一见解，为了处罚不真正不作为犯，特别立法就成为必要。然而，这个结论实际上却有不合理之处，应当承认价值论的衡量。通说将不真正不作为犯作为“基于不作为的作为犯”来理解。从而，不真正不作为犯的构成要件符合性，在违反命令规范的不作为与特定的作为犯具有值得处罚的等值性这一点上，通说与考夫曼的学说没有区别。因此，在这个意义上，作为构成要件符合性的问题，如何看待不作为与作为的等值性，具

---

① Jescheck H H，Weigend T. Lehrbuch des Strafrechts Allgemeiner Teil. Drucker&Humblot，1996，5. Aufl.，S. 339.

② 〔日〕大塚仁：《犯罪论的基本问题》，冯军译，中国政法大学出版社，1993 年，第 80～81 页。

③ 马克昌：《外国刑法学总论（大陆法系）》，中国人民大学出版社，2009 年，第 100 页。

④ 〔日〕大塚仁：《犯罪论的基本问题》，冯军译，中国政法大学出版社，1993 年，第 83 页。

有极为重要的意义。不真正不作为犯的场合，不是处罚所有的不作为，如果只是处罚从价值上看能够与作为同样程度看待的不作为，那就不违反罪刑法定原则的旨趣①。

大谷实认为，构成要件的行为，通常是像“杀”、“欺骗”一样，被抽象地规定，而且从侵害法益的观点来看，一般包含不作为在内。因此，除了在性质上应当排除不作为的情形以外，应该说，所有的构成要件都可以由不作为来实现。这样，作为犯的构成要件也可以由不作为的形式实现②。

根据上述观点，从法律主义的层面来看，对不真正不作为犯进行处罚，并不违反罪刑法定原则。但不可否认的是，在不真正不作为犯的场合，由于法律没有规定作为义务的主体及内容，因此其处罚范围就不能明确。于是，有的国家试图通过立法来解决处罚不真正不作为犯与罪刑法定原则之间的冲突，例如《德国刑法典》第 13 条。《奥地利联邦共和国刑法典》第 2 条、《西班牙刑法典》第 11 条也有类似规定。如此一来，虽然可以消除类推解释的问题，但仍未明确处罚范围。在不真正不作为犯论题上，保证人地位和作为义务是核心问题。

（三）作为义务在体系上的地位

关于作为义务在成立真正不作为犯中的地位，理论上并无争议。例如，在不退出罪中，行为人不退出这一不作为便是其实行行为，“从该场所退出”这一作为义务，在构成要件上是比较明确的。然而，对于不真正不作为犯来说，作为义务并不是那么容易确定，如一名小孩溺水，站在河流旁边的父亲和其他围观者的不救助行为均导致了小孩的死亡，那么他们是否有作为义务，就需要作出认定。“和真正不作为犯一样，成立不真正不作为犯，必须是违反了法律上的作为义务。”③

作为义务在犯罪论体系中的地位，主要存在以下几种对立的观点。

1. 因果关系说

这种见解认为，作为义务的根据是不作为人现实而具体地支配了发生结果的因果关系。即不作为要与作为具有构成要件性等价值，不作为者就必须将正在发生的因果流程控制在自己的手中，即获得基于意思的排他性支配④。

2. 违法性说

此说认为因果关系的判断是一个物理性问题，而违法性的判断属于法律评价的问题，作为义务的有无必须根据具体的案情来判断，这是与实质的违法性相关的，属于违法性范畴。即使没有作为义务，不作为对于结果也可有原因力，但却缺乏违法性，因此，该说将作为义务视为违法性要素⑤。此说为李斯特首倡，后来得到贝林、M.E. 迈尔、牧野英一等的支持。

对于违法性说，学者们提出了以下几点批评意见：第一，“若采违法性说，则因有作

---

① 〔日〕川端博：《刑法总论二十五讲》，余振华译，中国政法大学出版社，2003 年，第 18～20 页。

② 〔日〕大谷实：《刑法讲义总论》（新版第二版），黎宏译，中国人民大学出版社，2008 年，第 130 页。

③ 〔日〕大谷实：《刑法讲义总论》（新版第二版），黎宏译，中国人民大学出版社，2008 年，第 131 页。

④ 〔日〕西田典之：《日本刑法总论》（第二版），王昭武、刘明祥译，法律出版社，2013 年，第 106 页。

⑤ 〔日〕大谷实：《刑法讲义总论》（新版第二版），黎宏译，中国人民大学出版社，2008 年，第 128 页；陈子平：《刑法总论》（2008 年增修版），中国人民大学出版社，2009 年，第 114 页。

为义务者以外的其他人，均具有构成要件该当性，故构成要件该当性在不真正不作为犯上，与作为犯的情形相异，而产生不具有‘违法推定机能’的不合理情形”[①]；第二，根据此说，对不真正不作为犯而言，只有违法的不作为才符合构成要件，这样的话就会颠倒构成要件符合性与违法性的判断顺序[②]；第三，根据此说，如果行为人负有作为义务而误认为自己没有该义务，因而不实施作为的，属于违法性的错误。但是，这种错误实际上是关于作为义务发生与否的基础性前提事实的错误，应当认为属于事实错误[③]。

3. 行为人类型说

20 世纪 30 年代，在泛法思想的左右下，以民族共同体思想为基调的基尔学派主张，构成要件不是限于行为类型而是行为人类型。故此，不真正不作为犯可罚性的理由是：其一，存在不作为的违反义务性，义务不仅指法律义务，也含道德义务；其二，依据健全的民族感情可以评价不作为者为犯罪人。至于是否成立行为人类型，则应由刑法分则条文解决[④]。

这一学说不对法律义务和道德义务进行区分，对罪刑法定主义有一定的冲击，为了克服这种缺陷，又出现了构成要件符合性说中的保证人说。

4. 保证人说

该说认为唯有具有保证人地位的人的不作为，才该当于构成要件；作为义务不是违法性问题，而是构成不作为犯的要件，是属于构成要件符合性的范畴。具体说来，“在具有发生某种犯罪结果的危险状态之下，具有防止其发生的特别义务的人就是保证人，保证人在能够尽保证义务的情况下，却不尽该义务，以致出现不作为的场合，就是不作为的实行行为”[⑤]。“保证人说，明确地指出不纯正不作为问题在于构成要件该当性，依此而展开之理论，基本上显示了妥当之方向。”[⑥] 韦尔策尔甚至把不真正不作为犯视为需要具有保证人身份的真正身份犯，因为不真正不作为犯的正犯性建立在不作为犯的保证人地位之上[⑦]。由上可知，保证人说有其重要性和合理性。

不过，这种保证人说后来又发展成两种不同的见解：第一，统一说（统和说）。该说认为，法律上导致作为义务产生的基础性事项（即保证人地位）与由此产生的防止结果发生的作为义务（即保证人的作为义务）是一体的，可以将其称为“保证义务”，属于构成要件要素。这是保证人说的最初形态，德国学者将其称为统一说[⑧]。第二，区别说。该说认为，“属于不纯正不作为犯的构成要件的只有保证人地位要素，由此而产生的行为义务本身并不属于不纯正不作为犯的构成要件；如同在作为犯情况下的不作为义务一样，作为义务同样是违法性的组成部分”[⑨]。即应当区分“保证人地位”和“保证人义务”。这一见

---

① 〔日〕川端博：《刑法总论二十五讲》，余振华译，中国政法大学出版社，2003 年，第 22 页。

② 〔日〕浅田和茂：《刑法总论》（补正版），成文堂，2007 年，第 153 页。

③ 〔日〕曾根威彦：《刑法的重要问题（总论）》（第二版），成文堂，2005 年，第 242 页。

④ 〔日〕日高义博：《不作为犯的理论》，王树平译，中国人民公安大学出版社，1992 年，第 24～25 页。

⑤ 〔日〕大谷实：《刑法讲义总论》（新版第二版），黎宏译，中国人民大学出版社，2008 年，第 132 页。

⑥ 〔日〕川端博：《刑法总论二十五讲》，余振华译，中国政法大学出版社，2003 年，第 23 页。

⑦ Welzel H. Das Deutsche Strafrecht. Walter de Gruyter，1969，11. Aufl.，S. 63～64.

⑧ 〔日〕齐藤诚二：《关于不真正不作为犯》，《受验新报》，1985 年第 10 期，第 19 页。

⑨ Jescheck H H，Weigend T. Lehrbuch des Strafrechts Allgemeiner Teil. Drucker & Humblot，1996，5. Aufl.，S. 631.

解在德国为通说[①]，在日本也是极为有力的学说[②]。

上述两种见解的区别，在于对保证人义务的定性，由此影响关于保证人义务的错误的认定。根据统一说，保证人地位与保证人义务均属于构成要件要素，对此认识错误，阻却故意；而区别说将上述二者相区分，认为前者是构成要件要素，后者是违法性要素，因此产生的错误分别是事实错误和违法性错误。区别说不仅纠正了违法性说否定构成要件在不真正不作为犯场合具有“违法推定功能”的错误，同时使错误问题的解决更符合法感情[③]。但作为实际问题，在司法实践中，难以区分保证人地位与保证人义务，“具有保证人的地位的话，就必然会产生保证人的义务意识”[④]。在理论上，两者学说的争论仍在继续，但就实际适用而言，不会出现太大差异。

（四）作为义务的发生根据

成立不作为犯罪，要求行为人负有作为义务。对真正不作为犯而言，其作为义务为法律所明确规定，成为问题的是不真正不作为犯的作为义务。对此，传统上是以法义务产生的根据为准，进行形式上的划分，即形式的法义务说；但这种划分并未对作为义务从内容根据上进行说明，所以后来为从实质上对作为义务的来源进行说明，又产生了实质的法义务说。

1. 形式的法义务说

“从历史上看，为了限定不真正不作为犯的成立范围，最初的学说仅以法律、合约为作为义务的根据。例如，限于具有民法上的抚养义务、监护义务，或者存在抚养合同、养育合同时，才认定具有作为义务。然而，民法上的义务何以能成为刑法上的作为义务的根据，对此，并未作出相应说明。考虑到将范围限定得过窄，其后又加上了道义（社会一般观念）这一根据。这就是所谓的形式的三分说（法律、合约、道义）。”[⑤] 其中道义的内容过于模糊，须加以类型化以便适用，对此学者们的观点不一：①认为其包括四类，即基于监护人地位的作为义务、基于管理人地位的作为义务、基于卖主地位产生的作为义务以及基于先行行为产生的作为义务[⑥]。②仅承认先行行为为其唯一内容[⑦]。③将先行行为与法律、合约并列成为作为义务根据之一，而不提习惯、道义[⑧]。

形式的法义务说将非刑罚法规中的义务直接作为刑法上的作为义务的根据，有欠妥适。另外，以道义为义务发生的形式上的根据，则对不作为犯的处罚有过于宽泛之嫌。为

---

① Jescheck H H，Weigend T. Lehrbuch des Strafrechts Allgemeiner Teil. Drucker & Humblot，1996，5. Aufl.，S. 630～631.

② 〔日〕大塚仁：《刑法概说（总论）》（第三版），冯军译，中国人民大学出版社，2003 年，第 136 页。

③ 陈子平：《刑法总论》（2008 年增修版），中国人民大学出版社，2009 年，第 114 页。

④ 〔日〕大谷实：《刑法讲义总论》（新版第二版），黎宏译，中国人民大学出版社，2008 年，第 132 页。

⑤ 〔日〕西田典之：《日本刑法总论》（第二版），王昭武、刘明祥译，法律出版社，2013 年，第 103～104 页。在德国，形式的法义务理论将法律、契约和先期实施的有危险性的行为作为作为义务根据，后来又承认密切的生活关系。Jescheck H H，Weigend T. Lehrbuch des Strafrechts Allgemeiner Teil. Drucker & Humblot，1996，5. Aufl.，S. 621.

⑥ 〔日〕大塚仁：《刑法概说（总论）》（第三版），冯军译，中国人民大学出版社，2003 年，第 138 页。

⑦ 〔日〕高桥则夫：《法总论讲义案》，成文堂，2006 年，第 54 页。

⑧ 〔日〕木村龟二：《刑法总论》，有斐阁，1978 年，第 197 页。

解决这样的问题，对作为义务发生根据进行实质上的探讨是有必要的。

2. 实质的法义务说

(1) 先行行为说。此说认为，作为是给予因果的契机，不作为仅仅是放任因果的契机，二者在构成要件上本无等价值；要认定二者之间具有等价值性，不作为者必须通过自己的先行行为设定因果[①]。因此，该说也被称为“实质的原因设定理论”。

这一学说最大的优点是，依据事实的判断来界定不真正不作为犯的成立范围，从而使得对不作为犯的界定相当明确。但该说也存在不足，它使更多的故意犯、过失犯得以转化为不真正不作为犯，如将单纯的肇事逃逸者认定为不作为的杀人罪[②]；而在没有先行行为的情况下则完全不能认定作为义务的存在，这显然是不合理的。

(2) 事实上的承担说。这种观点重视处于危险状态下的法益和不作为人之间的密切关系，认为在法益保护依存于不作为者的时候方肯定作为义务[③]。西田典之将其称为“具体依存性说”或“保护接受说”，认为作为义务的产生应限于接受了保护（责任）之时。例如，要成立杀人罪，必须是接受了保护被害人的责任，并借此获得了排他性（切断了其他人救助的可能性）；在肇事逃逸案件中，行为人有意将被害人送往医院而将其扶进车内，这属于接受了保护（责任），但如果行为人打算将被害人带到某处遗弃而将其扶进车内，则并不属于接受了保护（责任）。另外，如果以保护的接受为必要，在放火的场合，则必须是已经开始实施灭火行为，这样，对于完全不参与灭火的夜间值班员倒不能认定存在作为义务，显然不妥[④]。可见，该说的理由并不充分。

(3) 因果关系支配说。这是西田典之所倡导的观点，认为如果将作为视为指向结果的因果设定，不作为便属于因果过程的放任，不作为要与作为具有构成要件等价值，不作为者就必须将正在发生的因果流程控制在自己的手中，具体而言，有以下情形：一是具有事实上的排他性支配的场合，即不作为者基于自己意思的排他性支配，如基于收养关系的场合；二是具有支配领域性的场合，即并非基于支配意思而客观上获得排他性支配的情形，此时必须存在亲子、建筑物的管理人员、安保人员等社会持续性保护关系。对于存在不作为处于应当作为的地位的规范要素的场合，认定对结果具有支配性地位是有疑问的。如孩子溺水时，周围有很多人能够救助，如果仅认为父亲具有救助义务，将其认定为故意杀人罪的话，是不合适的。所以，仅根据规范要素不能认定对结果具有支配地位[⑤]。

3. 机能的二分说

为消除形式法义务说没有从内容上说明作为义务的根据的缺陷，考夫曼将作为义务分为特定法益的保护义务（法益保护型义务类型）和保证人对危险源的监督义务（危险源管

---

① 〔日〕日高义博：《不真正不作为犯的理论》，庆应通信，1979年；转引自〔日〕西田典之：《日本刑法总论》（第二版），王昭武、刘明祥译，法律出版社，2013年，第104页。

② 〔日〕西田典之：《日本刑法总论》（第二版），王昭武、刘明祥译，法律出版社，2013年，第104页。

③ 〔日〕山口厚：《刑法总论》（第二版），有斐阁，2007年，第87页。

④ 〔日〕西田典之：《日本刑法总论》（第二版），王昭武、刘明祥译，法律出版社，2013年，第105页。

⑤ 〔日〕西田典之：《日本刑法总论》（第二版），王昭武、刘明祥译，法律出版社，2013年，第106页；〔日〕山中敬一：《刑法总论》（第二版），成文堂，2008年，第233～234页。

理监督型义务类型)[①]。

法益保护型义务类型，山中敬一根据其保护义务产生根据的不同将其分为：①基于规范的保护关系而产生的作为义务，即法律根据防止对特定的人与物的法益侵害、威胁的需要而对特定人课以保护的义务所形成的义务类型（如亲子关系、夫妻关系等家族共同体内部产生的监护义务、扶养义务、相互扶助义务等）；②基于任意的、制度的保护关系而产生的作为义务，这里指不作为者与被害者之间的合意而引起保护机能关系的场合和企业等组织中负有保护机能的情形（如保姆与儿童之间的关系，仓库的警卫对库内的商品的保护关系，“危险共同体”的关系）；③基于机能的保护关系而产生的作为义务，即被害者的法益机能性地依存于不作为者先行的法益维持行为，如果没有不作为者的这一行为，法益就丧失的情形，如拾到弃婴每日喂其牛奶的人，放弃喂养而让孩子饿死的情况[②]。

危险源管理监督型义务类型，也被细分为三种情况：①因制造危险的先期行为而产生的作为义务；②对存在于自己的社会领域的危险源而产生的保证人义务；③保证人对受其监督之人的行为进行监督的义务[③]。

4. 综合限定说

该说认为要对作为义务的发生根据作多元理解，即同时具备以下条件：行为人处于能够控制已经发生的危险的地位（如实施了承担危险的行为的场合）；是结果发生的重大危险的场合；容易防止该结果的发生；不存在其他可以防止结果发生的人；与被害人之间存在根据法令或者合同所确定的关系[④]。

（五）作为可能性

尽管有作为义务，但若缺乏作为的可能性，也是不能成立不真正不作为犯的。就作为可能性而言，学者有不同的认识。一是将其作为作为义务的前提，认为作为可能性是构成要件要素。二是将其作为与作为义务并列的独立要件，其中，部分学者认为，为作为可能性提供基础的事情是构成要件要素，但作为可能性本身是违法要素；部分学者认为，回避危险的可能性与作为可能性不是等同概念，作为可能性是责任要素[⑤]。

有学者认为，作为可能性实际上又包括：①不作为者的行为能力；②具体状况下的作为可能性；③结果避免可能性等不同层次的内容[⑥]。但也有学者认为，没有作为能力的人不产生作为义务。而只有在作为比较容易的场合[⑦]，才能认可不作为犯的成立，因而作为

---

① Jescheck H H, Weigend T. Lehrbuch des Strafrechts Allgemeiner Teil. Drucker & Humblot, 1996, 5. Aufl., S. 621；〔日〕山中敬一：《刑法总论》（第二版），成文堂，2008年，第234页。

② 〔日〕山中敬一：《刑法总论》（第二版），成文堂，2008年，第234～235页。

③ Jescheck H H, Weigend T. Lehrbuch des Strafrechts Allgemeiner Teil. Drucker & Humblot, 1996, 5. Aufl., S. 624.

④ 〔日〕前田雅英：《刑法总论讲义》（第五版），东京大学出版会，2011年，第138页。

⑤ 张明楷：《外国刑法纲要》（第二版），清华大学出版社，2007年，第101页。

⑥ 〔日〕山中敬一：《刑法总论》（第二版），成文堂，2008年，第228～229页。

⑦ 有学者认为，作为的容易性应与作为可能性一样，是不作为犯的成立要件。但大谷实认为，不作为的实行行为的基础是社会一般观念，对不作为人来说即便并不容易，但对一般人来说容易的话，也能说具有作为义务，故只要将容易性作为违反义务的程度即不作为的违法性或责任问题来考虑即可。参见大谷实：《刑法讲义总论》（新版第二版），黎宏译，中国人民大学出版社，2008年，第137页。

可能性应当是与作为义务不同的另一要件（不作为的构成要件该当性＝实行行为性的问题）。结果避免可能性则是不作为与结果之间的因果关系的问题。因此，能够独立成为不作为犯成立要件的只有前述②即作为可能性[①]。

（六）不作为与作为的等价性

所谓不作为与作为的等价性，根据《德国刑法典》第13条的规定，是指只有当不作为与以作为实现法定的构成要件具有相当性时，才能成立不作为的犯罪。对于这一等价性的地位，理论上并不一致。一种观点认为，等价性只是为实质意义上作为义务的发生根据提供基础、限制作为义务发生根据的指导原理（平野龙一、福田平、西田典之）；另一种观点认为，等价性是在作为义务存在的前提下，进一步限定不作为犯的成立要件的总和（川端博、佐久间修）。根据后一种观点，前述支配领域性就不是作为义务的发生根据，而是等价性的条件之一；根据前一观点，支配领域性是作为义务的发生根据[②]。山中敬一认为，等价性只是不真正不作为犯的构成要件的解释原理，既不是作为义务的限定原理，也不是限定不作为犯成立的独立原理[②]。而耶赛克、魏根特认为，当构成要件对行为手段或方法没有特别要求时，只要不作为造成了构成要件结果，就成立不作为犯罪，"等价性"不具有特殊意义；但当构成要件对行为手段或方法具有特别要求时，只有当不作为符合构成要件所要求的手段或方法时，才能成立该罪[③]。

三、过失犯的实行行为

过失犯的实行行为在很长一段时间里是不被重视的。最初对过失犯进行讨论时，刑法学界认为，只要结果的发生与行为人主观上的不注意之间存在因果关系，即可认定过失犯，并不关注过失犯的行为问题。但在近来的过失理论中，学者们均对实行行为加以重视并予以讨论。

对于过失犯，虽然强调行为人主观上不注意的心态，但仅有不注意并不足够，必须有将其外化的行为，即违反客观注意义务的作为与不作为时，才可认定过失犯。如此而言，行为人违反注意义务的行为即为过失犯的实行行为，具体表现可以是作为，也可以是不作为[④]。但是，这种实行行为，"在具体的案件中是多种多样的，很难一般地、抽象地定型化，因此，通常法律没有表示，需要裁判官基于对符合具体事态的注意义务的认定、补充，来确定违反它的行为"[⑤]。

过失犯的实行行为并不如故意犯那样严格而明确，在一个人的多个过失造成了结果的场合，确定过失犯的实行行为就存在争议。例如，行为人酒后超速开车，不注视前方情况而与前面车辆相撞并致人死亡。此时，行为人至少存在酒后驾车、违反限速、不注视前方

---

① 〔日〕浅田和茂：《刑法总论》（补正版），成文堂，2007年，第153页。

② 〔日〕山中敬一：《刑法总论》（第二版），成文堂，2008年，第229页。

③ Jescheck H H，Weigend T. Lehrbuch des Strafrechts Allgemeiner Teil. Drucker & Humblot，1996，5. Aufl.，S. 629～630.

④ 〔日〕大谷实：《刑法讲义总论》（新版第二版），黎宏译，中国人民大学出版社，2008年，第179页。

⑤ 〔日〕大塚仁：《刑法概说（总论）》（第三版），冯军译，中国政法大学出版社，2003年，第152页。

这三个过失行为，认定何者为行为人的过失实行行为，并不统一[1]。过失并存说认为，行为人的数个不注意行为均属于过失[2]；直近过失说认为，“只有‘不注意前方’这一最后的过失行为才是过失”[1]。主要行为说认为，“在整体把握几个所能想到的危险行为的基础上，认定一个主要的、具有实质性危险的过失行为”为实行行为[3]。折中说认为，仅遵照其中的某一种学说来判断，均不合适的。具体而言，如果饮酒和超速都并非直接原因，只要注视前方本可以回避事故，则只有不注视前方才是过失，将其他的过失行为视为背景情况即可；反之，如果是因醉酒而引起不注视前方，这些行为便具有有机的关联性，可以将其视为一体认定为过失。总之，在行为人存在几个过失行为的场合，既有应以直近的一个过失行为作为过失的情形，也有因过失行为之间的有机关联性而相互并存，认定为一个过失的情形[1]。

第四节 结果

一、结果概说

结果在成立犯罪中的地位，在不同学者那里有着不同的理解。有学者认为，“没有结果就没有犯罪”，所有犯罪的成立都以结果发生为必要，即使是所谓的仅以行为成立的犯罪，也不过是结果与行为同时（或几乎同时）发生[4]。另有学者认为，结果只是结果犯的成立要件，行为犯的成立并不以结果为必要[5]。

前述意见分歧主要在于学者对结果的概念有不同的理解。究竟何为“结果”呢？帕多瓦尼将结果分为自然的结果概念与法律意义的结果概念，根据“自然的结果概念”，刑法中的“结果”（evento），是指由行为所引起的具有法律意义的结果（risultato）[6]。据此可将结果分为作为构成要件的结果、作为加重情节的结果和作为处罚条件的结果三类。而根据“法律意义的结果概念”，应将刑法中的结果理解为“对被保护法益的侵害”，是一种对行为已经对被保护法益造成了损害或使被保护的利益处于危险之中的法律评价[7]。

另外，野村稔将结果分为形式意义的结果和实质意义的结果。前者是指对行为客体的有形的事实作用（关于外界的变动），并非所有犯罪成立都以此结果为必要要件；后者是指对保护客体的侵害以及危险化，对所有犯罪成立而言都是必不可少的[8]。

比较而言，上述二说并无本质区别，即将结果作两种理解——对行为客体有形的事实

① 〔日〕西田典之：《日本刑法总论》（第二版），王昭武、刘明祥译，法律出版社，2013年，第233页。

② 〔日〕大塚仁：《犯罪论的基本问题》，冯军译，中国政法大学出版社，1993年，第109页。

③ 〔日〕前田雅英：《刑法总论讲义》（第五版），东京大学出版会，2011年，第300页。

④ 〔日〕山口厚：《刑法总论》（第二版），有斐阁，2007年，第45页。

⑤ 〔日〕大塚仁：《刑法概说（总论）》（第三版），冯军译，中国政法大学出版社，2003年，第120页。

⑥ 在意大利语中“evento”和“risultato”都有汉语中“结果”的意思，但前者偏重于将结果视为一个独立的现象，后者偏重子说明与原因的联系。

⑦ 〔意〕杜里奥·帕多瓦尼：《意大利刑法学原理》（注评版），陈忠林译评，中国人民大学出版社，2004年，第114～116页。

⑧ 〔日〕野村稔：《刑法总论》，全理其、何力译，法律出版社，2001年，第102～103页。

作用和对法益的侵害或侵害危险。按照前一理解，则结果并不是所有犯罪成立必需的要件；而按照后一理解，则所有犯罪成立都以结果为必要。

二、结果与犯罪分类

根据法益的侵害、危险的形态，可对犯罪进行不同的分类。

（一）结果犯与行为犯

德国、日本刑法理论通常以结果是否为犯罪成立的要件为标准，将犯罪分为结果犯与行为犯。一般认为，结果犯是以侵害行为造成特定的损害结果作为构成要件要素或犯罪既遂标志的犯罪形态；行为犯则不以发生结果为必要，仅需实施侵害行为即可成立。

上述概念并非统一认识，李斯特即对此持反对意见，他认为任何一种犯罪均以某种结果为前提，在刑事不法中区分“结果犯”和“行为犯”是不正确的[①]。M.E. 迈尔与梅茨格尔也持同样观点。但大多数学者并不同意这种说法[①]。在日本，也有人不赞同这种区分，认为结果犯是指行为终了与结果发生之间有一定时间间隔的犯罪，行为犯则是指行为终了与结果发生之间没有时间间隔的犯罪[②]。也有人（町野朔）认为，结果犯是要求侵害行为客体的犯罪，行为犯则是不要求侵害行为客体的犯罪，所以行为犯并不是没有发生结果[③]。

与结果犯相关联的是结果加重犯的概念，韦塞尔斯、博伊克尔认为结果加重犯是结果犯的一个特别类型，如果行为人在实现了某个基本犯时还附加地或至少过失地造成了“特别后果”，法律即规定对其加重刑罚[④]。中国台湾学者陈子平将结果加重犯视为介于基本犯的故意犯与故意实现加重结果的犯罪之间的一个类型[⑤]。

关于结果加重犯的成立要件，大谷实认为：“成立结果加重犯，在作为基本罪的故意犯（或者过失犯）导致了重结果的场合，第一，基本行为和重结果之间必须具有因果关系。虽然判例认为只要具有条件关系就够了，但应当说，必须具有折中的相当因果关系。第二，在实施基本行为的时候发生重结果，是一般人所能够预见到的。只要具有相关的预见可能性，原则上就成立结果加重犯。”[⑥]

（二）形式犯与实质犯

在日本，一般根据犯罪的成立是否以结果发生为必要而将犯罪划分为形式犯与实质犯，但标准并不一致。大塚仁认为，构成要件以对一定法益的侵害或侵害危险为内容的犯罪是实质犯，而连法益侵害的抽象危险也不需要的犯罪是形式犯[⑦]。野村稔认为，违反法律对法益予以间接保护而设立的义务的犯罪为形式犯，而实质犯则必须存在法益的侵害或

---

① 〔德〕李斯特：《德国刑法教科书》（修订译本），徐久生译，法律出版社，2006年，第180页。

② 〔日〕山口厚：《刑法总论》（第二版），有斐阁，2007年，第45页。

③ 冯军、李春雷：《外国刑法学概论》，中国民主法制出版社，2004年，第72～73页。

④ Wessels，Beulke. Strafrecht Allgemeiner Teil：Die Straftat und ihr Aufbau. C.F. Müller，2010，40. Aufl.，S.7.

⑤ 这里要注意的是，陈子平按照台湾刑法的规定，认为结果加重犯基本应限于故意犯。参见陈子平：《刑法总论》（2008年增修版），中国人民大学出版社，2009年，第251页。

⑥ 〔日〕大谷实：《刑法讲义总论》（新版第二版），黎宏译，中国人民大学出版社，2008年，第192页。

⑦ 〔日〕大塚仁：《刑法概说（总论）》（第三版），冯军译，中国人民大学出版社，2003年，第120页。

侵害危险[①]。

概而言之，实质犯是指以对作为刑罚法规保护对象的法益侵害或者侵害危险为构成要件要素的犯罪，大部分犯罪即属此类；形式犯则不对此作要求，仅行为形式上违反法规命令即可。

（三）侵害犯与危险犯

在德国、日本等大陆法系国家刑法理论中，普遍认为实质犯根据构成要件行为对法益侵害或侵害危险的不同又可分为侵害犯（实害犯）与危险犯，侵害犯是指实际侵害了特定法律旨在直接予以保护的法益的行为，而危险犯则是指对这样的法益产生侵害危险的行为[②]。

根据危险程度的不同，危险犯又可分为具体危险犯与抽象危险犯[③]。但对此二者的划分，存在不同的观点。耶塞克、魏根特认为，抽象危险犯是行为犯，以符合构成要件行为对特定法益的一般危险为基础，发生危险本身不属于构成要件，而具体危险犯中要由法官认定发生危险是否属于构成要件要素[④]。罗克辛认为，具体危险犯要求在具体案件中，对一种通过有关的行为构成加以保护的对象出现了一种真正的危险；而抽象危险犯是一种典型的危险的举止行为被作为犯罪而处于刑罚之下，不需要在具体案件中出现一种危险结果的犯罪[⑤]。另有观点认为，具体危险犯是指以发生法益侵害的具体危险即现实危险为要件的犯罪，抽象危险犯是指存在抽象的危险即一般地侵害法益的危险即为已足的犯罪[⑥]。

（四）即成犯、继续犯与状态犯

结果的发生与犯罪终了也有密切关系，根据犯罪成立和发生构成要件结果及犯罪终了的关系，可以将犯罪分为即成犯、继续犯和状态犯。

一般来说，即成犯又称即时犯，是指构成要件行为一经造成法益侵害或侵害危险，犯罪即成立并终了的犯罪，很多犯罪即属此类，如杀人罪、放火罪等[⑦]。

关于继续犯（持续犯）的定义，一种观点认为，“继续犯在法益侵害等的结果持续期间持续地成立，这是因为持续地肯定引起了属于构成要件要素的法益侵害等的结果，从而持续地肯定了构成要件该当性（构成要件该当性的继续或持续的更新）”，不需要行为本身的继续[⑧]。如非法拘禁罪，持续拘禁的期间都持续地成立该罪，但这是因为属于构成要件要素的场所移动自由的侵害持续地得到肯定，从而能够持续地肯定与当初的行为之间的构成要件该当性[⑧]。另一种观点认为，它是行为成立犯罪后，违法状态依行为人意志而继续保持，只要违法状态处于继续状态，侵害当属正在发生的犯罪。犯罪行为在这里，可以说

---

① 〔日〕野村稔：《刑法总论》，全理其、何力译，法律出版社，2001年，第113～114页。

② 〔日〕西原春夫：《犯罪实行行为论》，戴波、江溯译，北京大学出版社，2006年，第106页。

③ 但也有部分学者将危险犯分为具体的危险犯、抽象的危险犯与准抽象的危险犯。参见大谷实：《刑法讲义总论》（新版第二版），黎宏译，中国人民大学出版社，2008年，第115页。

④ Jescheck H H, Weigend T. Lehrbuch des Strafrechts Allgemeiner Teil. Drucker & Humblot, 1996, 5. Aufl., S. 264.

⑤ Roxin C. Strafrecht Allgemeiner Teil Band Ⅰ. Verlag C. H. Beck, 2006, 4. Aufl., S. 423, 426.

⑥ 〔日〕大塚仁：《刑法概说（总论）》（第三版），冯军译，中国人民大学出版社，2003年，第120页。

⑦ 〔日〕大塚仁：《刑法概说（总论）》（第三版），冯军译，中国人民大学出版社，2003年，第121页。

⑧ 〔日〕山口厚：《刑法总论》（第二版），有斐阁，2007年，第47～48页。

是在持续中被不断更新，在出现违法状态时就业已“既遂”，却是在状态消除时才为“终了”[①]。还有学者认为，继续犯是“在构成要件结果发生的同时，就出现了侵害法益的情况，达到既遂状态，之后不法行为与不法状态处于继续状态的犯罪。在犯罪持续期间，可以成立共犯，也可以对其进行正当防卫”[②]。

而状态犯则是指犯罪在构成要件结果发生时即已既遂并同时终了，但法益侵害的状态仍持续的情形。盗窃罪、侵占罪就属此类。但法益侵害的持续状态，不能作为犯罪事实而给予新的评价[②]。例如，将被盗物品损坏的行为也并不另以器物损坏罪处罚。这叫做不可罚的事后行为[③]。

第五节 因果关系

一、刑法上的因果关系概说

（一）因果关系的概念

早期受自然行为论的影响，刑法在因果关系问题上基本照搬自然科学上的观念，因而产生无数难解的问题。渐渐地，学界认识到，作为规范科学，刑法必须自行建立概念体系，并以法的及社会的观点补充这些概念的内涵。法律上的因果有别于自然科学上依照自然法则建立的因果关系，基于刑法的特别目的，以自然因果律作为刑法上结果归责的唯一准则，既不足也不适合[④]。

大陆法系学者一般认为，因果关系“乃指行为与结果间必要之原因与结果之连锁关系”[⑤]。韦塞尔斯、博伊尔克强调，“凡法律在触犯法律行为的实现之外还规定了要以产生一定的结果作为定罪的前提条件的，则只有在行为与结果之间存在一个因果关联以及对具体结果可以归责于造成人之所为时，客观方面的不法构成要件才被实现”[⑥]。而在逻辑上具有条件关系的类型当中，探讨刑法学固有的因果关系范围的理论，被称为“因果关系论”[⑦]。迄今为止，刑法中关于因果关系的理论仍然存在着不同的观点，这也与因果关系的复杂性有一定的关系。

（二）因果关系的地位与作用

1. 因果关系的地位

关于因果关系在犯罪论中的地位问题，理论上存在不同看法。第一种观点否定研究因果关系的必要性，M. E. 迈尔与泷川幸辰持此观点，“认为只要确定了事实关系，就无论

---

① Wessels，Beulke. Strafrecht Allgemeiner Teil：Die Straftat und ihr Aufbau. C. F. Müller，2010，40. Aufl.，S. 9.

② 〔日〕大谷实：《刑法讲义总论》（新版第二版），黎宏译，中国人民大学出版社，2008 年，第 116 页。

③ 〔日〕野村稔：《刑法总论》，全理其、何力译，法律出版社，2001 年，第 115 页。

④ 林钰雄：《新刑法总则》，中国人民大学出版社，2009 年，第 119 页。

⑤ 林山田：《刑法通论》（上册）（增订十版），元照出版有限公司，2008 年，第 209 页。

⑥ Wessels，Beulke. Strafrecht Allgemeiner Teil：Die Straftat und ihr Aufbau. C. F. Müller，2010，40. Aufl.，S. 56.

⑦ 〔日〕曾根威彦：《刑法学基础》，黎宏译，法律出版社，2005 年，第 188 页。

及因果关系的余地。从来的因果关系论只不过是责任论的一部分，不需要其独特的理论”①。第二种观点认为，因果关系是行为的问题，应当在先于构成要件的行为论中讨论②。第三种观点认为，“因果关系的问题，作为论及行为人责任的前提，是行为的定型性问题。而且，在结果犯的各种构成要件中，预想着实行行为和构成要件结果之间存在一定的因果关系，因此，因果关系存否的问题，在判断结果犯的构成要件符合性上，应具有不可缺少的意义”①。

无论是从因果关系被广泛讨论的理论状况，还是从司法实践在认定行为责任时对因果关系的重视来看，第一种观点都是不当的。第二种观点在19世纪的刑法学中占据着支配地位，但就现在来看，因果关系是研究在什么范围内将结果归于实行行为的类型性的构成要件符合性问题，不能仅认为其是抽象的、一般的行为要素，而应认定为构成要件要素。

2. 因果关系的作用

（1）侵害犯中的因果关系。“在结果犯中……在实行行为与构成要件性结果之间缺乏因果关系时，犯罪止于未遂。”①这里“结果犯”应作“侵害犯”理解，在侵害犯中，因果关系是区分既遂与未遂的标准。如果没有因果关系，即便结果发生了，也只能是犯罪未遂。例如，甲出于杀意用刀刺伤乙，乙在医院接受治疗时不幸遭遇火灾而死亡的案例，甲的行为只能认定为杀人未遂。

（2）具体危险犯中的因果关系。“关于具体危险犯，也需由实行行为产生了所规定的具体危险，即肯定其间存在因果关系。”①具体危险犯中的因果关系是区分其成立与否的标准。例如，在防火罪中，必须确定放火与公共危险之间是否存在因果关系，若不存在，就不成立此罪。

（3）结果加重犯中的因果关系。对结果加重犯而言，刑法上的因果关系是区分成立基本犯还是结果加重犯的标准。学说一般认为，在结果加重犯中，不仅要求行为与加重结果之间存在因果关系，行为人还必须对加重结果存在过失（预见可能性）。但日本最高裁判所认为，只要行为与结果之间存在因果关系即可，并不以对结果存在预见为必要。因此，于结果加重犯而言，认定是否存在因果关系尤其重要③。

（4）过失犯中的因果关系。对于过失犯而言，刑法上的因果关系是区分有罪、无罪（例如失火罪或过失伤害罪这样的情况）或者轻罪、重罪（在过失伤害罪还是过失致死罪的区分成为问题时）的标准。

（5）未遂犯中的因果关系。对于未遂犯而言，因果关系也是一个问题。理论上一般将未遂犯理解为具体的危险犯，尤其是在间接正犯的场合，作为未遂犯结果的具体的危险与实行行为之间不存在因果关系的话，就不成立未遂犯。这一立场的前提是，将实行行为与实行的着手分开来进行理解④。例如，Z将有毒的威士忌送给C，实行行为是送付行为（责任能力与故意的存否应在这一时点进行判断），实行的着手则在C饮用该酒的时点才

---

① 〔日〕大塚仁：《刑法概说（总论）》（第三版），冯军译，中国人民大学出版社，2003年，第159页。

② 〔日〕大谷实：《刑法讲义总论》（新版第二版），黎宏译，中国人民大学出版社，2008年，第193页。

③ 〔日〕西田典之：《日本刑法总论》（第二版），王昭武、刘明祥译，法律出版社，2013年，第77页。

④ 〔日〕平野龙一：《犯罪论的诸问题》（上），有斐阁，1981年，第130页。

存在。于是，实行行为与具体的危险结果之间，如果否定刑法上的因果关系的话，就不是未遂而是预备，上例中，如果具体运送的人D将威士忌换成另一瓶毒酒送给C的话，Z的行为就只是杀人预备罪[①]。

但是，如果采用传统的观点，将实行行为的开始理解为实行的着手，并将对法益侵害产生现实的、具体的危险的时点认定为实行的着手，则不会产生未遂犯中的因果关系问题。

(6) 共犯中的因果关系。在共犯论中，对于共犯的处罚根据、区分正犯与狭义共犯等问题，刑法上的因果关系发挥着重大作用，对认定行为人责任具有重要意义。

(7) 特定财产罪中的因果关系。有的构成要件规定，因果关系需要特别经过一定的过程。例如，日本刑法诈欺取财罪的成立，必须是行为人实施欺骗他人的行为，使被害人陷入错误而实施了有瑕疵的财产处分行为，继而行为人取得财物。如果行为人实施了欺骗他人的行为并获得财物，但不是这样的路径，诈欺取财罪就止于未遂[②]。

二、因果关系的学说

（一） 条件说

此说主张，只要存在如果没有前行为即没有后结果的条件关系，就肯定行为对结果的原因力，承认因果关系的存在。在肯定所有条件都对结果发生等价值的意义上，又可称为等价说（同等说）。条件理论求助于一种“排除思维法”以证明先于结果存在的事实是否是结果发生的必要条件，即设想如果该事实不存在，结果还会否发生。如果答案是否定的，则该事实是结果的必要条件，反之则可将其排除在原因之外[③]。

条件理论由奥地利诉讼法学家格拉泽创立，由德国帝国法院法官冯·布里充实，并在其影响下成为法院的判例[④]。第二次世界大战后的联邦德国法院继承了这一立场，在学说上它也得到李斯特、韦尔策尔等的支持。在日本，判例的主流也遵循条件说，理论上则有草野豹一郎、齐藤金作等的主张[⑤]。

可以说，无视条件关系就难以确定刑法上的因果关系。但仅因存在条件关系就肯定刑法上的因果关系并不恰当。总的说来，对条件说的批判主要为：

第一，涉及结果加重犯的问题。条件理论在结果加重犯情况下可能导致不公平，因为微小的符合构成要件的行为都常常招致严重的结果[⑥]。在德国，过去只要基本行为与重结果之间存在因果关系即可认定结果加重犯，对重结果不需要过失，无法通过责任来进行修

---

① 〔日〕浅田和茂：《刑法总论》（补正版），成文堂，2007年，第132页。

② 〔日〕大塚仁：《犯罪论的基本问题》，冯军译，中国政法大学出版社，1993年，第159页。

③ 〔意〕杜里奥·帕多瓦尼：《意大利刑法学原理》（注评版），陈忠林译评，中国人民大学出版社，2004年，第117页。

④ Jescheck H H, Weigend T. Lehrbuch des Strafrechts Allgemeiner Teil. Drucker & Humblot, 1996, 5. Aufl., S. 279～280.

⑤ 〔日〕大塚仁：《刑法概说（总论）》（第三版），冯军译，中国人民大学出版社，2003年，第160页。

⑥ Jescheck H H, Weigend T. Lehrbuch des Strafrechts Allgemeiner Teil. Drucker & Humblot, 1996, 5. Aufl., S. 280.

正，故而可以此批判条件说。然而，德国通过1953年的刑法典修改，将对重结果的过失列为处罚结果加重犯的必要条件，就使得上述批判不再成立。

第二，适用条件说会将条件的范围无限地追溯。例如，生下杀人犯的母亲的生产行为与被害者的死亡之间也不得不肯定因果关系①。林钰雄对此的回应是，经由条件理论筛选出来的条件，是归责的必要条件而非充分条件；不是条件固然就没有归责问题，但是成为条件必须另外符合归责判断，才可能负结果罪责②。

第三，该理论没有区分“必要的因果关系和偶然的因果关系”。对此，Л.В.伊诺加莫娃-海格认为，不存在偶然的因果关系。任何一个偶然性在整个事件中都是合理的，应该只能说关于形成具体案件情况的原因的偶然性，而不是关于因果关系的偶然性。因果关系永远是必要的和合理的③。

第四，在例外地预测到条件关系的发生并最终实现的场合，条件说会得出不合理的结论。如期待被雷打死而在雷雨时驱使小孩在雨中干活，结果小孩因为雷击而死亡的场合，按照条件说，从危险性极低的行为中发生了死亡结果，还是要肯定杀人罪的既遂。“当然在这种情况下，最近条件说论者也有一种主张认为，对于这种驱使行为，可以解释为缺少实行行为的行为性，以解决这一问题。”④

第五，在某些案件中，行为人虽然达成了所意图的目的，但行为人所认识的因果经过与现实的因果经过不一致时，条件说的结论不合理。例如，甲意图杀乙，但乙受伤后由丙送往医院救治，在医院治疗康复期间，乙由于火灾而被烧死的场合，依条件说即得出，甲的行为与乙的死亡之间存在因果关系，且由于甲的杀人故意，必须承担杀人既遂罪责任的不当结论。对此，条件说者通过因果关系中断说来认定成立未遂，或者通过因果关系错误来否定既遂的故意，从而成立未遂。就前者而言，现有因果关系中断的说法并不恰当，应当说这种场合本身就不存在因果关系；就后者来说，如果对作为故意的内容的因果关系经过认识作严格要求就会产生疑问，而且虽然从一般人的立场出发对这种因果关系经过比较容易认识，但作为行为人如果没有认识到的话，就须承认故意的阻却，因而并不妥当⑤。

随着原因说、相当因果关系说等理论的出现，条件说的坚持者逐渐认识到该说的缺陷，并相应作出修缮，提出因果关系中断理论，以弥补条件说的不足。例如，A欲毒死甲而令其食用足以致死的毒物，但甲在毒性发作前被与A无关的B枪杀而死，A的行为与甲的死亡之间的条件关系就中断⑥。根据因果关系中断理论，“在因果关系进行过程中，有被害人或第三者的行为（如责任能力人的故意行为）或自然力（如由于打雷而导致人的死亡、由于台风而导致房屋倒塌）介入时，因果关系就中断，该行为和结果之间就没有刑

① 〔日〕野村稔：《刑法总论》，全理其、何力译，法律出版社，2001年，第129页。

② 林钰雄：《新刑法总则》，中国人民大学出版社，2009年，第120页。

③ 〔俄〕Л.В.伊诺加莫娃-海格：《俄罗斯联邦刑法（总论）》（第二版），黄芳等译，中国人民大学出版社，2010年，第74页。

④ 〔日〕野村稔：《刑法总论》，全理其、何力译，法律出版社，2001年，第129～130页。

⑤ 〔日〕野村稔：《刑法总论》，全理其、何力译，法律出版社，2001年，第130页。

⑥ 〔日〕大谷实：《刑法讲义总论》（新版第二版），黎宏译，中国人民大学出版社，2008年，第203页。

法上的因果关系"[1]。野村稔将这一情况称为"因果关系的断绝"[2]。西田典之称之为"条件关系的切断"[3]，并认为这种情况下并无条件关系[4]。

（二）原因说

此说由德国学者巴尔（v. Bar）所提倡，主张根据某一标准从结果发生的条件中抽出其一作为原因，只有这一原因与结果之间存在刑法上的因果关系，因而又被称为个别化说，它是为克服条件说对因果关系范围的不当扩大而提出的。根据选择标准的不同，出现了不同学说：最终条件说认为对结果而言在时间上处于最后的条件是原因；异常行为原因说认为违反生活上的常规而进行的行为是原因；优势条件说认为给结果的发生提供了决定性方向的条件是原因；最有力条件说认为对结果而言最有力的条件是原因；动力条件说认为给结果的发生提供了动力的条件是原因；等等[5]。

原因说的初衷值得肯定，但是其理论出路并不妥当。要从众多作用于结果的条件中选取一个是十分困难的；而且很多时候，结果的发生是诸多条件共同作用的结果，应当承认共同原因。"原因说随着相当因果关系说的抬头，完全消失形影，直到现在，也没有发现一个主张原因说的学者，原因说已成为过去的理论。"[6]

（三）相当因果关系说

相当因果关系说也称相当说，它认为：仅构成要件相当的原因，为刑法上的原因，亦即以一般的经验为客观判断，若该原因在通常情况下均足以造成该结果，则行为与结果之间有相当的因果关系；反之，则不相当[7]。相当理论的创立者是弗莱堡的心理学家冯·克里斯（v. Kries），他将其理论用于刑法，以便能够消除在对结果加重犯适用条件理论时所产生的不公正现象。它起初被理解为纯正的因果关系理论，而后经过发展被理解为根据条件理论加以限制的原因关系范围内的客观归责学说。相当思想的实质根据在于，接受为法律所指责的风险能够与禁止性规范的意义相适应，只有实现了风险的结果才是可归责的[8]。

相当因果关系说内部，在确定判断相当性有无的根据（判断基础）时，又有三种学说：①主观的相当因果关系说，认为"应当以行为当时行为者认识到的情况以及能够认识到的情况为根据"。②客观的相当因果关系说，认为"应当以行为当时客观存在的所有的情况，以及行为后发生的情况和行为时一般人的认识情况为根据"。③折中的相当因果关系说，认为"应当以行为时一般人能够认识的情况以及行为者特别认识到的情况为根据"[9]。日本学者宫本英脩主张主观说；小野清一郎、中野次雄、平野龙一、内藤谦、中

---

① 〔日〕大谷实：《刑法讲义总论》（新版第二版），黎宏译，中国人民大学出版社，2008年，第194页。

② 〔日〕野村稔：《刑法总论》，全理其、何力译，法律出版社，2001年，第138页。

③ 〔日〕西田典之：《日本刑法总论》（第二版），王昭武、刘明祥译，法律出版社，2013年，第79页。

④ 本书认为，这种称谓并不合适。既然二者之间不存在条件关系，那么，条件关系或因果关系的"断绝"、"切断"等都无从谈起。

⑤ 〔日〕大塚仁：《刑法概说（总论）》（第三版），冯军译，中国人民大学出版社，2003年，第162页。

⑥ 〔日〕西原春夫：《刑法总论》（上卷）（改订版），成文堂，1995年，第111页。

⑦ 林钰雄：《新刑法总则》，中国人民大学出版社，2009年，第122页。

⑧ Jescheck H H，Weigend T. Lehrbuch des Strafrechts Allgemeiner Teil. Drucker & Humblot，1996，5. Aufl.，S. 280.

⑨ 〔日〕野村稔：《刑法总论》，全理其、何力译，法律出版社，2001年，第132～133页。

山研一、曾根威彦、前田雅英、町野朔、山口厚等主张客观说；木村龟二、团藤重光、福田平、大塚仁、西原春夫、藤木英雄、大谷实、内田文昭、川端博等主张折中说[①]。折中说是日本理论通说，但近来“从结果无价值论的立场等出发，客观说正有力化”[②]，认为，因果关系作为客观的构成要件要素，应当依据客观的标准进行认定。

相当因果关系说还有一个需要解决的问题，就是相当性的判断。对此，有“客观的可能性”、“一般可能性”、“经验上的通常性”、“高度的定型性”或“高度的盖然性”、“常见的可能性”、“某种程度的可能性”、“经验法则上可能的程度”等说法；也有学者从消极的角度提出“除极为偶然的以外”均具有相当性，或者“除极为异常的以外”均具有相当性，标准并不统一[③]。所以，对于解决因果关系，相当因果关系说在一些复杂、有争议的问题上仍存在一定的问题。

另外，部分主张相当因果关系说的学者将相当性分为广义的相当性和狭义的相当性。前者是指行为时结果发生的可能性的判断，是行为相当性的判断，主要观点即前述判断基础的分析；后者是指对已经产生的异常的因果关系的评价问题，是因果经过的相当性的判断，主要是行为后介入了其他行为引发结果的情形下评价其因果关系的问题[④]。在因果关系的讨论中，重要的是狭义的相当性。具体说来，有三种情况：①第三者行为介入的场合；②被害人行为介入的场合；③行为人行为介入的场合。这时需要综合考虑实行行为本身所具有的危险性、介入情况的异常性、介入情况对结果的影响程度等多种因素。如若在一般人看来，介入因素是行为人所不能预见的，则不能肯定其实行行为与结果之间的因果关系[⑤]。

对于相当因果关系说，Н. Ф. 库兹涅佐娃认为，应当承认它区分原因和条件并承认只有合乎规律的行为才是发生后果的原因这一优点。但也须认识到，它忽视了偶然和必然的辩证关系。一个行为的不典型、不标准、偶然性一般并不排除正是它在具体条件下使后果发生。相当性忽略这一点，所以它将后果的原因仅缩小为典型行为。她认为偶然性也是必然性的另一方面，是规律性并且能够引起后果。作为规律性必然和规律性偶然的原因是可能的。偶然造成有害后果排除的是罪过，而不是排除因果关系[⑥]。

（四）疫学的因果关系

以食品、药品等公害犯罪中因果关系证明为契机发展出了疫学的因果关系理论，其认为，即使不能在医药学上对某种因子与疾病之间的关系进行科学的证明，但如果根据大量的统计观察，认为两者之间具有高度盖然性，也可以肯定其因果关系。

野村稔认为：“在公害犯罪以及一般的刑事事件中，即使其科学的机制未能明确地证明的场合，根据疫学的方法证明不可欠条件关系，而且其证明程度能排除合理的怀疑，则

① 〔日〕大谷实：《刑法讲义总论》（新版第二版），黎宏译，中国人民大学出版社，2008年，第196～197页。
② 〔日〕大塚仁：《刑法概说（总论）》（第三版），冯军译，中国人民大学出版社，2003年，第164页。
③ 张明楷：《外国刑法纲要》（第二版），清华大学出版社，2007年，第124～125页。
④ 〔日〕大塚仁：《刑法概说（总论）》（第三版），冯军译，中国人民大学出版社，2003年，第170～171页。
⑤ 〔日〕大谷实：《刑法讲义总论》（新版第二版），黎宏译，中国人民大学出版社，2008年，第204～207页。
⑥ 〔俄〕Н. Ф. 库兹涅佐娃、И. М. 佳日科娃：《俄罗斯刑法教程（总论）》（上卷），黄道秀译，中国法制出版社，2002年，第246～247页。

可以单独证明其条件关系。如果尚未达到这种证明程度，只是达到概然的证明程度的情况下，则需要与其他的情况证据一起来证明条件关系的存在。”[①]在日本，千叶大学伤寒病事件[②]和熊本水俣病事件[③]的判决中都采用了疫学上的因果关系，在德国也有类似的案件。

是否可以在刑法中适用疫学的因果关系理论，学者们的看法并不一致。西田典之认为，在疫学的因果关系中，出于防疫的必要，“存疑则罚”处于指导地位；而刑法上的因果关系则是“存疑则不罚”，因此不能因为存在疫学上的因果关系便肯定存在刑法上的条件关系。这是因为，即便条件关系是“无 A 则无 B”这种关系，但也并非因果法则的发现公式。因此，不允许将疫学上的因果关系的证明适用于刑法上的条件关系的证明[④]。但大谷实认为，“条件关系虽说应当在自然法则等经验知识的基础上进行判断，但即便在公害之类的行为到结果之间的因果关系的发展过程在科学上并不能被全部证明的场合，也应按照一般经验法则，在能认可‘没有 A 就没有 B’的关系的时候，就可以肯定条件关系。因此，即便在行为和结果之间的因果关系在自然科学上不能被证实，但根据疫学的证明，能够认定‘没有超出合理怀疑的限度’时，就应肯定条件关系的存在”[⑤]。目前肯定说是通说。

（五）客观归属论

客观归属论（Lehre von der objektive Zurechnung），或称客观归责论，是指能否将客观发生的结果归责于行为人的行为的理论。

一般认为，客观归属论渊源于黑格尔的归责思想，在法学上由德国民法学者拉伦茨（Karl Larenz）于 1927 年在其著作《黑格尔的归属论与客观归属的概念》一书中首次提出，而在 1930 年经霍尼希（Richard Honig）引入而进入刑法解释学的领域。罗克辛是这一理论的集大成者，他在 1970 年以后，对客观归属理论进行了细致的梳理与研究，使其成为德国刑法理论的通说。在日本，该理论的支持者也在不断增加，代表人物是山中敬一等。

就内容而言，该理论将因果关系问题和归属问题加以区别，对前者根据条件说加以判断，对后者根据客观归属论加以判断。其认为，只有在行为人的行为对行为对象产生危险，且该危险在具体结果之中实现了（危险实现）的场合，该被引起的结果才能归于行为[⑥]。

依照罗克辛的观点，实行客观归属必须具备三个条件：一是行为制造了不被允许的风险；二是行为实现了不被允许的风险；三是没有超出构成要件的保护范围[⑦]。

1. 制造不被允许的风险

只有当行为人的行为制造或者提高（增加）了不被允许的危险，而且这种危险具有认

---

① 〔日〕野村稔：《刑法总论》，全理其、何力译，法律出版社，2001 年，第 142～143 页。

② 千叶地判昭 48·4·20 判时 711·17，东京高判昭 51·4·30 判时 851·21，最决昭 57·5·25 判时 1046·15。

③ 熊本地判昭 54·3·22 刑月 11·3·168，福冈高判昭 57·9·6 高刑集 35·2·85，最决昭 63·2·29 刑集 42·2·314。

④ 〔日〕西田典之：《日本刑法总论》（第二版），王昭武、刘明祥译，法律出版社，2013 年，第 79 页。

⑤ 〔日〕大谷实：《刑法讲义总论》（新版第二版），黎宏译，中国人民大学出版社，2008 年，第 203 页。

⑥ 〔日〕大谷实：《刑法讲义总论》（新版第二版），黎宏译，中国人民大学出版社，2008 年，第 195 页。

⑦ Roxin C. Strafrecht Allgemeiner Teil Band Ⅰ. Verlag C. H. Beck，2006，4. Aufl.，S. 375～401.

识的可能性时，才有可能实行客观归责。在这个问题上需注意：第一，风险减少时排除归责。当行为人采取减少对被害人已经存在的危险，即以改善行为客体状况的方式，对一种因果过程进行修改时，风险的创设及其可归责性就不存在了。第二，行为人虽然没有减少一个法益损害的风险，但是也没有以在法律上值得关注的方式提高这个风险的时候，也应当拒绝归责于客观的构成要件。如前面所述雷雨案件等类似情形。第三，假定的因果关系，通常不排除客观归责。“法律制度不能由于另外一个人已经准备好违反法律就应当收回自己的禁令。”[①] 这里假定的因果过程中代替性行为人的行为既可以是合法的，也可以是非法的。不过，如果行为人仅仅修改了自然的因果经过，没有在整体上恶化被害人的状况，则排除客观归责。第四，行为人制造了被允许的风险排除客观归责。例如，遵守交通规则的驾驶行为致人死亡的，不能将死亡结果归责于驾驶者。

2. 实现不被允许的风险

实行客观归责的前提是，作为构成要件的结果是行为人制造的不被允许的风险的实现。有些情况，实际上并未实现风险，或者所产生的非典型性危害后果属于完全特殊性质，或者其发生流程极度地超越了所有的生活经验，以至于不能从理性的角度对此加以预计，此时必须否定客观上的归责性。下列情形下排除客观归责：第一，行为虽然为法益制造了风险，但结果的发生并不是由该风险所致，而是偶然与风险同时出现。这种情况在日本称为“溯及禁止论”，即在介入了他人的故意行为之时，认定遮断（切断）因果关系的观点，山口厚极力主张此说[②]。例如，甲造成乙伤害后，乙在住院期间死于医院的火灾的案件，由于乙被烧死并不是伤害引起的，所以不能将乙的死亡归责于甲。但如果行为制造的风险没有妨碍地实现了结果，则应肯定客观归责。例如，A造成B的伤害后，B没有治疗伤口导致死亡的，应将结果归责于A。第二，未实现不被允许的风险。即使实现了被法律允许的风险也不可归属于行为。例如，德国著名的“山羊毛案”：一家画笔厂的厂长没有遵照规定事先消毒，就给了他的女工们一些中国的山羊毛进行加工。四名女工因此被感染上炭疽杆菌而死亡。事后的调查表明，即便使用所规定的消毒剂消毒，仍无法杀死在当时欧洲并不曾有过的炭疽杆菌病毒[③]。因为行为人应尽的义务是无效的义务，所以虽然违反义务而制造了风险，但应认为该风险并未实现。亦即只有存在结果避免可能性，或者说只有当行为人具有对结果的操纵可能性时，才可能实行客观归责。第三，行为没有引起谨慎义务规范（注意义务规范）的保护目的所包含的结果。例如，行为人酒后在封闭的高速公路上驾驶机动车，撞死了突然横穿公路的被害人。禁止酒后驾驶的规范，是为了防止因丧失或减轻控制车辆的能力而造成伤亡结果，所以，不能将死亡结果归责于行为人。第四，合法的替代行为和风险增加理论。合法的替代行为要讨论的是“当一个结果通过一个合法替代行为不是肯定地，而仅仅是很可能或者可能被阻止的时候，这个结果是否应当被归责”[④]。罗克辛认为，只有当合法的替代行为肯定会导致这个结果时才排除归属，而如

---

① Roxin C. Strafrecht Allgemeiner Teil Band Ⅰ. Verlag C. H. Beck，2006，4. Aufl.，S. 379.

② 不过，西田典之对全面肯定溯及禁止论的做法持怀疑态度。参见〔日〕西田典之：《日本刑法总论》（第二版），王昭武、刘明祥译，法律出版社，2013年，第96页。

③ Roxin C. Strafrecht Allgemeiner Teil Band Ⅰ. Verlag C. H. Beck，2006，4. Aufl.，S. 387.

④ Roxin C. Strafrecht Allgemeiner Teil Band Ⅰ. Verlag C. H. Beck，2006，4. Aufl.，S. 392.

果合法的替代行为并非肯定导致该结果，违反注意义务的行为增加了风险，那就是可归属的。这就是罗克辛的“风险增加理论”[①]。

3. 构成要件的保护范围

通常来说，只要行为人制造并实现了不被允许的风险，就可以进行客观归责。但是，如果发生的结果不包括在具体构成要件所特有的保护范围或者目的内，就不能将结果归责于行为人。罗克辛说：“实现不允许性风险有点不同于一般的实现危险，后面这种危险的实现仅仅依赖于因果过程的适当性或者可预见性。然而，违反谨慎的举止行为是否具有原因的作用，这种作用是否提高了风险或者这种提高是否达到了一个有重要意义的程度，对于不允许性风险的实现问题也是很重要的。但是，在因果过程完全处于法所不允许的风险之中时，只要阻碍这种后果的发生不是谨慎义务的保护目的，而仅仅是谨慎义务的一种保护性反应，那么，结果的归责就还是要排除的。”[②] 下列情形下排除客观归责：第一，参与故意的自危行为。例如，乙是吸毒者，甲将毒品交付给乙，乙注射毒品后死亡。在这种情况下，如果乙知道注射毒品的风险，就不能将死亡结果归责于甲[③]。第二，同意他人造成的危险。被害人意识到他人行为对自己法益的风险性，却同意他人实施给自己造成风险的行为时，不能将由此产生的结果归责于行为人。例如，在狂风暴雨之际，乘客不顾摆渡人员的“风险”警告，执意要求摆渡人员让其过河。摆渡人员在运送乘客过河时，渡船翻沉导致乘客死亡的情形[④]。那么，在什么范围内，基于怎样的法律评价，可以将基于同意的风险行为与自陷风险行为同等看待而不对行为人进行结果归属？罗克辛认为，当被害人具有与风险化者同程度的对风险的认识，而且，发生的侵害是承担风险的结果，而不是其他原因造成的结果时，基于同意的他人的风险化，可以与自己的风险化等之，对被害人发生的侵害成为规范保护目的之外的结果[⑤]。第三，属于他人责任领域的行为。当防止结果发生属于他人责任领域时，该结果就不在行为人的行为所符合的构成要件的保护目的之内，不能将其归责于行为人。例如，甲在夜间驾驶没有尾灯的货车，警察发现后将警车开到货车前面拦截该货车。为了保障后面车辆的安全，警察将打开的手电筒放在甲的货车后，令甲将货车开到下一个加油站，准备开车跟随货车，以保护该货车的安全行驶。在甲开车之前，警察将手电筒拿走。恰在此时，被害人的货车撞上甲的货车，被害人遭受致命的伤害。德国法院认定甲的行为成立过失杀人，但德国刑法理论认为，在本案中，防止结果发生属于警察的责任领域，而不能将被害人的死亡结果归责于甲[⑥]。第四，其他情形。在财产犯罪行为造成被害人精神健康损害的情况，或因先前伤害造成残疾的人，在此之后因身体不便在原本很容易避开的交通事故中死亡的情况中，构成要件规范的保护目的将排除其客观归属。

---

① Roxin C. Strafrecht Allgemeiner Teil Band Ⅰ. Verlag C. H. Beck，2006，4. Aufl.，S. 392.

② Roxin C. Strafrecht Allgemeiner Teil Band Ⅰ. Verlag C. H. Beck，2006，4. Aufl.，S. 391.

③ 这是德国学者的观点，在本书看来，之所以形成这样的结论，是因为德国刑法并不处罚教唆、帮助自杀的行为。在处罚教唆、帮助自杀行为的国家，这一归责标准并不成立。

④ 但是，能否认为该结果超出了构成要件保护范围，理论上还存在争议。

⑤ Roxin C. Strafrecht Allgemeiner Teil Band Ⅰ. Verlag C. H. Beck，2006，4. Aufl.，S. 410～411.

⑥ Roxin C. Strafrecht Allgemeiner Teil Band Ⅰ. Verlag C. H. Beck，2006，4. Aufl.，S. 417～418.

客观归属论出现之后，产生了巨大的影响，但也受到了诸多的质疑。第一，“客观归属论有超出其合理范围的倾向”①，客观归属论是在没有限定实行行为的范围与性质的前提下展开讨论的。许多案件是因为没有实行行为而不成立犯罪（如劝人跑步），而没有必要用客观归属论说明其不成立犯罪。第二，客观归属论甚至将结果回避可能性、认识错误、被害人承诺、推定的承诺、过失论等问题，作为客观归责的内容展开讨论，已经超出了构成要件符合性的判断。第三，客观归属论大多以罕见的伤亡案件为例，从否定客观归属的角度展开讨论，其结论能否适用于普通案件，也存在疑问。第四，客观归属论提出的归责基准，大多只是对其他领域的部分结论的归纳。换言之，由客观归属理论解决的问题，都可以通过实行行为、条件关系（相当因果关系）、预见可能性、结果回避可能性、违法性判断、量刑规则等解决②。由于客观归属论是一种尚在发展中的理论，因而这些问题都还值得进一步研究，但如何将其进一步体系化，则是今后所要面临的重要课题。

三、因果关系的判断

前面我们认识了因果关系在犯罪论中的重要地位，那么如何判断刑法上的因果关系？一般认为，应当从以下方面予以考察。

1. *存在实行行为*

成立刑法上的因果关系，首先必须存在符合构成要件的行为，即实行行为。这是因果关系存在的事实前提，没有实行行为，则没有探讨因果关系的余地。例如，在妻子试图杀丈夫而将毒酒放在抽屉里，丈夫发现该酒，饮后身亡的案件中，没有杀人的实行行为，所以不存在因果关系问题③。

日本有学者将这样一种情形放在条件关系中讨论，即“虽然行为人实施违法行为，造成了结果，但即使其遵守法律，也不能避免该结果的情形”，学者称之为“合义务的择一性举动”（“合义务的替代行为”）。德国有这样一个案例：一辆货车的司机想要超过一个骑自行车的人，但他并没有按照《道路交通法（StVO）》所规定的路边距（1～1.50米）与自行车保持合适距离。结果在超车过程中，由于饮酒而明显轻度醉酒的骑自行车者，基于酒精引起的突发意识中断，而突然将车往左拐，导致被卷入拖斗的后轮胎之下，不幸死亡。在本案中，即使货车司机留下了足够的路边距，同样的事故后果仍“有极高的可能性”会发生。对此，德国最高法院判定并不存在因果关系④。大谷实将其称为“合义务的择一举动”，并认为，此种场合下与其说否定条件关系，不如说应当是否定因果关系问题以前的过失的实行行为的事例⑤。而野村稔等学者认为此种情况下不存在条件关系，大塚

① 〔日〕内田文昭：《刑法概要上卷》，青林书院，1995年，第388页。

② 张明楷：《外国刑法纲要》（第二版），清华大学出版社，2007年，第129页。

③ 〔日〕大谷实：《刑法讲义总论》（新版第二版），黎宏译，中国人民大学出版社，2008年，第199页。

④ 〔德〕克劳斯·罗克辛：《德国最高法院判例·刑法总论》，何庆仁、蔡桂生译，中国人民大学出版社，2012年，第11～13页。

⑤ 〔日〕大谷实：《刑法讲义总论》（新版第二版），黎宏译，中国人民大学出版社，2008年，第201页。

仁等学者认为此时不能否定条件关系的存在①。本书认为，此种情况下，行为人所实施的违法行为并非实行行为，既然没有实行行为，就无需考虑实行行为之后的因果关系问题。所以“合义务的替代行为”实为实行行为的问题。

2. 具有条件关系

一般认为，刑法上的因果关系以实行行为与构成要件结果之间存在“没有A就没有B”(conditio sine qua non) 的条件关系为必要。条件关系是种事实关系，指明确行为与结果之间是否存在事实上的关联（结合关系）②。其具体认定，需要注意以下几点：

（1）具体的、个别的条件关系。在认定行为与结果之间的条件关系时，必须对行为与结果进行具体的、个别的把握。如第三人X抢先在死刑执行人甲按下对死刑犯乙的死刑执行按钮前按下按钮，导致乙死亡的场合，抽象地说，似乎X的行为与乙死亡结果之间不能适用条件关系，因而出现：①放弃条件关系公式，认为在后行事实即结果按照自然法则从先行事实即行为中发生的场合，就具有因果关系的“合法则的条件说”；②即便没有实施该行为也会发生同一结果的时候，因为行为对于结果没有支配力量，所以没有条件关系的“论理的关系说”。但是，因为条件关系是无前行为就无后结果的行为和结果之间的具体的事实连接，所以其适用仅限于现实所发生的具体结果和导致该结果发生的个别的实行行为之间的关系③。前述假定的因果过程，即可运用具体的、个别的条件关系来认定，即实际发生的行为与结果之间具有条件关系，而假定的行为与结果之间不存在条件关系。

（2）择一的竞合（二重的因果关系、累积的因果关系）。这是指数个独立行为竞合而引发结果，无论除去其中哪一行为，结果都会发生的情况。例如，A、B两人单独向甲的食物中投入了足够致死的毒物，甲吃下了该食物的一部分或全部而死亡的案件。此时不加修饰地运用条件公式，就会得出A、B的行为均与甲的死没有条件关系的结论，这显然是不妥的。因为A、B的行为各自都能独立杀死甲，仅因其偶然竞合就否定条件关系，认定其杀人未遂，显然不合理；若二者都无故意，基于过失犯不处罚未遂，则A、B的行为都不可罚，这也是不当的。对此，理论上一般是肯定条件关系的，但理由不一致；同时，否定条件关系的观点也存在。如野村稔认为，在无法确定到底是A还是B投放的毒药发生作用的情况下，根据“疑案从无”的原则，对A和B的行为都应否定条件关系。如果能够证明毒药发放的先后关系，那么后生效者应否定条件关系，被证明先生效者承认其条件关系。而且，如果证明同时生效，并且与单独投放毒药者的情况相异，死亡时间等具体形态均被证明的情况下，可以肯定其与结果间的条件关系。但是，在这种结果的具体形态完全相同的情况下，本来应当否定其条件关系④。

（3）重叠的因果关系。重叠的因果关系是指两个以上单独都不能引起结果的、相互独立的行为，重叠在一起而引发结果的情形。例如，甲、乙二人在没有意思联络的情况下，

---

① 〔日〕大塚仁：《刑法概说（总论）》（第三版），冯军译，中国人民大学出版社，2003年，第166页。

② 〔日〕西田典之：《日本刑法总论》（第二版），王昭武、刘明祥译，法律出版社，2013年，第77～78页。

③ 〔日〕大谷实：《刑法讲义总论》（新版第二版），黎宏译，中国人民大学出版社，2008年，第200页。

④ 〔日〕野村稔：《刑法总论》，全理其、何力译，法律出版社，2001年，第142页。

分别依杀意向丙所喝饮料中加入不足致死量的毒药，但由于其重叠而达致死量，丙因此而死亡。大谷实认为，如果没有甲乙任一行为就不会有结果，故而对甲乙的行为均应承认条件关系的存在。但在行为偶然重叠的场合应当否认相当因果关系，甲乙只构成杀人未遂罪；在甲乙具有意思联络的场合则能肯定相当因果关系，两人都构成杀人既遂罪①。

（4）可替代的充分条件。例如，A想杀死C，便在C准备穿越沙漠长途旅行的前夜，悄悄溜进C的房间，把C水壶里的水换成无色无味的毒药。B也想杀死C，于同一夜里的晚些时候，溜进了C的房间，在C的水壶底部钻了一个小洞。次日晨，C出发了，他没有发现水壶上的小洞。两小时之后，C在沙漠中想喝水，但水壶是空的。由于没有其他水源，C在沙漠中脱水而死。这种情形既不是择一的竞合，也不是假定的因果关系。如果根据条件关系的公式，A与B的行为都不是C死亡的原因，但这种结论难以被人接受。根据存在论的因果关系理论，C事实上是脱水而死而不是被毒死，故B的行为与C的死亡之间具有因果关系。但有的学者会以B没有在整体上恶化被害人的状况为由，仅将死亡结果归责于A②。

3. 能认定相当性或者可以客观归责

刑法上因果关系的判断，以条件关系的存在为前提，相当性理论或客观归责是在条件关系的基础上对因果关系进行的评价，如果条件关系具有相当性或者结果可以归责于行为，则应肯定因果关系的存在。

在因果关系的学说中，本书采用相当因果关系说和客观归属论。如前所述，条件说修正以后提出的因果关系中断理论，实与相当因果关系说并无太大差异，因果关系中断表明条件关系不具有相当性，条件关系不具有相当性则可以运用因果关系中断理论来阐明，所以本书肯定相当因果关系说。

同时，在一般案件中运用相当性理论来判断条件关系不成问题，认定过程也比较容易，但不能否认，相当性认定标准均过于模糊，这就造成在复杂案件中难以认定相当性。而客观归属论可以有效解决疑难案件中的因果关系的认定，通过“制造不被允许的风险”、“实现不被允许的风险”、“构成要件的保护范围”三步来进行归责，能够更为精确地、合理地判断因果关系。当然，客观归属论也能够用以判断一般案件中的因果关系，只不过一般案件采用相当性理论更能简化判断过程，因而不必舍简求繁。

四、不作为的因果关系

在作为的情况下，对因果关系是完全确信的，成为问题的是不作为的因果关系。过去，有见解从“无不能生有”的立场出发，认为不作为没有原因力。但随着肯定不作为的因果关系的各种学说的提出，现在一般肯定不作为的因果关系。主要学说有，认为在不作为之际实施的其他的作为与结果之间存在因果关系的他行行为说；认为先行于不作为的其他作为具有原因力的先行行为说；认为不作为时的行为人决意，即阻止想基于义务意识压抑作为的冲动、消除妨碍结果发生的条件（妨果条件），以引起结果的心理过程，具有原

---

① 〔日〕大谷实：《刑法讲义总论》（新版第二版），黎宏译，中国人民大学出版社，2008年，第202～203页。

② 张明楷：《外国刑法纲要》（第二版），清华大学出版社，2007年，第121页。

因力的干涉说；认为在能够防止已经发生的其他原因进行下去的人却反而利用它以致结果发生上具有原因力的他因利用说；认为虽然不作为不具有物理的因果性但是法律上把它当成作为的因果关系来对待的准因果关系说等①。

本书认为，不作为是行为人不为法律所期待的行为而导致结果发生，不作为犯对不发生结果具有义务，正如前文所述，不作为犯中不作为与作为犯中的作为，在引起结果上具有等价值性。因此，不作为与结果之间存在条件关系，“没有该不作为就没有该结果”。

第六节 故意、过失与事实错误

一、故意

（一）概说

1. 故意的概念及意义

关于什么是故意，大陆法系国家刑法理论中存在很大争议，鲜有统一。在立法上，部分国家刑法典对此作了明确规定。例如，《奥地利联邦共和国刑法典》第 5 条规定：“（1）意图实现与法定构成要件相适应的案件事实的，是故意行为；行为人认为构成要件的实现是可能的，且容忍其实现的，即成立故意行为。（2）行为人有意地实现作为法律规定故意行为的前提条件的状况或结果的，是故意行为。（3）行为人不仅明知法律规定的状况或结果是可能的，而且明知此等状况或结果一定具备或发生，是故意行为。”也有国家的刑法典只规定以处罚故意犯罪为原则，但不对故意本身下定义。例如，《德国刑法典》第 15 条规定：“本法只处罚故意行为，但明文规定处罚过失行为的除外。”《日本刑法典》第 38 条第 1 款也规定：“没有犯罪故意的行为，不处罚，但法律有特别规定的，不在此限。”

从上述规定中，我们不难发现，现代各国刑法通常以处罚故意犯为原则，处罚过失犯为例外。刑法为什么要这样规定呢？帕多瓦尼对此作出的解释是：“从罪过的角度看，故意犯罪的人总是比过失犯更应受谴责：因为故意与过失不同，它涉及法律规范的效力问题，故意的存在表明行为人不愿意以法律的规定来指导自己的‘个人’行为，从而从根本上威胁到作为整体的法律制度。”② 这样解释不无道理。

2. 故意的机能

构成要件是违法行为的定型，具有事实上赋予“法的意义”的机能。故意（构成要件的故意）在构成要件阶段上，具有将非犯罪行为与犯罪行为、故意行为与过失行为、故意行为中的不同犯罪类型等予以分类的机能。

假定将故意、过失解释为不是构成要件要素，则出于有意行为的法益侵害，完全符合构成要件，原则上就形成违法。于是，在仅处罚故意犯的犯罪类型（如盗窃罪）的场合，凡是不能成为犯罪的过失行为（如过失盗窃），以及在过失犯的场合无过失行为（如无过

① 〔日〕大塚仁：《刑法概说（总论）》（第三版），冯军译，中国人民大学出版社，2003 年，第 175～176 页。

② 〔意〕杜里奥·帕多瓦尼：《意大利刑法学原理》（注评版），陈忠林译评，中国人民大学出版社，2004 年，第 184 页。

失的致人死亡），都符合构成要件，形成原则上违法，在责任论阶段才能认为是非犯罪行为。这种观点，在构成要件阶段否定了犯罪行为与非犯罪行为在定型上的分类，并不妥当。依罪刑法定主义的见地，应重视构成要件的分类机能，将故意解释为构成要件要素而完成构成要件的分类机能，可以说是妥当的①。

3. 故意在犯罪论体系中的地位

关于故意在犯罪论体系上的地位，理论上有不同的见解：

（1）责任要素说。它坚持“所有客观要素归于构成要件与违法性，所有主观要素归于有责性”的命题，倾向“物的不法论”的立场，认为行为人的故意、过失等主观的、内在的东西应归属于责任领域，是责任要素，不成为构成要件要素，亦不成为违法性要素②。

（2）构成要件要素说。此说又称违法类型说，它将违法行为定型化，即构成要件，故若承认故意是违法要素，则其位置就从违法性移至构成要件。在学说史上，故意的位置演变情况是责任—违法性—构成要件。目的行为论鲜明地提示了这一演变过程的基础，它认为企图实现构成要件结果的目的，是行为的本质要素。因此，故意（所谓事实的故意）是形成行为的要素，从而在所有的故意犯上，故意必定是构成要件的要素，而在成为违法判断对象的意义上，其也为违法性要素；同时因为责任是非难可能性的评价，所以，只有构成非难可能性的期待可能性、违法认识可能性才属于责任，纵然事实的故意或者过失的行为意思是责任非难的对象，也仍然不属于责任，所以，故意、过失是构成要件要素，不是责任要素。因此，目的行为论者根据上述观点，将故意的位置设置于构成要件上③。

（3）作为构成要件要素及责任要素说。此说又称二重的故意说，它认为故意具有两面性，被视为主观构成要件要素的故意，推定违法及有责，而被视为责任要素的故意，则包含以违法性为基础的事实认识以及违法性认识或其可能性。如果行为人有犯罪事实的表象、容认，则可对其归责该犯罪事实，而在以构成要件符合性为理论根据的同时，亦能以有责性为根据，因此，故意具有二重机能④。

（4）作为责任类型的主观构成要件要素说。此说又称责任类型说，它一方面将故意解释为责任要素，另一方面又因构成要件亦为有责行为类型，所以故意也是主观构成要件要素，在此限度内，承认实现犯罪个别化机能的“构成要件故意”概念，而认为在故意之中，除事实的认识外，亦包含违法性的认识④。

多数学者认为，故意属于主观的构成要件要素。如果不承认故意是构成要件要素，就不可能将故意杀人和过失致人死亡两种不同的犯罪类型予以区别。

（二）故意的认识内容

1. 认识的对象

一般认为，故意的认识对象就是犯罪事实，即客观的构成要件要素的事实。主观的构成要件要素的事实即故意、过失，目的犯中的“目的”以及惯犯的“惯犯性”本来

① 〔日〕川端博：《刑法总论二十五讲》，余振华译，中国政法大学出版社，2003年，第63页。

② 陈子平：《刑法总论》（2008年增修版），中国人民大学出版社，2009年，第128页。

③ 〔日〕川端博：《刑法总论二十五讲》，余振华译，中国政法大学出版社，2003年，第51～52页。

④ 〔日〕川端博：《刑法总论二十五讲》，余振华译，中国政法大学出版社，2003年，第53页。

就是行为人内心的要素，符合上述内容的事实只要在行为当时行为人具备即可，不应当再次作为认识的对象。即除了上面已作说明的构成要件的行为、构成要件的结果、其间的因果关系外，还包括行为的主体、客体、状况等。

（1）实行行为。实行行为是构成要件的核心，故意要求行为人对其行为本身的自然、社会属性有所认识，如行为实施的方式、方法等，无论是作为还是不作为都是认识的对象。

（2）行为主体。主体作为构成要件要素是成立故意必须认识的对象，通常来说，行为人对于自己属于作为犯罪主体的"人"在认定上不会有问题。身份犯中的身份属于客观的构成要件要素，也是成立故意须认识到的，已经具有某种身份的人若认为自己还没有身份，就没有故意。不过，常习犯虽然也是身份犯的一种，但常习性通常被认为是行为人的属性而非行为的属性，所以故意的成立不需要对常习性有认识①。

（3）行为客体（即对象）。例如杀人，必须认识到所杀对象之"人"的属性，否则就不能成立故意。

（4）结果。对于结果犯的场合，行为人必须对行为的结果有所认识（这种认识很大程度上是指预见），才可能成立故意，这是理论上的共识。在结果加重犯中，对于重结果，过去通说认为只要是从基本犯罪中发生的即可，不需有认识。但今日的学说一般认为，对重结果的发生需要行为人存在过失。另外，也有见解认为，结果加重犯的成立无需对重结果有过失，只需肯定基本犯罪与重结果之间存在相当因果关系②。

另外，关于对危险犯成立故意是否需要其对危险有认识的问题，理论上有不同的观点：第一种观点认为，无论是具体的危险犯还是抽象的危险犯，都不需要对危险有认识③。第二种观点认为，具体的危险犯中的危险是构成要件要素，所以需要认识；而抽象的危险犯中的危险是拟制的危险，所以不需要认识④。第三种观点认为，无论是具体的危险犯还是抽象的危险犯，都需要对危险有认识⑤。

（5）行为与结果之间的因果关系。关于因果关系是否是故意成立所必要的认识对象，理论上存在争议，概括来说，存在肯定说与否定说的区别。肯定说认为，故意的成立，除行为与结果外，还必须对二者之间的因果关系有所认识，即行为人需认识到其行为会引起构成要件的结果。这是理论上的通说。否定说则认为，即使对行为与结果之间的因果关系没有认识，也不能就否认故意。

我们认为，肯定说是恰当的，故意的成立需要有对因果关系的认识，否则就会出现将诸如念咒语杀人这样的迷信犯的内心状态也视为故意的情况。但是，这种认识并"不需要预见因果关系的细节"⑥，只需要有基本的认识即可。

2. 故意中事实认识的程度

构成要件要素有记述的构成要件要素与规范的构成要件要素之分。故意的成立，需要对

---

① 〔日〕团藤重光：《刑法纲要总论》，创文社，1990年，第272页。
② 〔日〕大塚仁：《刑法概说（总论）》（第三版），冯军译，中国人民大学出版社，2003年，第180～181页。
③ 〔日〕香川达夫：《刑法讲义》（各论），成文堂，1996年，第167页。
④ 〔日〕团藤重光：《刑法纲要各论》，创文社，1990年，第182页。
⑤ 〔日〕内田文昭：《刑法各论》，青林书院，1996年，第456页。
⑥ 〔日〕大塚仁：《刑法概说（总论）》（第三版），冯军译，中国人民大学出版社，2003年，第180页。

客观的构成要件要素的事实有所认识，这包括记述要素的事实与规范要素的事实的整体。对于记述要素事实的认识，一般来说是没有争议的，但对于规范要素事实的认识需达到何种程度才成立故意则发生问题。通常而言，对于事实的认识可分为三种层级，即物体的认识、意义的认识以及违法的认识[①]。在记述要素的场合，有物体的认识的同时，也就能够产生对意义和违法的认识。但在规范要素的场合，物体的认识与意义的认识是分离的，有物体的认识并不一定就具有意义的认识，而成立故意，必须对社会的、规范的意义有认识[②]。

以贩卖猥亵文书罪（《日本刑法典》第175条）为例：①单纯对作为行为对象的文书的认识只是物体的认识；②对该文书是具有猥亵性质的文书的认识是意义的认识；③而对该文书属于违法的猥亵文书的认识是违法的认识。对①的认识通常没有争议，但对规范要素，单有①还不够，还必须对②有认识。

不过，对法律上是常人的行为人，不能要求其具有与裁判官一样的严密的法的认识，作为意义的认识，通常只要明白了一般人所理解程度的社会意义就够了。梅茨格尔所谓“常人领域中的平行性评价”，韦尔策尔所谓“行为人意识中的平行性判断”，都是同样的旨趣[③]。

（三）故意的本质

1. 概说

构成要件的故意所包含的要素，是只要存在对犯罪事实的认识就可以了还是必须要行为人有实现该认识内容的意欲即意志要素，这一点其实就关涉到故意的本质的问题。典型的故意犯是基于确定的故意，典型的过失犯是基于对结果发生完全欠缺认识的无认识过失，因而两者根据对结果发生有无认识即可明确区别。可是，在有认识过失的场合，因为存在对结果发生的认识，所以按前述标准就不能与故意相区别。而故意的本质就涉及“未必的故意”与“有认识的过失”之间的区别问题。对此，学理上存有围绕着究竟是行为人对犯罪事实的认识与预见（认识说或表象说）还是对该种事实的意欲或者容认（意思说）的对立[④]。现在还有以上述二者为基础衍生出的其他的见解，如以表象说为基础的盖然性说、以意思说为基础的容认说等。

2. 学说的状况

1）认识说（表象说）

（1）可能性说。此说主张，故意的成立，只要认识到构成要件结果发生的可能性就足够了，强调故意的认识要素，是一种纯粹的表象主义的观点。虽然在希望构成要件性结果发生的场合常有犯意的存在，但犯意并不以这种希望为必要，即便没有，也不能否认犯意的存在。但按此说，只要行为人对犯罪事实有了认识，即使在结果发生时，不存在“意图或者希望”，也不能否认故意的成立，这就将原属于过失范畴的“有认识的过失”包含在了故意的概念之中，因此并不妥当[⑤]。

---

① 陈子平：《刑法总论》（2008年增修版），中国人民大学出版社，2009年，第130页。
② 〔日〕大谷实：《刑法讲义总论》（新版第二版），黎宏译，中国人民大学出版社，2008年，第151页。
③ 〔日〕大塚仁：《刑法概说（总论）》（第三版），冯军译，中国人民大学出版社，2003年，第181～182页。
④ 〔日〕松宫孝明：《刑法总论讲义》（第四版补正版），钱叶六译，中国人民大学出版社，2013年，第135页。
⑤ 陈子平：《刑法总论》（2008年增修版），中国人民大学出版社，2009年，第131页。

(2) 盖然性说。此说为规避可能性说的不合理之处而产生，认为行为人须对结果的发生有盖然性的认识才足以成立故意，仍是以认识要素为重点。但它仅以结果发生的可能性的高低来区别故意与过失，与可能性说只是在程度上的些微区别，不但难以划分其界限，且因故意与过失在违法性或责任内容上具有质的差异，以量的基准来区分两者，也不妥当。

2) 意思说

(1) 希望说。希望说认为，成立故意应当以行为人对构成要件结果的发生有意欲或希望为必要，强调故意的意志要素。此说虽然克服了认识说片面强调认识因素的缺陷，但片面理解了意志因素，将意欲（或希望）作为必要，将未必的故意排除在故意的范畴之外，几乎使其全部成为有认识的过失，实际上是不合理的。

(2) 容认说。容认说对希望说作出修正，认为对于故意的成立，行为人在对构成要件结果发生的可能性有认识的基础上，有积极的希望或者消极的容认即可。对于“容认”的意义，理论上则又有不同的理解。有的认为，容认是指“加以肯定，认可”的积极态度，但尚未达到希望、意欲的程度；有的认为，凡对于认识有发生可能的结果，采取“不介意”、“无所谓”等消极态度，即属容认①。

容认说在将故意的认识要素与意思要素分别适当地处理，以及明确地区别故意与过失的质的差异上，受到认同。但学者们对此说也存在质疑，主要有：①举证所谓容认这种微妙的心理状态，是极其困难的；②所谓容认，实际上是“情绪的附随物”，并非意思的要素②；③只强调心理上的容认，而不问结果发生的可能性如何，直接视其为有容认，终究与认识说同样，对故意的成立范围，失之过宽③；④思虑深的行为人令其负重责，而无思虑的行为人免其责，实为不合理④。于是，学者们提出了容认说的修正理论。

第一，实现意思说。基于上述质疑，有学者从将故意专门解释为构成要件结果的“实现意思”的观点出发，主张将对于构成要件结果的实现并非重要的“情绪要素”与作为责任基础的“相反动机的形成过程”，排除于未必的故意内容之外。例如，韦尔策尔认为将构成要件结果的发生“计算在内”的场合，是未必的故意，而仅止于“信赖”结果发生的场合，是有认识的过失。这种见解在日本逐渐形成有力学说④。

第二，客观容认说。客观容认说是对容认说的修正，为藤木英雄所主张，认为“在自己行为有发生犯罪事实可能性，且是一般人不容许无视该等法益的加害可能性而仍然付诸行动的判断程度时，又敢于实行该行为”时，可认定其具有未必的故意。但这种理解，被批判为将原本应属于主观的故意予以客观化④。

3) 动机说

动机说认为，行为人尽管认识到结果会发生，但并未由此产生停止该行为的动机（反对动机）而仍然实施行为，就存在故意⑤。因此，认识必须和行为人的意志相关，即要求

---

① 陈子平：《刑法总论》(2008 年增修版)，中国人民大学出版社，2009 年，第 131 页。

② 〔日〕山口厚：《刑法总论》(第二版)，有斐阁，2007 年，第 198～199 页。

③ 〔日〕山中敬一：《刑法总论》(第二版)，成文堂，2008 年，第 314～315 页。

④ 〔日〕川端博：《刑法总论二十五讲》，余振华译，中国政法大学出版社，2003 年，第 72 页。

⑤ 〔日〕曾根威彦：《刑法总论》，弘文堂，2000 年，第 186 页。

行为人将该种认识变为自己行为的动机，才能成立故意①。但动机说将动机形成过程的问题深入到人的极内心的部分，并不妥当；而且，它是站在将故意定位于责任要素的立场上所提出的学说，这与构成要件性故意的概念是不相容的。

我们认为，在上述诸说中，认识说把有认识的过失也包含在故意之内，失之过宽；动机说与构成要件的故意概念相悖；意思说中的希望说把未必的故意排除在故意之外，失之过窄；而容认说克服了前述诸多缺点，为多数学者所接受。其中客观容认说将原本应属于主观的故意予以客观化，不符合故意的要求，不宜采纳；而实现意思说将故意的核心归结于目的性、实现意思，是妥当的。

（四）故意的种类

为了更为具体、详细地确定故意的危害程度，刑法理论上往往依据不同的标准将故意作不同的划分。帕多瓦尼对此作出的分类是：开始故意、伴随故意和事后故意，实害故意与危险故意，一般故意与特殊故意，直接故意与可能故意，选择故意②；俄罗斯刑法对故意的划分有：直接故意与间接故意、确定的故意与不确定的故意、事先预谋的故意与临时产生的故意、普通故意与激情故意等③；日本学者对故意则多作如下分类，即确定故意和不确定故意、事前故意和事后故意、侵害故意与危险故意、韦伯的概括故意④。结合前述各国学者的观点，我们将故意作如下分类，予以详述。

1. 直接故意与间接故意

直接故意是行为人意识到自己行为的社会危害性并能够预见到可能或必然发生危害结果，却希望该结果发生的状态；而间接故意是行为人意识到自己行为的社会危害性并能够预见到可能发生危害结果，虽不希望其发生但却对结果的发生采取有意识的放任态度或者对结果漠不关心。

2. 确定故意与不确定故意

所谓确定故意，是指对意图发生或实现的犯罪事实有明确认识的情形，大部分故意犯都属此类；所谓不确定故意，是指对所意图实现的犯罪事实没有确定认识的情况⑤。不确定故意具体又包括以下几种形态：

(1) 择一的故意，是指行为人虽对犯罪结果的实现有所认识，但对于结果具体发生在哪一个行为客体上并不明确的场合，例如，行为人开枪射击某一车内的甲乙两人，不射中甲也会射中乙。

(2) 概括的故意，是指行为人对于犯罪结果的实现有确定的认识，但结果发生的对象

---

① 日本最高法院1958年3月16日（《刑集》第2卷第3号第227页）认为，对犯罪事实有认识、预见，“竟然”实施该种行为的场合，就有故意，即认为“仅有对事实的认识、预见还不够”，认识还必须和意志要素相连。参见〔日〕大谷实：《刑法讲义总论》（新版第二版），黎宏译，中国人民大学出版社，2008年，第154页。

② 〔意〕杜里奥·帕多瓦尼：《意大利刑法学原理》（注评版），陈忠林译评，中国人民大学出版社，2004年，第191～192页。

③ 〔俄〕Л.В. 伊诺加莫娃-海格：《俄罗斯联邦刑法（总论）》（第二版），黄芳等译，中国人民大学出版社，2010年，第87页。

④ 〔日〕大谷实：《刑法讲义总论》（新版第二版），黎宏译，中国人民大学出版社，2008年，第156～157页。

⑤ 〔日〕大谷实：《刑法讲义总论》（新版第二版），黎宏译，中国人民大学出版社，2008年，第157页。

不特定，例如，向人群开枪射击，有人会被击中是肯定的，但具体是谁不确定。

(3) 未必的故意，是指行为人对于犯罪结果的发生并无确定认识，但其发生也不违背行为人本意的情形。

(4) 附条件的故意，是指犯罪行为的实行或犯罪结果的发生需要一定的条件的促成才可能的情形。例如，行为人出于如果要求遭到拒绝便枪杀对方这一企图，准备了手枪，但在对方的态度未明朗之前，因手枪走火致使对方死亡，在此情形下，由于并无实行的着手，因而构成杀人预备与过失致死罪的观念的竞合①，即在杀人罪上成立附条件的故意。

3. 事前的故意与事后的故意

事前的故意，一般认为，是与“韦伯的概括的故意”（该概念来源于冯·韦伯于1825年的命名）等同的概念，是指行为人依故意实施了行为，误信已经实现了其犯罪，为了防止被发觉或者其他的目的，又进而实施了其他行为，由该行为产生了先前所预期的结果的情形②。但也有学者认为，为了明确概念，还是应当将二者区别开来，而将事前故意定义为“是指事先对犯罪事实整体有认识之后，采取行动的场合”③。

所谓事后的故意，是指已经实施了会侵犯一定法益的行为之后才产生犯罪的故意，并按照已有行为的发展势头，放任结果发生的状况。例如，医生合法地将病人的胸部打开之后，产生杀人念头，将病人放置不管，让其死去，就属于这种情况。这种情形实际上只是在不作为犯的场合才成为问题，但是，并不妨碍成立故意④。

4. 侵害故意与危险故意

侵害故意和危险故意，与侵害犯的故意和危险犯的故意相对应。前者是指对侵害法益的结果有认识并追求实现该结果的意思；后者是指认识到会对法益造成危险，但却有意引起该危险状态发生的意思。在具体危险犯和抽象危险犯中，对危险的认识程度是不同的。在具体危险犯中，行为人对于危险性必须有明确的认识。但是，在抽象危险犯中，有认为：①抽象危险的发生不是构成要件要素，成立故意只需对构成要件要素有认识即足够；②抽象危险犯以没有达到具体危险程度的漠然的危险为要件，危险故意只要与此对应即可；③在抽象危险犯的场合也要求发生与具体危险一样的危险，只不过危险的发生是法律上推定的，但危险故意不能推定，要求行为人认识到具体危险⑤。一般认为，抽象危险犯中的危险是拟制的，并非构成要件要素，所以此场合中，对危险性的认识并不是故意成立的必备条件。

5. 临时故意与预谋故意

临时故意是指实施犯罪的意图是突然产生的，经过很短的时间间隔便付诸实施。行为人临时突然产生故意，没有预先制订实施犯罪的计划，往往具有不稳定性和突发性。预谋故意是指在实施犯罪行为之前的相对较长的时间产生犯罪故意。为了更周密地准备实施犯罪，产生犯罪故意和实施犯罪之间持续的时间是必需的，因为行为人需要寻找共同犯罪

---

① 〔日〕西田典之：《日本刑法总论》（第二版），王昭武、刘明祥译，法律出版社，2013年，第188页。

② 〔日〕大塚仁：《刑法概说（总论）》（第三版），冯军译，中国人民大学出版社，2003年，第185页。

③ 〔日〕大谷实：《刑法讲义总论》（新版第二版），黎宏译，中国人民大学出版社，2008年，第157页。

④ 〔日〕大谷实：《刑法讲义总论》（新版第二版），黎宏译，中国人民大学出版社，2008年，第157～158页。

⑤ 〔日〕山中敬一：《刑法总论》（第二版），成文堂，2008年，第306～307页。

人、制定实施犯罪的详细方案、如何隐匿犯罪痕迹等①。

6. 一般故意与特殊故意

法国学者卡斯东·斯特法尼等认为，“所谓‘一般故意’是指‘完成人们知道的受到法律禁止之行为的意志’……有时，法律规定，要成立某种犯罪，除了行为人应当具有违反刑法的有意识的意志之外，还应当有更加具体的意志，这就是我们通常所说的‘特别故意’或‘特定故意’……”②

二、过失

（一）概说

1. 过失的概念

关于什么是过失，大陆法系典型国家刑法典大多未作明确的规定，但也有些国家如意大利、俄罗斯、瑞士等国的刑法典对此作了概括性规定。《俄罗斯联邦刑法典》第26条第1款规定：“因轻信或疏忽而实施的行为，被认为是过失犯罪。”

德国、日本等国刑法典没有对过失下定义，而是交由理论研究去解决。例如，耶赛克、魏根特认为：“由于违反注意义务实现刑法规定的构成要件，且违反义务没有认识到会发生构成要件结果，或者虽然想到会发生构成要件结果，但违反义务地相信，此等结果将不会发生，行为人的行为是过失行为。”③ 日本学者西田典之认为，过失“即违反注意义务，是指明明具有结果的预见可能性，并有可能采取行为以避免结果的发生，却未能预见结果，或者虽然预见了结果，却并未采取切实行为以避免结果发生，因而发生了结果的情况”④。

立法上明确规定过失的概念，与不予规定一样，各有利弊。在法律文本中明文规定过失的概念可以避免理论上不同学说之间的争论对司法实践的困扰；但它一来容易落后于时代的发展，二来会因为现实立法技术的限制而失之准确。同样，不以法律条文的方式明确过失的含义，虽然可以为理论研究预留较大的空间，但毕竟不利于司法标准的统一。

综合大陆法系的立法与学说，我们认为，过失是指没有实现犯罪的认识、意欲而实现犯罪的行为的主观的构成要件要素，是一种心理态度，这是积极意义的过失概念；消极意义的过失概念与故意概念相对应，是指没有故意但又需要承担责任的一种心理状态。

2. 过失犯的例外处罚原则

进入20世纪以后，随着高速交通运输的发展，过失犯大量增加，形式也趋于多样化，“在所有的犯罪行为中，已经有大约一半是过失犯罪了”⑤。尽管如此，人们一般还是认为，故意犯罪是行为人在对犯罪事实有认识的情况下积极地违反规范的行为，而过失犯罪则是行为人因不注意而消极地违反规范的行为；二者的人格态度不一样。因此，各国刑法

---

① 〔俄〕Л. В. 伊诺加莫娃-海格：《俄罗斯联邦刑法（总论）》（第二版），黄芳等译，中国人民大学出版社，2010年，第88页。

② 〔法〕卡斯东·斯特法尼等：《法国刑法总论精义》，罗结珍译，中国政法大学出版社，1998年，第259页。

③ Jescheck H H，Weigend T. Lehrbuch des Strafrechts Allgemeiner Teil. Drucker & Humblot，1996，5. Aufl.，S. 563.

④ 〔日〕西田典之：《日本刑法总论》（第二版），王昭武、刘明祥译，法律出版社，2013年，第228页。

⑤ Roxin C. Strafrecht Allgemeiner Teil Band Ⅰ. Verlag C. H. Beck，2006，4. Aufl.，S. 1062.

普遍规定以处罚故意犯作为原则，以处罚过失犯作为例外。

一般而言，对于过失犯的处罚只限于法律的特别规定，这一原则不仅适用于刑法典，同样也适用于特别刑法与行政刑法。问题是，对于过失犯的处罚是否必须有明文的规定，或者是即使没有明文的规定，是否也可以按照法律的精神予以处罚[①]。对此，从罪刑法定及责任主义的观点出发，大陆法系刑法理论一般认为，刑法中对于过失犯的处罚必须有明文规定。

3. 过失在犯罪论体系中的地位

过失与故意一样，被认为是行为人的心理态度，所以刑法学界通常对二者作同样的处理。也就是说，过失与故意在犯罪论体系中同为主观的构成要件要素。

（二）过失的理论

关于过失理论的争论，是刑法理论上争论最激烈的领域之一。现在仍有影响的过失理论主要有以下几种。

1. 旧过失论

旧过失论，又称预见可能性说，是结果无价值论所主张的过失论。虽称之为“旧”，但当前仍然是很有影响的学说。此说认为，在行为的构成要件该当性、违法性方面，故意与过失并无二致，其区别仅在责任阶段，故意是对结果的认识、预见，过失是对结果的认识可能性、预见可能性。只要结果发生了，行为肯定是危险的，问题只在于事后考察当时是否能够预见到这种结果[②]。

旧过失论以结果预见义务为中心，认为过失的本质在于行为人由于不注意而对结果没有预见；过失犯的非难根据正是行为人本来能够预见到犯罪事实却因不注意而没有预见，因而未采取避免措施导致结果发生。据此，便要求行为人和结果之间具有心理上的联系，以适应责任原则的要求。

但是仅因为结果与行为人的行为之间具有因果关系就认为行为违法显然是不合适的，如此一来构成要件和违法性论的意义在过失犯中就消失了；而仅因行为人主观不注意的心理态度与结果之间存在关联就认定过失犯则完全忽视了过失的“行为”性质。对此，修正的旧过失论在一定程度上缓和了旧过失论的立场，开始关注过失的实行行为的问题，认为过失犯的违法性内涵，在于过失行为所具有的结果发生的实质危险性与将危险现实化的结果的发生，而欲根据过失犯的实行行为性限定过失犯的成立范围，将无发生结果实质危险的无过失行为从构成要件中加以排除[③]。

2. 新过失论

新过失论，又称基准行为说，一般为行为无价值论者所主张。其肇始于20世纪初期的德国，是在第二次世界大战后进一步发展起来的以结果避免义务为中心的过失论，并逐渐有力化，得到很多支持。该说认为，过失的本体并不在于预见可能性，而在于违反了结果回避义务，将遵守“社会生活上必要的注意的行为”设定为标准行为，以此来设定结果避免义务，因而过失犯由并未实施法律所要求的基准行为的不作为犯构成。该说立足于

---

① 〔日〕野村稔：《刑法总论》，全理其、何力译，法律出版社，2001年，第108页。

② 〔日〕西田典之：《日本刑法总论》（第二版），王昭武、刘明祥译，法律出版社，2013年，第228页。

③ 陈子平：《刑法总论》（2008年增修版），中国人民大学出版社，2009年，第146页。

“行为的违法性在于并未遵照规范的要求”这种行为无价值的视点，进一步指出，只要并未逸脱（超出脱离）基准行为，就并无该当于构成要件且违法的行为①。这样，基准行为说认为，过失犯不仅是责任的问题，也是违法性和构成要件的问题。

新过失论是在风险社会发展的基础上为适应现实需要、限制过失的处罚范围而发展起来的。它承认二重的过失，即构成要件符合性、违法性阶段的客观的过失（构成要件过失）和责任阶段的主观的过失（责任过失）：前者是以一般人为标准的客观的注意义务违反，是确定不遵守客观上社会生活所必要的注意的行为；后者是以行为人自身为标准的主观的注意义务违反，是判断行为人本人不注意的心理状态②。这样，在构成要件、违法论中讨论客观的过失，在责任论中讨论主观的过失。

新过失论与被允许的危险理论以及信赖原则有着十分密切的关系，后文将予以详述。

3. 新新过失论

新新过失论，又称不安感说或危惧感说，是在20世纪60年代后期公害、药害、企业灾害等日益严重的社会背景下，基于新过失论使过失的处罚范围变得过窄而主张的③。旧过失论以结果预见义务为中心，新过失论以结果避免义务为中心，而义务的存在以可能性为前提，法律不可能要求人们为其所不能，这样就强调预见可能性的问题。在新旧过失论那里，预见可能性都被理解为具体的预见可能性。然而，随着高新科技在企业生产方面的广泛应用，企业在提高了生产效率、创造了巨大的社会物质财富的同时，也给社会公共安全以及公众的生命健康带来巨大的危险，如环境污染、食品中毒等。而对于这种危险，企业及其相关人员一般并不具有具体的结果预见可能性，如此，其将不负过失的刑事责任，这显然对维护社会公共安全、保障公众生命健康十分不利。基于此，日本学者藤木英雄对新过失论进行修正而提出了危惧感说，认为作为结果避免义务的前提，不要求具体的结果预见可能性，只要求有某种不安感、危惧感。

4. 三种过失论的区别

以上三种过失理论各有特色，日本学者前田雅英曾绘表罗列其区别，见表8-1。

表8-1 三种过失理论的区别

过失理论	旧过失论	新过失论	新新过失论（不安感说）
体系论	责任要素	违法要素	违法要素
注意义务	以预见义务为中心	以避免义务为中心	以避免义务为中心
预见可能性	具体的	（具体的）	不安感
处罚范围	—	限定	扩大

资料来源：〔日〕前田雅英：《刑法总论讲义》（第五版），东京大学出版会，2011年，第294页

① 〔日〕西田典之：《日本刑法总论》（第二版），王昭武、刘明祥译，法律出版社，2013年，第229页。

② 〔日〕大塚仁：《刑法概说（总论）》（第三版），冯军译，中国人民大学出版社，2003年，第200～206页。

③ 司法判例的出现引起理论的关注，进而衍生出新的理论学说，可以说过失论的演变是在社会发展过程日渐凸显的问题推进下发生的。这与判例法国家的做法具有一致性——美国刑法严格责任原则的产生与发展，即是在判例的促成下完成的。

我们认为，前述三说比较起来，当以新过失论较为合理。在旧过失论那里，强调结果预见义务，没有考虑结果避免义务，这在现代社会生活中，会造成过失犯成立范围的扩大。而新新过失论所谓“不安感”是十分模糊的，司法实践中难以认定，更难以统一认识；它不具体探讨行为之时的预见可能性，认为只要具有危惧感即可，这属于结果归责，从责任主义的观点看，不应该被允许①。

（三）注意义务

1. 注意义务的内容

注意义务是过失的核心概念，一般认为，它包括结果预见义务和结果避免义务两个方面。“前者是应该预见发生一定的犯罪结果的义务，后者是应该基于这种预见以避免发生犯罪结果的义务。”②

关于上述两种义务在犯罪论体系上的位置，学者们存在不同的看法。有的认为，两者都是构成要件和违法性的要素，也是责任的要素；有的认为两者都是过失犯固有的违法性要素；也有的认为结果避免义务是违法性的要素，结果预见义务是责任的要素。大塚仁认为过失首先被类型化，是构成要件的要素，同时也是违法性的要素，也是责任的要素。结果预见义务与结果避免义务互相结合，形成过失犯的注意义务，只有分别尽到了这些义务，才能说遵守了注意义务，所以，必须在构成要件符合性、违法性、责任的各阶段，赋予两者以位置②。这亦是现在的通说，注意义务的内容，在构成要件、违法性阶段是“客观的注意义务”，而在责任阶段是“主观的注意义务”。客观的注意义务包括以“客观的预见可能性”为前提的客观的结果预见义务和以“客观的结果避免可能性”为前提的客观的结果避免义务，而这两种可能性的判断皆以一般人的注意能力为标准，故被称为“客观的”；主观的注意义务包括以“主观的预见可能性”为前提的主观的结果预见义务和以“主观的结果避免可能性”为前提的主观的结果避免义务，这两种可能性的判断，皆以行为人自身的注意能力为标准，故被称为“主观的”③。

2. 预见可能性

义务以可能性为前提，而避免结果又以可以预见结果为必要，所以，过失犯按照结果预见可能性—结果预见义务—结果避免可能性—结果避免义务的顺序来加以判断④，其关键是预见可能性的问题。

1）预见可能性的程度

关于预见可能性的程度，存在具体的预见可能性说和危惧感说两种不同的观点。

具体的预见可能性说是现在大陆法系的通说，新旧过失论都持这种观点。旧过失论以结果预见义务为核心，如果有结果的预见可能性，就发生结果预见义务，预见可能性同过失的成立紧密相连；而新过失论强调结果避免义务，没有结果的具体的预见可能性，就无

---

① 〔日〕西田典之：《日本刑法总论》（第二版），王昭武、刘明祥译，法律出版社，2013 年，第 231 页。

② 〔日〕大塚仁：《刑法概说（总论）》（第三版），冯军译，中国人民大学出版社，2003 年，第 204 页。

③ 陈子平：《刑法总论》（2008 年增修版），中国人民大学出版社，2009 年，第 147 页。

④ 〔日〕大谷实：《刑法讲义总论》（新版第二版），黎宏译，中国人民大学出版社，2008 年，第 180 页。

法判断是否具有结果避免可能性。当然二者也存在区别：旧过失论认为过失与故意一样是责任要素，故而从主观上理解预见可能性；而新过失论则在构成要件、违法性上讨论客观的注意义务，在责任阶段讨论主观的注意义务，对于构成要件过失主要探讨以一般人注意能力为标准的客观的预见可能性问题。

危惧感说是新新过失论的观点。它认为“成立预见可能性，不需要有对导致结果发生的具体的因果经过的预见的必要，只要达到一般人有某种结果可能发生的具体的危惧感的程度就够了”①。

2）预见可能性的对象

与故意一致，过失中强调对犯罪事实的预见。这里所谓“犯罪事实”包括结果本身以及行为与结果之间的因果关系两个方面。

首先，关于结果的预见可能性。与故意犯一样，过失犯虽不要求对结果的详细的形态有精确的认识，但对于结果的发生本身必须有认识。问题在于，这种认识涉及具体性客体（对象）时，是仅包括实际的认识，还是也包括可能性认识。例如，被告人鲁莽驾车除了造成坐在副驾驶座的人受伤外，还造成在被告人并不知情的情况下自己爬进后车厢的两人死亡。对此案，日本的法院认为，“对被告人而言，当然应当认识到自己鲁莽驾车的行为有可能会造成伴有人员死伤的事故，因此即使被告人对于自己的后车厢内前述两人乘车的事实没有认识，也不妨碍其构成针对这两人的业务上过失致死伤罪”②。不过，对此也有不少学者认为法院基于“法定符合说”得出了上述结论，它的结论与危惧感说实质上没有区别③。而“从具体的符合说的立场来看，必须对被侵害的对象有具体的预见可能性”④。

其次，关于因果关系的预见可能性。通说认为，在过失犯中，需要认识到特定的构成要件的结果以及行为与结果之间因果关系的“基本部分”，但不需要对全部的因果过程有认识。不过，也有少数学者认为不需要现实的因果关系的预见可能性。“因果关系的预见可能性对于过失责任而言不重要。行为时，在结果之外还要求对因果经过的基本的部分有预见可能性，这是不妥当的。有了对结果的预见可能性，因为没有对现实的因果经过的预见而否定责任，是不合理的。”⑤

3）预见可能性的判断标准

关于预见可能性的判断标准，基本上存在着主观说、客观说、折中说和能力区别说四种观点。

主观说立足于道义责任论，认为应以具体行为人的注意能力为标准，如果一般人可能预见但行为人不可能预见，就不能认为违反了注意义务。其基本理由是，对行为人进行道义上的非难，不应超过行为人自身的注意能力的范围。主观说面临的最大问题在于，如果行为人的能力超出一般人应如何处理。对此，有持主观说的学者主张：“在通常人不能预

① 〔日〕藤木英雄：《刑法讲义总论》，弘文堂，1975年，第240页。
② 〔日〕最高裁判所1989年3月14日判决，载《最高裁判所刑事判例集》第43卷第3号，第262页。
③ 〔日〕中山研一：《口述刑法总论》，成文堂，2005年，第248页。
④ 〔日〕山口厚：《刑法总论》（第二版），有斐阁，2007年，第233～236页。
⑤ 〔日〕前田雅英：《刑法总论讲义》（第五版），东京大学出版会，2011年，第315页。

见而行为人有预见可能的场合，由于法律一般是以通常人为对象加以制定的，因而应当认为这种情况下不能施加法的非难。”[①]

客观说立足于社会责任论，认为应当以抽象的一般人的注意能力为标准，如果一般人有预见可能性，行为人即便不可能预见，也要认为其有注意义务。客观说主要是新派学者的主张，其基本理由是基于社会防卫的必要，没有达到通常人能力的人因为对社会存在危险所以应受处罚[②]。客观说最大的问题在于强人所难，对行为人过于严苛，且有扩大过失犯处罚范围之忧，不符合责任主义的论点。

折中说试图调和前述二者，认为要兼而考虑一般人的注意能力与行为人自身的注意能力，行为人的注意能力比一般人高时，以一般人的注意能力为标准，比一般人低时以行为人的注意能力为标准。

能力区别说认为，作为心理作用的“注意”本来是以一般人为标准的，但作为其结果的“预见”，则应考虑行为人的身体条件、知识、经验、认识能力，采取主观的标准[③]，即以行为人自身的能力为标准。

大塚仁认为，构成要件性过失是以一般人的注意能力为标准的“客观的过失”，责任阶段的过失是以行为人本人的注意能力为标准的“主观的过失”，“在判断是否存在责任过失时，采用折中说就行了，而关于判断构成要件性过失的有无，情形自然不同。在此，以一般人的注意能力为标准，肯定违反客观的注意义务就够了”[④]。中国台湾学者陈子平也持同样的观点[⑤]。

（四）被允许的危险理论与信赖原则

1. 被允许的危险理论[⑥]

被允许的危险的理论是新过失论的发展基础，是指为达成有益于社会的目标，允许在社会生活上已付出必要注意的人所为的必要危险行为的法理。

随着社会生活的复杂化，危险明显增加，但与侵害人的生命、身体甚至财产等法益的危险有必然性关联的诸多事业，却是社会生活所不可或缺的，若因为其潜在的某种危险而被禁止，现代社会将会停摆。因此，综合考量危险行为的社会重要性、危险的盖然性、受侵害法益的性质与程度以及防止危险的可能手段等，若行为被认为具有社会相当性，则即便其具有此等危险，也应当是被允许的。

在具体的适用上，概括德国与日本学者的见解，被允许的对象主要有：①危险的企业活动；②近代的交通工具；③医疗行为；④体育行为；⑤危险的实验；⑥危险的投机行为（在与背任罪的关系上）；⑦危险的救助活动；⑧期待有钱的伯父发生事故死亡，劝他乘汽车旅行的侄儿的行为等[⑦]。

---

① 〔日〕浅田和茂：《刑法总论》，成文堂，2005年，第342页。

② 〔日〕木村龟二：《刑法总论》（增补版），有斐阁，1978年，第250页。

③ 张明楷：《外国刑法纲要》（第二版），清华大学出版社，2007年，第236页。

④ 〔日〕大塚仁：《刑法概说（总论）》（第三版），冯军译，中国人民大学出版社，2003年，第206页。

⑤ 陈子平：《刑法总论》（2008年增修版），中国人民大学出版社，2009年，第148页。

⑥ 这里要注意的是，被允许的危险属于违法性之议题，鉴于其与信赖原则的密切联系而在这里加以说明。

⑦ 〔日〕中山研一等：《现代刑法讲座》（第3卷），成文堂，1982年，第25～26、28～29、44、47页。

2. 信赖原则

1）概念

所谓信赖原则（Vertrauensgrundsatz），是指行为人在实施某种行为时，如果存在信赖参与行动的其他人会采取适当行动的场合，由于其他人不妥当的行为而引发构成要件结果，则不可将结果归责于行为人①。信赖原则始于1935年的德国判例，后来逐渐发展成为一种理论，在20世纪50年代左右被介绍到日本。它最初在道路交通事故中适用，后来则扩大到医疗、企业活动等领域。

信赖原则的理论基础源于过失犯论中的“被允许的危险”与“危险的分配”的法理。被允许的危险的法理前文已经阐述，之所以允许行为人实施必要的危险行为，乃在于信赖其他参与者也会采取适当的行动，因此，“被允许的危险”的法理与信赖原则是一脉相通的②。而所谓“危险的分配”，则是讨论过失犯时在加害人与被害人之间分配危险的注意义务的问题。广泛承认加害人负有注意义务，被害人负有注意义务的范围就因此变小；反之，被害人的注意义务就相应地变得广泛③。这一法理在对信赖其他有关人的行动的人“减轻负担”这一点上，与信赖原则相一致。

2）在犯罪论体系中的地位

一般认为，信赖原则的适用否认过失的成立，但其究竟影响过失犯成立条件中的哪一因素，学说上存在不同的见解，概括说来可以分为否定预见可能性的立场与否定注意义务的立场④，具体如下：

（1）否定预见可能性的立场。这里又有两种观点：

第一种观点认为，信赖原则是否定结果预见可能性的原理。它认为，过失行为是对结果发生具有实质上不被允许的危险的行为，其所具有的危险性，也可以说是结果的客观预见可能性，而所谓预见可能性是具有“某种程度高度的”预见可能性。“被害人为该行动的盖然性低，因而被告人的行为就不具有实质的危险性，所以不成立过失犯。因此，信赖原则不过是明示性地表示过失犯的一般的成立要件，而不是特别的原则或要件。”平野龙一、曾根威彦、山中敬一等持此说。

第二种观点认为，信赖原则是否定刑法上的预见可能性的原理。它认为，信赖原则是“从事实的自然的预见可能性中挑选出刑法上的预见可能性的原则”，“认定刑事过失时的预见可能性，始终必须是刑法的概念。这是因为，自然的预见可能性，不仅具有难以认定的不明确性，而且即使是在刑法上预见可能的场合，也还是在刑法上产生应根据其预见而采取结果回避措施的义务”。西原春夫持此说。

（2）否定注意义务的立场。在这一立场中具体又包括三种不同的观点：

第一种观点认为，信赖原则是限制预见义务范围的规范的标准。它认为，现在违反交通规则的行为频繁出现，难以说适用信赖原则的所有情形都属于不可预见的情况。信赖他

---

① 〔日〕大谷实：《刑法讲义总论》（新版第二版），黎宏译，中国人民大学出版社，2008年，第184页。

② 陈子平：《刑法总论》（2008年增修版），中国人民大学出版社，2009年，第150页。

③ 〔日〕大塚仁：《刑法概说（总论）》（第三版），冯军译，中国人民大学出版社，2003年，第203～204页。

④ 〔日〕川端博：《刑法总论二十五讲》，余振华译，中国政法大学出版社，2003年，第138～142页。

人会遵守交通法规而驾驶，虽仍然是一种危险行为，但由于不承认此种信赖关系就无法确保交通安全及通畅，因而，在通常情况下，信赖原则直接限制预见义务，赋予不预见他人违反行为也无妨的标准。金泽文雄持此说。

第二种观点认为，信赖原则是限制结果避免义务的标准。信赖原则在有预见可能性的情况下，减轻注意义务（结果避免义务）的负担，体系上是一种“认定注意义务（结果避免义务）的标准要素”。藤木英雄持此说。

第三种观点认为，信赖原则是将以预见义务和结果避免义务为内容的“客观注意义务”具体化的方法原则。肯定了客观的预见可能性与客观的结果避免可能性，才可能有社会生活上必要的注意义务。在未必有结果预见或避免可能性的场合，就不一定科予对结果有预见而采取适当避免措施的注意义务，在交通事故犯上，信赖原则就是作为将社会生活上必要注意的内容加以具体化的方法的原则，提供该具体化的思考上的标准。信赖原则不仅是预见义务，还与结果避免义务相关。福田平、大塚仁、板仓宏等持此说。

3）信赖原则的适用条件

适用信赖原则需要具备一定的条件，以交通案件为例，“首先，一般的客观要件有：①汽车的高速度和顺畅交通的必要性；②交通环境的完善；③交通教育、交通道德的普及。其次具体客观要件，应分为①车辆对车辆；②车辆对行人进行类型性的分析。作为主观的要件有：①信赖的存在；②信赖的相当性，其中，①是意味着对其他交通参与者遵守交通秩序采取适当的行动存在现实的信赖，它是一种无意识的预见程度，即只要不存在积极的不信任及相当程度的怀疑就可以了，②则意味着①的信赖从该具体的交通情况来看在社会生活上是相当的”①。

信赖原则只是在行为人对共同参与活动的其他人的行为有相当程度的信赖的情况下，才得以适用，它并不是绝对的、无条件的。理论上一般将以下情况作为信赖原则适用的例外：第一，对方是没有保护者在身边的幼儿、老人、残障人等。当然，这里同时需要考虑周边具体状况而进行判断②。第二，可以认识到对方有采取违反义务的行动或者其先兆的场合。“当一个汽车驾驶员注意到别人没有尊重自己的先行权时，他就必须减速停下，不允许在信赖自己的‘权利’中继续开行。”③ 第三，在违反义务的行动频发的场合。例如，在住宅区密集、道路狭小的路段，在商业街、学校门前等人流繁多的路段，作为机动车驾驶者，不得轻易信赖其他交通参与者会采取适当的行动④。第四，行为人自身违反义务而直接导致结果发生的场合，能否适用信赖原则，则有不同看法。首先应予承认的是，行为人之违反行为与结果发生没有因果关系时，完全可以适用信赖原则；若二者之间存在因果关系，主流观点认为，“在行为人违规行为对其他交通参与者来说已是既成事实，以至于信赖其他参与者会将其违反规则的行动考虑在内的想法具有相当性的场合；以及在无论自己是否违反规则，凡是信赖相对方适当行动具有相当性的场合，都应当承认对信赖原则的适用”⑤。

---

① 〔日〕川端博：《刑法总论二十五讲》，余振华译，中国政法大学出版社，2003年，第143页。

② 〔日〕西田典之：《日本刑法总论》（第二版），王昭武、刘明祥译，法律出版社，2013年，第244页。

③ Roxin C. Strafrecht Allgemeiner Teil Band Ⅰ. Verlag C. H. Beck，2006，4. Aufl.，S. 1070.

④ 马克昌：《外国刑法学总论（大陆法系）》，中国人民大学出版社，2009年，第146页。

⑤ 〔日〕西原春夫：《交通事故与过失的认定》，成文堂，1975年，第96页。

（五）过失的种类

在德国，关于过失的种类有无意识的过失与有意识的过失之分，同时认为故意和过失处于一种“等级关系”之中，即使在过失的内部，也能够区分出较强硬和较软弱的形式来，即轻率、简单和微小的过失①；意大利刑法理论上将过失分为一般过失与特殊过失、无认识的过失与有认识的过失②；日本刑法理论则一般将过失分为没有认识的过失和有认识的过失，通常的过失、业务上的过失和重大的过失，管理、监督过失等③。

1. 有认识的过失与无认识的过失

有认识的过失是指行为人虽然对构成犯罪的事实（即构成要件的结果）有所认识，但欠缺实现该结果的容认；无认识的过失是指行为人对于构成犯罪事实欠缺认识，即行为人对于构成要件的结果自始缺乏认识④。

对于这一区分的意义，罗克辛认为，“首要的实践意义在于恰当地划分与有条件故意的界限……相反，有意识和无意识过失的区别并不具有重要的意义。立法者在任何地方都没有把这个区别与不同的法律后果联系在一起……”，但同时又认为“在相同条件下，有意识的过失当然比无意识的过失更具有需要刑罚性，因此，这种区别在量刑中会发挥影响”⑤。

2. 单纯过失、重过失与业务上的过失

单纯过失，也称普通过失、通常过失，是指在构成要件上没有设定特别限定的一般过失。

重过失，即重大的过失，是指相对于通常过失而言，行为人违反注意义务的程度更为显著的情形。其违法性和责任都更大，刑法将其类型化，规定为加重构成要件⑥。

业务上的过失则是指从事业务者由于违反业务上所必要的注意义务而发生构成要件结果的过失。所谓“业务”，是指人基于社会生活上的地位而反复继续从事的事务，该事务的内容，含有侵害法益的危险或有防止法益侵害危险的义务④。

大陆法系刑法一般都对业务上的过失规定了较重的刑罚，但在其从重处罚的根据上，有不同的见解：①业务人被科以与通常人不同的特别高度的注意义务，违反这种注意义务就要承担较重的责任；②从重处罚是为了警戒一般业务者；③此种犯罪的被害法益重大，违法性严重；④业务人在与其地位的关系上脱离社会相当性的程度更严重，其违反注意义务的行为的违法性更大；⑤业务人较之一般人，在更广范围内具有认识、预见结果的能力，对结果的发生具有更重的责任⑦。

---

① Roxin C. Strafrecht Allgemeiner Teil Band Ⅰ. Verlag C. H. Beck，2006，4. Aufl.，S. 1086～1096.

② 〔意〕杜里奥·帕多瓦尼：《意大利刑法学原理》（注评版），陈忠林译评，中国人民大学出版社，2004年，第199、201页。

③ 〔日〕大塚仁：《刑法概说（总论）》（第三版），冯军译，中国人民大学出版社，2003年，第207～209页；〔日〕西田典之：《日本刑法总论》（第二版），王昭武、刘明祥译，法律出版社，2013年，第245页。

④ 陈子平：《刑法总论》（2008年增修版），中国人民大学出版社，2009年，第154页。

⑤ Roxin C. Strafrecht Allgemeiner Teil Band Ⅰ. Verlag C. H. Beck，2006，4. Aufl.，S. 1087.

⑥ 〔日〕大塚仁：《刑法概说（总论）》（第三版），冯军译，中国人民大学出版社，2003年，第210页。

⑦ 〔日〕大塚仁：《刑法概说（总论）》（第三版），冯军译，中国人民大学出版社，2003年，第209页。

从上述见解，我们不难看出，对业务过失的加重处罚根据，关键在于业务过失与一般过失的区别，究竟是在违法性的严重程度上还是非难程度上。这与过失在犯罪论体系中的地位密切相关①。

3. 普通过失与特殊过失

普通过失，是指违反源于社会一般经验或科学技术经验的抽象规则的过失；特殊过失，是指违反包含于专门规范中的具体规则的过失。后一规则必须是“实际存在的”，其表现形式可能是“法律”（或与法律具有同等效力的文件），可能是“法规”（即具有规范性的行政文件），也可能是“命令”（即针对特定主体的行政行为），或者是“纪律”（即为调整某种活动而制定的内部规范）；而前一规则则完全是从非法律性的环境里推论出来的②。

（六）过失的竞合

所谓过失的竞合，是指数个过失行为竞合而引起构成要件结果的情形。具体来说又有如下情形：

1. 单独行为人的场合

（1）在注意义务分阶段地存在的场合。这一问题在过失的实行行为中已作说明，此处不再赘述。

（2）在行为人的过失和被害人的过失竞合的场合。如甲错误地驾车把无视信号灯跑到车道上的行人乙轧伤的情形。此时如何适用信赖原则或危险分配原理成为问题，但是，只要该结果是在注意义务范围之内，就成立刑法上的过失，而不能像民法上的不法行为中一样，认可过失相杀（抵消）原理③。

2. 复数行为人的场合

（1）对等的行为人的过失竞合的场合。此时若具有共同注意义务，则数个行为人成立过失的共同正犯；否则，就各自追究责任。

（2）行为人之间存在监督、管理关系的场合。此时监督过失与管理过失成为问题。

监督过失，是指直接行为人违反监督注意义务的过失。与一般注意义务不同，监督义务是预见由自己的行为引起被监督者的过失行为，从而发生犯罪结果并为避免该结果而采取行动的义务，此时，不适用信赖原则，被监督者的过失一般就称为监督者的监督过失。

管理过失，是指管理者自身对物力、人力设备、机械、人员体制等管理上有不善而构成过失的情况。在管理过失中，没有履行回避结果的适当管理的不作为、特别是建立安全体制的义务很重要，在这种场合，应当从是否具有不真正不作为犯的成立要件，特别是管理人是否具有保证人的地位的角度来把握管理过失④。

---

① 张明楷：《外国刑法纲要》（第二版），清华大学出版社，2007 年，第 244 页。

② 〔意〕杜里奥·帕多瓦尼：《意大利刑法学原理》（注评版），陈忠林译评，中国人民大学出版社，2004 年，第 196 页。

③ 〔日〕大谷实：《刑法讲义总论》（新版第二版），黎宏译，中国人民大学出版社，2008 年，第 188 页。

④ 〔日〕大谷实：《刑法讲义总论》（新版第二版），黎宏译，中国人民大学出版社，2008 年，第 189 页。

三、事实错误

（一）错误的概念和种类

1. 错误的概念

Л. В. 伊诺加莫娃-海格认为，认识错误，是指行为人对其实施的社会危害行为的性质和程度及其刑事违法性的错误认识，包括事实认识错误与法律认识错误[①]。帕多瓦尼认为："可以将'认识错误'定义为'对任何事实真实的自然或法律性质的不正确认识或缺乏（应有的）认识'。"[②]

上述学者的表述在本质上是一致的，错误就是行为人主观上的认识与客观情况之间的不一致，"这并非是故意有无的问题，而是故意的射程的问题"[③]。它具体又包括事实认识错误与法律认识错误，在刑法上是有研究必要的。

2. 错误的种类

帕多瓦尼根据不同的标准对错误进行了分类：①根据认识错误有无法律效力，分为"纯正的错误"和"非纯正的错误"；②根据对现实的认识错误实现的时机，分为影响意志形成的错误（动机错误）和影响意志实现的错误（能力错误）；③根据错误的内容，分为"对事实的认识错误"和"对法律的认识错误"[④]。大塚仁将错误分为行为人表象的犯罪事实与实际不一致的构成要件性错误和行为人未意识到行为违法的禁止的错误（违法性错误）[⑤]。

大塚仁将错误分为构成要件事实错误和违法性错误的观点支持者甚众。这里重点阐述构成要件事实错误，违法性错误则在责任论中予以阐述。

（二）事实错误的种类

1. 俄罗斯学者的分类

俄罗斯刑法学者将事实错误分为以下几种：①客体（即社会关系）认识错误，即行为人以为侵害的是一类社会关系而实际上侵害了另一类社会关系，这种错误不改变罪过的形式，只决定罪过的内容；②侵害对象认识错误，即行为人对其侵害的社会关系中的物体的错误认识，这种状况下未实现行为人认识到的后果，以未遂处理；③对被害人身份认识错误，即行为人想要侵犯某人却错误地将另外的人当成是其意图侵害的人而实施了侵害行为，这一错误并未改变犯罪客体，对定罪、刑事责任没有影响；④对实施犯罪方法认识错误，即行为人对实施犯罪时使用的方法的特殊性认识错误，它通常改变对犯罪的刑法评价，根据行为人的主观认识内容进行刑事认定；⑤对实施犯罪手段认识错误，即行为人对

---

① 〔俄〕Л. В. 伊诺加莫娃-海格：《俄罗斯联邦刑法（总论）》（第二版），黄芳等译，中国人民大学出版社，2010年，第95页。

② 〔意〕杜里奥·帕多瓦尼：《意大利刑法学原理》（注评版），陈忠林译评，中国人民大学出版社，2004年，第213页。

③ 〔日〕松宫孝明：《刑法总论讲义》（第四版补正版），钱叶六译，中国人民大学出版社，2013年，第142页。

④ 〔意〕杜里奥·帕多瓦尼：《意大利刑法学原理》（注评版），陈忠林译评，中国人民大学出版社，2004年，第213～214页。

⑤ 〔日〕大塚仁：《刑法概说（总论）》（第三版），冯军译，中国人民大学出版社，2003年，第185～186页。

其借助的用于实施犯罪的工具认识错误，此时犯罪结果虽未出现，但该行为应被认定为犯罪未遂或犯罪预备；⑥对行为后果性质认识错误，即行为人对其行为是否产生了犯罪后果的错误认识，此时对该行为应认定未遂或预备；⑦对因果关系认识错误，即行为人对其行为与发生危害社会后果之间的因果关系的错误认识，通常这种情况下不改变对行为的定罪；⑧对加重情节的认识错误，即行为人对是否存在加重情节产生错误认识，此时都应按没有加重情节处理[①]。

2. 日本学者的分类

日本学者根据不同的标准将构成要件事实的错误作如下分类：

（1）根据错误是否在同一构成要件的范围内，将其分为行为人的认识与结果在同一构成要件范围内的错误（具体事实的错误）和在两个不同的构成要件范围内的错误（抽象事实的错误）。前者如甲欲射杀乙而开枪射击，子弹却射中乙旁的丙而致丙死亡的情形。后者如甲欲杀乙而投石于乙，未击中乙但毁坏了乙的所有物的情形。

（2）根据错误的对象不同来分类：①方法（打击）错误，是指由于攻击手段发生偏差以致在别的客体上产生结果的情况。前段例一即属之。②客体（即对象）错误，是指行为人认识的客体（即对象）与现实的客体（即对象）不一致的情况。例如，甲意图杀乙，误认丙为乙而将其杀害的情形。③因果关系错误，是指认识的事实与发生的事实虽然一致，但沿着预想外的因果历程发生结果的情形[②]。例如，甲出于淹死乙的目的将乙从桥上推落河中，结果乙头部撞及桥墩而死亡的情形。

俄罗斯学者的分类虽然具有现实意义，但缺乏统一的标准，内容比较繁杂，不够科学、合理，而日本学者的分类相较更为清晰、明确，比较合理。由于将事实错误按照两种不同的标准进行区分，会出现相互交叉，所以下文主要对具体事实错误与抽象事实错误进行介绍，同时将方法错误与客体错误的问题放在其中予以说明；鉴于因果关系错误的复杂性，本书单独予以阐述。

（三）具体事实错误

具体事实错误，是指行为人所认识、预见到的事实与现实实际发生的事实之间的不一致发生在同一构成要件之内的情形，故也称为同一构成要件内的错误。具体事实错误所要解决的问题是，在认识事实与发生事实不一致时，要就发生的事实认定行为人的故意，至少应该对哪些事实有必要加以认识、预见。关于具体事实错误，理论上存在纯粹的具体符

---

① 〔俄〕Л. В. 伊诺加莫娃-海格：《俄罗斯联邦刑法（总论）》（第二版），黄芳等译，中国人民大学出版社，2010年，第96～97页。

② 中国台湾学者陈子平认为，以因果关系过程中发生变更的主体为基准，此种错误又可分为：a. 因行为人本身的行为而使因果过程发生变更的情形，如甲想溺死乙而推乙落海，乙却先撞到岩壁而死亡；b. 因被害人本身的行为而使因果过程发生变更的情形，如甲杀乙，且将乙杀成重伤后离开，乙自行爬起欲前往医院，却因体力不支，失足摔入水沟而溺毙；c. 因第三人的行为而使因果过程发生变更的情形，如前例，乙重伤倒地后，被路人发现，却在送医途中，因车祸而死亡；d. 因自然事实而使因果过程发生变更的情形，如前例，乙被送医住院治疗，却因医院发生火灾而死亡。参见陈子平：《刑法总论》（2008年增修版），中国人民大学出版社，2009年，第137～138页。

合说、法定符合说与具体符合说三种不同学说①。

1. 学说的状况

1）纯粹的具体符合说

纯粹的具体符合说认为所有具体的事实都是重要的，都应为行为人所认识，故而只要行为人认识的犯罪事实与现实发生的事实之间存在不具体的一致，就可以阻却故意的成立。这一主张将所有的事实不作任何区分而一致认为是故意的认识内容，从而将诸如对杀人案件中被害人的性别、年龄等明显不重要的错误也认定为可阻却故意，明显缩小了故意的成立范围，这并不妥当，在现实中也无人再主张此说。

2）法定符合说

法定符合说认为，故意是对该当于构成要件事实的认识、预见，只要行为人所认识的犯罪事实与现实发生的事实在构成要件范围内一致，即可成立故意，反之则阻却故意。例如，杀人罪中，重要的是被害者是“人”，只要行为人杀了人即可而不管该人是哪个人。此说以构成要件为基准，来确定哪些事实是认定行为人故意所必须加以认识、预见的，是日本判例和通说的观点②。

3）具体符合说

具体符合说与法定符合说一样，在构成要件该当事实的基础上把握故意的认识内容，但它认为成立故意需要认识事实与发生事实在构成要件内具体的一致，法益主体的个别性、具体性也是重要的，对此认识错误阻却故意。根据此说，在客体（即对象）错误的场合，行为人认识的犯罪事实与实际发生的事实之间存在具体上的一致，因而肯定行为人的故意；而在方法错误的场合，行为人认识的犯罪事实与实际发生的事实之间并不具体一致，因而阻却故意③。山口厚、西田典之持此说。

2. 学说的具体考察

如前文所述，纯粹的具体符合说现今并无人支持，本书仅为介绍的必要而予以说明，法定符合说与具体符合说的学说之争才是具体事实错误中的焦点问题，故而这里我们仅对后两个学说予以具体考察。

为更清晰的说明各学说的观点，这里先举出一组例子：①A误将乙当做甲而杀害（即客体错误）；②A瞄准甲开枪，但未想到子弹击中了甲身旁的乙，致乙死亡；③A瞄准甲开枪，子弹击中甲致甲负伤，但同时也击中了乙，致乙死亡；④A瞄准甲开枪，造成甲、乙二人死亡。

从法定符合说的观点分析，被害人是甲还是乙并不重要，关键在于无论甲、乙都属于

---

① 这里需要说明的是，无论是具体符合说还是法定符合说都是在构成要件性评价的框架内认定主观与客观的符合，不同只在于究竟是抽象地还是具体地考虑客体的问题。为此，更为准确的名称似乎应为抽象性法定符合说、具体性法定符合说（参见〔日〕西田典之：《日本刑法总论》（第二版），王昭武、刘明祥译，法律出版社，2013年，第192页）。所以这里的三种学说应该是“具体符合说”、“抽象的法定符合说”、“具体的法定符合说”。但由于一般习惯对后两者的称呼为“法定符合说”与“具体符合说”，本书这里沿用习惯称谓，而对原本的“具体符合说”冠以“纯粹”二字以示区别。

② 〔日〕山口厚：《刑法总论》（第二版），有斐阁，2007年，第203页。

③ 陈子平：《刑法总论》（2008年增修版），中国人民大学出版社，2009年，第138页。

构成要件所要求的“人”，A出于杀甲的故意而实施行为，即是对“人”有认识，那么就可以认定杀人的故意。在客体错误的①场合，法定符合说即认定A成立杀人既遂。而在方法错误的场合，法定符合说认为，由于行为人意图杀“人”，实际上也有“人”因其死亡，故而肯定杀人既遂，坚持具体主体的错误并不影响故意的成立，但对于故意的个数问题存在分歧，有一个故意说与数个故意说的不同意见。一个故意说肯定“基于故意的个数所作的限定”，认为在方法错误的场合，只能认定成立一个故意既遂犯[①]。具体就上例而言，在②的场合，仅成立针对乙的杀人既遂；在③的场合，成立针对甲的过失伤害与针对乙的杀人既遂；在④的场合，成立针对甲的杀人既遂与针对乙的过失致死。数个故意说针对上例则认为，在②、③的场合均构成针对甲的杀人未遂与针对乙的杀人既遂，在④的场合分别构成针对甲、乙的杀人既遂。由于是一个行为造成甲、乙不同的结果，触犯不同的罪名，所以上述均为观念的竞合，从一重处断。

从具体符合说的观点来看，在客体错误的①场合，A在行为之时，其意识中的“甲”与“那个人”重合，存在对“那个人”（实际上是乙）的杀人故意，而事实上也无差错地造成了“那个人”（即乙）的死亡，所以能够认定A杀人既遂[②]。在方法错误的场合，具体符合说认为，构成要件该当性要根据具体的主体进行判断，法益主体的不同是不能被忽视的。A仅存在针对甲的杀人故意，虽造成了并发事例，也不能因此肯定对乙的故意，因此，在②、③的场合，应成立针对甲的杀人未遂与针对乙的过失致死，二者乃观念的竞合，在④的场合，成立针对甲的杀人既遂与针对乙的过失致死，二者观念竞合。

可以说，在客体错误的场合，无论是法定符合说还是具体符合说都肯定成立故意，只是理论根据的不同，二者的分歧主要在于方法错误的场合。

针对法定符合说，西田典之指出，一个故意说的观点一边认可“存在杀人（抽象意义上的人）的认识（内容）”这一抽象性的故意，一边却认为问题在于故意的个数多少，其合理性值得质疑；而数个故意说代之以根据所发生的结果的数量，肯定相应数量的故意犯，再将所有故意犯作为观念的竞合按照科刑上的一罪来处理的方式，尽管属于权宜之策，仍然有违责任主义[③]。按照法定符合说的观点，抽象理解构成要件要素，理应对上述A之行为仅成立杀人一罪，但实际上却根据每个法益主体所具体化的构成要件该当性进行判断，未能使构成要件该当性的判断与“法定的符合”的基准发生连动，难以说是法定的符合说[④]。另外，法定符合说在A仅有针对甲的故意的情形下，认定其对乙的死亡承担故意杀人的罪责，这显然是在没有故意的场合评价为有故意，无限制地扩张了故意的范围。

而对具体符合说，大塚仁认为，它在想根据行为人表象的东西来认定故意这一点上值得肯定，但它也存在严重缺陷：第一，此说的论者一般认为客体错误不阻却故意，但这与其基本的思考态度相矛盾。例如，行为人误将乙当做其仇人甲而杀害的场合，该说解释认

① 〔日〕西田典之：《日本刑法总论》（第二版），王昭武、刘明祥译，法律出版社，2013年，第192页。
② 〔日〕山口厚：《刑法总论》（第二版），有斐阁，2007年，第205～206页。
③ 〔日〕西田典之：《日本刑法总论》（第二版），王昭武、刘明祥译，法律出版社，2013年，第193～194页。
④ 〔日〕山口厚：《刑法总论》（第二版），有斐阁，2007年，第207页。

为甲乙都是杀人罪客体的“人”，行为人杀“人”的故意是可以确定的，但这种解释不过是法定符合说的逻辑。如果贯彻此说的观点，应该认为客体错误阻却故意，再在过失犯中讨论行为人责任。但如此一来，就一般法感觉而言显然是不合适的。第二，关于方法的错误，此说认为，就行为人表象的事实而言成立故意犯的未遂，就现实发生的事实而言成立过失犯，两者是观念的竞合。据此，在法感觉上认为当然是可罚的情形中，就有不少只能作为不可罚，显然不能认为妥当①。

在具体事实错误的场合，具体符合说将构成要件作为符合标准，同时又重视法益主体的个别性、具体性，对法益主体同一性范围以外的打击错误排除故意。从罪刑法定原则与责任主义原则的立场来看，这种观点是可取的。而法定符合说将没有故意的情形评价为有故意，这无论如何是难以接受的②。

（四）抽象事实错误

抽象事实错误，也称不同构成要件间的错误。关于抽象事实错误的处理，理论上存在着抽象符合说与法定符合说的对立。

1. 抽象符合说

抽象符合说认为，行为人认识的犯罪事实与现实发生的客观事实即使是不同罪质，但既然有犯罪事实的发生，就并不必然阻却轻罪的故意。学者对抽象符合说内容的理解又有差异：

(1) 牧野说。牧野英一是这一抽象符合说的首倡者，认为以轻的甲罪的故意实现重的乙罪的场合，承认轻的甲罪的既遂（即使实际上是未遂）与重的乙罪的过失的竞合；以重的甲罪的故意实现轻的乙罪的场合，承认重的甲罪的未遂和轻的乙罪的既遂（即使没有乙罪的故意），二者合一按重罪的刑罚处罚③。

(2) 草野说。此说为日本学者草野豹一郎所主张，它以“刑法即使没有处罚未遂的规定，也可按未遂处罚”为其特色。依照此说，以轻的甲罪的故意实现重的乙罪的场合，当重的乙罪有过失犯的规定时，按轻的甲罪的未遂犯与重的乙罪的过失犯的观念竞合处理（即使对甲罪没有未遂处罚规定）。与之相反，以重的甲罪的故意实现轻的乙罪的场合，当轻的乙罪有过失犯的规定时，按重的甲罪的未遂犯与轻的乙罪的过失犯的观念竞合处理（即使对甲罪没有未遂处罚规定），只是应将其责任限于轻的甲罪的故意犯的法定刑内④。

(3) 宫本说。此说为宫本英脩所主张，也叫可罚的符合说，它将故意抽象化，在以可罚的意思引起可罚的结果时，以此作为理由，对实现的事实肯定故意犯的构成。即以犯甲

---

① 〔日〕大塚仁：《犯罪论的基本问题》，冯军译，中国政法大学出版社，1993年，第198～199页。

② 另外，关于打击错误（行为误差，aberratio ictus），罗克辛提出一种“构成行为计划”理论（Tatplan-Theorie），认为如果行为误差导致行为人计划失败，则不成立故意；反之，成立故意。即只要构成行为计划以一种具体化对象为条件，就不能成立故意。例如，A想杀害甲却因打击错误而杀死自己的儿子乙的场合，就不能认定A杀人既遂；年轻人B出于恶作剧向过往行人扔雪球，但是雪球没有打中所瞄准的被害人，而是砸在了跟在后面散步人的脸上的场合，就认定B故意伤害既遂（Vgl. Roxin C. Strafrecht Allgemeiner Teil Band Ⅰ. Verlag C. H. Beck，2006，4. Aufl.，S. 517）。这里行为计划的实现的认定缺乏明确的标准，使得故意的认定也处于难以明确的状态，难以说是可取的。

③ 〔日〕牧野英一：《刑法总论》（下卷）（重订版），有斐阁，2001年，第574页。

④ 〔日〕草野豹一郎：《刑法要论》，有斐阁，1956年，第94页。

罪的意思，实现了乙罪的场合，承认甲罪的未遂犯与乙罪的过失犯的观念竞合，进而论及乙罪的故意的既遂犯，将前者和后者作为法条竞合关系的择一关系，在《日本刑法典》第38条第2款[①]的范围内处断[②]。

(4) 植松正说。此说为植松正所主张，即合一的评价说。此说进一步强化故意的抽象化，排除观念竞合，按照合一的评价，只对一个较重的罪予以处罚。以对具体的事件计算出恰当的处断刑，以消除刑的不均衡。以轻的甲罪的故意实现重的乙罪的场合，承认甲罪的既遂（虽然实际上是未遂）与乙罪（虽然本来是过失）的既遂，将二者合一依较重者评价，承认重的乙罪的既遂犯的成立，按《日本刑法典》第38条第2款依较轻的甲罪的既遂犯的刑罚处罚。与之相反，以重的甲罪的故意实现轻的乙罪时，承认重的甲罪的未遂犯和轻的乙罪的既遂犯（虽然并无乙罪的故意），将两者进行合一的评价而从重罪处断。例如，以损坏器物的意思而导致他人死亡的场合，如果重过失被承认，由于重过失致死罪比器物损坏罪的刑罚重，因此被认为不存在刑的不均衡，而不适用错误论。只有发生刑的不均衡的场合，才适用于错误论[②]。

对抽象符合说，我们赞同大塚仁、大谷实的批评，关于犯罪的成立，此说无视构成要件所具有的定型意义，不当扩大故意的成立范围，不甚妥当。

2. 法定符合说

法定符合说主张，行为人认识的犯罪事实与现实发生的事实之间法定的罪质相同，则成立故意，否则就阻却故意。但在抽象事实错误的场合，有不同构成要件存在，并没有“同一构成要件范围”这一意义存在的可能，而只能寻求不同构成要件之间的相通之处；事实上各国所规定的犯罪之间往往存在一定的重合关系，在这种重合范围内应认为抽象事实错误不阻却故意的成立。具体有如下见解。

1）构成要件符合说

此说以构成要件作为法定的标准，认为在不同构成要件相重合的限度内，认定故意成立。其实质是把法定符合的含义理解为构成要件的符合。但就构成要件的“重合”范围，学者们又有不同意见。

(1) 严格符合说。此说认为只有当刑罚法规具有法条竞合关系时，才可肯定构成要件的重合[③]，严格限定构成要件重合的范围。但有学者认为，严格符合说过于狭隘地理解构成要件的重合，是不妥的[④]。

(2) 形式的符合说。此说以构成要件作为法定罪质符合的标准，即以形式上构成要件是否相同为标准，在不同的构成要件间，若有重叠部分，则承认故意的成立，只有在刑罚法规相互间出于法条竞合关系的情形下，才肯定其符合[⑤]。

(3) 实质的符合说。此说将构成要件的重合理解为“保护法益的共同性和构成要件性

---

① 《日本刑法典》第38条第2款：“实施了本应属于重罪的行为，但行为时不知属于重罪的事实的，不得以重罪处断。”

② 〔日〕野村稔：《刑法总论》，全理其、何力译，法律出版社，2001年，第214页。

③ 〔日〕香川达夫：《刑法讲义总论》，成文堂，1995年，第268页。

④ 〔日〕山中敬一：《刑法总论》（第二版），成文堂，2008年，第337页。

⑤ 陈子平：《刑法总论》（2008年增修版），中国人民大学出版社，2009年，第141页。

行为的共同性”。实质地观察构成要件的意义，在某构成要件和其他构成要件之间，能够看出各自保护法益的共通性和构成要件性行为的共通性时，就可以肯定两者相重合①。

（4）实质的同质性说。此说认为即使形式上条文不同，但在一个构成要件内涵上包摄其他构成要件和构成要件外延有包摄性的场合，能够承认实质的同质性②。山中敬一认为，这一见解，特别是外延的包摄性的场合，不是各个概念的共通性，而是处于其上位的“构成要件”包摄各个概念；并且，在另一条文规定的场合，实质上是承认看做同一构成要件的情况，符合的范围显著地被扩大③。

2）罪质符合说

此说主张，即便构成要件不相符（即便无加重类型、减轻类型相互间的重叠），凡法定罪质相同，则不阻却故意。依此见解，只要“故意”是针对一定法益的侵害，即便法益侵害的方法在构成要件上或多或少有所差异，也可以加以肯定，而该“法益”并不以严密的法概念意涵为必要，只要一般人通常都会认为有相同的意义，即具有罪质的符合。此说不以构成要件是否重叠为基准，而是以犯罪的被害法益以及犯行方法等作为考量“罪质”的标准。例如，遗弃尸体与单纯遗弃之间，一般人对于遗弃尸体与遗弃活体的法益，通常都会认为具有相同的意义，因此也可以肯定“罪质的符合”④。

3）不法、责任符合说

这一学说对故意的概念予以修正，认为故意的认识对象，不是对该当构成要件事实的认识，而是对构成要件内容的不法、责任内容的认识。从这一立场出发，该说认为，即使行为人所认识的犯罪事实与实际发生的事实在构成要件上并不相符，但只要不法和责任内容符合认定的范围，就可以肯定故意的成立⑤。

此说由于对故意的概念加以修正，达到与构成要件的符合说、特别是日本判例所采取的实质说同样的结论。但批评者认为此说使构成要件的概念空洞化，不妥当⑥。

4）法益侵害与危险符合说

此说将法定符合的标准确定为法益侵害与危险的符合。在其看来，立法者为了制止对法益的侵害与危险而规定犯罪与刑罚。但并非所有侵害或者威胁法益的行为都要被规定为犯罪，立法者通过对主体、客体、行为形态等的限定来规定作为处罚对象的违法类型。成立故意犯罪的既遂，行为人必须认识到该当构成要件的事实并加以实现。但如果立法者为了保护同一法益，规定了择一的数个构成要件时，那么跨越不同构成要件的错误就是“非本质的错误”。因此，只要是具有对同一法益的侵害或危险时，就可以认定重合⑦。

提出抽象符合说主要是为了改正“刑的不均衡”现象，而依行为当时的情形，即便实

① 〔日〕大塚仁：《刑法概说（总论）》（第三版），冯军译，中国人民大学出版社，2003年，第194页。
② 〔日〕平野龙一：《刑法总论Ⅰ》，有斐阁，1972年，第178～180页。
③ 〔日〕山中敬一：《刑法总论》（第二版），成文堂，2008年，第340页。
④ 陈子平：《刑法总论》（2008年增修版），中国人民大学出版社，2009年，第142页。
⑤ 〔日〕野村稔：《刑法总论》，全理其、何力译，法律出版社，2001年，第215页。
⑥ 〔日〕山中敬一：《刑法总论》（第二版），成文堂，2008年，第341页。
⑦ 〔日〕林幹人：《刑法总论》，东京大学出版会，2000年，第269页。

际上并未发生结果，亦可以成立既遂犯。在行为人对于犯罪事实并无认识时，却可以成立故意犯，这是违反罪刑法定与责任主义原则的。不同构成要件间的抽象事实错误，其故意的成立，至少需要行为人认识的事实与实际发生的事实存在“罪质的同一性”，因此以法定符合说为妥。然而其内部，构成要件形式符合说的“罪质符合”的范围失之过窄，而罪质符合说的范围失之过宽，因此以构成要件实质符合说的主张较为妥适[①]。

（五）因果关系错误

1. 因果关系错误概说

所谓因果关系错误，就是虽然行为当时行为人所预见到的因果过程和现实中发生的因果过程不一致，但是，行为人所预期的结果仍然发生了的场合[②]。因果过程发生变更的因素有行为人本身的行为、被害人的行为、第三人的行为以及自然事实等。

如前所述，故意的认识应包含对行为与结果之间的因果关系的基本部分的认识。关于因果关系错误对故意成立的影响，通说认为，在相当因果关系的范围内，成立故意，而超过该范围时阻却故意。

2. 因果关系错误的类型

关于因果关系错误有哪些类型的问题，学者们有不同的见解。相较而言，我们认为大塚仁的意见较为可取。他认为，因果关系的错误有两种类型[③]：

第一种类型是狭义的因果关系的错误，即行为人因其意图实施的行为实现了其预期的犯罪性结果，但是其间实际的因果关系经过与行为人预测的不一致。例如，甲以淹死的故意将乙推入河中，乙头触水中岩石而死亡。这种情况，是在社会生活中常常能够见到的，明显处于相当因果关系的范围内，一般能够认定甲存在杀人的构成要件的故意。

第二种类型是事前的故意（即韦伯的概括故意，西田典之称之为“过迟的结果发生”），是指行为人当初为了实现某一犯罪结果而实施的行为虽然没有达到目的，但行为人误认为达到目的，进而实施第二个行为时，由第二个行为产生了当初意图的犯罪结果。例如，丙想杀丁，用绳子勒紧丁的脖子，直至丁身体不能动时，以为丁死了，为了隐藏丁的尸体，将他埋入土中，致丁窒息而死。通常作为因果关系的错误而发生是否成立构成要件的故意的问题是这种类型。

另外，理论上有学说认为，因果关系的错误除了前述二者外，还存在构成要件的提前实现。它又被称为“过早的结果发生”，是指行为人意图最后实行重的行为以达到预期的结果，但实际上其最初的行为已引起预期的结果发生。例如，甲想先用木棒将乙击昏，再用绳子将其吊在树上，以造成乙自缢身亡的假象，但实际上甲用绳子吊乙时，乙早已被其用木棒打死[④]。

3. 因果关系错误与概括的故意

1）概括故意的意义

在故意的分类中，我们已经论及概括故意的概念。一般认为，概括故意是与事前故意

---

① 陈子平：《刑法总论》（2008年增修版），中国人民大学出版社，2009年，第143页。

② 〔日〕大谷实：《刑法讲义总论》（新版第二版），黎宏译，中国人民大学出版社，2008年，第170页。

③ 〔日〕大塚仁：《犯罪论的基本问题》，冯军译，中国政法大学出版社，1993年，第207页。

④ 刘明祥：《错误论》，法律出版社、成文堂，1996年，第89页。

等同的，是指行为人依故意实施了行为，误信已经实现了其犯罪，为了防止被发觉或者其他的目的，又进而实施了其他行为，由该行为产生了先前所预期的结果的情形。概括故意这一概念系德国学者冯·韦伯于1825年提出的，现今它已完全用于表述相关的案例。

2）关于概括故意案例的学说

（1）概括的故意说（单一行为说）。此说主张应对行为过程作整体把握，即便事实上行为人所为的第一个行为并未发生其所希望的结果，也应该概括地将当初的故意延伸至结果实现为止的全部过程。因为对于行为人而言，后行为也不过是实现了行为人当初的故意而已[①]。

（2）纯粹因果经过错误说。此说将此情况视为因果关系错误的一种形态，而主张将第一行为（前行为）与第二行为（后行为）视为一体，在“欲实现企图的结果所为的第一行为”与“误信结果已发生，从而实施的第二行为”之间，以及第二行为与结果发生之间，都各自具有因果关系的“相当性”时，就肯定杀人既遂罪的成立[②]。日本学者大塚仁、福田平、川端博等认同这一观点，这也是现在日本的通说。

（3）行为个数说（未遂犯、过失犯并和说）。此说主张，应区别第一行为与第二行为，于第一行为成立未遂犯，于第二行为成立过失犯，再数罪并罚。其理由是，行为人在第一行为终了时，误信结果已经发生，因此实施第二行为时，他已无致人于死的故意，亦即无杀人的故意，而是弃尸的故意，于后阶段，不仅客观上无杀人行为的存在，主观上也没有杀人故意的存在，因此应就行为人在前后阶段所存在的客观行为以及主观故意分别加以论述[③]。

（4）行为计划说。此说认为，对于这类案件的处理，应当以行为人的计划为标准进行判断。如上例中，行为人以杀人的故意实施第一行为，因第二行为实现其目的，在人们客观的评价中，就把这个事件看做是行为人计划的实现，成立故意杀人的既遂；而如果行为人是以未必的故意来实施第一行为，如为了强奸而施以暴行，以间接故意容忍了被害人的“死亡”，在误以为失去知觉的被害人死亡的情况下而实施第二行为，最终导致结果的发生，由于行为人希望避免这一结果的发生，因而不再是其行为计划的实现，就不能如前述案例一样认定为杀人既遂[④]。

（5）原因中有故意的行为说。此说认为在原因行为成为结果行为的原因的场合，就与原因中自由行为的理论类似，对第一个行为的非难成为对第二行为非难的依据，即没有前者就没有后者，故对行为人不实施第二行为的期待与对其不实施第一行为的期待相同。宫本英脩、中野次雄持此说。

（6）相当因果关系说。此说认为，仅需根据相当因果关系说解决问题，只要第一行为

---

① 陈子平：《刑法总论》（2008年增修版），中国人民大学出版社，2009年，第134页；Jescheck H H，Weigend T. Lehrbuch des Strafrechts Allgemeiner Teil. Drucker & Humblot，1996，5. Aufl.，S. 314.

② 陈子平：《刑法总论》（2008年增修版），中国人民大学出版社，2009年，第134页；〔日〕大塚仁：《刑法概说（总论）》（第三版），冯军译，中国人民大学出版社，2003年，第192页。

③ 〔日〕曾根威彦：《刑法总论》（第二版），弘文堂，2008年，第168页。

④ Roxin C. Strafrecht Allgemeiner Teil Band Ⅰ. Verlag C. H. Beck，2006，4. Aufl.，S. 523.

与第二行为在时间地点上不是间隔很大，就应该把全部过程作为一个行为来把握[①]。町野朔、前田雅英、中义胜持此说。对于此说，山中敬一指出：只依第二行为与结果的经验上的通常性处理，不是相当因果关系说，应当根据评价危险关联或动机关联的客观的归属论解决问题[②]。

(7) 客观的归属说。此说认为，第二行为如果在第一行为的客观归属可能性的范围内，能肯定归属，成立故意杀人既遂；反之否定归属。山中敬一持此说，认为概括的故意案例的客观的归属，原则上应当被肯定。因为由于第一行为，杀害结果发生的危险被创出，由此被创出的危险状况存续期间，第二行为是在此时被诱发的行为人的自然的动机关联下产生的，也能肯定危险实现关联。但是，在第一行为创出的危险大体上被平常化后实施第二行为的场合，例如，在行为人射出的子弹虽然落空，但被害人假装死了，行为人误认为其已死，将他投入河中因而致被害人淹死的案例中，则能够否定危险实现关联[③]。

在韦伯的概括故意的案例中，结果的发生虽不是第一行为引起的，但仍是行为人所预期的，第二行为只是改变了因果关系发展的经过，但并不影响行为人的行为与结果之间的因果关系，故在此种情况下，还是应该认定为一个故意。基于这样的认识，在上述诸多学说中，我们认为，以纯粹因果关系错误说最为可取，概括的故意说也有其理论价值，不应加以否定。

---

① 刘明祥：《错误论》，法律出版社、成文堂，1996年，第99页。

② 〔日〕山中敬一：《刑法总论》（第二版），成文堂，2008年，第356页。

③ 〔日〕山中敬一：《刑法总论》（第二版），成文堂，2008年，第356～357页。

第九章

违法性

第一节　违法性概说

一、违法性的概念

违法性（Rechtswidrigkeit）是指行为违反法规范，即符合构成要件的行为与整体法秩序之间存在矛盾或者冲突。所谓违法，意指“从法的角度来看，不得为”这种对行为的否定评价；所谓合法，意指“从法的角度来看，可以为”这种对行为的肯定的评价①。违法性是继构成要件符合性之后犯罪成立的第二个要件。

德国的刑法理论中，除“违法性”一词以外，还存在“不法”（Unrecht）这一概念②。关于“违法性”与“不法”的关系，德国学者罗克辛作了专门论述，“根据今天的观点应当加以分离的违法性和不法的概念，在旧的用法中，经常是作为同等意思来使用的”③。他认为，“违法性表示了符合构成要件的行为的性质，也就是对刑法禁止和要求的违反，与此同时，人们在不法中把符合行为构成和违法性的行为理解为这个行为本身，也就是把违法性评价的对象连同其价值称谓一起加以理解。在不法的概念中，因此就同时包含了行为、行为构成符合性和违法性这三个犯罪范畴”③。此处的“不法”包含着构成要件符合性的范畴，所以是刑法上的一种特定的现象，从而与民法上的不法和行政法上的不法区分开来。而违法性虽然也被限制在刑法之内，但是“经常超过这个范围向外延伸”，因为按照法秩序统一的原则，“违法”通常具有整体法秩序的意义。

因此，对于“不法”有决定性意义的事实，将会在构成要件符合性与违法性这两个阶

---

① 〔日〕松宫孝明：《刑法总论讲义》（第四版补正版），钱叶六译，中国人民大学出版社，2013 年，第 75 页。

② 在日本，一般使用“违法”这一概念。即便有的学者提及了“不法”的概念，也多是作为“违法”的替代概念使用的。

③ Roxin C. Strafrecht Allgemeiner Teil Band Ⅰ. Verlag C. H. Beck，2006，4. Aufl.，S. 601.

层进行分配。构成要件是违法行为的类型，符合构成要件的行为，原则上具有违法性；只有存在违法性阻却事由时，才例外地阻却违法性而成为合法。从某种程度上说，违法性本身只是构成要件符合性与缺乏违法阻却事由的结果①。德国学者许迺曼甚至认为，在确定刑事不法以及适格的社会损害性行为的目的之下，构成要件符合性与阻却违法事由的区分仅有启发性与技术性的意义而已②。当然，日本学者小野清一郎认为，构成要件在将行为的违法性加以类型化的同时，也要将行为人的道义责任类型化。构成要件是违法有责行为类型③。

德国、日本刑法理论中的违法性论一般只论及违法性的存在与否问题，即是否存在违法性阻却事由的问题，但日本学者大塚仁认为，"存在违法性时，有必要进而一并论及其存在的程度（wie）问题。……在量定刑罚时，应该以犯罪的程度作为重要的基础，而犯罪的程度要以各个事态中违法性的程度和责任的程度为基础来论定，为此，在违法性论的领域必须考虑违法性的程度"④。

另外，有少数德国学者⑤认为，除合法行为与违法行为之外，还存在着第三种情况，即无法的领域。例如，生命与生命的冲突，《德国刑法典》第 218 条 a 中止妊娠不处罚的规定；危险共同体的情形（比如两个登山爱好者吊在一根绳子上，而这根绳子只能承担一个人的重量，上面那个人为了使自己得救，收起了绳子）；具有同等价值的行为义务的冲突（当两个孩子都面临着淹死的危险时，父亲只能选择救起其中的一个，而必须让另一个淹死）。对此，德国的理论界存在不同意见。

反对此理论的学者主要有两方面的理由：①一种案情的无规则性也不是无法领域的基础，而是包含了一种规则，因为放弃受到限制的规范化就允许了有关的举止行为；②"违法的"和"不违法的"这些概念是相互矛盾的对立面，从逻辑根据出发，不允许有第三种可能性。

支持此理论的德国学者反驳道：对于①理由，如果认为全部的私人行为（吃饭、读书、散步、睡觉）都落入法的领域并且需要法的塑造，这样是不正确的。根据近代民主思想，个人的自由是与生俱来的，不是由于存在国家权力才受到保护的。更准确地说，这种自由是从人民方面投入使用的，并且限制在保护自由、和平和福利的功能上⑥；对于②理由，这种排除第三者的原理，仅仅适用于违法性和合法性包围的范围内部，但是不适用于其外部："当法律制度规范一种举止行为时，这种行为要么是合法的，要么是违法的……

① Stratenwerth G, Kuhlen L. Strafrecht Allgemeiner Teil. Die straftat. Verlag Franz Vahlen, 2011, 6. Aufl., S. 114.

② 〔德〕许迺曼：《区分不法与罪责的功能》，彭文茂译，载许玉秀、陈志辉：《不移不惑献身法与正义——许迺曼教授刑事法论文选辑》，公益信托春风煦日学术基金，2006 年，第 433 页。

③ 〔日〕小野清一郎：《犯罪构成要件理论》，王泰译，中国人民公安大学出版社，2004 年，第 28 页。

④ 〔日〕大塚仁：《刑法概说（总论）》（第三版），冯军译，中国人民大学出版社，2003 年，第 300 页。

⑤ Kaufmann A. Rechtsfreier Raum und eigenverantwortliche Entscheidung-Dargestellt am Problem des Schwangerschaftsabbruchs. Maurach-FS, 1972, S. 327.

⑥ Hirsch. Strafrecht und rechtsfreier Raum. Bockelmann-FS, 1979, S. 93.

然而，这并不意味着，各种举止行为都必须在法律上加以规范化……"[①]

所以，罗克辛认为，"一个处在构成要件之前的无法领域是应当承认的。……但是，在不法领域中，一种无法领域的结构是不值得赞赏的"[②]。

日本也有学者认为，诸如散步、睡眠、聊天等属于合法行为与违法行为之外的第三行为的范畴，即所谓的放任行为[③]。日本通说否认放任行为理论。例如，泷川幸辰认为："在刑法方面，行为若属于被禁止的，抑或不被禁止的，那么该行为即属于违法的，抑或合法的行为。类似'虽然没有被禁止，但也没有被允许的行为，即所谓的被放任的行为'那样的东西是不存在的。"[④] 佐伯千仞指出："上述行为已经属于合法行为，而且，对这些行为的侵害也能成为正当防卫的对象，受到法律的保护，因此，没有必要承认放任行为的概念。"[⑤]

二、违法性的本质

关于违法性的本质，学界有形式的违法性与实质的违法性、主观的违法性与客观的违法性及结果无价值论与行为无价值论等理论的对立。

（一）形式的违法性与实质的违法性

德国学者李斯特最早区分形式的违法性与实质的违法性。李斯特提出："对行为的法律评价，可能有两个考察方法：

（1）形式违法是指违反国家法规、违反法制的要求或禁止规定的行为。

（2）实质违法是指危害社会的（反社会的）行为。

违法行为是对受法律保护的个人或集体的重要利益的侵害，有时是对一种法益的破坏或危害。"[⑥] 此后，德国、日本的刑法学者多将这两种违法性置于一起论述。

1. 形式违法性论

形式的违法性，意指行为违反法规范，违反法的禁止或命令。换言之，形式的违法性，是从形式上将违法定义为违反法。德国学者默克尔在 1867 年公开的论文集中提出，否定法即违反客观的法秩序本身就是违法；宾丁在《规范及其违反》中，认为犯罪不是违反刑罚法规，而是违反作为刑罚法规前提的规范（规范说）。这就是把违法性看成是对法律规定或者从其中逻辑地推导出的规范的违反[⑦]。

日本学者西田典之则指出，"形式性违法论认为，除了刑法典以及其他实定法所规定

---

① Kaufmann A. Rechtsfreier Raum und eigenverantwortliche Entscheidung-Dargestellt am Problem des Schwangerschaftsabbruchs. Maurach-FS，1972，S. 334.

② Roxin C. Strafrecht Allgemeiner Teil Band Ⅰ. Verlag C. H. Beck，2006，4. Aufl.，S. 611.

③ 〔日〕牧野英一：《刑法总论》（上卷）（重订版），有斐阁，2001 年，第 342 页；〔日〕小野清一郎：《新订刑法讲义总论》（增订版），有斐阁，1950 年，第 132 页；〔日〕宫本英脩：《刑法大纲》，弘文堂，1935 年，第 43 页。

④ 〔日〕泷川幸辰：《犯罪论序说》，王泰译，载高铭暄、赵秉志：《刑法论丛》（第 3 卷），法律出版社，1999 年，第 196 页。

⑤ 〔日〕佐伯千仞：《四订刑法讲义（总论）》，有斐阁，1981 年，第 163～164 页。

⑥ 〔德〕李斯特：《德国刑法教科书》（修订译本），徐久生译，法律出版社，2006 年，第 201 页。

⑦ 〔日〕大塚仁：《刑法概说（总论）》（第三版），冯军译，中国人民大学出版社，2003 年，第 301 页。

的违法阻却事由之外，不应再认可违法阻却。形式性违法论起源于孟德斯鸠的三权分立思想以及对于司法官员的不信任，因而主张除了已为法所认可的之外，不再存在其他违法阻却事由，这就是恶的法实证主义”[①]。

也有学者主张形式违法性与构成要件符合性的意义相同。如毛拉赫认为，“形式的违法性与构成要件符合性具有相同意义，实质的违法性就是符合构成要件的行为不具备违法性阻却事由”[②]。与此相反，贝林则主张，“所有法定构成要件都有单纯的记述特征；在这些记述性特征中，法律评价并未表达出‘违法性’（不法类型）的意义”[③]。

2. 实质违法性论

形式的违法性这种思考本身，当然不是错的。违反实定法规，当然是违法。但是，这种立场并未对违法性的实体作任何说明，即对于“法秩序禁止什么、允许什么”的问题，形式违法性论并不能予以回答。因此，出现了追求实质的违法性的见解。它不但在解释违法性阻却事由方面是重要的，而且能够导出超法规的违法性阻却事由。

所谓实质的违法性，是指行为实质性地违反作为整体的法秩序的性质。因此，行为即便形式上违法，只要实质上不违法，就不具有违法性[④]。关于实质违法性的内容，大陆法系国家的学者间存在三种不同的主张，即法益侵害说、规范违反说、二元说。

（1）法益侵害说认为，违法性的实质是对法益的侵害与威胁。此说吸取了贝卡里亚的社会侵害说、费尔巴哈的权利侵害说的精华，由比恩鲍姆（Bienbaum）的法益侵害说奠定基础，最终由李斯特确立。李斯特认为，“实质违法是指危害社会的（反社会的）行为。违法行为是对受法律保护的个人或集体的重要利益的侵害，有时是对一种法益的破坏或危害”[⑤]。此外，耶赛克、罗克辛、平野龙一、前田雅英、佐伯千仞等也此类似观点，他们的共同点在于将焦点集中于刑法的法益保护机能。

（2）规范违反说认为，违法性的实质是违反规范背后的规范或者其他法秩序形成的基础。此说以宾丁的规范论为其基本框架，着眼于刑法法规背后的规范（但宾丁本人并没有明确规范的实质，因而停留在形式的违法性论的层级）。此后，经由 M. E. 迈尔的文化规范说最终确定了规范违反说的内容。M. E. 迈尔认为，与国家所承认的文化规范（Kurturnorm）不相容的态度是违法[⑥]。雅科布斯、小野清一郎、木村龟二、团藤重光等也持该类学说，这些学说的共同点在于将焦点集中于刑法的行为规制机能。

（3）二元说主张，违法性的实质是违反社会伦理规范的法益侵害或者威胁。例如，作为法益侵害说代表人物的李斯特在法益侵害之外，也考虑规范违反说的内容，李斯特认为，“只有当其违反规定共同生活目的之法秩序时，破坏或危害法益才在实体上违法；对受法律保护的利益的侵害是实体上的违法，如果此等利益是与法秩序目的和人类共同生活

---

① 〔日〕西田典之：《日本刑法总论》（第二版），王昭武、刘明祥译，法律出版社，2013年，第111～112页。
② 〔日〕大塚仁：《刑法概说（总论）》（第三版），冯军译，中国人民大学出版社，2003年，第302页。
③ 〔德〕恩施特·贝林：《构成要件理论》，王安异译，中国人民公安大学出版社，2006年，第13页。
④ 〔日〕大谷实：《刑法讲义总论》（新版第二版），黎宏译，中国人民大学出版社，2008年，第214页。
⑤ 〔德〕李斯特：《德国刑法教科书》（修订译本），徐久生译，法律出版社，2006年，第200～201页。
⑥ 〔日〕大塚仁：《刑法概说（总论）》（第三版），冯军译，中国人民大学出版社，2003年，第301～303页。

目的相适应的"[①]。作为规范违反说代表人物的 M.E. 迈尔则是以法益保护作为前提而论述文化规范违反说，因此，法益侵害说与规范违反说是立足于共通的基础，将两者并用才能正确地把握违法性的实质[②]。而福田平认为，"只有脱离了'社会的相当性'（soziale Adäquanz）的法益侵害才是违法的"[③]。所谓社会相当性，是指行为"处于历史地形成的社会伦理秩序的框架之内"，或者行为"在各个生活领域、职业领域、经济活动领域等，被认定具有日常性、通常性"[④]。不过，近年来国外的规范违反说，已经不是以前的法规范违反说，而是与伦理秩序、缺乏社会的相当性没有必然联系的行为规范违反说。例如，井田良认为，违法性的实质是行为人对行为规范的违反，刑法的任务是通过规范的一般预防作用来保护法益。盐见淳也将违法性的实质理解为违反规范，并从此立场出发重构法益侵害的概念，认为"在社会中产生的对法益安全的信赖的动摇"，这才是法益侵害，即法益侵害的实质在于，行为所造成的社会对法益的安全感的动摇[⑤]。

3. 本书立场

对于形式违法性与实质违法性的关系，学界存在不同主张：

（1）少数学者主张不应该区分形式违法性与实质违法性，例如，Hirsch、Lenckner、Bockelmann 等则完全排斥形式违法性与实质违法性的区分，主张只需要一个统一的违法性概念；Nagler、Frank 等则指出，形式的违法性观念与实质的违法性观念的对立，只是一种观念的重复[⑥]。

（2）多数人则认为，形式的违法性与实质的违法性，是相对应的概念，而不是相对立的概念。如意大利学者杜里奥·帕多瓦尼认为："'形式违法性'，这是与'实质违法性'相对应的一个概念。这二者的区别在于对定罪根据的不同认识：如将法律视为定罪的依据，犯罪的违法性即为形式的违法性。如应根据行为对社会的危害来认定犯罪，犯罪的违法性就被称为实质的违法性……在 20 世纪初的刑法理论中，这两个概念相当流行，人们常用它们来解释刑法的渊源问题……不过，在我们这样采用罪刑法定原则的国家中，这二者的对立在实际上已不存在。"[⑦] 大塚仁也指出："有见解认为形式的违法性的观念与实质的违法性的观念之对立是观念的重复，但是，这种见解是失当的。应该说两者是从形式的、外表的观点和实质的、内容的观点追求违法性的本质，通过对它们进行一并考虑，才能解明违法性的本质。"[⑧]

我们赞同大塚仁的观点，认为形式违法性与实质违法性是相对应的关系，二者分别从

---

① 〔德〕李斯特：《德国刑法教科书》（修订译本），徐久生译，法律出版社，2006 年，第 201 页。

② 〔日〕大塚仁等：《大コンメンタール刑法》（第 2 卷）（第二版），青林书院，1999 年，第 168 页。

③ 〔日〕福田平：《全订刑法总论》，有斐阁，2004 年，第 141 页。

④ 〔日〕松原芳博：《刑法总论专题研究（三）》，王昭武译，《河南省政法管理干部学院学报》，2010 年第 6 期，第 112 页。

⑤ 转引自〔日〕山口厚：《日本刑法学中的行为无价值论与结果无价值论》，金光旭译，《中外法学》，2008 年第 4 期，第 595 页。

⑥ 张明楷：《外国刑法纲要》（第二版），清华大学出版社，2007 年，第 143 页。

⑦ 〔意〕杜里奥·帕多瓦尼：《意大利刑法学原理》（注评版），陈忠林译评，中国人民大学出版社，2004 年，第 134 页。

⑧ 〔日〕大塚仁：《刑法概说（总论）》（第三版），冯军译，中国人民大学出版社，2003 年，第 302 页。

形式的、外表的，以及实质的、内容的角度来探求违法性的实质，将二者结合起来就说明了违法性的本质。

（二）主观的违法性与客观的违法性

关于违法性的本质，还有主观的违法性论与客观的违法性论的对立。

1. 主观的违法性论

主观的违法性论是由德国学者默克尔于1867年率先提倡，是源于英国分析法学派奥斯丁的命令说。主观的违法性论认为，法规范就是命令，只有可能遵照命令作出行为之人的规范违反才是违法，并且只有具备了责任能力的行为人的故意、过失行为才被称为违法。

主观的违法性论在日本得到宫本英脩、竹田直平等学者的赞同。宫本英脩认为，违法行为除了作为素材的意思表现是适合其能力的，且符合客观的一般规范所规定的违法行为类型外，还要求具备主观意思，违法性才能成立。此具备意思的违法性，即是故意和过失(责任)，行为因具有这样的责任，才得以成为违法行为[①]。竹田直平认为，客观的违法性论者对无责任能力人的行为也给予违法评价是不妥当的。如果把无责任能力人的行为也纳入法的领域，就会对人类行为以外的动物的态度和自然现象等进行违法性评价。这种评价的结果是，雷击、洪水等给国民带来痛苦的自然灾害也成了"违法"。显然是不可理解的[②]。

日本学者山口厚对此批评说，在主观的违法论里，否定了"无责任的违法"这一观念，结果也就丧失了违法与责任之间的区别[③]。正如中国台湾学者陈子平所言，刑法规范是客观存在的，是超越实际上不理解、不能理解或不想理解规范的人而客观存在的，无论人是否理解规范、是否不想理解规范，或者是否不能理解规范，刑法都依然客观存在，因此，违反刑法规范也应该从客观上加以认定。所以，违法性的认定也应该从客观上给予判断[④]。

2. 客观的违法性论

默克尔提出主观的违法性论后，耶林就开始批评默克尔将责任要素纳入违法性范畴的做法，主张区分客观不法与主观不法，客观不法是一种无过错的侵害，主观不法是一种有过错的侵害[⑤]。耶林的客观不法概念为后来的学者等所采用，成为现在的通说。

客观的违法性论，是把法理解为客观的评价规范，认为客观地违反了法就是违法。关于决定行为是否违法，行为人的主观能力如何不是问题。即客观的违法性论承认"无责任的违法"。客观的违法性论是严格区别违法性与有责性的。

梅茨格尔认为，法既有作为评价规范（Bewertungsnorm）的一面，也有作为决定规范（意思决定规范）（Bestimmungsnorm）的一面。因为我们在决定什么之前，有必要评

---

① 〔日〕铃木茂嗣：《宫本英脩著作集》（第2卷），成文堂，1985年，第155页。

② 〔日〕竹田直平：《刑法与现代法秩序》，成文堂，1990年，第21页。

③ 〔日〕山口厚：《刑法总论》（第二版），有斐阁，2007年，第99页。

④ 陈子平：《刑法总论》（2008年增修版），中国人民大学出版社，2009年，第163页。

⑤ 〔德〕鲁道夫·冯·耶林：《罗马私法中的过错要素》，柯伟才译，中国法制出版社，2009年，第9页。

价应该决定什么。指向所有人的作为法规范的评价规范是违法性的基础，以依据人格赋予义务的个人为接受者的决定规范是责任的基础，应该区别违法性和责任，同时，应该与行为人的能力无关、客观地判断违法性[①]。

依此见解，行为的违法性与行为人的主观的故意、过失、责任能力等无关，当客观上发生与法秩序相矛盾的事态时，就具有违法性，那么，无责任能力人的侵害、自然灾害、动物侵害也都可能具有违法性。简言之，客观的违法性论所强调的“客观的违法性”的“客观性”指的是“评价对象的客观性”，这和法益侵害说的立场是一致的。但是，对于不能理解规范含义的无责任能力人、自然灾害、动物等发出禁止、命令，这毫无意义[②]。

3. 新客观的违法性论

近年来，在日本主张法的评价规范和决定规范同时在违法性和有责性的两个阶段上二重地起作用的见解逐渐变得有力，被称为“新客观的违法性论”。新的客观违法性论，又称修正的客观违法性论，以法规范仅以“人的行为”为对象的观点，主张法的评价规范与决定规范同时对于违法性与有责性阶段发生作用。

日本学者大塚仁认为：“梅茨格尔的刑法规范的分析存在疑问。刑法规范即使在责任方面也不只是决定规范就够了，也需要把评价规范作为判断有无责任的标准。而且，在违法性方面，除了评价规范之外，也必须承认一般的决定规范乃至命令、禁止的规范。对违反该决定规范的，可以评价为违法。”[③] 他进一步分析说：在法规范的确立的阶段，的确应该是评价先行于决定，但是，在适用法规范的阶段，则恰恰相反，应该是法的命令、禁止先行于评价。只有对违反一定的法的命令、禁止的行为和行为人，才能进行违法性和责任的评价。而且，在违法性方面应该考虑的决定规范不是以特定的行为人为对象，而是指向抽象的一般人的当为规范。评价规范也是要判断违反这种一般的决定规范的行为的意义，在这一点上，其具有客观的性质；相对于此，责任方面中的决定规范和评价规范则以具体的行为人为对象，具有个别的、主观的性质。

大塚仁认为在刑法规范的适用上，关于命令、禁止的决定规范先行于针对违反它的行为进行评价的评价规范时，违法性判断的对象就当然只限于人的行为，纯粹的自然现象和动物的行动等被除外。这是因为，决定规范在其性质上不能及于人的行为以外的东西，并且，违法性判断的目的是为了确定符合构成要件的人的行为的犯罪性，对自然现象和动物的行动等进行这种判断是无意义的[④]。

依此见解，第一，将法规范作为行为规范，将客观上违反法秩序的行为理解为以一般人为对象的抽象的命令和禁止，违反这种命令、禁止的场合，就是违法；第二，法规范就是对具体行为人个别地要求实施一定行为，违反的场合，就有责任。

因此，客观的违法性就是违法性判断基准的客观性，而不是违法性判断对象的客观性[⑤]。即，新客观违法性论所谓的“客观的违法性”的“客观性”指的是违法性“判断基

---

① 〔日〕大塚仁：《刑法概说（总论）》（第三版），冯军译，中国人民大学出版社，2003年，第304页。

② 〔日〕西田典之：《日本刑法总论》（第二版），王昭武、刘明祥译，法律出版社，2013年，第108页。

③ 〔日〕大塚仁：《刑法概说（总论）》（第三版），冯军译，中国人民大学出版社，2003年，第305页。

④ 〔日〕大塚仁：《刑法概说（总论）》（第三版），冯军译，中国人民大学出版社，2003年，第306页。

⑤ 〔日〕内藤谦：《刑法讲义总论》，有斐阁，2002年，第305页。

准的客观性”。所以，违法性的判断是以“一般人”为基准，有责性的判断则是以“行为人”为基准。本书采此立场。

（三）结果无价值论与行为无价值论

结果无价值论与行为无价值论的对立，已经成为现在违法性论的核心问题。“无价值”一词译自德文“Unwert”，其内涵为“负面价值”，即“恶”。然而，对于结果无价值（Erfolgsunwert）与行为无价值（Handlungsunwert）的内容，学界存在争论。一般而言，所谓“结果无价值”，是指对于行为引起的法益侵害或者危险的结果所作的否定评价；所谓“行为无价值”，是指对于行为的反规范性（也有称为反伦理性的）所作的否定评价。

韦尔策尔最早提出行为无价值与结果无价值概念的对立。他指出：“并不是与行为人的内容相分离的法益侵害就可以说明不法，行为只有作为一定的行为人的作品时才是违法的。行为人设立何种目标，采取什么客观行为，行为人以什么心情实施行为，在这种场合行为人有什么义务，所有这些，与可能发生的法益侵害一起，决定行为的不法。违法性是对与一定的行为人有关的行为的否定，不法就是与行为人有关的‘人的’行为的不法。……法益侵害（结果无价值）只有在人的违法行为中（行为无价值中）才具有意义。人的行为无价值是所有刑法上犯罪的一般的无价值。”[①] 由韦尔策尔所提倡的人的不法理论和社会相当性理论以及由迈霍弗（Maihofer）所主张的社会的不法理论为行为无价值在不法中地位的确立起了关键作用[②]。

如果将韦尔策尔的人的违法性论、行为无价值论贯彻到底的话，就会认为结果无价值不是犯罪的本质要素，从而得出行为无价值的一元论。现在在德国，仍然存在主张引起法益侵害的事实不过是客观的法益处罚条件，即仅以行为无价值说明可罚性基础的观点[③]。

日本学者嵋内捷三指出，“曾经的刑法学，以旧派刑法学和新派刑法学为界分为两派，展开了学派之争。……但是，这种学派之争，在二战后迅速地终结。现在可以说是新派还是旧派已经完全不再是一个问题。近年来与学派之争相类比的，则是关于违法实质从20世纪60年代后期开始的行为无价值与结果无价值的论争”[④]。结果无价值与行为无价值，原本是关于违法性本质的对立，现在，这种对立已经扩展到整个犯罪论领域。

1. 结果无价值论

结果无价值论是以法益侵害说为基础的，主张以法益的侵害或危险等结果作为违法性的实质内涵，即仅以结果无价值作为违法性的实质内涵。

至于如何理解“法益”，则有精神的法益概念与物质的法益概念的分歧。前者是指主张抽象的、精神化的法益概念；后者是指主张具体的、现实的法益概念。在德国、日本，主张物质的法益概念者占优势，但仍有少部分学者持相反的意见，如植松正教授即认为，法益是法所保护的利益，它存在于规范背后的精神领域[⑤]。

---

① 〔德〕韦尔策尔：《目的的行为论序说》，〔日〕福田平、大塚仁译，有斐阁，1962年，第42页。

② 陈璇：《德国刑法学中结果无价值与行为无价值的流变、现状与趋势》，《中外法学》，2011年第2期，第376～377页。

③ 〔日〕大谷实：《刑法讲义总论》（新版第二版），黎宏译，中国人民大学出版社，2008年，第219页。

④ 〔日〕嵋内捷三：《刑法的关键词》，《法学七三步》，1987年第379号，第36页。

⑤ 张明楷：《法益初论》，中国政法大学出版社，2000年，第139页。

结果无价值论原则上不承认有主观的违法要素或主观的构成要件要素的存在，包括故意、过失等。日本学者大塚仁对此批判说："想仅仅用结果的无价值来确定违法性的内容的结果无价值论，则过拘泥于想把违法性的观念极力客观化的意图，有宽缓对事态的直率认识之嫌。例如，故意的杀人行为和过失的致死行为，从侵害被害人的生命这种结果无价值的观点来看，并无任何不同，但是，认为它们没有不同，就明显与我们的法感觉相矛盾。"①

事实上，在确定违法性内涵时，将行为人的主观层面完全加以忽视或排除，并非妥当。因为，人的违法行为是在掺入该行为人的主观而加以考量后，才具有作为人的行为的意义。法秩序所关心的，并非在于人的外在、物理性的身体动静本身。人的外在身体动静是由于被赋予行为人的主观后，才得以使该身体动静与法益侵害之关系明确。

2. 行为无价值一元论

行为无价值论，根据是否将犯罪结果和行为一道看做违法要素而分为一元的行为无价值论和二元的行为无价值论②。一般而言，行为无价值中的"行为"，不仅是指人的客观行为，还包括人的内心意思③。

行为无价值一元论认为违法性完全取决于行为无价值，结果无价值只不过是处罚条件而已。具体而言，只有行为才是刑法禁止的对象，为了防止一定的结果发生，规范所要求的是禁止或命令其所针对的对象实施一定的行为，结果不是直接禁止的对象。决定不法重要的是，行为人基于什么样的心情实施行为，而结果的发生只是偶然的产物，对于违法性论而言并不重要④。因此，未遂犯才是犯罪的基本类型。故意、过失属于主观的违法要素，由于构成要件是违法类型，因而也是构成要件要素（构成要件的故意、过失）⑤。

现在几乎没有学者采取这种观点，目前德国与日本的行为无价值论实际上都是二元论，即主张由结果无价值与行为无价值共同决定违法性。如日本学者大塚仁认为："违法性的实体首先在于对法益的侵害、威胁。脱离这种意义的结果的无价值，仅仅以单纯的行为的无价值为问题，是不应允许的。在日本，没有主张这种行为无价值论，可以说是当然的事情。"①大塚仁教授还指出："不可能无视结果无价值来讨论刑法中的违法性，行为无价值以结果无价值为前提，同时使作为结果无价值的事态的刑法上的意义更为明确，故应将二者并合起来考虑。"⑥ 因此，日本的行为无价值论者并非仅以行为无价值来确定违法性，恰恰大多是以结果无价值为基础，同时斟酌行为无价值进行考察的折中的犯罪论（行为无价值二元论）⑦。

3. 行为无价值二元论

行为无价值二元论，又称违法二元论，认为违法性的本质在于脱离社会相当性或违反

---

① 〔日〕大塚仁：《刑法概说（总论）》（第三版），冯军译，中国人民大学出版社，2003 年，第 313 页。

② 〔日〕曾根威彦：《刑法学基础》，黎宏译，法律出版社，2005 年，第 87 页。

③ 〔日〕曾根威彦：《刑法学基础》，黎宏译，法律出版社，2005 年，第 85 页。

④ 〔日〕日高义博：《违法性的基础理论》，成文堂 2005 年，第 54 页。

⑤ 〔日〕浅田和茂：《刑法总论》（补正版），成文堂 2007 年，第 173 页。

⑥ 〔日〕大塚仁：《人格的刑法学的构想》，《法学教室》，1990 年第 113 号，第 23 页。

⑦ 〔日〕曾根威彦：《日本刑法理论的发展动向》，徐宏译，载赵秉志主编：《刑法论丛》，法律出版社，2013 年第 1 卷，第 366 页。

社会伦理规范的手段惹起法益侵害或侵害危险的行为，主张违法性的本质内涵不仅含有“行为无价值”，同时含有“结果无价值”。

“与一元的人的不法论相同，二元的人的不法论也将命令规范论（意思决定规范论）作为其规范逻辑的前提。亦即，在违法性论领域，刑法规范不仅具有作为评价规范的机能，而且具有作为命令规范（以一般人为指向）的机能。而且，评价规范并不是先行于命令规范的独立存在，其对象与命令规范的对象相同，是对违反命令规范的行为的意义进行评价的规范。因此，从二元的人的不法论立场出发，以违反命令为内容的行为无价值，理所当然成为不法的核心要素。但是，尽管存在这样的规范论的前提，二元的人的不法论并不必然仅从行为无价值中发现不法，至少就结果犯的既遂而言，也将结果（无价值）算入不法的构成要素。”① 因此，“行为无价值是违法的基本，如果有行为无价值就具有处罚的基础，如果没有就不能进行处罚。作为附加的要素或者为了对处罚进行限定，有时也要求结果无价值。”②

行为无价值二元论具有三个特征：第一，承认主观的要素是不法的根据。第二，单纯违反行为规范也可以是不法。第三，这种意义上的违反行为规范，是指一般人都可以遵守规范，而该行为人却不遵守规范，因而具有“规范违反性”③。

正如大谷实所说，结果无价值与行为无价值二元论的具体分歧，体现在以下三个方面：“（1）关于排除违法性事由的一般原理，结果无价值论和法益衡量说有关，而行为无价值论和社会相当性说有关；（2）关于主观的违法要素，结果无价值论由于将行为的法益侵害性作为重点，因此，原则上不承认主观的违法要素；相反地，行为无价值论则肯定包括故意、过失在内的主观违法要素；（3）关于主观的正当化要素（如正当防卫意思），结果无价值论主张不要，相反地，行为无价值论主张需要。”④ 此外，“行为无价值中，由于行为人的主观重要，因此，必须事前判断，相反地，在结果无价值论中，行为的结果重要，所以，要求事后判断”⑤。

比较结果无价值论与行为无价值二元论，可以发现结果无价值论存在以下缺陷：

（1）结果无价值论主张排除主观的要素以确保违法判断的明确性。有学者认为，主观要素的认定非常困难、不确定，并且会带来恣意认定犯罪的危险。但二元论的学者反驳认为，在犯罪的认定过程中，不可能完全排除主观的要素。即使不将主观要素作为违法要素，那么也会将其作为责任要素，还是无法避免认定中的复杂性与不确定性。有学者主张，主观的要素可以还原为客观事实，应将还原后的客观要素作为违法要素。但二元论的学者认为，“如果所有的主观要素都可以还原为客观的要素的话，那作为责任要素的故意也成了客观的要素，作为犯罪要素的主观的要素就根本不应当存在了”⑥。因而，在二元论看来，违法判断并不是像数学题那样可以作出明确的判断。在构成要件符合性（即类型

① 〔日〕松原芳博：《犯罪概念と可罰性》，成文堂，1997年，第203～204页。

② 〔日〕井田良：《刑法总论の理论构造》，成文堂，2005年，第15页。

③ 〔日〕山中敬一：《刑法总论》（第二版），成文堂，2008年，第415页。

④ 〔日〕大谷实：《刑法讲义总论》（新版第二版），黎宏译，中国人民大学出版社，2008年，第219～220页。

⑤ 〔日〕大谷实：《刑法讲义总论》（新版第二版），黎宏译，中国人民大学出版社，2008年，第220页。

⑥ 〔日〕井田良：《刑法总论の理论构造》，成文堂，2005年，第6页。

化的违法性判断）时，排除一切主观因素，或许会使构成要件的外延变得明确，但其代价太大，它将无法发挥向国民宣告处罚范围的机能，不符合罪刑法定原则的要求。而且，某些条文，如“侮辱”、“欺诈”，其概念自身就包含主观因素，这是不争的事实。

（2）结果无价值论主张完全依据行为所带来的法益侵害或危险来判断违法。但是，某些情况即使不影响某种行为的法益侵害性或危险性，但从法益保护的角度也应当纳入刑法判断的考虑范围。例如，刑法中身份犯的规定就是如此①。

（3）并非所有侵害或者威胁法益的行为都被规定为犯罪。“在今日的社会中，例如，像矿山和大工厂的经营，或者汽车和飞机等高速交通工具的驾驶、操纵，它们本身虽然包含着侵害人的生命、身体、财产等各种法益的危险性，但是，不少对维持我们的生活具有不可缺少的意义。广泛地禁止它们，就不会有近代的社会生活。因而，只要它们在按照国家、社会的伦理规范被视为相当的范围内进行，即使伴有侵害法益的危险，也必须认为是法所允许的，是合法的。”②

（4）结果无价值论将刑法规范主要理解为面向法官的裁判规范，容忍国家机关较大的自由裁量权，期待国家机关作出正确的判断，带有浓厚的官僚主义的色彩。而 21 世纪应该强调以制定法为手段的法律规则的可视性，刑法规范应被理解为广大国民与国家机关的行为规范，人们基于个人的自我责任原则指导自己的行为③。

如前所述，违法性的实体首先在于对法益的侵害、威胁。脱离这种意义的结果无价值，仅仅判断行为无价值，是不允许的。但仅仅用结果无价值来确定违法性的内容的结果无价值论，局限于把违法性的观念极力客观化，有宽缓对事态的直率认识之嫌。例如，故意杀人行为和过失致死行为，从侵害被害人的生命这种结果无价值的观点来看，并无任何不同，但是，认为它们没有不同，就明显与我们的法感觉相矛盾。故意行为与过失行为的评价不同，只在责任论中加以考虑是不充分的，也必须在违法论中作为问题对待。“行为的结果无价值存在于对受保护的行为客体的侵害或危险之中，行为无价值存在于犯罪行为实施的方式和方法之中。……通过将其纳入犯罪构成，结果无价值或行为无价值变成结果不法或行为不法。”④ 这种折中的二元论是德国理论界在对曾经出现的一元结果无价值论和一元行为无价值论这两个极端进行反思和扬弃之后作出的立场抉择，它自 20 世纪 70 年代至今一直居于通说的地位⑤。正如大塚仁所言，“结果无价值论无视关于主观的违法要素的 20 世纪初期以来刑法学的发展经过，想退回到以前的状态。只有通过一并考虑结果的无价值和行为的无价值，才能正确地评价违法性”⑥。

综上，犯罪行为从其本质上而言是侵害法益和侵害义务的行为。犯罪行为的不法性是根据它的结果无价值——对保护客体的侵犯和危害——和行为无价值——在行为实施中使

---

① 〔日〕井田良：《刑法总论の理论构造》，成文堂，2005 年，第 9 页。

② 〔日〕大塚仁：《刑法概说（总论）》（第三版），冯军译，中国人民大学出版社，2003 年，第 303 页。

③ 〔日〕井田良：《刑法总论の理论构造》，成文堂，2005 年，第 12 页。

④ Jescheck H H, Weigend T. Lehrbuch des Strafrechts Allgemeiner Teil. Drucker & Humblot, 1996, 5. Auflage., S. 240.

⑤ 陈璇：《德国刑法学中的结果无价值与行为无价值二元论及其启示》，《法学评论》，2011 年第 5 期，第 65 页。

⑥ 〔日〕大塚仁：《刑法概说（总论）》（第三版），冯军译，中国人民大学出版社，2003 年，第 313 页。

用的方式和形式——来确定；其有责性则产生于行为人所实际表露出来的思想无价值(Gesinnungsunwert)，该无价值反映了行为人对待法制秩序要求的行为规范的错误态度和法制观念上存在的不足[①]。

三、违法性的要素

违法性的要素是指判断违法性成立与否的条件。下面从积极的违法性要素和消极的违法性要素两方面进行介绍。

（一）积极的违法性要素

积极的违法性要素是指符合构成要件的主客观事实。由于行为符合构成要件原则上即被推定为违法，即从正面肯定违法性的成立，因而符合构成要件的主客观事实即为积极的违法性要素。

1. 客观要素

所谓客观要素，是指能对行为人法益侵害性或规范违反性产生影响的客观事实，如行为、结果、因果关系、犯罪主体、行为客体、环境等。但是，由于违法性的判断与构成要件符合性的判断性质不同（前者属于抽象的、类型化的判断，后者属于具体的、非类型化的判断)，所以，构成要素以外的事实不少可以作为违法性的要素来考虑。如侵害法益、危险的程度，行为的手段、方法，行为的形态，等等。

另外，关于客观的处罚条件，有的人认为它是客观的违法要素或责任要素，如日本破产罪中，一般认为，破产宣告，对于债务人隐匿财产行为的违法性具有影响，但是，客观的处罚条件是以国家的政策理由为条件的，和犯罪成立要件的违法性、责任之间没有直接关系。因此，客观的处罚条件，不是客观的违法要素[②]。

2. 主观要素

所谓主观要素，是指能对行为人法益侵害性或规范违法性（即脱离社会相当性）产生影响的主观事实。

作为主观的违法要素，涉及的范围包括：①一般的主观违法要素。这是指具有与其相对应的犯罪客观要素的主观违法要素，包括故意和过失。②特殊的主观违法要素。这是指没有与其相对应的犯罪客观要素的主观违法要素，也叫做超过的主观违法要素，如目的犯中的目的、倾向犯中行为人的内心倾向、表现犯中行为人的心理过程及状态。③主观的正当化要素。这是指有关正当化事由是否成立的主观要素，如正当防卫中的防卫意思、紧急避险中的避险意思等[③]。

德国、日本学者对主观的正当化要素存在意见分歧。正当防卫的防卫意思、紧急避险的避险意思，就是主观的正当化要素。但是，正当化事由的成立，是否以行为人主观上具有正当化要素为前提，则存在争论。

德国通说肯定主观的正当化要素。德国学者指出："如今关于不法概念的探讨涉及的

① Wessels, Beulke. Strafrecht Allgemeiner Teil: Die Straftat und ihr Aufbau. C. F. Müller, 2010, 40. Auflage., S. 5.

② 〔日〕大谷实：《刑法讲义总论》（新版第二版），黎宏译，中国人民大学出版社，2008 年，第 217 页。

③ 〔日〕野村稔：《刑法总论》，成文堂，1990，第 102～107 页。

是避免极端的立场（即仅以行为不法或仅以结果不法为基础来建构不法的概念），并且承认行为不法与结果不法是不法中具有同等地位、相互并存的两个要素。”① 行为人以犯罪故意实施的行为符合正当防卫、紧急避险的客观条件时（如偶然防卫），至少存在行为无价值，所以不能正当化。Spendel、Rohrer 等少数人否定主观的正当化要素。在日本，一般来说，行为无价值论者主张必要说，不要说主要是结果无价值论者的主张。本书将正当化事由纳入消极的违法性要素进行介绍。

（二）消极的违法性要素

消极的违法性要素，是指否定违法成立的要素。由于违法性阻却事由是从反面否定违法性的成立的，因而，在消极的意义上，违法性阻却事由也是违法性的要素。违法性阻却事由下文将专门讨论，此处不复赘述。

四、可罚的违法性

（一）违法性的统一性与相对性

对于违法性的统一性与相对性，即违法性在所有的法领域或者犯罪中必须作统一的理解，还是要根据各个法领域或者犯罪个别地加以理解的问题，学界存在争论。

1. 违法性一元论

违法性一元论，认为不能出现在某一法领域中不被禁止的行为在别的法领域中被禁止的情况，即各个法领域的规范之间不能产生冲突的法秩序统一的思想。

各种不同法律领域，虽然性质各异，而且规范内容与规范重点亦各不相同，但均共同具有建立于维系法律秩序的目的，对于社会共同生活中的行为，在合法或违法的价值判断上，必须是一致而不相互矛盾的，如此方能发挥法律规范的规范功能，而建立单一性的整体法律秩序，故行为是否具有违法性必须就法律规范的整体价值观，而为判断，亦即是必须就法律规范的一体性，而从事违法性的判断②。

违法性一元论在德国占主流地位。如耶赛克、魏根特认为：“法秩序仅仅承认统一的违法性概念。在各个部门法的领域里所不同的，只是违法行为的法律效果（例如，在民法里的损害赔偿、行政法里的撤销行政行为、国际法里的恢复原状、刑法里的刑罚和处分）。……法秩序的统一性原则是适当的。”③

主张违法性在所有的法秩序领域当中都是单一的，且在一个法领域当中被认定为违法的行为，绝对不可能在其他法领域被看做合法的所谓“严格的违法一元论”，在当今日本几乎看不见④。

① Maurach，Zipf. Strafrecht Allgemeiner Teil Band I. C. F. Müller，1992，8. Aufl.，S. 215.

② 林山田：《刑法通论》（上册）（增订十版），元照出版有限公司，2007 年，第 307 页。

③ Jescheck H H，Weigend T. Lehrbuch des Strafrechts Allgemeiner Teil. Drucker & Humblot，1996，5. Aufl.，S. 327.

④ 〔日〕曾根威彦：《刑法学基础》，黎宏译，法律出版社，2005 年，第 214 页。

2. 违法性多元论

违法性多元论，主张刑法上的违法性以是否值得处罚的判断为前提，其与民法等法律中的违法性不同，试图从正面认可违法的相对性论。此说认为，法秩序在某种意义上，应当具有统一性，但是，同时又认为，规范之间的矛盾只要在法秩序目的所必要的范围之内消除就够了，没有必要将其绝对排除①。

3. 缓和的违法性一元论

该说认为，从根本上而言，违法性具有统一性质，但违法性的显现形式，却有不同类型与轻重的程度；换句话说，虽然行为违反整体法秩序，但是民法所要求的违法性程度与行政法甚至刑法所要求的违法性程度应有所不同。此为日本的多数说②。

罗克辛也认为，德国主流学说试图坚持违法性的统一，但是，“在不同法律领域之间，到底还是存在着限制这些法律后果的偏差。例如，一种通过《德国民法典》第904条管辖的行为，在民法上和刑法上都同样是合法的，尽管这在民法上会引起一种损害赔偿的义务。但是，因此简单地否定一种不同的违法性是不正确的。……尽管有民法上的合法性而肯定了一种民法上的损害赔偿，或者尽管有公法的合法性而肯定了一种纪律性处罚，也会是不合适的，因为在这种举止行为的形式不与刑法的规则相矛盾时，也会与这个法律领域中的规则相矛盾的”③。

4. 本书立场

违法性的统一性和相对性的问题，在刑法中，具体来说，在以下两个方面体现出来：①符合构成要件的行为，在民法或者行政法中被允许的话，在刑法当中，是不是也要认定为正当呢？②在民法或者行政法中被禁止的行为，符合刑法上的构成要件的场合，该行为在刑法上是不是也具有违法性而可罚？违法性多元论不仅对②的问题，而且对①的问题也持否定态度。相反地，缓和的违法性一元论，肯定①的命题，而否定②的命题。另外，严格的违法性一元论，对①、②的命题都给予肯定。

本书认为，就①的命题而言，如果对不管是哪一个法领域中都被肯定的行为进行处罚的话，它就是叫人难以忍受的矛盾评价，和作为社会政策的最后手段的刑法补充性之间也互相矛盾，因此，应当对其持肯定态度。相反地，就②的命题而言，由于“在为了实现一定目的而使用各种法律手段，按照比例原则所使用的各种法律手段合乎目的的场合，……就基本上要排除目的论的考虑，保证比例原则的贯彻落实”④，因此，对其必须予以否定。所以，缓和的违法性一元论是妥当的⑤。

（二）可罚的违法性理论概述

1. 概念与体系地位

一直以来，在违法性论上，只讨论违法性的有无，即有无违法性阻却事由的问题；然

---

① 〔日〕前田雅英：《刑法的基础——总论》，有斐阁，1993年，第158页。

② 陈子平：《刑法总论》（2008年增修版），中国人民大学出版社，2009年，第168页。

③ Roxin C. Strafrecht Allgemeiner Teil Band Ⅰ. Verlag C. H. Beck，2006，4. Aufl.，S. 614～615.

④ 〔日〕京藤哲久：《法秩序的统一性和违法判断的统一性》，载〔日〕内藤谦等：《平野龙一先生古稀祝贺论文集》（上卷），有斐阁，1990年，第218页。

⑤ 〔日〕曾根威彦：《刑法学基础》，黎宏译，法律出版社，2005年，第214～215页。

而，在违法性已存在的情况下，就有必要讨论该违法性轻重的问题。

所谓可罚的违法性理论，是指刑法中的违法性应当是具有值得科处刑罚程度的实质的违法性的理论。根据这一理论，行为除了在形式上符合构成要件之外，还必须是在量上达到了一定的严重程度，在质上值得科处刑罚，才属于刑法上的违法[①]。“具备值得刑罚处罚的质和量的违法性是可罚的违法性”[②]。

可罚的违法性理论，和古罗马法中有名的格言“法官不管琐事”的思想是相通的，最初是由日本的宫本英脩基于谦抑主义的立场提出的。他以日本1910年10月11日的“一厘事件”为判例说明[③]，提出“对于某种行为成为犯罪，首先要评价为对法律上一般规范的违反，并且有必要判断为刑法上可罚的”[④]，这奠定了以被害法益轻微阻却可罚性的根基，对于佐伯千仞和藤木英雄的“可罚的违法性”具有重要影响[⑤]。

但是，关于可罚违法性理论在犯罪论体系上的地位，即，可罚的违法性究竟是属于构成要件符合性范畴内的问题，还是属于违法性范畴内的问题，在日本学者中间是有争议的。

1）可罚的违法性属于构成要件符合性

此说认为，如果行为符合被害法益的轻微性（结果轻微型、绝对的轻微型）与行为脱离社会相当性（或违反社会伦理规范）程度的轻微性（相对的轻微型），则否定构成要件符合性。如藤木英雄认为，犯罪构成要件中以其典型事态为中心，预定了一定类型性程度的严重性，没有满足这种程度的违法性的行为就缺乏构成要件符合性。而且，作为可罚的违法性的标准，第一是法益侵害乃至实害的轻微性，即微罪性，第二是引起被害的行为脱离社会相当性的程度是轻微的，综合两者，认为没有满足某构成要件所预想程度的违法性的最低标准时，就否定构成要件符合性本身[⑥]。

此说之问题在于，将具体的、非类型的价值判断带进抽象的、类型的事实判断的构成要件中，将造成降低作为违法类型的构成要件所具有的罪刑法定原则的功能。

2）可罚的违法性有属于构成要件该当性的，也有属于违法性的

此说主张，如果单纯属于被害法益轻微的情况（结果轻微型、绝对的轻微型），则阻却构成要件符合性；如果与该侵害行为所试图保全的法益相比较，其程度属于轻微的情况（法益轻微型、相对轻微型），则否定刑法上违法性的成立。如佐伯仁志认为，所谓可罚的违法性，是指行为的违法性需要刑罚这种强力的对策，具有与刑罚相适合的质与量。而且，作为量的问题，是指在犯罪中都各自被预定了一定严重程度的违法性，即使看起来行为符合构成要件，但是，其违法性极其轻微，没有达到法所预定的程度时，就不成立犯

---

① 〔日〕高桥则夫：《刑法总论讲义案》，成文堂，2006年，第107页。

② 〔日〕松宫孝明：《刑法总论讲义》（第四版补正版），钱叶六译，中国人民大学出版社，2013年，第78页。

③ 一厘事件：受政府专卖局委托的烟草栽培人（被告人），应当将所生产的烟草全部卖给政府，但是，他将其中的一枚按当时的市价一厘金留下来了。由于他违反了烟草专卖法，受到起诉。明治43年10月11日（1910年10月11日），大审院以被告人的所为过于琐碎，认定其无罪。

④ 〔日〕大塚仁：《犯罪论的基本问题》，有斐阁，1982年，第150页。

⑤ 周振杰：《日本现代刑法思想的形成》，《刑事法评论》，2011年第29卷，第212页。

⑥ 〔日〕大塚仁：《刑法概说（总论）》（第三版），冯军译，中国人民大学出版社，2003年，第314页。

罪；作为质的问题，是指违法性虽然并不能说是轻微的，但是，其违法行为的质与刑罚不相适合[①]。

此说之问题在于，否定构成要件之形式的判断、抽象性的判断、类型性的判断性质，将导致构成要件该当性之判断显现不明确之现象，将会失去构成要件作为初步认定违法与否（禁止与否）的指标性作用[②]。

3）可罚的违法性属于违法性

此说主张，综合考量被害法益之轻微（结果轻微型、绝对轻微型）与行为脱离社会相当性（违反社会伦理规范）程度之轻微性（相对的轻微型），若违反整体法秩序之程度轻微时，则否定刑法上违法性成立。如大塚仁认为："必须把可罚的违法性在理论体系上的位置放在违法性论之中。"[①]大谷实也认为："可罚的违法性，通常只能作为实质违法性的判断标准起作用。"[③] 本书赞成此观点。

2. 可罚的违法性之判断

违法性的判断对象是相当于违法性要素的事实，违法性的判断基准是可罚的违法性。因此，首先，以包含刑罚法规在内的全体法秩序为准，判断有无违法性。其次，以该行为对于保护法益来说，是否具有刑法上不能放任不管的质和量的违法性为标准，判断有无可罚的违法性。由于违法性的判断具有具体的、非类型性的性质，因此，除了判断其存在与否之外，还得判断其强弱，该强弱在表示违法性程度的同时，也反映责任的量甚至是刑罚的量。

关于违法性判断的标准，有主张以行为时为标准进行事前判断的事前判断说，和主张以裁判时所明确的所有资料为基础，进行事后判断的事后判断说之间的对立。大谷实认为，"从行为无价值一元论的观点来看，事前判断说是妥当的，但是，违法性的判断必须以对法益侵害的有无和程度为基础，在与上述因素的关系上来讨论行为无价值的问题，因此，其在性质上不得不包含事后判断在内"[④]。

第二节 违法性阻却事由概说

一、违法性阻却事由的概念

所谓违法性阻却事由，是指排除符合构成要件行为的违法性的事由。由于构成要件是违法有责行为类型，所以，在通常情况下，如果某种行为具有构成要件符合性，就意味着发生了作为违法性实质的法益侵害或危险，因而该行为具有违法性。但在某些情况下，由于某种特殊理由与根据的存在，否定了符合构成要件行为的违法性，这种特殊理由与根据就是违法性阻却事由，也称为正当化事由。

① 〔日〕大塚仁：《刑法概说（总论）》（第三版），冯军译，中国人民大学出版社，2003年，第315页。

② 陈子平：《刑法总论》（2008年增修版），中国人民大学出版社，2009年，第169页。

③ 〔日〕大谷实：《刑法讲义总论》（新版第二版），黎宏译，中国人民大学出版社，2008年，第223页。

④ 〔日〕大谷实：《刑法讲义总论》（新版第二版），黎宏译，中国人民大学出版社，2008年，第224页。

不过，德国学者贝林则认为，正当化事由与违法性阻却事由存在区别。正当化事由存在时，行为被认为适法；阻却违法事由存在时，行为在法律上没有重要性而被放任。对此，木村龟二认为，这种区别是不妥当的，因为行为或者是违法的或者是适法的，称其为正当化事由的场合是肯定行为适法性方面的表现，称其为阻却违法事由的场合是否定行为的违法性方面的表现。这是同一事物的单纯的表现方式的不同，据此不允许得出相异的第三种意义的结论①。

二、违法性阻却的一般原理

目前，关于违法性阻却的一般原理，各国刑法学者提出了诸多主张，主要有法益衡量说、优越的利益说（利益衡量说）、目的说、社会相当性说等学说。其中法益衡量说与优越的利益说是从法益侵害说推导出来的学说，而目的说与社会相当性说是从规范违反说推导出来的学说。

（一） 法益衡量说

法益衡量说认为，法律的目的在于保护人的生活利益，如果符合构成要件的法益侵害行为是为了救济更高价值的法益，则这种法益侵害行为就是正当的，即是与法律的目的相一致的。简单地说，牺牲价值低的法益来救济价值高的法益就是正当的。

此说具体又包括两个原则：其一，优越的利益原则，即在法益冲突的情况下，对侵害法益和保护法益进行比较衡量，如果后者比前者优越就认为不违法。其二，利益不存在原则，即在被害人同意的场合，由于不存在值得保护的利益因而不违法。

法益衡量说面临的主要问题是：并非所有情况都能够以法益价值的高低大小来比较衡量，只要不是同种类的法益，就难以进行比较衡量。例如，很难绝对地说身体法益就总是优于财产法益。因此，最终的判断标准还是得求之于宪法的价值秩序，针对各案进行个别的具体的实质衡量。而且，在紧急避险等情况下，保护法益和侵害法益如果相等，怎样处理也是一个问题。

（二） 优越的利益说 （利益衡量说）

优越的利益说认为，如果保护法益比侵害法益更具有保护的必要性时，就阻却违法。此说认为法益的衡量，虽能成为正当化判断时的基准，但法益的衡量不能仅仅是法益的抽象性的比较衡量，尚须考量个别的、具体的情况等整体事态，而进行利益的比较衡量。

此说主张必须加以考量的情况包括：①根据一般的价值顺序进行法益的比较衡量；②保护利益受侵害的危险程度；③保护法益与侵害法益的量与范围；④为了保护法益所采取的法益侵害手段的必要性程度；⑤作为手段的行为的方法、形态所具有的法益侵害的危险性程度等。在考量以上这些相冲突法益的保护必要性的所有客观情况，通过实质的、具体的利益（价值）衡量，如果认为保护法益的保护必要性大于或优于侵害法益的保护必要性时，就阻却违法性。

本说是对法益衡量说的发展。如果将法益作为具有事实基础的客体加以明确限定的理

---

① 〔日〕木村龟二：《刑法总论》（增补版），有斐阁，1984年，第251～253页。

解的话，第②、③、④、⑤要素都不属于法益本身的内容，所以需要从法益的保护必要性角度加以理解①。

如果在判断正当化事由时，既要考量法益价值，又要对行为形态等整个具体情况都必须加以考量的话，那么实际上有脱离作为此说基础的法益侵害之嫌，而且，考察如此复杂的情况，是否真能显示具体性、明确性，也是有疑问的，何况既然所有具体情况都加以考量，则与后述的社会相当性说的主张已无差异②。可见，优越的利益说也是存在缺陷的。

（三）目的说

目的说认为，如果行为是为了达到国家承认的共同生活的目的而采取的适当手段，违法性即被阻却。德国学者李斯特、日本学者木村亀二是该说的代表。目的说又可以分为衡量型目的说与重视手段型目的说。持目的说的多数学者主张衡量型目的说，在衡量型目的说看来，所谓"为了正当的目的而采取的适当手段"，意味着目的的客观价值与手段所产生的法益侵害的比较衡量。例如，"为了确保表达自由和国民的知情权，何种程度的报道是被允许的"，就意味着将表达自由和被害者的名誉等根据具体情况进行比较，看何种情况更为优越。这样，衡量型目的说与上述法益衡量说相差无几（结果无价值论）。重视手段型目的说则强调手段的反伦理性，不管目的如何正确，如果手段不被允许时，也不能认为是正当化事由。例如，"保护环境权的目的虽然是正当的，但如果使用暴力手段则绝对不能被正当化"，这就意味着只有采取适当的手段，才能认为是正当化事由。于是，重视手段型目的说接近社会的相当性说（行为无价值论）。

目的说招致的批评也有两点：一是国家主义立场，指的是目的说过于强调法秩序，忽视个人法益的保护，容易导致用国家目的来制约个人的权利；二是标准本身的不明确性，指的是"适当的手段"，必须以社会伦理或公序良俗为标准进行规范的判断，但其内容过于概括、抽象和多义，难以作为解释的指导原理、一般基准加以运用③。

（四）社会相当性说

社会相当性说认为，在社会生活中历史地形成的社会伦理秩序的范围内，被这种秩序允许的行为（社会的相当行为），就是正当的。只有脱离社会相当性的法益侵害行为才是违法的，而符合社会相当性的行为即使侵害了法益也不违法。进而言之，构成要件是违法行为的类型，也就是不具有社会相当性的行为的类型，因而在类型上符合社会相当性的行为，阻却构成要件符合性④。

对于社会相当性说的主要批评意见在于，其过分强调社会伦理秩序，太抽象、概括和多义。另外，对于认为社会相当性是构成要件符合性的阻却原理的观点，有学者批评说，构成要件符合性的判断中加入社会观念、日常性、通常性等判断是过分考虑了价值的判断⑤。

---

① 〔日〕内藤谦：《刑法讲义总论》（中），有斐阁，1986年，第313页。

② 陈子平：《刑法总论》（2008年增修版），中国人民大学出版社，2009年，第171页。

③ 〔日〕浅田和茂：《刑法总论》（补正版），成文堂，2007年，第176页。

④ 〔日〕福田平：《全订刑法总论》（第四版），有斐阁，2004年，第143、149页。

⑤ 〔日〕内藤谦：《刑法讲义总论》（中），有斐阁，1986年，第309～310页。

（五）小结

从违法性的实质是脱离社会相当性的法益侵害或法益侵害危险的立场来看，侵害法益的行为只要具有社会相当性，就能够排除违法性。社会相当性说在判断正当化时，并非完全排斥法益衡量，而是将包括法益衡量等的整个具体情况都加以考量，这与优越利益说也不矛盾。甚至可以说，对于违法性阻却的一般原理应作多元的理解①。

三、违法性阻却事由的分类

对违法性阻却事由，能否在体系上进行分类，是刑法学者所关心的问题。学者们往往从实质的观点来探讨违法性阻却事由的分类。

M. E. 迈尔将违法性阻却事由分为三类：①与不法的斗争；②保护正当的利益；③特权行为。其中，与不法的斗争是指基于国家机关或特定团体职务上的权限而实施的行为，包括正当防卫与自力救济行为。保护正当的利益，是指作为排除国家干涉的自由领域的被害人承诺或对不同意治疗的反对者所实施的治疗行为，还包括惩戒等教育行为。特权行为则是指一般不被允许却得到行政上许可的行为或者议会中的报告行为等②。

梅茨格尔将违法性阻却事由分为两类：①基于利益缺乏说的违法性阻却事由；②基于优越利益说的违法性阻却事由。属于前者的有基于被害人的承诺和推定性承诺的行为；属于后者的又包括基于特别行为权的行为、基于特别行为义务的行为和基于一般利益衡量原则的行为，其中，基于特别行为权的行为有正当防卫、紧急避险等，基于特别行为义务的行为有根据职务上的义务、合法约束命令的行为和根据惩戒权的行为以及义务冲突等，基于一般利益衡量原则的行为有治疗行为、安乐死等③。

绍尔（Sauer）把违法性阻却事由分为三种：第一种是针对危险通过防卫进行自我保护和在危难中的救助，包括正当防卫和紧急避险；第二种是形式的权利、权限的行使，包括强制权、惩戒权、被害人的承诺；第三种是面向公共福利的生活利益的促进，包括促进有益于一般社会的设施、促进危难中救助邻人的福利和健康、消除苦恼等③。

针对上述分类方式，木村龟二持反对意见，认为它们都只是以若干共通的要素为中心所进行的分类，在方法论、体系上难说是确实的，也缺乏实际意义④。

日本有学者将违法性阻却事由分为正当行为和紧急行为。例如，大塚仁把违法性阻却事由分为一般性正当行为和紧急行为。他认为，《日本刑法典》第 35 条并非仅限于法令行为和正当业务行为，实质上广泛地把一般正当行为视为违法性阻却事由乃是其包含的旨趣。从这种观点出发，可以把违法性阻却事由区分为以《日本刑法典》第 35 条为根据的一般性正当行为，和以《日本刑法典》第 36、37 条的规定为核心的紧急行为⑤。大谷实

---

① 〔日〕松宫孝明：《刑法总论讲义》（第四版补正版），钱叶六译，中国人民大学出版社，2013 年，第 77 页。
② 〔日〕大塚仁等：《大コンメンタール刑法》（第 2 卷）（第二版），青林书院，1999 年，第 199 页。
③ 〔日〕大塚仁：《刑法概说（总论）》（第三版），冯军译，中国人民大学出版社，2003 年，第 320 页。
④ 〔日〕木村龟二：《刑法总论》，有斐阁，1978 年，第 255 页。
⑤ 〔日〕大塚仁：《刑法概说（总论）》（第三版），冯军译，中国人民大学出版社，2003 年，第 321 页。

也持类似观点[①]。

德国、日本刑法理论，通常还将违法性阻却事由分为法定的违法性阻却事由与超法规的违法性阻却事由。之所以出现超法规的违法性阻却事由的概念，是因为德国旧刑法没有规定紧急避险，紧急避险阻却违法性只是刑法学者的主张，故称为超法规的紧急避险。后来，德国最高法院承认紧急避险是违法性阻却事由。直到1952年制定《秩序违反法》时，才将超法规的紧急避险法定化，1969年的联邦德国新刑法第34条才正式规定紧急避险。但是，超法规的违法性阻却事由这一概念，却被保留下来。因为刑法不可能将阻却违法性的所有事由都规定下来，在刑法规定之外必然存在事实上被公认的违法性阻却事由。日本刑法理论也使用超法规的违法性阻却事由的概念。

总之，不同国家的刑法理论对违法阻却事由所作的分类，与本国刑法对违法阻却事由的规定密切联系。此外，分类的标准多种多样，不同学者可以采取不同标准进行不同的分类，所以很难说上述各种分类孰优孰劣。然而从世界各国的刑事立法例来看，正当防卫与紧急避险是各个国家都规定的违法阻却事由，除此之外，还有国家规定了执行命令、履行职务的行为。下面分别对正当防卫、紧急避险与其他违法性阻却事由予以详细的介绍。

第三节 正当防卫

一、正当防卫概说

（一）正当防卫的概念

把正当防卫作为一般的违法性阻却事由，是18世纪末以来的德国刑法学家特别是费尔巴哈的贡献，他们主张将正当防卫作为刑法总则的一般概念，承认针对所有的法益侵害进行正当防卫。1851年的《普鲁士刑法典》、1871年的《德国刑法典》对此均予以规定，后为各国刑法典所借鉴[②]。

正当防卫是指为了保护自己或者他人的权利免受正在进行的急迫的不法侵害而采取的必要防卫行为。例如，《德国刑法典》第32条第2款规定："为使自己或他人免受正在发生的不法侵害而实施的必要的防卫行为，是正当防卫。"《日本刑法典》第36条第1款规定："为了防卫自己或者他人的权利，对于急迫的不正当侵害不得已所实施的行为，不处罚。"《奥地利联邦共和国刑法典》第3条规定："为使自己或者他人的生命、健康、身体的完整性、自由或者财产免受正在发生的不法侵害而实施的必要的防卫行为，不违法。"

各国学者在其著述中论及正当防卫的定义时，与本国的规定基本相同。如德国学者耶赛克、魏根特认为："正当防卫的古典定义是，'为使自己或他人免受正在发生的不法侵害而实施的必要的防卫行为，是正当防卫'。"[③] 日本学者大多根据《日本刑法典》第36条

① 〔日〕大谷实：《刑法讲义总论》（新版第二版），黎宏译，中国人民大学出版社，2008年，第225页。

② 〔日〕大塚仁：《刑法概说（总论）》（第三版），冯军译，中国人民大学出版社，2003年，第323页。

③ Jescheck H H，Weigend T. Lehrbuch des Strafrechts Allgemeiner Teil. Drucker & Humblot，1996，5. Aufl.，S. 338.

的规定，给正当防卫下定义。如大谷实写道："所谓正当防卫，是指'对于紧急不法的侵害，为防卫自己或他人的权利，不得已而实施的行为'（刑法第36条第1款）。"①

（二）正当化的根据

正当防卫，是为了保护自己或他人的权利，不得已而对急迫不法的攻击行为实施反击的行为，各国刑法都规定这种行为不处罚。因正当防卫而引起的侵害法益的行为，即便符合构成要件也不违法。那么，关于正当防卫不违法的根据何在呢？理论界对此存在不同学说。

1. 法的自己保全说

法的自己保全说，又称法确证原理、保护法秩序原则。根据此说，正当防卫等紧急行为是在国家机关不能预防或者恢复对法秩序的侵害的场合，允许私人补充进行的情况。不法侵害是对法的侵害，而正当防卫是对这种不法侵害行为的反击，以此来证明法律的存在及权威。此说来源于法治国家的思维方式，所谓"正当防卫是正对不正的关系"或"法没有必要向不法让步"的法谚就反映了这种思维方式②。

2. 个人的自己保全说

个人的自己保全说，又称个人的保全原理，认为正当防卫是由于人类的保全自己的本能而正当化，即"正当防卫的本质虽然是直接行动，但因对违法侵害加以反击是人的自卫本能，所以法律上予以允许"③。保全自己的本能中所说的"自己保全"，不仅是本人保全，还包括救助他人，所以应当认为"个人保全原理"是包括保全他人的个人利益在内的。但为了他人免受不法侵害所进行的正当防卫，不能超过被害人自身能够进行正当防卫的程度。

3. 二元说

二元说是将"个人保全原理"与"法确证原理"结合起来作为正当防卫正当化根据的学说。按照此说，正当防卫权虽然能以人的保全自己的观点为正当化奠定基础，但是仅仅依"个人保全原理"还不能充分说明现行刑法的正当防卫权，所以需要援用"法确证原理"。如大谷实认为："个人法益或法秩序，本来，应该由国家机关根据法律程序来进行保护，在不可能保护的紧急状态之下，就不应该将避免侵害当作为义务要个人承担，相反地，应当将其看作为反击的权利，在保护人的自我保护本能的同时，力求从预防侵害法秩序或者恢复被侵害的法秩序的观点出发，实现法的自我保护，确认法秩序的存在，所以，正当防卫行为排除违法性。"④

德国刑法理论一般认为，正当防卫的正当化根据为"个人的保全"与"法的确证"两个原理。如H. 迈尔认为，正当防卫有两个依据：一是作为个人权利来理解，正当防卫是每一个人与生俱来的通过防止他人对自己的不法侵害的自我主张权；二是作为社会权利来理解，正当防卫是法秩序，它不需要躲避不法⑤。韩国学者金日秀、徐辅鹤、李在祥均主

① 〔日〕大谷实：《刑法讲义总论》（新版第二版），黎宏译，中国人民大学出版社，2008年，第252页。

② 〔日〕团藤重光：《刑法纲要总论》，创文社，1990年，第232页。

③ 〔日〕川端博：《刑法讲义总论》，成文堂，1995年，第344～345页。

④ 〔日〕大谷实：《刑法讲义总论》（新版第二版），黎宏译，中国人民大学出版社，2008年，第253页。

⑤ Jescheck H H，Weigend T. Lehrbuch des Strafrechts Allgemeiner Teil. Drucker & Humblot，1996，5. Aufl.，S. 336.

张二元说[①]。

4. 社会相当性说

社会相当性说认为社会相当性是阻却违法的统一原理，正当防卫只是其中的一种。根据此说，正当防卫之所以被认为阻却违法，是由于它是处于历史上形成的社会生活秩序范围内的具有社会相当性的行为。这主要是立足于行为无价值的立场。例如，韩国大法院判示："正当防卫应该是，由于侵害行为受到侵害的法益的种类、程度、侵害的方法、侵害行为的缓急以及将受防卫行为损害的法益的种类等，斟酌所有具体事项，能够认定其防卫行为是社会上相当的行为。"[②]

5. 优越的利益说

优越的利益说认为，防卫人（被侵害者）对于急迫的不法侵害没有回避、躲避的义务，防卫人的正当利益，相对于不正当侵害具有质的优越性；不正当侵害者使自己的法益与防卫人的法益陷入"法益冲突"的状态，应当在不正当侵害者的负担内消解这一冲突；因此，防卫人的利益绝对优越于不正当侵害者的利益，故防卫造成的损害可以大于不正当侵害所造成的损害[③]。

二、正当防卫的要件

从各国关于正当防卫的规定来看，正当防卫的成立需要具备以下几个要件：一是必须存在急迫不法的侵害；二是为了防卫自己或者他人的权利；三是防卫行为具有必要性与相当性。

（一）急迫不法的侵害

1. 急迫

急迫，意味着不法侵害处于直接面临、正在进行或者还在继续的状态[④]。对于过去的侵害不成立正当防卫。"但是，侵害行为作为犯罪，已达到既遂状态，但侵害行为事实上仍在继续的话，就还是'急迫'。"[⑤] 对于继续犯而言，只要犯罪还在继续，就可以进行正当防卫。

"正在进行"指的是侵害行为已经开始而尚未结束的阶段，所以，严格来讲有两个争论的问题：一是开始时点（用于区别将来的侵害）；二是结束时点（用于区别过去的侵害）。

（1）在开始时点之前，属未来侵害，不存在紧急防卫情状，所以不成立正当防卫。对于开始时点的认定，德国通说认为，开始点不能等同于未遂的着手点，因为着手的基准往往逼使防卫者错过了有效的防卫时点，这样就可能把侵害风险转嫁给被害的防卫者[⑥]。于

---

① 〔韩〕金日秀、徐辅鹤：《韩国刑法总论》，郑军男译，武汉大学出版社，2008年，第278页；〔韩〕李在祥：《韩国刑法总论》，〔韩〕韩相敦译，中国人民大学出版社，2005年，第195～196页。

② 〔韩〕李在祥：《韩国刑法总论》，〔韩〕韩相敦译，中国人民大学出版社，2005年，第202页。

③ 〔日〕山口厚：《刑法总论》（第二版），有斐阁，2007年，第113～114页。

④ Jescheck H H，Weigend T. Lehrbuch des Strafrechts Allgemeiner Teil. Drucker & Humblot，1996，5. Aufl.，S. 341.

⑤ 〔日〕大谷实：《刑法讲义总论》（新版第二版），黎宏译，中国人民大学出版社，2008年，第254页。

⑥ 林钰雄：《新刑法总则》，中国人民大学出版社，2009年，第188页。

是，“有效理论”（Effizienzlösung）的主张者认为，在一个攻击后来不再能够被防卫，或者只能在很困难的条件下被防卫时，这种攻击就应当已经处于直接面临的位置了。如施米德霍伊泽（Schmidhäuser）认为：“总是已经正在进行了，当这种攻击被攻击者是这样地准备的，以至于一种后来的防卫就不再是可能的。”[①] 但这种观点可能导致防卫过于提前，罗克辛对此批判道：“一个才加以计划或者正在进行准备的攻击，不仅不是正在进行的，而且也还完全不是攻击。还有，如果允许人们把这种大胆的紧急防卫权使用于如此广泛的防卫性目的，也会与社会的和平秩序和国家的管辖垄断权发生矛盾：只有现实的格斗情况，才能给予私人如此重要的权利。”[①]罗克辛主张开始点应该介于预备的最后阶段和着手的狭隘区间（约略等于着手的预备，但既不等于预备也不等于着手），“对于正在发生的攻击，人们除了未遂之外，仅仅允许算上直接地位于未遂阶段开始之前的那个狭长的预备结束阶段。在这个已经为紧急防卫提供基础的与未遂紧密相连的预备的领域中，涉及了‘对攻击的直接着手’（与才进行准备的攻击不同，那还不是正在进行的，并且与实际行为构成的直接着手不同，那已经表现了一种未遂）。”[①]

对于预防性措施是否构成正当防卫的问题。如为预防盗贼，在门户上装置具有伤害性的防盗设备的情况。大谷实认为：“事先装设在将来的袭击迫近的时候能有效地进行反击的装置，结果该装置发挥了反击效果的场合（如为防小偷而在围墙上插玻璃碎片），也是正当防卫。因为，只要以发生防卫效果时为标准，能够认定侵害的紧迫性就够了。因此，不仅在行为人认为侵害行为当然或几乎确实要发生的场合，即便在出于利用该机会乘机伤害对方的意思而面临侵害的场合，只要在实施防卫行为的阶段上，对方的侵害迫在眼前，就至少可以认为满足紧迫性的要件。在遭受侵害的当时，除对加害者反击之外，行为人即便还有其他可以回避侵害的方法，也能认定紧迫性。”[②]

罗克辛认为：“自我保护的装置能够是一种必要的防卫。但是，第一，这种风险应当由使用这种危险手段的人来承担；也就是说，在一名无害的闲逛人因此受伤时，要由受这种方式保护的人来承担这个结果。第二，威胁生命的自我保护装置在实践中是没有必要的；当人们安装了自动射击装置或者爆炸装置时，但是在这些地方，本来有一个警报装置、轻微电击，或者充其量一条狗来进行防卫就足够了，人们也不能得到正当化。”[③]

（2）在结束时点之后，属于过去的侵害，如侵害行为失败无法发生结果的、行为完全结束的或行为人已终局放弃攻击的，不得主张正当防卫。因为，正当防卫目的在于防阻不法侵害所造成的结果，如果侵害已过去，就不可能透过防卫行为来排除法益侵害的结果[④]。但是，就状态犯而言，侵害行为已经结束，但当场使用强力挽回损失的行为，是否属于正当防卫？一种观点认为，急迫性的结束时点应与犯罪既遂的时点一致。以盗窃罪而言，根据通说（即取得说）的观点，盗窃犯只要将小型的物品拿到手，盗窃罪就已经既

① Roxin C. Strafrecht Allgemeiner Teil Band Ⅰ. Verlag C. H. Beck，2006，4. Aufl.，S. 666.

② 〔日〕大谷实：《刑法讲义总论》（新版第二版），黎宏译，中国人民大学出版社，2008 年，第 255 页。

③ Roxin C. Strafrecht Allgemeiner Teil Band Ⅰ. Verlag C. H. Beck，2006，4. Aufl.，S. 681.

④ 林钰雄：《新刑法总则》，中国人民大学出版社，2009 年，第 188 页。

遂。在盗窃罪成立之后，被害人在犯罪现场或附近追赶盗窃犯并夺回自己物品的行为，不是正当防卫，而是自救行为[①]。另一种观点认为，急迫性的终了时点与犯罪既遂的时点并不需要一致。对此，有的学者表述为，“既遂意味着犯罪形式的终了，而在犯罪实质的终了之前的阶段仍然存在急迫性的问题”[②]。有的学者则表述为，“应区分形式的既遂与实质的既遂（事实上的终了）”[③]。两种观点对于终了与既遂的对应关系的理解存在微妙的差别，但两者一致认为在状态犯实质终了之前，如盗窃犯最终达到确保盗窃物品这一目的实现之前的时点，侵害仍在继续，能够实施正当防卫。“在状态罪中，尽管在形式上构成行为已经结束，但是，直到实质上结束之前，这种攻击还是正在进行的。”[④]

2. 不法

所谓“不法”，就是违反法秩序，即与违法是同等意义。不法侵害就是违法侵害。违法是违反客观违法性论中作为整体的法秩序，不一定要求具备可罚的违法性[⑤]。所以，对于刑法所不处罚的法益侵害行为，仍有主张正当防卫的可能。另外，对于民法、行政法等容许的行为，当然也不得再对其进行正当防卫。

有争议的是，对紧急避险能否实行正当防卫？首先，由于《德国刑法典》将紧急避险分为“阻却违法性的紧急避险”（第 34 条）和“阻却责任的紧急避险”（第 35 条），一般认为，对于阻却责任的紧急避险，应是可以防卫的，因为该行为仍然具有违法性，只是缺乏有责性。如耶赛克、魏根特明确指出，“在合法化紧急避险[⑥]中的行为能够被合法化。因此，不存在针对紧急避险的正当防卫问题……阻却责任的紧急避险行为只不过被免责而已。阻却责任的紧急避险行为的被侵害人可对该紧急避险行为实施正当防卫”[⑦]。其次，日本刑法没有区分阻却违法的紧急避险与阻却责任的紧急避险，如果将紧急避险作为违法阻却事由，能否对紧急避险实行正当防卫？松宫孝明认为，紧急避险行为虽然阻却刑法上的违法性，但可能产生民事上的损害赔偿义务，因而可能违反民法，故可能对紧急避险实行正当防卫[⑧]。但多数人不同意这种观点。虽然作为正当防卫对象的不法侵害，不以具有刑法上的违法性为前提，但将刑法上允许的行为，作为正当防卫的对象，会导致刑法上的违法评价的矛盾。

另有争议的是，对于无责任的不法侵害能否进行正当防卫？主观的违法性论认为，法律规范所针对的是有责任能力的人，无责任能力人的行为不是违法行为，所以持否定态度。如德国学者 H. 迈尔认为，只能对有责任能力且故意的不法侵害进行正当防卫；雅科布斯认为，对于明显无责任的不法侵害不能进行正当防卫。

---

① 〔日〕大塚仁：《刑法概说（总论）》（第三版），冯军译，中国人民大学出版社，2003 年，第 323 页；〔日〕大谷实：《刑法讲义总论》（新版第二版），黎宏译，中国人民大学出版社，2008 年，第 255 页。

② 〔日〕高桥则夫：《刑法总论讲义案》，成文堂，2006 年，第 114 页。

③ 〔日〕山中敬一：《刑法总论》（第二版），成文堂，2008 年，第 452～453 页。

④ Roxin C. Strafrecht Allgemeiner Teil Band Ⅰ. Verlag C. H. Beck，2006，4. Aufl.，S. 668.

⑤ 〔日〕大谷实：《刑法讲义总论》（新版第二版），黎宏译，中国人民大学出版社，2008 年，第 256 页。

⑥ 合法化紧急避险即阻却违法性的紧急避险。

⑦ Jescheck H H，Weigend T. Lehrbuch des Strafrechts Allgemeiner Teil. Drucker & Humblot，1996，5. Aufl.，S. 355.

⑧ 〔日〕松宫孝明：《刑法总论讲义》（第四版补正版），钱叶六译，中国人民大学出版社，2013 年，第 117 页。

现在各国的通说都以客观的违法性论为基础，认为应对违法进行客观的判断。只要侵害行为客观上是违法的，就可以进行防卫，而不问侵害人是否有责，故对精神病人、幼儿的侵害行为也可以进行正当防卫；对于故意行为与过失行为都可以进行正当防卫。例如，法国学者卡斯东·斯特法尼等认为："由于行为人不负刑事责任，所以从主观上看，这种加害是正当的，但从客观上看，它却是不合法的行为，因为，主观上不负刑事责任的原因并不能抹去加害人完成的行为所具有的犯罪特征。所以，对由疯子或儿童实行的攻击行为也可以进行正当的反击。"[①]

3. 侵害

所谓"侵害"，是对他人的权利造成损害或危险的行为。至于其是故意行为引起的还是过失行为所引起的，在所不问，不作为行为引起的情况也是侵害。例如，对被要求退去而不退去者可以实施正当防卫。侵害不一定要是具有犯罪性质的行为。

除了人的行为之外，对由人饲养或者管理的动物以及其他物品造成的侵害是否允许进行正当防卫，存在对物防卫否定说、对物防卫肯定说、准正当防卫说的对立。

（1）对物防卫否定说。此说认为，侵害应限于人的行为。动物以及不被视为刑法上行为的人的举动，都不是"侵害"，所以对其的反击不是正当防卫。当然如果存在危险的话，则可能成立紧急避险。只是在动物和其他物品被作为饲养主、管理者等基于故意或者过失的犯罪行为的工具所利用时，其侵害不外乎是饲养主或者管理者自身的侵害，对其可以进行正当防卫[②]。大谷实则认为，对物的防卫，如果只能在符合紧急避险这一严格要件的时候，才能排除违法性，这明显是不均衡的[③]。即，如果将对物防卫的情况认定为紧急避险，那就意味着对动物等的侵袭所进行的反击要比对人的行为所进行的防卫受到更严格的限制，这显然不合适。

（2）对物防卫肯定说。此说认为，正当防卫中的"侵害"不仅包括侵害行为也包括侵害状态。因此，对不属于人的行为的动物侵害等也可以进行正当防卫[④]。山中敬一认为，对于肯定说而言，面临的最大难题在于，"肯定对物或动物的正当防卫，从通常的感觉来看会觉得很不可思议……正当防卫始终调整的应是人与人之间的利益冲突……而且如果将法确证的原理作为正当防卫的原理的话，对物或动物进行法的确证也是没有意义的"[⑤]。

（3）准正当防卫说。此说认为，即使是单纯自然界的事实，只要从法秩序的观点不能允许，就可以说是违法的侵害，对其进行的防卫称为对物防卫，可以比照正当防卫，看做排除违法性事由的准正当防卫说[⑥]。《日本民法典》第 720 条第 2 项中规定，为避免他人的动物引起的急迫危难而将该物损毁的场合（防御性紧急避险），不是紧急避险，而是和

---

① 〔法〕卡斯东·斯特法尼等：《法国刑法总论精义》，罗结珍译，中国政法大学出版社，1998 年，第 359 页。

② 〔日〕团藤重光：《刑法纲要总论》，创文社，1990 年，第 237 页；〔日〕福田平：《全订刑法总论》（第四版），有斐阁，2004 年，第 155 页。

③ 〔日〕大谷实：《刑法讲义总论》（新版第二版），黎宏译，中国人民大学出版社，2008 年，第 257 页。

④ 〔日〕平野龙一：《刑法总论Ⅱ》，有斐阁，1975 年，第 232 页；〔日〕前田雅英：《刑法总论讲义》（第五版），东京大学出版会，2011 年，第 373 页；〔日〕曾根威彦：《刑法总论》（第四版），弘文堂，2008 年，第 101 页。

⑤ 〔日〕山中敬一：《刑法总论》（第二版），成文堂，2008 年，第 458 页。

⑥ 〔日〕大塚仁：《刑法概说（总论）》（第三版），冯军译，中国人民大学出版社，2003 年，第 325 页。

正当防卫一样，“不负损害赔偿责任”，所以，在和民法的规定相统一的意义上，将对物防卫比照正当防卫来处理也是妥当的[①]。

从新客观违法性论的立场来看，违法性只能是与人的行为有关的问题，因而否定说是妥当的。但是在管理人有过失的场合，如果认为不能构成正当防卫，行为人就只得进行紧急避险，那么一方面其对行为人的避险要求过于苛刻，另一方面行为人还将无辜面临他人赔偿诉求的可能。所以本书赞成准正当防卫说。

对自招的侵害即被侵害者自己招来的侵害，也能够进行正当防卫吗？所谓自招防卫，是指防卫人对自己招致的不法侵害进行正当防卫的状况。如假借正当防卫的名义而侵害对方的场合，或故意、过失挑衅对方等都属于此。如果是故意地挑拨，想以正当防卫为借口侵害对方，那么属于权利的滥用，即便其完全符合正当防卫的要件，也不应认为是正当防卫[②]。

但是，也不能说因为是防卫者自招的侵害，就完全不能进行正当防卫。特别是基于过失的挑拨行为，其过失轻微时，以及预料到对方会实施轻微的反击行为而进行了挑拨，对方却实施了侵害异常重大法益的反击行为时（例如，想到对方也许会空手打过来而进行了侮辱，对方却由于激愤而用日本刀捅过来时），对其尚有允许进行正当防卫的余地。不过，正当防卫行为是不得已而实施的，这种场合应该实行比一般场合更严格的限制（例如，要求能逃走时就逃走，并且要求被侵害的法益与被防卫的法益之间存在严格的均衡）。

与自招防卫相联系的是相互斗殴。《德国刑法典》第 231 条第 1 款规定：“参与斗殴或参与由多人实施的攻击行为，如果其斗殴或攻击行为致他人死亡或重伤害的，处 3 年以下自由刑或罚金刑。”在相互斗殴时，由于相互同意他人的殴打，因而缺乏违法性，故任何一方都不是正当防卫。第二次世界大战前的日本大审院，基于“打架斗殴两败俱伤”的考虑，认为斗殴中没有正当防卫观念存在的余地，一概否认斗殴中的正当防卫[③]。但是这种做法受到了严厉的批判。第二次世界大战后，日本最高裁判所作了改正，积极地承认了斗殴中有正当防卫的情况[④]。现在的问题是，在何种范围可以承认正当防卫？日本的最高裁判所是根据行为人的主观状况来划定界限的。如果行为人对对方有积极的加害意思，就不承认有正当防卫。但理论界对此颇有异议，一般认为在两种情况下可以进行正当防卫：一是在斗殴过程中，如果一方明示且实际中止斗殴，另一方仍然进行攻击时，中止的一方可以进行正当防卫。二是在一般性斗殴过程中，一方的攻击急剧加重时，另一方可以进行正当防卫。例如，开始以赤手空拳互殴，对方突然使用杀人的凶器时，或者一方决意中止争吵并且使对方认识其中止的意思，对方依然实施侵害时，对对方的侵害能够实施正当防卫[⑤]。

---

① 〔日〕大谷实：《刑法讲义总论》（新版第二版），黎宏译，中国人民大学出版社，2008 年，第 257 页。

② 〔日〕大塚仁：《刑法概说（总论）》（第三版），冯军译，中国人民大学出版社，2003 年，第 326 页；〔日〕大谷实：《刑法讲义总论》（新版第二版），黎宏译，中国人民大学出版社，2008 年，第 265 页。

③ 日本大审院 1932 年 1 月 25 日判决，日本《大审院刑事判决录》，第 11 卷，第 1 页。

④ 日本最高裁判所 1948 年 7 月 7 日判决，日本《最高裁判所刑事判例集》，第 2 卷第 8 号，第 793 页；日本最高裁判所 1957 年 1 月 22 日判决，日本《最高裁判所刑事判例集》，第 11 卷第 1 号，第 31 页。

⑤ 〔日〕川端博：《刑法总论讲义》，成文堂，1997 年，第 339 页。

（二）防卫自己或者他人的权利的行为

1. 自己或者他人的权利

所谓“权利”，是法律保护的利益，即法益。该种法益，并不要求是法令上作为权利所特别规定的情况，也不要求是被刑法所保护的法益。不仅对自己的权利，对侵犯他人权利的行为，也能实施正当防卫。

至于他人的权利（法益），是否包含国家法益、社会法益在内？对此要分以下两种情况：

（1）对于侵害国家法益、社会法益的同时，也侵害了个人法益的，是允许进行正当防卫的，这是没有争论的。如耶赛克、魏根特认为：“国家的法益或者其他公法上的法人利益，如涉及个人利益的，可进行正当防卫。”① 例如，为了防止国家财产被盗窃或者被毁坏，允许任何人实施正当防卫；又如，允许任何目击者对露阴行为实施正当防卫，因为刑法就是为了保护个人羞耻心而规定公然猥亵罪的。

（2）对于单纯侵害国家法益、社会法益的，能否实施正当防卫，则说法不一。

第一，否定说认为，个人为了国家法益所实施的防卫行为不应包含在正当防卫的概念之中。德国多数学者持否定说。如耶赛克、魏根特指出，“对公共秩序或者整个法律秩序的侵害防卫并非由各个公民承担，而只能由国家以及国家机关行使防卫权”，“在个人权利方面，只允许为保护个人的利益而行使正当防卫权，体现了不能够为保护公共秩序或者法秩序本身而行使的立场”②。罗克辛也认为：“当每个公民在没有个人需要保护之处也允许使用暴力进行防卫时，紧急防卫给社会和平秩序带来的损害就要大于益处了。”③

在日本，持否定说的理由有：其一，正当防卫正当化根据之一是个人的自我保护原则，国家法益的保护显然不属于这种情况；其二，防卫国家、社会法益是国家的任务④；其三，私人实力的介入，反而会招致混乱，也有政治上被滥用的危险⑤；其四，从正当防卫的历史来看，它即使在个人法益中也是从生命、身体等法益逐渐扩大到一般的个人法益，不应再作扩大解释⑥。

第二，肯定说认为，在不能期待国家公共机关救助的非常紧迫的情况下，应例外地允许个人为国家利益所进行的正当防卫。如西田典之认为：“所谓‘权利’，并不需要是民法上作为正式权利所确立的‘……权’，只要是值得保护的正当利益即可，包括……私法上、公法上的权利。”⑦ 大谷实认为：“对侵害社会、国家利益的行为，也可以实施正当防卫。……但是，对国家、社会利益的保护，本来是国家、公共机关的任务，随便委托给私人或私人团体，反而可能有搅乱法律秩序的危险，所以，对保护公共利益的正当防卫，只

---

① Jescheck H H，Weigend T. Lehrbuch des Strafrechts Allgemeiner Teil. Drucker & Humblot，1996，5. Aufl.，S. 340.

② Jescheck H H，Weigend T. Lehrbuch des Strafrechts Allgemeiner Teil. Drucker & Humblot，1996，5. Aufl.，S. 336.

③ Roxin C. Strafrecht Allgemeiner Teil Band Ⅰ. Verlag C. H. Beck，2006，4. Aufl.，S. 672.

④ 〔日〕高桥则夫：《刑法总论讲义案》，成文堂，2006年，第116页。

⑤ 〔日〕浅田和茂：《刑法总论》（补正版），成文堂，2007年，第224页。

⑥ 〔日〕山中敬一：《刑法总论》（第二版），成文堂，2008年，第461页。

⑦ 〔日〕西田典之：《日本刑法总论》（第二版），王昭武、刘明祥译，法律出版社，2013年，第132页。

有在非常紧迫的场合，才例外地被许可。”[①] 大塚仁认为：“以保护国家法益为目的进行的私人防卫行为，称为国家正当防卫（Staatsnotwehr）或者国家紧急救助（Staatsnothilfe）。……在不能期待由国家公共机关进行救助的极其紧迫的场合，可以限定地承认它。”[②] 日本最高法院的判例也是持此态度的[③]。

本书认为，正当防卫的目的是保护自己或他人的法益，法益不仅包括个人的生命、身体、自由、名誉、财产等利益，而且包括建立在保护个人的利益基础之上因而可以还原为个人利益的国家利益与社会利益，因此，当国家利益或社会利益是为了保护个人的利益并且可以还原为个人利益时，才可以适用正当防卫。

2. 防卫意思

防卫行为的对象，只能是不法侵害者，对第三者进行防卫的，不可能正当化。这是没有疑问的。问题是，正当防卫的成立，是否要求防卫人具有“防卫意思”。

防卫意思是否必要，是德国、日本刑法理论一直争议的问题。在德国，以前是防卫意思不要说广为传播，现在则是防卫意思必要说占通说地位，如德国学者耶赛克、魏根特明确指出：“防卫行为，首先必须体现防卫的意思。”[④] 罗克辛在论述正当化的错误问题时，也认为应以具备“主观性正当化因素”为必要，但施彭德尔（Spendel）、博克曼（Bockelmann）则持相反的意见，他们放弃了各种主观性标准，持一种纯粹客观的不法观点。但是，自从《德国刑法典》第 22 条、第 23 条第 3 款将不能犯未遂纳入刑罚之中时，这种学说就站不住脚了[⑤]。

在日本，以前是防卫意思不要说占支配地位，但自从 1936 年大审院采取必要说的立场以来，必要说便成了有力的主张，主张不要说的人较少。但是近年来，不要说的主张成为有力说。必要说与不要说的对立，曾经是同主观主义刑法理论与客观主义刑法理论的对立相对应的，最近则可以说是同行为无价值与结果无价值的对立相对应的。

在日本，持不要说学者的理由是：①只要客观上处于正当防卫状况，便具有防卫效果，在防卫所必要的限度之内，客观上也减少、消灭了攻击者的要保护性，仅此便可直接体现违法阻却的效果；②防卫意思必要说否定过失的正当防卫，并不妥当[⑥]；③防卫行为在很多场合下，是基于本能而实施的（突然反射地实施的），如果站在必要说的立场（以防卫的意思为要件），就会显著地缩小其成立范围[⑦]；④法条中“为了防卫”这样的表述应理解为客观的要件，即侵害行为必须先于防卫行为[⑧]。防卫意思不要说是结果无价值论

---

① 〔日〕大谷实：《刑法讲义总论》（新版第二版），黎宏译，中国人民大学出版社，2008 年，第 257～258 页。

② 〔日〕大塚仁：《刑法概说（总论）》（第三版），冯军译，中国人民大学出版社，2003 年，第 328～329 页。

③ 〔日〕最高裁判所 1949 年 8 月 18 日《最高裁判所刑事判例集》第 3 卷第 9 号，第 1465 页。

④ Jescheck H H, Weigend T. Lehrbuch des Strafrechts Allgemeiner Teil, Drucker & Humblot, 1996, 5. Aufl., S. 342.

⑤ Roxin C. Strafrecht Allgemeiner Teil Band Ⅰ. Verlag C. H. Beck, 2006, 4. Aufl., S. 640～641.

⑥ 〔日〕西田典之：《日本刑法总论》（第二版），王昭武、刘明祥译，法律出版社，2013 年，第 144 页。

⑦ 〔日〕大塚仁：《刑法概说（总论）》（第三版），冯军译，中国人民大学出版社，2003 年，第 331 页。

⑧ 〔日〕平野龙一：《刑法总论Ⅱ》，有斐阁，1975 年，第 242 页；〔日〕前田雅英：《刑法总论讲义》（第五版），东京大学出版会，2011 年，第 380 页；〔日〕山中敬一：《刑法总论》（第二版），成文堂，2008 年，第 462 页；〔日〕浅田和茂：《刑法总论》（补正版），成文堂，2007 年，第 227 页；〔日〕山口厚：《刑法总论》（第二版），有斐阁，2007 年，第 124 页。

所引申出的结论，与将故意视为责任要素的立场是相通的。

持必要说者的理由是：①刑法中的行为应该由主观的要素和客观的要素来构成，对防卫行为也必须如此。防卫的意思，应该是作为违法性阻却事由的正当防卫行为中的主观的正当化要素。另外，在文理上，“为了”防卫权利之语，也可以说表示着防卫意思的必要性。②将明确出于犯罪意图而实施的、引起了行为人所预料的结果的攻击行为，也看做正当防卫的话，则会保护不法者，违反通过法的确证来维持社会秩序的正当防卫的宗旨。因此，偶然产生防卫结果的场合（偶然防卫），以防卫为借口而实现其他目的的场合（借口防卫），以及最初出于反击的目的而故意诱发侵害行为的场合（挑拨防卫），都是没有防卫的意思的行为，不应当看做正当防卫[①]。③在紧急状态下并非基于冷静判断的反击行为和出自自卫本能的反射性行动等，也不能一概认为没有防卫的意思。反击之时，带有攻击的意思和愤怒、憎恶等感情时，也是同样。因而，应该认为，所谓防卫的意思只要是意识到急迫不正的侵害并想避免它这种单纯的心理状态就够了。不过，关于无意识状态中的反击等，严格地说不是防卫行为，因而也是不可罚的。④根据上述正当防卫意思的内容，采用必要说并不否定基于过失的正当防卫[②]。

由此可见，必要说与不要说的争论主要集中在防卫意思的内容与偶然防卫上。

1）防卫意思的内容

防卫意思本来指的是保护自己或他人的权利免受不法侵害的意思。对其具体内容，刑法学界又存在认识说与目的说两种观点：

（1）认识说认为，所谓防卫的意思，是指认识到急迫不正的侵害，同时意欲避免的心理状态[③]。德国学者罗克辛指出，“对于正当化来说，原则上有这一点就足够了：行为人在客观上是在被正当化的范围内，但是在主观上是在对正当化状况的认识中行为的”，“防卫者必须在认识紧急防卫状态中进行行为”[④]。日本学者大塚仁认为：“所谓防卫的意思只要是意识到急迫不正的侵害并想避免它这种单纯的心理状态就够了。”[⑤] 野村稔认为，“防卫的意思，是对于作为反击行为状况的‘急迫不正的侵害’的认识。只要存在这种认识，即使还存在激愤、攻击等其他的动机和目的，同样可以肯定防卫的意思”[⑥]。团藤重光、庄子邦雄、福田平、曾根威彦等也持此说。

（2）目的说则认为，所谓防卫的意思，不仅要认识到存在急迫不正的侵害，而且要将防卫作为其行为的动机、目的。如草野豹一郎提出，正当防卫“要出于防卫自己或他人的权利之目的。所以缺乏此目的时，不成立正当防卫”[⑦]。山中敬一对此作了进一步的展开，“以对正当防卫状况的认识为前提，并要求在这一认识中增加防卫的目的、动机，就是目的说”[⑧]。

① 〔日〕大谷实：《刑法讲义总论》（新版第二版），黎宏译，中国人民大学出版社，2008年，第261页。
② 〔日〕大塚仁：《刑法概说（总论）》（第三版），冯军译，中国人民大学出版社，2003年，第331～332页。
③ 〔日〕大谷实：《刑法讲义总论》（新版第二版），黎宏译，中国人民大学出版社，2008年，第262页。
④ Roxin C. Strafrecht Allgemeiner Teil Band Ⅰ. Verlag C. H. Beck，2006，4. Aufl.，S. 641，719.
⑤ 〔日〕大塚仁：《刑法概说（总论）》（第三版），冯军译，中国人民大学出版社，2003年，第331页。
⑥ 〔日〕野村稔：《刑法总论》，全理其、何力译，法律出版社，2001年，第229页。
⑦ 〔日〕草野豹一郎：《刑法要论》，有斐阁，1956年，第61页。
⑧ 〔日〕山中敬一：《刑法总论》（第二版），成文堂，2008年，第466页。

采取防卫意思必要说的学者现在多认为防卫意思指的就是防卫认识[①]。这是因为，如果将防卫意思理解为防卫目的，那么在狼狈、惊愕、激愤、兴奋等情况下实施的反击行为就不具有积极的“为了防卫”的动机，因而不具有防卫意思。但这显然缩小了正当防卫的成立范围。因此，防卫意思应局限于防卫认识。如罗克辛认为：“一个人以一种符合第32条（德国刑法典）的方式打倒了一名攻击者，即使促使他这样做的不是防卫的目的而是处于愤怒的情况之下，也是被正当化的；一个人在适当的紧急帮助中伤害了一名攻击者，他的行为就是合法的，即使对他来说，重要的并不是保护被害人，而是教训一下攻击者。”[②]这样看来，由于实践中多数防卫者都认识到了防卫状况（除了后述的实际上罕见的偶然防卫），因此防卫意思必要说与不要说实际上并没有太大的区别。

对于防卫意思与攻击意思并存的情况，理论上一般认为不能就此认定不具有正当防卫所要求的防卫意思。如果与攻击的意思相比，防卫的意思处于优越的支配地位，那么仍然应认为具有防卫意思；如果攻击的意思占据优越地位，则否定行为的正当性[③]。

2）偶然防卫

所谓偶然防卫，就是行为人的行为与其意思无关，偶然满足了正当防卫的客观要件的场合。例如，甲以杀乙的目的开了枪，此时，乙也想杀甲，正在用枪瞄准甲，甲早一刻开枪，保护了自己的生命。甲的行为在客观上都满足了正当防卫的要件，但主观上只有攻击的意思而没有防卫的意思，那么，甲的行为能够认定为正当防卫吗？对此，主张防卫意思必要说与不要说理论的学者之间存在多种观点：

从防卫意思不要说的立场来看，偶然防卫，不仅客观上存在不法侵害的事实，也有防卫行为与防卫效果，成立正当防卫。该说内部也有两种主张：第一种观点认为，偶然防卫可以使行为完全正当化，包括结果发生的危险性在内也予以正当化，行为人无罪。持这种观点的学者有的是基于传统的客观的违法性论的立场而主张防卫意思不要说[④]；有的则是基于彻底的结果无价值论的立场而主张防卫意思不要说[⑤]。第二种观点认为，偶然防卫确实缺少结果的无价值，但仍存在结果发生的危险，所以，行为成立未遂犯[⑥]。这是基于结果无价值论的立场，认为具有法益侵害的危险。

从防卫意思必要说的立场来看，偶然防卫欠缺防卫意思，因此不具备正当防卫的条件，不成立正当防卫。该说内部又有两种主张：第一种观点认为，既然没有防卫的意思，

---

① 〔日〕大塚仁：《刑法概说（总论）》（第三版），冯军译，中国人民大学出版社，2003年，第331页。

② Roxin C. Strafrecht Allgemeiner Teil Band Ⅰ. Verlag C. H. Beck，2006，4. Aufl.，S. 641.

③ 〔日〕庄子邦雄：《刑法总论》（第三版），青林书院新社，1996年，第240页。

④ 〔日〕香川达夫：《刑法讲义总论》，成文堂，1995年，第164页；〔日〕植松正：《再订刑法概论Ⅰ（总论）》，劲草书房，1974年，第167页。

⑤ 〔日〕中山研一：《刑法总论》，成文堂，1982年，第281页；〔日〕前田雅英：《刑法总论讲义》（第五版），东京大学出版会，2011年，第381页；〔日〕山口厚：《刑法总论》（第二版），有斐阁，2007年，第124页（但山口厚一方面认为，基于结果无价值论的立场，防卫意思不是正当防卫的要件，偶然防卫成立正当防卫；另一方面又认为，在并非是基于正当防卫而实现构成要件的场合，有理解为成立未遂犯的余地）。

⑥ 〔日〕西田典之：《日本刑法总论》（第二版），王昭武、刘明祥译，法律出版社，2013年，第144页。

以犯罪的意思引起了法益侵害，对发生的结果，就应成立该犯罪的既遂犯[①]，这是德国、日本的多数说，一般而言，这种观点是立足于二元论的立场；第二种观点认为，偶然防卫的情况，虽然存在着行为本身的违法性，但欠缺结果的违法性，所以可以考虑准用该犯罪的未遂规定[②]，这种观点是将行为无价值与结果无价值分开来评价。"这样独立地只评价行为无价值，是不妥当的。"[③] 罗克辛认为："一种举止行为，只有在行为无价值和结果无价值同样都被取消时，才能是合法的。"[④] 大谷实也认为："由于排除违法性的对象是符合构成要件的事实整体，将行为和结果分开评价是不妥当的。"[⑤] 我们赞成防卫意思必要说中的第一种观点，偶然防卫与普通防卫具有完全相同的性质，如果已经发生结果，就应该以既遂犯处理。

（三）防卫的必要性与相当性

1. 防卫的必要性

所谓防卫的必要性，是指防卫行为是排除侵害所必要的行为。与紧急避险中的补充性要件不同，它不以行为人没有其他办法为必要[⑥]。对于不法侵害，行为人即使可以采取躲避等其他方法但不躲避而实施反击的，也符合防卫的必要性。

2. 防卫的相当性

所谓防卫的相当性，意味着并非只要行为是防卫所必要的行为就是法律所允许的行为，而必须在相当的程度范围之内。

相当性的判断对象是防卫行为还是防卫结果，理论上有不同看法。有的学者强调行为本身的价值，认为正当防卫中的防卫人是以法秩序的代理人身份实施行为，所以应以行为的形态作为判断的对象；有的学者则认为应以结果作为对象，将侵害者法益的要保护性和被侵害者法益的要保护性进行利益衡量[⑦]。

多数学者认为应将上述两方面内容结合起来，即一方面要考虑法益的相对的权衡，另一方面，需要考虑防卫手段的相当性[⑧]。具体如下：

（1）相对的法益均衡。相当性首先意味着防卫行为所保护的法益与所侵害的法益没有明显失衡。与紧急避险不同，正当防卫对侵害人所造成的侵害即使超过所保护的法益也可以被正当化。但这种正当化不是无限制的，仍然需要考虑法益之间的平衡。当然，正当防卫是在"不正"对"正"的关系上成立的，因此，反击行为的结果，偶尔超过被侵害的利益时，也成立正当防卫[⑨]。例如，在电车站台上被喝醉酒的男性纠缠的女性，为了躲避而

---

① 〔日〕大塚仁：《刑法概说（总论）》（第三版），冯军译，中国人民大学出版社，2003 年，第 332 页；〔日〕大谷实：《刑法讲义总论》（新版第二版），黎宏译，中国人民大学出版社，2008 年，第 262 页。

② 〔日〕野村稔：《刑法总论》，全理其、何力译，法律出版社，2001 年，第 229 页。

③ 〔日〕大塚仁：《刑法概说（总论）》（第三版），冯军译，中国人民大学出版社，2003 年，第 332 页。

④ Roxin C. Strafrecht Allgemeiner Teil Band Ⅰ. Verlag C. H. Beck，2006，4. Aufl.，S. 321.

⑤ 〔日〕大谷实：《刑法讲义总论》（新版第二版），黎宏译，中国人民大学出版社，2008 年，第 262 页。

⑥ 〔日〕大塚仁：《刑法概说（总论）》（第三版），冯军译，中国人民大学出版社，2003 年，第 333 页。

⑦ 〔日〕高桥则夫：《刑法总论讲义案》，成文堂，2006 年，第 119 页。

⑧ 〔日〕中山研一：《口述刑法总论》，成文堂，2005 年，第 150 页；〔日〕前田雅英：《刑法总论讲义》（第五版），东京大学出版会，2011 年，第 358～386 页。

⑨ 〔日〕大谷实：《刑法讲义总论》（新版第二版），黎宏译，中国人民大学出版社，2008 年，第 260 页。

撞了男性的身体，该男性摇摇晃晃地后退并从站台摔落到电车线路上，被开过来的电车车身轧死。日本法院肯定该女性的行为为正当防卫①。

（2）行为的相当性。行为的相当性是指防卫手段的危险性与侵害手段的危险性大致相当。它的判断实质上与“防卫手段的必要最小限度性”的判断相重合。例如，对于使用木棍的攻击以猎枪反击，就不具有防卫行为的相当性。不过，在实际的司法判决中，往往不是从形式上把握，而是根据实质上进行判断。例如，双方因停车的问题产生纠纷，年轻力壮的一方欲徒手殴打对方，对方迫不得已从车内取出菜刀加以威胁。日本最高法院认为，该威胁行为始终是一种防御性行为，具有相当性②。

3. 必要性与相当性的关系

对于防卫行为的必要性与相当性的关系，近年来有学者认为，成立正当防卫只需要必要性的要件，而不需要相当性这一要件。其主要理由有：第一，从德国、日本刑法的立法沿革看，相当性不是正当防卫的要件，德国刑法明文规定正当防卫应当是“必要的防卫”，而日本刑法规定正当防卫是“不得已所采取的行为”。第二，根据“相当性”要件来对正当防卫进行限制，主要适用于保护法益与侵害法益欠缺大致均衡的情况。对此之外的挑拨防卫以及无责任的攻击等需要限制防卫行为的情况，如果要用“相当性”加以说明的话，相当性要件的内容就会相当空虚和不明确。第三，在正当化事由的一般根据的问题上采用目的说或社会相当说的学者认为，相当性属于正当防卫的要件还比较容易让人理解。但如果采用利益衡量说等其他学说，就难以说明自己基于何种理由认为相当性要件包括“行为样态的相当性”这一内容。换言之，将相当性作为正当防卫的要件与利益衡量原理相矛盾③。

对这种观点，多数学者认为如果不将相当性作为正当防卫的要件，那么就无法在法益显著不均衡的情况下限制正当防卫的成立，其结论不妥当。有学者指出，必要性和相当性要件是从正当防卫的合法性根据中分别推导出来的。“必要性要件也具有限定机能，这是从正当防卫的第一个违法阻却根据‘自己保护原则’中衍生出来的……相当性要件所进行的限定，是从正当防卫的第二个违法阻却根据‘法秩序保护原则’中衍生出来的”，从而强调必要性要件的限定机能④。

三、防卫过当⑤

（一）防卫过当的概念及要件

1. 概念

防卫过当是指防卫行为超越了防卫的必要性或相当性。日本学者大谷实认为：“所谓

---

① 〔日〕桥爪隆：《日本正当防卫制度若干问题分析》，江溯、李向阳译，《武陵学刊》，2011年第4期，第98页。

② 〔日〕最高裁判所1989年11月13日《最高裁判所刑事判例集》，第43卷第10号，第823页。

③ 〔日〕山中敬一：《刑法总论》（第二版），成文堂，2008年，第482页。

④ 〔日〕高桥则夫：《刑法总论讲义案》，成文堂，2006年，第118页。

⑤ “防卫过当”、“假想防卫与假想防卫过当”、“防卫行为与第三者”、“避险过当与假想避险”不仅是减轻违法性程度的事由，也可能减轻乃至免除责任，因而，有关内容应纳入第十章“责任”之第五节“免除、减轻责任事由”部分讨论；但考虑到本书的教材性质，将上述内容置于“正当防卫”、“紧急避险”之后论述，更能体现知识的连贯性，更有利于比较相关概念，故在本章讨论上述问题。

防卫过当，是指对紧急不法的侵害，出于防卫的意思而实施了反击行为，但该反击行为超出了防卫限度的场合。”[①] 防卫过当因不符合正当防卫中的必要性或者相当性而成立，主要表现为手段的明显不均衡与结果的明显不均衡。

对防卫行为是否超过必要、相当的程度的判断基准，是有争议的。一种观点认为，应当以防卫人的主观判断为基准，即只要防卫人认为自己的防卫是必要的、相当的，就没有过当。但通说则认为，防卫是否过当的判断是一种客观的判断，与防卫人自身的判断没有关系。这种客观的判断，必须考虑防卫人与侵害人的年龄、性别、体力的差异、力量的差别、攻击的缓急程度、法益的比较等，根据具体情况作出综合判断。

2. 要件

防卫过当的成立，必须具备以下要件：第一，必须具有正当防卫状况（即急迫不法侵害）。如果没有正当防卫前提状况的存在，那么就不成立正当防卫，也当然不成立防卫过当。第二，必须防卫行为（或结果）存在质或者量的显著过剩。第三，需要有对正当防卫状况（急迫不法侵害）的认识。与正当防卫不同，为了承认防卫过当中责任的减少，防卫认识是不可或缺的。第四，对于过当需要行为人具有故意或者过失。防卫过当通常是故意犯罪，但也存在过失防卫过当的情形。

（二）防卫过当的类型

防卫过当可以分为质的过当与量的过当、故意的过当与过失的过当。

1. 质的过当与量的过当

质的过当，亦称强度的过当，是指反击行为超过防卫的必要性和相当性程度的情况。例如，对用木板打来的人，用匕首将其杀害；74岁的老父亲用棒子打来的时候，意识到是棍棒一样的东西但没有想到是斧头而抓到手上，朝老人的头部乱砍致对方死亡的场合，就属于此。量的过当，亦称范围的过当，是指不法侵害人的侵害行为结束之后仍然继续反击的情况。例如，最初一下子就将对方击倒在地，之后，因为害怕又用刀将对方砍了数下，致其死亡的情况。

量的过当是否属于防卫过当的一种类型，理论上有不同看法。德国学者一般持否定态度，认为既然侵害人还没有开始实施侵害行为或者停止了侵害，就表明不存在急迫的不法侵害，因而不存在超过防卫程度的问题，不可能成立防卫过当。例如，德国曾有这样的案例：被告人与妻子的父亲和哥哥发生争吵，父亲用拳头殴打被告人的后脑部，哥哥用刀袭击被告人，于是被告人掏出枪，父亲便逃走了，尽管如此，被告人仍然连开四枪，其中一枪打中哥哥的大腿使之负伤，另一枪将妻子打死。法院判决指出：“被告人对其兄开枪时，存在正当防卫的状况，但开枪打伤其兄的大腿后，就不存在正当防卫的状况。因此，后面的开枪行为不是……防卫过当行为。”[②] 日本判例的立场是将侵害终了前后的行为作为一连串的行为从整体上加以把握，从而肯定防卫过当的成立[③]。由此，日本通说也认为量的过当中，“虽然已经不存在正当防卫的状况，但如果防卫者的行为与已终了的攻击存在着

---

① 〔日〕大谷实：《刑法讲义总论》（新版第二版），黎宏译，中国人民大学出版社，2008年，第266页。

② 〔日〕堀内捷三、町野朔、西田典之：《判例によるドイツ刑法（总论）》，良书普及会，1988年，第83页。

③ 〔日〕最高裁判所1959年2月5日《最高裁判所刑事判例集》，第13卷第1号，第1页。

直接的时间上的接续关系，可看做一连串的行为，则属于防卫过当。如果明显属于另一个行为的话，则不是范围的过当的问题了”[①]。

2. 故意的过当与过失的过当

所谓故意的过当，是指行为人对自己的行为超出防卫的限度这一事实有认识的情况。例如，认识到对方是赤手空拳打来而用日本刀进行反击。所谓过失的过当，是指行为人因不注意而欠缺该种认识的情况。例如，本想用木棍反击但是没想到手里拿的是斧头。对于故意的防卫过当的场合，成立故意犯，这是没有疑问的。但对过失的防卫过当是成立故意犯罪还是过失犯罪？学者们对此则有不同见解：有的学者认为，这种情况是所谓的假想防卫，阻却故意的成立[②]。另有学者则认为，“即便在过失的防卫过当的场合，行为人毫无疑问对符合构成要件的事实有认识，所以，应当说，在认识的范围内成立故意犯，适用防卫过当的规定”[③]。

（三）防卫过当的减免刑罚依据

对于防卫过当，一般根据其情节减轻或者免除处罚。关于减免的理由，存在不同的学说。

(1) 违法减少说认为，虽然防卫过当没有完全满足正当防卫的条件，但毕竟不同于一般的法益侵害行为，它是指向不法侵害的防卫行为，所以违法性减少了[④]。违法减少说虽然能说明对防卫过当的减轻处罚，但不能说明对防卫过当的免除处罚。

(2) 责任减少说认为，由于防卫过当不是正当防卫，因此不存在违法性阻却事由，也即具有违法性，但由于防卫过当是在紧急状况下由于恐怖、惊愕、狼狈、兴奋等“心理的例外状况”而导致的过当，因此其非难可能性减少[⑤]。也就是说，防卫过当的违法性与一般犯罪没有区别，只是责任不同。如果彻底坚持责任减少说，就重视主观上陷入紧急状态的事实，即使客观上不存在紧迫的不法侵害，只要行为人认为存在紧迫状态，就可以减免刑罚；反之，如果以积极的意思造成过当结果，则不认为责任减少，即使存在紧迫的不法侵害，也不能减免刑罚。可见，这也是不妥的。

(3) 违法、责任减少说认为，防卫过当在反击急迫不法侵害的限度范围内违法性得到减少，而它又是由于恐怖、惊愕、狼狈、兴奋而导致的过当，因此责任也相应减少[⑥]。即便是在防卫过当之中，法的确认效果也并未被全面否定，因此，不能否定其具有减少违法性的一面，另外，对紧迫不法的侵害进行反击的人在心理上的动摇也必须加以考虑，因此，违法、责任减少说妥当[⑦]。

(4) 可罚的责任减少说认为，在“由于违法减少导致的责任减少”、“期待可能性的减

① 〔日〕山中敬一：《刑法总论》（第二版），成文堂，2008年，第494页。

② 〔日〕平野龙一：《过失的防卫过当》，《警察研究》，1974年第42卷第7号，第113页。

③ 〔日〕大谷实：《刑法讲义总论》（新版第二版），黎宏译，中国人民大学出版社，2008年，第267～268页。

④ 〔日〕町野朔：《假想防卫·防卫过当》，《警察研究》，1976年第50卷第9号，第46页。

⑤ 〔日〕平野龙一：《刑法总论Ⅱ》，有斐阁，1975年，第245页；〔日〕佐伯千仞《刑法讲义（总论）》，有斐阁，1981年，第204页。

⑥ 〔日〕大塚仁：《刑法概说（总论）》（第三版），冯军译，中国人民大学出版社，2003年，第335页。

⑦ 〔日〕大谷实：《刑法讲义总论》（新版第二版），黎宏译，中国人民大学出版社，2008年，第266页。

少”等之外还须考虑“处罚必要性的减少”。具体而言，防卫过当的行为人认识到了不法侵害的存在，因而具有法确证的动机，这种动机在进行可罚的责任判断时必须加以考虑。因而从特殊预防的角度看，对防卫过当的行为人进行处罚的必要性减少。从一般预防的角度看，防卫过当是在心理的动摇状况下基于人性的弱点而实施的行为，他人一般不会模仿，因而一般预防的必要性也减少。同时，处罚防卫过当的行为人以达到平息社会舆论的必要性也不大。因此，非难可能性与处罚必要性的减少导致期待可能性的减少进而导致可罚的责任减少。至于为什么不将自己的观点称为可罚的责任、违法减少说，论者认为，违法性减少与责任减少是相互联系的，违法性减少可以在责任减少中加以说明①。

四、假想防卫与假想防卫过当

（一）假想防卫

假想防卫，是指客观上不具备正当防卫的要件，但防卫人误以为具备正当防卫条件的情形。假想防卫的一种情形是，客观上不存在紧迫的不法侵害，但行为人误认为存在这种侵害，进而实施正当防卫，即对正当防卫状况的误认；假想防卫的另一种情形是，防卫行为超过了防卫限度，但防卫人误以为没有超过防卫限度，或者防卫人误以为防卫的手段相当，但实际并不相当，即对防卫行为的误认。

1. 对正当防卫状况的误认

这是典型的假想防卫的情况。例如，甲出于开玩笑的心理，躲在暗处手持一本杂志在其朋友乙经过时突然跳出来吓唬他。乙误认为遭遇歹徒猛击甲头部致使其受伤。对于这种假想防卫应如何处理，理论上有不同意见。

（1）认为假想防卫是事实错误或独特的错误，排除故意；在该错误方面具有故意的时候，就成立过失犯的见解②。

（2）即便在假想防卫之中，行为人的意思也指向引起构成要件结果，即行为人也面临着规范的问题，因此，假想防卫是违法性错误，不排除故意的见解②。

对于没有过失的假想防卫，一种观点认为，只要有合理的理由，应当认为是正当防卫（野村稔）；但另一种观点认为，没有过失的假想防卫不符合正当防卫的要件，不应该看做排除故意的情况，最多只能考虑为减免违法性或责任的情况。

2. 对防卫行为的误认

这又包括两种情况：第一，实际上存在急迫不法的侵害，但行为人对过当事实没有认识。例如，甲夜间醉酒后闯入乙的住宅，用铁制火钳向乙捅来时，乙按住了甲，等警察到来时，因为乙压迫甲颈部已经导致甲窒息身亡。日本盛冈地方裁判所认为，“打算实施与防卫相当的行为，但因为错误而超出了相当性程度，这无外乎所谓的对防卫行为的误认。与误认为存在急迫不正的侵害事实一样，在理论上被作为假想防卫的一种类型加以论述”，从而否定故意责任③。第二，实际上不存在急迫不法的侵害，行为人对过当事实没有认

① 〔日〕山中敬一：《刑法总论》（第二版），成文堂，2008年，第498页。
② 〔日〕大谷实：《刑法讲义总论》（新版第二版），黎宏译，中国人民大学出版社，2008年，第269页。
③ 〔日〕盛冈地方裁判所1961年3月1日《下级裁判所判例集》，第3卷第3、4合并号，第252页。

识。上述判例中假设被告人对急迫不法的侵害也发生误认，那么就属于这种情况。实际上，这两种情况也都存在防卫过当的问题。

“对防卫行为的误认”是否属于假想防卫，理论上存在不同的看法。有学者认为这属于“过失的防卫过当”。过失的防卫过当具有违法性减少的性质，而假想防卫不具有违法性减少的性质，因此，“对防卫行为的误认”不应当作为“假想防卫”的问题加以处理①。

（二）假想防卫过当

假想防卫与防卫过当竞合的场合，叫做假想防卫过当，即本来不存在急迫不正的侵害却误以为存在而实施了防卫行为，且对于假想的侵害的防卫也是过当的。在这种场合，一方面，客观上并不存在急迫不正的侵害，却误以为存在，进而实施了所谓的防卫行为，属于假想防卫；另一方面，该“防卫”行为在程度上超过了必要的限度，与防卫过当有关。日本曾经有这样的案例：甲的长男乙，对没有开始实施侵害行为的丙用链条进行殴打，也没有停止的意思，在乙与手上握着菜刀的丙对峙之际，听见乙的叫声而跑来的甲，不知真相，误认为乙受到丙的攻击，为了排除侵害，开枪射击，丙负重伤。甲的行为被认为是假想防卫过当②。

假想防卫过当，从防卫行为的过当性角度考虑，还可以分为具有过当性的认识和没有过当性认识两种情况。在后者的场合，存在对于急迫不正的侵害的误认，以及对于防卫程度的误认。相对于此，在前者的场合，只存在对于急迫不正的侵害的误认，而不存在对于防卫程度的误认③。

关于假想防卫过当的情况下是否阻却故意，存在三种学说：

(1) 故意犯说认为，对于所发生的事实成立故意犯，在不能回避错误的场合，排除责任。但批评者认为，如果对防卫行为欠缺相当性真有认识，当然不应当阻却故意的成立。但误认为自己的行为是相当的而实际上实施了超出相当性的行为，则应当认为阻却故意④。

(2) 过失犯说认为，对于所发生的事实具有过失的场合，成立过失犯。批评者认为，如果行为人对于过当的事实没有认识，那么当然应当认为全部行为构成过失犯。但如果行为人对于过当的事实有认识，即对作为违法性基础的事实有认识，那就无法否认故意犯的成立。此外，一般的防卫过当中行为人如果对过当事实有认识就成立故意犯，如果假想防卫过当反而不成立故意犯罪，两相对比就会显失均衡①。

(3) 二元说认为，对于过当事实没有认识的场合，就排除故意；对于过当事实有认识的场合，就不排除故意⑤。假想防卫过当存在故意犯的类型与过失犯的类型。行为人认识到行为超出防卫的程度的，是“故意的假想防卫过当”。行为人没有认识到行为超出防卫程度的，是“过失的假想防卫过当”。二分说是现在德国、日本的通说。

---

① 〔日〕曾根威彦：《刑法的重要问题（总论）》（第二版），成文堂，2005年，第116页。

② 〔日〕大谷实：《刑法讲义总论》（新版第二版），黎宏译，中国人民大学出版社，2008年，第270页。

③ 〔日〕野村稔：《刑法总论》，全理其、何力译，法律出版社，2001年，第241页。

④ 〔日〕町野朔：《假想防卫·防卫过当》，《警察研究》，1976年第50卷第9号，第46页。

⑤ 〔日〕大谷实：《刑法讲义总论》（新版第二版），黎宏译，中国人民大学出版社，2008年，第268页。

由于学者们对防卫过当减免刑罚的根据理解不同，因而对假想防卫过当能否减免刑罚的认识也不尽相同。

（1）违法减少说。此说认为，假想防卫过当中由于客观上不存在急迫不法的侵害，所以违法性不会减少，因此不能进行刑罚的减免。

（2）责任减少说。此说认为，责任减少的根据在于行为人由于恐怖、惊愕、狼狈、兴奋等心理的例外状况而导致非难可能性减少，具有认可当做防卫过当而减免刑罚的余地。因此，即使客观上不存在急迫不正的侵害，但如果行为人的心理状态发生了与实际存在急迫不法侵害同样的动摇，那么作为防卫过当就有减免刑罚的余地。而且，由于在责任减少的层面上急迫不法侵害的存在与否并非问题所在，所以可以直接适用刑法关于防卫过当减免刑罚的规定。

（3）违法、责任减少说。此说认为，防卫过当刑罚减免的根据在于违法减少与责任减少。具体到假想防卫过当又分为两种不同观点。

一种观点认为，刑罚减免的核心在于责任减少。假想防卫过当中，由于违法性没有减少，所以不能直接适用刑法关于防卫过当刑罚减免的规定，但由于存在责任的减少，可准用（日本）刑法第 32 条第 2 款①。但由于缺乏违法性的减少，因此不应当免除刑罚，只能够减轻刑罚②。

另一种观点重视假想防卫过当中违法性没有减少这一事实，重视与单纯的假想防卫之间的均衡，从而认为假想防卫过当不能准用防卫过当减免刑罚的规定，而只能通过一般的期待可能性理论来认可责任的减少与阻却③。

（4）可罚的责任减少说。此说认为，假想防卫过当可以准用刑法关于防卫过当减免刑罚的规定。因为此时非难可能性减少，处罚的必要性低下。而且，考虑到缺乏违法性减少的事实，所以不应当承认刑罚的免除。同时，为了避免处罚的不均衡，还必须考虑与假想防卫之间的平衡，即假想防卫过当不应当比单纯的假想防卫刑罚更轻④。

五、防卫行为与第三者

防卫行为必须是针对侵害者所实施的反击，如果因为该反击而导致第三人的利益受侵害，那么应该如何处理？一般而言，其可以分为以下四种情形。

（一）防卫行为的结果发生于第三者

对于正在进行的不法侵害，被侵害者为了防卫而反击，却意外击中了第三人或第三人之物的情况。例如，A 拿刀杀 X，X 为了防卫而向 A 开枪，但是没有打中 A，而是打中了 A 旁边的 B，使 B 身负重伤；或者既打中了 A 也打中了 B，使两人都负伤。关于这种情况，学说上有下列不同的见解。

（1）正当防卫说认为，正当防卫行为是权利行为，是保护法秩序所必需的行为。只要

---

① 〔日〕内藤谦：《刑法讲义总论》（中），有斐阁，1986 年，第 379 页。
② 〔日〕前田雅英：《刑法总论讲义》（第五版），东京大学出版会，2011 年，第 442 页。
③ 〔日〕曾根威彦：《刑法的重要问题（总论）》（第二版），成文堂，2005 年，第 122 页。
④ 〔日〕山中敬一：《刑法总论》（第二版），成文堂，2008 年，第 504 页。

防卫人为避免侵害第三者的权利作了充分的考虑，即使最终结果发生于第三者身上，也不是违法行为[①]。按照这种观点，上例中X的行为对A是正当防卫，对B而言，由于原本也是基于正当防卫所产生的行为，因而也不失合法性。

此说的问题在于，正当防卫的防卫行为的对象是针对侵害者，但是第三人并没有任何不正当的侵害，如果将附随的第三人的正当利益也包含在正当防卫内而加以思考，那么是不妥当的[②]。

(2) 假想防卫说认为，防卫行为对第三者造成损害是假想防卫的问题。其中，有学者认为，在这种情况下，实际上存在着急迫的不法侵害，而且行为也在防卫的相当性范围之内，只是由于错误而对其他对象造成了损害结果，这是假想防卫的一种。其中既有对象的错误，也有方法的错误；行为人主观上可能有过失，也有可能没有过失而成为紧急避险的问题[③]。而有学者则认为，由于这种行为属于假想防卫，所以排除防卫者的故意责任[④]。

此说问题在于，防卫人虽然对于第三人有过错，可以成立假象防卫，但是，尽管是作为正当防卫来实施的，结果该行为却成了违法行为，所以这也是不妥当的。

(3) 紧急避险说认为，正当防卫是对急迫的不法侵害行为的反击，如果反击行为的结果发生于第三者身上，那么就不属于对不法侵害的反击，不是正当防卫，相反符合紧急避险的条件，应成立紧急避险。此说在日本是多数说，牧野英一、植松正、团藤重光、福田平、大塚仁、大谷实等学者都持这种观点。

此说问题在于，紧急避险的避险行为人是处在自己承受危难或者牺牲第三人的正当利益，此二者择一的情况，因正当防卫而侵害第三人的利益是，行为人与第三人之间，并没有前述的关系。

(4) 违法性说认为，对第三者法益的侵害既没有起到保护法益的作用，也不存在或者忍受现在的危险、或者牺牲第三者法益的二者择一的关系，更没有带来避险的效果，因而不属于正当防卫或紧急避险，原则上具有违法性。然而并非因此具有有责性（责任）而成立犯罪，还须视情况是否具有故意或过失，或者是否具有合法行为的期待可能性，来决定是否具有有责性而成立犯罪[⑤]。

（二）侵害者利用第三者之物

在防卫人对不法侵害者利用第三者之物实施急迫不正的侵害，成立正当防卫的场合，对无辜的第三者的所有物造成损害的行为也能被正当化吗？例如，A利用B的日本刀进行攻击，X进行防卫，用铁棒将日本刀击折。

对于这种情况，学术界都认为应当予以正当化，但其理由各不相同，存在紧急避险说与正当防卫说的对立。

(1) 正当防卫说认为，在这种场合下，B的所有物日本刀，是在A的支配下，作为A

① 〔日〕中野次雄：《刑法总论概要》，成文堂，1992年，第193页。

② 〔日〕大谷实：《刑法讲义总论》（新版第二版），黎宏译，中国人民大学出版社，2008年，第258页。

③ 〔日〕团藤重光：《刑法纲要总论》，创文社，1990年，第242页。

④ 〔日〕前田雅英：《刑法总论讲义》（第五版），东京大学出版会，2011年，第374页。

⑤ 〔日〕奥村正雄：《防卫行为与第三者的法益侵害》，《现代刑事法》，2003年第12号，第44页。

的侵害手段而成为不正侵害的一部分，X的防卫行为应当看做是对A的侵害本身的反击。而且B的所有物被利用，是侵害者A的问题，而不是反击者X的问题，所以没有理由认为对B之物只能紧急避险，忍受法益均衡程度的限制[①]。此说是日本通说。德国学者罗克辛也认为，在一个人把他人的物品当做攻击的手段加以利用时，由于该物品与攻击者本人形成了一个整体，所以即使物品被损坏了，该人的行为也应当通过正当防卫被正当化[②]。

（2）紧急避险说认为，既然防卫行为是针对不法侵害的反击行为，那么，其对象就应当限定为侵害者的法益。第三者并没有实施不法侵害行为，所以其法益也是正当的，防卫人与第三者的关系是"正对正"的关系，因而只能成立紧急避险[③]。在以上案例中，第三者B自身的所有物日本刀被人擅自利用，本人并未实施违法行为，因此，在与B的关系上，是正对正的关系，具备紧急避险的构造。

（三）侵害人利用第三者之人身

这是指侵害人使用第三者之人身作为工具攻击他人的情况。例如，A突然将B推出去撞击X意图使X受伤，X在不得已的情况下推开B导致B受伤的情况即是如此。此时，不法侵害人是利用无过失行为或欠缺行为性的他人的身体动作实施侵害，是一种典型的间接正犯形态。

此类型与前一类型有相似之处，即都是侵害人利用第三者来实施侵害行为。但前一类型是利用第三者之物，此类型是利用第三者的人身，人身权利自然重于财产权利。因此，是否需要作出与前一类型不同的处理，就成为一个需要探讨的问题。

（1）紧急避险说认为，本类型的情况也应当成立紧急避险。因为第三者并非有意识地实施不法侵害，他的举动欠缺行为性，其法益是正当的，防卫人与第三者的关系是"正对正"的关系，因而成立紧急避险。而且，这些学者认为，采用紧急避险说更有利于保护第三者的人身权利。因为紧急避险要求行为人在不得已的情况下才能实施，如果有其他可以避免危险的方法，如有条件逃跑或直接对抗危险实施正当防卫时，则不允许进行紧急避险，这就能充分地保护第三者的人身免受不应有的伤害。

（2）正当防卫说认为，在这种情况下显然第三者成为侵害人的侵害工具，侵害者是间接正犯。间接正犯同样具有实现构成要件现实危险的实行行为，被利用者的举动就是这种危险性的具体体现。"利用者的实行行为包含被利用者这一主体的行为。将利用者的行为与被利用者的行为视为完全不相容的异质的行为，将实行行为局限于一个人的身体运动的见解，缺乏对刑法中实行行为概念的规范的把握，是一种自然主义的见解。"[④]

据此，第三者被利用来进行攻击时就成为"侵害行为的一部分"，所以防卫者的反击行为属于正当防卫，第三者对防卫行为具有忍受的义务。同时，成立正当防卫受到相当性要件的限制，因而可以避免不当的结论[⑤]。

---

① 〔日〕山中敬一：《刑法总论》（第二版），成文堂，2008年，第480～481页。

② Roxin C. Strafrecht Allgemeiner Teil Band Ⅰ. Verlag C. H. Beck，2006，4. Aufl.，S. 718.

③ 〔日〕草野豹一郎：《刑法要论》，有斐阁，1956年，第60页。

④ 〔日〕西原春夫：《间接正犯的理论》，有斐阁，1962年，第207页。

⑤ 〔日〕川端博、日高义博、井田良：《正当防卫的正当化根据与成立范围》，《现代刑事法》，2003年第1号，第5页。

（四）防卫者利用第三者之物

面对急迫不正的侵害，防卫者利用第三者之物实行防卫，并且损坏了第三者之物的场合，应否成立正当防卫？例如，对于正在用铁棒砸来的A，X用旁边站着的B的日本刀进行反击，该日本刀被铁棒打断了的场合，如何评价X的行为呢？X的反击行为是正当防卫，但作为其行为的手段正好使B的利益受到了侵害，所以，X和B的关系是正对正的关系，可以说，X在对B的关系上，是用日本刀避免了正在发生的危险，所以，应当看做紧急避险①。这是日本的通说，代表学者如平野龙一、中山研一、香川达夫、大塚仁等。按照这种观点，要使X的行为在与对B的法益损害的关系上阻却违法性，就必须具备补充性的要件与法益均衡的要件，即只能在不超过由A可能引起的法益侵害的限度内侵害B的法益。超过这个限度，就成为避险过当问题②。不过，后来也有少数的学者开始对紧急避险说提出质疑，认为这种情况不是单纯的紧急避险而是正当防卫③。

对紧急避险说而言，如何解释防卫意思与避险意思的关系也成为一个问题。一般认为，紧急避险说是从防卫意思、避险意思不要说的立场推导出来的。“如果对正当防卫采用防卫意思必要说的话，对紧急避险也应采用避险意思必要说……基于防卫意思而实施的正当防卫行为，为何会变成需要避险意思的紧急避险，这不能不说存在疑问。……所以我们应当认为紧急避险说是与防卫意思、避险意思不要说联系在一起的。如果采取必要说的立场的话，这种情况下的防卫意思、避险意思就会变得有名无实。”④

不过，也有学者从防卫意思、避险意思必要说的立场出发得出紧急避险的结论。“防卫意思是以反击急迫不法的侵害、保全被侵害法益为内容的意思。避险意思则是以从正在进行的危险中保全被侵害法益而牺牲他人法益为内容的意思。防卫意思的核心是直接面对侵害，而避险意思的核心是为避免危险而侵害第三者法益……在‘避险’这一词语的日常理解中，‘为躲避危险而迁往他处’的消极的行为意味非常强烈。但刑法上的紧急避险行为则是为保全被侵害法益而实施的对第三者的积极法益侵害行为。为了保全被侵害法益和积极的法益侵害行为这两点是防卫行为与避险行为所共通的。两者决定性的差异是行为的‘方向’或‘对象’不同。”⑤

六、关于防卫行为的特别规定

《德国刑法典》第32条规定了正当防卫，并在第33条规定：“行为人由于慌乱、恐惧、惊吓而防卫过当的，不负刑事责任。”《瑞士联邦刑法典》第33条第2款规定：“正当防卫人防卫过当的，法官依自由裁量减轻刑罚。正当防卫人由于可原谅的慌乱或者惊慌失措而防卫过当的，不处罚。”《奥地利联邦共和国刑法典》第3条第2款的规定略有不同：“防卫人因慌乱、恐惧或者惊吓而超越防卫的合理限度，或者实施了显然不适当的防卫行

---

① 〔日〕大谷实：《刑法讲义总论》（新版第二版），黎宏译，中国人民大学出版社，2008年，第259页。

② 〔日〕内藤谦：《刑法讲义总论》（中），有斐阁，1986年，第382～389页。

③ 〔日〕齐藤信治：《刑法总论》，有斐阁，1995年，第189页。

④ 〔日〕内藤谦：《刑法讲义总论》（上），有斐阁，1983年，第384页。

⑤ 〔日〕川端博：《正当防卫权的再生》，成文堂，1998年，第227页。

为，如果防卫过当行为是基于过失，且该过失行为依法应受刑罚处罚的，该防卫过当始受处罚。”这是关于防卫过当的特别规定。

对于防卫过当的规定，德国刑法理论“绝大多数是根据双重的罪责减轻来得到说明的”①，即，“行为人的罪责，首先会通过心理上的压力得到减轻，然后再这样得到减轻：紧急状态的行为人不仅是损害了一种法益，而且也是保护了另一种法益。这种对法益的救援就降低了不法，因此间接地降低了罪责”②。关于“双重的罪责减轻”，耶赛克、魏根特指出：“结果不法在防卫过当的场合，被行为人所保护的利益的价值所减轻，其行为不法因正当防卫状况和救助意思而被显著抵消，因此，责任显得不一样了，原来意义上的责任不存在了，因为迷惘、恐惧或者惊愕，使得符合规范的意志形成明显地更加困难。”③

一些德国学者也对防卫过当的规定提出了不少问题，如基于这三种“虚弱的冲动”与基于“强烈的冲动”（如面对不法侵害的愤怒、狂怒、激怒）的关系；当“强烈的冲动”附加于“虚弱的冲动”之上时如何处理等。对此，耶赛克、魏根特认为：“慌乱、恐惧或者惊吓虽然必须是防卫过当的理由，且鉴于不处罚性，激情必须达到严重的程度，但是，其他的激情，如激愤、好斗、憎恶、气愤，也能够发挥作用，即使是‘虚弱的’激情起决定性作用。”④

日本与德国不同，日本在《关于盗犯等的防卫与处分的法律》中设立了关于正当防卫的特别规定。该法第1条第1款将正当防卫规定为排除违法性事由，并扩大其适用范围。根据该法第1条第1款，在以下三种场合，“为了排除对自己或者他人的生命、身体、贞操进行的现实侵害而杀伤犯人的，是刑法第36条第1款所规定的防卫行为”，即“在防止盗犯以及意图夺回被盗赃物的时候”，“在意图防止携带凶器，或者翻越损坏门窗墙壁或者撬开门锁，进入有人居住或者有人看守的宅院，建筑物或者舰船的人的时候”，“要求无故进入他人住宅或者有人看守的宅院、建筑物、舰船的人退去，或者意图使受到这样的要求，但不自上述场所退去的人离开的时候”的场合。另外，该法第1条第2款规定，即便是没有现实危险的场合，“在由于恐怖、惊愕、兴奋、狼狈而当场杀死或者杀伤犯人的时候”，不受处罚。

就该法第1款而言，尽管规定很明确，但学者间的解释仍有不同，有的认为，该规定当然应以《日本刑法典》第36条的规定为前提，因此，《日本刑法典》第36条规定的“不得已实施”也应当成为其要件⑤。也有的认为，根据该规定，不问行为是否为“不得已实施的”，都是《日本刑法典》第36条第1项规定的防卫行为，因而扩大了正当防卫的范围⑥。还有些学者主张，该规定没有使用“不得已实施”的用语，应当理解为是缓和了

---

① Roxin C. Strafrecht Allgemeiner Teil Band Ⅰ. Verlag C. H. Beck，2006，4. Aufl.，S. 993.

② Roxin C. Strafrecht Allgemeiner Teil Band Ⅰ. Verlag C. H. Beck，2006，4. Aufl.，S. 966.

③ Jescheck H H，Weigend T. Lehrbuch des Strafrechts Allgemeiner Teil. Drucker & Humblot，1996，5. Aufl.，S. 491.

④ Jescheck H H，Weigend T. Lehrbuch des Strafrechts Allgemeiner Teil. Drucker & Humblot，1996，5. Aufl.，S. 491～492.

⑤ 〔日〕大谷实：《刑法讲义总论》（新版第二版），黎宏译，中国人民大学出版社，2008年，第271页。

⑥ 〔日〕大塚仁：《刑法概说（总论）》（第三版），冯军译，中国人民大学出版社，2003年，第338页。

正当防卫的要件（牧野英一、泷川幸辰、小野清一郎）。多数学者则认为，即使没有“不得已实施”的要件，但缓和仍有受到相当性限制的意义①。

就该法第 2 款而言，日本判例认为对作为假想防卫、防卫过当的杀人者不罚，其根据是由于恐怖、惊愕等没有适法行为的期待可能性而阻却责任。但是，也有学者认为这在立法论上并非没有稍微过分之嫌②。

第四节 紧急避险

一、紧急避险的概念

紧急避险，是指为了避免对自己或者他人的生命、身体、自由或财产的紧急危险，不得已损害其他利益的行为。

紧急避险，在属于为保护正面临危险的利益而特别允许的行为这一点上，具有和正当防卫相类似的特点，但是，正当防卫是对不法侵害人进行反击，是“正对不正”的关系，相反地，紧急避险，是为了避免现在的危难，不得已而侵害和危难无关的第三人的利益的行为，是“正对正”的关系，在这一点上，和正当防卫具有不同的特点。

紧急避险的观念比正当防卫的观念产生得更晚。在罗马法和日耳曼法中，只不过允许了具体的避难行为。虽然在中世纪的教会法中，有“紧急时无法律”（Necessitas nonhabet legem）的法律格言，但并不存在关于紧急避险的特别规定。德国刑法理论最初认为紧急避险是超法规的违法性阻却事由。

现在各国立法大多对紧急避险作了明确规定。德国刑法典不仅规定了“阻却违法性的紧急避险”，而且还规定了“阻却责任的紧急避险”。与德国刑法典的规定相比较，日本刑法不仅没有阻却违法性的紧急避险与阻却责任的紧急避险的区分，而且在保护法益的例示中缺少“名誉”以及含义更广的“其他法益”。此外，德国刑法典在“阻却违法性的紧急避险”中，明确要求保护的法益“应明显大于”损害的法益，而日本刑法的规定则是所造成的损害“不超过”所欲避免的损害程度。

二、紧急避险的本质

有些学者将紧急避险的本质称为紧急避险不处罚的根据，也有的学者称之为紧急避险的法律性质。关于这个问题，德国、日本刑法理论中，存在着诸多不同的主张和学说。

（一） 阻却违法一元说

此说也称阻却违法性说，主张紧急避险与正当防卫同属于阻却违法性事由。但与正当防卫不同的是，紧急避险侵害的是第三人的正当利益，因此要求保全法益与受侵害法益的均衡（法益均衡原则），而法益的均衡问题，是涉及价值冲突的问题，因此属于违法性阶

① 〔日〕山中敬一：《刑法总论》（第二版），成文堂，2008 年，第 493 页。

② 〔日〕大塚仁：《刑法概说（总论）》（第三版），冯军译，中国人民大学出版社，2003 年，第 338 页。

段的课题。此说为日本通说。但问题在于，若采用优越利益的原则，当保全法益与受侵害法益价值相同时，如何解释该行为阻却违法？对此，阻却违法一元说内部有以下几种不同的主张：

（1）放任行为说认为，当法益价值相等时，属于放任行为[①]。但批评者认为，所谓放任行为，是以“法的自由领域”的理论为基础的，在法益已经陷于冲突状态并产生了侵害结果的情况下，显然只能存在合法与非法之分，不可能有放任行为的存在余地[②]。此说因多数学者不承认放任行为的概念而未得到支持。

（2）不违法说认为，优越的利益说只要求保护的法益不能小于损害的法益。当保护的法益大于损害的法益，当然存在优越的利益；当保护的法益等于损害的法益，由于无法进行法益优劣的权衡，就应当认为法益归零，仍然不违法。只有保护的法益小于损害的法益，即出现“负法益”的情况下才是违法[③]。对此，有学者批评说，优越的利益说从其字面含义来看就意味着只有一方的利益“优越”于另一方的利益时才能阻却违法。同等（归零）的情况下是无所谓“优越”的，所以有学者认为此说歪曲了优越利益说的概念[④]。

（3）阻却可罚的违法性说认为，在保全的法益与受侵害的法益是同价值时，并非得以正当化，仅不具“可罚违法性”，而排除犯罪的成立。大塚仁、曾根威彦等持此说。

（4）社会相当性说认为，当面临紧急状态的人，为了避免该种危险，没有其他办法，只有牺牲他人利益的场合，只要所侵害的利益不大于所要保全的利益，从社会整体的立场来看，就应当承认该行为具有社会相当性，在法律上应当对该种行为予以肯定[⑤]。

（二）阻却责任一元说

此说也称阻却责任说，认为紧急避险是对第三者的法益造成侵害，具有违法性，只是由于面临危险，不能期待其实施其他合法行为，因此，排除责任。在德国以 M.E. 迈尔的思想为基础，在日本从泷川幸辰开始，由植松正、平场安治等所主张[⑥]。责任阻却一元说强调紧急避险的本质在于将危险转嫁给无辜的第三者，重视对第三者权益的保护，这一方面值得肯定[⑦]。

然而，有学者认为，“紧急避险的法律性质，应当以现行法的规定为根据加以探讨。既然现行刑法承认对他人法益的紧急避险，并且规定了法益衡量要件，则对紧急避险的‘不罚’，难以想象仅仅是因为不能期待其实施其他合法行为而认定其不成立犯罪”[⑤]。而且，“采用责任阻却事由说时，因为紧急避险行为本身可能是违法行为，就可以对它进行正当防卫，而这就可能产生具体的不合适”[⑧]。

---

① 〔日〕宫本英脩：《刑法大纲》，弘文堂，1935 年，第 101 页。

② 〔日〕山中敬一：《关于“法的自由领域”的批判性考察》，《关西大学法学论集》，1982 年第 32 卷第 3、4、5 期合并号，第 31 页。

③ 〔日〕平野龙一：《刑法总论Ⅱ》，有斐阁，1975 年，第 230 页。

④ 〔日〕内藤谦：《刑法讲义总论》（中），有斐阁，1986 年，第 409 页。

⑤ 〔日〕大谷实：《刑法讲义总论》（新版第二版），黎宏译，中国人民大学出版社，2008 年，第 273 页。

⑥ 〔日〕日本刑法学会：《刑法讲座》（第 2 卷），有斐阁，1973 年，第 147～148 页。

⑦ 〔日〕井上宜裕：《紧急行为论》，成文堂，2007 年，第 6 页。

⑧ 〔日〕大塚仁：《刑法概说（总论）》（第三版），冯军译，中国人民大学出版社，2003 年，第 340 页。

（三）二元说

此说亦称二分说，认为将紧急避险一概视为违法阻却事由或责任阻却事由都是片面的，应将两者结合起来说明紧急避险的性质。此说源于 1927 年的德国刑法草案，现行的《德国刑法典》也将紧急避险分为阻却违法性的紧急避险（第 34 条）和阻却责任的紧急避险（第 35 条）两种。与之相似，日本刑法理论中的二元论也分成以阻却违法为原则的二分说和以阻却责任为原则的二分说。二分说在日本虽然不是通说，但也具有很大的影响力。

（1）以阻却违法为原则的二分说。此说认为紧急避险作为原则是阻却违法事由，作为例外是阻却责任事由。该说又进一步分为以下两种不同观点：

第一，法益同价值时阻却责任说。此说认为，为了救助大的法益而牺牲小的法益时是违法性阻却事由，法益的大小相同、不能比较大小时是责任阻却事由①。对这种观点，有学者批评说，在法益同价值的场合同样应该阻却违法性。而且以缺乏期待可能性为理由来论证阻却责任，和责任阻却一元说面临同样的问题②。

第二，生命对生命、身体对身体对立时阻却责任说。此说认为，在生命对生命或者身体对身体的关系中，为了救助一方所进行的紧急避险是责任阻却事由，在其他的情形中是违法性阻却事由③。对这种观点，批评者认为，虽然生命与生命之间无法进行比较衡量，但对身体的伤害程度则有进行比较衡量的余地②。

（2）以阻却责任为原则的二分说。此说认为，紧急避险原则上是责任阻却事由，但是，为了救助明显大的法益而实施时，只要没有其他的方法，就是违法性阻却事由④。德国学者绍尔认为，所有的紧急避险都是基于避险者的心理压迫的缘故，因此基本上应当认为是阻却责任事由。但当避险行为保护了优越的利益时，应当承认紧急权，所以是阻却违法事由⑤。此说与上述阻却责任一元说面临着同样的批评。

三、紧急避险的要件

（一）存在对法益的现实危险

1. 保全的法益

与正当防卫仅规定为了保护“权利”不同，各国刑法一般对紧急避险的保护法益作了明确规定。例如，德国刑法规定的是“自己或他人的生命、身体、自由、名誉、财产或其他法益”；瑞士刑法规定的是“自己或他人的法益，尤其是生命、身体、自由、名誉、财产”；日本刑法规定的是“自己或他人的生命、身体、自由或财产”；等等。德国、瑞士刑法的规定显然可以涵盖所有法益，而日本刑法在列举之后并没有诸如“其他法益”的措

---

① 〔日〕佐伯千仞：《刑法讲义（总论）》，有斐阁，1981 年，第 205 页；〔日〕中山研一：《口述刑法总论》（补订版），成文堂，2005 年，第 158 页。

② 〔日〕曾根威彦：《刑法的重要问题（总论）》（第二版），成文堂，2005 年，第 127 页。

③ 〔日〕庄子邦雄：《刑法总论》（第三版），青林书院新社，1996 年，第 227 页。

④ 〔日〕森下忠：《紧急避险的法律性质》，载〔日〕中义胜：《论争刑法》，世界思想社，1976 年，第 70 页。

⑤ 马克昌：《外国刑法学总论（大陆法系）》，中国人民大学出版社，2009 年，第 195 页。

词，因而在理论上产生了例示规定说和限定列举说两种不同观点。

例示规定说认为，立法者之所以对紧急避险的保护法益作出与正当防卫不同的规定，其目的就在于限制保护法益的范围。所以，紧急避险的保护法益应限于刑法明文列举的生命、身体、自由、财产四类法益①。限定列举说则认为，从紧急避险的宗旨来看，显然是难以将其和正当防卫的场合区别对待的，因此，应当将刑法所保护的名誉、贞操等个人利益也包括在内②。例示规定说曾经在日本较有影响力，但现在限定列举说属于通说。

对是否承认为了国家法益、社会法益的紧急避险问题，也有积极说和消说两种主张，其中积极说是通说。持消极说者认为，法律条文列举的是个人法益，其中不能包含国家的存在与安全，因此消极说是正确的③。持积极说者则提出，只要具有社会相当性，就没有不对其适用紧急避险的理由，因此，所保护的利益，除了前述的个人利益之外，应该说，也包括国家利益（国家紧急避险）、社会利益在内，对其认可超法规的紧急避险②。

2. 危险

所谓危险，是指法益遭受侵害或者危险的状态。危险的来源，有人的行为、自然现象、动物的举动、社会关系（如严重的物资短缺）等。和正当防卫不同，紧急避险没有要求这些来源是不法的，也没有仅限于人的行为。然而，负有忍受侵害义务时则不允许，如在刑罚执行时，因负有忍受义务，不能实行紧急避险。

对自招的危险，即避险行为人亲自招致的危险，可以进行紧急避险吗？《德国刑法典》第35条关于“阻却责任的紧急避险”中规定，所避免的危险不是避险人自己引起的危险，因此德国学者大多不在违法性理论中研究自招危险问题。在日本，关于自招危险是否允许紧急避险是有争议的，主要有四种主张：

（1）全面否定说认为，紧急避险中的危险是指偶然的事实或者不基于行为人的有责行为的危险状态。行为人自己故意或者过失的行为不属于紧急避险中的危险④。但不少人批判指出，如果行为人由于轻微的过失招来了对自己生命的危险，并且损害他人的轻微利益避免危险时，应当认为是紧急避险。而且，自己招来的危险的事态、受侵害的种类、性质各不相同，不能一概否认对自己招致的危险进行紧急避险。

（2）全面肯定说认为，即使自招行为属于违法行为，只要具备紧急避险的其他要件，就可以成立紧急避险⑤。此说受到的批判是，当行为人由于重大过失招来的危险侵害轻微的法益时，招致危险的人在一定范围内有忍受的义务，否则就是不公平的。

（3）形式的二分说认为，对于故意招致的危险不能成立紧急避险，而对于过失招致的危险则可以成立紧急避险⑥。但上述对肯定说与否定说的批判，也适用于二分说。

---

① 〔日〕齐藤金作：《刑法讲义》，成文堂，1996年，第139页。

② 〔日〕大谷实：《刑法讲义总论》（新版第二版），黎宏译，中国人民大学出版社，2008年，第274页。

③ 〔日〕山中敬一：《刑法总论》（第二版），成文堂，2008年，第520～521页。

④ 〔日〕大场茂马：《刑法总论·下卷》，中央大学，1917年，第581页。

⑤ 〔日〕江家义男：《刑法总论》，千仓书房，1952年，第108页；〔日〕植松正：《再订刑法概论Ⅰ（总论）》，劲草书房，1974年，第213页。

⑥ 〔日〕木村龟二：《刑法总论》，有斐阁，1978年，第272页；〔日〕森下忠：《紧急避险研究》，有斐阁，1960年，第269页。

(4) 实质的二分说认为，应当根据实质的观点（整体法秩序或社会相当性等）具体判断决定是否成立紧急避险。团藤重光、平野龙一等持此说。至于判断标准，则见解不一[①]。

至于对自己招致的针对他人的危险，刑法理论一般主张允许紧急避险。例如，甲的行为导致对乙的生命产生危险，甲便可以通过适当地损害丙的利益避免对乙的生命危险。当然，其中也存在行为人对招致危险的违法行为应否承担刑事责任的问题。

对紧急避险不能实行正当防卫，但紧急避险行为又是一种危险，因此，对紧急避险行为又可以实行紧急避险。

3. 现在性

所谓“现在性”，指的是法益侵害的状态现实存在或法益侵害的危险非常迫近。通说认为，紧急避险的“现在性”与正当防卫的“急迫性”是相同的含义。现实的危险意指“发生现实、急迫的危险”[②]。但也有学者认为“现在性”一词是含义更广的概念，包括：第一，虽然还不能说是迫近，但根据经验或自然的变化处于立即迫近的状态时，也可以认为是“现在的危险”。例如，山间小屋的主人听到房客在共谋抢劫银行，在没有其他阻止的方法的情况下，让客人喝下安眠药，自己下山通报。在这一案例中，侵害还不具有急迫性，因而不能对之实施正当防卫。但可以肯定危险的现在性，因而可以进行紧急避险。第二，所谓继续的危险的场合，这是指业已发生持续性危险，且处于随时可能向实际侵害转化的危险迫近状态，同时，侵害的发生也可能需要较长的时间。例如，以某隧道经常存在温度上升、有毒气体泄漏等使乘务员窒息、呼吸困难、遭遇火灾等危及生命身体的危险为理由而消减30%的列车通过数等行为，日本法院解释为紧急避险[③]。德国联邦最高法院甚至认为，一位不知名的男子对一对夫妇进行了威吓活动，他多次在晚上闯入他们的住宅，最后在逃跑中被这个丈夫打死了。在这里，在开枪的时候，并不存在正在进行的攻击，因此就排除了正当防卫；但是，因为这名闯入者每天晚上的重新出现应当是令人忧虑的，所以，他也许就构成了一种持续性危险，从而通过阻却违法的紧急避险得以正当化[④]。

（二）为了避险不得已实施的行为

1. 不得已实施的行为

紧急避险，完全是以牺牲他人利益来避免危险的，在所谓“正对正”的关系上被认可，所以，对紧急避险的相当性的把握，应当比正当防卫的场合更加严格。所谓“不得已”，意味着是为了保护法益的唯一方法，是没有其他可能方法的方法，也称做补充的原则。对此，各国刑法都有明文规定，如德国刑法要求“别无他法可以避免”，意大利刑法要求“不能以其他方法加以避免”，奥地利刑法与日本刑法要求“不得已”。

所要指出的是，日本刑法对正当防卫与紧急避险都规定要“不得已”，但在刑法理论上，没有争议地将正当防卫中的“不得已”解释为必要性与相当性，而将紧急避险中的

---

① 〔日〕川端博：《刑法讲义总论Ⅰ》（上卷），成文堂，1995年，第379～380页。

② 〔日〕松宫孝明：《刑法总论讲义》（第四版补正版），钱叶六译，中国人民大学出版社，2013年，第117页。

③ 〔日〕山中敬一：《刑法总论》（第二版），成文堂，2008年，第524页。

④ Roxin C. Strafrecht Allgemeiner Teil Band Ⅰ. Verlag C. H. Beck, 2006, 4. Aufl., S. 733.

“不得已”解释为没有其他办法的唯一办法。这便是刑法用语的相对性，在刑法理论上得到了普遍承认。

2. 避险的意思

避险的意思是否必要，与防卫意思一样，也存在着争论，存在着必要说和不要说的争论。对紧急避险是否需要避险意思的分歧主要体现在偶然避险的认定上。例如，向他人家中投掷石块将玻璃打碎，碰巧挽救了因煤气中毒而昏迷的他人性命。对此，避险意思必要说认为不成立紧急避险，而不要说则认为成立紧急避险。

过失行为能否成立紧急避险，必要说一般持否定态度，不要说则持肯定态度。但现在也有必要说的学者肯定过失的避险行为。如大塚仁教授认为，“避险行为，除了故意的行为之外，也可以对过失行为承认避险行为”①。

根据避险意思必要说，只需要避险人自己具有避险意思。因此，为了他人利益而实施的避险行为即使违反该人的意思，也成立紧急避险②。

（三）法益的均衡

为成立紧急避险，避险行为所产生的损害必须不能超过所要避免的损害。所谓“所产生的损害”，是指避险行为产生的侵害利益的结果，又称“侵害利益”。所谓“所避免的侵害”，是指根据避险行为所避免的损害即根据避险行为所保全的利益，又称“保护利益”。

对不同法益的价值如何比较，往往存在诸多困难。一般来说，以各个法益为保护对象的各罪法定刑的轻重，可以成为判断的根据。而且可以说，生命比身体、身体比财产更应受到尊重，公益应该优先于私益。但是，如果是为了保护比较轻微的国家法益，就能够牺牲他人的生命吗？为了避免轻微的身体伤害，能够损害他人极高价值的财产吗？这些在具体的事态中，会产生种种疑难问题。结果，不可能抽象地、一般地表明解决一切的明确标准，而是必须适应各种情形，按照全体法秩序的精神，进行合理的判断。并且，在进行法益衡量时，不应该根据行为人的主观价值，而应该以一般的社会共同观念为基础考虑客观的、合理的价值③。德国学者罗克辛对阻却违法性的紧急避险的法益权衡问题进行了较为详尽的分析，提出了以下权衡的要点：刑罚幅度的比较、法益的价值取向、法益的损害程度、生命之间没有权衡、威胁性危险的程度、自律原则、法定的原则、紧急状态的状况中的过错、特定的义务地位、避险人的在不法方面进行的活动、避免和造成的损害对各种有关人员的个人意义、从受侵犯被害人的范围中产生的危险，等等④。中国台湾地区学者黄荣坚也认为，利益权衡的标准并不仅仅在于利益的抽象的位阶的高低，而是也必须顾虑到其他因素的考量，譬如实际可能受损害的范围的大小、获救的机会的大小及发生损害的或然率的高低，等等⑤。

在生命法益对生命法益的情况下（即所谓危险共同体的情况），能否承认紧急避险？

---

① 〔日〕大塚仁：《刑法概说（总论）》（第三版），冯军译，中国人民大学出版社，2003年，第343页。

② 〔日〕大谷实：《刑法讲义总论》（新版第二版），黎宏译，中国人民大学出版社，2008年，第277页。

③ 〔日〕大塚仁：《刑法概说（总论）》（第三版），冯军译，中国人民大学出版社，2003年，第345页。

④ Roxin C. Strafrecht Allgemeiner Teil Band Ⅰ. Verlag C. H. Beck，2006，4. Aufl.，S. 736～766.

⑤ 黄荣坚：《刑法问题与利益思考》，中国人民大学出版社，2009年，第24页。

例如，所谓的“木犀草（Mignonette）号事件”。“木犀草号”是英国籍船只，在从英国驶往澳大利亚途中，于1884年7月5日遇难沉没。4名船员驾救生艇侥幸逃生，在公海上漂泊。在失事后第20天，即已经断食9天断水7天后，2名水手将4人中最年轻且身体最弱的一人杀死。其余3人靠分吃其尸体维持生命，终于在4天后获救。2名杀人者的行为是否属于紧急避险，也是一个问题[①]。

德国学者往往根据刑法二分法的规定，认为在不能期待行为人忍受危险的情况下，牺牲他人生命以保护自己、亲属或者其他关系密切的人的生命的，属于阻却责任的紧急避险。

日本部分学者认为，这种情况有的属于阻却违法的紧急避险。“的确，生命的比较是一个危险的问题。它可能导致对生命价值的高低进行区分，发展到极端就会变成纳粹的‘不具有生存价值的生命’这种思路。但是，为了拯救多数人的生命，在没有其他任何办法的情况下牺牲少数的生命，即使在伦理上值得非难，但不能说具有必须处罚的违法性。当然，由于这种情况以必须没有其他任何办法这一严格的要件为必要，所以实际上基本不会存在。但无论如何，违法性的判断应当是冷酷的。”[②] 但另一部分学者认为，“生命属于不允许进行价值衡量的绝对的法益，所以即使是牺牲1人的生命来拯救10人的生命，都不能阻却行为的违法性”[③]。它只是阻却责任或阻却可罚的责任，根据日本现行刑法不可罚。

四、业务上负有特别义务者

业务上负有特别义务的人，不适用紧急避险的规定。所谓业务上负有特别规定的人，是在其性质上具有承担危险义务的人。例如，警察、消防队员、船长等。义务的根据，有法令、契约、习惯等[④]。

世界上多数国家的刑法都对此作了明文规定，如《日本刑法典》第37条第2款（“业务上负有特别义务的人”）、《意大利刑法典》第54条第2款（“负有特定的置身危险义务的人”）等，只是表述有所不同。如果允许业务上有特别义务的人，在自己遭受危险之际，为了自己的利益而牺牲他人利益的话，那么，特别义务的规定就失去了意义。所以，对这种人不适用紧急避险的规定。

意大利学者指出，对国家机关履行职能的行为，是否可以适用紧急避险，是一个很有争议的问题。现在的通说认为，对这个问题应予否定的回答。这无疑是一个正确的答案。因为，国家权力机关的活动必须服从法律，必须按法律的规定办事，必须以发挥法律的保障功能为目的。如果对这种活动也可以适用紧急避险的规定，法治国家的根基就会动摇，

---

① 英国法院认为，如果承认这种情况成立紧急避险，就会使法律与道德完全背离，因此以谋杀罪判处2名被告人死刑。但由于公众舆论多认为2人无罪，因而最终由维多利亚女王实施特赦，将死刑减为6个月监禁，罪名则维持不变。Jescheck H H，Weigend T. Lehrbuch des Strafrechts Allgemeiner Teil，Drucker & Humblot，1996，5. Aufl.，S. 195.

② 〔日〕前田雅英：《刑法总论讲义》（第五版），东京大学出版会，2011年，第401页。

③ 〔日〕浅田和茂：《刑法总论》（补正版），成文堂，2007年，第254页。

④ 〔日〕大谷实：《刑法讲义总论》（新版第二版），黎宏译，中国人民大学出版社，2008年，第278～279页。

宪法规定的社会生活的基础也将荡然无存[①]。

但是，这些人当然能够为了救助他人的法益进行紧急避险，而且，也不应认为他们绝对不可以为了救助自己的法益进行紧急避险[②]。例如，消防员在天花板要坍塌时紧急闯入他人住宅的行为，应作为紧急避险免除可罚性。德国学者罗克辛认为："承担危险的义务并不是一种牺牲的义务，而仅仅是一种风险义务；在人们确切地或者极其可能地预见到死亡或者一种严重的健康损害之处，即使存在一种特定的义务地位，躲避这种危险就又是可以通过（德国刑法）第 34 条（关于阻却违法性的紧急避险）加以正当化的。"[③]

五、避险过当与假想避险

（一）避险过当

所谓避险过当，是指避险行为超过其限度。避险过当包括两种情况：一是违反了补充性原则；二是违反了法益权衡原则。

对于避险过当，《日本刑法典》第 37 条第 1 款规定："可以根据情节减轻或者免除处罚。"但在其根据上，则有责任减少说和违法、责任减少说之间的对立。大谷实认为，"作为紧急状态下的行为，避险过当也大致满足紧急避险的其他要件，因此，可以说其违法性在减少，同时，又由于避险行为是瞬息之间所实施的行为，因此，其期待可能性也在减少"[④]，由此可以看出，他是持违法性、责任双重减少说的。

（二）假想避险与假想避险过当

1. 假想避险

所谓假想避险，就是尽管不存在属于要紧急避险的事实，却误以为存在而实施的避险行为。例如，两名登山者借助一根绳索登山，处于上端者误认为前面的绳子马上就要崩断，而割断自己后面的绳子，导致处于下端的人摔死，但实际上该绳索完全可以支撑两个人的重量。日本学者认为，本来打算实施相当的避险行为却实施不相当的避险行为的情形，也是误想避险（错觉避险）[⑤]。

关于假想避险的处理，《德国刑法典》第 35 条第 2 款作了明确规定，即"行为人行为时，误认为有第 1 款规定不负责任的情况，仅在他能够避免该错误时，才予处罚。并可依第 49 条第 1 款减轻处罚"。德国学者耶赛克、魏根特认为："在行为人对紧急避险的事实上的前提条件（例如，危险的程度或种类、存在更加缓和的手段、处于危险之中的人与亲属的同一性）存在错误认识的场合，若错误对他而言是不可避免的，则可以免责。相反，如果错误是可以避免的，必须根据（德国）《刑法典》第 49 条第 1 款的规定减轻处罚（第

① 〔意〕杜里奥·帕多瓦尼：《意大利刑法学原理》（注评版），陈忠林译评，中国人民大学出版社，2004 年，第 160 页。

② 〔日〕大塚仁：《刑法概说（总论）》（第三版），冯军译，中国人民大学出版社，2003 年，第 345 页。

③ Roxin C. Strafrecht Allgemeiner Teil Band Ⅰ. Verlag C. H. Beck，2006，4. Aufl.，S. 754～755.

④ 〔日〕大谷实：《刑法讲义总论》（新版第二版），黎宏译，中国人民大学出版社，2008 年，第 280 页。

⑤ 〔日〕大塚仁：《刑法概说（总论）》（第三版），冯军译，中国人民大学出版社，2003 年，第 347 页。

35 条第 2 款)。"[①] 在这里耶赛克、魏根特已经突破了《德国刑法典》第 35 条关于处于危险之中的须为"本人、亲属或者其他与其关系密切者"的限定。

日本刑法没有假想避险的规定，其学者关于假想避险的处理，与假想防卫场合的处理意见基本相同。

2. 假想避险过当

假想避险和避险过当相竞合的场合，被称为假想避险过当。详言之，就是尽管不存在现实的危险却误以为存在，因而实施了避险行为，但是，即便假设实际存在现实的危险，该避险行为仍然违反法益均衡原则或者补充性原则的场合。关于假想避险过当的处理，一般认为与假想防卫过当的处理相同。

第五节 其他违法性阻却事由

除了正当防卫和紧急避险以外，还有其他一些违法性阻却事由。其中，有的是刑法明文规定的，有的则是刑法没有明文规定的，各国刑法的相关规定不尽相同。同时，对于有些事由是否属于违法性阻却事由尚存争议。下面介绍几种主要的违法性阻却事由。

一、法令行为

所谓法令行为，是直接基于成文的法律、命令的规定，作为权利或者义务所实施的行为。对此，不少国家的刑法作了明确的规定。例如，《德国刑法典》第 36 条规定："联邦议院、联邦大会或州立法机关的成员，在会议团体或委员会的表决或言论，不得在会议团体外追究责任。诋毁性侮辱言论不适用本条规定。"《法国新刑法典》第 122-4 条也规定："完成法律或者条例规定或允许之行为的人，不负刑事责任。完成合法当局指挥之行为的人，不负刑事责任，但此种行为明显非法者，不在此列。"《日本刑法典》第 35 条规定："依照法令或者基于正当业务而实施的行为，不处罚。"

一般而言，法令行为之所以阻却违法性，是因为它是法令本身所承认的，形成法秩序的一部分，当然是合法的行为。但是，即使在外表上可以看成是基于法令的行使权利的行为，却实质地违反法令的理念的，就是权利的滥用，就是违法，例如，即使是债权人，也不允许以实行债权为借口恐吓债务人[②]。

法令行为通常可以分为职务（职权）行为与权利（义务）行为、基于政策理由的行为、基于注意性规定的行为三类[③]。除此之外，有的学者认为还包括劳动争议行为，从而形成四分说[④]；有的学者认为还应当包括宪法上的权利行为，形成五分说[⑤]。以下根据五分说予以阐述。

---

① Jescheck H H, Weigend T. Lehrbuch des Strafrechts Allgemeiner Teil. Drucker & Humblot, 1996, 5. Aufl., S. 488.

② 〔日〕大塚仁：《刑法概说（总论）》（第三版），冯军译，中国人民大学出版社，2003 年，第 348 页。

③ 〔日〕团藤重光：《刑法纲要总论》，创文社，1990 年，第 203 页。

④ 〔日〕内藤谦：《刑法讲义总论》（中），有斐阁，1986 年，第 472 页。

⑤ 〔日〕浅田和茂：《刑法总论》（补正版），成文堂，2007 年，第 188 页。

（一）职务（职权）行为与权利（义务）行为

1. 职务（职权）行为

职务（职权）行为是指公务员根据法令行使属于自己职务或职权的行为。例如，司法警察对嫌疑人、被告人实施逮捕、拘传、拘留的行为，在住所内进行搜查的行为等。这些行为虽然各自符合监禁罪、侵入住宅罪等犯罪的构成要件，但阻却违法性。

公务员的职务行为有两种：①公务员直接根据法令而实施的场合；②根据有权限的上级的命令而实施的场合。就前者而言，公务员的行为仅仅在形式上有法令的依据还不够，在执行方法上也必须适当。当超过职权范围时，即有滥用职权之嫌。就后者而言，当上级的命令是违法的命令时，公务员的行为是否阻却违法性，在日本学者中是有争议的。通说认为由于命令的内容是违法的，所以，不能认为执行违法命令的行为是违法性阻却事由。但是，根据具体案情，有时能够认为行为人缺乏适法行为的期待可能性，从而阻却责任①。

2. 权利（义务）行为

权利（义务）行为，是指个人（私人）基于法令所赋予的权利或义务而实施的行为。例如，公民抓捕、扭送现行犯的行为，对精神病患者采取措施的行为、惩戒行为，校长、教师对学生的惩戒行为，亲权者对未成年人的惩戒行为，犯罪被害人的告诉等。这些行为虽然形式上符合逮捕罪、暴行罪、名誉毁损罪的构成要件，但阻却违法性。

（二）基于政策理由的行为

基于政策理由的行为，是指某种行为本来是违法的，但由于一定的政策性理由而排除违法的情况，例如，在日本，根据本国赛马法发行胜马投票券、根据自行车竞技法发行胜者投票券、根据抽奖金附证票法发行抽奖金附证票的行为等，虽然都应该符合日本刑法的抽彩罪（第 187 条），但由于它是基于财政或经济上的政策性理由而实施的，所以不违法。

（三）基于注意性规定的行为

基于注意性规定的行为，是指某种行为从社会伦理或利益衡量的观点来看本来是合法的，同时，刑法进一步将其明确规定为注意性的违法阻却事由。这样其注意性的规定就成了法定的要件。例如，根据优生保护法而实施的优生手术、人工妊娠中断等行为，即属于这种情况②。

（四）劳动争议行为

1. 意义

所谓劳动争议行为，是指具有劳资关系的劳动者以雇佣方为对象，为实现其目的而实施罢市、罢工、封锁工厂等妨碍业务活动正常进行的行为。《日本宪法》第 28 条规定："保障劳动者的团结权、团体交涉以及进行其他团体活动的权利。"因此，只要是劳动者为行使团结权、团体交涉权以及争议权而实施的争议行为，对其在刑法上当然就应当予以保护。这些行为，即便符合妨害业务罪、暴行罪、伤害罪、胁迫罪、侵入他人住宅罪、逮捕

---

① 〔日〕大谷实：《刑法讲义总论》（新版第二版），黎宏译，中国人民大学出版社，2008 年，第 228 页；〔日〕大塚仁：《刑法概说（总论）》（第三版），冯军译，中国人民大学出版社，2003 年，第 348 页。

② 〔日〕大谷实：《刑法讲义总论》（新版第二版），黎宏译，中国人民大学出版社，2008 年，第 229 页。

或监禁罪、破坏财物罪等的构成要件，也不具有违法性。日本《劳动工会法》第 1 条第 2 款规定，劳动工会的团体交涉以及其他行为，是为提高劳动者的地位而实施的正当行为，适用刑法第 35 条的规定。从《日本宪法》第 28 条的规定来看，这是将理所当然的情形进行注意规定。另外，劳动法上的合法争议行为是刑法上的正当行为，但劳动法上的违法争议行为也未必具有刑法上的违法性。因为，违法性是相对的东西，刑法上的违法性必须是可罚的违法性①。

2. 争议行为的正当性

劳动争议行为，只要是正当的，即便符合构成要件也不具有违法性。问题在于什么样的行为是正当的争议行为，这要将通过争议行为所要实现的劳动基本权与争议行为所侵害的基本人权进行比较衡量，以目的的正当性、手段的妥当性、争议行为最终是否具有社会相当性为标准，来进行判断②。

（1）目的的正当性。劳动基本权是为了提高劳动者的经济地位而规定的，因此，争议行为只有在以提高劳动者的经济地位为主要目的的场合内是正当的。在以与改善经济地位没有直接关系的政治运动为主要目的的场合（所谓政治罢工等），不排除违法性②。也有学者认为，如果政治目的只不过附随于提高劳动者的经济地位这一主要目的时，仍然可以说是正当的争议行为③。

（2）手段的妥当性。作为争议的手段，有同业罢工、消极怠工、接管工厂、罢市、封锁工厂等形态。只要按照国家、社会的伦理规范认为它们是相当的，就不违法。但对于接管工厂，日本的判例认为这种行为动摇了企业主的私有财产的根基，而禁止实施这种行为④。

3. 公务员、国营企业职员的争议行为

根据日本的国家公务员法、地方公务员法等法律，禁止公务员实施联合罢工、怠工或者其他争议行为，或者使政府效率低下的怠工行为。但是，对其争议行为本身没有规定处罚原则，仅对共谋、唆使、煽动、策划实施争议行为规定了处罚原则。有学者认为对公务员的争议行为一概予以禁止的做法，从保障劳动基本权的角度来看，有必要慎重考虑②。

根据日本的特定独立行政法人等的劳动关系法之规定，国营企业的职员也没有劳动争议权，但这些法律中没有处罚共谋等争议行为的规定。只在特别事业法中对某些行为，如邮电工作人员不处理邮件的行为设置了罚则。那么，对这些罢工行为能否适用《劳动工会法》第 1 条第 2 款而加以正当化呢？日本判例现在基本上持肯定态度⑤。

大谷实认为，国营企业的职员，由于其地位的特殊性和职务的公共性，所以对其争议行为必须具有一定的限制。但是，否定一切争议行为，就有违反宪法之嫌。因此，违法性的程度轻微的、通常的争议行为，就应当说其没有可罚的违法性⑥。

---

① 〔日〕大谷实：《刑法讲义总论》（新版第二版），黎宏译，中国人民大学出版社，2008 年，第 229～230 页。

② 〔日〕大谷实：《刑法讲义总论》（新版第二版），黎宏译，中国人民大学出版社，2008 年，第 230 页。

③ 〔日〕大塚仁：《刑法概说（总论）》（第三版），冯军译，中国人民大学出版社，2003 年，第 352 页。

④ 〔日〕最高裁判所大法庭 1950 年 11 月 15 日《最高裁判所刑事判例集》，第 4 卷第 2 号，第 2257 页。

⑤ 〔日〕最高裁判所大法庭 1966 年 10 月 26 日《最高裁判所刑事判例集》，第 20 卷第 8 号，第 901 页。

⑥ 〔日〕大谷实：《刑法讲义总论》（新版第二版），黎宏译，中国人民大学出版社，2008 年，第 231 页。

（五） 宪法上的权利行为

宪法上的权利行为，也属于法令行为中的一种权利行为（也有学者将其视为超法规的违法阻却事由）。关于这一点，日本有两个著名的判例。

第一个判例是所谓的波波罗剧团事件。1952 年东京大学的波波罗剧团在校园内演出时，学生发现有便衣警察进入，便对之采取行动，没收了便衣警察的日记本，并从中发现了警察长期对学校实施的侦查活动。此后，这些学生被以违反《暴力行为处罚法》第 1 条的名义起诉。第一审法院认为，比较衡量《日本宪法》第 23 条所规定的学术自由、大学自治和警察个人的法益，无疑前者更为重要，因而宣告学生无罪。一审法院显然是将学生们的行为理解为依照法令（宪法）的行为，二审也支持这一判决。但日本的最高法院认为，学术自由、大学自治意味着教授等其他研究者的自由与自治，学生自治要视其效果才能被认可。本案的表演是一般公众都可以买票进入的，因而警察的进入不能说是侵犯了大学的学术自由和自治，从而将案件发回重审。这以后一、二审都作出了有罪判决①。

第二个判例是所谓的舞鹤事件。1953 年，在舞鹤归国者救护局宿舍，约 700 名从中国返回的人员召开归国者大会。晚上 8 点半左右，会议转为不公开。但救护局的职员甲被发现仍留在现场旁听。乙、丙两人在会场询问甲后，拿走了甲的笔记，又在食堂继续询问甲。凌晨 1 点左右乙回家，丙将甲带到另一房间进行监视。到凌晨 2 点左右，甲被其他职员救出。此后，乙、丙被以监禁罪起诉。第一审法院从行为目的的正当性、手段方法的相当性、保护法益与侵害法益的均衡等方面考虑，认为对甲身体自由的侵害，并没有超越对集会、结社、思想、表现侵害的程度，从而认为乙无罪，丙的行为虽然过当但免除刑罚。不过后来二审和最高法院的判决都推翻了一审法院的意见，认为两人有罪①。

可以看出，日本司法界对宪法上的权利行为定性还存在争议。

二、正当业务行为

所谓正当的业务，是指即便没有法律上的根据，也能认定为正当的业务。所谓业务，是指作为社会生活上的事务（或工作）而反复继续实施的，或基于反复继续实施的意图而进行的事务（或工作），并不要求一定是职业。

正当业务行为阻却违法性必须具备两个基本条件：第一，业务是正当的。如果是不正当业务则不阻却违法性。第二，行为本身处在其业务的正当范围内。例如，在报纸上登载毁损他人名誉的事情，不能说是报纸发行人的正当业务行为；使用“托儿”，假装其商品的效用很大，人们的评价和销售都好，而销售缺乏效用的商品的，不是商人的正当行为，构成诈骗罪②。

在日本的刑法理论中，正当业务行为通常有以下几种。

（一） 治疗行为

所谓治疗行为，是指为了改善病人的健康状况而采取外科手术等一般医学上承认的方

① 陈家林：《外国刑法通论》，中国人民公安大学出版社，2009 年，第 332 页。

② 〔日〕大塚仁：《刑法概说（总论）》（第三版），冯军译，中国人民大学出版社，2003 年，第 350 页。

法对患者进行医疗的行为。日本学者认为，医疗行为除了治疗行为之外，还包括预防、发现疾病等诊断观察行为①。

关于治疗行为的性质也有争议，一种观点认为，这种行为是为了维持增进患者的健康而实施的，因而不符合伤害罪的构成要件②；通说则认为，对构成要件应尽可能地进行客观的、形式的判断。这些外科手术行为本身符合伤害罪的构成要件，但作为治疗行为，属于正当业务行为的一种，因而阻却违法性③。

关于治疗行为阻却违法性的要件，涉及五个方面的问题：

（1）治疗的目的。治疗目的是否属于治疗行为的必备要件，存在着必要说和不要说的对立。必要说又可以进一步分为主观说和客观说。主观说认为，治疗行为需要行为人主观上具有治疗目的。基于试验目的而实施的行为即使偶然取得了治疗效果，也不能作为治疗行为而正当化④。客观说认为，治疗目的是医学适应性所客观征表的目的。美容整形手术、变性手术等不具有医学适应性的行为，就没有治疗目的⑤。不要说则认为，在医学适应性和医术正当性之外不再需要治疗目的⑥。

（2）行为的主体。治疗行为一般是业务医师实施的行为，非业务者的治疗行为是否阻却违法性，也成为一个问题。通说认为，刑法上的伤害罪，以人的身体状况、健康状况不产生不良变化为保护法益，非业务者的治疗行为，只要符合前述要件，就没有侵害上述法益，因而也阻却违法性。

（3）医学的适应性。这是指治疗行为对于维持、增进病人的生命、健康来说，是必要的。在一般社会观念上，有实行医疗行为的必要。

（4）医术的正当性。这是指治疗行为是按照医学上一般所承认的医疗规则所进行的⑦。如果所采用的方法是在现代医学上没有得到普遍认可的方法，但偶然收到了治疗的效果，此时是否具备正当性？一部分学者认为，该行为如果属于治疗的最后手段，那么应承认具备医术的正当性⑧；但另一部分学者认为，这种情况已经属于人体试验行为，不能按照治疗行为加以正当化⑨。另外，医术正当性要求治疗手段必须具有相当性。

（5）患者的同意。治疗行为以患者的同意为要件。未经患者同意的所谓“专断的治疗行为”，如果具备医学适应性与医术正当性，应如何处理？例如，乳腺病患者在手术前明确表示一旦诊断为癌症，宁可死亡也不接受乳腺全切手术。但医生在确诊后为了防止癌细胞的转移而按照医学上的正确方法切除了患者的乳房。对此，有学者认为，只要是医学上

---

① 〔日〕大塚仁：《刑法概说（总论）》（第三版），冯军译，中国人民大学出版社，2003年，第362页。

② 〔日〕金泽文雄：《医疗与刑法》，载中山研一等：《现代刑法讲座》（第2卷），成文堂，1979年，第125页。

③ 〔日〕浅田和茂：《刑法总论》（补正版），成文堂，2007年，第197页。

④ 〔日〕木村龟二：《刑法总论》，有斐阁，1978年，第289页。

⑤ 〔日〕山中敬一：《刑法总论》（第二版），成文堂，2008年，第562页。

⑥ 〔日〕内藤谦：《刑法讲义总论》（中），有斐阁，1986年，第531页；〔日〕浅田和茂：《刑法总论》（补正版），成文堂，2007年，第198页。

⑦ 〔日〕大谷实：《刑法讲义总论》（新版第二版），黎宏译，中国人民大学出版社，2008年，第242页。

⑧ 〔日〕山中敬一：《刑法总论》（第二版），成文堂，2008年，第563页。

⑨ 〔日〕前田雅英：《刑法总论讲义》（第五版），东京大学出版会，2011年，第343页。

所认可的，即使是未经同意的治疗行为，也不应当看做伤害罪①。也有学者认为，违反伤病者的意思进行的所谓专断的治疗行为，即使达到了治疗的目的，也必须说是违法的②。还有学者认为，应尊重患者的自我决定权，存在患者的同意，是治疗行为正当化不可缺少的条件③。

（二）正当的辩护活动

律师的辩护活动只要在正当业务行为的范围之内，即排除行为的违法性。律师的辩护活动可能符合名誉毁损罪的构成要件，此时能否阻却违法性，应看该行为是否在正当业务行为的范围之内，即应根据利益衡量的原则加以确定④。

日本判例认为，正当的辩护活动，仅仅作为辩护活动实施还不够，还必须综合考虑以下几点来加以决定：①是否是有法律根据的职务活动；②和实现辩护目的之间具有什么样的联系；③由接受辩护的刑事被告人自身实施的场合，是否应当排除刑法上的违法性⑤。

（三）正当的报道、采访活动

媒体机构的采访活动，是保障报道自由和国民知情权的准备活动，是其业务活动的一部分，如果其目的并没有超出正当的取材活动的范围，则在此限度内应当作为正当的业务行为而被容许⑥。当采访活动与被采访报道对象的隐私、名誉或公务员的保守秘密义务发生冲突时，就涉及采访活动作为正当业务行为的界限问题。

日本有学者认为："在采访方面，记者并不具有可以不当侵害他人权利、自由的特权，这是不言而喻的，因此，在以贿赂、胁迫、强要等违反一般刑罚法令的手段采访的时候就不用说了，即使该采访的方法、手段并没有触犯一般的刑罚法规，但是，在以明显侵害采访对象个人的人格尊严，从法秩序整体的精神来看，为社会一般观念所不容许的手段采访的场合，也应当说，是超越了正当的采访活动范围的违法行为。"⑦

意大利学者杜里奥·帕多瓦尼指出："在作为言论和出版自由焦点的新闻记者的权利问题上，司法实践规定了三条明确限制：(1) 报道的事情必须真实（不得行使宪法承认的散布虚假的权利）⑧；(2) 了解被报道的消息符合社会利益（例如，有关一个普通公民的婚姻危机，属于私人生活隐私权所保护的范畴；而一个电视明星的婚外恋，则被定义为公众渴望了解的事情）；(3) 报道的方式必须适当，即报道消息的方式本身不得具有侵

---

① 〔日〕大谷实：《刑法讲义总论》（新版第二版），黎宏译，中国人民大学出版社，2008年，第241页。

② 〔日〕大塚仁：《刑法概说（总论）》（第三版），冯军译，中国人民大学出版社，2003年，第361页。

③ 〔日〕山中敬一：《刑法总论》（第二版），成文堂，2008年，第563页。

④ 〔日〕山中敬一：《刑法总论》（第二版），成文堂，2008年，第568页。

⑤ 〔日〕最高裁判所1976年3月23日《最高裁判所刑事判例集》，第30卷第2号，第229页。

⑥ 〔日〕野村稔：《刑法总论》，全理其、何力译，法律出版社，2001年，第262～263页。

⑦ 〔日〕大谷实：《刑法讲义总论》（新版第二版），黎宏译，中国人民大学出版社，2008年，第233页。

⑧ 《意大利宪法》第21条规定，"任何人都有权用语言、作品或其他传播方式自由地表达自己的思想"（第1款）；"禁止违反善良风俗的出版，演出或所有其他方式的表达。法律规定适当的措施来防止并制裁这类行为"（第5款）。

犯性。”①

（四） 正当的体育活动

摔跤、拳击、柔道等体育运动，经常会符合暴行罪的构成要件，但一般认为阻却违法性。其主要理由便是因为它们属于正当业务行为。日本学者野村稔认为，关于拳击、空手道、摔跤等体育运动行为，由于有形力行使的结果而该当暴行罪或者伤害罪的构成要件。但是由于是以体育运动为目的，而且是在该目的范围内，按照该体育运动的规则实行的，因而在此限度内被容许②。关于正当业务行为中的“业务”，并非仅指以经济报酬为目的的职业行为，业余体育运动也可以同样对待。

三、被害人的承诺

（一） 概念与性质

被害人的承诺，又称被害人的同意，是法益的主体即被害人同意他人对自己的法益实施侵害行为。被害人同意的行为，就像罗马法中“不可能对承诺者实施不法”的法律格言所表示的，自古就被认为缺乏违法性③。

但是，基于被害人承诺的行为并非都能成为违法性阻却事由。例如，对幼女的奸淫行为和对儿童的猥亵行为，即使存在被害幼女或儿童的承诺，也不能阻却犯罪的成立。又如，故意杀人、强制堕胎的行为在大陆法系刑法中属于严重犯罪，被杀者的承诺只不过是刑罚的减轻事由。

1953年，德国学者吉尔兹（Geerds）提倡分别把阻却构成要件符合性的承诺称为“同意”（Einverstandnis），把阻却违法性的承诺称为“承诺”（Einwilligung）。根据德国学者罗克辛的观点，同意和合意主要存在以下六点区别④：

(1) 同意应当仅仅取决于同意者的内在意志，不要求一定向外界显现出来；相反，承诺至少要求承诺者通过言辞或行为使其在外观上可以被认识。

(2) 同意的有效性应当仅仅以被害人的“自然”意志为条件，即使这个人由于未成年或者精神障碍而缺乏判断能力，也可以有自然的意思表示。而承诺的有效性的条件是行为人必须是冷静的，且具备必要的判断能力，能够知道自己意思表示的效果，可以理性权衡正反意见。

(3) 意思瑕疵的承诺（如错误、欺骗和强迫）不影响同意的效力，但意思瑕疵将使承诺无效。

(4) 根据德国主流理论，承诺如果违背公序良俗，则无效。例如，根据《德国刑法典》第228条，在被害人承诺的情况下所为的伤害行为，如果承诺的内容违反公序良俗，那么该承诺是无效的，行为仍然是违法的。而同意的情况则不一样。例如，当女子怀有违

① 〔意〕杜里奥·帕多瓦尼：《意大利刑法学原理》（注评版），陈忠林译评，中国人民大学出版社，2004年，第142～143页。

② 〔日〕野村稔：《刑法总论》，全理其、何力译，法律出版社，2001年，第262页。

③ 〔日〕大塚仁：《刑法概说（总论）》（第三版），冯军译，中国人民大学出版社，2003年，第355页。

④ Roxin C. Strafrecht Allgemeiner Teil Band Ⅰ. Verlag C. H. Beck，2006，4. Aufl.，S. 541～543.

反善良风俗的目的而与男子发生性关系时，仍不构成强奸罪。

（5）在行为人并不知晓法益主体已经对这些行为作出承诺的情况下，根据同意和承诺是处于犯罪论体系的不同阶层，处理的结果也是不一样的。在同意的案件中，如果行为人不知道已经得到被害人的承诺，那么往往只发生未遂的问题。因为行为人的故意是指向不合格的对象，所以并没有实现客观的构成要件。相反，在承诺的案件中，如被害人关于毁损或伤害的承诺，在行为人不知情的情况下，就应当认为是犯罪既遂。

（6）当被害人没有承诺而行为人误认为存在承诺时，如果属于同意，那么必然排除故意。例如，一个相信房屋所有权人或者保管权人已经作出了允许的人，就不具有“侵入”或者“盗窃”的故意。相反，如果属于承诺，例如在身体伤害或者毁坏财产中，根据主流理论，行为人就是误解了一个阻却违法性事由的前提性条件，理论上对其处理存在不同意见，详见本书假想防卫、假想避险等部分的内容。

自20世纪70年代以后，德国刑法学者对吉尔兹的同意与承诺区分说提出了尖锐的批评，进而发展为认为被害人承诺和同意都属于违法性阻却事由的学说。在日本，学者们从名称到法律效果都没有接受吉尔兹的同意与承诺区分说①。

（二）阻却违法性的根据

由于学者们对于违法性阻却的一般原理理解不同，因而关于被害人承诺阻却违法性的根据也存在多种不同的主张。

（1）法律行为说认为，被害人的同意是一种法律行为，授予行为人可撤销侵害的权利；因为权利的履行是不能违法的，同意对于刑法而言同样是一个合法化事由②。

（2）放弃利益说认为，法秩序将维护法益的决定权委托给法益所有人，承诺成为法益所有人放弃利益的标志。“受害人的同意只排除法秩序规定法益享有人所具有的处置权以内的伤害行为的违法性，因为这里只涉及他自己的利益，而不同时涉及他人的（如共同之财产所有人）或公众的利益。因此，违法性的排除是建立在同意放弃利益基础之上的。”③

（3）保护客体部分脱落说认为，犯罪的构成要件不仅保护各种实质的法益，而且保护法益保持者的处分权限，承诺使保护的客体脱落。“对（个体）权益的保护并不仅仅限于身体，还包括个体处分自身利益的自由。被害人的同意可以改变这种关系，而使得符合构成要件的侵害行为恰好不会再侵害法益。”④

（4）放弃刑法保护说认为，承诺人由于放弃了利益而放弃了刑法的保护。这是德国的主流理论②。

（5）公序良俗说认为，被害人承诺之所以阻却违法，是因为其符合公序良俗。换言之，违反善良风俗的承诺无效。其主要理由是援引《德国刑法典》第228条（原第226a

---

① 〔日〕浅田和茂：《刑法总论》（补正版），成文堂，2007年，第202页。

② Jescheck H H, Weigend T. Lehrbuch des Strafrechts Allgemeiner Teil. Drucker & Humblot, 1996, 5. Aufl., S. 377.

③ 〔德〕李斯特：《德国刑法教科书》（修订译本），徐久生译，法律出版社，2006年，第246页。

④ Stratenwerth G, Kuhlen L. Strafrecht Allgemeiner Teil: Die Straftat. Verlag Franz Vahlen, 2011, 6. Aufl., S. 116.

条）的规定[①]。《德国刑法典》第228条规定："在被害人同意的情况下所为之伤害行为，仅在该行为尽管被害人同意也违反善良风俗时，才是违法行为。"

(6) 社会相当性说认为，基于被害人承诺的法益侵害之所以合法，是因为其具有社会相当性[②]。

(7) 目的说认为，被害人承诺之所以阻却违法，是因为其是为了达到国家承认的共同生活的目的而采取的适当手段[③]。

(8) 法益衡量说认为，"被害人同意是放弃构成要件所规定的法益而导致缺少侵害法益，因此在实质上不存在法益侵害所以不能说是违法行为……它是基于'保护法益的欠缺'原则"[④]。在此基础上发展起来的优越的利益说的观点也基本相似，即"作为法益主体的被害人通过同意而放弃了其可以处分的法益的事实基础，从而放弃了生活利益。因此，应适用利益不存在原则，被侵害的法益失去了用刑法加以保护的必要"[⑤]。

(9) 自我决定权与侵害法益的利益衡量说认为，同意行为之所以能够被正当化，是由于同意而实现的自己决定自由这种利益，优越于被行为所侵害的利益。被害人的同意，是在同一法益主体即被害人的内部进行利益衡量，这是其特色，但在优越利益原理起支配作用这一点上，其和正当防卫之类的其他正当化事由基本上一致。因此，如同同意他人侵害自己生命（同意杀人）之类的场合一样，在所侵害法益优越于自己决定自由的利益的时候，尽管具有同意，也仍然违法[⑥]。

（三）要件

关于被害人承诺的要件，主要涉及以下几个方面的问题。

1. 承诺的主体

能够对被害法益表示承诺的，必须是具有法益处分权且具有承诺能力的人。如果权利本身不能被权利人自由支配，或者权利人自己不能支配该权利或者财产，则被害人的承诺没有法律效力[⑦]。承诺能力指的不是被害人事实上或自然的意思，而是指充分理解法益侵害的意义、范围、效果的"认识能力"与"判断能力"。明显缺乏认识与判断能力的幼儿、精神病患者的承诺无效。对于成年人而言，承诺能力不应限定为具体犯罪的责任能力。只要充分知晓承诺的事实前提，一般就认为具有承诺能力。在被害人为数人时，应以全体成员的承诺为必要。

当法益主体本人欠缺承诺能力时，应否承认法定代理人等的代理承诺？一种观点认为，承诺权不具有由代理人代理行使的性质，当法定代理人或者监护人基于管理权而作出

① 〔日〕牧野英一：《刑法总论》，有斐阁，1949年，第275页。

② 〔日〕福田平：《全订刑法总论》（第四版），有斐阁，2004年，第179页。

③ 〔日〕木村龟二：《刑法总论》，有斐阁，1978年，第286页。

④ 〔日〕中山研一：《刑法总论》，成文堂，1982年，第306页。

⑤ 〔日〕内藤谦：《刑法讲义总论》（中），有斐阁，1986年，第582页。

⑥ 〔日〕曾根威彦：《刑法学基础》，黎宏译，法律出版社，2005年，第60页。

⑦ 〔德〕安塞尔姆·里特尔·冯·费尔巴哈：《德国刑法教科书》（第十四版），徐久生译，中国方正出版社，2010年，第41页。

承诺时，不是承诺权的代理行使，而是有承诺权者基于自己的权限而作的承诺[①]。另一种观点认为，承诺虽然以法益主体本人行使为原则，但如果本人欠缺承诺能力时，法定代理人所进行的承诺原则上有效。这一点对亲权者基于民法上的监护权或财产管理权所作的代理尤为妥当。不过这种代理不能侵犯本人的利益而造成重大的身体伤害[②]。

承诺必须是法益主体真实的意思表示。强制下的同意，因为不是基于诚意的同意，故无效。日本通说和判例认为基于错误的同意是无效的[③]。也有学者主张同意是处分自己的法益的意思，因此，基于与法益有关的事实错误而作出的承诺无效；但如果仅仅是动机方面的错误，则承诺有效。此说在日本也属于一种有力的学说[④]。

2. 承诺的法益

有效的承诺以承诺者对被侵害的法益具有处分权限为前提。对国家或社会法益的犯罪，国家、社会通常不考虑对侵害这些法益给予承诺，而且事实上不可能，因此，承诺只限于个人的法益。如耶赛克、魏根特指出："对于公共利益（国家或社会法益）攻击的个人同意不可能有效，因为个人的处分权与上述利益并不相关。"[⑤] 大谷实认为："即便是个人法益，但和国家法益、社会法益相竞合时，或存在数个个人法益的主体时，就不能适用被害人同意的法理。"[⑥]

当然，即便是纯粹的个人法益的犯罪，关于对生命、身体的侵害的承诺也有一定的限度。例如，得到被害者承诺而杀人的，一般构成犯罪（当然存在例外）；但对被害者承诺而伤害的，由于刑法没有明文规定，故对其处理还存在争议。

对个人法益的犯罪，在是否只要有被害人的同意，就一定排除伤害罪的违法性的问题上，存在以下不同见解：①身体安全是个人可以处分的法益，所以，一般来说，排除违法性；②只有从国家、社会伦理规范的角度来看是妥当的场合，才不违法；③除了重大伤害特别是有生命危险的伤害之外，都不违法。大谷实认为，由于身体是个人能够处分的法益，所以用社会伦理规范来对其进行规制的②说不妥；从《日本刑法典》第202条处罚同意杀人，以及保护生命法益的重要性来看，在有危及生命程度或形式的重大伤害时，不允许自由处分法益，即被害人的同意无效，所以，③说妥当[⑥]。

3. 承诺的对象

德国、日本的学者大多认为，承诺的对象不仅包括侵害法益的结果，也包括引起该结果的行为。两国学者常常讨论下列设例：①射击场上的姑娘F，手上拿着玻璃球，射击名手S谨慎地瞄准玻璃球射击，不幸失败了，打中了F的手，使之负伤。②S缺乏应有的注意，轻率地射击，或者以伤害的故意进行射击，给F造成同样的伤害。在这两种场合，

① 〔日〕西原春夫：《刑法总论》（上卷）（改订版），成文堂，1993年，第275页。

② 〔日〕山中敬一：《刑法总论》（第二版），成文堂，2008年，第210页。

③ 〔日〕大谷实：《刑法讲义总论》（新版第二版），黎宏译，中国人民大学出版社，2008年，第236页。

④ 〔日〕平野龙一：《刑法总论Ⅱ》，有斐阁，1975年，第257页；〔日〕浅田和茂：《刑法总论》（补正版），成文堂，2007年，第208页。

⑤ Jescheck H H, Weigend T. Lehrbuch des Strafrechts Allgemeiner Teil. Drucker & Humblot, 1996, 5. Aufl., S. 380.

⑥ 〔日〕大谷实：《刑法讲义总论》（新版第二版），黎宏译，中国人民大学出版社，2008年，第235页。

承诺的效果是否不同？将承诺的对象仅限于“行为”的见解（行为说）认为，上述①、②两种情形都不是基于承诺，因而是违法的。认为承诺的对象也包括“结果”的见解（结果说）则主张：①情形的伤害结果包括在承诺中，因而阻却违法性；②情形不是基于承诺，故是违法的（肯定行为者的主观的违法要素）。

对于过失犯而言，一般认为，不仅需要被害人承诺了危险，还需要被害人承诺了结果。例如，知道司机酒后驾驶仍然同意乘坐该车的人，即使对因事故而受伤的“危险”存在承诺，但并没有承诺“伤害”这一结果，因而不能认为存在过失致伤罪的承诺[①]。

对于明知有死亡的危险而乘坐他人汽车的场合，有见解认为，在过失犯的场合，如果认识到有可能发生结果，则即使是对于死亡的同意，也是有效的。另有见解则认为，在仅仅承担危险的场合，该同意是无效的，何况，由于不允许放弃生命，因此，应当从社会相当性的角度来认定其排除违法性[②]。

4. 承诺的方式

承诺要求法益主体亲自表示。代理人表示的同意是无效的。虽然法定代理人基于其管理权而实施的同意是为了他人法益而实施的同意，但由于其是根据自己的权限表示的同意，所以与代理人同意的场合不同，理应有效。

被害人的承诺是不是一定要在外部表示出来？日本学界存在意思表示说和意思方向说的争议。前者主张承诺的意思必须在外部表现出来[③]；后者主张承诺只要被害人内心具有承诺的意思就够了，不要求表现于外部[②]。不过，由于意思表示说认为只要从外部能够认识到被害人存在承诺，即使承诺的方式是默示的，也不影响承诺的有效性。因此，意思方向说和意思表示说在实际中的差异并不大。

德国通说主张“使人知悉理论”（vermittelnde Theorie），此说认为一种具有法律意义的同意所需的条件是，它必须以任何一种方式向外界显示出来。但同意并不需要明确表示，通过有说服力的行为来表示同意就足够了[④]。

5. 承诺的认识

在行为人是否必须对被害人的同意有认识之后再采取行动这一点上，有不要说和必要说之争。主张不要说者认为，被害人既然同意行为人的行为及侵害法益的结果，那么，对于被害人而言，就已没有值得保护的法益了，因此，没有必要要求行为人对被害人的同意有认识[⑤]。主张必要说者则认为，行为人认识到被害人承诺的存在是必要的。承诺的认识是主观的正当化要素。当承诺存在但行为人误以为不存在而行为时，因为欠缺主观的正当化要素，其行为就是违法的[⑥]。

认识不要说与认识必要说在对具体案件的处理上存在差异，这主要体现在被害人同意

---

① 〔日〕山中敬一：《刑法总论》（第二版），成文堂，2008年，第209页。

② 〔日〕大谷实：《刑法讲义总论》（新版第二版），黎宏译，中国人民大学出版社，2008年，第238页。

③ 〔日〕大塚仁：《刑法概说（总论）》（第三版），冯军译，中国人民大学出版社，2003年，第358页。

④ Roxin C. Strafrecht Allgemeiner Teil Band Ⅰ. Verlag C. H. Beck，2006，4. Aufl.，S. 569；Jescheck H H，Weigend T. Lehrbuch des Strafrechts Allgemeiner Teil. Drucker & Humblot，1996，5. Aufl.，S. 381～382.

⑤ 〔日〕大谷实：《刑法讲义总论》（新版第二版），黎宏译，中国人民大学出版社，2008年，第239页。

⑥ 〔日〕西原春夫：《刑法总论》（上卷）（改订版），成文堂，1995年，第277页。

该行为和结果但行为人却误认为没有同意的场合，也即在同意的存在上有错误的场合，该如何处理，有以下不同见解：①只要有同意，就没有侵害法益的结果，所以不可罚；②不是成立既遂犯，而是可能成立未遂犯；③由于没有主观的正当化要素，所以成立既遂犯。

认识不要说认为，只要存在承诺就不能成立故意杀人既遂，从结果无价值论的立场看，不存在保护法益而认定其行为构成未遂也是不妥当的。因此，行为人的行为作为杀人罪而言属于无罪的不能犯，只成立同意杀人罪。与此相对，认识必要说或者从行为无价值论的立场出发，认为不存在主观的正当化要素，所以成立杀人既遂；或者从二元论的立场出发，认为虽然实行行为是杀人行为，但结果却是同意杀人，不属于杀人罪本来的结果，因而减轻违法性构成杀人未遂[①]。

6. 承诺的时期

关于承诺的时间，存在不同观点。一种观点认为，承诺必须存在于行为时，事后的承诺不阻却犯罪成立，而事前的承诺必须延续到行为时[②]；另一种观点认为，承诺以结果发生时存在为充分和必要条件。因为承诺意味着保护法益丧失其法益性和保护价值，所以应以结果发生时为标准[③]。前者是理论上的通说。日本的判例也赞同承诺是以该行为和结果为对象的，所以，必须在实行行为时存在。事后同意不排除违法性。即便是事前的同意，只要在行为时不存在，就认为是无效的。

承诺通常是个别实施的，但有时也在事前概括性地、一般性地实施。例如，进入百货店贩卖柜台的行为，只要是社会一般观念上所许可的范围之内的进入行为，就应当说是得到了售货员的一般性的、概括性的同意。

四、推定的承诺

（一）意义及类型

推定的承诺，又称推定的同意，是指虽然实际上并不存在被害人自己作出的承诺，但是，可以认为在被害人知道情形时就当然会给予承诺，从而推定其意思所实施的行为。

德国学者耶赛克、魏根特将推定的同意分为两种类型[④]：

(1) 被害人生活领域内的内在的财物冲突或者利益冲突型。该冲突并非在适当的时期由被害人本人解决，而是应当根据被害人的意向以外部干预的途径予以解决。例如，医生为挽救运来的重伤员的生命进行截肢手术；某人为了堵住破损的管道，进入出门旅游的邻居家里。

(2) 被害人为了行为人或者第三人利益而放弃自身利益型。在这样的情况下，法益享有人同意的推定，要么是建立在维护相关法益中法益主体的利益的基础之上，要么是建立在关系人个人的特别理由的基础之上。例如，少年们在水果丰收的季节，将掉落在他人树

---

① 〔日〕高桥则夫：《刑法总论讲义案》，成文堂，2006年，第134页。

② 〔日〕高桥则夫：《刑法总论讲义案》，成文堂，2006年，第133页。

③ 〔日〕山口厚：《刑法总论》（第二版），有斐阁，2007年，第156页。

④ Jescheck H H，Weigend T. Lehrbuch des Strafrechts Allgemeiner Teil. Drucker & Humblot，1996，5. Aufl.，S. 386.

下的水果收集起来；家庭保姆擅自将主人穿旧的西装送给乞丐。

罗克辛就“推定的同意”划分出两种类型[①]，即“在自己利益中的行为”与“在他人利益中的行为”；意大利学者帕多瓦尼划分了三种类型[②]，即“为权利人（被害人）利益而推定的同意”、“为第三者利益而推定的同意”、“为自己（行为人）的利益而推定的同意”，这均与前述两种类型相近，只是用词有所不同。

西田典之将“推定的同意”分为事务管理型、权利侵害型两种。前者是指，为了他人的利益，而侵害该人的其他另外一种法益的情形。后者是指，某种通常并不会存在问题的发生在友人之间的轻微犯罪[③]。

（二）阻却违法性的根据

关于推定的承诺何以阻却违法性，其根据是什么，学者之间也是歧义纷呈。日本学者中主要有四种主张：①法益衡量说。该说立足于与被害人同意相同的法理，将被害人放弃法益的意思方向作为根据。如佐伯千仞、平野龙一、吉川经夫、内藤谦等持此见解。②社会的相当性说。该说认为推定的同意是具有社会相当性的行为，应当加以肯定。如团藤重光、福田平、大塚仁持此见解。③被允许的危险说。该说认为只要是客观、合理的推定，哪怕是错误的判断，也予以允许。如齐藤诚二持此见解。（这里的“危险”是指推定的承诺毕竟是事前阶段的盖然性判断，基于非确实的盖然性判断不能否定其错误判断的可能性，据此而实施的行为具有冒危险的性质）。④紧急避险说。如前田雅英认为，推定的承诺按照紧急避险处理可以被认可（指引起重大法益的侵害仍被正当化的场合）[④]。

大谷实认为，推定的同意是以被害人如果能够正确认识事态的话就会同意为根据的，因此，与法益主体根据自己的意思放弃法益的被害人同意的场合不同，不能适用侵害法益不可或缺的原则。因此，主张以被害人放弃法益的意思方向为根据的法益衡量说不妥，而应当承认法益侵害的存在，认为从推定同意是否具有社会相当性的角度出发来认定排除违法性的社会相当性说是妥当的。

德国学者罗克辛认为：“推定的同意是一种习惯法上的正当化根据，……是从有宪法性保障的行为自由（《德国基本法》第2条第1款）中推导出来的。”[⑤] 耶赛克、魏根特则认为，推定的同意的合法化效力，应以三种观点的结合为基础，“第一，必须根据被害人的意向进行利益衡量；第二，如果被害人知道事情真相，必须对究竟应如何按照预想的意思决定作出客观的推定；最后，必须考虑到被允许的风险的思想，进行认真探讨的义务正是来源于该思想”[⑥]。

此外，也有少数学者认为，推定的承诺本身不能阻却违法性。因为在实际上没有得到

---

① Roxin C. Strafrecht Allgemeiner Teil Band Ⅰ. Verlag C. H. Beck，2006，4. Aufl.，S. 829～834.

② 〔意〕杜里奥·帕多瓦尼：《意大利刑法学原理》（注评版），陈忠林译评，中国人民大学出版社，2004年，第140～141页。

③ 〔日〕西田典之：《日本刑法总论》（第二版），王昭武、刘明祥译，法律出版社，2013年，第164～165页。

④ 〔日〕大谷实：《刑法讲义总论》（新版第二版），黎宏译，中国人民大学出版社，2008年，第239页。

⑤ Roxin C. Strafrecht Allgemeiner Teil Band Ⅰ. Verlag C. H. Beck，2006，4. Aufl.，S. 825.

⑥ Jescheck H H，Weigend T. Lehrbuch des Strafrechts Allgemeiner Teil. Drucker & Humblot，1996，5. Aufl.，S. 387.

被害人承诺（违反被害人的意思）的情况下，显然存在法益侵害，不能正当化。但也不意味着需要处罚这种行为。如果被害人没有承诺而行为人误认为存在承诺时，属于对违法性阻却事由事实前提的认识错误，如果法条没有处罚过失犯的规定（侵入住宅罪、盗窃罪等），就不能进行处罚。即使法条有处罚过失犯的规定（过失伤害罪），但多数欠缺期待可能性，因而阻却责任，所以推定的承诺的理论是无用的理论①。

（三）要件

关于推定的承诺作为排除违法性的事由，日本学者认为必须具有以下要件②：

(1) 满足被害人同意的要件。适用推定同意的犯罪，以被害人的实际同意能够排除构成要件符合性或者违法性的犯罪为限。但是，对于以实际同意为排除构成要件符合性事由的犯罪，由于不存在实际同意，所以，推定同意都只是排除违法性而已。

(2) 从被害人的立场出发进行推定。推定同意，是对被害人同意法理的补充，因此，推定同意也必须从被害人的立场出发进行。在查明被害人与一般人行动不同的场合，就要推测被害人的真实意思，只要没有实施与其真实意思一致的行为，就不排除违法性。但是，在难以推测被害人的真实意图的场合，只要按照社会一般观念进行合理推测就可以了。只要合理推定该行为符合行为人的真实意图，且该行为是实现推定的意思内容的行为的话，即便事后被害人不承认，也作为具有社会相当性的行为，排除违法性。

(3) 不可能获得同意的表示。由于推定同意是被害人同意法理的补充，因此，据此而排除违法性的，只能是实际上不可能得到被害人表示同意的场合。这被称为补充性要件。

五、自救行为

（一）自救行为的意义

所谓自救行为，是指法益受到侵害的人，若为恢复权利而履行法律上的正式程序，等待国家机关的救济，就会丧失机会，使其权利事实上不可能或难以恢复的时候，便根据自己的实力来恢复权利的情形。例如，失主某日在路上看到盗窃犯驾驶自己的汽车，在犯人企图逃跑时，强令其停车并使用武力夺回该车的行为，就是一种自救行为。广义上讲，正当防卫和紧急避险也是自救行为，但是，这里所说的自救行为，在对权利的侵害已成过去这一点上，与前两种情况不同。

在近代法治国家中，针对法益的侵害，原则上都要通过国家的救助机关之手进行救助，但是，既然现实上国家的救助机关不可能是万能的，在难以依靠国家机关的紧急事态中，就应当将被害人自己实施的权利恢复行为视为合法。在此意义上，自救行为属于超法规的违法阻却事由。但是，如果简单地广泛认可自救行为的话，则不仅会招致轻视国家机关的救济，容允私力救济，而且还会引起根据自救行为人的实力的不同所造成的救济的不公平，因此，应当考虑正当防卫的要件，根据紧急程度、法益比较、行为的相当性等严格要件，予以认可。

---

① 〔日〕浅田和茂：《刑法总论》（补正版），成文堂，2007年，第212页。

② 〔日〕大谷实：《刑法讲义总论》（新版第二版），黎宏译，中国人民大学出版社，2008年，第240页。

有日本学者认为，对于不作为的消极的侵害认定正当防卫的场合，没有必要认定自救行为的观念[①]。如盗窃犯人不返还盗窃物品的行为是不作为的侵害占有行为，让盗窃犯人返还该物的行为是正当防卫，而不可能成立自救行为。但是通说认为，上述消极侵害并不一定就是《日本刑法典》第 36 条第 1 款所谓的“紧急不法的侵害”。

（二）自救行为的要件

日本多数学者认为，自救行为阻却违法性，需要具备以下要件[②]：

(1) 存在对法益的违法侵害。对合法行为不能采取自救行为。法益不限于个人法益，也不一定限于财产权，对于名誉权，也可以实行自救。由于自救行为只能对已经发生的侵害法益行为实施，因此，在法益正在遭受侵害时所实施的反击行为是正当防卫，而不是自救行为。

(2) 在恢复被害法益上具有紧急性。所谓紧急性，是指无暇请求国家机关的法律救济，不马上采用自力救济的方式事实上就不可能恢复被害法益，或者处于明显困难的状态。

(3) 自救行为的相当性。为了自救而实施的行为，是恢复被害法益所必要、相当的行为。在是否相当的判断上，除了考虑方法、程度之外，还要权衡法益以及补充性，从行为的社会相当性的角度来判断。

(4) 自救的意思。以自救的意思实施自救行为，这是主观的正当化要素。另外，也有见解认为，只允许为自己实施自救行为，为他人实施的自救行为是违法的。我们认为，为了他人而实施时，也应该阻却违法性。

（三）自救过当和假想自救

所谓自救过当，是超过自救行为的相当性程度而实施的行为。虽然其是与防卫过当相对应的、减少违法性和责任的事由，但是，由于法律没有明文规定，所以，只能在量刑中予以考虑。所谓假想自救，是尽管不存在符合自救行为要件的事实，但却误以为存在。它与假想防卫相对应，不排除故意，只能在责任层次上予以解决。对假想的自救过当行为也应同样处理。

六、安乐死、尊严死

（一）安乐死

1. 概念与类型

所谓安乐死（euthanasia，mercy killing），就是患者在承受剧烈的肉体上的痛苦、濒临死亡的场合，按照患者的嘱托，为缓和、除去其痛苦，而使患者安详地迎接死亡的措施。荷兰是世界上第一个使安乐死合法化的国家：2001 年 4 月 10 日荷兰议会上议院正式

① 〔日〕大谷实：《刑法讲义总论》（新版第二版），黎宏译，中国人民大学出版社，2008 年，第 249 页。

② 〔日〕大谷实：《刑法讲义总论》（新版第二版），黎宏译，中国人民大学出版社，2008 年，第 250～251 页；〔日〕大塚仁：《刑法概说（总论）》（第三版），冯军译，中国人民大学出版社，2003 年，第 366～367 页。

通过了安乐死法案[①]。日本刑法理论中的通说承认安乐死阻却违法性，但其法院迄今尚无安乐死被宣告无罪的判例。

根据安乐死是否会伴随有生命的缩短，通常可以分为以下四类：

（1）只是作为消除、缓解死亡痛苦的措施，不伴随缩短生命的纯粹的安乐死。例如，对于马上就要过世的患者使用麻醉药，减轻其临终前的痛苦。

（2）作为消除、缓解死亡痛苦的措施的副作用而缩短患者生命的间接的安乐死，也被称为治疗性安乐死。

（3）为了不延长患者的痛苦而不采取积极的治疗措施致使其生命短缩的消极的安乐死。

（4）为了免除患者的痛苦，而提前结束其生命的积极的安乐死。

以上四种类型中，纯粹安乐死没有将死期提前，而是缓解、消除患者痛苦至死亡，作为一种治疗行为当然是合法的。这在刑法上不存在任何问题。相反地，间接安乐死、消极安乐死和积极安乐死，其行为的实施将病人的死期提前，因此是否符合杀人罪、嘱托杀人罪及自杀关联罪的构成要件，就成为值得研究的问题。

2. 学说

在日本，关于安乐死，学说上有安乐死违法论和安乐死合法论之争。安乐死违法论认为，人的生命具有绝对价值，不管出于什么理由，缩短人的生命的行为，都不排除违法性。一旦将安乐死合法化，就会出现"抹杀没有生存价值的生命"的"连锁反应"，所以，不处罚安乐死的依据，最多只能作为排除责任事由进行讨论[②]。

目前，在日本通说认为安乐死阻却违法。只是对于在什么情形下才是合法的安乐死，尚有不同的见解。

在日本持安乐死合法论者有三种主张：

（1）有的学者从社会相当性说的角度出发，认为在患者濒临死亡的情况下，尊重患者的自我决定权，缩短其本已短暂的生命来免除其死前的痛苦，这符合人道主义的精神，具有社会相当性[③]。这是一种行为无价值论的观点。

（2）有的学者以法益衡量说或优越的利益说为前提，认为将缩短残存的极有限的生命这种法益侵害的程度与消除难以忍受的肉体痛苦这种利益进行比较衡量的话，显然后者的利益更为优先。再加上存在被害人的承诺，因而应当阻却违法[④]。这是一种结果无价值论的观点。

（3）还有的学者将自己的观点称为跛行的结果无价值论，认为如果不存在结果无价值就不存在违法性，但违法性的判断又不限于结果无价值，还必须考虑违法性减少方向上的行为无价值性。因此，对于积极的安乐死而言，虽然患者的剩余生命已经短暂，但第三者人为缩短这种生命的行为，尽管存在被害人承诺，仍然具有结果无价值性。不过由于其目

---

① 李支援：《荷兰成为安乐死合法化第一国》，《检察日报》，2001年4月12日，第5版。

② 〔日〕曾根威彦：《刑法总论》（第四版），弘文堂，2008年，第127页；〔日〕浅田和茂：《刑法总论》（补正版），成文堂，2007年，第214页。

③ 〔日〕福田平：《全订刑法总论》（第四版），有斐阁，2004年，第176页。

④ 〔日〕前田雅英：《刑法总论讲义》（第五版），东京大学出版会，2011年，第353页。

的是为了消除患者的痛苦，又尊重了患者的自我决定权，只要手段具有相当性，就应当认为减少了行为无价值性，因而阻却违法①。这实际上是一种二元论的观点。

3. 要件

日本虽然尚无承认安乐死合法化的判例，但有些判例提出了安乐死合法化的要件。名古屋高等法院1962年12月22日（高刑集第15卷第9号第674页）作出的判决认为，在符合“①病人患有在现代医学的知识和技术看来，是不治之症的重病；②不仅病人忍受巨大的痛苦，而且其他人也不忍目睹；③完全是出于缓和病人的死亡痛苦的目的而实施的；④病人的意识清醒，有本人真诚的嘱托或者承诺；⑤原则上由医生实施，在不能由医生实施的时候，具有可以认可的特别事情；⑥该方法在伦理上是妥当的，被大家所承认”这样六个要件的时候，可以认定安乐死合法。对于上述条件，结果无价值论与行为无价值论有不同的看法。主要表现在，结果无价值论者认为，上述③、⑥是不必要的条件。因为结果无价值论者重视的是结果，而不是行为本身与行为的目的。而行为无价值论者重视行为本身与行为的目的，故认为这两个条件是必不可少的。

后来，日本横滨地方法院在对东海大学事件的判决中指出：“第一，患者面临难以忍受的肉体痛苦；第二，死期临近，难以避免；第三，为了缓和、消除肉体痛苦，除了死亡之外，没有其他替代手段；第四，具有请求中止治疗行为的意思表示。认为满足上述四个要件的话，安乐死行为就合法。重要的一点是，要求本人具有明确的意思表示。”②

日本学者认为只要符合以下四个要件，就不具有同意杀人罪的违法性③：

（1）濒临死亡。从现代医学的技术和知识来看，患者患有不治之症，濒临死亡。不治之症是根据医学发展而变化的相对概念，应根据当时的医疗水准进行判断。

（2）难以忍受的身体痛苦。患者具有难以忍受的身体痛苦。精神痛苦不包括在内，而且也不单纯只是痛苦。

（3）明示的嘱托。要有基于病人真实意思的嘱托。安乐死的根据之一就是，尊重病人的自主决定，选择决定抛弃“所剩的短暂生命”的不利，以获取消除“痛苦”的有利的主体必须是病人本人，非出于本人意思的安乐死是强加的“慈悲”，是不人道的。因此，在符合杀人罪的构成要件的时候，就没有成立安乐死的余地。

（4）补充性。安乐死是为了实现除去、缓和患者的死亡痛苦的目的，在没有其他代替手段的情况下所实施的，不要求一定是经医生之手所实施的行为。

（二）尊严死

1. 概念

所谓尊严死（death with dignity），是指对于没有治愈可能的生命晚期患者，不实施或者停止实施其维持生命的措施，使其自然地死亡的行为。

尊严死与安乐死的主要区别如下④：

---

① 〔日〕日高义博：《违法性的基础理论》，成文堂，2005年，第101页。

② 〔日〕横滨地方裁判所1995年3月28日《判例时报》，第1530号，第28页。

③ 〔日〕大谷实：《刑法讲义总论》（新版第二版），黎宏译，中国人民大学出版社，2008年，第244～245页。

④ 陈子平：《刑法总论》，中国人民大学出版社，2009年，第203页。

（1）在“患者自己决定权”的问题上，尊严死的情况，患者不是欠缺意识就是缺乏判断能力，究竟要如何获得较明确的嘱托或承诺，要比安乐死的困难。

（2）安乐死是以较为积极的方式结束患者生命；尊严死则采用消极手段终止或不实施维持生命的医疗措施而结束患者生命。

（3）安乐死的情况，有消除或缓和患者本身难以忍受的肉体上痛苦的客观利益存在；反观尊严死的情况，患者并不具有如此的痛苦，因此令人有所疑虑的是，与其说存在有患者本身的客观利益，倒不如说存在患者以外的家属、医院、保险、财政等负担减轻的客观利益。

（4）安乐死的死期较为确定，而尊严死较不确定。

2. 学说

关于尊严死也有几种不同的主张：①在属于符合人道的处置措施的限度内，则排除违法性。此说认为以伤病者的推定性承诺、近亲属等保护者的承诺为基本要件，进而慎重地作出一定的社会伦理判断，就可以将其合法化①；②在没有事前承诺和恢复意识的可能的场合，可以排除违法性②；③由于社会一般观念不予以认可，因此，不排除违法。此说认为，生命是具有绝对性的价值，无论以何种理由都不允许缩短其时间。停止延命治疗的行为意味着缩短生命，因而是违法的，只能作为责任阻却的问题加以考虑③。

历来在尊严死的场合，由于没有要求显示痛苦，患者不可能具有嘱托，不一定要临近死期等，因此，根据人道主义的立场，将其作为具有社会相当性的行为是相当困难的。应当从对没有治愈希望的患者采取延长寿命措施是对患者的不人道，而为了患者法益停止延长寿命措施，使其保持作为人的尊严自然地迎接死亡反而是人道的立场出发，将尊严死作为末期医疗的应有方式加以考虑。所以，延长寿命治疗在具备一定要件的时候可以中止（包括不开始实施）。即便因此而使死亡提前来临，行为也不具有违法性④。

3. 要件

上文所引日本横滨地方法院的判决对停止治疗行为进行了阐述。该判例在旁论中指出：“中止治疗行为（所谓的尊严死）……以患者自我决定权的理论和……医生的治疗义务的界限为根据，在一定的要件之下可以予以允许”，其要件有：“一、患者得了不可能治愈的疾病，没有康复的希望，处于不可能避免死亡的末期状态”；“二、存在患者要求中止治疗行为的意思表示，该意思表示存在于中止治疗行为之时”；“三、供给药物、化学疗法、人工透析、人工呼吸器、输血、营养水分补给等治疗疾病的治疗措施和属于对症疗法的治疗措施以及维持生命的治疗措施等，都可以成为中止治疗行为的对象”⑤。

日本多数学者认为尊严死应具备如下条件⑥：第一，从医学来看，必须是患者已陷入不可能康复的状态（无可救药状态），或者是末期状态（死亡迫在眉睫的状态）。第二，在有意思能力期间，患者具有停止延长寿命措施的意思表示。在不能确认这种意思表示的时

---

① 〔日〕大塚仁：《刑法概说（总论）》（第三版），冯军译，中国人民大学出版社，2003年，第365页。

② 〔日〕西原春夫：《刑法总论》，成文堂，1977年，第237页。

③ 〔日〕团藤重光：《刑法纲要总论》，创文社，1990年，第227页。

④ 〔日〕大谷实：《刑法讲义总论》（新版第二版），黎宏译，中国人民大学出版社，2008年，第305、307页。

⑤ 〔日〕横滨地方裁判所1995年3月28日《判例时报》，第1530号，第28页。

⑥ 〔日〕大谷实：《刑法讲义总论》（新版第二版），黎宏译，中国人民大学出版社，2008年，第246页。

候，应当根据其近亲属的证言来决定终止。第三，停止延长寿命措施是根据医学判断的措施，必须由值班医生实施并记录在案。第四，成为中止对象的延长寿命措施当然也包括积极的医疗在内，但是考虑到该方法是人为的，所以根据病情，停止鼻孔插管或者停止从静脉输液等补充营养的方式也是可以的。

七、义务冲突

（一）概念

义务冲突，是指存在互不相容的多项法律上的义务，为了履行其中的某项义务，就不得不懈怠履行其他义务的情形。例如，医生为了赶到突然患重病的人那里去，拒绝了轻病患者即时治疗的请求。又如，两名未成年子女同时落水，父亲只能拯救其中的一人的情况。

（二）类型

德国学者耶赛克、魏根特将义务冲突划分为三种类型[①]：

（1）一个作为义务与一个不作为义务的冲突。这是指行为人同时有作为义务与不作为义务，只能履行其一的情况。例如，医生对于患者负有职务上的保密义务（不作为义务），为了防止被传染而警告（作为义务）其他患者，因此而泄露此等秘密便属于该种情形。

（2）两个作为义务的冲突。这是指行为人同时负有两个作为义务，只能履行其一的情况。医生面临同时运送两名重伤患者到医院，只有一个心肺装置可供一位患者使用的情况，这就意味着另一患者必然面临死亡。

（3）数个不作为义务的冲突。这是指行为人具有数个不作为义务，而哪一个都无法履行的情况。如德国的“天才驾驶员”案，当汽车驾驶员意识到自己疏忽驶人高速公路的逆向车道上，就处于既不能停留、也不能前进、甚至不能够后退也不能转向的状态，无论驾驶员选择哪一种方式都是违法的[②]。

日本学者山中敬一论及的义务冲突类型包括：①无论哪一个都不允许履行的复数不作为义务的冲突，例如，高速公路上误走逆行线者，无论是停车、继续前行、后退还是转向行走，均不允许、进退两难的场合（与耶赛克所说的第三种类型“数个不作为义务的冲突”相同）。②作为与不作为义务的冲突。③作为义务与作为义务的冲突。此外，山中敬一还提及了论理的义务冲突与实质的义务冲突：前者是指法律上的义务之间发生的抽象的、论理的冲突；后者是指与具体状况相联系的事实上的两个以上法律义务发生冲突，且不能同时履行[③]。

---

① Jescheck H H，Weigend T. Lehrbuch des Strafrechts Allgemeiner Teil. Drucker & Humblot，1996，5. Aufl.，S. 365.

② Jescheck H H，Weigend T. Lehrbuch des Strafrechts Allgemeiner Teil. Drucker & Humblot，1996，5. Aufl.，S. 366.

③ 〔日〕山中敬一：《刑法总论》（第二版），成文堂，2008 年，第 539～542 页。

（三）性质

关于义务冲突的法律性质，存在着以下三种学说：①独立的违法性阻却事由说[①]；②紧急避险的特殊情况说[②]；③法令行为的一种类型说[③]。其中独立的违法性阻却事由说是通说。

通说认为，紧急避险和义务冲突二者的共同点是都发生在紧急事态之时。但是，紧急避险的避险行为是由作为实施的，而在义务的冲突之中，被放置的义务是由不作为所懈怠的。紧急避险时，只要避险者忍受危险，也允许不进行避险行为，但是，在义务冲突的情形中，法律上要求行为人应该履行其义务，所以必须在概念上将两者加以区别。另外，虽然法律上的义务不包括纯粹道德上的义务和宗教上的义务，但是，法律上的义务并非一律需要法令直接规定，只要在习惯上或者条理上承认就够了[④]。

（四）要件

一般认为，义务冲突的成立条件包括：

（1）同时存在数个不相容的义务。

（2）冲突状况的引起不能归责于行为人。如果冲突状况是由于行为人故意或者过失所造成的，那么就排除行为的合法性。

（3）为了履行一方的义务除了侵犯其他义务外别无办法。这又被称为补充性要件，是义务冲突的本质要件。虽然同时存在数个不相容的义务，但如果可以通过对某项义务采取代替措施从而履行其他义务的话，就不具备补充性要件。例如，子女两人同时落水，但如果能够委托他人救助其中一个而自己救助另一个的话，就欠缺补充性要件。

（五）处理

在义务冲突的处理上须权衡义务的轻重。日本多数学者认为，履行程度高的、更重要的义务而未履行程度低的义务，其行为当然是合法的；履行程度低的义务，而放弃履行程度高的义务则是违法的；在义务同等的场合，则认为是阻却违法事由。但对于义务同等的场合，日本也有少数学者认为不能阻却违法，而是阻却责任。例如，对于紧急避险的性质采取在生命对生命、身体对身体的情况下阻却责任的违法性阻却二分说，认为同样情况下的义务冲突属于阻却责任[⑤]。

德国刑法学者罗克辛认为，“义务冲突在法律上的处理方式就能够概括为这样一句话：如果两种法律上的行为义务发生冲突，那么，一个人在履行了那个具有较高价值的或者仅仅具有同等价值的义务，而以牺牲另一种义务为代价时，他就被正当化了”[⑥]。

---

① 〔日〕大塚仁：《刑法概说（总论）》（第三版），冯军译，中国人民大学出版社，2003年，第369页；〔日〕大谷实：《刑法讲义总论》（新版第二版），黎宏译，中国人民大学出版社，2008年，第251页。

② 〔日〕木村龟二：《刑法总论》，有斐阁，1978年，第275页。

③ 〔日〕团藤重光：《刑法纲要总论》，创文社，1990年，第203页。

④ 〔日〕大塚仁：《刑法概说（总论）》（第三版），冯军译，中国人民大学出版社，2003年，第369页；〔日〕大谷实：《刑法讲义总论》（新版第二版），黎宏译，中国人民大学出版社，2008年，第251页。

⑤ 〔日〕木村龟二：《刑法总论》，有斐阁，1978年，第265页。

⑥ Roxin C. Strafrecht Allgemeiner Teil Band Ⅰ. Verlag C. H. Beck，2006，4. Aufl.，S. 782～783.

对此，耶赛克、魏根特则持不同看法①："对于义务冲突的处理，应当区分冲突义务的重要性层次在法律上是可能和不可能的两种情况。"也就是：①如果冲突义务是可以衡量的、不等价的，那么"义务衡量应遵从合法化紧急避险原则……如果存在价值稍高一点的义务就应当优先履行该义务。……违反另一义务的性质因合法化的义务冲突而开脱"。②如果冲突义务是等价的，则必须区别义务冲突的三类情况。"当作为义务与不作为义务相竞合时……对行为人懈怠作为义务的情况不能予以合法化……为此，在这种悲剧性的冲突情形下，仅可考虑对行为人的免责问题。……在两个等价的作为义务相冲突的情形下，也同样符合上述原则。而且，鉴于不得不放弃履行的义务而言，行为人的行为是违法的。……在等价的不作为义务冲突时，也相应适用上述原则。"他们认为，在冲突义务等价的情况下，"履行这种义务与履行那种义务，对于法秩序而言是同等重要的"，所以其合法化被否定，但能够作为阻却责任事由对待。

八、自损行为

自损行为，又称自伤行为，是指法益主体侵害自己法益的行为。毁坏自己的私有物品、自杀就相当于此。自损行为虽然也和被害人同意一样，排除违法性，但在同时损害了他人利益的时候，就不排除违法性。例如，《日本刑法典》第 109 第 2 款："前项所列之物属于自己所有的，处六个月以上七年以下惩役，但未发生公共危险的，不处罚。"第 110 条第 2 款："前项之物属于自己所有的，处一年以下惩役或者十万元以下罚金。"第 262 条："虽然是自己的物，但如果已被查封、已担负物权或已出租而加以损坏或伤害的，按照前三条的规定处断。"

自损行为必须符合下列条件才能阻却违法：一是只能损害行为人有权支配的法益；二是不能具有不正当的目的；三是不能危及公共利益和他人利益。

① Jescheck H H，Weigend T. Lehrbuch des Strafrechts Allgemeiner Teil. Drucker & Humblot，1996，5. Aufl.，S. 366～367.

第十章 责　　任

第一节　责任概说

一、责任的意义

所谓责任（Schuld；culpabilité；culpability），即“在确定符合构成要件行为的可罚的违法性之后，就其行为对行为人加以‘刑罚非难’的要件”[①]，它是指由于实施了符合构成要件的违法行为，而能够对该行为人进行谴责或者非难（非难可能性）。

责任理论根植于中世纪晚期的意大利刑法学和在此基础上建立的16世纪和17世纪的法律学。它的发展归功于19世纪至20世纪初西方理论的大力提倡。不仅如此，责任原则即“无责任则无刑罚”的确立和坚持，也是推动责任理论发展的动力。

（一）责任原则

责任原则是以“没有责任就没有刑罚”这一近代刑法的基本原则为基础的。在古代刑法中，责任的产生源于客观的法益侵害的结果，而且往往被归属于一定的团体（所谓缘坐、连坐等）。古希腊虽然将故意行为和偶然行为作了区分，但只要客观上造成了侵害法益的结果，就要承担刑事责任的客观责任或结果责任，以及以血族复仇为代表的团体责任的观念仍然占据主导地位。到罗马时代的中期，恶意的观念诞生了，客观事实和行为人之间的主观的、心理的联系就成了科处刑罚的前提，并采用了故意的概念。采用过失观念的是中世纪的《意大利刑法典》。它规定，作为科处刑罚的前提，除了恶意之外，还有过失。之后，《加洛林纳刑法典》继承了这一观念，到近代，以启蒙时期以后的个人主义为背景，主张只有和行为人具有心理上的关系的事实才是处刑基础的责任原则占据了主导地位。另外，与这种演变并行，行为人的个人地位逐渐得到尊重，结果责任、团体责任的思想逐渐

① 〔日〕松宫孝明：《刑法总论讲义》（第四版补正版），钱叶六译，中国人民大学出版社，2013年，第125页。

转向主观责任、个人责任的立场。

（二）意思自由

为什么要有自由才能负责任？对于此一问题，从一个预防技术的层面来看，德国学者许迺曼说，一个非出于自由的行为，由于行为人根本欠缺选择回避不法的可能性，因此对于没有自由的行为的刑罚不会有预防的作用，从而也丧失刑罚的意义[①]。如果人是绝对的不自由，任何行为都是宿命，刑罚的确也不可能有预防的功能。如果意思的自由最初被否定，非难可能性的意义就会完全不同。而意思的自由能否肯定，历来有很多议论。主要的分歧是非决定论与决定论。

非决定论（Indeterminismus）认为，人达到一定年龄时，除心神异常者（疯癫、白痴等）或心神耗弱者外，任何人都具有为善避恶的自由意思，犯罪是恶，而有自由意思的人虽然能够避免犯罪，但是仍然实施犯罪，所以，犯罪也是根据自由意思实施的[②]。

决定论（Determinismus）认为，人的意思决定，不是由人自己作出的，而由素质或环境所决定。从而，所谓责任无非是为了防卫社会，对于具有社会危险性格的人，应当接受为了防卫社会而采取的一定的处分。

由于不论是非决定论还是与之相反的决定论，都不能得到精确的科学上的证明，刑法因此就不得不满足于这样的一个认识，即道德上成熟和心理上健康的人的答责性原则，是我们的社会存在的一个不可推翻的现实。德国学者韦塞尔斯、博伊尔克认为："几乎每个行为都是天然及环境所引起的后果。但同样确定的是，行为人并非完全受制于这种决定力量所造成的冲动。行为人具有对行为进行控制的可能性，这种可能性建立在人对天然和环境所造成的冲动进行控制的能力，以及根据社会伦理要求的规范和价值观来作决定的能力之上。"[③] 德国联邦最高法院关于责任概念的论述也直接以行为人有自由，并且因此有能力选择合法而抗拒不法为责任概念的内容。可见，相对的非决定论是可取的。

（三）责任的学说

关于责任的本质、评价对象和责任要素的内容，刑法学界一直存在多种学说。

1. 道义责任论、社会责任论和法的责任论

道义责任论、社会责任论与法的责任论是关于责任的本质的学说。

(1) 道义责任论。该说建立在非决定论基础上，认为责任的有无、大小不考虑行为人个人的素质或环境的影响，凡达到一定年龄、精神正常的人原则上均有依理性而行动的自由意思，而具有自由意思的人，由于其自由意思决定而为一定的行为，首先以实害的大小为基础，接着考虑故意、过失这样的一定的心理状态，而决定对该行为进行道义观念上的否定评判，并让行为人负担一定的刑事后果。

在 19 世纪后半期以后，道义责任论受到了学者的激烈批判，随着自然科学的飞跃发

---

① 〔德〕许迺曼：《刑法上故意与罪责之客观化》，郑昆山、许玉秀译，《台湾政大法学评论》，1994 年第 50 期，第 47 页。

② 〔日〕久礼田益喜：《日本刑法总论》，严松堂，1925 年，第 26～27 页。

③ Wessels，Beulke. Strafrecht Allgemeiner Teil：Die Straftat und ihr Aufbau. C. F. Müller，2010，40. Aufl.，S. 144～145.

展以及实证主义的兴起，一些学者也用自然科学的方法对犯罪进行研究，认为犯罪不受素质或环境的影响并不符合实际。

（2）社会责任论。社会责任论又称“社会防卫论”，该说从社会本位出发，认为犯罪人之所以要负担责任，不是从道义上对他加以谴责，而是为了防卫社会的需要，其根据是行为人的社会危险性。它立足于现代科学的实证性分析，否定行为人的意志自由，认为犯罪是被决定的，是特殊的社会因素、自然因素、行为人素质因素的综合产物。这一理论由意大利刑法学者菲利首倡，由德国刑法学大师李斯特、日本学者牧野英一相继发扬光大，是近代学派所持的观点。

社会责任论在责任中融入了目的的刑罚观念，着眼于预防犯罪，体现出社会进步的必然趋势。但是，这种观点也有如下不足之处：第一，它全然否定了意志自由，这种前提不免会沦为宿命论的观念；第二，它是以社会防卫为中心的刑法理论，容易与国家主义、权威主义相结合，不利于保障人权；第三，如完全从社会的责任观念出发，则许多犯罪是社会规制的结果，就不可能正确揭示行为人的人身危险性。所以，社会责任论不能取代道义责任论。

道义责任论与社会责任论的对立随着学派之争的结束逐渐走向缓和。

（3）法的责任论。这是日本学者内藤谦、曾根威彦提倡的见解。法的责任论不是将刑法责任非难对象的违法行为作为违反道义（或者社会伦理）的情形来对待，而是根据法的立场，将其作为法益的侵害、危险来把握，是从作为社会统治手段的法的立场所进行的非难。法的责任论的前提是认为刑法的任务在于保护法益，因而法的责任就是对违反法规范行为所进行的非难。

有学者批评法的责任论，认为它不过是将刑法上的责任置换为法律评价，没有揭示责任的实质基础①。

2. 行为责任论、性格责任论与人格责任论

基于刑法评价对象的不同，产生了行为责任论、性格责任论与人格责任论学说的分歧。

（1）行为责任论。它以非决定论为基础，是从道义的责任论、法的责任论引导出来的，目前仍是德国、日本刑法理论的通说。行为责任论认为责任非难的对象是一个个的犯罪行为，当然也就包括指向各行为的意思，因而也称个别责任论或意思责任论。

（2）性格责任论。它以决定论为基础，是在行为人的危险的性格上寻求科以社会防卫处分的根据的见解。它是从社会责任论引导出来的，认为应受处罚的不是行为而是行为人，行为不过是行为人危险性格的“征表”，行为人的危险性格是责任的基础。这种性格责任论与人权保障的观点直接相冲突，现在已经不再有支持者。

理论上综合行为责任论和性格责任论的优点，产生了人格责任论。

（3）人格责任论。人格责任论由比克迈尔所创，经过梅茨格尔、博克尔曼、韦尔策尔、阿图尔·考夫曼，以及日本学者安平政吉、团藤重光等的继承和发展，成为重要的责任理论。此说基本上采取行为责任论的立场，同时又着眼于行为人的主体性人格，主张责

---

① 〔日〕佐久间修：《刑法讲义（总论）》，成文堂，1997年，第236页。

任的基础不仅在于该当的具体行为，同时亦将责任的基础置于该行为背后的人格。此说认为，对责任进行评价，首先必须着眼于行为人主体性人格现实化的行为，即首先必须考虑“行为责任”（非有责的形成过程之人格）；其次，在受制于素质与环境的同时，行为背后亦存在因行为人本身（主体性）的努力所形成的人格（有责的形成过程之人格），对此人格形成上的人格态度，亦能加以非难，因此亦须附带地考量“人格形成责任”；从而，在概念上，虽可区分“行为责任”与“人格责任”，但在责任评价上，必须将二者合并考虑，二者合一则成为“人格责任”①。

人格责任论，原本是为了赋予常习犯人（甚至累犯）的刑罚加重的根据而被提出的理论。简而言之，由于常习犯人的违法性意识较为迟钝，因此对于常习犯人加重刑罚的理由，在于对其本身导致法意识钝感的人格形成过程的非难。不过，此说就刑法如何对带有异常性格之人或确信犯人加以处罚，却无法提出充分的说明；并且人格形成过程极为复杂，很难将其区分为有责性的人格与无责性的人格，况且对于潜在性的人格加以法的评价，是对于个人隐私的不当介入，因此，将过去的人格形成作为责任的基础，并非妥当①。

3. 心理责任论、规范责任论与实质责任论

关于责任要素的把握，存在心理责任论、规范责任论与实质责任论的分歧。

（1）心理责任论。心理责任论将有责性的内容直接理解为行为人犯罪时的故意或过失的心理状态，这样的理解，大致上相当于19世纪末德国犯罪论体系认为的“犯罪的客观要素属于不法，主观的要素属于责任”概念，所以故意或过失就被等同于责任。德国学者李斯特是其代表人物②。

心理责任论的问题在于：其一，它不能充分说明“过失”的责任，因为在过失的场合，行为人没有意欲去犯罪，而且即使有行为的意思，也并非常常有责任或责任程度相同③。其二，它不能说明哪种心理关系在刑法中是重要的，也不能解释为何在缺少心理关系时阻却责任，如精神病患者或者行为人在紧急避险当中不负责任的理由何在。

（2）规范责任论。规范责任论认为，有责性是对于行为人为不法行为的可非难性，亦即不在于心理状态（故意、过失）本身，而在于对该心理状态所为的规范上的非难评价。规范责任要素的概念由 M.E. 迈尔提出，该理论经弗兰克发展、深化，迄今已成为德日刑法学界通行的责任理论。规范责任论已经认识到，故意与过失本身不等于有责任，必须进一步讨论，为什么行为人会有故意或过失不法行为？是因为不能，或是因为不为？如果是不为，而不是不能，那么是有可非难性，应该处罚；如果是不能，而不是不为，那就欠缺非难性，不应该处罚。至于区别不为与不能的方法，就是看其他相同条件的人处于相同情况下是否可以不违法④。

规范的责任论也存在一些问题：其一，如果适用期待可能性理论，在行为时若无异常

① 陈子平：《刑法总论》（2008年增修版），中国人民大学出版社，2009年，第220页。

② 〔德〕李斯特：《德国刑法教科书》（修订译本），徐久生译，法律出版社，2006年，第250～251页。

③ 〔日〕松宫孝明：《刑法总论讲义》（第四版补正版），钱叶六译，中国人民大学出版社，2013年，第127页。

④ 黄荣坚：《基础刑法学》（下），元照出版有限公司，2006年，第640页。

的附随状况，就不能因无期待可能性而阻却责任，与心理责任论并无区别；其二，责任的规范要素与责任的心理要素究竟是什么关系，在理论上并不明确，如果是评价与被评价的关系，那么将二者同时置于责任理论中就显得不够恰当；其三，规范责任论之规范责任要素不外乎“可非难性”或“可谴责性”概念，赋予其一种规范意义，其结果是，责任评判变为“对行为人的无价值评判”，难免与行为无价值评判混同。至于非难或评价之内容“究竟是个人伦理（individualethisches）抑或社会伦理”更未作深入追问。

（3）实质责任论。实质责任论是第二次世界大战后在德国以规范责任论为前提展开的观点。实质的责任论，立足于以社会责任论为基础的规范责任论，认为规范责任论是责任的出发点，但责任的内容是科处刑罚的实质意义，是对犯罪的一般预防和特殊预防乃至重返社会而言的科刑必要性①。目前，在德国、日本影响比较大的实质责任论主要有以下几种：

第一，机能的责任论。机能的责任论的代表学者是德国的雅科布斯。雅科布斯认为刑罚的目的在于一般预防，其内容不是威吓，而是使被犯罪行为破坏的秩序安定化（积极的一般预防）。从这种刑罚目的出发，责任概念不是仅仅面向将来的概念，而是为了使刑法发挥作用，使秩序安定化的面向现在的概念。雅科布斯的责任概念依存于社会需要，只有与具体的社会体系相联系才能使责任概念具体化②。

对于雅科布斯的这种理论，招致最多的批评应该是对于责任原则的背离，或是对于意志自由问题的回避。在机能的责任概念中，责任是为了实现对法的忠诚的训练、对秩序的信赖的安定化而不可避免需要追究的东西，它并不认为责任是行为人个人的问题，而是为了实现该目的而使个人成为服务于社会稳定的工具，体现了将个人手段化的思想，违反了人的尊严③。

第二，规范的应答可能性说。罗克辛基于意志自由的证明难题，在出发点上也切断了意志自由与责任概念的关系，因为如果我们一定要以意志自由作为责任的前提，那么在刑事诉讼疑罪无责原则的运作下，刑事责任最后势必不可能存在④。罗克辛另外提出所谓负责性（Verantwortlichkeit）的概念来取代通说所说的责任概念（Schuld）。所谓负责性，除了责任（可非难性）之外，还必须有刑罚制裁的预防必要性⑤。例如，《德国刑法典》第 33 条防卫过当不罚或第 35 条第 1 项紧急避难阻却责任的规定，事实上并不见得是行为人于行为时欠缺合法行为的可能性，而是基于刑罚必要性的考量，所以认为可以阻却责任。因此，将整个包括刑事制裁必要性的考量在内的问题称为“责任”，是把问题简化了，只有把责任与刑罚制裁的预防必要性并列为负责性的要件，才可以与刑罚目的理论接轨。

对于罗克辛的这种观点，有的学者虽然基本予以肯定，但同时又指出，罗克辛在刑罚论中采取预防论的立场是不可取的⑥。

---

① 〔日〕大谷实：《刑法讲义总论》（新版第二版），黎宏译，中国人民大学出版社，2008 年，第 286 页。
② 〔德〕罗克辛：《刑事政策与刑法体系》（第二版），蔡桂生译，中国人民大学出版社，2011 年，第 86 页。
③ 〔日〕山中敬一：《刑法总论》（第二版），成文堂，2008 年，第 587 页。
④ Roxin C. Strafrecht Allgemeiner Teil Band Ⅰ. Verlag C. H. Beck，2006，4. Aufl.，S. 868.
⑤ Roxin C. Strafrecht Allgemeiner Teil Band Ⅰ. Verlag C. H. Beck，2006，4. Aufl.，S. 858.
⑥ 〔日〕山中敬一：《刑法总论》（第二版），成文堂，2008 年，第 588 页。

二、责任的要素

责任要素，是责任成立必须具备的条件。责任包括哪些要素，理论上有不同看法。

第一种观点认为，责任能力、故意、过失与期待可能性是责任的要素，违法性的意识则是故意、过失所包含的内容①。这种观点受到的批评是，故意、过失是一种心理的要素，违法性的意识是规范的要素，不能将规范的要素列入心理的要素之内。该观点将期待可能性与故意、过失并列为责任的内容，二者之间能否为平行关系，值得怀疑。心理事实是构成要件理论层面，期待可能性与责任能力是有责性理论层面；责任能力是责任成立的根据，期待可能性是阻却责任事由，不宜平行论述。

第二种观点认为，责任能力、故意、过失、违法性的意识与期待可能性是责任的要素②。这一种观点受到的批评是，故意是一种直接的反规范性的态度。因此，不仅要考虑认识方面的要素，还应考虑情绪方面的要素。违法性的意识正是故意的重要组成部分，不能将违法性的意识独立于故意之外。第二种观点与第一种观点所遭受的批判一样。

第三种观点认为，责任能力、期待可能性和违法性意识为责任要素，故意与过失为构成要件要素，在责任判断中仅作为责任评价的对象，并非责任本身的内容③。对这种观点，批评者认为，责任毕竟应以责任事实（故意、过失）为基础，如果责任要素中没有故意、过失，责任判断就会落空。

第四种观点认为，责任要素可以分为主观的责任要素和客观的责任要素。责任能力、故意、过失、违法性意识的可能性、行为的目的、动机、性格、人格等都是主观的责任要素。客观的责任要素则指的是对合法的期待可能性有影响的客观事实。此外，行为人的成长经历等人格形成环境，只要对行为人的决定具有影响，也是客观的责任④。

第五种观点认为，责任要素可以分为狭义的责任要素和可罚的责任要素。狭义的责任要素是指人基于自己内心的意思作出符合法律规范要求的意思决定的可能性（适合规范的意思决定可能性）。狭义的责任以意思自由为前提，当然这种意思自由是一种法律拟制的自由。它包括责任能力、过失犯中的注意义务违反、违法性意识的可能性。

可罚的责任要素指的是“附随情况的正常性”⑤。它探讨的是，在利益冲突状况下，从处罚必要性的观点来看法律能够在何种程度上期待行为人实施合法行为。也就是说，即使存在狭义的责任，但如果行为人处于利益冲突状况中，其不法或责任显著降低，从处罚必要性或处罚均衡性的关系上看，法律完全不能期待行为人停止违法行为，那么可罚的非难可能性将减少或者消失。这样看来，可罚的责任理论实质上是将传统上作为规范责任论核心的期待可能性问题定位为可罚的责任问题，与规范责任论并不存在本质的差别。

现在日本不少学者支持可罚的责任论。因为在他们看来，既然规范的违法需要考虑可

---

① 〔日〕浅田和茂：《刑法总论》（补正版），成文堂，2007 年，第 281～361 页。

② 〔日〕山口厚：《刑法总论》（第二版），有斐阁，2007 年，第 181～264 页。

③ 〔日〕井田良：《讲义刑法学・总论》，有斐阁，2008 年，第 364～365 页。

④ 〔日〕川端博：《刑法总论讲义》（第二版），成文堂，2006 年，第 397 页。

⑤ 〔日〕山中敬一：《刑法总论》（第二版），成文堂，2008 年，第 590 页。

罚的违法性，那么责任同样存在质与量的问题。因此，如果缺乏可罚的责任，就不能判处刑罚；而如果可罚的责任减轻，也就可以相应减轻刑罚。这样，可罚的责任概念就只是对否定或减轻刑罚起作用的概念，而非加重刑罚的根据。可罚的责任的有无、程度应根据各个具体的责任要件加以判断①。

本书主张综合第三种观点和第五种观点，即责任要素包括责任能力、违法性意识的可能性和期待可能性。其中，期待可能性是可罚的责任要素，从责任的程度（即质与量上）判断是否应免除或减轻刑罚。而故意、过失等心理事实是责任的基础，而非责任的要素。这样将故意与过失作为主观的构成要件要素放在构成要件中论述，体系上更有利于确定犯罪的类型，并在此基础上探讨主观的违法性，使该当性、违法性判断能够在主、客观上保持一致。不仅如此，本书将故意、过失等心理事实作为责任判断的对象，而不作为责任评价的标准和内容，厘清了规范责任要素与心理事实之间的逻辑关系。

三、责任的判断

责任判断，是就符合构成要件的违法行为，能够对该行为人进行谴责的无价值判断②。

（一）责任判断的对象及标准

责任非难的对象，是该当构成要件的违法行为，包括行为中所体现的违法的心理（故意和过失）③。如同行为的不法性取决于行为的行为无价值和结果无价值那样，对于行为的有责性（Schuldgehalt），《德国刑法典》在第 46 条第 2 款④中强调要把“行为所表露出来的思想”作为量刑的重要依据，其出发点也是如此。但是，行为人被指责的不是他的思想意识本身，而是由这种思想所造就的犯罪行为。

在违法性中，违法的内容是违反以一般人为对象的法规范，判断基准是客观的。而在责任中，由于责任的内容是面向个别行为人的意思的法规范的违反，责任判断的标准“不是以一般人为对象，它指向的是具体的行为人”⑤。因此，其判断基准必须是主观的，以能够期待按照法规范的命令、禁止，作出实施合法行为决定的行为人，是否决定实施违法行为为判断内容。

（二）责任的程度

责任判断除了包括判断有无责任之外，还包括判断责任程度即轻重。大陆法系各国现行刑法，对于责任程度的情况作了明文规定。例如，对防卫过当、避险过当可以减免刑

---

① 〔日〕浅田和茂：《刑法总论》（补正版），成文堂，2007 年，第 279 页。

② 〔日〕大谷实：《刑法讲义总论》（新版第二版），黎宏译，中国人民大学出版社，2008 年，第 288 页。

③ 马克昌：《外国刑法学总论（大陆法系）》，中国人民大学出版社，2009 年，第 231～232 页。

④ 《德国刑法典》第 46 条（量刑的基本原则）：“（1）行为人的罪责是量刑的基础。量刑时应考虑刑罚对行为人将来的社会生活所产生的影响。（2）法院在量刑时，应权衡对行为人有利和不利的情况。特别应注意下列事项：行为人的行为动机和目的，行为所表露的思想和行为时的意图，违反义务的程度，行为的方式和行为结果，行为人的履历、人身和经济情况，及行为后的态度，尤其是行为人为了补救损害所作的努力。（3）属于法定构成要件特征的情况，可不予考虑。”

⑤ 〔日〕大塚仁：《刑法概说（总论）》（第三版），冯军译，中国人民大学出版社，2003 年，第 381～382 页。

罚，对限制责任能力人必须减轻处罚等规定，就是在考虑到了违法性的程度的同时，也考虑到了责任的程度作出的。这种考虑，即便法律没有明文规定，也应当根据故意犯中认识的程度（确定的故意、未必的故意），违法性意识以及违法性意识的可能性的程度，动机、目的的强弱，过失中的不注意的程度，期待可能性的程度等，来判断责任的程度。因此，责任的程度在量刑中也应当反映出来①。

第二节 责任能力

一、责任能力的意义与体系地位

责任能力是责任判断的第一要素。符合构成要件的违法行为是否具备有责性？对行为人应否加以法的或社会伦理的非难？这首先要考察该行为人在行为时，是否具备理解法规范的禁止、命令的能力（违法辨识能力、是非辨别能力）以及依据此理解而行动的能力（驾驭能力），在此基础上才能作出正确判断。只有具备责任能力，才可能对产生行为决意的法律意识欠缺进行非难。达到一定的年龄，且没有患重度的心理障碍者，才具备刑法所要求的责任能力。如果没有责任能力，如行为人的反射性运动（如因电刺激的反射运动等）或者丧失意识（梦游病人）这一类无行为能力的情形，则不具有刑法意义上行为的意义，因为行为不是建立在被法律所否认的心理之上的，故行为人不能对之负责。

（一）责任能力的意义

关于责任能力的意义，古典学派与近代学派有不同的理解。前者认为，责任能力是作为对行为人进行道义性非难的前提的自由的意思决定的能力，是犯罪能力；后者认为，责任能力是能够用做通常的防卫手段的刑罚达到社会防卫目的的能力，即刑罚能力（受刑能力）乃至刑罚适应性②。但是，前者以行为人存在自由意思为当然的前提，在这一点上是不正确的，而且，责任能力也不仅仅是犯罪能力。另外，后者不考虑责任非难的观点，而且，仅仅从处罚的一面来论及责任能力，在这一点上与现行刑法的立场相矛盾。应该认为，责任能力是有责地实施行为的能力，即作为对行为进行责任非难的基础的、行为人能够理解刑法规范并实施适合它的行为的能力。

（二）责任能力的体系地位

关于责任能力是责任的要素还是责任的前提，存在分歧。

(1) 责任要素说认为，责任能力是与故意、过失、违法性意识的可能性相并列的责任要素③。它的结论是：①责任能力是与各个行为有关的责任要素；②在责任能力的判断基准上，重视心理学的要素；③根据犯罪的不同种类，责任能力也具有相对性，即承认所谓

---

① 〔日〕大谷实：《刑法讲义总论》（新版第二版），黎宏译，中国人民大学出版社，2008年，第290页。

② 〔日〕大塚仁：《刑法概说（总论）》（第三版），冯军译，中国人民大学出版社，2003年，第383页。

③ 〔日〕团藤重光：《刑法纲要总论》，创文社，1990年，第276页；〔日〕福田平：《全订刑法总论》（第四版），有斐阁，2004年，第190页；〔日〕西原春夫：《刑法总论》（上卷），成文堂，1993年，第450页；〔日〕曾根威彦：《刑法总论》（第四版），有斐阁，2008年，第146页。

部分责任能力的概念；④责任能力的判断在故意、过失的判断之后进行[①]。

（2）责任前提说认为，责任能力可以与各个犯罪行为无关，而是作为其前提的一般的人格能力[②]。责任能力不是有关各个行为的能力，其结论是：①责任能力是与各个具体行为相独立的行为人的一般的能力；②在责任能力的判断基准上，应该重视生物学的要素；③否定部分责任能力；④责任能力的判断先于故意、过失的判断[③]。

虽然责任要素说与责任前提说存在以上差异，但由于现在德国、日本刑法都规定对责任能力的判断应采取生物学与心理学相混合的方法，因而两说也有妥协的趋势[④]。

二、责任能力的存在时期与原因自由行为

（一）责任能力的存在时期

“行为与责任能力同在”是基本原则，行为人是否具有责任能力，依行为时的状况来确定（如《德国刑法典》第20条“行为人在行为时”）。但该行为是指实行行为吗？围绕行为和责任能力在何种时期必须同时具备的问题，理论上有两种观点：①实行行为时说，认为行为人在实行行为之时应当具有责任能力，而结果发生时行为人是否有责任能力并不重要。团藤重光、福田平、大塚仁、曾根威彦等持此说。②原因行为时说，认为行为人只要在实施成为实行行为的原因行为时有责任能力就足矣。佐伯千仞、平野龙一、西原春夫、大谷实持此说。以上论争与实行行为的概念有联系。

责任能力的存在时期对原因自由行为的处理特别重要。由于原因自由行为在德国、日本刑法理论中得到了普遍的承认，因而责任能力虽然通常要求在实行行为时存在，但是即使在原因设定行为时存在亦无不可。

（二）原因自由行为

“责任能力与实行行为同时存在”，这是传统责任理论的一项基本原则。但是，如果行为人为了实行犯罪，故意通过饮用酒精饮料而使自已陷入无责任能力状态或限制责任状态，继而实施危害社会的行为时，是否还能适用刑法上的无责任能力和限制责任能力免除、减轻责任的规定？关于该问题，法律上虽然没有规定，但作为习惯法上承认的例外，学界提出了“原因自由行为”理论（actio libera in causa）。所谓原因自由行为，是指行为人在具备责任能力的状态下的决意行为，或者在该状态下能够预见的、但在丧失行为能力或责任能力之时才实现的行为。也就是说，即使在实施犯罪行为（称之为结果行为）的时候责任能力已经低下，只要在实施饮酒行为（称之为原因行为）之时具有完全的责任能力，那么，便应该追究其责任。除德国学者萨维尼（Savigny）曾否认原因自由行为的可

---

① 〔日〕山中敬一：《刑法总论》（第二版），成文堂，2008年，第596～597页。

② 〔日〕小野清一郎：《责任能力的人类学的解明（2）》，《ジュリスト》第368号，第121页；〔日〕平野龙一：《刑法总论Ⅱ》，有斐阁，1975年，第281页；〔日〕川端博：《刑法总论讲义》（第二版），成文堂，2006年，第401页；〔日〕大谷实：《刑法讲义总论》（新版第二版），黎宏译，中国人民大学出版社，2008年，第291页。

③ 〔日〕山中敬一：《刑法总论》（第二版），成文堂，2008年，第597页。

④ 例如，采用责任前提说的平野龙一就认为故意、过失的判断应先于责任能力的判断。

罚性之外，之前或之后的刑法理论及实务都肯定其可罚性[①]。

1. 过失的原因自由行为

过失的原因自由行为是指虽然能预见自己在心神丧失或者心神耗弱状态下可能引起犯罪结果，但由于不注意，以致没有预见到该种状态的场合。例如，母亲由于不注意，在给婴儿喂奶的时候睡着，以致婴儿窒息死亡的，就是过失的原因自由行为场合。

有学者认为，满足下列条件，可以认定过失犯的原因自由行为：第一，要有在原因行为的当时，能够预见到自己在精神病状态下可能引起犯罪结果，但却没有预见到的不注意。另外，虽然有学者认为，必须具有实施违反注意义务行为的意思决定，但是，由于只要结果行为是根据原因行为时的不注意的意思而实施的，就能追究全部责任，因此，上述见解不妥。第二，作为结果行为的过失犯的实行行为，必须是作为原因行为时的不注意的结果而实施的。即，原因行为时的过失和结果行为之间，必须具有过失的连续性。例如，在大量饮酒之后有陷入病理性醉酒状态、伤害他人之虞的人，由于不注意而喝酒，结果陷入精神失常状态，造成他人死亡的场合，即便在杀人时没有责任能力，由于该杀害结果是喝酒时的不注意而造成的，因此，构成重过失致死罪[②]。

2. 故意的原因自由行为

为了犯罪而陷入心神丧失或者心神耗弱状态，在该状态下实现所意图实施的犯罪的场合，如意图杀人而大量饮酒，以致陷入心神丧失或者心神耗弱状态，在该种状态下杀害他人的，就是故意的原因自由行为场合。

为维护对原因自由行为处罚的正当性，同时避免与传统责任原则发生正面冲突，就必须首先解决原因中的自由行为的"实行行为"问题，到底是原因行为还是结果行为是实行行为？

1）结果行为说

此说认为实行行为只能是结果行为，一方面肯定结果行为之时行为人的责任能力已经低下，另一方面却又考虑在原因行为之时具有完全的责任能力，而主张也可就结果行为进行责任谴责[③]。佐伯千仞、中森喜彦等批评者对此提出：第一，该说否定了实行行为与责任能力同时存在的原则；第二，按照该说的观点，只要出现结果行为之时存在故意，即便原因行为并无故意，也就是说，即便是过失，仍可肯定成立故意犯。

2）原因行为说

通说以原因行为作为处罚对象。但通说也历经演变，主要存在以下三种学说：

（1）间接正犯类似说。间接正犯类似说认为，责任能力和实行行为必须同时存在，在将自己心神丧失状态下的身体动静作为工具加以利用的场合，就是原因自由行为，在原因行为中包含实行行为即犯罪的现实危险的时候，对该结果追究完全责任[④]。这一观点认为，要认定原因行为属于实行行为，那么，在原因行为（如饮酒行为）之时就必须已出现

---

① 梁云宝：《犯罪论体系视阈下的"原因自由行为"理论之否定》，《法学》，2012年第1期，第50页。

② 黎宏：《日本刑法精义》（第二版），法律出版社，2008年，第186页。

③ 〔日〕西田典之：《日本刑法总论》（第二版），王昭武、刘明祥译，法律出版社，2013年，第254页。

④ 〔日〕大塚仁：《刑法概说（总论）》（第三版），冯军译，中国人民大学出版社，2003年，第149页。

结果发生的具体性危险。然而，第一，在行为人饮酒之时，很难说已经存在发生杀人结果的具体性危险；第二，如果将饮酒行为认定为实行行为，那么，被告人酒后昏睡的情况也构成杀人未遂，这明显有悖情理；第三，如果是限制责任能力，则无法适用原因自由行为理论。

（2）正犯行为说。间接正犯类似说之所以在理论上没能成功，就在于该说认为原因行为是实行行为，并要求其时存在未遂犯的结果发生的具体性危险。但未遂犯并不要求作为处罚对象的行为必须马上具备未遂犯要件。可以说，即使实施了某一行为，且该行为基于相当因果关系而导致结果的出现，但在某些情况下，实际所认定的发生具体结果的危险的时点仍有可能稍微滞后。于是，正犯行为说主张，可将原因行为、结果行为分别当做正犯行为、结果行为。如果在正犯行为的时点存在责任能力，且能够认定存在正犯行为时的故意已实现于实行行为这一意思的连续性、相当因果关系，那么，就可以将原因行为作为正犯行为来加以处罚①。通过考察共谋共同正犯与隔离犯的例子更能说明该观点的具体主张。例如：①在共谋共同正犯肯定说看来，仅参与共谋者也是共同正犯。三人共谋杀害某人，其中一人仅参与了共谋，其他二人实施了实行行为。在实行犯着手杀人这一实行行为时点，仅参与共谋者便构成杀人未遂的共谋共同正犯。在这种情形下，共谋这一处罚对象行为与实行行为的着手时点是相互分离的（“共谋共同正犯事例”）。②隔离犯也是如此。A为了杀死B，安置了定时炸弹，并将爆炸时间设定在三天之后。一旦安置了定时炸弹，自然性行为即告结束。然而，如果认为肯定该行为马上构成杀人未遂为时尚早，而将实行的着手点延迟至马上就要爆炸之时，那么，处罚的对象便是安置定时炸弹这一正犯行为，只有在达到实行的着手时点之时，该正犯行为才具有未遂犯的可罚性（“定时炸弹事例”）。在①、②这两种情形之下，即便是在实施了共谋行为或安置炸弹的行为之后，行为人出现责任能力低下的情形，当然也无适用无责任能力或限制责任能力情形的必要。按照这一理解，即使将原因自由行为作为间接正犯来处理，如果将原因行为认定为正犯行为，并将结果行为视为实行行为的着手，可以说，故意犯也完全有可能适用原因自由行为。由于正犯行为说赋予了原因自由行为以全新的理由，因而现在受到广泛的支持。

（3）实行行为说（间接正犯说）。如果将原因行为作为处罚的对象，并认为实行的着手时点为结果行为的时点，按照这种实质论，那么，在实行行为这一概念之外，无需再另外使用正犯行为这一概念，只要将与未遂结果具有相当因果关系的行为规定为实行行为即可。例如，妻子意欲毒死丈夫，想到丈夫迟早会喝威士忌而将毒药混入其中，一周之后，丈夫因饮用该混有毒药的威士忌而死亡。在本案中，虽然混入毒药的行为本身只是杀人的预备行为，但丈夫饮用该威士忌而死亡属于相当因果关系范围之内的结果，只要妻子已经认识到这一结果属于相当因果关系范围之内的结果，且已经认识到这一因果过程，则完全可以认定妻子构成杀人既遂。值得注意的是，实行的着手时点只能是丈夫就要饮用威士忌之时。其实，只要再往前追溯，认定混入毒药的行为属于实行行为即可。

在原因自由行为的场合，可以将其理论构成认为是利用自己的责任能力低下状态的间接正犯，原因行为就是实行行为。然而，只有当行为发展至结果行为之时，原因行为始具有实

① 〔日〕平野龙一：《正犯と実行》，载平野龙一：《犯罪论の诸问题》（上），有斐阁，1981年，第129页；〔日〕山口厚：《原因自由行为——立足于溯及禁止论的立场》，《现代刑事法》，2000年第20号，第34页。

行行为性。因此，真正的问题在于，具备何种要件时，才能将原因行为认定为实行行为。

3）原因行为的实行行为性

（1）相当因果关系。原因行为要成为实行行为，首先必须与结果行为之间具有相当因果关系。因饮酒酩酊等原因行为而降低对自己其后的行为的控制能力，具有两方面的意义，一方面既维持、强化了具有责任能力的原因行为之时便已经存在的犯罪决意，另一方面又丧失了对其后的自己行为的同时性控制，因而相较于间接正犯（利用他人的无责任能力的行为）而言，反倒更容易肯定相当因果关系。因此，即便在限制责任能力之下实施了结果行为，仍可适用原因自由行为。

如前所述，责任能力的低下会引起犯罪意思的维持、强化，但仅凭这一要素尚不足以马上肯定相当因果关系。在前述“共谋共同正犯事例”与“定时炸弹事例”中，一旦实施共谋行为或炸弹安置行为，因果关系便会由此自动地向前发展。与此相比较，在原因自由行为场合，必须存在能担保原因行为派生出结果行为的客观性因素。为了肯定这种结果行为的自动性，就必须具有一旦喝酒便会实施暴行这一习性，或者具有总是酒后驾车这一反复继续性。有观点主张将这种习性或反复继续性认定为有别于相当因果关系的（间接）正犯性要件，但由于这里的问题在于作为间接正犯的原因行为的相当性，因而没有必要勉强将其视为另外的要件。

（2）故意的连续性与双重故意。要根据原因自由行为理论而将原因行为作为实行行为加以处罚，还要求行为人在实施原因行为之时存在故意，而且这一故意存在于结果行为之中，也就是必须存在结果的连续性，即结果行为受原因行为之时的故意所支配。例如，原因行为之时存在强奸的故意，但结果行为实施的却是盗窃，此时便不能适用原因自由行为理论（但有可能在暴行、胁迫的限度之内予以处罚）。相反，虽然原因行为之时的故意是暴行或伤害，但结果行为却实施了杀人，对此，可在伤害致死的限度内适用原因自由行为理论。

在原因自由行为的场合，除了在实施原因行为之时必须对结果行为具有故意（如杀人）之外，行为人还必须对其在责任能力低下的状态之下实施的结果行为存在预见或认识。前面已经谈到，所谓实行行为是指与未遂结果具有相当因果关系的行为，而且，原因自由行为中的因果过程相当性的理论基础在于：行为人在实施结果行为之时责任能力低下，因而理所当然地，在原因行为之时必须存在对此的预见或认识。

三、责任能力的判断与无责任能力和限制责任能力

（一）责任能力的判断

责任能力实质上包含生物学和心理学两方面的内容。一是行为人的精神是否正常，即是否具有精神病；二是行为人是否具有认识自己行为的性质并控制自己行为的能力。在判断责任能力的有无、大小时是否应同时考虑这两方面的要素，理论上有不同观点，各国也有各自的立法，从而形成了三种标准：以行为人的精神病为基础的生物学方法、以行为人在行为时的认识能力和控制能力为基础的心理学的方法、将生物学和心理学的方法并用的混合方法。

目前，将生物学和心理学方法并用的混合方法是多数国家采用的方法。如《德国刑

法典》第 20 条、《瑞士联邦刑法典》第 10 条、《日本刑法典》第 39 条、《法国新刑法典》第 122-1 条、《美国模范刑法典》第 4.01 条都采用混合标准。从以下理由来看，采用混合方法最为妥当。第一，如果根据心理学的方法，责任能力就会还原为：是否认识到该犯罪行为的违法性，或是否被期待按照该认识进行意思决定的期待可能性的问题，而忽视责任能力是人格能力。第二，如果根据生物学的方法，结果就会是：在行为时有精神病的话，就是无责任能力，会不当地排除负责地实施行为的人格。另外，根据精神医学等科学上的鉴定结果来决定刑事责任，会造成忽视责任能力是法律上的观念的后果。因此，应当根据混合的方法来决定心神丧失、心神耗弱的内容，各国的立法也大都采用混合方式[①]。

需要注意的是，刑事责任能力的概念最终属于法律概念，最终必须由法院对行为人生物学的要素以及心理学的要素进行判断。医学机构的鉴定结论对法院没有强制约束力，是否采用取决于法院的合理裁量[②]。

（二）无责任能力和限制责任能力

责任能力可以分为无责任能力和限制责任能力。所谓无责任能力，是指责任能力欠缺的情况；所谓限制责任能力，是指责任能力减低的情况。因为决定责任能力的行为人的精神状态具有多样性与阶段性，所以如果认定行为人具有责任能力，还应考察其责任能力的“程度”问题。刑法将责任能力程度低的一定阶段设立为作为独立范畴的限制责任能力（减低责任能力）的观念[③]。

各国刑法一般是以消极的方式规定刑事责任能力，即不是直接规定刑事责任能力的定义，而是从反面规定欠缺刑事责任能力的情况（无责任能力）与刑事责任能力减弱的情况（限定刑事责任能力）。《德国刑法典》第 19～21 条依次规定了儿童的无责任能力（Schuldunfähigkeit des Kindes）、精神障碍者无责任能力（Schuldunfähigkeit wegen seelischer Störungen）和减弱的责任能力（verminderte Schuldfähigkeit）；《日本刑法典》规定了心神丧失者、心神耗弱者，刑事未成年者；法国刑法规定了精神紊乱或神经精神紊乱、未成年人；韩国刑法规定了刑事未成年人、精神障碍人、聋哑人。《德国刑法典》第 19 条规定：“行为人行为时不满 14 岁的，无责任能力。”第 20 条规定：“行为人行为时，由于病理性精神障碍、深度的意识错乱、智力低下或其他严重的精神病态，不能认识其行为的违法性，或依其认识而行为的，不负责任。”第 21 条规定：“（减弱的责任能力）行为人认识行为违法的能力，或者依其认识而行为的能力因第 20 条规定的某种原因而显著减弱的，可依第 49 条第 1 款减轻其刑罚。”《日本刑法典》第 39 条规定：“心神丧失的人的行为，不处罚。心神耗弱的人的行为，减轻处罚。”第 41 条规定：“不满十四周岁的人的行为不处罚。”《瑞士联邦刑法典》第 10 条（无责任能力）规定：“行为时因精神病、弱智、严重之意识错乱而不能认识其行为的违法性，或者以该认识而行为的，不处罚。但本法第 43 条和第 44 条规定的保安处分不受影响。”第 11 条（限制责任能力）规定：“行为

---

① 〔日〕大谷实：《刑法讲义总论》（新版第二版），黎宏译，中国人民大学出版社，2008 年，第 293 页。

② 〔日〕山中敬一：《刑法总论》（第二版），成文堂，2008 年，第 597 页。

③ 〔日〕川端博：《刑法总论讲义》，成文堂，1997 年，第 394 页。

人在行为时因精神障碍、意识错乱或智力发育低下，因而认识其行为不法性或以其认识而行为的能力减弱的，法官可自由裁量减轻处罚。本法第42条～第44条和第100条a规定之保安处分不受影响。”《法国新刑法典》第122-1条规定：“行为发生之时患有精神紊乱或神经精神紊乱，完全不能辨别或控制自己行为的人，不负刑事责任。行为发生之时患有精神紊乱或神经精神紊乱，损害或有碍于辨别或控制自己行为的人，仍得惩处之；但法院在量刑与确定刑罚制度时将考虑此情节。”

1. 无责任能力

1）心神丧失

由于精神障碍而导致无责任能力的情况，在日本被称为心神丧失。心神丧失，是指“因精神障碍缺乏辨认事物的是非善恶的能力（辨认能力）及基于辨认而行动的能力（控制能力）的状态”[①]。日本的判例和通说持此观点。

心神丧失有两个要素：一是生物学的要素，表现为存在着病态的精神障碍；二是心理学要素，包括不能理解实质不法的认识能力以及不能基于认识决定行为的能力（控制能力）。作为生物学要素，精神障碍在认定有无责任能力时起着重要的作用。那么，什么是精神障碍呢？德国、日本学者一般认为，精神障碍有广义和狭义两种。广义的精神障碍指的是一切精神疾病，而狭义的精神障碍则包括精神病、意识障碍、智力障碍和精神病态。

（1）精神病。其一，外因性精神病，如脑内出现器质性病变的情形，诸如脑梅毒等；其二，外伤性精神病，如脑部受到挫伤；其三，中毒性精神病，如酒精中毒、兴奋剂中毒等；其四，身体性精神病，如老年痴呆症、脑动脉硬化、羊痫风等；其五，内因性精神病，如精神分裂症、躁郁症等。在《德国刑法典》第20条规定中，病理性的精神障碍和深度的意识错乱、智力低下以及其他重大的精神病变是并列的，但精神障碍的用法不是唯一的，如在日本《精神保健法》中，神障碍者包括精神分裂者、中毒性精神病、精神薄弱、精神病质、其他的精神疾患。

（2）意识障碍。这是指自我意识或对外界的意识不清晰的状态。分为：其一，病变意识障碍，如由于脑部器质变化或中毒引起的意识障碍；其二，正常的意识障碍，如在睡眠中或激情时的意识障碍。意识障碍存在着性质、程度上的差异，能对刑事责任能力产生影响的仅是病理状态或高度的意识障碍。

对于刑事案件而言，意识障碍主要涉及酩酊和激情行为两类。

所谓酩酊，可以分为单纯酩酊（或称普通酩酊）与异常酩酊。异常酩酊又可以分为复杂酩酊与病态酩酊。病态酩酊以病的因素为基础，通常情况下，由于饮酒，行为人急剧呈现苦闷，产生幻觉或妄想，招致无差别的躁郁，并伴随完全的健忘状态。这样的病态酩酊情况，应当认为欠缺责任能力。复杂酩酊与病态酩酊不同，与单纯酩酊相比是量上的差异，因而根据行为当时的意识状态，可能认定为无责任能力或者限制责任能力。关于酩酊的责任能力，理论上一般采取三分法，即单纯酩酊属于完全责任能力，复杂酩酊属于限制责任能力，病态酩酊属于无责任能力。实务上虽多照此处理，但也有单纯酩酊、病态酩酊

---

① 〔日〕松宫孝明：《刑法总论讲义》（第四版补正版），钱叶六译，中国人民大学出版社，2013年，第129页。

被认定为限制责任能力的情况，因而不能机械地一一对应①。

关于激情行为，一种有力的学说认为，只有同时伴随有身体的障碍（如炎症等）或生理的特殊情况（如失眠、饥饿等），才能够对刑事责任能力产生影响。但也有的学者认为，应针对行为人个别地加以讨论。因为某些处于长期的纠葛状态，即进入所谓"激情通道"的典型激情行为人，即使不处于饥饿等生理条件下，也可能完全丧失控制能力。

（3）智力障碍。这是指由于先天或其他原因导致的智力发育不足，过去也被称为"精神薄弱"或"精神迟滞"。一般人的智商大致上是常态分布，以 100 为平均值，而智商在 70 以下者都属于智能障碍。具体而言，又可以分为轻度智力障碍（IQ55～69）、中度智力障碍（IQ40～54）、重度智力障碍（IQ25～39）、极重度智力障碍（IQ 不满 24）。这种分类与责任能力的判定虽不能一一对应，但理论上也有不少学者主张 IQ 不满 70 的原则上属于限制责任能力，不满 50 的原则上属于无责任能力②。

（4）精神病态。精神病态，也有不少精神病专科医生称之为"人格障碍"或"行为障碍"。实务上一般认为，只有在行为人达到与精神病同等的严重程度或者合并有意识障碍、智力障碍等其他症状时，才可以认为有减免刑事责任的余地。单纯的精神病态不仅不属于无责任能力，也不属于限制责任能力③。

2）刑事未成年人

人的认识能力和控制能力是随着年龄的增长而形成并逐步强化的，因此，各国刑法都规定了刑事责任年龄的起点。大多数国家规定 14 岁是刑事责任年龄的起点，德国、意大利、日本等规定为 14 周岁；有些国家的刑事责任年龄超过 14 岁，如瑞士规定为 15 周岁，巴西和西班牙规定为 18 周岁；但也有比一般界限低的，英美法系国家则普遍将刑事责任年龄的起点规定得较低，如英国规定为 10 周岁，加拿大规定为 12 周岁，新加坡规定为 7 岁。刑事责任起点年龄的规定是立法中的一种刚性规定，不允许反证。这是因为这些儿童在体力、智力方面的发展存在个体差异，难以进行个别的判断，需要由法律作出统一的规定。而且，从刑事政策的角度看，对富于可塑性的少年不宜科处刑罚④。影响一个国家刑事责任年龄起点的因素比较复杂，它可能包括人类学、社会学、经济学以及其他学科的知识。但有必要提及的是，针对 14 岁的刑事责任年龄起点，现在在国际刑法界有一种提高刑事责任年龄起点的倾向，而在理论上也有学者主张降低刑事责任年龄的起点。

---

① 《意大利刑法典》对醉酒和麻醉品中毒者的刑事责任问题作了详细规定，意大利学者对这一问题作了较多论述，值得重视。杜里奥·帕多瓦尼认为："对醉酒和麻醉品中毒应按下列不同情况，分别处理：（1）如果行为人无认识或控制能力的状态是由不可预见或不可抗拒的原因引起的，即主体对这种状态的形式没有任何过错，应当排除主体的刑事责任能力；如果行为人的能力因上述原因而'极大地'减弱，则应减轻处罚。……（2）如果中毒状态是行为人有意或过失造成的，或者说按刑法典第 92 条第 1 款的规定，'不是由意外事件或不可抗力造成的'，行为人无能力的状态在刑法上就没有意义，即应将主体视为有刑事责任能力的人。……在主体的无能力状态是自己有意识造成的情况中，'有预谋地使自己陷于无能力状态'和'习惯性中毒'属于两种应该加重处罚的情节。……（3）如果行为人的无能力状态是由'慢性中毒'造成的，按刑法典第 95 条的规定，这种情况属于精神缺陷范畴，应按刑法典第 88 条和第 89 条的规定处理（按：第 88 条规定完全精神错乱，为无责任自力；第 89 条规定部分精神错乱，得减轻其刑）。"〔意〕杜里奥·帕多瓦尼：《意大利刑法学原理》（注评版），陈忠林译评，中国人民大学出版社，2004 年，第 180～181 页。

② 陈家林：《外国刑法通论》，中国人民公安大学出版社，2009 年，第 373 页。

③ 〔日〕立石二六：《刑法总论 30 讲》，成文堂，2007 年，第 122 页。

④ 〔日〕西田典之：《刑法总论》（第二版），王昭武、刘明祥译，法律出版社，2013 年，第 251 页。

2. 限制责任能力

限制责任能力，是指由于年龄或其他精神障碍导致行为人辨认和控制自己行为的能力显著减弱的情况。

各国学者对于有责任能力和无责任能力之间是否存在着中间类型一直存在争议。在有责任能力和无责任能力之间设立定型化的限制责任能力这一概念作为减轻刑罚的事由，可以使责任轻重的判断更加统一、慎重和仔细。在这个意义上，限制责任能力这一概念，并不是由责任原理当然推导出的概念，而是基于政策的、实践的、刑罚个别化的要求而产生的概念①。

(1) 心神耗弱。心神耗弱是指由于“精神障碍而导致这种辨认能力和控制能力显著减退的状态”②。它是限制责任能力的最主要类型。心神耗弱与心神丧失虽然只是程度之别，但在刑法中，心神耗弱状态下的行为人有责任能力，其行为构成犯罪。对于心神耗弱，日本刑法规定“减轻刑罚”，即作了必要的减免的规定。日本《改正刑法草案》第 16 条第 2 款则恢复为必要的减轻。《德国刑法典》第 21 条规定，“行为人认识行为违法性的能力，或者依其认识而行为的能力因第 20 条规定的原因而显著减弱的，可依第 49 条第 1 款减轻其刑罚”，即作为任意的减免规定。

(2) 喑哑人 。所谓喑哑人，是指先天或幼儿期丧失听觉和语言功能的人，即又聋又哑的人。刑法理论过去认为，又聋又哑的人由于丧失了听觉、语言能力等重要的生理功能而影响其受教育的程度，影响其知识和智力的开发，并进而影响其刑法意义上的辨认或控制自己行为的能力。对于这类人，韩国刑法规定“得减轻处罚”，《意大利刑法典》第 96 条规定：“处于聋哑状态的人在实施行为时因其残疾而不具有理解或者意思能力的，是不可归罪的。如果理解或意思能力严重降低，但未完全丧失，刑罚予以减轻。”可见喑哑者一般被视为限制责任能力者，至于是否处罚他们，要考虑他们的认识能力和控制能力的程度。

(3) 限制刑事责任年龄。限制刑事责任年龄，主要是相对的刑事责任年龄。关于相对刑事责任年龄的立法规定，主要有如下情形：①对某些严重的犯罪负责。如《蒙古刑法典》第 6 条第 2 款规定：“14 岁以上 16 岁以下的犯罪人实施杀人、故意重伤和故意伤害他人而导致健康损害的行为，强奸、盗窃、抢劫……应当负刑事责任。”②减轻其刑。如《意大利刑法典》第 98 条规定：“在实施行为时已满 14 岁，但尚不满 18 岁的，如果具有理解和意思能力，则是可归罪的；但是，刑罚予以减轻。”③具备一定的条件时不构成犯罪。如《新加坡刑法典》第 83 条规定：“7 岁以上 12 岁以下的儿童，在实施行为时对行为的性质和后果缺乏足够理解判断能力的，不构成犯罪。”③

3. 部分责任能力

所谓部分责任能力，是指单一人格者仅在某一方面具有责任能力。例如，具有好诉妄想症的患者，即便在诬告陷害罪方面没有责任能力，但在其他罪（如盗窃罪）方面，还是

---

① 〔日〕大塚仁：《大コンメンタール刑法》（第 3 卷）（第二版），青林书院，1999 年，第 31 页。

② 〔日〕松宫孝明：《刑法总论讲义》（第四版补正版），钱叶六译，中国人民大学出版社，2013 年，第 129 页。

③ 马克昌：《比较刑法原理——外国刑法学总论》，武汉大学出版社，2002 年，第 458 页。

有责任能力的。

部分责任能力如果从责任要素说的立场来看，是容易被认可的，但是，基于下列理由，不能支持这一观点：①从精神医学的观点出发，认为精神病人在与疾病没有关系的部分行为上具有责任能力，这是不妥当的。②实际上，不理解伪造文书或诈骗的意义的人，也不能完全理解伤害或盗窃的意义。③责任能力是承担责任的人格能力。将人格在各个行为上分开进行评价的方法，并不妥当。④若承认部分责任能力的话，则只要证明精神病和犯罪行为之间具有因果关系，就能认可无责任能力，这样，就会不当地限制心神丧失等的成立范围。

德国、日本刑法没有关于部分责任能力的明文规定，日本判例对此则持肯定态度。如前所述，是否承认部分责任能力，学术界也有不同的观点。不过，即使持肯定态度的学者也多认为，对部分责任能力的认定在实务中应非常慎重①。

第三节 违法性的意识及其可能性

一、违法性的意识概说

（一）违法性意识的概念

违法性意识，又称不法意识，是指行为人认识到自己的行为是违法的。违法性意识在犯罪论体系中如何定位，在理论上和立法上存在争议。

(1) 作为故意的构成要素之一，在“故意的构成要素”中进行论述。传统理论认为，违法性意识是故意的构成要素，从道义责任或者规范责任的立场看，故意是在认识到行为的违法性或反伦理性前提下的决意。日本学者团藤重光、佐伯千仞、吉川经夫等均持此见解。

(2) 作为故意与过失的共同责任要素，在故意、过失之外单独加以论述。大谷实持此见解。违法性意识的可能性，是指在行为人实际上没有意识到违法性，但如果加以注意，就能意识到的情形。违法性意识的可能性，是和故意相独立的、故意与过失所共有的责任要素②。

(3) 作为责任要素或作为责任条件之一，在责任论中独立加以论述。违法性意识作为独立的责任要素是德国的通说，日本学者西原春夫、川端博、山中敬一等也持该观点③。如《德国刑法典》第 17 条规定：“行为时缺乏对不法的意识，如果该错误不能避免，则无责任。如果行为人能够避免该错误，则可以依据第 49 条第 1 款的规定从宽处罚。”

上述不同的处理方法，是与各自的犯罪论体系相联系的，可以说都有自己的道理。本书将故意与过失放在构成要件中论述，在责任论中不再论及故意与过失，而将违法性的意识及其可能性作为独立的责任要素，在责任论中单独加以论述。

---

① 〔日〕山中敬一：《刑法总论》（第二版），成文堂，2008 年，第 597～598 页。

② 〔日〕大谷实：《刑法讲义总论》（新版第二版），黎宏译，中国人民大学出版社，2008 年，第 312 页。

③ 〔日〕山中敬一：《刑法总论》（第二版），成文堂，2008 年，第 643 页。

（二）违法性意识的内容

违法性意识的可能性是责任非难的核心，因为它对于不符合规范的行为可以形成反对动机的作用，而对符合规范的行为赋予动机，所以，当行为人有违法性的意识而决意实行违法的行为时，就可以给予严厉的责任非难。但就违法性意识的内容而言，理论上存在激烈的争论。

1. 前法律的规范违反的意识

考夫曼、泷川幸辰、小野清一郎、庄子邦雄、大塚仁等持此说。该说将违法性的内容理解为“反条理性的认识”（泷川）、“违反国民的道义的意识”（小野）或者“反社会性的认识”（平场安治），等等。另外，佐伯千仞将梅茨格尔的“常人领域中的并行评价”理论适用于违法性的意识，认为它至少应当是“在社会的共同生活中不被允许的意识”。而庄子邦雄立足于严格故意说的立场，将违法性的意识内容理解为“不纯而受良心谴责的意识”或者“违反人伦的意识”。

2. 法律上禁止、命令违反的意识

法律上禁止、命令违反的意识是现在的通说，也称一般的违法性的意识说。此说认为，违法性意识是指认识到自己的行为不为法律所允许。这里的法律指的是实定法，即包括刑法在内的所有法律。此说是德国、日本的通说。日本学者大谷实、川端博、山中敬一等均持此说①。

3. 刑法违反的意识

此说认为，违法性意识是指认识到自己的行为违反刑法。“作为保障刑法上的行动自由的要件，违法性意识指的是认识到（自己的）行为为刑法所禁止……另一方面，对法定刑的认识则是多余的（不必要的）要求。因为（日本刑法）并不保障实施轻微犯罪的自由。在这个意义上，法定刑的错误不导致违法性意识的丧失。”② 日本学者山口厚、高山佳奈子等持此说。

4. 可罚的刑法违反的意识

此说认为，只要作为犯罪成立要件的违法性意味着可罚的违法性，那么违法性意识也就不能仅指规范违反的意识或法律上禁止、命令违反的意识，而必须指的是可罚的违法性的意识，即在认识到自己的行为违反刑法的基础上，还包括对法定刑、法律效果的认识。不过，此说也不要求积极的“法定刑的认识”，而是当行为人误认为自己实施的是轻罪而实际上属于重罪时，要求在轻罪的限度内处罚③。根据该说，关于“可罚的违法性”的错误认识、“法定刑的错误”等，都作为违法性的错误处理。进而，“违法性的意识”是作为构成要件的故意的“构成要件关系的利益侵害性的认识”和作为责任要素的“可罚的评价的认识（可能性）”进行区分和处理的。日本学者町野朔、浅田和茂、西田典之等持此说。

---

① 〔日〕大谷实：《刑法讲义总论》（新版第二版），黎宏译，中国人民大学出版社，2008年，第308～309页。

② 〔日〕山口厚：《刑法总论》（第二版），有斐阁，2007年，第249页。

③ 〔日〕浅田和茂：《刑法总论》（补正版），成文堂，2007年，第325页。

二、违法性意识的学说

具备违法性意识是进行强烈责任谴责的基础，但是，理论上对于违法性意识是否是犯罪成立所必需的条件存在分歧；此处，对于违法性意识本身指的是必须有关于违法性的现实意识还是只需要违法性意识的可能性这一问题，观点也不统一，特别是在实际发生的故意行为中，行为人完全没有意识到“自己的所作所为是坏的”这种情况也不少。如果在该种情况下不追究其故意责任，显然不合理。因而围绕违法性意识的有关问题，学者们展开了激烈的争论。

（一）违法性意识不要说

1. 传统的不要说

传统的违法性意识不要说认为，作为故意的要件，只要对犯罪事实有认识就够了，违法性意识以及意识的可能性不是故意的要件。因而即使存在违法性的错误，也不阻却故意的成立。同样，违法性意识的可能性也不是故意的成立要件。日本学者泉二新熊、庄子邦雄等持此说，日本过去的判例也基本上支持这种观点。

但是该说遭受了以下批判：第一，传统不意味着一定具有正当性。全体国民都应该知道法律上所禁止的事情的见解是权威主义的态度，它不仅单方面强调国家的权威、轻视个人价值，而且在有相当理由证明没有违法性意识的情况下，也要追究行为人的责任，这是不合理的。第二，在通常情况下，行为人认识到了犯罪事实就会具有违法性意识。但例外地会存在行为人没有可能认识到违法性的情况，此时行为人就难以作出适法行为的决定。如果要将其作为故意犯进行处罚，是一种心理责任论的观点，与规范责任论不相容。第三，违法性意识的问题不能完全还原为责任能力的问题。具有责任能力的人也可能在具体的情况下，因种种因素的影响而无法认识行为的违法性。责任能力的存在与违法性意识可能性的存在并非完全重合的概念①。

2. 自然犯、法定犯区别说

此说是从社会责任论的立场出发，主张自然犯的故意不以具备违法性意识为必要，法定犯则以该意识为必要。其根据在于，自然犯若对犯罪事实有认识，即得以表现出行为人所具有的社会危险性性格，而法定犯若无认识行为乃为法律所不允许，则无法显现其危险性性格。德国学者弗兰克、日本学者牧野英一、八木胖、八木国之等持此说。

此说的问题在于：①何为自然犯？何为法定犯？它们的区别基准并不明确。②对于法定犯要求违法性意识，将不易达成行政上取缔的目的。③即便是自然犯，也存在着即使有犯罪事实的认识却依然无法唤起违法性意识的情况。

3. 实质的故意论

实质的故意论在德国、日本刑法学界是一种有影响力的学说。此说认为，所谓故意，并不是形式上对犯罪事实的认识，而是对所有使故意非难成为可能的犯罪事实的认识。这

① 〔日〕松原久利：《违法性的错误与违法性意识的可能性》，成文堂，2006年，第8页。

种实质的故意概念，意味着"如果是一般人，就能够意识或认识到该犯罪类型的违法性"[①]。据此，在判断是否存在故意时，就已经考虑了违法性意识的可能性问题。因而，在故意之外再去探讨违法性意识或其可能性的问题就失去了必要性[②]。不过，此说也不否认存在例外的情况，即行为人具有故意但误认为自己的行为被法律所允许而无法予以非难。对这种情况，此说认为应作为例外（超法规）的责任阻却事由，按照期待可能性的问题加以处理[③]。日本学者前田雅英、木村光江等持此说。

对此说的主要批评意见有：第一，根据一般的分析方法，故意是对各个具体行为的认识，应当与行为整体的法律评价加以区别，而此说恰恰与此背道而驰。故意的确具有对违法性意识可能性的提诉机能，故意也有必要进行某种程度的规范化。但如果将事实的故意及其所具有的提诉机能与违法性意识的可能性完全融合，这种实质化理论会使概念丧失明确性[④]。第二，期待可能性是与违法性意识不同的另一个责任要件，两者必须加以区分[⑤]。第三，从罪刑法定主义、构成要件的故意规制机能、故意的犯罪个别化机能的观点出发，应当将故意的成立范围限定在对符合构成要件的客观事实的认识之内，在此范围内承认故意的提诉机能[⑥]。

（二）违法性意识必要说

1. 严格故意说

此说以行为人有"现实的违法性意识"作为故意要素。因为故意责任的本质在于，行为人意识到了自己的行为是法律上所不许可的，但是并没有因此而形成反对动机，决意实施行为的直接的反规范的意思或人格态度，所以，为成立故意或故意责任，就必须具有违法性意识[⑦]。德国学者鲍曼、朗格（Lange）、辛里克森（Hinrichsen）和施罗德（Schröder），日本学者小野清一郎、泷川幸辰、植松正、平场安治、大塚仁、庄子邦雄、中山研一、内田文昭、日高义博、松宫孝明、浅田和茂等持此说。

对于该说，批判者认为：①惯犯是规范意识麻木的人，不是没有违法性意识就是违法性意识比较低，如果说违法性意识的有无、强弱是决定谴责轻重的因素的话，那么，按照上述学说，对惯犯不是不处罚就是应该从轻处罚，但这样就不能说明为什么刑法中对惯犯要加重处罚；②在激情犯的场合，不存在已经意识到违法但竟然决意实施犯罪的情况，按照上述观点就不能追究其故意责任；③在确信犯的场合，行为人很难意识到自己在做坏事，上述观点也难以说明对其处罚的根据；④立法对大多数行政犯没有规定处罚过失，按照上述观点，没有违法性意识就必须不处罚，这样，就不仅达不到处罚的目的，而且还会

---

① 〔日〕前田雅英：《刑法总论讲义》（第四版），东京大学出版会，2006年，第225页。

② 〔日〕前田雅英：《刑法总论讲义》（第四版），东京大学出版会，2006年，第214、225页；〔日〕木村光江：《刑法》（第二版），东京大学出版会，2002年，第103、114页。

③ 〔日〕前田雅英：《刑法总论讲义》（第四版），东京大学出版会，2006年，第221页；〔日〕木村光江：《刑法》（第二版），东京大学出版会，2002年，第114页。

④ 〔日〕山中敬一：《刑法总论》（第二版），成文堂，2008年，第646页。

⑤ 〔日〕曾根威彦：《刑法的重要问题（总论）》（第二版），成文堂，2005年，第216页。

⑥ 〔日〕松原久利：《违法性的错误与违法性意识的可能性》，成文堂，2006年，第9页。

⑦ 〔日〕大谷实：《刑法讲义总论》（新版第二版），黎宏译，中国人民大学出版社，2008年，第309页。

产生处罚上的空档；⑤违法性意识的证明实际上是很困难的。因此，违法性意识必要说的观点难以被支持①。

2. 违法性过失准故意说

为了避免严格故意说的上述缺陷，一部分学者认为，虽然故意的成立以违法性意识为必要，但当行为人因为过失而欠缺违法性意识时，可以与故意犯作出同样的处罚，这被称为违法性过失准故意说或修正说。日本学者宫本英脩、草野豹一郎、齐滕金作、下村康正、立石二六等持此说。此说将因过失而不具有违法性意识的情况称为“法律的过失”或“违法性的过失”，认为“法律的过失”虽然是过失，但其责任非难则与故意责任接近。

对此说的主要批评意见是：故意与过失是一对相互排斥的概念，将其作同等处理存在论理上的矛盾②；且为什么仅对这种情况下的过失与故意犯同等处罚，此说没有作出积极的说明③。

（三）违法性意识可能性必要说

1. 限制故意说

限制故意说又被称为可能性说或违法性意识可能性说，主张不以现实的违法性意识而是以违法性意识可能性作为责任故意的要素，认为若行为人认识到犯罪事实，则可能有违法性的意识而形成抗拒动机，并能被期待作出合法行为，但行为人却实施违法行为，因此得肯定其故意责任。德国学者弗兰克、希佩尔、M. E. 迈尔与日本学者团藤重光、藤木英雄、井上正治、板仓宏、佐久间修等持此说。

对限制故意说的批评意见主要有：第一，将可能性这种过失的要素引入故意概念之中，会使故意与过失混同。第二，为什么只有在欠缺违法性意识的场合才考虑人格形成责任，欠缺事实认识的场合则不考虑人格形成责任，此说对此没有加以合理的说明④。

2. 责任说

责任说主张，违法性意识或违法性意识可能性是独立于故意、过失的规范责任要素，故意与过失作为心理事实是构成要件要素，是违法性意识及其可能性、期待可能性等责任评价的对象。责任说首先是由韦尔策尔、木村龟二、福田平等目的行为论的学者所提倡，自韦尔策尔提出目的行为论并以之为根据重申责任说以来，责任说不论在德国实务中还是理论上都占据通说的地位，责任说得到德国现行刑法第 17 条的认可，并成为德国的通说；意大利、奥地利等国的刑事立法也受此说影响。在日本，责任说也逐渐成为理论上的通说。

责任说内部也有不同的观点，有的观点还互相对立。概括德日学者的论述，大致可以根据不同的标准分为以下两类：

（1）本来的责任说与修正的责任说。本来的责任说认为，故意、过失指的仅是构成要件的故意、过失，违法性意识的可能性是故意犯、过失犯所共通的独立的责任要素。韦尔

① 〔日〕大谷实：《刑法讲义总论》（新版第二版），黎宏译，中国人民大学出版社，2008 年，第 309～310 页。
② 〔日〕木村龟二：《刑法总论》，有斐阁，1978 年，第 310 页。
③ 〔日〕大塚仁：《大コンメンタール刑法》（第 3 卷）（第二版），青林书院，1999 年，第 139 页。
④ 〔日〕松原久利：《违法性的错误与违法性意识的可能性》，成文堂，2006 年，第 18 页。

策尔、木村龟二、福田平、西原春夫等学者持此说。对本来的责任说的主要批评意见是：在犯罪论体系上将故意、过失从责任论移至构成要件、违法性论中，导致责任的概念空虚化。

修正的责任说认为，故意、过失也是责任要素，违法性意识的可能性是与之相独立的、故意犯、过失犯所共通的责任要素。平野龙一、山口厚等学者持此说。对修正的责任说的主要批评意见是：违法性意识也是心理活动的一种形式，应当作为责任判断的对象。行为人如果认为自己的行为为法律所允许，仍然将其视为故意犯，是不妥当的①。

(2) 严格责任说与限制责任说。严格责任说主张，违法性意识或意识可能性，并非故意的要素，而是独立的责任要素，并将违法性阻却事由前提事实的错误作为违法性错误进行处理。韦尔策尔、毛拉赫、考夫曼、福田平、西原春夫、川端博、大谷实、松原久利等学者持这一主张。严格责任说虽然能够坚持理论的一贯性，但在假想防卫的情况下仍然坚持欠缺违法性意识，认为应该排除责任。这一观点难以为理论界和实务界所接受。

限制责任说认为，违法性意识或意识可能性，并非故意的要素，而是独立的责任要素，并将违法性阻却事由前提事实的错误视为事实的错误处理。耶赛克、魏根特、平野龙一、内藤谦、香川达夫、曾根威彦、山中敬一等持此说②。限制责任说是德国、意大利、奥地利、瑞士等国家的刑法学的通说。但其理论逻辑上并不完整，特别是在假想防卫和假想避险问题上该观点态度不一致，该说认为假想防卫是责任说的例外，应该采取故意说加以解决；但假想避险则采用责任说加以解决。既然二者有很大的同构性，为什么却要采取迥然不同的处理？限制责任说对此问题的解释语焉不详，没有作出很好的回答，所以也难以让人信服。

三、违法性意识的可能性

（一）违法性意识的可能性概念

违法性意识的可能性，是指在行为人实际上没有意识到违法性，但如果加以注意，就能意识到的情形。关于违法性意识的可能性在责任成立中的必要性，责任说还有更为深刻的论述，如“责任非难——行为人本可合法地而不是违法地确立其行为意志——之存在，正是行为人能够意识其行为之违法性”③，此种可能性于人格之形成、意志之决定等都有重要的意义。

（二）关于可能性判断标准的学说

关于违法性意识的可能性，在什么场合应当认定存在“可能性”是最重要的课题，对可能性的判断标准，有以下不同主张：

(1) 以关于违法性的错误有相当的理由为标准的学说，藤木英雄、内藤谦持此说。该

---

① 陈家林：《外国刑法通论》，中国人民公安大学出版社，2009年，第391页。

② 〔日〕川端博：《刑法总论》(第二版)，成文堂，2006年，第427页。

③ Welzel H. Das Deutsche Strafrecht. Walter de Gruyter & Co.，1969，Elfte neubearbeitete und erweiterte Auflage，S. 157.

说认为，如果一般人处于行为人同样的条件下能意识到其行为的违法性，那么就有相当的理由认定行为人存在违法性意识的可能性；反之如果有相当的理由可以排除该可能性，就认为行为人没有认识该可能性的客观条件。相当的理由标准是一个客观标准，通常用来进行违法性判断，而违法性意识可能性是主观的判断，依客观标准进行主观判断在方法论上并不恰当，很容易与违法性判断混淆。

（2）以关于违法性的错误有过失为标准的学说，香川达夫持此说。该说认为，如果行为人对其行为的违法性或者合法性有预见义务和可能性的话，就可以认定行为人存在过失，也即存在违法性意识的可能性。无违法性意识且没有过失，并不意味着没有违法性意识可能性。如果把违法性意识可能性与过失相提并论，则故意的违法性意识可能性应该如何认定，就成为问题。

（3）以违法性的错误的避免可能性为标准的学说。该说是德国刑法学通说理论，日本学者团藤重光、正田满三郎等也持此说。该说认为行为人如果对禁止的错误有避免可能性，就存在违法性意识的可能性，反之则没有可能性。也有学者对该观点提出批评，因为责任非难不是就禁止错误所进行的非难，而是对违法性意识及其可能性的非难①。

（4）以违法性的意识的期待可能性为标准的学说。该说认为，违法性意识可能性是期待可能性的一种情形，依附于期待可能性而认定。虽然违法性意识可能性与期待可能性有一定的联系，但二者在概念、内容、研究范围等方面都有很大的差别：违法性意识可能性涉及意识存在与否的问题，不仅是期待可能性行为的非难基础，而且也是排除禁止错误之责任根据；而期待可能性在违法性意识的基础上还必须考虑客观的行为可能性及一些客观、事实情况。因此不可混为一谈。

四、违法性的错误

所谓违法性的错误，通常与事实的错误相对应。违法性的错误，又称法律的错误或禁止错误，是指行为人虽然不欠缺事实的认识，但误认为自己的违法行为不违法的情况。

日本刑法理论与德国刑法理论对违法性认识错误有不同的态度。《日本刑法典》第 38 条第 3 款规定："即使不知法律，也不能据此认为没有犯罪的故意，但可以根据情节减轻刑罚。"其实务中处理过这样的案例，行为人误将"鼯鼠"当"姆妈"加以捕获，判例认为，被告人不知道是狩猎法禁止捕获的"鼯鼠"，出现法律的认识错误，不阻却违反狩猎法之罪的故意②。其立法、司法中基本上还是继承了古罗马法的关于法律错误的处理原则——"不知法不赦原则"，即对于违法性的错误，不能作为免责理由③。《德国刑法典》第 17 条规定："行为人行为时缺乏对不法的认识，如果该错误不能避免，则无责任。如果行为人能够避免该错误，则可以依据第 49 条第 1 款的规定从宽处罚。"即主张对情有可原的违法性错误可免除行为人的刑事责任。

---

① 刘明祥：《错误论》，法律出版社，1998 年，第 151 页。

② 〔日〕大塚仁：《犯罪论的基本问题》，冯军译，中国政法大学出版社，1993 年，第 227 页。

③ 彭文华：《论阻却犯罪的违法性错误》，《政治与法律》，2005 年第 3 期，第 105 页。

（一）违法性错误的类型

关于违法性错误的种类，学者们也有不同意见。德国学者耶赛克、魏根特认为，可以分为直接的禁止错误与间接的禁止错误；日本学者西原春夫认为，可以分为法规的不知、包摄的错误和正当事由的错误；大谷实认为，其可以分为法的不知与包摄的错误。下面着重介绍耶赛克、魏根特和大谷实的分类：

耶赛克、魏根特认为，应当区分违法性错误的两个基本情况。首先，行为人在自己头脑中存有与行为直接相关的禁止规范，因此，可能以为该行为是被允许的（直接的禁止错误）。之所以引起这样的错误，在于行为人不知道禁止规范，或者虽然知道，却认为它无效，或者行为人对该禁止规范作错误的解释，从而认为不能适用。只要价值判断和作为价值判断基础的事实情况不存在问题，直接的禁止错误也是整体行为评价要素的错误（例如，《德国刑法典》第 240 条第 2 款中的手段-目的关系的“可非难性”）。其次，还存在这样的可能性：行为人虽然充分认识到了禁止规范，但在具体情况下，错误地相信存在合法化的相对的规范（Gegennorm），因为行为人对合法化事由的法律界限产生误解，或将法秩序没有承认的合法化事由作为对自己有利的理由①。

大谷实则将违法性错误分为“不知法的错误（不知法律、不知法规）”和“法律适用上的错误（适用上的错误）”。“（1）不知法的错误，由于不知道刑罚法规对自己的行为加以禁止，或者忘记了，因而错误地以为自己的行为被法律所允许的场合。如刑罚法令自公布之日起施行，被告人在公布之前就开始实施该行为，不知道有该法律的场合，或者不知道刑法第 192 条规定有异常死亡者密葬罪，因而没有检查就将异常死亡者埋葬的场合，就是如此。（2）适用上的错误，是指尽管知道刑罚法规的存在，但是，对该法规的解释却存有误解，认为自己的行为是为法律所许可的情况。如错误地以为对教育委员会行贿不构成行贿罪（第 198 条），因而对其行贿的场合，或者误以为将自己名义的借条变更为他人名义不构成伪造私文书罪（第 159 条），因此将其更换为他人名义的私文书的场合，就是如此。”②

（二）违法性的错误与事实的错误的界限

事实错误是指行为人的认识与客观事实之间不一致的情形；违法性的错误是指行为人误认为法规定的违法行为不违法，或对其不存在任何认识的情形③。违法性错误不影响故意的成立，但是，事实错误原则上影响故意的成立，因此，某一错误是事实错误还是违法性错误，对于行为人的罪责的确定来说，非常重要。德国联邦最高法院曾在判例中举例对二者进行了区分，例如，“未经许可而离开事故现场者（《德国刑法典》第 142 条），不知道自己是事故参与人，其行为属于事实错误；但关于等待义务和容忍义务的错误，则属于违法性错误”④。又如，“出租车司机知道，他将被害人送到强奸现场，足以成立构成

---

① Jescheck H H，Weigend T. Lehrbuch des Strafrechts Allgemeiner Teil. Drucker & Humblot，1996，5. Aufl.，S. 456～457.

② 〔日〕大谷实：《刑法讲义总论》（新版第二版），黎宏译，中国人民大学出版社，2008 年，第 316 页。

③ 〔日〕松宫孝明：《刑法总论讲义》（第四版补正版），钱叶六译，中国人民大学出版社，2013 年，第 142 页。

④ BGHSt 15，1（5）.

要件故意；对自此而产生的予以救助的法律义务的错误，则属于禁止性错误”[①]。

在事实错误和违法性错误的区别标准上，有以下几种学说：①认为在欠缺作为违法性前提的事实认识的场合，就是事实错误；在是否具有违法事实的评价过程中的错误就是违法性错误。藤木英雄持此说。②认为作为刑法评价对象的事实方面的错误是事实错误，以刑法评价为基准的规范方面的错误是违法性错误。此说在日本是通说。③认为有关构成要件的客观要素的错误是事实错误，在行为时为法律所不许可这一点上所产生的错误是违法性错误。④认为不能唤起违法性意识的错误是事实错误，能够形成反对动机的错误是违法性错误。西原春夫、前田雅英持此说。

由于①说与④说表述不够明确，实际上也不好掌握，现在已经被称为旧说。③说在实质上与②说相同。因此，以②说为妥。

关于事实错误和违法性错误的区别，上文已经从事实错误方面进行了讨论，下面再从违法性错误方面加以探讨。

（1）规范的构成要件要素错误的场合。如前所述，构成要件要素分为记述的要素和规范的要素。规范性要素是指由价值关系的概念或评价概念所表述，需要法官进行规范评价或价值补充的要素。与记述性要素不同，规范性要素需要法官进行规范评价和价值补充[②]，所以这种错误是事实的错误还是法律的错误，理论上一直存在着争论。在规范的构成要件要素错误的场合，存在问题的是物品和文书的“淫秽性”、财物的“他人性”、职务行为的“合法性”等，在这些问题上，采取“外行的平行评价”理论作为标准，即行为人所属的社会一般人的判断中，对于规范要素理解程度意义上的错误认识都是有关属于唤起违法性意识的事实方面的错误，所以，应作为事实错误，阻却故意的成立。与此相对，该文书本来具有刑法上的“淫秽性”但是却误认为不具有的场合，由于是法律上是否许可的评价上的错误，所以属于违法性错误，不影响故意的成立。在行政取缔法规中的禁止事项的错误方面，由于对行为的社会意义的认识和对禁止事项的“具体适用”没法分开，所以，难以划分事实错误和违法性错误。

（2）排除违法性事由的错误的场合。排除违法性事由的错误，也称正当化事由的错误，是指在有关应当成为排除违法性事由的事实方面具有错误，也称有关违法性的事实错误。关于排除违法性事由的错误，有事实错误说和法律错误说之间的对立。从严格责任说的立场来看，在对犯罪事实有认识的场合，因为已经提出了如“杀人行吗？”这样的规范问题，所以，应当说不影响故意的成立。关于这一点，主张将这种场合下的错误理解为排除违法性事由的错误的见解引人注目。这种见解认为，排除违法性事由的错误是有关违法性的事实错误，因此，它既不是构成要件的错误也不是违法性的错误，而是所谓第三种错误，作为缺乏有关责任故意要件的违法性方面的事实认识的场合，排除责任故意。的确，排除违法性事由的错误是“事实”错误，但是，由于对唤起违法性意识的符合构成要件的客观事实具有认识，因此，将这一错误看做事实错误是不当的。在此意义上讲，认为为排除违法性提供基础的事实方面的错误是事实错误，从而排除故意的通说见解，以及认为违

① BGHSt 16，155（157ff.）.

② 张建军：《论规范性要素明确性的困境与出路》，《法学论坛》，2013年第3期，第73～74页。

法性意识的可能性是责任要素而非故意要素，但排除违法性事由的错误则是事实错误，从而排除故意的限制责任说的观点，都是不妥当的。

第四节　期待可能性

一、期待可能性的概念与沿革

所谓期待可能性，是指在行为时的具体情况下，能够期待行为人避免实施犯罪行为而实施合法行为。在行为人没有期待可能性的时候，即便其对犯罪事实具有认识，也具有违法性意识的可能性，但不承担故意责任或过失责任的学说，就是期待可能性的理论。期待可能性的理论是规范责任论的核心理论。

期待可能性理论来源于 1897 年 3 月 3 日德国帝国法院第四刑事部对所谓“癖马案”的判决。该判决的主旨是：要确定基于违反义务的过失责任，不仅要依据行为人当时可能并且已经认识到“驾驭有癖害之马可能伤害行人”，还要求以被告人处于当时的境遇有无拒绝驾车之可能。1901 年，M. E. 迈尔在《有责行为与其种类》一文中认为，包含故意行为与过失行为的有责行为，须含有违反义务的意思活动，而行为人是否认识违法，仅仅是责任分类的标准。其后，在 R. 弗兰克、J. 戈尔德施密特（J. Goldschmidt）、B. 弗罗伊登塔尔（B. Freudenthal）以及 Eb. 施密特等学者的努力下，期待可能性理论得以确立。1828 年，木村龟二教授发表了论文《关于刑事责任的规范主义的批判》，率先将德国期待可能性理论的学说介绍到日本。其后，佐伯千仞、小野清一郎、泷川幸辰、武藤文雄、草野豹一郎等都尝试着建立期待可能性的理论。1933 年 11 月 21 日，日本大审院对“第五柏岛丸事件”所作的判决，最先肯定了期待可能性理论。

从实践上看，目前德国已禁止乱用期待可能性理论。德国学者耶赛克、魏根特指出，该理论现在在德国未被接受。今天，该理论已经变得无足轻重了[①]。然而，期待可能性理论在日本却备受青睐，该理论仍为许多学者所承认，并进行着广泛深入的研究。正如山中敬一所说：“现在虽然被认为‘期待可能性的理论的实践作用相对低下’，但在学说中，位于规范的责任论的核心，给予作为阻却责任论的理论以支柱的作用，并且认为期待可能性的不存在是超法规的阻却责任事由，是压倒的通说。”[②]从上述情况可看出，期待可能性理论虽然起源和构建于德国，但德国当前对期待可能性作为超法规的免责事由持否定态度；期待可能性理论被日本从德国引进后，又有很大发展，并且已得到日本刑法学界广泛的认可。

二、期待可能性的适用范围

根据期待可能性理论，如果不可能期待行为人实施适法行为时，就理当阻却责任。但是，缺乏期待可能性，究竟是属于一般的超法规的责任阻却事由，还是只限于法律规定的

---

① Jescheck H H，Weigend T. Lehrbuch des Strafrechts Allgemeiner Teil. Drucker & Humblot，1996，5. Aufl.，S. 504.

② 〔日〕西原春夫先生古稀祝贺论文集编集委员会：《西原春夫先生古稀祝贺论文集》（第 2 卷），成文堂，1998 年，第 149～150 页。

责任阻却事由，在理论上有不同看法。

德国通说认为，缺乏期待可能性只是刑法规定的阻却责任事由的理论基础。亦即，缺乏期待可能性的免责事由仅限于法律规定的事由。例如，《德国刑法典》第33条的规定：行为人因慌乱、恐惧、惊吓而超过正当防卫界限的，不负刑事责任。即在上述情况下，不可能期待行为人不超过防卫限度。在法律没有明文规定的情况下，不能以缺乏期待可能性为由免除责任。耶赛克、魏根特指出，刑法在责任领域需要标准，这些标准虽然应当包含对意志形成的评价，但必须被形式化，并从法律上加以规定。不可期待性这一超法规的免责事由，无论是从主观上还是从客观上加以理解，均会削弱刑法的一般预防效果，以至于导致法适用的不平等现象，因为所谓的“不可期待性”，并不是可适用的标准。此外，免责事由根据法律明确的体系表明了例外规定，这些例外规定不能够被扩大适用。甚至在困难的生活状况下，即使要求当事人作出巨大牺牲，社会共同体也必须服从法律①。

期待可能性的理论被介绍到日本后支持者不断增加，实务界也表示了关心②，第二次世界大战后该理论完全成为通说，现在以期待可能性理论为基础的规范责任论也已成为通说。大谷实认为，判例虽然认同期待可能性的理论，但似乎并不积极。日本最高法院1958年11月4日的判例写道：“刑法中的期待可能性的理论在种种立场上被主张，并没有统一的见解，但是，即便承认期待可能性的理论，但只要被告人们的行为符合构成要件、违法并且被告人们具有责任能力以及故意、过失，而没有法律上所认可的排除责任事由的话，就必须提出足以否定其罪责的证据。”不过，在该判决作出之前，日本的判例对于期待可能性理论基本上是持赞同意见的③。另外，在下级法院的判决中，对于违反经济管制法规的行为，以没有期待可能性为理由而判定无罪的情况也很多。这是因为，在第二次世界大战后的混乱时期，不可能现实地按照经济管制法规行事。昭和30年代（1955～1965年）以后，日本的社会局势逐渐安定，要适用期待可能性理论的情况减少，这大概是促使最高法院改变态度的原因②。

三、期待可能性的体系地位

关于期待可能性或期待不可能性在犯罪论体系中如何定位的问题，少数学者认为它属于违法性阻却事由。但考虑到期待可能性的沿革及其与规范责任论的关系，将其定位为责任论的观点属于压倒性的通说。不过，在责任论内部，对于如何理解期待可能性与故意、过失的关系，则存在不同的看法。

（一）独立责任要素说

此说认为，期待可能性是与责任能力并列的积极的要素。德国学者弗兰克、戈尔德施密特，日本学者大塚仁、西原春夫等持此说。但此说也受到学者的批判，如佐伯千仞指

---

① Jescheck H H, Weigend T. Lehrbuch des Strafrechts Allgemeiner Teil. Drucker & Humblot, 1996, 5. Aufl., S. 504.

② 〔日〕大谷实：《刑法讲义总论》（新版第二版），黎宏译，中国人民大学出版社，2008年，第322页。

③ 在第五柏岛丸事件中，法院认为，在超过船的最大载客的五倍而载客，致使船只沉没，使多数人死伤的案件中，考虑到船主再三无视被告人的警告而让过多的乘客上船的事实，法院撤销了原判的监禁刑而改判了较轻的罚金刑。

出："这样，我们对期待可能性，不如对它的反面即欠缺它的场合，将这种情况作为阻却责任事由考虑。一部分学者与此不同，认为它是责任的积极要素，称为与责任能力、故意或过失并列的'第三责任要素'。但本书认为这是不正确的，原因是期待可能性不是作为与责任能力、故意或过失在同一平面并行的责任要素被发现的，不如根据责任能力与故意或过失并在一起推测它的存在（大致的推定），由于这两者与期待可能性处于前提与结构的关系，使这些并列是理论的谬误。"①

（二）故意过失要素说

此说将故意、过失都理解为责任的种类、形式，认为它们是对行为人进行非难的类型，所以，认为规范的要素也当然应该被包含其中。德国学者弗罗伊登塔尔、Eb. 施密特，日本学者团藤重光、板仓宏等持此说。板仓宏在其著作中写道："期待可能性不仅是责任的有无，也是确定程度的要素。在考虑期待可能性是否存在，它存在的程度如何的同时，必须考虑作为积极的责任要素。从而期待可能性应当认为是故意责任、过失责任的积极的要素。毕竟没有期待可能性时，作为构成要件要素的故意、过失虽然存在，但能阻却故意责任、过失责任。"② 对于此说，福田平有如下批判：将期待可能性这一规范的要素，作为心理的活动形式的故意、过失的要素是不妥当的。

（三）阻却责任事由说

此说认为期待可能性的不存在是阻却责任事由，是例外妨碍犯罪成立的情况。日本学者佐伯千仞、江家义男、平场安治、中山研一、香川达夫、大谷实、川端博、前田雅英等持此说。大塚仁对此提出批评："把责任故意、责任过失理解为责任的积极要素时，把存在期待可能性也解释为责任的积极要素才为妥当。而且，既然期待可能性不只是在责任的存否一面而且在决定责任的轻重程度上也发挥着重要作用，把它仅仅视为消极的责任要素就不妥当。"③

（四）可罚的责任阻却、减少说

此说认为，欠缺期待可能性并不是使责任消失，而仅仅是使可罚的责任消失。不仅如此，当期待可能性减少时，可罚的责任也减少。此说同样将期待可能性定位于责任的阶段④。

尽管学说林立，但是在将期待可能性纳入责任论中予以讨论这一点上，多数德日学者的意见是一致的。至于在责任论内部如何安排，本书赞同责任能力、违法性的意识的可能性和期待可能性都是责任要素的观点。对于期待不可能性，本书认为，根据具体情况，既可能阻却责任，也可能减轻责任，并非仅限于阻却责任的场合。

四、期待可能性的判断标准

所谓期待可能性的判断标准，就是指以什么为标准来判断行为人是否具有适法行为的

---

① 〔日〕佐伯千仞：《四订刑法讲义（总论）》，有斐阁，1981年，第283～284页。

② 〔日〕板仓宏：《新订刑法总论》，劲草书房，1998年，第297～298页。

③ 〔日〕大塚仁：《刑法概说（总论）》（第三版），冯军译，中国人民大学出版社，2003年，第405～406页。

④ 〔日〕山中敬一：《刑法总论》（第二版），成文堂，2008年，第682页。

期待可能性。关于判断是否存在适法行为的期待可能性的标准，有行为人标准说、平均人标准说和国家（法规范）标准说的争论。

（一）行为人标准说

弗罗伊登塔尔、海尼茨（Heinitz）、团藤重光、大塚仁、内田文昭、板仓宏、野村稔等学者，从道义责任论的立场出发，主张行为人标准说，即以行为时的具体状况下的行为人自身的能力为标准，如果在当时的具体状况下，不能期待该行为人实施适法行为，就表明缺乏期待可能性。因为责任是就符合构成要件的违法行为而对行为人进行的人格非难，这就决定了要以行为人为标准。而且期待可能性的理论，本来就是为了针对行为人的人性弱点而给予救济，故期待可能性的存在与否，自然应以行为人为标准。但行为人标准说受到了如下批判：①不当地使刑事司法弱化；②导致极端个别化，破坏了法律的统一性；③确信犯人通常是没有期待可能性的，所以无罪[①]。

（二）平均人标准说

该理论在德国的代表有 Eb. 施密特、梅茨格尔，在日本的代表有植松正、安平政吉、木村龟二、西原春夫等。该说认为，要在把平均人置于行为人的立场上时看是否仍然能够期待实施其他的行为作为判断的标准。如果对处于行为人状态下的通常人、平均人，能够期待其实施适法行为，则该行为人也具有期待可能性；如果对处于行为人状态下的通常人、平均人，不能期待其实施适法行为，则该行为人也不具有期待可能性。此说为日本通说。对此说的批判意见主要有：①责任非难意味着对行为人个别的非难，应以行为人本人的可能性为限度。如果对一般人能够进行期待但对行为人本人不能予以期待，此时仍然进行非难就是不合适的[②]。②道义责任论是以行为人个人为标准判断是否具有非难可能性，平均人标准说偏离了这一理论，属于社会责任论了[③]。③平均人的概念过于抽象、暧昧和不明确[④]。④责任能力的观念已经是以平均人的观念为基础形成的，如果期待可能性的有无也以平均人为标准，则是概念的重复[⑤]。

（三）国家（法规范）标准说

E. 沃尔夫、佐伯千仞等学者所主张的是法规范标准说或国家标准说。上面两种主张，都是从被期待的一方提出的判断标准，而法规范标准说则主张以国家或者国家的法秩序的具体要求为标准，来判断是否具有期待可能性。因为所谓期待，是指国家或法秩序对行为人的期待，而不是行为人本人的期待，因此，是否具有期待可能性，只能以国家或法秩序的要求为标准，而不是以被期待的行为人或平均人为标准。对此说的主要批评意见是：①期待可能性的根本思想是意图针对人性的弱点而给予法的救济，此说则违反了这一思想。②国家标准说明确了期待可能性的判定主体是国家，这一点是正确的，但对于判断对象即

① 〔日〕大谷实：《刑法讲义总论》（新版第二版），黎宏译，中国人民大学出版社，2008年，第325页。
② 〔日〕曾根威彦：《刑法总论》（第四版），有斐阁，2008年，第161页。
③ 〔日〕中山研一：《刑法总论》，成文堂，1982年，第396页。
④ 〔日〕山中敬一：《刑法总论》（第二版），成文堂，2008年，第339页。
⑤ 〔日〕大塚仁：《刑法概说》（第四版），有斐阁，2008年，第479页。

行为人的能力及具体行为状况的考虑则不充分[①]。③此说对于法律在何种情况下能够期待行为人实施合法行为这一问题给出的回答是：法秩序能够期待时就具有期待可能性。这无异于以问题回答问题，犯了循环论证的错误[②]。

五、期待可能性的错误

所谓期待可能性的错误，是指虽然不存在排除期待可能性的基础的事实，但是行为人却误以为存在，如没有违法命令但却误以为存在的场合。

期待可能性的错误，包括以下四种情况：第一，不存在会导致丧失期待可能性的外部行为状况而行为人误认为存在（所谓积极的错误）；第二，存在会导致丧失期待可能性的外部行为状况而行为人对此没有认识（所谓消极的错误）；第三，存在会导致丧失期待可能性的外部行为状况，行为人也认识到了上述事实，但误认为它不能阻却期待可能性；第四，虽然不存在上述事实，但行为人误认为能够阻却期待可能性。其中，第三种情况当然阻却期待可能性，第四种情况不能阻却期待可能性。换言之，在这两种情况下，行为人的认识错误在刑法中意义不大。因而，理论上存在争议的主要是前两种情况。

（一）关于期待可能性的积极的错误

关于期待可能性的积极的错误，是指尽管没有无期待可能性事由，行为人误认为存在的情况。此种情况可以分为构成要件的错误和禁止的错误两种：在构成要件的错误情况下就可直接阻却故意；在禁止的错误情况下，则应该区分是否可以避免该错误，仅在不可避免的情况下才可阻却责任。佐伯千仞所举案例很能说明问题，如甲、乙二人发生海难时共争一块木板，该板具有支持二人的浮力，但被误认为只能支持一人，甲将乙推开，致乙溺水死亡。对此，理论上有三种观点，即阻却故意说、不阻却故意说以及无避免可能时可阻却责任说。理论上认为，这个场合固然是事实的错误，但属于假想避险，是禁止的错误，行为人对其行为后果是有认识的，其错误认识并不阻却故意，如果该错误不可避免，即可以阻却责任；如果可以避免，则行为人仍应该承担故意的责任。

（二）关于期待可能性的消极的错误

关于期待可能性的消极的错误，是指本来存在无期待可能性事由，行为人误认为不存在。此种错误也可以分为构成要件的错误和禁止的错误两种：在构成要件的错误时，可以未遂来处理；而在禁止错误时，应属于幻觉犯，不构成犯罪。

通过上述分析可知，期待可能性的错误是以构成要件的错误和禁止的错误为基础进行分析的，因而可以借助构成要件的错误和禁止的错误理论来解决期待可能性的错误问题。

第五节 免除、减轻责任事由

责任是可以附程度的概念。在现实地承认责任时，还必须进而探讨其程度。影响责任

① 〔日〕曾根威彦：《刑法总论》（第四版），有斐阁，2008年，第161页。
② 〔日〕川端博：《刑法总论》（第二版），成文堂，2006年，第445页。

程度的事由可分为可以撤销责任谴责的事由和减轻责任事由。

对可以撤销责任谴责的情况，要划分“阻却违法事由”、“责任排除事由”和“免除责任事由”。

阻却违法事由，是指符合构成要件的行为，由于某一允许规范的介入而被合法化，因为它在特别的情形下，并不表明行为的实施具有实质不法。符合构成要件的、违法的行为的免责可能性，是以违法性判断和责任判断的对象和标准相区分为基础的。

免除责任事由不是仅说明行为人欠缺责任，而是既降低行为的不法程度，又降低行为的责任程度，具有双重属性。在不法和责任双重减低的情况下，立法者得出结论认为，在此等情形下行为不再有应受处罚性，因此，不得再予以处罚。

在阻却违法事由与免除责任事由的情况下，虽然不处罚的结果是相同的，但其意义是不同的。被阻却违法的行为是为法秩序所认可的，被免除责任的行为只不过是被法秩序宽恕而已。因此，与前者的共犯可罚性被排除相对应，后者能够成立共犯。共犯自身是否也能够被免责，是由其存在的个人因素所决定的（《德国刑法典》第 29 条）。此外，关于阻却违法事由和免除责任事由的错误规定也是不同的。最后，对虽然违法却被免责的行为可以进行正当防卫，而不得对合法化的行为实行正当防卫。

责任排除事由是指无责任能力和不可避免的禁止性认识错误，此时，对行为人提起责任谴责就缺乏责任的前提条件或者是缺乏责任的构成特征。与之相反，免除责任事由只是对行为的不法性和有责性产生极大的降低作用，使得刑罚必要性的底部边界未被达到，而鉴于行为人的特殊原因，立法者规定要放弃提起责任谴责即给予宽容。

由于阻却违法事由在违法性部分已经进行了介绍，故在此不予赘述。虽然责任排除事由与免除责任事由在责任免除原因方面存在差异，但二者的效果相同，因此有些学者对二者均用免除责任事由来表述。为便于讨论，下文亦合并予以阐述。

一、免除责任事由

（一）免除责任的紧急避险

免除责任的紧急避险（entschuldigender Notstand）是指，为使自己、亲属或其他与自己关系密切者免受正在发生的危险，不得已而实施的犯罪行为。因此，法秩序的宽容度也涉及以牺牲被刑法保护的第三者的利益保全自己的意图者。

与合法化的紧急避险（《德国刑法典》第 34 条[①]）不同，第 35 条[②]规定的紧急避险，

---

① 《德国刑法典》第 34 条：“为使自己或他人的生命、身体、自由、名誉、财产或其他法益免受正在发生的危险，不得已而采取的紧急避险行为不违法，但所要保护的法益应明显大于所造成危害的法益。仅在行为属于避免该危险的适当的措施的情况下，方可适用本条的规定。”

② 如《德国刑法典》第 35 条第 1 款规定：“为了使自己、亲属或其他与自己关系密切者的生命、身体或自由免受正在发生的危险，不得已而采取的违法行为不负刑事责任。在因行为人自己引起危险或因其处在特定的法律关系中而须容忍该危险的限度内，不适用该规定；但是，如果不顾及某一特定的法律关系行为人也须容忍该危险，则可依第 49 条第 1 款减轻处罚。”

只不过是单纯的免责事由[①]。尽管法律条文称之为“不负责任的行为”，但该紧急避险表明了基于行为不法的减少和行为责任内容的双重减低的免责事由。在德国，免责的紧急避险要件被作了严格的规定，且不得由法官任意将其扩张，因为，立法者只有在法律规定的条件下才能够放弃责任非难。

（二）防卫过当

正当防卫（Notwehr）是排除违法性事由，但防卫者超过必要限度进行过当防卫（质的防卫过当）或者是防卫人对尚未发生的攻击，或者已经经过的攻击进行防卫的，其行为同样是违法行为（量的防卫过当）。在前一种情形下行为人超越了防卫的程度，在后一种情形下行为人超越了防卫的时间界限。

防卫过当的两种情形原则上是应当受处罚的，若防卫者有意识地超越必要的防卫程度以及正当防卫的时间界限，应当负故意犯罪的责任。若被攻击者过高估计攻击的程度，因而无意识地实施超越必要防卫程度的行为，或者误认为攻击已经开始，因而过早反应，则存在关于正当防卫的前提要件的错误（假想防卫），应当按照允许构成要件错误（Erlaubnistatbestandsirrtum）的原理进行处理（如果错误是可避免的，则按照过失规定量刑）[②]。

根据《德国刑法典》第 33 条的规定，因惊慌、恐惧或者惊愕而超过正当防卫界限时，行为人不负刑事责任。通说认为，在质的防卫过当情况下，第 33 条应当既适用于有意识的过当也适用于无意识的过当。相反，在量的防卫过当的场合，排除适用第 33 条的规定，因为在这种场合，不存在正当防卫的不法的减轻效果。行为人有意识地防卫过当的，依照故意犯罪处罚。例如，防卫人开枪击退攻击后，对躺在地板上的非武装攻击者，又连续开了两枪。如果防卫人对于攻击的现实性存在错误认识，通常构成允许构成要件错误，此时，应当在避免可能性的探讨范围内，考虑惊慌、恐惧以及惊愕等因素。但是，在具体情况下，如果行为人因惊慌、恐惧或惊愕，错误地判断了正当防卫的必要限度的话，过失非难在假想防卫过当情形下也可能不存在。《日本刑法典》第 36 条第 2 款规定：“超出防卫限度的行为，可以根据情节减轻或者免除刑罚。”日本的判例认为，即便是在防卫过当之中，法的确认效果也并未被全面否定，因此，不能否定其具有减少违法性的一面，另外，对紧迫不法的侵害进行反击的人在心理上的动摇也必须加以考虑[③]。

（三）根据职务指示的行为

作为下级的公务员和士兵，他们遵照上级的要求作违反刑法的举止，而当该要求本是无约束力的指示（unverbindliche Weisung）（布置、命令）时，其行为违法，但可以被免除责任（比较德国《联邦公务员法》第 56 条第 2 款第 3 项，《公务员权利框架法》第 38 条第 2 款第 2 项，《军事刑法》第 5 条第 1 款）。

一个无约束力的指示，只有在接受指示的下级将它视为是具有约束力的情况下才可以

---

① Jescheck H H，Weigend T. Lehrbuch des Strafrechts Allgemeiner Teil. Drucker & Humblot，1996，5. Aufl.，S. 480.

② Jescheck H H，Weigend T. Lehrbuch des Strafrechts Allgemeiner Teil. Drucker & Humblot，1996，5. Aufl.，S. 490.

③ 〔日〕大谷实：《刑法讲义总论》（新版第二版），黎宏译，中国人民大学出版社，2008 年，第 268 页。

作为免除责任事由（Entschuldigungsgrund）进行考虑，即，因为对该下级而言指示的无约束力性不能被充分认识。

根据职务指示而为之行为的免除责任事由，是一种特殊的免除责任事由，但它同时也是禁止错误的特别规定。如果说在通常情况下每个人自己均应当对其行为的合法性负责，并因此对其决定的正确性负刑法上的责任的话，那么，在当局和军事统治集团内部则适用其他法律。对下属起决定性作用的是对上司权威的信任、服从的习惯，而指示的正确性原则上由上司独自负责。如此一来，考虑到他们的必要的隶属性，官员和士兵的权利和义务被以不同的方式作了规定，因此，根据职务指示所为之行为的免责事由，必须根据自己的规定来处理①。

（四）作为超法规免责事由的不可期待性

德国学者认为，期待可能性是由法律严格限制的，不能由法律适用者作主观评价，但“依照绝大多数论者的观点，在某些特别不同寻常的冲突情况中超法律的免除责任事由也有予以认可的空间……在这样如此特别，几乎是不可解决的义务冲突中，行为人如果是依据最善的良知作出了决定，他的由拯救目的决定的行为在当时情形下也是对最高价值法益阻止其遭受更大灾难的唯一手段的，法制秩序不能够对他提起责任谴责。”② 例如，纳粹德国期间，当时在精神病院里工作的医务人员面临不可回避的选择：要么是挑选出少数几个精神病人参与希特勒命令的“安乐死行动”，而由此拯救其他的大多数精神病人；要么是拒绝参与这个违法的秘密行动，随之可能造成的后果是，那些追随纳粹政权的医生将取代他们，并开展为所欲为的消灭行动。带着极大的良心责备，一部分医务人员选择了第一种方式③。

二、减轻责任事由

（一）限制责任能力者

对于心神耗弱的人，日本刑法规定对其“减轻刑罚”；《德国刑法典》第 21 条规定：“行为人认识行为违法性的能力，或者依其认识而行为的能力因第 20 条④规定的原因而显著减弱的，可依第 49 条第 1 款减轻其刑罚。”

对于喑哑人，韩国刑法规定“得减轻处罚”；《意大利刑法典》第 96 条规定：“处于聋哑状态的人在实施行为时因其残疾而不具有理解或者意思能力的，是不可归罪的。如果理解或意思能力严重降低，但未完全丧失，刑罚予以减轻。”

对限制责任能力者，各国刑事法规作出了不同的规定：①限制责任能力者仅对某些严

① Jescheck H H，Weigend T. Lehrbuch des Strafrechts Allgemeiner Teil. Drucker & Humblot，1996，5. Aufl.，S. 495～496.

② Wessels，Beulke. Strafrecht Allgemeiner Teil：Die Straftat und ihr Aufbau. C. F. Müller，2010，40. Aufl.，S. 165.

③ Vgl. BGH NJW 53，513.

④ 《德国刑法典》第 20 条：“行为人行为时，由于病理性精神障碍、深度的意识错乱、智力低下或其他严重的精神病态，不能认识其行为的违法性，或依其认识而行动的，不负责任。”

重的犯罪负责。如《蒙古刑法典》第 6 条第 2 款规定：“14 岁以上 16 岁以下的犯罪人实施杀人、故意重伤和故意伤害他人而导致健康损害的行为，强奸、盗窃、抢劫……应当负刑事责任。”②减轻其刑。如《意大利刑法典》第 98 条规定：“在实施行为时已满 14 岁，但尚不满 18 岁的，如果具有理解和意思能力，则是可归罪的；但是，刑罚予以减轻。”③具备一定的条件时不构成犯罪。如《新加坡刑法典》第 83 条规定：“7 岁以上 12 岁以下的儿童，在实施行为时对行为的性质和后果缺乏足够理解判断能力的，不构成犯罪。”

（二）期待可能性的程度

期待可能性不仅存在着有无的问题（是否阻却责任的问题），而且还存在程度问题（是否减轻责任）。即如果期待可能性程度较低，则可减轻行为人的刑事责任。一般认为，刑法规定对防卫过当、避险过当、亲属实施的藏匿犯人、隐灭证据行为（《日本刑法典》第 105 条）等减免刑罚，就是以期待可能性的理论为依据的。某些国家刑法规定行为人对其在不能抵抗的强制状态下实施的侵害行为不负责任（如法国旧《刑法典》第 64 条、《奥地利联邦共和国刑法典》第 114 条），多数学者将其解释为缺乏期待可能性，因而阻却责任。

（三）故意犯的责任程度

在故意犯中，作为其成立要件的犯罪事实的表象、关于违法性的事实的表象以及违法性的意识程度，都具有作为决定责任程度的标准的意义。行为人明确地认识到了犯罪事实、关于违法性的事实时，与漠然地忽视了它们的场合相比，其责任更重；明确地意识到违法性时，与模糊地意识到它的场合相比，从其观点本身来看，也必须说责任更重。

另外，也必须论及犯罪的动机。从国家、社会的伦理规范的观点来看，犯罪行为出于恶劣的动机时责任就重，基于应予宽恕的动机时责任就轻。例如，基于利己的动机与基于利他的、公益的动机相比责任更重，出于贪欲的卑劣动机与基于激情的动机和贫困的动机相比责任更重。在大陆法系国家，不乏区别二者的立法例，如《德国刑法典》第 211 条、第 212 条，《法国新刑法典》第 221-1 条以下等。基于值得尊敬的动机时，责任当然变轻，如《瑞士联邦刑法典》第 64 条①。

（四）过失犯的责任程度

在过失犯中，必须论及注意义务的违反程度。它虽然是在违法性方面也必须予以考虑的，但是，在与具体行为人的关系上，也是责任方面的问题。

结果预见义务特别是犯罪事实和关于违法性的事实的预见义务以及意识违法性的义务，应该与基于它而给实施避免结果的相当行为提供动机的义务相结合，讨论其违反程度的轻重。例如，具有犯罪事实的预见时（有认识的过失），与缺乏其预见（无认识的过失）时相比，一般可以说其责任更重，因为行为人对犯罪事实有预见义务，却怠于履行结果回避义务，所以，要予以更重的非难。另外，如果懈怠了应该预见犯罪事实和关于违法性的事实的义务（事实的过失），以及懈怠了应该意识到的违法性的义务（违法性的过失），在其预见或者意识的可能性的程度高时，其责任就重；程度低时，其责任就轻。

---

① 〔日〕大塚仁：《刑法概说（总论）》（第三版），冯军译，中国人民大学出版社，2003 年，第 410 页。

在测定注意义务的违反程度时，应该论及行为人的具体的注意能力。如果行为人具有远远高于通常人的注意义务，却没有充分地发挥它而违反了注意义务，就可以说其违反的程度较高。对于行为人的具体的注意能力，在决定违反注意义务的存否时，应该考虑其最小限度；在论及其违反注意义务的程度时，可以论及其最大限度①。

三、关于政策性预防的免除、减轻刑罚

刑法上对行为人刑罚的减轻或免除规定，也可能与不法以及期待可能性概念没有关系，而是基于其他任何可能的刑罚价值考量而来的，是纯粹在刑事政策上鼓励行为人自新或弥补错误。

上述减轻或免除刑罚的事由，有一些是在行为人行为时就已经存在的事实，如不能犯的未遂以及近亲间财产犯罪得免除其刑的情形即是，学说上有称之为个人之阻却刑罚事由(Strafaufhebungsgründe)，意思是说自始排除其刑罚的必要性。至于其他减轻或免除刑罚的事由，是在行为人不法行为之后才存在的事由，学说上有称之为个人之解除刑罚事由，意思是说依行为时之行为事实来看，本来是应该要加以刑罚的，但是因为后来发生的事由，才又排除其刑罚的必要性②。不过无论是哪种情况，都是基于刑事政策考量的结果，所以对于这一些规定，我们不妨视之为广义的责任概念上的减轻规定。例如，中止犯就是一个特定的刑事政策问题，它包含着“自愿”的概念，这一概念决定着这种中止是否具有免除刑罚的效果③。基于自愿的概念，有些国家的刑法从政策性预防的角度免除了对中止犯的处罚。

---

① 〔日〕大塚仁：《刑法概说（总论）》（第三版），冯军译，中国人民大学出版社，2003 年，第 411 页。

② 黄荣坚：《基础刑法学》（下），元照出版有限公司，2006 年，第 711～712 页。

③ 〔德〕克劳斯·罗克辛：《刑事政策与刑法体系》（第二版），蔡桂生译，中国人民大学出版社，2011 年，第 45 页。

第十一章　未　遂

第一节　行为的发展阶段

一、行为发展阶段的划分

犯罪的实现，并非一蹴而就的，完整的故意犯罪往往需要经历一个从产生到预备到实行再到完成的过程。正如耶赛克、魏根特所言："故意的应受处罚的行为，从有实施行为的想法至行为实施终了，在一个或长或短的路途（犯罪之路）中跋涉，该路途包括预备犯罪的决意、着手实施、构成要件行为结束、发生结果至行为终了。随着所有构成要件要素的实现而产生的犯罪既遂，构成完全的法定刑罚威慑。"①

犯罪行为从预备行为到发生危害结果的过程中历经了数个阶段，对此学者们基于个人的学术立场作出了不同划分。本书主要介绍行为发展中的三个阶段：

（1）犯罪预备阶段。犯罪预备阶段是指行为人为着手实行犯罪所作的准备行为的阶段。预备行为以便利犯罪的实行为目的，可以有多种方式，如为犯罪准备工具、制造条件等。预备阶段并非所有犯罪的必经阶段，诸如激情犯、偶发犯、机会犯等便不经过预备阶段而直接进入犯罪实行阶段。对于预备行为是否处罚，各国刑法规定不一。有些国家原则上不处罚预备行为，只在重大法益被侵害的情况下才设处罚规定，如德国、日本、韩国等；而有些国家则原则上处罚预备行为，如俄罗斯。

（2）犯罪未遂阶段。犯罪未遂阶段是指行为人着手实行犯罪，但不法构成要件事实尚未全部实现的阶段。自 19 世纪初的法国刑法典开始，欧洲多数国家的刑法均是以处罚既遂犯为原则，以处罚未遂犯为例外。动用刑罚以行为人已经开始实行犯罪行为为必要，正

① Jescheck H H，Weigend T. Lehrbuch des Strafrechts Allgemeiner Teil. Drucker & Humblot，1996，5. Aufl.，S. 509.

如古老的法谚“思想犯不处罚”。

（3）犯罪既遂阶段。犯罪既遂阶段是指犯罪行为全部实现构成要件事实的阶段。不同犯罪有不同既遂标准，有的犯罪一着手，犯罪即完成，有的犯罪只需实行行为完成即为既遂，有的犯罪则还需要出现犯罪结果。

二、行为发展阶段上的犯罪形态

与上述行为发展阶段相关，刑法理论上存在着既遂犯、未遂犯、预备犯与阴谋犯等犯罪形态。

（一）既遂犯

1. 既遂犯的概念

在大陆法系国家，刑事立法通常没有对既遂犯的概念作出明确的规定，因而对于既遂犯的有关理论问题，只能从各国刑法对未遂犯的规定以及分则有关条款中去找寻。目前理论上存在三种学说：一是结果说，即认为凡实施了犯罪行为并造成犯罪结果的，构成既遂犯。二是目的说，即认为凡实施了犯罪行为并达到行为人的犯罪目的的，构成既遂犯。三是构成要件说，即认为凡着手实施犯罪行为，且行为已具备了具体犯罪构成全部要件的，构成既遂犯[①]。此处的犯罪构成要件是指刑法分则所规定的基本的犯罪构成要件。

本书认为，由于结果说中的结果有多种理解，概念的判断标准不明确，故而不足取。目的说则不够全面，有些犯罪虽然没有达到行为人的预计目的，但其行为已经完全具备刑法规定的构成要件，已然是既遂犯。故本书赞同构成要件说，此说侧重从刑法体系的角度考虑既遂犯的概念。日本多数学者如小野清一郎、西原春夫等持此观点，意大利学者帕多瓦尼亦赞成此说。因此，所谓既遂犯，是指符合犯罪全部构成要件，并对法益造成了侵害或引起了法益侵害危险的犯罪形态。

2. 既遂犯的分类

根据犯罪的行为表现形式、侵害客体和侵害对象的不同，大陆法系刑法理论主要对既遂犯作了以下两种分类：

（1）实质犯与形式犯。这是以犯罪结果是否作为犯罪构成的要件为标准进行的划分。所谓实质犯，是指行为已造成法益侵害结果或者具有法益侵害危险的犯罪。所谓形式犯，是指无需考虑结果，只要行为人实施了符合构成要件的行为即构成既遂的犯罪。

（2）即成犯与持续犯。这是意大利刑法学家帕多瓦尼根据犯罪结果的发生时间对犯罪完成所起的作用的不同而作的分类。所谓“即成犯”，是指以行为犯中的犯罪行为最后一个举动的完成，或结果犯中犯罪结果的发生为既遂标志，犯罪构成要件并不向行为或结果之后延伸的犯罪；所谓持续犯，是法律规定犯罪行为或结果在时间上必须具有持续状态的犯罪。持续犯可分为必要持续犯与可能持续犯，前者犯罪行为或犯罪结果在时间上呈必须延续状态，后者犯罪行为的某个构成要件既可能在时间上呈持续状态，也可能在瞬间完成[②]。

---

① 赵秉志：《外国刑法原理（大陆法系）》，中国人民大学出版社，2000 年，第 187 页。

② 〔意〕杜里奥·帕多瓦尼：《意大利刑法学原理》（注评版），陈忠林译评，中国人民大学出版社，2004 年，第 261～262 页。

（二）未遂犯

关于未遂犯的定义，有狭义、广义和最广义三种界定。狭义的未遂犯，也称障碍未遂，是指行为人着手实施犯罪行为，由于行为人意志以外的原因致使犯罪未达既遂的情形。大陆法系少数国家（如法国、西班牙、比利时等）采用狭义的未遂犯，在其刑法理论中将狭义的未遂犯与中止犯分属两个独立的范畴。广义的未遂犯是指行为人着手实施犯罪行为，由于意志以外的原因或者基于行为人自己的意志中止犯罪或有效阻止犯罪结果的发生，致使犯罪最终未达既遂的情形。可见，广义的未遂犯包括中止犯。最广义的未遂犯是指所有已着手实行犯罪而未遂的情形，即包括了不能犯在内。

（三）预备犯与阴谋犯

预备犯、阴谋犯，也被称为预备罪、阴谋罪，是指有犯罪的决意，实施犯罪准备行为，但尚未着手实施所欲之罪的实行行为的情形。对于预备犯和阴谋犯，德国、日本刑事立法原则上不处罚，只对严重犯罪的预备行为才以刑法分则特别规定的形式予以处罚。也有一些国家采用总则与分则相结合的形式，代表性的立法例是《韩国刑法典》第 28 条的规定。另外，预备、阴谋以前的犯罪即“企图”行为有时也要受处罚，如日本《国家公务员法》第 110 条第 1 款第 17 项的规定。

（四）未遂与预备的界限

关于未遂与预备的界限，李斯特认为：“未遂的本质特征在于，无论是在主观还是在客观关系上均没有发生符合构成要件的对外部世界的改变。离实行终了的发生越远，犯罪行为在思想意志活动的越早的阶段中断，此等关系也就越难证明之，也就越不能谈及行为的客观危险性。因此有必要将离实行终了更远的犯罪预备行为与离实行终了较近的行为区分开来。”① 《德国刑法典》第 43 条就以着手实行区分犯罪预备和犯罪未遂，不处罚前者，但对后者则给予处罚。

第二节 狭义的未遂犯

一、狭义的未遂犯的概念

所谓狭义的未遂犯，也称普通未遂、障碍未遂或障害未遂，是指已着手实施犯罪行为，由于违背行为人意志的原因所导致的未遂。例如，1994 年 3 月 1 日起施行的《法国新刑法典》第 121-5 条规定：“已着手实行犯罪，仅仅由于罪犯意志之外的情事而中止或未能得逞，即构成犯罪未遂。”这里所谓“中止”是中途停止之意，而不是自动放弃实行②。1996 年《俄罗斯联邦刑法典》第 30 条规定：“犯罪人直接实施犯罪的故意行为（不作为），如果在这种情况下由于犯罪人意志以外的情况而未将犯罪进行到底的，是犯罪未遂。”可见，其对未遂犯的规定也立足于狭义的未遂犯概念。

---

① 〔德〕李斯特：《德国刑法教科书》（修订译本），徐久生译，法律出版社，2006 年，第 335 页。

② 〔法〕卡斯东·斯特法尼等：《法国刑法总论精义》，罗结珍译，中国政法大学出版社，1998 年，第 236 页。

二、狭义未遂犯的处罚根据

未遂犯的场合并没有发生侵害法益的结果，为什么仍然可罚呢？即未遂犯的处罚根据何在？在具体案件中，如果没有作为处罚根据的事实，就不成立未遂犯，而成立不能犯。关于未遂犯的处罚根据，在近代学派和古典学派的立场对立中形成了以下几种学说。

（一）主观未遂论

主观未遂论是近代学派的立场。该理论认为，未遂犯和既遂犯应当受到同样的处罚，未遂犯的处罚根据是行为人的行为表现出的实现犯罪的意思或性格危险性，而非法益侵害危险性。另外，预备和阴谋之前的企图行为也应当受到处罚[①]。这里所谓的危险不是结果发生的客观的具体的危险，而是被主观化的抽象的危险。纳粹时代的“危险刑法”是主观未遂论的典型体现。可以看出，主观未遂论过度强调社会伦理价值与社会防卫，因而并不可取。

（二）客观未遂论

客观未遂论是古典学派的立场，由费尔巴哈所首创，是客观主义刑法理论在未遂犯理论内的反映。该理论认为未遂犯的处罚根据是行为本身所引起的法益侵害之客观危险。但对于这种危险性是否应当进行纯客观的判断，则又存在形式的客观说与实质的客观说的对立。前者认为，应按照刑罚法规规定的构成要件对危险进行形式判断。后者认为，未遂犯的处罚根据在于法益侵害危险，对于危险应从实质上进行判断。

（三）折中未遂论

耶赛克、魏根特认为：“只有当公众对法秩序有效性的信赖受到动摇，法安定性的情感和法和平受到影响时，犯罪行为的可罚性才能被肯定。”[②] 折中论在德国又被称为“印象理论”，认为未遂的处罚根据在于对行为规范的违反及行为所表现出的危险意思。此外，未遂的可罚性还以行为人的危险性为依据。德国学者李斯特、日本学者西原春夫与韩国学者金日秀等都持此观点。李斯特指出：“立法者对未遂犯科处刑罚，不是根据实现构成要件的客观不完整性来处罚，尤其也不是根据行为人认为存在而实际上并不存在的构成要件特征来处罚。犯罪未遂的特征一方面存在于意思活动方面，另一方面存在于已发生与未发生的联系上。后者具有双重性：行为的危险性和行为人的危险性。”[③]

本书赞成折中的未遂论。因为犯罪行为是主观和客观的统一，只有从主观与客观两方面考虑，才能对未遂犯的处罚根据作出确切的说明。主观的未遂论有过于扩大未遂犯成立范围、过于苛刻处罚未遂犯的弊端，所以不足取；客观未遂论从法益侵害的危险中寻求未遂犯的处罚根据、以危险为标准，这些都是可取的，但其与现代各国刑法普遍将未遂犯作为任意减轻处罚的规定存在冲突；德国的折中理论则显现了对未遂犯处罚的具体旨趣。

---

① 〔日〕大谷实：《刑法讲义总论》（新版第二版），黎宏译，中国人民大学出版社，2008年，第330页。

② Jescheck H H, Weigend T. Lehrbuch des Strafrechts Allgemeiner Teil. Drucker & Humblot, 1996, 5. Aufl., S. 514.

③ 〔德〕李斯特：《德国刑法教科书》（修订译本），徐久生译，法律出版社，2006年，第328～331页。

三、未遂犯的成立范围

从未遂犯的立法史来看，未遂犯的成立仅限于故意犯。现行各国刑法典对未遂犯的处罚大体有两种模式：一是处罚故意犯罪的未遂犯；二是限定未遂犯的处罚范围。立法上尽管如此，但未遂犯在理论上存在的范围可能非常广泛，因为从理论上讲，几乎任何犯罪都有可能在着手后停止在未完成形态而形成未遂犯，在是否成立未遂犯的问题上，有争议的是以下犯罪类型。

（一）过失犯

传统德国、日本刑法学中的通说否定过失犯的未遂，其主要理由在于，“犯罪结果是过失犯的本质属性，结果发生前过失犯的实行行为没有被个别化，所以过失犯不可能成立未遂”①；“未遂以故意为必要，过失行为人不具有实施重罪或者轻罪的犯罪决意，所以不存在过失未遂”②。然而，现在日本刑法学的通说则主张在理论上承认过失犯的未遂概念，如大塚仁认为：“既然在过失犯中也应该区别实行行为和结果的观念，那么，在理论上就可以肯定其未遂。”③ 例如，由于过失将烟头扔到油库，因被人发现而未发生严重的后果就属于这种情况。团藤重光、大谷实、木村龟二等都持这种观点。

其实，过失犯是否成立未遂存在两个前提问题：一是未遂犯的成立是否以故意犯为前提；二是结果是否是过失犯的本质属性。不过这些问题都限于理论上的探讨，因为即使过失犯未遂在理论上有成立的余地，但立法上处罚过失本来就被认为是例外，而处罚过失未遂就是例外中的例外，可罚性非常小。况且，处罚过失犯未遂与大陆法系关于未遂犯的定义相冲突，例如，现行《德国刑法典》第22条规定：“行为人已直接着手实现构成要件，而未发生行为人所预期的结果的，是犯罪未遂。”过失犯中行为人并无预期，就不存在所预期的结果。所以，本书赞同否定说。

（二）举动犯

日本学者大塚仁认为：“举动犯是由行为人一定的身体动静就立即完成的，因而不存在考虑其未遂的余地。”④ 香川达夫、川端博等亦支持此观点。另一种观点则认为，举动犯是行为终了与构成要件的充足相一致的犯罪，在“举动”得以个别化的过程中，仍然存在着未遂的可能。野村稔、福田平、山中敬一等持这种观点。

（三）结果加重犯

结果加重犯是否成立未遂，主要存在否定说与肯定说两种学说。

否定说目前处于日本判例和理论通说的地位。该说认为，在结果加重犯中，加重结果是构成要件的结果，只要发生了构成要件的结果，就不存在未遂的余地⑤。再者，行为人

---

① 〔日〕大塚仁：《刑法概说（总论）》（第三版），冯军译，中国人民大学出版社，2003年，第327页。

② Jescheck H H，Weigend T. Lehrbuch des Strafrechts Allgemeiner Teil. Drucker & Humblot，1996，5. Aufl.，S. 516.

③ 〔日〕大塚仁：《刑法概说（总论）》（第三版），冯军译，中国人民大学出版社，2003年，第217页。

④ 〔日〕大塚仁：《刑法概说（总论）》（第三版），冯军译，中国人民大学出版社，2003年，第216页。

⑤ 〔日〕川端博：《刑法总论二十五讲》，余振华译，中国政法大学出版社，2003年，第278页。

对加重结果的发生没有故意，对没有故意的结果也就没有未遂的可能性。

肯定说是德国的通说，代表人物有韦塞尔斯等。肯定说承认结果加重犯存在未遂。该说内部又有以下三种见解。其一，具有发生加重结果的故意，如果加重结果没有发生则成立未遂[①]。其二，“行为人因基本犯的未遂就已经招致严重的结果，而该结果，可能是因为过失所致或者因轻率所致”[②]。在这种情况下，由于发生了加重结果，因而是结果加重犯；但基本犯仍然是未遂，故既是结果加重犯，又是未遂，因而是结果加重犯的未遂。其三，结果加重犯是由作为基本犯的故意犯或过失犯和对于加重结果的过失犯相结合而形成的犯罪，因此，在实施了足以引起加重结果的危险的行为但没有发生加重结果的场合，可以视为结果加重犯的未遂[③]，日本学者大塚仁和大谷实是该说的倡导者。

（四） 不作为犯

不作为犯可以分为真正不作为犯和不真正不作为犯。一般认为，由于能够将实行行为和结果的发生分开认识，所以不真正不作为犯当然可成立未遂犯。问题在于真正不作为犯是否存在未遂。对此有三种观点：一种观点认为，真正不作为犯是举动犯，在作为义务成立的同时就成立既遂，没有考虑未遂的余地[④]，M.E. 迈尔、梅茨格尔、西原春夫等持此说。另一种观点认为，真正不作为犯仅不成立实行未遂，但有可能存在着手未遂，希佩尔持此说。还有一种观点认为，真正不作为犯也并非作为义务成立的同时就达到既遂，“应该对负有作为义务者履行作为义务给予一定的间隔，即从作为义务的开始点到该义务的可能得到履行的完成点的间隔，可以认为在这个间隔期间不作为的实行行为是在持续中”。也就是说，在实行行为终了但结果未发生的场合，不作为犯有可能存在实行未遂[⑤]。

（五） 危险犯

危险犯是否存在未遂，应区分具体的危险犯与抽象的危险犯来分别讨论。理论上认为具体的危险犯不存在未遂，因为具体的危险犯中危险的发生属于构成要件要素，没有发生具体的危险就不成立既遂。对于抽象的危险犯是否成立未遂，一种学说认为，抽象的危险不是对危险的拟制，而是具有实质的内容，抽象的危险犯也以某种程度危险的发生为必要[⑥]。通说则认为，抽象的危险是种拟制危险，抽象危险犯的成立不以存在具体的现实危险为必要，只要确定存在符合构成要件的事实就构成既遂[⑦]。

根据《日本刑法典》第 112 条以及第 108 条和第 109 条第 1 款规定的放火罪中均处罚未遂，且事实上也可能存在未遂，因而应当认为在日本刑法中抽象的危险犯存在未遂犯。

---

① 〔日〕木村龟二：《刑法总论》，有斐阁，1978 年，第 372 页。

② Jescheck H H，Weigend T. Lehrbuch des Strafrechts Allgemeiner Teil. Drucker & Humblot，1996，5. Aufl.，S. 524.

③ 〔日〕大谷实：《刑法讲义总论》（新版第二版），黎宏译，中国人民大学出版社，2008 年，第 337 页。

④ 〔日〕大塚仁：《刑法概说（总论）》（第三版），冯军译，中国人民大学出版社，2003 年，第 217 页。

⑤ 〔日〕野村稔：《刑法总论》，全理其、何力译，法律出版社，2001 年，第 329 页。

⑥ 〔日〕川端博：《刑法总论》（第二版），成文堂，2006 年，第 469～470 页。

⑦ 〔日〕山中敬一：《刑法总论》（第二版），成文堂，2008 年，第 704 页。

四、未遂犯的成立条件

关于狭义的未遂犯的成立需要具备哪些条件，大陆法系刑法理论界见解颇不一致，存在着二要件说、三要件说和四要件说等学说。二要件说以日本刑法理论为代表，认为成立未遂有两个条件：一是已经着手实行犯罪；二是未达既遂。三要件说以德国刑法理论为代表，认为成立未遂犯有三个要件，即一定的犯罪决意、直接开始实现构成要件和未达既遂[①]。四要件说以俄罗斯刑法学理论为代表，认为成立未遂犯主观上需要具有犯罪的直接故意，客观上要具备已经开始直接实施犯罪的行为、犯罪没有进行到底与犯罪没有进行到底是由于犯罪人意志以外的原因这几个要件[②]。

四要件说将狭义的未遂犯的成立条件概括为四点，即犯罪的决意、实行的着手、未达既遂以及行为人未达既遂是由于意志以外的原因所致，较为全面。因而下面按照四要件说予以阐述。

（一）犯罪的决意

在德国刑法理论中，犯罪决意是未遂成立的首要条件，它包含指向所有的客观方面构成要件特征的故意和其他的主观方面的构成要件特征。没有决意，行为的危险性及其客观违法性就不能确定。作为真实的和重要的“主观不法要素”，决意使得认定行为具有法益侵害目的性与危险性。同时，如果鉴于行为人的决意可对故意的、有责的行为进行责难，则表明了行为人的危险性存在，因而决意还构成罪责的一部分[③]。

行为人实施行为的决意，必须是已然彻底作出的。如果还在犹豫是否实施犯罪行为，那么就不具有犯罪决意。如果已经具有了犯罪决意，只是等待一定条件的出现而将决意付诸实施，则应该认定其具有犯罪决意[①]。

日本有学者认为，一般情况下，未遂犯以行为人实行着手为前提，而一旦着手犯罪行为，其主观上必然已经具备犯罪决意，所以犯罪决意往往不作为独立的犯罪未遂成立条件来讨论。但是，学者们对于未遂犯的故意仍进行了探讨，区分了未遂犯的故意与既遂犯的故意。“未遂犯的故意有超过构成要件的部分，即未遂犯的不法内容，是产生法益侵害的危险。而故意则不限于此，还必须包括法益侵害。换言之，仅仅产生危险的意思还不充分。”[④] 此外，日本学者还认为附条件的故意可以成立未遂犯。

（二）实行的着手

“作为客观的要素，未遂要求行为人‘直接开始实现构成要件’。所谓直接开始，就是

---

① Wessels，Beulke. Strafrecht Allgemeiner Teil：Die Straftat und ihr Aufbau. C. F. Müller，2010，40. Aufl.，S. 223～224.

② 〔俄〕Л. В. 伊诺加莫娃-海格：《俄罗斯联邦刑法（总论）》（第二版），黄芳等译，中国人民大学出版社，2010年，第116页。

③ 〔德〕李斯特：《德国刑法教科书》（修订译本），徐久生译，法律出版社，2006年，第331页。

④ 〔日〕林幹人：《刑法总论》（第二版），东京大学出版会，2008年，第355页。

指着手某一行为，该行为没有中间环节直至构成要件实现。”[①] 实行着手是未遂犯与预备犯区别的主要标志，也是未遂犯成立的重要条件。但如何认定实行的着手，则存在着主观说、客观说与折中说之争，这种争论实际上是对实行行为本身的争论，在深层次上反映了主观主义、客观主义和折中主义刑法观的争论。

1. 学说对立

1）主观说

主观说基本上是主观主义刑法理论的主张，它以行为者的主观犯意判定实行着手。对于该观点，各学者的表达有所不同，如“根据行为人对行为的态度”[①]、“犯意的遂行行为”、“犯意的飞跃性表现”、“行为者的犯意所表示出的不可能有二意的、不可能取消的确实性行为”等，只要实行的外在行为一呈露出犯意就可确定实行的着手，等等[②]。在如何理解犯意内容上，主观说又有以下划分。

（1）纯主观说。由德国学者博克尔曼所主张，认为应完全按照行为人的主观意思来认定行为是否着手[③]。该说受到许多学者批判，因为该说对实行着手的判断完全依赖于主观意思，有违刑法基本原则。

（2）修正的主观说。该说也以行为人主观犯意为标准认定实行着手，但认为认定实行着手还必须依靠客观的行为。至于如何具体操作，则存在犯意认识说与犯意飞跃的表动说两种观点：犯意认识说将犯罪理解为犯意的表现，当客观行为足以确定主观犯意时，即为实行着手。如牧野英一所说：“犯意遂行明了时，为着手。”[④] 学者们对此说提出以下批判：由于犯意在预备阶段与实行阶段是一样的，此说会扩大犯意，无法区分预备与未遂；通过外部行为判断内部意思，实际为客观说。犯意飞跃的表动说认为，实行着手是有完成力的犯意的表动，是进一步的飞跃的紧张的犯意的表动。此说纯粹根据行为者内部犯意来确定实行着手。此说也受到了以下批判：预备、未遂上的犯意是共通的，因而以实行着手为界限区分是不妥当的；犯意飞跃的表动发生阶段不明确；无法说明因机械冲动而实施犯罪的常习犯人的实行着手时期；不能解释日本的不能犯未遂的情况；不能说明过失犯的实行着手时期。

对修正学说，持批判态度的学者们认为，无论是犯意认识还是犯意飞跃，都不是明确的具体标准，而不得不寻求外部的客观标准来确定实行的着手，而客观要素的范围不确定易招致判断的任意性。

2）客观说

客观说是客观主义刑法理论的主张，认为处罚未遂犯的理由在于犯罪行为在客观上有可能导致符合构成要件的结果发生，或者引起法益侵害危险。此说又分为形式的客观说、实质的客观说和事后的溯及评价说。

（1）形式的客观说。该说在德国以李斯特、希佩尔为代表人物。在日本，大场茂马、

---

① Jescheck H H，Weigend T. Lehrbuch des Strafrechts Allgemeiner Teil. Drucker & Humblot，1996，5. Aufl.，S. 516.

② 〔日〕野村稔：《刑法总论》，全理其、何力译，法律出版社，2001 年，第 331 页。

③ 〔日〕木村龟二：《刑法总论》，有斐阁，1978 年，第 345 页。

④ 〔日〕牧野英一：《日本刑法通义》，陈承泽译，中国政法大学出版社，2003 年，第 64 页。

小野清一郎、团藤重光曾持此说。形式的客观说认为，行为直接实现构成要件时为着手。对于行为范围，学者们有各自不同的界定，有的学者将行为界定为属于构成要件的行为，有的学者认为实施与属于构成要件的行为有紧密关系的行为亦为着手。因此，该说又可分为构成要件一部分行为说与密接行为说。有学者对将实施密接行为也扩张为着手的范围的观点提出批判，其理由是这种做法是对实行观念的不当缓和，也使得未遂与预备的区别更加困难[①]。

日本审判实践采形式的客观说。例如，盗窃罪等的场合下“实施了对于他人的财物实行事实上的支配密切相关的行为的时候”便确定为实行的着手[②]。该说的批评者认为，形式的客观说虽忠实于刑法条文的规定，但是该说扩大了“实行”的概念，对实行的着手的认定既可能过早又可能过迟。

（2）实质的客观说。实质的客观说目前是日本的多数说，该说认为处罚未遂犯的根据在于行为对结果的发生有具体的危险性，实行的着手就是实施具有发生结果的现实危险的行为。大谷实认为，“实行的着手，是开始实施具有引起构成要件结果的现实危险的行为”[③]。

同时，值得注意的是，持实质的客观说应否考虑行为人的主观因素，主要存在三种分歧：应当综合考虑行为人的意图、计划以及性格的危险性的见解；只考虑故意和过失的见解；不应该考虑主观要素的见解[④]。

有学者认为，实质客观说以结果发生的实质危险为标准，体现了结果无价值论的观点，但其完全抛弃了对实行着手的形式界定，可能使一些根本不符合构成要件的行为因为具有法益侵害的危险而被认定为犯罪，因而有违反罪刑法定的嫌疑。所以，松宫孝明认为，“即便是这种客观说，在判断实行的着手之时，也并非完全不考虑行为人的犯行计划”[⑤]。

（3）事后的溯及评价说。此说的基本立场是实质的客观说，但对实质的客观说中的各种不同观点进行了调和。山中敬一认为：“事前的制造危险的行为属于具有成为实行行为可能性的潜在的实行行为，当事后发生了具体的危险时，再往回追溯，就可以认为这种潜在的实行行为已经明显化，而成为实行行为。”[⑥] 也就是说，潜在的实行行为，通过事后的追溯在能够被评价为实行行为的时点，就是实行的着手。

3）折中说

折中说综合了主观面与客观面，将行为人的行动计划等主观方面与行为本身的法益侵害危险性结合在一起作为标准判定实行着手。折中说内部立场也不尽一致，根据判断重点是置于主观面还是客观面，分为主观的客观说、个别的客观说与直前行为说。

（1）主观的客观说。主观的客观说基本上是德国的通说，是结合主观说与客观说但以

---

① 〔日〕大塚仁：《实行的着手》，载《综合判例研究丛书刑法（3）》，三省堂，1996 年，第 9 页。

② 〔日〕野村稔：《刑法总论》，全理其、何力译，法律出版社，2001 年，第 334 页。

③ 〔日〕大谷实：《刑法讲义总论》（新版第二版），黎宏译，中国人民大学出版社，2008 年，第 333 页。

④ 〔日〕大谷实：《刑法讲义总论》（新版第二版），黎宏译，中国人民大学出版社，2008 年，第 334 页。

⑤ 〔日〕松宫孝明：《刑法总论讲义》（第四版补正版），钱叶六译，中国人民大学出版社，2013 年，第 179 页。

⑥ 〔日〕山中敬一：《刑法总论》（第二版），成文堂，2008 年，第 713～714 页。

主观说为基础的学说。该说认为，“以行为人之‘整体的企图’为基础，对于构成要件之保护客体有直接危险的行为，已明确地表现犯罪意思时，即为着手实行”[①]。纯主观说与主观的客观说的区别在于，在以行为人犯罪意思所认识之情状下，前者根据行为人的见解判断着手，而后者以客观危险行为有直接侵害法益之危险而非根据行为人的见解判定着手，考虑了作为未遂犯本质要素的危险概念。德国学者修罗德尔、耶赛克等是该说的代表人物。在日本，该说以木村龟二为代表。批评者认为，主观的客观说以整体计划为基础，但计划的主观要素如何明确却是一个难以解决的问题，同时也存在着将着手时间提早的问题。

（2）个别的客观说。该说以行为人的主观犯罪计划和法益侵害危险的直接、迫切性两个标准认定实行着手[②]。该说的代表人物是德国学者韦尔策尔，他认为：“即使是从行为中肯定的现实性意味以及对于行为的危险性加以处罚，对于危险性的判断也应该把‘未遂当做根据行为者的犯行计划而直接实行犯罪构成要件的行为的开始’。”[③] 在当今的日本，“个别的客观说”虽然不是通说，但也有较大的影响。西原春夫、野村稔支持该说。个别的客观说也受到了一些批评，因为犯罪计划这个主观的要素也是不明确的，同时该说也没有考虑突发性犯罪的着手如何认定。

（3）直前行为说。该说又称迫切性、自动性说。该说认为，行为人开始实施犯罪计划中的犯罪构成要件行为之前的“直前行为”时，即为实行的着手。该说的代表学者是日本的盐见淳，他认为：“所谓直前行为，是指从机能上考察行为人的客观行为，该行为实施后在一定时间内自动地（或自然地）达到构成要件行为的状态，或者在时间上接近于构成要件的行为。”[④] 对于此说，批评者认为直前行为说对于实行着手的见解已完全背离了刑法规定，扭曲了着手是指开始实施实行行为的原意。并且，对直前性的判断还需要对实质的危险予以判断，仍须考量结果发生这一标准，与实质客观说存在同样的问题。

2. 几种特殊犯罪的着手

实行着手的学说具体适用于各种犯罪形态时，存在诸多问题。下面讨论六种犯罪形态的着手：

（1）不作为犯。不作为犯实行行为的着手，应是作为义务产生后，行为人仍故意不实施作为行为之时。不作为犯分为真正不作为犯与不真正不作为犯，在判断作为义务的产生时期时也应区别对待。真正不作为犯在提出作为要求时就产生作为义务，这一点在判例与理论上都得到了肯定。对不真正不作为犯，必须从实质上分析，把握产生具体义务的时机。对此主要有三种分歧：有可能实施作为的最初的时点就是实行的着手（牧野英一）；可以防止结果发生的最后阶段是着手（韦尔策尔）；当行为客体所面临的直接危险迫近之时，或已经存在的危险增加之时，或危险虽未迫近但因果过程的支配控制权已经被放任的

---

① 〔日〕川端博：《刑法总论二十五讲》，余振华译，中国政法大学出版社，2003年，第295页。

② 〔日〕西原春夫：《刑法总论》（下卷）（改订准备版），成文堂，1993年，第279页；〔日〕野村稔：《刑法总论》（补订版），成文堂，1998年，第329页。

③ Welzel H. Das Deutsche Strfrecht. Walter de Gruyer & Co.，11. Aufl.，1969，S. 190.

④ 〔日〕盐见淳：《关于实行的着手（三）》，《京都大学法学论丛》，1987年第121卷第6号，第18页。

时点，属于实行的着手（西原春夫）[①]。

（2）原因自由行为。有关原因自由行为的着手实行，有原因行为时说、结果行为时说与个别化说三种不同观点。原因行为时说认为原因自由行为的实行着手为行为人开始实施使其陷入无责任能力或限定责任能力状态的原因设定行为之时。结果行为时说将实行着手定于行为人开始实施结果行为之时。个别化说认为，由于亦是以是否惹起构成要件结果发生之现实危险为基础，因此，应当以该时刻作为实行的着手。在不作为犯及过失犯场合，因为原因行为本身具有结果发生之现实危险性，故以原因行为的开始作为实行着手。在故意的作为犯场合则把结果行为的开始视为实行着手[②]。

（3）间接正犯。关于间接正犯的实行着手，基本上存在三种观点：以利用者诱使被利用者实行犯罪行为为开始时期之所谓利用者说，也称诱致行为说；以被利用者之实行行为为开始时期之所谓被利用者说；以具有惹起构成要件结果发生之现实危险性时期之所谓个别化说[③]。利用者说是日本目前的通说，以木村龟二、团藤重光等学者为代表。该说认为，在间接正犯中，利用行为是构成要件的行为，开始利用他人时犯意亦显现出来，因此，开始实施利用行为时是间接正犯的着手。可见，该说体现了主观说与形式的客观说的倾向。与此相对，被利用者说立足于实质的客观说，否定利用行为本身的危险性，认为只有被利用者的行为才会产生危害结果，故应以被利用者的行为为标准判断间接正犯的着手。个别化说中的危险既可能存在于利用者的利诱行为中，也可能存在于被利用者的犯罪行为中。在刑法理论上持该说的学者并不多，主要以平野龙一为代表。

（4）过失犯。对过失犯的实行的着手，学者中予以论述的人不多。只有日本学者野村稔的论述颇为详细，他认为："在过失犯里是结果的发生才能使违反避免结果义务的行为特定化，并且，只要是这样被特定化的违反避免结果义务的行为和该结果之间具有因果关系，就会有多种的考虑，所以在结果尚未发生的阶段要确定实行的着手时期是困难的。"[④]

（5）隔离犯。"所谓隔离犯，是在行为人的行为和发生构成要件结果之间，存在时间和场所上的间隔的情况。"[⑤] 针对隔离犯着手时点的一个典型案例就是有关邮寄毒物的行为，对此存在发送时说、到达时说与折中说三种学说。发送时说认为隔离犯的实行着手是向邮局交付毒药之时，其理由是：行为实施后即会产生现实危险，此间不存在规范障碍的介入，其间的因果过程是自动和必然。到达时说认为，实行着手为结果的迫切、具体的危险状态形成之时，即实行着手为被害人可能食用毒物之时。日本自大审院以来，判例一直采取的是到达说。折中说认为应当根据具体情况具体分析，实行着手既有可能为发送时，也有可能为到达时。平野龙一、西原春夫赞成此观点。

（6）结合犯。结合犯就是指"以一定的手段作为要件的犯罪"[⑥]。例如，日本刑法中，

---

① 陈家林：《外国刑法通论》，中国人民公安大学出版社，2009年，第430页。

② 〔日〕大谷实：《刑法讲义总论》（新版第二版），黎宏译，中国人民大学出版社，2008年，第336页。

③ 〔日〕川端博：《刑法总论二十五讲》，余振华译，中国政法大学出版社，2003年，第304～305页。

④ 〔日〕野村稔：《刑法总论》，全理其、何力译，法律出版社，2001年，第338～339页。

⑤ 〔日〕大谷实：《刑法讲义总论》（新版第二版），黎宏译，中国人民大学出版社，2008年，第335页。

⑥ 〔日〕野村稔：《刑法总论》，全理其、何力译，法律出版社，2001年，第338页。

抢劫罪是以暴力、胁迫为手段的结合犯，所以，只要是基于抢劫的故意而实施了暴力行为，就是抢劫的实行的着手[①]。在日本，一般认为，如果着手手段行为，就应认定为实行的着手。

（三）未达既遂

成立未遂犯，必须是犯罪业已着手实行但是“尚未完成”。未遂犯在这一点上与作为完成形态的既遂犯相区别。依据实行行为实施程度的不同，未遂犯可以区分为着手未遂与实行未遂这两种不同类型的犯罪未遂。着手未遂，又称未终了未遂，是指已经开始着手实行行为，但最终未完成而导致犯罪未达既遂。实行未遂，又称终了未遂、欠效犯，是指实行行为已经终了，但预期的构成要件性结果并未产生。

关于实行行为的终了时点，德国刑法理论中存在着行为计划说、个别行为说与全部行为说三种不同学说，日本刑法理论上则存在着主观说、修正的主观说、客观说、遮断说以及折中说等不同见解。主观说对应行为计划说，认为应以行为人的计划、认识内容为标准来决定实行行为的终了时期。李斯特认为：“未实行终了的未遂，是指根据行为人的观点，实行行为仍未结束。实行终了的未遂，是指行为人认为实行行为已经结束，放弃继续犯罪，但行为结果并未发生。”[②] 从李斯特对两类未遂的定义可看出，李斯特持此说。客观说对应个别行为说，主张以行为的外部形态或发生结果的现实危险性为标准区分实行行为是否终了。遮断说主张以是否引起了“不遮断因果关系就发生结果”这种状态为标准区分实行行为是否终了。折中说对应全部行为说，主张将行为时的客观事实与行为人的主观内容综合起来进行客观判断，以决定实行行为的终了时期。在德国，行为计划说、个别行为说以及全部行为说三种观点势均力敌。在日本，大多数判例采取的是折中说，部分判例采取客观说，主观说则很少被采用[③]。

（四）行为人未达既遂是由于意志以外的原因所致

这是区分未遂犯与中止犯的关键。因为如果是基于行为人自己的意志，主动放弃犯罪或者主动阻止危害结果的发生，在这种情况下，行为人同样未达既遂，但只能定为中止犯，不能认定为狭义的未遂犯。

五、未遂犯的处罚

（一）未遂犯的处罚范围

关于未遂犯的处罚范围，各国刑法理论因刑法规定存在差异而有所不同，大致有以下三种类型：

第一，原则处罚主义，又称“概括主义”，即处罚所有故意犯罪的未遂。立法上一般只在总则中规定犯罪未遂的概念和处罚原则，分则不作具体规定。目前采用这种立法模式的国家并不多，主要有《俄罗斯联邦刑法典》第 30 条第 3 款、《越南刑法典》第 18 条、

---

① 〔日〕大谷实：《刑法讲义总论》（新版第二版），黎宏译，中国人民大学出版社，2008 年，第 336 页。

② 〔德〕李斯特：《德国刑法教科书》（修订译本），徐久生译，法律出版社，2006 年，第 336 页。

③ 陈家林：《外国刑法通论》，中国人民公安大学出版社，2009 年，第 432 页。

《奥地利联邦共和国刑法典》第 15 条第 1 款和《意大利刑法典》第 56 条第 2 款的规定。

第二，综合主义，即同时兼采原则处罚主义和特别处罚主义，采取这种立法例的国家多为区分重罪与轻罪的国家，总则中规定重罪一律处罚，轻罪只有刑法分则有明确规定时才处罚。如《德国刑法典》第 23 条、《法国新刑法典》第 121-5 条和《瑞士联邦刑法典》第 21 条等。

第三，列举主义，即只在刑法分则有明文规定的情况下才处罚未遂，如《日本刑法典》第 44 条规定"处罚未遂的情形，由各本条规定"。

（二） 未遂犯的处罚原则

对未遂犯的处罚，有同等主义、必减主义与得减主义三种学说和立法例。

(1) 同等主义，也称主观主义，即规定未遂犯与既遂犯同样处罚。《法国新刑法典》第 313 就是采用这种立法例。不过，在实际中并非按此规定操作，法官可以通过刑罚的"个人化"减轻惩处未遂犯所宣告的制裁①。同等主义以主观主义刑法观为基础，基于社会防卫的考虑，重视行为人犯罪的危险性，而忽视了两者对社会实际危害程度不同的一面，因而没有贯彻罪刑相适应原则。历史上，只有少数国家的刑法采取了该理论。

(2) 必减主义，规定未遂犯的处罚应轻于本罪的既遂犯。现在加拿大刑法、巴西刑法、印度刑法等都是采取必减主义。对于减轻的幅度，有的采纳比例制，有的采纳数量制，如现行《俄罗斯联邦刑法典》第 66 条第 3 款和《意大利刑法典》第 56 条第 2 款的规定。这种立法例只看到未遂犯与既遂犯对社会实际危害程度不同的一面，而忽视了两者的行为人在主观恶性上没有差别的一面，同样违背了罪刑法定原则。

(3) 得减主义，也称折中主义，即规定未遂犯的处罚可以比照既遂犯从轻处罚，也可以根据具体情况不从轻处罚。现在的德国、日本、韩国采纳的是该体例。如《德国刑法典》第 23 条第 2 款、《日本刑法典》第 43 条和《瑞士联邦刑法典》第 22 条第 1 项的规定等。得减主义是主观主义刑法观和客观主义刑法观相调和的产物，认为从客观方面看，未遂犯轻于既遂犯，但从主观方面看，未遂犯并不轻于既遂犯，故是否减轻处罚，"取决于行为接近既遂的程度、未遂的危险性、犯罪意思的强弱"②。对于狭义的未遂犯处罚，得减主义是可取的。

第三节 不能犯

一、不能犯概述

（一） 不能犯的概念

不能犯的概念起源于 19 世纪的德国，由费尔巴哈首创，此后逐渐成为理论上的一个

---

① 〔法〕卡斯东·斯特法尼等：《法国刑法总论精义》，罗结珍译，中国政法大学出版社，1998 年，第 245 页。

② Jescheck H H, Weigend T. Lehrbuch des Strafrechts Allgemeiner Teil. Drucker & Humblot, 1996, 5. Aufl., S. 522.

重要问题。德国学者耶赛克、魏根特认为：“如果行为人的以实现犯罪构成要件为目的的行为，根据事实上的或者法律上的原因，在现有情况下不可能既遂的，是不能犯未遂，诸如客体不能犯、手段不能犯，或者主体不能犯。行为人预期的行为客体不在行为地，或者与行为人的期待相反远离行为地的，同样属于不能犯未遂。”① 日本学者大谷实认为：“所谓不能犯，是行为人基于实现犯罪的意思实施了行为，但该行为在其性质上，不可能引起结果发生的行为。”② 大塚仁则定义为：“不能犯是指行为人想通过本来不包含完成犯罪的危险性的行为以实现犯罪的情形。”③ 虽然德日刑法中都用到“不能犯”这一概念，且其定义相似，但性质却颇为不同。

（二）不能犯的性质

关于不能犯的性质，存在着以下几种不同观点。

1. 不能犯是不可罚的非罪行为

在日本，不能犯与未遂犯是相互排斥的概念。不能犯是指以犯罪为目的而实施但不具有结果发生的危险性的行为。如果行为具有结果发生的危险性，但客观上没有造成结果发生的，则是未遂犯，而非不能犯。因为侧重客观行为及其所造成的结果，不能犯因其不可能发生行为人所预想的危害结果，不具备客观危险性而成为不可罚的行为。《日本刑法典》中对不能犯没有规定，但刑法理论和审判实践中均否定其可罚性。“判例及通说都认为，如果某一行为属于不能犯，那么，就不能以未遂加以处罚。”④ 《意大利刑法典》第 49 条第 2 款则明确规定：“当因行为不适当或者行为的对象不存在而不可能发生损害结果或者危险结果时，也排除可罚性。”

2. 不能犯多是犯罪未遂，但也存在无罪的情况

在德国，不能犯也称不能未遂，从称谓上就可以看出，不能犯是作为未遂犯来处理的，只是其处罚更轻于一般未遂犯。《德国刑法典》第 23 条第 3 款规定：“行为人由于对行为对象和手段的认识错误，其行为根本不能实行终了的，法院可免除其刑罚，或酌情减轻其刑罚。”这种规定的出发点在于既重视不能犯行为的具体危险性，又考虑行为人客观危险性小于普通未遂犯。不过需要指出的是，德国刑法理论中的不能犯，不单单指不能犯未遂，它还包括不成立犯罪的不可罚不能犯。

3. 不能犯是普通未遂的一种

有些国家的刑法重视行为人的主观意识，强调行为本身的危险性。不能犯虽然不可能实现预期的犯罪结果，但不能犯行为人通过客观行为所表现出的犯罪故意和人身危险性与普通未遂犯并无不同，并且不能达到既遂也是由于行为人意志以外的原因，所以应当与普通未遂同等处罚。持这种观点的国家有新加坡、加拿大、印度等，如 1971 年《加拿大刑事法典》第 24 条规定：“任何人计划犯罪并为实施计划而未作为或不作为，无论依当时之

---

① Jescheck H H，Weigend T. Lehrbuch des Strafrechts Allgemeiner Teil. Drucker & Humblot，1996，5. Aufl.，S. 529.

② 〔日〕大谷实：《刑法讲义总论》（新版第二版），黎宏译，中国人民大学出版社，2008 年，第 339 页。

③ 〔日〕大塚仁：《刑法概说（总论）》（第三版），冯军译，中国人民大学出版社，2003 年，第 108 页。

④ 〔日〕松宫孝明：《刑法总论讲义》（第四版补正版），钱叶六译，中国人民大学出版社，2013 年，第 242 页。

情况是否有可能犯罪，为犯罪未遂。”[①]

二、不能犯的范围与分类

（一）不能犯的范围

广义的不能犯，包括幻觉犯、迷信犯与事实的欠缺。

1. 幻觉犯

幻觉犯是指尽管某一事实不构成犯罪，但行为人误以为自己的行为具有可罚性的场合。例如，妻子跳河自杀时，虽然毫无生还的可能，但其丈夫错误认为有救助义务的，就同样属于幻觉犯。一般认为，不应处罚幻觉犯，因为“可罚性的界限应由法律加以规定，而不是根据行为人的态度加以规定”[②]。

2. 迷信犯

所谓迷信犯，也称“非现实的或者迷信的未遂”[③]，是指行为人出于迷信、愚昧无知而试图用超自然力量，或对非现实对象实施犯罪行为，以实现其主观犯意的行为。在日本，通说将迷信犯作为不能犯的典型情况论述，所以没有单独予以论述。对于迷信犯，只有少数国家的刑法有规定。《泰国刑法典》第 81 条第 2 款规定：“因为迷信而实施前款行为的，法院可以免除其刑罚。”

3. 事实的欠缺

事实的欠缺，也称构成要件的欠缺。事实的欠缺，一般是指，尽管构成要件要素中行为主体、客体、手段以及行为状况等要素欠缺，但行为人误以为存在而实施行为的情形。事实欠缺具体表现为以下几方面：关于犯罪主体的事实欠缺，例如，不是公务员的人认为自己是公务员而收受了贿赂；关于客体的事实欠缺，例如，认为死者是活人而用匕首刺人；关于手段的事实欠缺，例如，想使他人昏醉而窃取其财物的人误认为是安眠药而使他人饮了砂糖水；关于行为状况的事实欠缺，例如，虽然不是火灾之时却误认为有火灾发生的人给消防车的输水管挖了个洞[④]。

（二）不能犯的分类

1. 方法不能、客体不能与主体不能

方法不能，是指因为方法或手段中有错误而不能发生结果的情况。其又进一步分为：第一，在手段效果上有错误的场合，如用硫磺杀人；第二，对作为手段而使用的物的作用具有错误认识的场合，如发射碰巧没有装上子弹的枪支的行为；第三，拿错了作为犯罪手段的用具的场合。例如，意图用农药杀人而到药店去，但是由于说错了名字，结果买回了

---

① 赵秉志：《论不能犯与不能犯未遂问题》，《北方法学》，2008 年第 1 期，第 72 页。

② Jescheck H H，Weigend T. Lehrbuch des Strafrechts Allgemeiner Teil. Drucker & Humblot，1996，5. Aufl.，S. 532～533.

③ Jescheck H H，Weigend T. Lehrbuch des Strafrechts Allgemeiner Teil. Drucker & Humblot，1996，5. Aufl.，S. 532.

④ 〔日〕大塚仁：《刑法概说（总论）》（第三版），冯军译，中国人民大学出版社，2003 年，第 227 页。

营养品，让被害人喝下的场合①。客体不能，是指由于行为客体不存在不可能发生结果的场合，如误将尸体当做活体射击。主体不能，是指由于欠缺行为主体而其相关犯罪结果不可能发生的情况，如不是公务员但误以为自己是而收受他人财物。

2. 绝对不能与相对不能

这种分类法的创始人是费尔巴哈。所谓绝对不能，是指犯罪对象不存在（行为人想要杀害的人已经死亡）或者使用的犯罪工具、手段无效（用没有子弹的枪去杀人或者用无毒的物质去毒杀人）；所谓相对不能，则是指犯罪对象虽然存在，但不在犯罪行为人所认为的地点，或者行为人使用的方法或手段本身虽然是有效的，但由于行为人使用不当而不能发生效用②。

三、不能犯的学说

不能犯由于考虑到结果发生的危险根本不存在而不加以处罚，所以它具有限制责任范围的法理含义。在这个层面上，就必须区分在何种情形下不存在结果发生的危险，以区别不能犯和未遂犯。关于未遂犯的处罚根据存在着不同观点，而这又与区分不能犯有直接联系，所以不能犯与未遂犯的区分标准就成为不能犯的主要争论点，可谓学说林立，但大致可以分为主观说与客观说两大类。前者以行为人主观上的危险性为判断基础，后者以行为客观上的危险性为判断基础。每种学说又衍生了许多新的学说，下文逐一介绍。

（一） 纯粹主观说

此说由德国学者布黎（Buri）等所提倡，在日本得到宫本英脩等的支持。纯粹主观说认为未遂犯的处罚根据在于行为者性格的危险性，只要行为表露出实现犯罪的意思，不问该行为是否具有危险，都成立未遂犯。不过，学者们大都认为迷信犯是不可罚的，其理由在于迷信犯没有真正的犯罪意思与性格的危险性，不存在实际力量，其因果关系亦不会被承认③。

纯粹主观说曾经为德国和意大利的刑法理论和审判实践所广泛采用，不过在第二次世界大战以后，随着主观主义刑法理论的逐渐衰落而式微，现在在各国的刑法理论上只具有学说史的意义。

（二） 抽象的危险说

抽象的危险说，也称主观的危险说、法秩序危险说或行为人危险说。其基本观点是，以行为当时行为人认识了的事情为基础，从客观的见地判断有无危险，如果按照行为人的预期进行计划，一般认为会实现犯罪时，就承认有抽象的危险，即对法秩序的危险，成立未遂犯，但是，认为不能实现犯罪时，就是不能犯④。例如，在出于杀人的目的而让他人喝下肠胃药的场合，行为人误认为肠胃药是农药时，因为让人喝农药的行为，一般来说，

---

① 〔日〕大谷实：《刑法讲义总论》（新版第二版），黎宏译，中国人民大学出版社，2008年，第344～345页。

② 〔法〕卡斯东·斯特法尼等：《法国刑法总论精义》，罗结珍译，中国政法大学出版社，1998年，第241页。

③ 转引自陈家林：《外国刑法通论》，中国人民公安大学出版社，2009年，第438页。

④ 〔日〕大塚仁：《刑法概说（总论）》（第三版），冯军译，中国人民大学出版社，2003年，第228页。

有可能发生损害结果，所以是未遂犯；但是，如果是误以为肠胃药可以杀人的话，就是不能犯[①]。与纯粹主观说一样，抽象的危险说也是以行为人认识到的事实作为判断资料的，但其特色在于，以“行为时”作为判断之时点，以“行为人认识之事实情况”作为判断对象，以“社会通常的一般人”作为判断基准。

抽象的危险说源于德国普通法时代。德国学者芬格提出了完整的抽象危险说的理论。该说在第二次世界大战前乃至战后初期在日本有较大的影响，为牧野英一、木村亀二等学者所主张。抽象危险说与以犯罪意思为基础，将行为人的危险作为未遂犯处罚根据的主观主义的立场实质上并无不同，现在，在日本基本上已不受支持[②]。

（三）客观的危险说

该说在德国称旧客观说，在日本称绝对不能、相对不能说，在法国称法律事实说。该说认为，绝对不可能实现犯罪的场合是不能犯，由于有特别情况的存在而不可能实现犯罪的场合属于相对不能，是未遂犯。从对象与方法两方面，绝对不能与相对不能有以下区别：对象的绝对不能是指不存在对象或者说缺少构成犯罪的主要要素的情况，而对象的相对不能则是指现实中虽然存在对象但不在行为者所认为的地方以及早已不存在的情况；方法的绝对不能是指行为者所使用的手段在本质上不能导致结果发生的情况，方法的相对不能是指本能实现犯罪计划的手段因其未发挥充分的作用而导致行为并未实现行为者所意图的犯罪计划[③]。法国有学者主张，用“法律上的不能”与“事实上的不能”来取代“绝对不能”与“相对不能”的区分方法。所谓“法律上的不能”，是指缺乏犯罪的基本构成要件（例如，妇女并未怀孕，受害人已经死亡，使用无毒的物质，等等）；所谓“事实上的不能”，是指行为人使用的方法或使用的手段“不能”实行犯罪，或者犯罪对象不在行为人所认为的场所。在“法律上的不能”的场合，对“不能犯”不予处罚；而在“事实上的不能”的场合，以未遂犯论处[④]。

客观的危险说由费尔巴哈首创，19世纪后半期到20世纪初在法国具有很大影响，至今仍为比利时很多学者所接受。在日本，泷川幸辰、胜本勘三郎、大场茂马等都支持此说。第一次世界大战前日本法院的判例也基本上持绝对不能、相对不能说的立场。目前日本刑法学界很少有人主张该学说。

（四）具体的危险说

具体的危险说的基本观点是：未遂犯罪的处罚根据在于法益侵害的危险，以行为当时行为人特别认识的事情和一般人能够认识的事情为基础，从客观的见地判断有无实现犯罪的危险性。肯定有实现犯罪的危险性时，就是未遂犯；没有实现犯罪的危险性时，就是不能犯。

具体的危险说创始于李斯特，在德国，该说也被称为新客观说。在日本，第二次世界大战前该学说就被广泛支持，成为通说。第二次世界大战后随着抽象的危险说的衰

---

① 〔日〕大谷实：《刑法讲义总论》（新版第二版），黎宏译，中国人民大学出版社，2008年，第341页。

② 〔日〕西田典之：《日本刑法总论》（第二版），王昭武，刘明祥译，法律出版社，2013年，第276页。

③ 陈家林：《外国刑法通论》，中国人民公安大学出版社，2009年，第441页。

④ 〔法〕卡斯东·斯特法尼等：《法国刑法总论精义》，罗结珍译，中国政法大学出版社，1998年，第241～242页。

弱，具体的危险说成为日本目前最有力的学说。植松正、川端博、大塚仁等众多学者均持此说。

（五）修正的客观说

修正的客观说，是以客观的危险说为基础并对它进行修正而形成的学说。但不同学者的修正内容并不完全相同。

1. 假定的事实说

该说为日本学者山口厚所提倡。它以客观存在的所有事情为判断基础，主张在侵害结果没有发生的场合，作为现实存在的事实的替代，考虑在存在什么样的事实的情况下会发生侵害利益的结果，再从科学的一般人的立场出发考虑这种假定事实存在的可能性，在事后对危险性进行判断[①]。“首先以法益侵害的不发生为前提，然后根据科学的法则来确定何种事实取代现存的事实就能够导致结果的发生，最后再讨论能够引起法益侵害的这种假定事实在何种程度上能够存在，从而进行具体的危险判断，即以假定的事实替代现存的事实，然后根据科学的一般人的观点来判断这种假定事实存在的可能性。”[②]

2. 客观的事后预测说

这是日本学者前田雅英的观点，主张危险的有无，应以实行行为时存在的客观情况为基础，以实行时为基准，由法官根据一般人的视点，通过科学地、合理地判断结果发生的概率来加以判定[③]。

3. 一般的危险感说

这是日本学者曾根威彦支持的学说。曾根威彦主张：“不考虑在行为时行为人以及一般人的错误（如以为是投毒），而以客观的物理事态（投放砂糖）为前提的话，在社会经验上，一般感受不到危险的场合，就是不能犯，相反地，即便没有错误（如枪口没有偏差），但以客观的、物理的事态（枪口实际上偏了）为前提，在感受到危险的场合，就是未遂犯。”[④]

4. 二元的危险预测说

这是日本学者山中敬一的观点。山中敬一认为，不能犯的判断需要考虑实行行为性，而是否具有实行行为性需要通过制造危险的判断（事前的危险预测）与具体的危险状态发生的判断（假定的危险预测）这两个阶段的判断才能确定。作为事前的危险判断，应以科学的一般人的认识可能性以及行为人本人的认识为基础，从客观上探究具体危险发生的可能性。假定的因果预测判断，是基于行为人行为的因果过程，考虑实行行为之前的全部情况，对实行行为时结果发生的客观的盖然性的大小所进行的判断[⑤]。例如，用枪射击在床上躺着的人，即使该人之前已经死亡，但因为人活着的盖然性不能否定，所以应当肯定有客观的危险性。

---

① 〔日〕大谷实：《刑法讲义总论》（新版第二版），黎宏译，中国人民大学出版社，2008年，第341页。

② 〔日〕内山良雄：《不能犯论——从客观的危险说立场出发》，《现代刑事法》，2000年第9号，第35页。

③ 〔日〕前田雅英：《刑法总论讲义》（第五版），东京大学出版会，2011年，第160～162页。

④ 〔日〕曾根威彦：《刑法学基础》，黎宏译，法律出版社，2005年，第129页。

⑤ 〔日〕山中敬一：《刑法总论》（第二版），成文堂，2008年，第737～739页。

（六）印象说

印象说是当代德国刑法理论关于不能犯问题的通说，它是试图调和主观理论与客观理论的一种折中说。该说溯源于克里斯（Kries）及巴尔（Bar）的学说，梅茨格尔继承和发展了印象说，并且该说得到了罗克辛、耶赛克、魏根特等众多学者的支持。该说虽然坚持以主观主义未遂论为出发点，却对其有所限制，即行为人只有在“动摇了公众对法秩序有效性的信赖”时，行为人的行为作为未遂才应该是可罚的[①]。印象说用“动摇公众对法秩序有效性的信赖”来解释“着手”，进而说明不能犯的减免处罚根据。根据此说，行为在外部给人以侵害法秩序的印象，危害一般人法的安全感时，是未遂；不能给人这样的印象的行为，是不能犯。

（七）定型说

定型说也称构成要件的定型性欠缺说，系日本学者小野清一郎、团藤重光等学者所主张，认为以在类型上不能发生结果的方法实施行为，实质上是由于没有实行行为的定型性而成为不能犯。对定型性的判断，应当以“行为时一般人所能预见、认识的事实以及行为人所实际认识、预见到的特别事实为基础，从具体状况出发，进行客观判断”[②]。

以上各种学说，纯粹主观说来源于主观主义刑法理论，过于偏重行为人的危险性，而没有考虑行为的危险性判断，并且该说否定迷信犯的可罚性，也与理论本身有矛盾。尽管抽象的危险说试图客观地进行危险性的判断，但其仅以行为时行为人认识的内容作为危险性判断的基础，过于偏重行为人主观方面，会缩小不能犯的范围。客观的危险说中绝对不能与相对不能之间的区别本身就是不明确的，并且只将事后判断为危险的行为判断为违法，而否定行为时一般人感觉到有侵害法益的危险的行为的违法性，无法发挥刑法的行为规范机能，不利于法益保护。修正客观说，试图以科学危险为中心进行考虑，但是，侵害法益的现实危险是构成要件符合性的问题，是从社会一般人的角度来看，具有类型性的危险性的情况，因此，这种学说也不妥当[③]。印象说中的“印象”这一概念本身不够明确，实践中很难据以区分未遂犯与不能犯。定型说中定型的判断标准不明确，而且在对具体案件的判断上，定型说与具体的危险说没有实质的区别。相对来说，具体的危险说以行为人的认识和一般人的认识可能性为基础判断实行行为的危险性，是将刑法看做行为规范的见解，站在与相当因果关系说的折中说同样的思考态度上，能够根据社会观念适当地把握行为的危险性，应该说是妥当的见解[④]。

总之，关于不能犯的学说争论，分歧主要集中在判断资料的选择、判断时点的确定和判断基准的选取三个方面。本书在此引用日本学者前田雅英的一个经典表格（表 11-1），清晰明确地展现有关学说在上述三个方面的异同。

---

① 〔德〕托马斯·魏根特：《刑法未遂理论在德国的发展》，樊文译，《法学家》，2006 年第 4 期，第 147 页。

② 〔日〕大谷实：《刑法讲义总论》（新版第二版），黎宏译，中国人民大学出版社，2008 年，第 340 页。

③ 〔日〕大谷实：《刑法讲义总论》（新版第二版），黎宏译，中国人民大学出版社，2008 年，第 342 页。

④ 〔日〕大塚仁：《刑法概说（总论）》（第三版），冯军译，中国人民大学出版社，2003 年，第 230 页。

表 11-1 不能犯学说判断标准汇总表

学说	判断资料	判断时点	判断基准
纯粹主观说	本人	行为时	本人
抽象的危险说	本人	行为时	一般人
具体的危险说	一般人＋本人	行为时	一般人
客观的危险说	客观的事实	行为时	科学的一般人

资料来源：〔日〕前田雅英：《刑法总论讲义》（第五版），东京大学出版会，2011 年，第 160 页

第四节 中止犯

一、中止犯的概念

各国刑法一般都有中止犯的规定，但具体内容不尽一致。德国、日本刑法中的中止犯，指的是已经着手实行犯罪但基于自己的意思中止犯罪而使犯罪未达既遂的情况。《俄罗斯联邦刑法典》第 31 条第 1 款则规定："如果行为人意识到可能将犯罪进行到底而终止预备犯罪或者终止直接实施犯罪的行为（不作为），是自动中止犯罪。"可见，德国、日本刑法中的中止犯必须发生在着手实行犯罪之后，而俄罗斯刑法规定可能发生在着手之前的预备阶段。

关于中止犯与未遂犯的关系，各国存在着两种不同的立法例：一是对中止犯与未遂犯进行区分，如《德国刑法典》第 22、23 条规定未遂犯，第 24 条则规定中止犯；二是将中止犯规定为广义未遂犯的一种，即广义的未遂犯中包含障碍未遂与中止未遂等类型，如《日本刑法典》第 43 条中同时规定了未遂和中止。

二、中止犯不处罚或减免处罚根据

所谓中止犯不处罚或减免处罚根据，回答的是为什么行为人基于自己的意思中止了犯罪，立法者要给予不处罚或减轻、免除处罚的优待的问题。对此，理论上主要存在三种主张，即政策说、法律说与并合说。此外，近年来理论上也出现了一些新的看法。下面依次介绍几种主要的理论。

（一）政策说

1. 黄金桥理论

黄金桥理论来源于费尔巴哈，并由李斯特予以发展。李斯特指出："在不处罚的预备和应处罚的着手实行之间的界限被逾越之时，未遂犯之处罚已经实现。这一事实不再能被改变，不能'向后退而撤销之'，不能从这个世界中被摆脱掉。倒是，立法可以从刑事政策角度出发，在已经犯了罪的行为人之间架设一座中止犯罪的黄金桥。"① 黄金桥理论将减免规定看做是立法者为促使行为人中止犯罪而建构的一座后退的黄金桥。

---

① 〔德〕李斯特：《德国刑法教科书》（修订译本），徐久生译，法律出版社，2006 年，第 346 页。

黄金桥理论在德国已为判例所放弃，在学界也逐渐式微，不过在法国仍占据支配性地位。在日本，此说虽未被用于说明中止犯不处罚或减免处罚的根据，但其合理性却得到许多学者认可。

2. 恩典、褒赏说

恩典说由德国学者博克尔曼（Bockelmann）首创，他将中止犯的立法理由理解为立法者给予中止者的恩典。其后，为了避免批判，博克尔曼以“褒赏”替代“恩典”，将减免看做是对行为人实施正确行为的奖赏。此说得到了一些学者的支持。例如，提倡褒赏说的耶赛克、魏根特指出：“自动中止犯罪并阻止既遂，或者为实现此目的而真诚努力者，即使犯罪本来就不可能既遂，同样能够部分地再次消除其行为在社会中对法律动摇的影响，从而能得到宽大处理。再加上这样的因素，即他通过应当受到赞赏的行为，使未遂不法在一定程度上得以抵消。当然，法律只要求中止犯罪，并不要求中止动机的特别伦理价值。”[①] 此说是在批判“黄金桥”理论的背景下产生的，不为日本学者所接受。

3. 刑罚目的说

从刑罚目的的角度来审视，以“一般预防”或者“特别预防”的必要性变小为根据的见解，被称为刑罚目的说[②]。此说认为，行为人的中止行为消灭了刑罚目的，立法者由此作出减免规定。行为人的中止行为体现了其对法的忠实，复归了合法化，因结果未发生而无需处罚，同时也表明无需对其进行感化。出于此种考虑，部分学者认为作为刑罚目的的一般预防无必要，而部分学者认为特别预防无必要，部分学者则认为两者皆无必要。刑罚目的说受到的批评是：即使将行为人的行为认定为中止犯，也不能保证能够起到一般预防或者特别预防的作用。

（二）法律说

法律说认为中止犯不处罚或减免处罚的根据在于犯罪成立要件中某些内容的减少或消灭。具体而言，法律说又分为违法性减少说，责任减少说，违法、责任减少说和可罚的责任减少说。违法性减少说（在德国又称违法性阻却、消灭说）认为，出于自己的意思主动地中止犯罪消除了故意的主观违法要素，从而减少、消灭了违法性。同时，中止行为减少、消灭了已产生的危险状态，从而使现实危险性得以丧失。责任减少说（在德国称为责任阻却、消灭说）认为，故意是责任要素，实施犯罪的故意的事后撤回体现了行为者的规范意识，由此减少、消灭了对行为人的责任非难。违法、责任减少说同时采用违法减少说与责任减少说解释中止犯减免根据，日本学者川端博是该说的支持者，他指出：“只要将故意视为主观违法要素，则应肯定中止行为之违法性减少，又具有任意之中止行为，因为使法敌对性减弱，亦无法否认其责任减少。”[③] 可罚的责任减少说认为，中止行为减少了未遂的责任，事后向合法意欲的复归也体现了较弱的义务违反的意欲，因而减少了处罚必

---

① Jescheck H H，Weigend T. Lehrbuch des Strafrechts Allgemeiner Teil. Drucker & Humblot，1996，5. Aufl.，S. 539.

② 〔日〕松宫孝明：《刑法总论讲义》（第四版补正版），钱叶六译，中国人民大学出版社，2013 年，第 184 页。

③ 〔日〕川端博：《刑法总论二十五讲》，余振华译，中国政法大学出版社，2003 年，第 318 页。

要性①。山中敬一、浅田和茂等持此说。

（三）并合说

并合说也称并用说，该说结合了政策说和法律说来说明中止犯的减免刑罚根据。并合说是随着二元说明方法论的发展而逐渐形成的，其内部又有三种观点，即政策说与违法减少说的并合说（平野龙一、西原春夫、大谷实），政策说与责任减少说的并合说（中山研一、前田雅英、曾根威彦），政策说与违法性减少说、责任减少说的并合说（大塚仁、藤木英雄、板仓宏）。大谷实指出："未遂犯的处罚根据在于引起结果的现实危险，一旦产生故意，并且着手实行，就是已经造成了危险，在事后放弃故意，或者亲自防止结果发生的场合，属于在事后减少发生结果的现实危险或者行为的反社会性，应当将其看做违法性的减少，因此，违法性减少说基本上是妥当的。但是，中华人民共和国刑法（下文简称中国刑法）对于中止犯，并不是一律规定不可罚或者免除刑罚，而是希望通过宽大处理，在未然之中防止完成犯罪，换句话说，并非完全没有一般预防的效果，因此，将违法减少说与刑事政策说相结合的综合说是妥当的。"② 前田雅英认为："基于自己的意思而中止就会使责任减轻的责任减少说是妥当的。对于基于自己的意思而中止的行为人，可以认为从国民的规范意识考察，其非难减弱了。但是，仅用责任减少说还不能说明中止犯的减免。通过对基于自己的意思而停止的行为人的褒奖，意图对着手实行者以及一般人产生一般预防的效果，这种政策性规定的性质无法否认。不管责任如何减少，只要发生了结果就不会给予刑法将中止犯限定为未遂的情况。"③ 大塚仁提出："刑法第 43 条但书是以刑事政策的考虑为背景，类型地规定了由于行为人的中止而减少违法性和责任的情形。"④

（四）其他学说

除上述三种学说外，目前还出现一些新的学说，这些学说立足于刑罚框架之外探讨中止犯的处罚根据。德国学者雅科布斯提出了行为变更说，他认为中止犯属于特殊未遂，未遂因带来了规范侵害的不法而应予以处罚。中止犯处于正在进行的状态，因而存在有变更可能性的行为，中止使得规范侵害最小化，因而可得到宽恕。赫茨贝格（Herzberg）提出的责任履行说，认为刑罚是为处罚不法而产生，中止者履行了避免结果的义务，消灭了不法，使得刑罚也随之消灭。耶格尔（Jäger）主张单独的处罚解放事由说，该说将中止行为看做是以危险消灭为条件的单独的处罚解放的构成要件。山口厚提出的危险消灭说，认为未遂已产生作为可罚性条件的法益侵害危险，而中止行为消灭了引起既遂结果的危险，因而受到政策奖励予以减免刑罚，中止是消解犯罪的构成要件⑤。

三、中止犯的成立条件

由于各国刑事立法上对中止犯的规定不尽相同，所以中止犯的成立条件也不同。德

① 〔日〕山中敬一：《刑法总论》（第二版），成文堂，2008 年，第 750～754 页。

② 〔日〕大谷实：《刑法讲义总论》（新版第二版），黎宏译，中国人民大学出版社，2008 年，第 350 页。

③ 〔日〕前田雅英：《刑法总论讲义》（第五版），东京大学出版会，2011 年，第 168 页。

④ 〔日〕大塚仁：《刑法概说（总论）》（第三版），冯军译，中国人民大学出版社，2003 年，第 220 页。

⑤ 陈家林：《外国刑法通论》，中国人民公安大学出版社，2009 年，第 468～470 页。

国、日本刑法普遍认为要成立中止犯，必须是行为人已经着手实行犯罪，基于自己的意思中止犯罪，并且没有发生危害结果。可见，中止犯的成立一般需具备四个要件：着手实行犯罪；基于自己的意思；中止犯罪的行为；没有发生侵害结果。由于"着手实行犯罪"已经在狭义的未遂犯中作了详细的论述，所以这里主要讨论中止犯的任意性、中止行为、结果未发生等内容。

（一）任意性

1. 任意性的学说

所谓任意性，是指中止行为是基于行为人自己的意志。"'自己的意思'，是指没有受到外部因素的影响，也就是说，中止的决意是自发的。"[①] 中止的任意性作为中止犯的成立条件，是中止犯区别于狭义的未遂犯的关键。一般情况下区分行为人是出于己意还是受外界强制而中止犯罪行为并不困难，但行为人在作出中止犯罪决意的时候往往受到不同程度的外界影响，那么当这种外界影响达到何种程度以上时，就不能认定为行为人自愿放弃犯罪，反之则可认定行为人是基于己意的中止？这个程度的界限并不明确，因而理论上有各种学说来判断中止行为的任意性。

关于任意性的认定标准，包括以下几种学说：①主观说（小野清一郎、团藤重光、平野龙一、大塚仁、曾根威彦），认为基于妨碍完成犯罪的外部要素以外的事由而中止就具有任意性，此说又有新旧之别。旧主观说以是否存在外部障碍判断任意性，新主观说则以行为人的主观来判断任意性，即不存在外部障碍但行为人认为存在而中止的是障碍未遂，存在外部障碍而行为人认为不存在的是中止未遂。②规范主观说（宫本英脩、佐伯千仞、中山研一），或称规范说、限定的主观说，主张基于改悔、同情、怜悯等广义的后悔而放弃犯罪的，才是任意的中止。③客观说（牧野英一、木村龟二、西原春夫、前田雅英、川端博），认为根据一般经验，以对意思不能产生强制影响的事情为动机而中止时，即具有任意性[②]。④折中说（福田平、大谷实、香川达夫），或称为客观的主观说、新客观说，将主观说和客观说折中，认为应从客观上判断行为人现实的意识，在社会一般观念认为能够实施却仍然中止的场合，就是中止犯；反之，社会一般观念认为无法完成犯罪而停止的，成立未遂。⑤犯罪者理性说，由德国学者罗克辛提出，将任意性的判断标准求之于"犯罪者的理性"或"犯罪者同伙的规则"，认为应将任意性理解为向合法性的复归[③]，行为人以为被发觉，出于理性考量而放弃犯罪的，不具有任意性。行为人因为害怕、悔悟等原因而中止的，是违背了正常犯罪规则的非理性行为，具有任意性。⑥不合理决断说（山中敬一），在犯罪过程中，只有当放弃实行犯罪的利益超过继续实行的利益时才可选择放弃，如果违反这种理性判断，不合理地放弃犯罪，则是基于自己意思的中止[④]。⑦主观的价值生活说。此说由施密特霍伊泽尔提倡，基本观点是，任意性的判断基准是行为人的主观的价值生活。继续实现行为人的企图对行为人无价值时，放弃继续实施的，不具有任意

---

① 〔日〕大谷实：《刑法讲义总论》（新版第二版），黎宏译，中国人民大学出版社，2008年，第351页。

② 〔日〕川端博：《刑法总论二十五讲》，余振华译，中国政法大学出版社，2003年，第321页。

③ 陈家林：《外国刑法通论》，中国人民公安大学出版社，2009年，第474～475页。

④ 〔日〕山中敬一：《刑法总论》（第二版），成文堂，2008年，第772页。

性；在考虑了所有契机的前提下，继续实现行为人的企图对于行为人并非无价值时，放弃继续实施的，具有任意性①。

2. 关于任意性的具体问题

对中止犯的任意性问题除了学说上的争论外，在一些具体问题的判断上也存在着理论分歧。

（1）中止动机的伦理性。通说认为，任意性的成立不以中止动机的伦理性为必要，但也有少数学者认为，成立任意性必须以行为人主观上具有悔悟等伦理动机为必要，持该观点的学者在看待中止犯的性质问题上多是持责任消灭说或限定主观说，如佐伯千仞等。

（2）放弃犯意的彻底性。德国的判例要求成立中止犯必须是行为人最终放弃了犯意，理论上限定的主观说的观点与判例一致，但通说认为，任意性的成立无需行为人彻底放弃犯罪，即使行为者只是为等待适当时机而暂时中止犯罪，也成立中止犯。

（3）基于恐怖、惊愕停止犯行。日本的判例对于行为人基于恐怖、惊愕停止犯行的，一般认定成立狭义的未遂犯，否定其任意性。大谷实的观点与判例一致，他认为，“由于恐惧、吃惊而中止的场合，不成立中止犯”②。反对此观点的学者认为，行为人不可能完全不为外界影响而主动中止，因此，基于惊愕、恐怖而放弃犯罪的也具有任意性。板仓宏持此观点。

（4）基于嫌恶之情而放弃犯行。日本多数学者认为该种情况下不具有任意性，如大谷实认为：“抱着嫌恶感或恐惧感而停止的场合，通常不能构成中止犯。”③ 也有学者认为应该具体分析，看是否基于行为人自由意志而使犯罪最终没有实现。本书认为该种情况应被认定为具有任意性，因为嫌恶之情本来就是基于行为人的意志，所以不存在意志以外的原因。

（5）因担心被发觉而停止犯行。对于担心被发觉而停止犯行是否可以承认任意性问题，理论上意见不一，主要有三种观点：一是这种场合不成立中止犯，如大塚仁认为：“害怕犯罪被发觉而中止了时……不能成立中止犯。”④ 二是肯定其具有任意性，如大谷实说：“害怕自己的犯罪行为被别人发现而中止的场合，判例认为也不具有任意性，但是，在行为人想实施的话就能继续下去，而且在一般人看来，也并不存在影响完成犯罪的事实的场合，应该能够认定任意性。”②三是区别对待。目前仍未得出一致的结论。日本的审判实践否定此种情况下存在任意性。

（6）基于目的物的障碍而放弃犯行。这是指行为人在实施财产犯罪时，因为没有发现当初预想的目的物而放弃犯行的情况。例如，意图盗窃单位保险柜内的10万元现金，但保险柜内只有1000元，行为人感到失望而停止罪行，能否认为是任意中止？在日本，一种观点认为成立中止犯。如大塚仁指出：“盗窃犯人获知想窃取的财物太少，因失望而中止了时，成立中止犯。”④日本的判例也肯定因没有发现盗窃的目的物而放弃盗窃行为的，

① 张明楷：《外国刑法纲要》（第二版），清华大学出版社，2007年，第287～288页。

② 〔日〕大谷实：《刑法讲义总论》（新版第二版），黎宏译，中国人民大学出版社，2008年，第353页。

③ 〔日〕大谷实：《刑法讲义总论》（第四版），成文堂，1994年，第397页。

④ 〔日〕大塚仁：《刑法概说（总论）》（第三版），冯军译，中国人民大学出版社，2003年，第221页。

肯定其任意性。另一种观点认为成立狭义的未遂犯。德国的判例印证了这种观点，行为人打算抢劫巨额款项，但对方只有少量现金的，成立狭义的未遂犯，而不成立中止犯。还有一种观点认为应该区别情况对待，不能完全否认任意性。植松正指出："如果因为财物价值小而不窃取的，成立中止犯；行为人意图窃取特定目的物，但特定物品并不存在的，即使没有窃取其他财物，也是障碍未遂。"①

（二）中止行为

成立中止犯，必须具有影响犯罪完成的行为，即由于中止行为而没有发生犯罪结果。具体而言，存在着以下内容。

1. 着手中止与实行中止

根据中止行为的形态，可将中止犯分为着手中止与实行中止。前者是指实行着手后至其终了前放弃了其后的实行；后者是指已经完成了实行后，防止了由其造成结果的发生。在着手中止的情形中，通常只要是放弃其后的实行行为就够了，而在实行中止的情形中，则大多需要为防止结果而进行作为。着手中止与实行中止的划分与实行行为终了阶段的认定问题密切相关。

2. 实行行为终了的认定

（1）主观说。主观说在德国也称行为计划说，认为应以行为人的犯罪计划或认识内容为标准来决定实行行为的终了阶段。例如，行为人意欲以一发子弹杀人时，发射了该子弹时，实行行为就终了，其后即使任意地停止了发射第二发子弹，也不成立中止犯，但是，行为人意欲以两发子弹来杀人时，知道第一发子弹没有命中，而任意地停止发射第二发子弹时，就成立中止犯。

（2）修正的主观说。该说认为，如果行为人的实行行为没有引起结果发生的危险，则以行为人的主观来认定实行行为终了；反之，如果行为人的实行行为引起了结果发生的危险，那么就不考虑行为人的主观情况，都认定为实行行为已经完成，行为人要想成立中止犯，必须以积极的行为有效防止犯罪结果的发生②。

（3）客观说。客观说在德国也称为个别行为说，主张以行为在客观上有无发生结果的现实危险性为标准区分实行行为是否终了。

（4）遮断说。该说也被称为第二客观说，主张以是否引起了"不遮断因果关系就发生结果"这种状态为标准区分实行行为是否终了。如果引起了不遮断因果关系就发生结果这种状态，实行行为就终了；反之，实行行为则没有终了③。是否引起上述状况，不以行为人的主观认定，而是根据客观事实进行判断。西原春夫、中山研一等持此说。

（5）折中说。该说又被称为构成要件单一说，在德国称为全部行为说。该说主张将行为时的客观事实与行为人的主观内容综合起来进行客观判断，以决定实行行为的终了时期④。行为人使用足以引起结果发生的某一方法实施犯罪但未能成功，仍可使用其他方法

---

① 〔日〕植松正：《刑法概论Ⅰ总论》（再订版），劲草书房，1974年，第322页。

② 〔日〕佐伯千仞：《刑法讲义总论》，有斐阁，1968年，第326页。

③ 〔日〕山中敬一：《刑法总论》（第二版），成文堂，2008年，第757页。

④ 陈家林：《外国刑法通论》，中国人民公安大学出版社，2009年，第479页。

却未使用，且该方法与先前方法属于单一行为，这种情况即是未实行终了。日本学者大谷实、韩国学者金日秀等采取折中说，日本大多数判例也是采取该说。

（三）结果未发生

刑法理论对于成立中止犯是否需要结果未发生存在一些争议。

德国、日本通说认为，只要发生了既遂结果就不能承认中止的成立。藤木英雄、大塚仁、团藤重光、西原春夫和杜里奥·帕多瓦尼都赞成通说。另一种观点认为，只要认真地实施了中止行为，即使发生了结果，也成立中止犯。川端博、牧野英一是这种观点的代表人物。

本书赞同通说。因为当行为人实行终了后结果发生前，尽管作出了真诚的努力，但仍然未能避免危害结果的发生，则此时行为人的行为要素完全充足基本构成要件，就不存在广义未遂的情况，更没有成立中止的余地。所以，在此种情况下，应当将行为人的行为作为既遂处理，而把行为人的真诚努力作为量刑情节予以考虑。

（四）中止行为与犯罪结果未发生之间的因果关系

行为人主动实施了防止结果发生的行为，但该行为与结果最终没有发生不存在因果关系，或者结果的未发生是由于行为人的行为以外的原因而没有发生时，能否成立中止犯，在理论上也存在争议。目前有肯定说与否定说两种主张。

肯定说在德国也被称为纠正不均衡策略，认为只要行为人实施了中止行为，结果也没有发生，即使中止行为与结果不发生之间没有因果关系，也成立中止犯。德国刑法理论的通说及审判实践均持此观点。《德国刑法典》第 24 条第 2 款明确规定："数人共同实施同一行为的，其中主动阻止行为完成的，不因犯罪未遂而处罚。如果该行为没有中止犯的努力也不能完成的，或该行为没有中止犯停止以前的行为也会实施的，只要行为人主动努力阻止该行为完成的，即应不予刑罚。"耶赛克、魏根特在其教科书中指出："根据该规定，如结果非因行为人的中止而未发生的，例如，行为人不知道其行为属于不能未遂，或者由于第三人的独立介入而使结果未发生，只要行为人主动且真诚努力避免结果发生的，即可认定中止。"① 日本《改正刑法草案》也采取了肯定说的观点，该草案第 24 条第 2 款规定："在行为人对防止结果的发生付出了相当努力的时候，即便是由于其他事情而没有发生结果的场合，也和前款同样处理。"② 团藤重光、前田雅英、井田良等均持此说。

持肯定说的学者大多认为，行为人的中止行为须具有一定程度的真挚性才能成立中止犯。所谓真挚性，是指行为人客观上实施了防止结果发生的适当行为，主观上具有以该行为防止结果发生的意识。如果行为人仅仅消极停止了行为的实行，而没有采取有效措施预防结果发生，就不宜作为中止犯论处。同时，真挚性还关乎行为人借助他人力量实施中止行为的程度问题。德日学者讨论了以下情况：①利用第三者帮助性的行为。学者们认为此情形类似正犯利用帮助者，不应否定其中止行为的性质。②中止者与第三者一起实施类似共同正犯式的中止行为。对此，学者们认为即使中止者只实施了防止结果发生的一部分行

① Jescheck H H, Weigend T. Lehrbuch des Strafrechts Allgemeiner Teil. Drucker & Humblot, 1996, 5. Aufl., S. 546.

② 〔日〕大谷实：《刑法讲义总论》（新版第二版），黎宏译，中国人民大学出版社，2008 年，第 356～357 页。

为，也应当承认其中行为的性质[①]。③中止者对第三者实施了类似于教唆的中止行为。对此，德国存在肯定说与限制肯定说两种主张。李斯特主张肯定说，认为只要第三者协助是由行为人引起的就可视为他自己的行为[②]。日本的理论则认为单纯的呼救或托付行为还不足以成立中止，只有行为人积极救助才可成立中止[③]。

否定说认为，如果结果的未发生是由于行为人以外的原因或者行为人的行为自始就不可能发生结果，则不成立中止犯。例如，大谷实指出："为成立中止犯，单有任意的中止行为还不够，中止行为和未发生结果之间必须具有因果关系。"[④]

本书认为，否定说符合多数国家刑法规定，但肯定说更顺应行为人的主观恶性减轻和鼓励中止的政策。所以关键是取决于不同国家刑法的规定，必须在刑法明文规定的基础上，运用刑法解释学，来确定不同国家的立场。

四、中止犯的定罪

中止行为之前的犯罪行为，可能产生符合其他犯罪构成要件的事实，在此情况下，一般适用中止犯的条款，而不成立其他犯罪。但是，中止行为的效果不及于和中止犯之间处于并合罪或科刑一罪关系的其他犯罪。在中止行为自身符合其他罪的构成要件时，也可以作为独立犯罪予以处罚。如《泰国刑法典》第 82 条规定："着手犯罪行为而自动中止，或者改变主意并防止其结果的发生的，不应当处罚。但是其已完成的行为构成犯罪的，应当依该罪处罚。"

五、中止犯的法律效果

关于中止犯的法律效果，各国刑事立法上规定不同，主要有以下几种：

(1) 不处罚或免除刑事责任。例如，《德国刑法典》第 24 条第 1 款规定："行为人自愿地使行为不再继续进行，或者主动阻止行为的完成的，不因犯罪未遂而处罚。如果该行为没有中止犯的努力也不能完成的，只要行为人主动努力阻止该行为的完成，即应不予刑罚。"

(2) 减轻处罚。例如，《瑞士联邦刑法典》第 22 条第 2 款规定："行为人主动防止犯罪结果的发生或实际阻止犯罪结果发生的，法官以自由裁量权减轻处罚。"

(3) 减轻或者免除刑罚。例如，《日本刑法典》第 43 条但书规定："但基于自己的意志中止犯罪的，应当减轻或者免除刑罚。"

(4) 对自动中止与自动防止结果分别规定不罚与减轻刑罚。例如，《意大利刑法典》第 56 条第 3 款规定："如果犯罪人自愿中止行为，只有当已完成的行为本身构成其他犯罪时，才处以为该行为规定的刑罚。"该条第 4 款规定："如果自愿阻止结果的发生，处以为犯罪未遂规定的刑罚并减轻三分之一至一半。"

---

① 〔日〕町田行男：《中止未遂的理论》，现代人文社，2005 年，第 139～140 页。
② 〔德〕李斯特：《德国刑法教科书》(修订译本)，徐久生译，法律出版社，2006 年，第 348～349 页。
③ 陈家林：《外国刑法通论》，中国人民公安大学出版社，2009 年，第 482 页。
④ 〔日〕大谷实：《刑法讲义总论》(新版第二版)，黎宏译，中国人民大学出版社，2008 年，第 356 页。

（5）已实施的行为构成犯罪时，依该犯罪负刑事责任。例如，《越南刑法典》第19条规定："犯罪中止可免于刑事责任；如果实际实施的行为已经具备某罪的构成要件，则必须承担该罪的刑事责任。"

第五节 预备犯

一、预备犯与犯罪预备

（一）犯罪预备

犯罪预备，或称预备、预备犯罪、犯罪的预备行为，对其概念理论上的见解较为一致，是指从事犯罪实行之前的准备行为。预备行为为实行行为作准备，其主观心理必须是故意，不可能成立过失的预备行为。预备行为的范围，既包括有形预备，也包括无形预备。前者如准备杀人的工具，后者如打听被害人的住处。对于预备行为的表现形式，根据《俄罗斯联邦刑法典》第30条第1款的规定，包括寻找、制造或加工犯罪手段或工具，寻找共同犯罪人，进行犯罪勾结或者以其他方式故意为实施犯罪创造条件等形态①。

（二）预备犯

1．预备犯的概念

考察各国刑事立法和理论，只有极少立法例和学者对预备犯作出专门而明确的界定。对预备犯的探讨多附随于对犯罪未遂形态和预备行为的考察，也即犯罪预备是犯罪预备行为达到入罪要求的一种形态。

日本学者正田满三郎在理论上明确提出了预备犯的定义，所谓预备犯，是指意图实施符合基本构成要件的犯罪事实的目的的故意犯，行为人通常亲自投身于实行行为②。

本书认为，预备犯是指有犯罪的决意，实施犯罪准备行为，但尚未着手所欲之罪的实行行为的故意犯。

2．预备犯的法律性质

关于预备犯的法律性质，也即预备罪与基本犯罪的关系，理论上有三种观点：①构成要件修正形式说，也称发现形态说。该学说认为，预备罪不是独立的犯罪类型，只是出于对法益的前置保护而对基本犯罪的构成要件进行的修正。②二分说。该学说依据一定的基准将预备罪区分为作为构成要件修正形式的预备罪与独立的预备罪。该见解是由日本与德国的学者各自以本国的刑法为根据所主张的分类。③独立的构成要件说。该见解认为，预备罪是独立的犯罪类型，独立于基本犯罪，本身具有不法性质，具备构成要件实体化③。

---

① 〔俄〕Л. В. 伊诺加莫娃-海格：《俄罗斯联邦刑法（总论）》（第二版），黄芳等译，中国人民大学出版社，2010年，第114页。

② 〔日〕正田满三郎：《刑法体系总论》，良书普及会，1979年，第180页。

③ 〔韩〕金日秀、徐辅鹤：《韩国刑法总论》（第十一版），郑军男译，武汉大学出版社，2008年，第527页。

3. 预备犯的要件

成立预备罪，理论上一般认为需要具备以下要件：①主观上须有犯罪的决意。因为预备犯以追求某种犯罪目的而实施犯罪行为，过失犯罪的行为人不具有犯罪意图，所以只有故意犯存在成立预备犯的可能。②客观上须有预备行为。只有当犯意以行为方式表露于外时，才可处罚，因此，成立预备罪，客观上行为人必须实施了预备行为。③须尚未着手所欲之罪的实行行为。行为人一旦着手所欲之罪的实行，先前的准备行为就被本罪吸收，直接成立本罪①。

（三）预备犯与犯罪预备的关系

预备犯与犯罪预备两者之间是怎样的关系，各国刑事立法对此并未明确规定。尽管预备犯与犯罪预备之间紧密联系，却也不可混为一谈。犯罪预备行为是一种行为类型，是成立预备犯的要件之一，离开犯罪预备就无预备犯可言。犯罪预备是犯罪行为的一个阶段，其后还可能存在一系列实行行为。预备犯是一种犯罪形态，只有当行为停留在预备阶段，尚未进入着手阶段，才能构成预备犯。

二、预备犯的种类与处罚原则

（一）预备犯的种类

1. 有形预备犯与无形预备犯

此种分类以预备行为是否涉及物质内容为标准，前者如为犯罪准备工具，后者如制造条件。然而，预备行为内容复杂，此种标准难以明确，而且此种分类对刑事立法与司法并无实益。

2. 独立预备犯与从属预备犯

所谓独立预备犯，是指刑法将准备行为规定为独立犯罪类型的情况。从属预备犯是指刑法将预备行为作为相应实行犯的基本构成要件的修正形式进行处罚的情形。独立预备犯与从属预备犯涉及预备犯本身有无实行行为性的问题，此问题已在预备犯的性质部分进行了讨论。

3. 自己预备犯与他人预备犯

此分类以行为人实施预备行为是为自己还是为他人实行犯罪为标准。对于为他人实行而实施预备是否成立预备罪，学者之间存在分歧。肯定说认为，为他人预备所具有的法益侵害危险性与为自己预备没有差别。否定说则认为，为他人预备行为与实行者是共犯关系，对其以从犯论处更为妥当。山中敬一认为："预备，认为意味着自己为了随后实现基本的构成要件实施准备行为是通说，即仅仅自己预备作为预备是可罚的，准备实现他人的基本构成要件的他人预备，如有正犯的实行行为，姑且不论是否成为从犯，总之，不是预备行为。"② 本书认为，是否存在他人预备犯的概念，应当区分不同情况，当刑法将预备罪作为独立的犯罪进行规定时，就包括他人预备犯；其他的预备犯则不包括他人预备犯。

---

① 马克昌：《外国刑法学总论（大陆法系）》，中国人民大学出版社，2009年，第306～307页。

② 〔日〕山中敬一：《刑法总论》（第二版），成文堂，2008年，第701页。

4. 实质预备犯和形式预备犯

这种分类由日本学者冈田庄作提出，他认为："实质预备犯指刑法未命名预备，其性质属预备阶段的犯罪行为；形式预备犯指刑法分则命名预备的犯罪行为。"[①] 学者认为此分类的实益在于形式预备犯的危害大于实质预备犯，形式预备犯大多处罚全部预备行为。

（二）预备犯的处罚原则

(1) 对预备犯一律不处罚。持该立法例的如1940年《巴西刑法典》和1954年《格陵兰刑法》，其理由在于：犯罪预备行为不具有直接、现实的法益侵害危险性，因而缺乏承担刑事责任的基础。

(2) 对预备犯原则上都处罚。采用这种立法例的如1926年《苏俄刑法典》和1960年《苏俄刑法典》，体现了对行为人的主观恶性的重视，强调刑法的预防机能。

(3) 对预备犯原则上不处罚，只对严重犯罪的预备行为才处罚。德国、日本是该种立法例的代表。日本刑法总则并无处罚预备犯的规定，对于需要处罚的预备行为，设置特定的罪名规定在刑法分则中，而且，规定其刑罚要轻于既遂[②]。

三、阴谋犯的若干问题

（一）阴谋的概念

对于阴谋概念的界定，主要有两种不同的观点。一部分学者认为，阴谋是二人以上者为了实行特定的犯罪而进行的谋议[③]。另一部分学者认为，阴谋是指两人以上者就实行一定犯罪商谈达于合意的情况[④]。可见，二者的分歧在于成立阴谋罪是否以达成合意为必要。本书认为，如果只是两人以上进行犯罪商谈，但最后因意见不一而作罢，就没有产生构成要件结果的危险性，因而，第二种学说比较妥当。

（二）阴谋与预备的关系

阴谋与预备都是存在于着手实行之前的犯罪阶段，对于二者之间是何关系，学者们观点不一：泷川幸辰、木村龟二等学者将阴谋纳入预备之中，认为前者是后者的一种形式。宫本英脩、福田平、曾根威彦、野村稔等学者则认为，阴谋是预备之前的一个阶段。野村稔提出："从刑法这样明确而有区别地规定着预备与阴谋来看，关于预备与阴谋的关系，不应该把阴谋理解为预备行为的一种形式，而应该把它考虑为是先于预备行为的实现犯罪的一个阶段。因此，阴谋是先于预备行为的心理准备行为，应理解为两人以上就实行特定的犯罪而进行的同谋和合意。与此相反，预备行为是指为了实现犯罪意思而进行的物质上的准备行为。"[⑤] 有的学者则将阴谋与预备看做是各自独立的准备阶段的行为。如大谷实认为："所谓预备，是指以阴谋以外的方法实施的、以实现犯为目的的准备行为。所谓阴

---

① 〔日〕冈田庄作：《刑法原论·总论》（第二十二版），明治大学出版部，1934年，第332～333页。

② 〔日〕西田典之：《日本刑法总论》（第二版），王昭武、刘明祥译，法律出版社，2013年，第265页。

③ 〔日〕大塚仁：《刑法概说（总论）》（第三版），冯军译，中国人民大学出版社，2003年，第215页。

④ 〔日〕大谷实：《刑法讲义总论》（新版第二版），黎宏译，中国人民大学出版社，2008年，第328页。

⑤ 〔日〕野村稔：《刑法总论》，全理其、何力译，法律出版社，2001年，第371页。

谋，是两个以上的人就实施一定的犯罪而商量、达成合意的情况。阴谋和预备，是分别独立的准备阶段上的行为。”①

（三）刑法分则中的阴谋犯

很多国家的刑法分则中没有规定阴谋罪，只有少数国家的刑法分则中设有阴谋罪的规定。这里仅以日本刑法典中的规定加以说明。日本刑法规定的阴谋罪比预备罪要少，其规定的预备罪有 8 种，规定的阴谋罪则只有 3 种，即内乱阴谋罪（第 78 条）、外患阴谋罪（第 88 条）和私战阴谋罪（第 93 条）。

四、预备罪、阴谋罪的中止

（一）预备罪、阴谋罪的中止能否适用中止犯的规定

所谓预备罪、阴谋罪的中止，是指行为人在实施预备、阴谋行为之后，自愿中止实行行为的开始。有的国家刑法将中止犯视为未遂犯的一种，而未遂的要件之一是已经着手实行犯罪，因此，预备罪、阴谋罪中当然不包括中止犯。但是，在理论上，是否应承认预备罪、阴谋罪的中止，则有否定说、肯定说和二分说之争。

1. 否定说

否定说认为预备罪的中止不能适用中止犯的规定。理由如下：一是中止犯是未遂的一种，预备罪不能成立未遂，因而不能适用中止犯的规定。二是没有成文法上的根据。三是预备罪、阴谋罪是举动犯，即使中止，已实施的准备行为仍成立预备罪、阴谋罪②。

2. 肯定说

肯定说认为预备罪的中止应当适用中止犯的规定。理由是：按刑法的规定，行为人着手实行后中止犯罪的，因成立中止犯而减免刑罚。如果预备罪的中止不适用中止犯规定，则行为人在着手实行之前中止犯罪便不能减免刑罚，其所受刑罚重于中止犯，这便会导致刑罚的失衡。

3. 二分说

二分说主张能否适用中止犯的规定，应视预备罪为独立罪或非独立罪而区别对待，后者才可适用。因为，独立预备罪没有对应的基本犯罪，其“预备行为”即具有实行行为性，不存在着手后中止犯罪的问题，且其危害重于非独立罪，因而不适用中止犯的规定也不会产生刑罚不均衡的问题。

日本、韩国的判例都采纳了否定说。而在刑法理论上，肯定说则是通说。本书认为，较之于否定说，肯定说与二分说在考量刑罚失衡的层面上更为合理，但如何解决其与刑法规定之间的冲突仍是一个需要深入探讨的问题。

（二）预备罪、阴谋罪减免刑罚的基准刑

在承认预备罪的中止的情况下，适用减轻或免除刑罚，其基准刑应当是既遂犯的法定刑还是预备罪的法定刑，在理论上存在不同的认识，具体如下：

---

① 〔日〕大谷实：《刑法讲义总论》（新版第二版），黎宏译，中国人民大学出版社，2008 年，第 328～329 页。

② 〔日〕大谷实：《刑法讲义总论》（新版第二版），黎宏译，中国人民大学出版社，2008 年，第 357 页。

（1）应以既遂犯的法定刑为基准刑。福田平、西原春夫、香川达夫、川端博等均持此说。此种观点认为，预备罪的构成要件是被修正过的构成要件，与中止犯一样属于犯罪某阶段所形成的一种形态，故应当与中止犯一样以既遂犯的法定刑为基准刑。但在具体量刑上，此观点又区分为两种不同的立场。有的学者认为，只能免除刑罚；而有的学者认为既可以减轻处罚，也可以免除刑罚。

（2）应以预备罪、阴谋罪的法定刑为基准刑。清水洋雄、草野豹一郎等均持此说。此种观点认为，预备罪有自己独立的法定刑，对预备罪的中止就应以预备罪的法定刑为基准刑。而且预备罪的法定刑的形成以及预备罪的中止法定刑的形成是基于不同的法定事由，如果以既遂犯的法定刑为基准，不利于执行业已确立的刑事政策，不利于保护犯罪人的权益。

本书认为，既然刑法已将预备罪以独立的犯罪构成要件的形式规定在刑法分则中，如若承认预备罪的中止，就应当以预备罪的法定刑为基准对其予以减免刑罚。

第十二章

正犯与共犯

第一节　正犯与共犯概说

一、正犯的概念与种类

（一）正犯的概念

关于什么是正犯（Täterschaft），在以构成要件为中心的犯罪论中，应当从实现符合构成要件的事实的角度出发来确定。德国学者韦塞尔斯、博伊尔克认为："正犯的成立基础，是法定的构成要件。"[1] 日本学者大谷实认为："所谓正犯，是出于亲自实现构成要件的意思，实施具有实现构成要件的现实危险的行为的人。"[2] 日本学者山口厚也是在肯定构成要件该当性的基础上对正犯进行界定的[3]。日本学者山中敬一认为："所谓正犯（Täterschaft），指行为人自己充足构成要件要素的场合。换言之，自己实现刑法分则中记述的'实施……的'之构成要件的全部要素的，是正犯者（Täter）。"[4] 松宫孝明认为："一般而言，亲自实施符合构成要件（共同正犯的场合，系其一部分）的违法行为的，是正犯。"[5] 关于德语中的 Täterschaft 与 Täter，有学者认为，正犯（Täterschaft）指的是犯罪形态，正犯者（Täter）指的则是人[6]。从上述两个德语单词本身的含义来说，本书认为上述翻译是正确的。但本书同时认为，在中文的表述中，不必对"正犯"与"正犯

---

① Wessels，Beulke. Strafrecht Allgemeiner Teil：Die Straftat und ihr Aufbau. C. F. Müller，2010，40. Aufl.，S. 187.

② 〔日〕大谷实：《刑法讲义总论》，黎宏译，中国人民大学出版社，2008 年，第 363 页。

③ 〔日〕山口厚：《刑法总论》（第二版），付立庄译，中国人民大学出版社，2011 年，第 66 页。

④ 〔日〕山中敬一：《刑法总论》（第二版），成文堂，2008 年，第 779 页。

⑤ 〔日〕松宫孝明：《刑法总论讲义》（第四版补正版），钱叶六译，中国人民大学出版社，第 192 页。

⑥ 陈家林：《析共同正犯的几个问题》，《法律科学》，2006 年第 1 期，第 80 页。

者”进行语言学上的区分。中国台湾学者蔡墩铭认为：“正犯，德语为 Täterschaft，系亲自实现构成要件者，亦即采取实行行为之人。”[①] 正犯系中国古代刑法的用语，指触犯正条的犯罪人。这里的正条，即刑法中罪刑式条文[②]。有学者认为，“事实上，如果考虑到正犯一词不过是明治时代日本学者为了翻译西洋学说而借用的中国古代术语的话，那么问题就迎刃而解了”[③]。本书赞成这种观点。但中国（此指中华人民共和国）现行的立法中由于没有正犯的概念，司法实务中有时会因为混淆了正犯和主犯的概念而导致对部分案件的刑罚适用出现偏差。为此，有学者认为，“司法人员需要根据正犯的观念解决定罪问题，根据主犯概念解决量刑问题”[④]。

立法上也认为，正犯是自己实现了全部构成要件的人。如《德国刑法典》第 25 条第 1 款对单独正犯是这样规定的：“自己实施犯罪，或通过他人实施犯罪的，依正犯论处。”这样看来，实施符合构成要件的行为的，就是正犯，其中亲自实施的是直接正犯；将他人的行为按照自己的意思来支配，就像是自己动手实施一样，从而实现构成要件的，是间接正犯；二人以上均作为正犯实施犯罪行为的是共同正犯。

1. 统一的正犯概念

统一的正犯概念，又称单一的正犯概念或单一的正犯体系，它不区分正犯和共犯，将所有对构成要件的实现起原因作用的参与者均视为正犯。在同一的法定刑范围内根据各犯罪参与者具体的参与程度来确定各自的量刑。

目前有些国家如意大利、奥地利、挪威、丹麦、瑞典、捷克等国的刑法采用这种正犯概念。例如，意大利刑法中没有正犯和共犯的区别，它不对犯罪的参与者进行分类，而只是规定“当数人共同实施同一犯罪时，对于他们当中的每一个人，均处以法律为该犯罪规定的刑罚，以下各条另有规定者除外”。（《意大利刑法典》第 110 条）。《奥地利联邦共和国刑法典》第 12 条规定，自己实施应受刑罚处罚的行为，或者通过他人实施应受刑罚处罚的行为，或者为应受刑罚处罚的行为的实施给予帮助的，均是正犯[⑤]。

2. 非统一的正犯概念

所谓非统一的正犯概念，又称非单一的正犯概念或非单一的正犯体系，是指将所有参与实施犯罪的人，依其参与的形态，分为正犯与共犯两种类型，在刑罚上给予不同的评价。

以德国、日本为代表的大陆法系国家刑法采纳的就是非统一的正犯概念，对数人参与实施犯罪的情况作正犯和共犯的区别。例如，《德国刑法典》的规定明确表明了正犯的形式有直接正犯和间接正犯（《德国刑法典》第 25 条第 1 款）以及共同正犯（《德国刑法典》第 25 条第 2 款）；共犯的形式有教唆犯（《德国刑法典》第 26 条）和帮助犯（《德国刑法典》第 27 条）。

这种正犯与共犯分离的体系，以分则规定的基本犯罪构成为前提，对多人参与实施犯

---

① 蔡墩铭：《刑法总论》，三民书局，1998 年，第 222 页。转引自陈兴良：《共同犯罪论》，《现代法学》，2001 年第 3 期，第 49 页。

② 陈兴良：《共同犯罪论》，《现代法学》，2001 年第 3 期，第 49 页。

③ 陈家林：《析共同正犯的几个问题》，《法律科学》，2006 年第 1 期，第 79～80 页。

④ 周光权：《论正犯的观念》，《人民检察》，2010 年第 7 期，第 6 页。

⑤ 徐久生译：《奥地利联邦共和国刑法典》（2002 年修订），中国方正出版社，2004 年，第 5 页。

罪的情形，在总则中设立一般规定，使其成为分则规定的基本犯罪构成的补充。因而，共犯被视为基本犯罪构成的修正形态。也就是说，通过与诸如“杀人”等分则的基本构成要件相结合，创造了“共同杀人”、“教唆他人杀人”、“帮助他人杀人”这些修正的构成要件。共犯的成立必须符合修正的构成要件，且具有违法性、有责性①。

在非统一的正犯概念体系中，出于区分正犯和共犯的必要，学者们又提出了限制的正犯概念和扩大的正犯概念。

1）限制的正犯概念

限制的正犯概念（Restriktiver Täterbegriff）不考虑行为人在参与犯罪的过程中所发挥的作用，认为正犯只能是自己实施了构成要件该当行为即实行行为的人。

限制的正犯概念认为，从构成要件符合性来说，只有那些亲自实施构成要件行为的人才会受到处罚，而教唆行为和帮助行为由于不是构成要件行为，如果没有关于教唆犯和帮助犯的特别刑法规定，不得处罚。从这个角度上说，共犯意味着可罚性被扩张至构成要件以外的行为，限制的正犯概念具有扩大处罚范围的意义，因此，共犯成为扩张刑罚事由。

对于限制的正犯概念，有学者指出：限制的正犯概念“完全不想将间接正犯包括在内，对于共同正犯，也只是将那些至少实现一部分构成要件的共犯包括在内”②。还有学者认为，此观点实质上是取消“幕后”者的正犯资格③。这是其不足之处。

2）扩大的正犯概念

为了弥补限制的正犯概念的不足，学者们又提出了扩大的正犯概念（Extensiver Täterbegriff）。根据该理论，为犯罪的实现提供了条件的人都是正犯。

德国学者李斯特指出：“为了能够了解共犯理论的这一结构，有必要将 M. E. 迈尔的话语铭记在心：‘共犯概念完全是法律的产物’。”④ 换言之，一切共犯在本质上都为正犯，只不过是法律用条文对共犯另外进行了规定而已，因而获得与正犯不同的刑罚。从这个角度上说，共犯便是限制刑罚事由。如果某人参与了犯罪，只要未被作为共犯，就被视为正犯，这就产生了间接正犯的处罚性。

对于扩大的正犯概念，有学者认为：“扩大的正犯概念忽视了实行行为的定型性意义。刑法中的教唆犯、帮助犯的规定预想的是在社会观念上与正犯属于不同类型的行为，认为两者实质上是同一的，就违反了我们的法感觉。”⑤ 还有学者认为：“这一概念认为只要引起危害结果发生就能构成正犯，过分地扩大了正犯的范围，从而违背了罪刑法定主义，产生了侵害刑法保障功能的后果。”⑥

---

① 〔日〕西田典之：《日本刑法总论》（第二版），王昭武、刘明祥译，法律出版社，2013 年，第 294 页。

② Jescheck H H，Weigend T. Lehrbuch des Strafrechts Allgemeiner Teil. Drucker & Humblot，1996，5. Aufl.，S. 649.

③ 〔意〕杜里奥·帕多瓦尼：《意大利刑法学原理》（注评版），陈忠林译评，中国人民大学出版社，2004 年，第 280～281 页。

④ 〔德〕李斯特：《德国刑法教科书》（修订译本），徐久生译，法律出版社，2006 年，第 352 页。

⑤ 〔日〕大塚仁：《刑法概说（总论）》（第三版），冯军译，中国人民大学出版社，2003 年，第 239 页。

⑥ 〔韩〕李在祥：《韩国刑法总论》，〔韩〕韩相敦译，中国人民大学出版社，2005 年，第 371 页。

（二）正犯的种类

根据正犯的人数，可将其分为单独正犯（Alleintäterschaft）与共同正犯（Mittäterschaft）；根据行为人是否直接实行犯罪，可将其分为直接正犯（unmittelbare Täterschaft）与间接正犯（mittelbare Täterschaft）。

单独正犯是指一人独自实施构成要件行为的情形；共同正犯是指二人以上共同实行构成要件行为的情形，也即由数人的共同行为实现了为单独正犯所预设的构成要件。《德国刑法典》第25条第2款规定："数人共同实施犯罪的，均依正犯论处。"需要强调的是，这里的"共同实行"，是以意思联络为前提条件的。因此，同时犯不是共同正犯。

直接正犯是指自己实施实行行为来实现犯罪构成要件者。正如日本学者大谷实所言："亲自动手实施实行行为的，就是直接正犯。"① 但是，正犯概念并没有被限制为亲自实施实行行为的正犯，它还包括间接正犯，即将他人的行为按照自己的意思来支配，就像是自己动手实施一样，从而实现构成要件的正犯。

二、共犯的概念与种类

共犯（Teilnahme）是指参与他人之构成要件行为的人。

中华民国时期的学者王觐认为："共犯（Teilnahme）者，数人共同犯罪，别于一人单独犯罪而言者也。"② 还有学者认为，"共犯"就是指"共同犯罪"③。这里要着重指出，大陆法系刑法理论的"共犯"与中国刑法中"共犯"的概念是不同的。中国现行刑法在总则中规定了"共同犯罪"，在分则中又多处规定"以共犯论处"，因而，站在中国刑法的立场上讨论相关问题时，为表述方便，将"共同犯罪"简称"共犯"是可以理解的，也是正确的。但是，站在大陆法系刑法理论及立法的立场上，将"共犯"理解为"共同犯罪"则欠妥当。根据中国的刑法理论以及立法，共同犯罪是二人以上共同故意犯罪，这里的"二人以上"都必须是构成犯罪的人。而根据德国、日本的刑法理论，就实现构成要件的人数而言，犯罪的状态包括两种：①一个人单独实现构成要件场合的称之为单独犯罪；②二人以上参与实现构成要件场合的称之为参与犯罪。有些国家的刑法理论称之为"犯罪中人的竞合"④，还有学者称之为"犯罪的实现涉及复数的人的场合"⑤。即使是在某些称为"共同犯罪"的场合，其内涵与中国刑法中所规定的"共同犯罪"也不一致。例如，张明楷教授基于"以违法与责任为支柱构建犯罪论体系"的立场，认为"共同犯罪是一种违法形态，所解决的问题是将违法事实归宿于哪些参与人的行为"⑥。本书认为其所指的"共同

---

① 〔日〕大谷实：《刑法讲义总论》（新版第二版），黎宏译，中国人民大学出版社，2008年，第141页。

② 王觐：《中华刑法论》，姚建龙勘校，中国方正出版社，2005年，第238页。

③ 马克昌、罗平：《论共同犯罪的概念和要件》，《政法论坛》，1985年第4期，第1页；马克昌：《马克昌文集》，武汉大学出版社2005年版，第118页；高铭暄、马克昌：《刑法学》（第五版），北京大学出版社、高等教育出版社，2011年，第162页。

④ 〔意〕杜里奥·帕多瓦尼：《意大利刑法学原理》（注评版），陈忠林译评，中国人民大学出版社，2004年，第285页。

⑤ 〔日〕野村稔：《刑法总论》，全理其、何力译，法律出版社，2001年，第379页。

⑥ 张明楷：《共同犯罪是违法形态》，《人民检察》，2010年第13期，第7页。

犯罪”并非中国《刑法》第25条中所谓的“共同犯罪”，更似德、日刑法理论之“参与犯罪”。正如陈瑾昆所言，“原本得由一人单独实现者，兹乃由二人以上协动实现而已”[1]。在参与犯罪的情况下，二人以上参与实施某种犯罪行为并不意味着参与的每个人都一定成立犯罪。

大陆法系各国的刑法均未对共犯的概念作出一般性的规定。以德国为例，《德国刑法典》从对符合构成要件的法益破坏具有原因的（违法的和有责的）行为方式的整体情况出发，对共犯行为的两种形式作出了规定，即教唆犯（《德国刑法典》第26条）和帮助犯（《德国刑法典》第27条）。正如德国学者李斯特所言：“共犯（根据现行法律）是指参与他人开始或完成之实行行为。为共犯者要么是教唆犯，要么是帮助犯。”[2]

根据大陆法系刑法理论，共犯有最广义、广义和狭义之分。最广义的共犯，是指两个以上的人共同实现犯罪的情况，可以分为任意共犯和必要共犯。广义的共犯，是指作为任意共犯的共同正犯、教唆犯以及帮助犯。所谓狭义的共犯，是指教唆犯和帮助犯。有的国家通过立法规定了共犯的类型，如《德国刑法典》第26条（教唆犯）和第27条（帮助犯）。在没有特别说明时，本书所述共犯指狭义的共犯。

任意共犯，是指两个以上的行为人共同实行法律上以一人单独实行为模式而设计的构成要件行为的情况。例如，刑法规定盗窃罪时，所预想的是一人盗窃，当二人以上共同实行盗窃行为时，则是任意的共犯。刑法总则所规定的共犯，便是任意的共犯。

必要共犯，是指构成要件上要求必须由二人以上共同实施的犯罪，一个主体不可能成立该种犯罪。刑法总则所规定的共犯，不包括这种必要的共犯。也就是说，“必要共犯”并不适用总则有关“正犯与共犯”的规定。有些学者不赞成设置“必要共犯”的概念。例如，德国学者李斯特认为，“提出必要共犯的概念并没有多少裨益”。他把必要共犯的情形作为共同正犯的类型[3]。中国台湾学者黄荣坚也认为：“由于必要共犯，是刑法分则所规定犯罪类型之中以数人共同犯罪为构成要件，那么关于行为人是否构成此一犯罪，以及其刑事责任范围如何，完全属于刑法分则个别条文的构成要件解释问题，而与刑法总则所规定的共犯概念无关。因此，必要共犯概念并无存在的意义。”[4]

承认必要共犯的学者一般认为，必要共犯包括对向犯（对立的犯罪、偶遇犯）与多众犯（众合犯、集合犯、集团犯、平行犯）。对向犯是指在构成要件上以两个以上的人的相互对向的行为为必要的犯罪[5]，如《日本刑法典》第184条规定的重婚罪，《德国刑法典》第257条规定的包庇罪。多众犯是指在构成要件上以指向同一目标的多数人的共同行为为必要的犯罪[5]，如《日本刑法典》第77条所规定的内乱罪，《德国刑法典》第121条所规定的犯人暴狱罪。除了对向犯与多众犯以外，日本学者大塚仁还提出了会合犯的概念，即不要求二人以上的行为之间存在对向关系，也不要求像多众犯那样具有集团的性质的犯

---

① 陈瑾昆：《刑法总则讲义》，吴允锋勘校，中国方正出版社，2004年，第196页。
② 〔德〕李斯特：《德国刑法教科书》（修订译本），徐久生译，法律出版社，2006年，第371页。
③ 〔德〕李斯特：《德国刑法教科书》（修订译本），徐久生译，法律出版社，2006年，第357页。
④ 黄荣坚：《基础刑法学》（下），中国人民大学出版社，2009年，第489页。
⑤ 〔日〕大谷实：《刑法讲义总论》（新版第二版），黎宏译，中国人民大学出版社，2008年，第359页。

罪[①]。例如，《日本刑法典》规定的准备凶器集合和聚集罪（第208条之三）。本书认为，此类情况归入多众犯的情形即可，无需另外再设会合犯的概念。

三、共犯的本质

围绕共犯的本质，有犯罪共同说与行为共同说、共犯从属性说与共犯独立性说之争。

（一）犯罪共同说与行为共同说

两个以上的行为人在哪些方面是共同的才成立共犯关系？这是犯罪共同说与行为共同说所争论的焦点。需要指出的是，此处的共犯指的是广义的共犯，日本学者山中敬一、川端博、大谷实持此观点。例如，山中敬一指出："包括共同正犯在内的广义的共犯，在与其他的参与者共同参与'什么'的问题上存在两个基本学说的对立，即犯罪共同说与行为共同说的对立。"[②]

1. 犯罪共同说

犯罪共同说又称"犯意共同说"。该说从犯罪的本质是对法益的侵害出发，认为共犯是二人以上共同对同一法益实施侵害。

犯罪共同说与古典学派的立场相应，其根据是客观主义刑法理论。即按照构成要件理论，犯罪首先必须是符合构成要件的行为；而构成要件是特定犯罪的构成要件，于是，共犯就必须是相同的犯罪类型的共犯。因此，成立共同正犯需要二人以上的行为符合刑法分则规定的构成要件；而其他参与犯罪的情形则需要至少一人（正犯）的行为符合刑法分则规定的构成要件，其他参与人的行为符合刑法总则规定的修正的构成要件。

在犯罪共同说内部，又有完全犯罪共同说（中国台湾有学者称之为"严格犯罪共同说"[③]）与部分犯罪共同说之分。

完全犯罪共同说主张"数人一罪"，将共同实行的"特定的犯罪"理解为完全相同的构成要件。日本学者泉二新熊、大场茂马、胜本勘三郎都持这一见解。部分犯罪共同说主张"数人别罪"[④]，将共同实行之"特定的犯罪"理解为"构成要件重叠部分"，即不同的罪名之间，若有构成要件重叠部分，在此重叠部分内承认实行之共同。例如，甲以杀人的故意、乙以伤害的故意共同加害于丙时，只在故意伤害罪的范围内成立共犯。但由于甲具有杀人的故意与行为，对甲应认定为故意杀人罪。在日本，持这一见解的有团藤重光、福田平、大塚仁、吉川经夫、植松正、庄子邦雄、藤木英雄、西原春夫。部分犯罪共同说历来是德国的通说，在日本目前也属于通说。德国和日本的判例亦持部分犯罪共同说的立场。

2. 行为共同说

行为共同说又称"事实共同说"，该说认为，所谓"共同"指的是行为的共同。根据该说，共犯是两个以上的人用共同的行为实行各自所企图的犯罪。也就是说，即便是出于

---

① 〔日〕大塚仁：《刑法概说（总论）》（第三版），冯军译，中国人民大学出版社，2003年，第234～235页。

② 〔日〕山中敬一：《刑法总论》（第二版），成文堂，2008年，第794页。

③ 陈子平：《刑法总论》（2008年增修版），中国人民大学出版社，2009年，第331页。

④ 〔日〕山中敬一：《刑法总论》（第二版），成文堂，2008年，第833页。

各自的犯罪意图，只要行为人实施了共同的行为，就可以成立共犯。可见，该说是肯定“数人数罪”的。

行为共同说为近代学派所主张，又分为以主观主义为基础的行为共同说和以客观主义为基础的行为共同说。

行为共同说最早由主观主义的学者所提倡，代表者为牧野英一、宫本英脩等。中国有学者称之为“传统的行为共同说”①。此说以主观主义的观点理解犯罪，从犯罪人具有共同的主观危险性上来考虑，主张此“共同行为”不是从构成要件意义上所说的共同行为，而是在构成要件之前的自然意义上所说的共同行为，只要有这种共同行为就足够了。

现代意义上的行为共同说建立在客观主义的基础之上。采此立场者如佐伯千仞、平野龙一、川端博、山中敬一、前田雅英等。此说以客观主义的观点理解犯罪，将“共同行为”理解为符合构成要件的行为（实行行为）。只不过是数人各自依据共同的行为而实现各自的犯罪。这种观点从各个共犯人自身的角度出发来看实行行为，因此，这里的共同行为可以是不同犯罪的实行行为。这样来看，根据行为共同说，共同正犯的成立不需要罪名同一，甚至连行为人之间共同的犯罪故意以及意思联络都不是必要条件。

需要说明的是，在第二次世界大战前，一般认为犯罪共同说的理论基础是客观主义，而行为共同说的理论基础是主观主义。但是，第二次世界大战后主观主义的思想逐渐销声匿迹，以近代学派主观主义立场为基础强调行为人“恶性”的行为共同说已不复有支持者。现在所说的行为共同说，是以客观主义立场为基础的行为共同说。因此，犯罪共同说与行为共同说便是客观主义内部的分歧。简单地将行为共同说界定为“是主观主义的共犯理论”，并认为其“只从行为人的主观方面来区别正犯与共犯，而不考虑它们在客观方面的区别”② 的说法是值得商榷的。

（二）共犯从属性说与共犯独立性说

共犯从属性说与共犯独立性说所争论的是共犯的成立是否以从属于正犯为必要，即共犯是独立于正犯而存在，还是从属于正犯而存在。一般认为，共同正犯之间不存在从属关系的问题，此处仅讨论狭义的共犯。

1. 共犯从属性说

共犯从属性说基于客观主义的立场，主张共犯的犯罪性和可罚性从属于正犯的犯罪性和可罚性。提倡共犯从属性说的，多为旧派即古典学派的学者，如德国的比克迈尔、M. E. 迈尔、贝林、梅茨格尔，日本的泷川幸辰、小野清一郎等。但新派即近代学派的学者中也有人赞成此说，如德国的李斯特。

共犯的从属性，可以分为三种类型，即实行从属性、要素从属性、罪名从属性。

(1)“实行从属性”讨论的是“共犯的成立，是否至少以正犯者着手于犯罪的实行行为为必要”的问题。共犯从属性说主张共犯的成立以正犯着手于实行行为为必要。该说认为共犯是通过正犯的行为对实现构成要件结果提供相当条件的情况，是以正犯为媒介来参与实现犯罪的，所以，教唆、帮助行为本身并没有引起结果的现实危险，只有在正犯着手

---

① 陈家林：《外国刑法通论》，中国人民公安大学出版社，2009年，第507页。

② 马克昌：《比较刑法原理：外国刑法学总论》，武汉大学出版社，2002年，第654～656页。

于实行行为时，才会产生实现构成要件结果的现实危险。

（2）“要素从属性”讨论的是“如果共犯的成立须从属于正犯行为，则该正犯行为须具备何种程度的犯罪成立要件”的问题。在从属性程度的问题上，M.E. 迈尔提出了四种从属形式：第一，最低限度的从属形式：共犯的成立只要正犯行为符合构成要件就够了，即使缺乏违法性和有责性，也无碍于教唆者、帮助者成立共犯。第二，限制的从属形式：正犯行为具备构成要件符合性和违法性，教唆者和帮助者即可从属于正犯的实行行为而成立共犯，即使正犯行为缺乏有责性也不受影响。第三，极端的从属形式：正犯行为具备构成要件符合性、违法性与有责性，教唆者或帮助者才能成立共犯。第四，夸张的从属形式：教唆者或帮助者要成立共犯，除正犯行为具备构成要件符合性、违法性、有责性外，还必须具备可罚性；专属于正犯本身的刑罚加重或减轻的事由，也影响教唆者或帮助者的刑事责任①。

在日本，理论界目前以限制从属性说为通说。日本过去的判例采用的是极端从属性说②。但是，日本最高法院在后来的判例中显示了向限制从属性说倾斜的态度③。德国刑法在 1943 年以前一直适用极端从属性说，目前德国的理论通说以及立法上明确采用的是限制从属性说。如《德国刑法典》第 26 条规定：“故意教唆他人故意实施违法行为的是教唆犯。”法国目前的理论通说以及立法上采用的则是夸张从属性说。法国刑法理论的通说认为：“由于共犯行为的犯罪性质是从主犯行为的性质转借而来，所以，要想对共犯进行制裁，首先应当成立‘当受惩处的主犯的行为’，这也许是构成‘法有规定’要件的第一个条件。”④ 根据《法国新刑法典》第 121-7 条的规定，当主犯的行为构成犯罪时，只有当这种行为应当受到处罚的情况下，共犯才受到处罚。

（3）“罪名从属性”讨论的是“共犯所成立的罪名，是否必须与正犯的罪名相同”的问题。关于此问题主要有两种学说的对立，即，认为共犯应与正犯的罪名相同的罪名从属性说和认为共犯的罪名与正犯的罪名不同也可以的罪名独立性说之间的对立。通说持前一观点。

2. 共犯独立性说

“共犯独立性说”基于主观主义的立场，主张共犯不以正犯的实行行为为必要，是独立于正犯而成立的。根据主观主义的观点，正犯和共犯的处罚根据都是行为人性格的反社会性，而共犯行为已完全显现出共犯者反社会的主观恶性，有无正犯的实行行为，都不影响其犯罪性，共犯行为本身就具有完整的犯罪性乃至可罚性，因此，共犯完全无需从属于正犯行为。成立共犯只要有教唆、帮助行为就够了，无需考虑被教唆人、被帮助人是否实施了犯罪。从这个角度上来看，共犯的教唆行为或帮助行为无异于实行行为。因此，共犯

① 〔日〕木村龟二：《刑法学词典》，顾肖荣、郑树周等译，上海翻译出版公司，1991 年，第 349 页。

② 大判明 37・12・20 刑录 10・2415——让不满 10 岁的幼儿盗窃的案件（间接正犯）；仙台高判昭 27・9・27 判特 22・178——让不满 13 岁的少年盗窃的案件（间接正犯）。参见〔日〕大谷实：《刑法讲义总论》（新版第二版），黎宏译，中国人民大学出版社，2008 年，第 370 页。

③ 利用具有是非辨别能力的刑事未成年人的事例：最决昭 58・9・21，(《刑集》第 37 卷第 7 号第 1070 页) 1983 年 9 月 21 日。〔日〕大谷实：《刑法讲义总论》（新版第二版），黎宏译，中国人民大学出版社，2008 年，第 371 页。

④ 〔法〕卡斯东・斯特法尼等：《法国刑法总论精义》，罗结珍译，中国政法大学出版社，1998 年，第 303 页。

应对其教唆行为或帮助行为本身承担刑事责任。

倡导共犯独立性说的主要是近代学派的学者，如德国学者布黎、拿格拉（Nagler），日本学者牧野英一、木村龟二等。例如，牧野英一认为："以犯罪是犯人恶性的表现时，说犯罪是从属于他人的犯罪而成立，没有意义。教唆犯及从犯，犯人固有的反社会性（故意或过失），由此而表现于外部，所以必须说是基于其教唆或帮助行为本身而行为者产生责任。"① 一般而言，近代学派学者主张共犯独立性说，古典学派学者主张共犯从属性说，但也并非绝对如此。例如，李斯特是近代学派代表人物，却主张共犯从属性说；而宾丁、柯拉（Kohler）是古典学派学者，却主张共犯独立性说。

四、共犯的处罚根据

刑法在原则上以实施构成要件行为者（正犯）作为处罚对象，而共犯未实施构成要件行为，为什么也要受处罚呢？共犯的处罚根据研究的便是"共犯为什么要受到处罚"的问题。共犯的处罚根据理论在德国、日本的共犯理论中占有非常重要的地位。

在讨论共犯的处罚根据之前，有一个问题必须先行解决，那就是"共犯的处罚根据"中所谓的"共犯"，究竟是指广义的共犯（共同正犯、教唆犯、帮助犯）还是狭义的共犯（教唆犯、帮助犯）?《德国刑法典》第25条明文规定正犯包括直接正犯、间接正犯与共同正犯，德国的刑法学理论通说也肯定共同正犯属于正犯。因此，在德国，"共犯的处罚根据"中的"共犯"自然是指教唆犯和帮助犯。《日本刑法典》未对正犯作明确规定，其在第十一章"共犯"中规定了共同正犯，同时又规定"二人以上共同实行犯罪的，都是正犯"（《日本刑法典》第60条），"徒增共同正犯性质之论争"②。因此，日本学者在讨论共犯的处罚根据问题时，有的以共同正犯、教唆犯、帮助犯为对象，有的以教唆犯、帮助犯为对象。本书在讨论此问题时所称的"共犯"，是指狭义的共犯，即教唆犯及帮助犯。

关于共犯处罚根据论的学说见解错综复杂。在德国、日本刑法理论上，关于共犯的处罚根据主要有责任共犯说（Schuldteilnahmetheorie）、不法共犯说（Unrechtsteilnahmetheorie）和惹起说（Verursachungstheorie）三种学说。前两种学说现在已经很少有人支持，目前德国、日本关于共犯处罚根据的理论通说是惹起说，学者间的争议也主要是惹起说内部的对立。

（一）责任共犯说

责任共犯说认为，共犯的处罚根据在于：共犯使正犯堕落，使正犯陷入责任和刑罚之中，因此要受处罚③。按照这种观点，只有在正犯的行为符合构成要件、违法且有责的场合，才能对共犯进行处罚。可见，在共犯成立的问题上，责任共犯说采用了极端从属性说。

该说认为共犯通过教唆、帮助行为使正犯实施有责行为，陷入应受处罚状态。

---

① 〔日〕牧野英一：《日本刑法》（上卷）（第六十四版），有斐阁，1939年，第411页。

② 陈子平：《刑法总论》（2008年增修版），中国人民大学出版社，2009年，第337页。

③ 〔日〕大塚仁：《刑法概说（总论）》（第三版），冯军译，中国人民大学出版社，2003年，第247页。

M. E. 迈尔的经典表述是："正犯实行了杀人行为，教唆犯制造了杀人犯。"[①] 该说的基础在于，认为共犯是从承担完全刑事责任的正犯中借用其犯罪性与可罚性的共犯理论，因而又被称为可罚性借用理论[②]。在日本，该说的代表人物有泷川幸辰、江家义男、庄子邦雄等。

在德国，以前有力的是该说。现在该说在德国、日本刑法学界已经失去支持。因为在共犯成立的问题上，责任共犯说采用了极端从属性说，而德国、日本现在的通说是限制从属性说。

（二）不法共犯说

不法共犯说又称违法共犯说，该说以目的行为论、人的不法论为前提，认为共犯的处罚依据在于：共犯让正犯实施犯罪行为，陷入反社会状态而扰乱社会的平和（侵害社会完整性）或引起正犯的行为无价值。

该说认为共犯使正犯实施了符合构成要件的违法行为。按照这种观点，正犯行为在符合构成要件且违法的场合，共犯就能受到处罚，并不需要正犯行为具备有责性。可见，在共犯成立的问题上，它与通说的限制从属性说一致。在日本，持此立场的有平野龙一、福田平、内田文昭、大谷实。

以教唆犯为例，根据该说，教唆犯之所以被处罚，其实质根据在于其使正犯产生实行犯罪的决意，并基于此而实施行为。该说重视教唆行为与正犯行为之间的因果关系，但不需要与结果引起之间存在关联。例如，A 请求正犯 B 杀害自己，正犯 B 杀害 A 未遂。由于 A 使正犯 B 实施了受嘱托杀人未遂的违法行为，因而成立受嘱托杀人未遂的教唆犯。但这种结论不合理。为了维护不法共犯论结论的合理性，主张该说的学者对违法的连带性作了理论上的修正：当教唆者是被害法益的主体的时候，导入违法相对性的概念，从而否定教唆者成立教唆犯。但是，由于不法共犯论作出了重大理论修正，正如中国有的学者所指出的，使它与因果共犯论（惹起说）之间的界限变得暧昧[③]。

（三）惹起说

惹起说又称因果共犯说，强调在与违法结果的因果关系上理解共犯的处罚根据，认为共犯的处罚依据在于，共犯通过正犯引起了违法结果。惹起说认为，共犯的处罚根据在于其通过介入正犯的行为引起了法益侵害。据此，直接引起法益侵害的是正犯，介入正犯行为间接引起法益侵害的是共犯，正犯与共犯的差异在于引起法益侵害的样态不同。围绕着是否独立考虑共犯的违法性与正犯的违法性，惹起说内部又有纯粹惹起说、修正惹起说和混合惹起说三种见解。

1. 纯粹惹起说

纯粹惹起说又称"违法结果惹起说"、"独立性志向惹起说"。该说以"共犯独立性"为前提，站在行为无价值的立场，认为共犯的处罚根据在于，共犯自己侵害了法益。共犯的违法性以共犯行为自身的违法性为基础，认为共犯的违法性完全独立于正犯的违法性

① 张明楷：《外国刑法纲要》（第二版），清华大学出版社，2007 年，第 310 页。
② 〔日〕西田典之：《日本刑法总论》（第二版），王昭武、刘明祥译，法律出版社，2013 年，第 301 页。
③ 陈家林：《外国刑法通论》，中国人民公安大学出版社，2009 年，第 498 页。

(违法的独立性)。该说将从属性视为“仅具有事实从属的性质而已”[①]。因而全面肯定违法的相对性。主张该说的有日本学者佐伯千仞、中义胜、中山研一、山中敬一等。

根据该说，共犯的成立不要求正犯的行为具有构成要件符合性，因而既肯定“没有共犯的正犯”(如A按照被害人X的请求对X实施重大伤害行为，X无罪，但A构成伤害罪)，又肯定“没有正犯的共犯”(如B唆使Y实施自伤行为，Y无罪，但B构成伤害罪的教唆犯)。根据《德国刑法典》第26、27条的规定，教唆犯和帮助犯的成立必须是正犯实施了符合构成要件的行为。而《日本刑法典》第61、62条关于教唆犯和帮助犯的规定，也要求正犯至少要具备构成要件符合性。所以，纯粹惹起说虽然有利于说明共犯本身固有的犯罪性，但是该理论与德国、日本现行的法律是不符合的。

2. 修正惹起说

修正惹起说又称“正犯不法惹起说”、“从属性志向惹起说”，是德国的通说与判例的立场，与德国现行的法律规定是一致的。该说以“共犯从属性”为前提，站在结果无价值的立场，认为共犯的处罚根据在于，共犯参与正犯的法益侵害行为而共同引起正犯的不法结果。该说认为共犯的违法性并非由共犯行为本身产生，而是由正犯行为的违法性导出，完全从属于正犯的违法性。主张该说的有日本学者平野龙一、内藤谦、曾根威彦等。

该说以限制从属性为前提，完全否定共犯违法的独立性，以正犯行为的违法性来确定共犯行为的违法性，而且还肯定违法的连带性[②]。根据该说，共犯并不是自己违反了犯罪构成要件中所规定的法规范，他的责任只是在于，当正犯违反法规范时他起到了参与作用。共犯因唤起犯罪故意而促成了符合犯罪构成要件的和违法的行为，或对犯罪行为大力予以支持，因而，其行为本身就是有责的[③]。因此，既否定“没有正犯的共犯”(B唆使Y实施自伤行为的，由于Y的自伤行为合法，故B的唆使行为也合法)，也否定“没有共犯的正犯”(A按照被害人X的请求对X实施重大伤害行为的，由于A的行为违法，故X的行为也违法)。那么，根据修正惹起说，教唆未遂是不可罚的。修正惹起说过于强调违法连带性，会导致忽视共犯所具有的独立的违法性。

3. 混合惹起说

混合惹起说又称“折中的惹起说”、“从属性法益侵害说”、“二元的不法惹起说”，是介于纯粹惹起说与修正惹起说的中间见解。该说倾向“结果无价值暨行为无价值二元论”的立场，认为共犯的处罚根据在于，共犯本身虽然不实行构成要件行为，但是共犯通过正犯的实行行为间接地侵害法益。该说认为共犯的违法性来自于共犯行为自身的违法性和正犯行为的违法性，因而，共犯的违法性从属于正犯的实行行为和法益侵害或者危险。该说得到了不少学者的赞同，主要有日本学者大谷实、大塚仁、野村稔、山口厚、高桥则夫、前田雅英、井田良等。

---

① 陈子平：《刑法总论》(2008年增修版)，中国人民大学出版社，2009年，第339页。

② 〔日〕曾根威彦：《刑法学基础》，黎宏译，法律出版社，2005年，第139页。

③ Jescheck H H, Weigend T. Lehrbuch des Strafrechts Allgemeiner Teil. Drucker & Humblot, 1996, 5. Aufl., S. 685.

该说一方面承认共犯不法的独立性，另一方面又强调共犯本身并不能直接侵害法益，它必须通过正犯的行为才能侵害法益。由于该说部分肯定正犯与共犯违法的连带性，因而否定“没有正犯的共犯”，被害人教唆他人杀害自己的、犯人教唆他人窝藏自己的，教唆者都不可罚；同时该说部分肯定共犯与正犯的违法的相对性而肯定“没有共犯的正犯”，A按照被害人X的请求对X实施重大伤害行为的，A的行为违法，X的教唆行为不违法。该说要求以“正犯的违法性”来制约共犯的违法性。

五、正犯与共犯的区分

在正犯与共犯分离的立法例中，依据何种标准来区分正犯与共犯，一直是德日刑法中最有争议的问题之一。在理论上主要有客观说、主观说、犯罪支配说等学说。

（一）客观说

1. 形式客观说

形式客观说（formell-objektive Theorie）与限制的正犯概念相联系。该说严格以构成要件为准，不考虑行为人在整个犯罪过程中所发挥的作用。根据限制的正犯概念，正犯只能是自己全部或者部分地实施了构成要件意义上的实行行为的人，而那些仅通过非构成要件的行为对结果的产生起一定原因作用的人是共犯。即在构成要件论的立场上，从形式上加以说明时，正犯是实施了符合基本的构成要件的实行行为的人，而共犯则可以说是通过实施符合被修正的构成要件的教唆行为、帮助行为而参与正犯的实行行为的人[①]。

形式客观说一直到1930年都是德国刑法学说中的主流学说，但其范围太窄，在今天已不再有人提起[②]。其不足之处在于它不能够解释间接正犯的正犯性，也无法认定躲在幕后操纵犯罪集团的头目为共同正犯。

2. 实质客观说

为了克服形式客观说的缺陷，实质客观说（materiell-objektive Theorie）认为，应当用实质的观点考察正犯与共犯的区别。该说以因果关系中的原因说为基础，认为对结果的发生提供了原因的人就是正犯；提供条件的人是共犯[③]。

实质的客观说认为：“在实行行为与犯罪结果之间特别强烈的因果关系中找寻特征，已被证明是不可行的，这不仅因为，必要的或者必需的原因与纯粹促进的原因不可能区别开来，而且原因与条件，或者物质上的因果关系与精神上的因果关系也无法区分；即使情况不同，所有这些区分也没有触及问题的核心，即正犯肯定受诸如对案情的认识程度等主观要素的影响。”[④] 在大陆法系国家刑法理论和审判实践中，原因说已经被淘汰，实质的客观说已少有学者赞成。

---

① 〔日〕大塚仁：《刑法概说（总论）》（第三版），冯军译，中国人民大学出版社，2003年，第240页。

② Wessels，Beulke. Strafrecht Allgemeiner Teil：Die Straftat und ihr Aufbau. C. F. Müller，2010，40. Aufl.，S. 188.

③ 马克昌：《近代西方刑法学说史》，中国人民公安大学出版社，2008年，第275页。

④ Stratenwerth G，Kuhlen L. Strafrecht Allgemeiner Teil：Die straftat. Verlag Franz Vahlen，2011，6. Aufl.，S. 221～222.

（二）主观说

1. 极端主观说

早期的主观说偏向于极端的主观说，纯粹以行为人的意思作为区分正犯与共犯的标准。该说以因果关系论中的条件说为基础，认为正犯与共犯都是促使法益侵害结果产生的条件，而客观上所有的条件都是等价的，所以不可能从客观面区别正犯与共犯，而应当从参与者的主观意志和内心态度上来区别。因此，极端主观说就与扩大的正犯概念联系在一起。

根据该理论，正犯是指以正犯意志实施了因果行为之人，而共犯是指仅有共犯意志之人。正犯将行为视为"自己的"，他具有"行为人意志"；共犯将行为视为"他人的"，他具有"帮助意志"。有学者将其称为意志理论[①]。意志理论公式为德国帝国法院判例所采用，联邦法院判例也采用了该理论。极端主观说的问题在于，完全不顾行为人的行为而仅根据行为人的主观方面来区分正犯与共犯。

2. 限制主观说

考虑到犯罪是行为人客观方面与主观方面的统一，后来德国的司法实务越来越倾向于限制的主观说，在具体的判断依据上有客观化的趋势，即判断行为人主观意志的方法，必须要有一些客观上的依据（所谓建立在客观犯罪构成基础上的主观理论）[②]。诸如行为人对于实现犯罪结果有无自己的利益、行为人参与犯罪的范围与程度以及行为人有无支配犯罪的意思[③]。

德国学者耶赛克、魏根特认为，扩大的正犯概念和主观的共犯理论应加以拒绝，因为它们是与现行刑法的主要以客观描述和限制的构成要件组成的结构原理相矛盾的[④]。直到今天，德国的司法判决也未能形成一个统一的方针[⑤]。

（三）犯罪支配说

犯罪支配说以"犯罪支配"（Tatherrschaft）作为正犯标志，主张有"犯罪支配"的为正犯，无"犯罪支配"的仅成立共犯。

该说中"犯罪支配"的德文原文为"Tatherrschaft"。中国学者对于该词的翻译主要有"犯行支配"[⑥]、"犯罪支配"[⑦]、"犯罪事实支配"[⑧]、"行为支配"[⑨]。从字面意思来看，

---

① Jescheck H H, Weigend T. Lehrbuch des Strafrechts Allgemeiner Teil. Drucker & Humblot, 1996, 5. Aufl., S. 650.

② 黄荣坚：《基础刑法学》（下），中国人民大学出版社，2009 年，第 513 页。

③ 林钰雄：《新刑法总则》，中国人民大学出版社，2009 年，第 315 页。

④ Jescheck H H, Weigend T. Lehrbuch des Strafrechts Allgemeiner Teil. Drucker & Humblot, 1996, 5. Aufl., S. 651.

⑤ Wessels, Beulke. Strafrecht Allgemeiner Teil: Die Straftat und ihr Aufbau. C. F. Müller, 2010, 40. Aufl., S. 189.

⑥ 马克昌：《外国刑法学总论（大陆法系）》，中国人民大学出版社，2009 年，第 347 页。

⑦ 许玉秀：《当代刑法思潮》，中国民主法制出版社，2005 年，第 573 页。

⑧ 〔德〕克劳斯·罗克辛：《正犯与犯罪事实支配理论》，劳东燕译，《刑事法评论》，2009 年第 2 期，第 1 页；张明楷：《外国刑法纲要》（第二版），清华大学出版社，2007 年，第 303 页。

⑨ 〔日〕大塚仁：《刑法概说（总论）》（第三版），冯军译，中国人民大学出版社，2003 年，第 239 页；陈子平：《刑法总论》，中国人民大学出版社，2009 年，第 334 页；Wessels, Beulke. Strafrecht Allgemeiner Teil: Die Straftat und ihr Aufbau. C. F. Müller, 2010, 40. Aufl., S. 190; Jescheck H H, Weigend T. Lehrbuch des Strafrechts Allgemeiner Teil. Drucker & Humblot, 1996, 5. Aufl., S. 651.

“Tat”有行为、行动、罪行、犯罪活动的意思①，“Herrschaft”有统治、控制、支配的意思②。不同学者对“支配”的具体内容有不同理解，导致对“Tatherrschaft”内涵的认定有差异。本书主张“构成要件行为支配”，但是鉴于国内学者长期将“Tatherrschaft”翻译为“犯罪支配”，本书在介绍前人观点时，沿用“犯罪支配”这一表述。

犯罪支配说是共犯与正犯区分理论的支柱，目前在德国属于通说，在日本也处于有力说的地位。该说以“Tatherrschaft”作为正犯标志，主张有“Tatherrschaft”的为正犯，无“Tatherrschaft”的仅成立共犯。但是，如前文所述，学界对“Tatherrschaft”的各种诠释层出不穷，而这也正是“犯罪支配”理论的难点所在。以下仅介绍其中几个重要的理论观点。

1. 犯罪主体的特征

最早使用“Tatherrschaft”这个概念的人是黑格勒。他在1915年的一篇论文《犯罪的要素》（*Die Merkmale des Verbrechens*）中首次将“Tatherrschaft”或“Herrschaft übber die Tat”（对犯罪的支配）作为刑法上的基础概念③。

根据黑格勒的观点，“Tatherrschaft”为“行为人的人格特质”，也就是“犯罪主体的特征”。他认为有完全的犯罪支配的人，才是有责任能力、不是被强制的行为人，而有责任能力的人才是犯罪的主宰。另外，黑格勒的概念内涵足以说明间接正犯的正犯特质，因为间接正犯的行为工具，或者是无责任能力人，或者是出于被强迫，依照黑格勒的说法，这些行为工具应该是欠缺“犯罪支配”的，幕后的行为人则是行为的主宰。

2. 结果的支配可能性

首先以“Tatherrschaft”（犯罪支配）概念说明正犯概念的学者是布鲁恩斯（Bruns）。他认为黑格勒的“对犯罪的实际支配程度”只能作为区分故意和有认识过失的标准，此外还需要有一个用来确定实行行为和正犯的统一且客观的标准。行为人的行为如果足以导致结果，才能对结果负责。依对客观现象普遍的观察，也就是依相当规则，可以确定犯罪支配的可能性，才能认为行为人支配了结果，是正犯。依布鲁恩斯之见，构成要件中所包含的犯罪结果的支配可能性，是正犯行为的客观归责标准；相对地，促使他人犯罪或支援他人犯罪的行为对最终结果都欠缺犯罪支配，因此只能归类为共犯④。

布鲁恩斯的犯罪结果支配可能性主要用来说明正犯的客观可归责性，而对共犯与正犯的分界效果，是附带产生的。真正以犯罪支配中的支配概念来解决正犯与共犯的分界问题的是在此之后才开始提出来的“意思支配理论”⑤。

3. 意思支配

继布鲁恩斯之后，洛伯（Lobe）和冯·韦伯两位学者从主观的支配意思方面阐明犯

---

① 《朗氏德汉双解大词典》，外语教学与研究出版社，2000年，第1680页。

② 《朗氏德汉双解大词典》，外语教学与研究出版社，2000年，第820～821页。

③ 许玉秀：《当代刑法思潮》，中国民主法制出版社，2005年，第573页。

④ Bruns H. Kritik der Lehre vom Tatbestand. Röhrscheid，1932，S. 71；转引自许玉秀：《当代刑法思潮》，中国民主法制出版社，2005年，第574页。

⑤ 许玉秀：《当代刑法思潮》，中国民主法制出版社，2005年，第574～575页。

罪支配的概念[①]。洛伯指出，所谓正犯，重要的不只是出于正犯自己犯罪的意思，而且意思的实现必须在正犯的支配之下完成，亦即意思实现的过程受意思的支配和操纵。反之，共犯则对企图惹起犯罪结果的实施行为无所支配，该实施行为系由第三者（即正犯）的意思所引起或操纵的。冯·韦伯运用犯罪支配的概念来补强主观理论区分正犯与共犯的合理性。他认为，所谓正犯者，系指出于犯罪支配的意思而实施者；而间接正犯，则是指利用无犯罪支配意思之人而实施者。

4. 目的支配

韦尔策尔于1939年在《刑法体系之研究》一文中，首次将犯罪支配的概念和行为理论相结合，提出所谓“目的正犯”（finale Täterschaft）的概念[②]。至于所谓“目的犯罪支配”（finale Tatherrschaft），是指“根据目的贯彻其意思决定”。要注意的是，“目的正犯”，即有目的的犯罪支配之人仅仅是指故意行为而言，至于过失行为，由于缺乏“目的犯罪支配”而不受目的行为的意思指导，因而不存在正犯与共犯的区分问题，所以必须对故意与过失的正犯概念加以严格区分[③]。

韦尔策尔认为，行为的核心要素是目的性，即以能预见之结果为目标，为实现该结果而支配、统制并指导因果关系，以期实现该结果的行为，才是行为。韦尔策尔特别强调犯罪支配的标准不是“笼统的正犯意思”，而是“实际的目的支配”。韦尔策尔认为正犯与共犯的区别在于：前者是有目的意识地制造犯罪现象；后者虽对于自己的参与行为有犯罪支配，但对于构成要件行为本身则否[④]。他认为正犯的成立应具备四个要件，即目的的犯罪支配、客观的行为人条件、主观的行为人条件以及亲自实现犯罪事实。反之，则仅能成立共犯[⑤]。

韦尔策尔之后尚有毛拉赫和加拉斯（Gallas）等几个主张犯罪支配理论的重要人物。但毛拉赫和加拉斯的理论基本上都是依附于韦尔策尔的目的犯罪支配理论而展开的。

5. 实现构成要件的可能性支配

上述几种“犯罪支配”概念中，犯罪主体的特征、意思支配和目的支配都是主观方面的支配，都以行为人有支配意思为前提。不管是以行为人有责任能力为指标，或者以行为人有支配的意欲为必要，或者以行为人有行为决定为判断标准，不外乎都是用“行为人依操纵构成要件实现的意思而行为”说明行为人对犯罪有支配，而后根据行为人对犯罪有支配来确定行为人的正犯特质[⑥]。

但是这种支配只能概括说明行为人主观上可归责，而教唆犯和帮助犯对他们自己的行为也有这种主观的支配。因此，谈正犯的“犯罪支配”不能不回归到构成要件。支配的对象必须是符合构成要件的行为，而这一点直到加拉斯才明白地被指出来[⑥]。所谓构成要件的行为，就是能实现构成要件的行为，构成要件未切实实现之前，任何所谓

---

① 许玉秀：《当代刑法思潮》，中国民主法制出版社，2005年，第575页。

② Welzel. Studien zum System des Strafrechts. ZStW 58（1939），S. 491；转引自许玉秀：《当代刑法思潮》，中国民主法制出版社，2005年，第576页。

③ Welzel H. Das Deutsche Strfrecht. Walter de Gruyer & Co.，11. Aufl.，1969，S. 100.

④ Welzel H. Das Deutsche Strfrecht. Walter de Gruyer & Co.，11. Aufl.，1969，S. 98～101.

⑤ 柯耀程：《变动中的刑法思想》，中国政法大学出版社，2003年，第164页。

⑥ 许玉秀：《当代刑法思潮》，中国民主法制出版社，2005年，第578页。

的构成要件行为，都只有实现构成要件的可能性，因此当然也只具备“犯罪支配可能性”。换言之，客观的支配对构成要件的实现而言，都只是一种可能的支配。这正是客观归责理论的观点。

6. 构成要件行为支配

德国学者韦塞尔斯、博伊尔克认为，“Tatherrschaft”指的是“由故意所包容的对构成要件符合性的发生过程把握在手”[①]。而德国学者罗克辛认为，犯罪过程中的核心人物是支配导致犯罪实现的行为的人，而正犯是在符合构成要件的行为实施过程中的核心人物[②]。所以在认定正犯的犯罪支配特征时，应当从特定犯罪的构成要件着手。有必要说明的是，在罗克辛的理论中，其对行为的评判仅在构成要件符合性这一层面，因此本书认为将“Tatherrschaft”一词翻译成“构成要件行为支配”更合适。根据罗克辛的观点，“犯罪支配”是一个无法定义、只能描述的开放性概念（offener Begriff），把这种概念的必要要素完全说出来是不可能的，只能就各种可能的情况作相当的描述。“犯罪支配”这个指导原则，有待借助实现犯罪构成要件的各种样态来进一步具体确定它的概念内涵[③]。

正犯形式的三分法与犯罪支配的三种类型相对应[④]，即直接正犯（unmittelbare Täterschaft）、间接正犯（mittelbaren Täterschaft）和共同正犯（Mittäterschaft），它们的正犯标志分别是：行为人亲自实施构成要件行为而置身于事件的核心，即有直接正犯标志的行为支配（Handlungsherrschaft）；行为人未亲自实施构成要件行为，而利用自己的力量通过意志的优越性支配实施者实施构成要件行为而控制事件，即有间接正犯标志的意志支配（Willensherrschaft）；通过与他人的分工合作而对构成要件行为的完成发挥共同作用，即有共同正犯标志的功能性犯罪支配（funktioelle Tatherrschaft）。基本上，正犯不外是分则各个构成要件行为的主体，对这个行为主体的确定，是借由构成要件的不法，而不是透过罪责、行为人内在的想法或意念[⑤]。

罗克辛认为，在一般犯罪中，核心人物也就是正犯始终是独立支配或与他人共同支配构成要件行为的人，罗克辛称之为“支配犯”（Herrschaftsdelikte）[⑥]，这种情况对犯罪主体没有特别限制，任何人均可因支配被禁止的行为而成为正犯。而义务犯与亲手犯的构成要件则与支配犯不同，在义务犯的情况下，只有那些违反特定的并非每个人都要履行的义务的人，才能处于实现构成要件的中心位置。在亲手犯的情况下，只有亲手实现构成要件的人才能被视为实施过程中的核心人物。因此，义务犯与亲手犯不能够适用构成要件行为

---

① Wessels，Beulke. Strafrecht Allgemeiner Teil：Die Straftat und ihr Aufbau. C. F. Müller，2010，40. Aufl.，S. 188.

② Roxin C. Strafrencht Allgemeiner Teil，Band Ⅱ，Besondere Erscheinungs-formen der Straftat. Verlag C. H. Beck，2003，S. 9～10.

③ Roxin，TuT6，1994，S. 112，124，125；Roxin，LK11，1993，25/36；转引自许玉秀：《当代刑法思潮》，中国民主法制出版社，2005 年，第 580 页。

④ Roxin C. Strafrencht Allgemeiner Teil，Band Ⅱ，Besondere Erscheinungs-formen der Straftat. Verlag C. H. Beck，2003，S. 15.

⑤ Roxin，LK11，1993，25/34；转引自许玉秀：《当代刑法思潮》，中国民主法制出版社，2005 年，第 581 页。

⑥ Roxin C. Strafrencht Allgemeiner Teil，Band Ⅱ，Besondere Erscheinungs-formen der Straftat. Verlag C. H. Beck，2003，S. 10.

支配说。因而有学者认为，从这点上来看，构成要件行为支配说仅仅是正犯特征的必要条件，尚未成为充分条件①。

罗克辛的构成要件行为支配说，为区分正犯与共犯开辟了最好的和最有说服力的途径②。以罗克辛强调客观功能性的立场而言，可以将他的理论归类为实质客观说，但他以意思支配的观点解释间接正犯的正犯特质，则是主观说的表现，因此可以将他的理论归类为“实质的主客观综合说”③。罗克辛的“构成要件行为支配说”对犯罪支配说作出了重要的改进，综合了客观方面和主观方面的标准，发展了区分正犯与共犯的指导原则，可以说，它在该领域具有领导性地位。

第二节 间接正犯

一、间接正犯概述

（一）间接正犯的概念

间接正犯是指未亲自实施构成要件行为，而是通过自己在意志上的优越性来支配实施者，使之实施构成要件行为的人。

间接正犯的概念诞生于19世纪末的德国刑法学理论，在明治时期传入日本，并得到日本刑法学者们的广泛采用。间接正犯的规定在立法上始于德国1913年刑法草案第33条。现在，有些国家在刑法中规定了间接正犯，例如，《德国刑法典》第25条第1款。又如，《意大利刑法典》第46条（身体强制）、第48条（因他人欺骗而造成的错误）、第51条（行使权利或者履行义务）、第54条（因他人威胁而形成的紧急避险状态）、第86条（以令人实施犯罪为目的使他人处于无能力状态）、第111条（指使不可归责的人或者不受处罚的人员实施犯罪）等。有些国家虽然没有在刑法中规定间接正犯，但在刑法理论上仍然承认这一概念，如日本。

（二）间接正犯的本质

间接正犯是正犯还是共犯，纷争颇多。意大利刑法学者帕多瓦尼认为，“间接正犯不论从法律规定还是刑法理论的角度看，都完全应该属于刑法规定的共同犯罪的范畴”④。而日本刑法学者大谷实却认为应该“将间接正犯看做正犯”⑤。德国学者耶赛克、魏根特也认为，间接正犯是正犯的一种形式，与直接正犯一样，同样具有行为支配的特征⑥。如

① 〔韩〕金日秀、徐辅鹤：《韩国刑法总论》（第十一版），郑军男译，武汉大学出版社，2008年，第542页。

② Wessels，Beulke. Strafrecht Allgemeiner Teil：Die Straftat und ihr Aufbau. C. F. Müller，2010，40. Aufl.，S. 188.

③ 许玉秀：《当代刑法思潮》，中国民主法制出版社，2005年，第581页。

④ 〔意〕杜里奥·帕多瓦尼：《意大利刑法学原理》（注评版），陈忠林译评，中国人民大学出版社，2004年，第299页。

⑤ 〔日〕大谷实：《刑法讲义总论》（新版第二版），黎宏译，中国人民大学出版社，2008年，第142页。

⑥ Jescheck H H，Weigend T. Lehrbuch des Strafrechts Allgemeiner Teil. Drucker & Humblot，1996，5. Aufl.，S. 663.

今，理论上的通说认为间接正犯是正犯之一，但是如何认识间接正犯的正犯性，学者们则有不同见解，主要有工具说、实行行为说、规范障碍说、犯罪支配说等不同学说。

1. 工具说

工具说认为，在间接正犯的情况下，被利用者如同刀枪棍棒一样只不过是利用者的工具而已，既然利用各种器械工具实施犯罪的行为是实行行为，那么也应肯定把他人作为工具来加以利用的行为具有实行行为性（M. E. 迈尔等）。以前德国的通说就是采用的“工具说”。

2. 实行行为说

实行行为说认为，间接正犯与直接正犯具有相同的“实行行为性”，所谓正犯，应解释为自己亲自实行具有实现构成要件之“现实的危险性”行为者。间接正犯系与直接正犯同样，由于实行具有构成要件的现实危险之行为，故被视为正犯①。实行行为说是日本刑法学理论界的通说。

3. 规范障碍说

规范障碍说为日本学者西原春夫最先主张。该说认为，间接正犯兼具正犯性与共犯性，区分其正犯性或共犯性的标准在于“被利用者在规范上所见是否形成犯罪实现之障碍”②。法秩序期待有责任能力的人避免违法行为而为适法行为，也就是说，一般情况下，人在知道实情，具有故意的场合，就可能形成停止该违法行为的敌对动机（抗拒恶的动机）③，这种可能性对于利用者而言就是其实现犯罪的规范障碍。在不存在规范障碍的情况下，利用者的利用行为与自己亲自实行行为没有区别，这时应承认利用者的正犯性；而在存在规范障碍时，法秩序不能肯定一方对另一方的利用关系，因此仅有可能成立共犯④。

4. 犯罪支配说

犯罪支配说主张，间接正犯与直接正犯一样有“犯罪支配”的内涵，如根据罗克辛的观点，间接正犯未亲自实施构成要件行为，而以“意志支配”，依其幕后“优越的意志”支配实施者实施构成要件行为而控制事件的发展，因而具有犯罪支配的内涵。支配者通过操纵被支配者的意志而支配了其行为，而被支配者的行为则成为支配者的意志操纵的结果。本说为罗克辛等学者极力主张，目前在德国占优势地位，在日本等国也得到了部分学者的支持，如团藤重光、福田平、大塚仁、大谷实、川端博。例如，大谷实认为，将间接正犯和直接正犯同等看待的根据在于，支配者按照自己的意思对被支配者的动作或行为进行支配，也就是按照自己的愿望进行驱使，以实现所预期的犯罪目的⑤。

本书支持犯罪支配说（即前文所述构成要件行为支配说）。将间接正犯作为正犯的根据在于，支配者按照自己具有优势地位的意志对被支配者的行为进行支配，按照自己的意志在幕后操纵或控制事件的发展，以实现其所预期的犯罪。即使在把他人当工具使用的场

---

① 〔日〕川端博：《刑法总论二十五讲》，余振华译，中国政法大学出版社，2003年，第382页。

② 〔日〕川端博：《刑法总论二十五讲》，余振华译，中国政法大学出版社，2003年，第383页。

③ 〔日〕大谷实：《刑法讲义总论》（新版第二版），黎宏译，中国人民大学出版社，2008年，第143页。

④ 〔日〕西原春夫：《刑法总论》（下卷）（改订准备版），成文堂，1995年，第358～359页。

⑤ 〔日〕大谷实：《刑法讲义总论》（新版第二版），黎宏译，中国人民大学出版社，2008年，第142页。

合，也是具有支配的内涵的。

（三）间接正犯的要件

为成立间接正犯，行为人在主观上除了故意之外，还必须具有使他人受自己的意志支配而实现犯罪的意思，即必须具有间接正犯的意思。至于能否承认过失的间接正犯，德国学者耶赛克、魏根特认为，必须否定过失间接正犯的可能性，因为过失犯罪情况下缺少操纵行为的意志，不可能有行为支配①。

在客观上，行为人的支配行为，必须是将被支配人的行为单方面地进行支配的行为。但必须注意的是，不能将支配行为和被支配行为割裂开来分别进行刑法评价，而是应该根据间接正犯的意思，将被支配行为和支配行为统一起来，视为一体，作为支配人的实行行为来进行评价。

二、间接正犯的成立范围

一般认为，间接正犯的成立范围主要有以下几个方面。

（一）支配无责任能力者

具有责任能力是责任的前提条件。因此，支配无责任能力者（如缺乏辨识和控制自己行为能力的儿童、精神病人）就成为成立间接正犯的根据。但是，是否支配无责任能力者实施犯罪的一律成立间接正犯？尤其是一部分未成年人虽然未达到刑事责任年龄，但其在辨识和控制自己行为的能力上已经达到与成年人一样的成熟程度时，问题就更加难以解决。肯定说认为，支配无责任能力者实施犯罪的都构成间接正犯。否定说认为，当无责任能力者具有辨别是非的能力、具有自由意志时，支配者就不构成间接正犯，而应成立共犯。

由于德国的通说采用的是限制从属形态，因而德国的学说认为，原则上责任的欠缺并不能否定共犯的成立，但是从主观说或者行为支配说的立场出发，将支配少年的行为排除在共犯之外，并作为间接正犯来处理。如耶赛克、魏根特认为，是否具备幕后操纵者的行为支配，要依据事实或法律标准来判断。例如，行为人让一名伶俐的十三岁男孩纵火。即使该男孩对其行为违法性“有足够的认识”并主动地实施了纵火行为，行为人仍成立间接正犯②。在日本，理论上也采取了与此相同的结论③。日本刑法理论界认为，在支配完全没有辨别是非能力的人如幼儿或重度精神病人的场合，被支配者的规范意识没有成熟或由于精神病而不可能有规范意识，这种情况下应当认定为间接正犯。例如，被告人为了使只有 12 岁的养女完全按照自己的意志办事，每天只要养女违反了被告人的言论，就做出要

---

① Jescheck H H，Weigend T. Lehrbuch des Strafrechts Allgemeiner Teil. Drucker & Humblot，1996，5. Aufl.，S. 664.

② Jescheck H H，Weigend T. Lehrbuch des Strafrechts Allgemeiner Teil. Drucker & Humblot，1996，5. Aufl.，S. 668. 对此案件，德国曾有判决［RGSt61，265（267）］持不同意见：即使该十三岁男孩对其行为没有全部的认识，但只要他对其行为有足够的理解（genügendes Verständnis），支配者便构成教唆犯。Vgl. Uwe Murmann. Mittelbare Täterschaft. JA，2008（5），S. 321.

③〔日〕西原春夫：《犯罪实行行为论》，戴波、江溯译，北京大学出版社，2006 年，第 242 页。

打她的样子，实施用烟头烫她的脸、用螺丝刀在她的脸上划等暴行，使该养女对被告人的日常言论产生恐惧，进而命令她实施盗窃行为。所以，即使该女具有所说的辨别是非的判断能力，被告人也成立盗窃事实的间接正犯①。而且，日本的判例也不是将支配无责任能力人的情况都认定为间接正犯，而只是将具有强制性因素的认定为间接正犯②，如果被支配者只是单纯没有责任能力如未达刑事责任年龄的人，但能够辨别是非，无强制性因素则可构成共同正犯或教唆犯。例如，对于母亲A命令12岁零10个月的长子B实施强盗的案件，最高裁认为，B已经具有是非辨别能力，而且A的命令本身也没有达到足以压制B的意志的程度，而认定A构成强盗罪的共谋共同正犯③。

（二）支配他人无自由意志的行为

刑法上的行为，应是基于自由意志支配的行为。但是，如果行为人的某种身体动静不是由自己的自由意志所支配时，如条件反射的动作、睡眠中的动作、下意识的行为或者人处于绝对强制状态下的这类不具备自由意思决定的行为，便不属于刑法上的行为。

支配他人的不具备自由意志的行为实施犯罪的能否构成间接正犯，在理论上有否定说和肯定说的争论。否定说认为，这种纯粹支配他人的“物理力”的情况与使用工具的直接正犯没有区别，因而没有必要叫做间接正犯。肯定说则认为，不如在广义上将支配他“人”的运动所实施的犯罪都称为间接正犯④。后者为大多数学者所支持。2006年修订的《意大利刑法典》第46条（身体强制）对此就有明确规定：“因遭他人采用的、不可抵抗的或者不能以其他方式避免的暴力而被迫实施行为的，不受处罚。”第2款规定：“在此种情况下，采用暴力的人对受强迫者实施的行为负责。”

（三）支配他人的合法行为

支配他人的合法行为，是指支配者支配他人实施刑法不禁止的或者存在阻却违法性的事由而被认为正当化的行为，如正当防卫行为、紧急避险行为、职务上执行上级命令等的情形。

德国的理论认为，在间接正犯通过他人合法的行为来实施犯罪的情况下，所有应受处罚的前提条件均与幕后操纵者有关。被支配者在这种情况下虽然客观上和主观上都是合法的，但并不取决于他的合法行为，而是取决于幕后操纵者的行为的不法性。这种情况下的行为支配是如此构成的：虽然被支配者是依据现行法律规定行为的，但此等行为正是恶意的幕后操纵者所期望的。德国存在这方面的判例，例如，当局由于被欺骗而逮捕无辜者时剥夺他人自由的行为，欺骗者为幕后操纵者⑤。日本亦有类似判例：孕妇自己实施堕胎手术，结果导致自己的生命危险，于是要求医生取出胎儿。这种利用医生的紧急避险进行堕

---

① 〔日〕大谷实：《刑法讲义总论》（新版第二版），黎宏译，中国人民大学出版社，2008年，第143页。

② 最高法院1983年9月21日（《刑集》第37卷第7号第1070页）。转引自〔日〕大谷实：《刑法讲义总论》（新版第二版），黎宏译，中国人民大学出版社，2008年，第144页。

③ 最决平成13·10·25刑集55卷6号519页。参见〔日〕西田典之：《日本刑法总论》（第二版），王昭武、刘明祥译，法律出版社，2013年，第296页。

④ 〔日〕西原春夫：《犯罪实行行为论》，戴波、江溯译，北京大学出版社，2006年，第238页。

⑤ RG HRR 1935，471；BGH 3，4（6）；10，306（307）；BGH LM § 3 Nr. 2. Vgl. Jescheck H H，Weigend T. Lehrbuch des Strafrechts Allgemeiner Teil. Drucker & Humblot，1996，5. Aufl.，S. 667.

胎的行为，被法院认定为堕胎罪的间接正犯[①]。但是，在缺乏行为支配的场合，则应成立共犯。此外，在支配者有意地造成正当防卫以使防卫人作为犯罪工具伤害攻击者的情况下，只有当无论是对于攻击者还是对于防卫人而言均存在行为支配时，方可认定支配者为间接正犯。

（四） 支配无故意者

被支配者虽然有责任能力，但其行为并非出于故意，这种情况通常被概括为“无故意的行为工具”[②]，具体包括以下情形：

第一，支配被支配者的无过失行为。即支配不知情者，其不可能预见其行为结果的情况，而形成犯罪支配（意志支配）。这一情形构成间接正犯，在刑法学界没有争议。德国在此方面的判例有：无权之人让善意的买主提取铁道上的枕木的，构成盗窃罪的间接正犯[③]。

第二，支配被支配者的过失行为。当被支配者具有过失时，支配者是否成立间接正犯，存在着否定说与肯定说的争论。但是，在他人有过失的情况下也是可能存在犯罪支配的，因此，日本和德国的主流观点赞成肯定说[④]。当然，被支配者可以成立过失犯。

第三，在支配者意图实现的构成要件上，行为人没有故意，但对于实现其他犯罪具有故意的情况下，由于被支配人不知道真相（被支配的情况），所以支配者可以成为间接正犯。当然，被支配人可以成立过失犯。例如，甲明知丙坐在丙家的屏风后，但乙不知情，甲唆使乙开枪毁坏丙家的屏风，乙开枪致丙死亡。乙虽然具有毁损器物罪的故意，但没有杀人罪的故意。所以乙在杀人的范围内，仅是单纯的道具，杀人罪的结果只能归责于甲，甲应该成立杀人的间接正犯[⑤]。大塚仁、曾根威彦、前田雅英等持此种观点。不过也有见解认为，对于这种场合，被利用人由于对该行为具有规范障碍，因此，应当否定成立间接正犯。西原春夫、西田典之、野村稔、山口厚等持此观点。

（五） 支配有故意者

有的犯罪的成立除了要求有故意之外，还要求行为人有特定的目的，或者要求行为人具有特定的身份。所谓支配有故意的工具，是指被支配者具有责任能力并且故意实施某种行为，但缺乏目的犯中所要求的特定目的（有故意无目的）或身份犯中所要求的特定身份（有故意无身份）的情况。前者例如，根据德国刑法和日本刑法，伪造货币罪必须以“行使为目的”（《日本刑法典》第148条）、“意图供流通之用”（《德国刑法典》第146条），如果支配人谎称作为“道具”而让他人伪造货币，由于被支配者缺乏特定的目的，即能肯

---

① 大判大10·5·7刑录27·257。另外，让医生作为治疗行为而注射麻药的场合，也成立支配他人合法行为实施使用麻药罪的间接正犯。最决昭44·11·11刑集23·11·1471。

② Jescheck H H，Weigend T. Lehrbuch des Strafrechts Allgemeiner Teil. Drucker & Humblot，1996，5. Aufl.，S. 666.

③ RG 47，147（148）；RG 70，212. Vgl. Jescheck H H，Weigend T. Lehrbuch des Strafrechts Allgemeiner Teil. Drucker & Humblot，1996，5. Aufl.，S. 667.

④ 〔德〕李斯特：《德国刑法教科书》（修订译本），徐久生译，法律出版社，2006年，第362页。

⑤ 最判昭31·7·3刑集10·7·955。转引自〔日〕大谷实：《刑法讲义总论》（新版第二版），黎宏译，中国人民大学出版社，2008年，第144页。

定被支配者的工具性，因此，支配者得以成立间接正犯。后者例如，公务员支配无公务员身份的妻子收受贿赂。日本的通说认为，具有公务员身份的丈夫成立受贿罪的间接正犯，妻子构成从犯。即，有该身份者支配无该种身份者的故意行为而实施犯罪，则构成该种身份犯的间接正犯①。

当目的与身份是构成要件的要素时，缺乏该构成要件要素的行为，就是不符合构成要件的行为；支配不符合构成要件的行为，成立间接正犯。因而，德国和日本刑法理论的通说认为，支配有故意者的情况构成间接正犯②。不过，从犯罪支配的角度看，由于直接实施者具有犯罪故意，难以认定幕后者操纵或支配了实施者的行为，所以难以认定为间接正犯。从自由意志的角度看，由于直接实施者完全具有意志自由，能够将行为的结果归责于直接实施者，因而能否一概将支配者认定为间接正犯，也存在疑问。有学者认为，在被支配者完全清楚真相，也清楚自己的行为性质，仍然参与该行为的情况下，由于缺乏行为支配，所以支配者和被支配者构成共谋共同正犯，或者支配者是教唆犯、被支配者是从犯③。

三、间接正犯的其他问题

（一）间接正犯未遂的着手时间

关于间接正犯的未遂，有争议的是间接正犯着手时间的判断。在德国和日本刑法学界，有被支配者说、支配者说以及折中说三种意见。

1. 被支配者说

被支配者说认为，间接正犯着手的时间，应以被支配者的着手为着手。因为依被支配者说看来，支配者的行为不外是犯罪的预备。被支配者开始其行为时才具有法益侵害的现实危险（具体危险、紧迫危险）④。弗兰克、希佩尔等都持这种观点。日本的判例由于并未意识到间接正犯这一概念的存在，而是将应当适用间接正犯的场合理解为实行正犯本身，因此倾向于被支配者说⑤。而在日本理论界，只有极少数学者主张此说。这种观点在德国也曾经是通说，但是近年来，无论在德国还是在日本，已经几乎没有支持者⑥。

2. 支配者说

该说认为，间接正犯应以支配者开始其支配行为时为着手⑦。该说从主观说的观点理解实行着手的概念，主要依据在于：被支配者的行为是因果关系的经过，离开间接行为者的着手之后再开始认定实行行为并不合理，实行意思的主体与实行行为的主体不可分离亦即此意⑧。即使在构成要件论兴起后，关于实行着手的所谓形式的客观说开始兴盛之时，

---

① 〔日〕川端博：《刑法总论二十五讲》，余振华译，中国政法大学出版社，2003年，第386～387页。

② 〔日〕西原春夫：《犯罪实行行为论》，戴波、江溯译，北京大学出版社，2006年，第238～239页。

③ 黎宏：《日本刑法精义》，中国检察出版社，2004年，第225页。

④ 陈子平：《刑法总论》（2008年增修版），中国人民大学出版社，2009年，第327页。

⑤ 〔日〕西原春夫：《犯罪实行行为论》，戴波、江溯译，北京大学出版社，2006年，第201～202页。

⑥ 〔日〕西原春夫：《犯罪实行行为论》，戴波、江溯译，北京大学出版社，2006年，第204页。

⑦ Baumann，JuS 1963，92；Bockelmann，JZ 1954，473；Herzberg，MDR 1973，94.

⑧ 〔日〕高桥则夫：《间接正犯》，王昭武译，载马克昌、莫洪宪：《中日共同犯罪比较研究》，武汉大学出版社，2003年，第82页。

这种倾向仍然没有发生改变[①]。以形式客观说为前提的实行行为概念认为，所谓着手实行，正是开始"实行行为"的一部分，认为着手实行之时点即有发生结果的危险。间接正犯虽有支配他人行为的形态，但在自己亲手实行犯罪行为时方具有"正犯"性，所以着手实行亦应认为系在"正犯"的支配者开始"行为"之时点上。实行之意思仅支配者可拥有，故被支配者不存在实行行为[②]。德国学者 M. E. 迈尔、梅茨格尔、李斯特等，日本学者小野清一郎、团藤重光、大塚仁、牧野英一等都持这种看法。支配者说在日本是通说，在德国早些时候，只有少数学者采用此说，因为当时德国的通说倾向于被支配者说。但德国的判例一贯采用的是支配者说[③]。

3. 折中说

该说的特点是将支配有故意的工具与其他的情况区别对待。即，一般情况以支配者说为标准，在支配有故意的工具的情况下则以被支配者的行为为着手。不过，为什么只有在支配有故意的工具的场合，才认为实行的着手在于被支配者的实行行为开始之时呢？任何一部著作都没有说明这个问题的理由[④]。这种观点不论在德国还是日本都不占重要地位[⑤]。

（二）错误情况的处理

1. 对被支配者责任能力的认识错误

这包括两种情形：被支配者本身不具有责任能力，支配者错误地认为其具有责任能力的情况；被支配者本身具有责任能力，支配者错误地认为其不具有责任能力的情况。

前一种情况如，支配者甲不知道被支配者乙患有精神病（不具有责任能力），而教唆其去杀害丙的情形。在这种情况下，支配者基于教唆的故意实施了教唆杀人的行为，尽管客观上产生了间接正犯的效果，但由于支配者并没有认识到其犯罪支配，所以此种情况应成立教唆犯而非间接正犯。此种观点在德国学术界占主导地位，在立法上也被采用（《德国刑法典》第 26、211、212 条）。

相反地，在被支配者具有完全责任能力的情况下，支配者错误地认为被支配者不具有责任能力，从支配者主观上看他相信具有行为支配，是间接正犯，客观上却是《德国刑法典》第 26 条意义上的教唆。在这种情况下，其结果也只能认为是实施终了的教唆犯罪，因为行为支配当中包含了教唆故意[⑥]。

2. 支配者对被支配者是否具有故意认识错误

这也包括两种情形：第一，事实上被支配者本身不具有构成要件故意，而支配者却错误地认为其具有构成要件故意，支配者以为自己成功教唆被支配者故意犯罪；第二，支配

---

① 〔日〕西原春夫：《犯罪实行行为论》，戴波、江溯译，北京大学出版社，2006 年，第 199 页。

② 〔日〕川端博：《刑法总论二十五讲》，余振华译，中国政法大学出版社，2003 年，第 390 页。

③ 例如，RG St 59－1；RG St 66－141；RG St 70－212；BGH St 4－271。参见〔日〕西原春夫：《犯罪实行行为论》，戴波、江溯译，北京大学出版社，2006 年，第 199～200 页。

④ 〔日〕西原春夫：《犯罪实行行为论》，戴波、江溯译，北京大学出版社，2006 年，第 205 页。

⑤ 马克昌：《外国刑法学总论（大陆法系）》，中国人民大学出版社，2009 年，第 639 页。

⑥ Jescheck H H，Weigend T. Lehrbuch des Strafrechts Allgemeiner Teil. Drucker & Humblot，1996，5. Aufl.，S. 671.

者误以为自己是在支配一个不具有构成要件故意的被支配者，但其不知被支配者看似无知，实际上心地不善，其本身即具有构成要件故意。

前一种情况如，支配者甲教唆被支配者乙向其仇人丙开枪以将其杀害，但乙误认为是林中猎物，而开枪致丙死亡。德国学说依刑法关于教唆犯的解释，认为既然被教唆人事实上并无故意，教唆人只能构成教唆未遂。例如，德国学者韦塞尔斯、博伊尔克认为，支配者在这里不构成间接正犯，只是故意教唆。但却不可能因教唆既遂惩罚，因为缺少《德国刑法典》第 26 条意义上的故意实施的行为①。

后一种情况如，医生甲为了杀死病人乙，故意将有毒的针剂交给看上去是毫不知情的护士丙，甲误以为丙不知情，但是丙实际上已经识破了一切，但其却装作不知，不动声色地将毒药给乙注射，致其丧命。德国的司法判决将甲作为间接正犯，依《德国刑法典》第 211、212 条处罚，因为他把丙视为他的工具，以行为人意志造成了乙的死亡①。但也有学者对此具有不同的观点，德国学者李斯特认为，间接正犯的前提条件是，该他人非故意地、有责地实现了构成要件。因此，只有当“实施行为”之人缺乏犯罪故意，才可能有间接正犯②。耶赛克、魏根特也认为，如果刑法将直接行为者的行为评价为故意犯罪行为，就超越了间接正犯的界限，因为在这种情况下从法律上讲幕后操纵者的操纵已经不再可能③。

3. 被支配者发生打击错误

被支配者发生打击错误的情况又被称为被支配者的“行为失误”、“行为误差”，是指被支配者在对被打击的对象没有认识错误的情况下，由于自身的技术失误而导致打击了其他的对象。例如，支配者甲支配无责任能力人乙开枪杀害丙，乙开枪射击时因为技术不好，没有打中丙而误中旁人丁。

在打击错误的情况下，有三点值得注意：第一，被支配者对被打击的对象没有认识错误。在上例中，在打击人乙眼中的“对象”就是实际上其预期打击的“对象”。第二，由于打击人的技术失误，打击人并未打击中该预期打击的“对象”。第三，打击人击中了其预期之外的其他对象。即事实情况与当事人预期的结果发生了偏离。

打击错误在法律上的处理，说法并不一致。以上述案例为例，通说认为对于所欲射杀之目标，应该构成杀人未遂，而对于所误中之第三人，应该构成过失致人死亡罪。少数说则比照对象错误的基本概念，认为其事实上的错误对于不法构成要件该当性不产生影响，所以行为人仍然构成一个杀人既遂罪④。

对于此一问题，本书认为要根据实际打击的对象与预期打击的对象在构成要件该当性上是否具有同一性来分情况判断。当实际打击的对象不影响构成要件该当性时，如本案中的丙与丁，从价值判断上来说并无不同，这种错误对于构成要件该当性并无影响，因此在

---

① Wessels, Beulke. Strafrecht Allgemeiner Teil: Die Straftat und ihr Aufbau. C. F. Müller, 2010, 40. Aufl., S. 202.

② 〔德〕李斯特：《德国刑法教科书》(修订译本)，徐久生译，法律出版社，2006 年，第 360～361 页。

③ Jescheck H H, Weigend T. Lehrbuch des Strafrechts Allgemeiner Teil. Drucker & Humblot, 1996, 5. Aufl., S. 665.

④ 黄荣坚：《基础刑法学》(下)，中国人民大学出版社，2009 年，第 526 页。

这种情况下，被利用者的打击错误不影响利用者成立犯罪既遂。如果在上例中，乙误中的是丙身边的一棵树，也就是说实际打击的对象会影响构成要件该当性，那么该案中的支配者应成立犯罪未遂。

4. 被支配者发生对象错误

在德国理论中用“Objektsirrtum”一词来表述这种情况[①]。首先有必要说明的是对德语原文“Objektsirrtum”的翻译，中国学者一般将“Objekt”翻译为“客体”，将“Objektsirrtum”译为“客体错误”。从词义上来看，德语“Objekt”一词是“课题、对象、目标、事物、房产、宾语、现在造型艺术品”[②] 的意思。另外，大陆法系刑法理论中的客体分为“保护客体”（Schutzobjekt）和“行为客体”（Handlungsobjekt），“保护客体”指“法益”（Rechtsgut），即受法律保护的社会秩序的抽象价值；而“行为客体”指符合构成要件的行为所涉及的现实对象[③]。为了避免与中国刑法理论中的“客体”概念相混淆，所以我们认为，在此采用“对象”之意，直接将“Objektsirrtum”译为“对象错误”即可。

部分学者认为，是否是对象错误要看被支配者对于事实情况是否知情。这种观点认为，只有在被支配者非故意犯罪情况下，才可认为行为对象错误[①]。还有学者认为，对此种情况的处理应当取决于支配者是否将对行为对象的个体化识别交给了被支配者：如果支配者未将对行为对象的个体化识别交给被支配者，对违反指示的行为实行就依照打击错误的规则来处理。如果支配者将对行为对象的个体化识别交给了被支配者，并且，根据具体的实际情况，被支配者产生的混淆依据普遍的生活经验处于可以预见的范围之内，那么，支配者就必须接受被支配者所发生的个体化错误，如同是被支配者自己发生的对象混淆[④]。德国主流学说的意见并不考虑被支配者是否故意。因为发生在被支配者身上的对象错误对于支配者而言，事实上并无错误可言，应该是打击错误。

5. 被支配者发生行为过限

行为过限又称行为过剩[⑤]，被支配者发生行为过限是指被支配者在犯罪计划之外自发地或错误理解利用者意图的情况下实施的犯罪行为。在此种情况下，支配者不对被支配者所犯的行为过限承担责任，因为事件的这一部分超越了其行为支配的范围。

（三）间接正犯与亲手犯

所谓亲手犯又称自手犯、己手犯、亲身犯，是指犯罪的实行行为只能由特定行为人亲自实施才能成立的犯罪。亲手犯的特点在于必须是以特定行为人自己亲手实现犯罪的构成要件为必要，不能通过支配他人的行为来实施犯罪。

---

① Jescheck H H, Weigend T. Lehrbuch des Strafrechts Allgemeiner Teil. Drucker & Humblot, 1996, 5. Aufl., S. 671.

② 《朗氏德汉双解大词典》，外语教学与研究出版社，2000 年，第 1249 页。

③ Jescheck H H, Weigend T. Lehrbuch des Strafrechts Allgemeiner Teil. Drucker & Humblot, 1996, 5. Aufl., S. 257～259.

④ Wessels, Beulke. Strafrecht Allgemeiner Teil: Die Straftat und ihr Aufbau. C. F. Müller, 2010, 40. Aufl., S. 203.

⑤ Jescheck H H, Weigend T. Lehrbuch des Strafrechts Allgemeiner Teil. Drucker & Humblot, 1996, 5. Aufl., S. 672.

不过，理论上也有少数人否定亲手犯的概念。如有学者基于因果论的观点认为，只要支配行为与犯罪的结果之间具有因果关系，就可能成立间接正犯，从而否认亲手犯的概念，德国学者李斯特、日本学者大场茂马等持此种观点；有学者基于扩张的正犯论的立场认为，对犯罪结果的实现给予了任何条件的人都是正犯，也否认亲手犯的概念，德国学者Eb. 施密特、日本学者宫本英脩、竹田直平等持此观点。不过，理论上的通说肯定了亲手犯的概念。至于亲手犯和间接正犯之间的关系，通说认为，亲手犯不存在间接正犯。

第三节 共同正犯

一、共同正犯概述

（一）共同正犯的概念和性质

共同正犯，是指“两人以上共同实行犯罪”的情形[①]，或者“共同实施一犯罪行为的参与者”[②]。

目前，在大陆法系主要国家，共同正犯是法定的正犯类型。《德国刑法典》第25条（正犯）规定：“自己实施犯罪，或通过他人实施犯罪的，依正犯论处。数人共同实施犯罪的，均依正犯论处（共同正犯）。”《日本刑法典》第60条规定：“二人以上共同实行犯罪的，皆为正犯。”根据《法国新刑法典》第121-6、121-7条的规定，共同正犯“以正犯论处”。中国有的学者认为，根据大陆法系的理论通说和立法实际，共同正犯属于共犯[③]。本书认为，这种说法并不符合大陆法系的立法实际。

但是学术界却对于共同正犯的性质即共同正犯是正犯还是共犯类型有着激烈的争论。一种观点认为，共同正犯是正犯的一种。例如，德国学者耶赛克、魏根特认为：“与间接正犯一样，共同正犯也是正犯的一种形式。”[②]李斯特认为：“共同正犯不是参与他人犯罪的（不独立的）共犯的一种形式，而是独特的、独立的正犯。”[④] 日本学者木村龟二说：“共同正犯与意味着同正犯相对应的共犯这种狭义共犯即教唆犯、从犯意义全然不同，是正犯的共同，不是狭义的共犯，是正犯的一种。”[⑤] 另一种观点则认为，共同正犯是共犯的一种。例如，德国学者比克迈尔认为共同正犯不是正犯的一种，而是与教唆犯、帮助犯处于并列地位的狭义的共犯的一种，主张共同正犯的从属性[⑥]。日本学者西田典之认为，“如果不把共同正犯理解为共犯，那么就不能很好地说明，单纯正犯集合的形式为什么要

① 〔日〕大塚仁：《刑法概说（总论）》（第三版），冯军译，中国人民大学出版社，2003年，第248页。

② Jescheck H H，Weigend T. Lehrbuch des Strafrechts Allgemeiner Teil. Drucker & Humblot，1996，5. Aufl.，S. 674.

③ 马克昌：《比较刑法原理：外国刑法学总论》，武汉大学出版社，2002年，第671页；陈家林：《外国刑法通论》，中国人民公安大学出版社，2009年，第534页。

④ 〔德〕李斯特：《德国刑法教科书》（修订译本），徐久生译，法律出版社，2006年，第370页。

⑤ 〔日〕木村龟二：《刑法总论》（增补版），有斐阁，1984年，第404页。

⑥ 〔日〕木村龟二：《犯罪论的新构造》（下），有斐阁，1978年，第243页。

对他人行为的结果承担责任"[①]。西原春夫也认为，"共同正犯应当是共犯，如果没有这种认识，就无法正确理解共同正犯的责任基础"[②]。

本书认为，从本质上看，共同正犯具有正犯性，是正犯的一种。但是共同正犯又兼具正犯与共犯的特性，绝对地将其界定在正犯或共犯的范围内都是不合适的。共同正犯是以行为人之间的角色分工和意志一致为前提条件的，从这个角度上来说，共同正犯具有共犯性，可以将它与教唆犯、帮助犯一起作为广义的共犯；但是，它毕竟与教唆犯、帮助犯又不同，因而可以把教唆犯、帮助犯两种共犯者称为狭义的共犯，以示区别。

（二）共同正犯的要件

为成立共同正犯，必须满足的条件是：二人以上具有共同实施犯罪的决意和共同实施犯罪的事实。

1. 二人以上

成立共同正犯必须是二人以上。至于行为人是否都必须具备责任能力，理论界则有不同看法。一般认为，有责任能力者与无责任能力者之间不成立共同正犯，而应作为有责任能力者支配无责任能力者的间接正犯。

2. 共同实施犯罪的意思

所谓共同实施犯罪的意思，是指各个行为人分担实行行为，相互利用、相互补充他人的行为，以协力实现犯罪的意思。

共同实行的意思要求行为人之间必须具有意思联络。在行为人之间欠缺意思沟通和联络的情况下，不成立共同正犯。例如，在同时犯的情况下，两个以上的人没有任何意思联络，同时对同一对象实施犯罪行为。欠缺意思联络时，各行为人作为单独犯只对自己所实现的结果承担责任。

意思联络不以意思的明显交换为必要，行为人之间的默认也足以成立意思联络，如日本判例中"暗默的意思联络"[③]、德国判例中的"默示或通过合乎逻辑的行为"[④]。意思联络的形成不要求行为人之间彼此认识，行为人之间甚至可以没有见过面；也不要求数人之间直接进行交换，可以通过中介向其他行为人联络而间接地形成。

共同实行的决意要求决意的内容必须一致。不过，因对共犯的本质（犯罪共同说与行为共同说）的认识不同，对决意内容的要求就不同，因而结论有所不同。

另外，共同实行的意思，只要求于行为时存在即可，不要求必须有事前通谋，也可以是在实施实行行为时偶然地形成（偶然的共同正犯）。甚至在行为者已经实行了一部分实行行为后，他人以共同实行的故意参与实行的，也可以形成共同意思（承继的共同正犯）。

3. 共同实施犯罪的事实

共同正犯的成立还要求二人以上共同实施犯罪。

---

① 〔日〕西田典之等：《共同正犯论的课题与展望》，《现代刑事法》，2001 年第 8 号，第 12 页。

② 〔日〕西原春夫：《犯罪实行行为论》，戴波、江溯译，北京大学出版社，2006 年，第 315 页。

③ 东京高判昭 40·6·7 东时 16·6·49；转引自〔日〕大谷实：《刑法讲义总论》（新版第二版），黎宏译，中国人民大学出版社，2008 年，第 374 页。

④ RG 49，239（241）；OGH 2，352（355）；BGH 37，289（292）. Vgl. Jescheck H H，Weigend T. Lehrbuch des Strafrechts Allgemeiner Teil. Drucker & Humblot，1996，5. Aufl.，S. 678.

所谓“共同”，就是行为人互相利用、补充他人的实行行为，以合作完成特定的构成要件行为。至于如何理解“共同实施”，在学者中有分歧。犯罪共同说与行为共同说都把“共同实施”理解为共同实行者每个人都分担犯罪的实行行为。也就是说将共同正犯界定为共同实行犯。而共同意思主体说则认为共同实行并不意味着全体共同者每人都必须分担实行行为，数人就特定犯罪进行共同谋议而形成共同意思，仅共谋者中的一部分付诸实行也可以成立共同正犯。这种理论对共谋共同正犯持肯定态度。

至于共同实施实行行为的方式，可以是同种类的行为，也可以是异种类的行为；可以是同时的，也可以是不同时的。日本有关于认定实行行为的判例。例如，设置放火装置是分担放火罪的实行行为[①]，“共谋在他人住宅内犯抢劫罪，各自携带凶器侵入他人住宅内的场合，由于是已经开始实施抢劫罪的构成要件的一部分即侵害被害人对财物的支配”，因而是分担实行行为[②]。

基于分工的原则，共同者的行为之间是相互补充的关系。在各行为人实施的实行行为中，分别或者作为整体包含着实现某犯罪的现实危险性。因此，共同行为人间存在着利用其他共同行为人的互相补充的关系，各行为人要作为整体受到刑法的评价。因此，共同正犯的构成要件明显需要由两个以上的共同行为对单独正犯一个行为人的基本构成要件进行修正[③]。正如德国学者韦塞尔斯、博伊尔克所说：“共同正犯，建立在分工行为和功能性的角色分配原则上。每个参加人在这里作为同样资格的同伙，是共同的行为决意和共同性质的构成要件行为实现的共同承载人，以至于单个的行为贡献完整地成为一个一体的整体，对每个共同作用人都要就整个结果对他进行完全归责。”[④]

根据构成要件行为支配理论，所有共同正犯均应参与犯罪支配的实施（功能性犯罪支配）。基于共同的犯罪决意和在共同犯罪决意的范围内他人所实施的行为，被视为每个参与人自己的行为。甚至并不一定要求每个参与人都出现在犯罪现场。所以，不要求每一个参与人都实现所有的构成要件要素，对认定共同正犯而言，实施一部分行为即为已足。例如，在德国的一例强奸案中，一参与人使用暴力，而另一参与人实施性行为，两人均为共同正犯[⑤]。

德国联邦最高法院的司法判决在划分正犯和参与的问题上所采取的立场如下：“行为参加人以他的行为贡献，不仅仅是想促成他人的所为，而是这个贡献也应该是一个共同性的行为之其中部分的，构成共同正犯。他这里必须是把他自己的行为贡献当做是其他人行为的部分，且反过来也把他人的行为当成是对他自己的行为部分的补充。参加人是否想有这个密切的对行为的关系，是根据行为人想法上所包含的整个情况以评价的方式予以判

---

① 大判昭8·6·8刑集12·864；转引自〔日〕大谷实：《刑法讲义总论》（新版第二版），黎宏译，中国人民大学出版社，2008年，第375页。

② 大判昭7·4·28刑集11·504；转引自〔日〕大谷实：《刑法讲义总论》（新版第二版），黎宏译，中国人民大学出版社，2008年，第375页。

③ 〔日〕大塚仁：《刑法概说（总论）》（第三版），冯军译，中国人民大学出版社，2003年，第257页。

④ Wessels，Beulke. Strafrecht Allgemeiner Teil：Die Straftat und ihr Aufbau. C. F. Müller，2010，40. Aufl.，S. 193.

⑤ BGH 27，205（206）；BGH NStZ 1985，70. Vgl. Jescheck H H，Weigend T. Lehrbuch des Strafrechts Allgemeiner Teil. Drucker & Humblot，1996，5. Aufl.，S. 680.

断。评价的主要依据可在如后中寻找：对行为结果的自己利益程度、行为参加范围、行为支配或者至少是对行为支配的意志，以至于行为的施行和结尾很关键地取决于该参加人的意志。”①

（三） 共同正犯实行过限的情况

实行过限又称实行过剩（Exzess），是指超出共同的行为决意范围的行为。

通说认为，共同正犯的责任仅限于共同的行为决意所包含的范围。超越共同的行为决意所实施的行为，只能被视为单独正犯的行为。德国的判例也持此观点②。不过，根据德国的判例，过剩也可在行为过程中被默示地纳入共同的行为决意③。德国理论界也有学者认可此种观点，如韦塞尔斯、博伊尔克认为：“在共同实行行为期间对原来的行为计划的扩大，在双边的一致同意中可以是明确地或者是心照不宣地被纳入行为决意的。也就是说之后不对其余的参加人构成过限。”对原来的行为计划的独自更改或者超越，嗣后对这个扩大取得的同意就必须是双边性的④。日本的判例也认为由共同正犯中的一部分人进行的过剩防卫不适用于其他的共同者⑤。

二、过失的共同正犯

所谓过失的共同正犯，是指两人以上共同实行一定的行为，由于全体人员的过失而导致发生符合过失犯的构成要件的危害结果的情况。如“甲、乙二人误把丙当做野兽同时开枪射击致丙死亡”等情况。

（一） 关于过失的共同正犯的立法及判例

有些国家在立法中明确肯定了过失的共同正犯。如 2006 年修订的《意大利刑法典》第 113 条规定：“在过失犯罪中，当危害结果是由数人的合作造成的，对每人都处以为该犯罪规定的刑罚。”有些国家在刑法中既不明确肯定也不明确否定过失共同正犯。如《日本刑法典》第 60 条规定：“二人以上共同实行犯罪的，都是正犯。”《德国刑法典》第 25 条第 2 款规定：“数人共同实施犯罪的，均依正犯论处（共同正犯）。”单单从立法上来看，日本刑法和德国刑法对于是否承认过失的共同正犯没有明确态度。

德国的判例对过失的共同正犯采取否定说⑥。日本大审院时代的判例虽然明确地说过

---

① Wessels，Beulke. Strafrecht Allgemeiner Teil：Die Straftat und ihr Aufbau. C. F. Müller，2010，40. Aufl.，S. 193.

② BGH NJW 1973，377. Vgl. Jescheck H H，Weigend T. Lehrbuch des Strafrechts Allgemeiner Teil. Drucker & Humblot，1996，5. Aufl.，S. 677.

③ BGH Dallinger MDR 1971，545. Vgl. Jescheck H H，Weigend T. Lehrbuch des Strafrechts Allgemeiner Teil. Drucker & Humblot，1996，5. Aufl.，S. 677.

④ Vgl. BGH StV 85，145；Wessels，Beulke. Strafrecht Allgemeiner Teil：Die Straftat und ihr Aufbau，C. F. Müller，2010，40. Aufl.，S. 194～196.

⑤ 最决平 4·6·5 集 46·4·245。参见〔日〕大塚仁：《刑法概说（总论）》（第三版），冯军译，中国人民大学出版社，2003 年，第 264 页。

⑥ 张明楷：《外国刑法纲要》（第二版），清华大学出版社，2007 年，第 314 页。

失犯不可能成立共同正犯[①]，但是，日本最高法院在一个判例中肯定了过失犯的共同正犯，具体案情如下：共同经营饮食店的A和B由于不注意、没有经过任何检查，向客人贩卖从甲处购进的含有甲醇的威士忌，在该案件中，日本最高法院认为行为人成立《有毒饮食物等取缔令》第4条第1款后段所规定的过失犯的共同正犯[②]。之后，在下级法院的判例中，也有持肯定说的若干判例出现[③]。

（二）关于过失的共同正犯的学说

1. 否定说

否定说主要是从犯罪共同说的立场出发，认为成立共同正犯要求各行为人必须具有实现特定犯罪的共同意思。而过失犯是以无意识为本质的，不可能具有实现特定犯罪的决意。所以，认为应当否定过失犯的共同正犯。因此，共同正犯只有在故意的情况下才能成立。

另外，共同正犯的主观方面要求各行为人间具有共同行为的意思联络，具有以相互利用、补充的行为导致结果的决心，这种心理状态，只能存在于故意行为中，过失犯不可能存在这种意思联络和心理状态。日本学者大场茂马、小野清一郎、团藤重光、泷川幸辰、植松正、庄子邦雄、西原春夫、曾根威彦、前田雅英，德国学者耶赛克、魏根特、鲍曼、韦伯赞成此种观点。

此外，还有学者从人格责任论、共同意思主体说、机能的行为支配、过失单独正犯解消说、规范否定说等角度对过失的共同正犯予以否定。

2. 肯定说

肯定说既肯定过失的共同正犯也肯定故意犯与过失犯的共同正犯。这主要是行为共同说的主张。但是，现在也有采取犯罪共同说的学者肯定过失的共同正犯。肯定说目前已成为德国、日本理论的通说。

行为共同说认为共犯的本质在于数人依共同的行为实现各自的犯罪，即便是在共同实现过失犯的场合也能具备这些条件，所以，应当肯定过失犯的共同正犯。

从犯罪共同说的立场出发肯定过失的共同正犯的主要依据是“共同义务共同违反说”。该说认为，在实施具有协同关系的行为之际，特别是在协同关系中从事伴随着危险的业务之际，行为者负有注意不要让自己的行为导致违法结果的义务，与此同时还必须注意尽到使具有协同关系的他人的行为也不要导致违法结果的义务。因此，共同义务共同违反说主张当共同行为人被赋予了共同注意义务的情况下，对于该共同违反客观的注意义务的行为可以成立过失的共同正犯。

共同义务共同违反说的主要提倡者之一是藤木英雄，他在1970年的论文中提出了这

---

① 大判明44·3·16刑录17·380；大判大3·12·24刑录20·2618；大判昭10·3·25刑集14·339。参见〔日〕大谷实：《刑法讲义总论》（新版第二版），黎宏译，中国人民大学出版社，2008年，第377页。

② 最判昭28·1·23刑集7·1·30。参见〔日〕大谷实：《刑法讲义总论》（新版第二版），黎宏译，中国人民大学出版社，2008年，第377页。

③ 名古屋高判昭31·10·22裁特3·21·1007；名古屋高判昭61·9·30高刑集39·4·371。参见〔日〕大谷实：《刑法讲义总论》（新版第二版），黎宏译，中国人民大学出版社，2008年，第377页。

个观点。藤木英雄的观点发表以后，产生了巨大影响，该说目前已成为日本的通说①。一些持犯罪共同说的学者如大塚仁、福田平、大谷实等原来否认过失共同正犯的学者，因为接受该说转而承认过失的共同正犯。此外，还有内田文昭、川端博、野村稔、山中敬一、山口厚、佐久间、平野龙一等学者也赞成此种观点。

三、结果加重犯的共同正犯

结果加重犯，是指行为人所实施的行为发生了基本的犯罪结果，同时又造成了法定的加重结果，刑法对加重结果规定了较重法定刑的情形。

结果加重犯的共同正犯，则是指两个以上的人基于共同实行的意思共同实施作为基本犯罪的实行行为，其中部分人的行为引起了重结果的情况。结果加重犯的共同正犯的问题在于，能否肯定行为人对加重结果具有共同实行的意思。

（一）关于结果加重犯的共同正犯的立法及判例

德国在立法上肯定结果加重犯的共同正犯。《德国刑法典》第18条规定："本法对特别结果的加重处罚，只有当正犯和共犯对特别结果的产生至少具有过失时，始适用。"

日本的立法上没有对结果加重犯的共同正犯作出规定，但是日本的审判实践持肯定态度。日本判例的态度是，只要在基本犯与严重结果之间具备条件关系，结果加重犯便得以成立，从而肯定结果加重犯的共同正犯。例如，日本最高法院在一个判例中认为，"在抢劫共犯中的某一人所使用的作为夺取财物的手段的暴力行为的结果，使被害人受伤的时候，对于该共犯人的全体，都适用抢劫伤人罪，这无非是因为抢劫伤人罪是所谓结果犯的缘故"②。

（二）关于结果加重犯的共同正犯的学说

1. 否定说

否定说认为在结果加重犯中，只在基本犯的限度之内成立共同正犯，对加重结果不能成立共同正犯。否定说的依据有基于犯罪共同说立场的，也有基于行为共同说立场的。

由于成立结果加重犯是以行为者对加重结果具有过失为要件，因此基于犯罪共同说（完全的犯罪共同说）的立场否定结果加重犯的共同正犯与否定过失的共同正犯的见解有相通之处，其基本观点是只有对故意的参与才能成立共犯。据此，在结果加重犯中，只有在具有意思联络的限度内，即基本犯的限度之内才能成立共同正犯，对加重结果不能成立

① 〔日〕藤木英雄：《过失犯的共同正犯》，《研修》，1970年第263号，第6页。

② 1947年11月5日（最判昭22·11·5）。此外还有判例对伤害罪（大判大7·4·17录24·329大判大正7年4月17日刑录24辑329页、最大判昭23·10·6集2·11·1267）、伤害致死罪（前列最判昭23·5·8、前列最大判昭23·10·6、最判昭25·6·27集4·6·1096、最判昭33·6·17集12·10·2142）、强盗致伤罪（最判昭22·11·5刑集1·1·1、最判昭23·4·17集2·4·378）、强盗致死罪（大判明40·10·10录13·1094、大判明42·6·8录15·728、最判昭26·3·27集5·4·686）、强奸致死伤罪（大判明41·4·14录14·391）等，肯定了结果加重犯的共同正犯。参见〔日〕大谷实：《刑法讲义总论》（新版第二版），黎宏译，中国人民大学出版社，2008年，第380页。

共同正犯。持此观点的代表人物是日本学者香川达夫与曾根威彦。如香川达夫认为，结果加重犯的共同正犯概念是无法想象的，因而全面否定结果加重犯共犯的成立[①]。曾根威彦认为，“对超越认识的重的结果也要追究责任，是值得怀疑的”[②]。

行为共同说认为共犯的本质在于数人依共同行为来实现各人的犯罪，因此基于该说的立场否定结果加重犯的共犯的学者认为，由于结果加重犯的加重结果只能依附于基本犯罪而成立，其加重结果本身并没有独立的实行行为，因此它不存在共犯的问题。持此观点的有日本学者西村克彦、宫本英脩、牧野英一等。如西村克彦认为，“对加重结果而言，共同者之间既不存在意思的联络也不存在实行的分担，加重结果属于后发的事实，根本就不会有共犯人的共同故意的问题”，“因此，无论是以数人共同实行为要件的共同正犯，还是以他人的实行行为作为前提的（狭义）共犯，都不存在结果加重犯的问题”[③]。

2. 肯定说

日本的理论通说对结果加重犯的共同正犯持肯定态度，认为两个以上的行为者共同实施了结果加重犯的基本犯罪行为，其中一人或一部分人的行为造成了加重结果时，不仅成立基本犯罪的共同正犯，也构成结果加重犯的共同正犯。在理论上肯定结果加重犯的共同正犯的依据也各自不同，主要有犯罪共同说、行为共同说、共同意思主体说的立场。

基于犯罪共同说（部分犯罪共同说）而肯定结果加重犯的共同正犯的依据在于，结果加重犯之所以被规定为独立的犯罪，是因为基本犯罪中包含发生一定重结果的高度危险[④]。结果加重犯的基本犯的实行者通常对于重结果的发生具有具体的预见可能性，因此，各人当然具有避免该重结果发生的共同注意义务。换句话说，在基本犯的共同实行人中，一部分人由于过失而引起了重结果的发生时，一般可以肯定其他共同实行人对该结果的发生也违反了共同的客观注意义务，在此可以肯定存在结果加重犯的共同正犯的构成要件符合性[⑤]。因此，各实行人就是结果加重犯的共同正犯。这种观点目前在日本占据支配地位。日本学者团藤重光、庄子邦雄、大谷实、大塚仁、福田平、藤木英雄、川端博、山中敬一、小野清一郎等持此说。

基于行为共同说而肯定结果加重犯的共同正犯的依据在于，认为成立共同正犯只要求有共同的行为就足够了，共同引起结果的意思以及故意的共同则是不必要的，因此对于结果加重犯而言，如果有共同实施行为的话，共同者应当对所有的结果承担责任。日本学者木村龟二、平野龙一、前田雅英等持此观点。这种观点与肯定过失的共同正犯的立场是一致的。平野龙一批判小野清一郎否定过失犯的共同正犯而肯定结果加重犯的共同正犯的观点，认为其缺乏理论上的一贯性。平野龙一认为，应将过失犯的共同正犯与结果加重犯的共同正犯联系起来加以理解，他承认过失犯的共同正犯，因此也承认结果加重犯的共同

① 〔日〕香川达夫：《刑法讲义总论》（第三版），成文堂，1995年，第347页。
② 〔日〕曾根威彦：《刑法总论》（第四版），弘文堂，2008年，第258页。
③ 〔日〕西村克彦：《结果加重犯论的反省》，《解罪说法集》，1980年第16期，第195页。
④ 〔日〕大塚仁：《刑法概说（总论）》（第三版），冯军译，中国人民大学出版社，2003年，第256页。
⑤ 〔日〕大塚仁：《犯罪论的基本问题》，冯军译，中国政法大学出版社，1993年，第275页。

正犯[①]。

基于共同意思主体说的立场，共犯是一种特殊的社会心理现象，只有各个共同者的行为指向同一个目的，并在此基础上产生相互的了解，这种特殊的社会心理现象才能产生，才有必要作为特殊的犯罪类型来处理。因而，该说否定过失犯的共犯。然而，“当实行者的行为能被视为共同意思主体的犯罪时，在此范围内，全体共同者都应对犯罪及其产生的一切后果负责”[②]。可见，只要共同意思主体实施了基本犯罪，各主体都应对该犯罪所产生的一切结果负责，从而该说肯定了结果加重犯的所有形态的共犯的成立。持此观点的为日本学者齐藤金作。

四、片面的共同正犯

所谓片面的共同正犯，是指虽然在事实上有共同的行为，但是各行为人之间没有形成相互的意思联络，只有其中一方具有共同实行的意思，而其他共同人并不具有该意思的情形。理论上对于成立共同正犯在主观上必须有共同实行的意思是没有争议的。问题是，共同实行的意思，是必须存在于各个行为者之间，还是只要在一方行为人中存在就足够了呢？这就关系到是否肯定片面的共同正犯的问题。

（一）关于片面的共同正犯的立法及判例

德国和日本在立法上没有规定片面的共同正犯。日本的判例对片面的共同正犯持否定的立场[③]，认为刑法把共同者的行为作为共同正犯来特别对待的旨意在于，当各共同者相互利用、互相补充其行为而实现了犯罪时，使其承担共同的责任。因而，共同实行的意思必须是共同者相互利用、互相补充其他共同者的行为的意思，不应承认片面的共同正犯这种观念[④]。

（二）关于片面的共同正犯的学说

1. 否定说

以犯罪共同说为基础的通说否定片面的共同正犯，认为共同正犯各个行为者之间必须有意思联络。而所谓片面共同正犯的情形，是指某个行为者具有共同实施犯罪的意思，其他行为者缺乏共同实施犯罪的意思。在这种情况下，行为者之间缺乏意思联络，所以，只要共同实行的意思不是存在于各共同人之间的，就不成立共同正犯。日本学者泷川幸辰、小野清一郎、植松正、团藤重光、福田平、大塚仁、大谷实、西原春夫、曾根威彦等持此立场。还有些主张行为共同说的学者，如木村龟二、前田雅英、江家义男、金泽文雄、野村稔、中山研一等也持否定的见解。

2. 肯定说

肯定说主要是行为共同说的主张。按照行为共同说的立场，只要有协力关系，利用对

---

① 〔日〕平野龙一：《犯罪论的诸问题》，有斐阁，1981年，第123页。

② 〔日〕齐藤金作：《共犯判例与共犯立法》，有斐阁，1955年，第117页。

③ 〔日〕大塚仁：《刑法概说（总论）》（第三版），冯军译，中国人民大学出版社，2003年，第249页。大判大11·2·25刑集1·79。

④ 〔日〕大塚仁：《犯罪论的基本问题》，冯军译，中国政法大学出版社，1993年，第275页。

方的行为而引起了结果，就应当对自己的行为和结果承担责任，所以，共同正犯的成立，并不一定要求各自都有共同实行的意思，更不需要有意思联络。日本学者植田重正、佐伯千仞、中义胜、山中敬一等持此观点。

五、承继的共同正犯

所谓承继的共同正犯，也称相续的共同正犯，是指先行者已着手实施特定犯罪的一部分实行行为，在实行行为尚未全部终了的时候，其他人（后行者）明知事实而参与犯罪，和先行者意思沟通后，单独或和先行者共同将剩下的实行行为实施完毕的情形。

行为者对其介入后的行为成立共同正犯是没有争议的，问题在于，后行为者是否对其介入之前的行为成立共同正犯。肯定说主张后行为者对全部行为成立共同正犯，否定说则主张后行者仅仅对介入后的行为成立共同正犯。

（一）关于承继的共同正犯的立法及判例

在日本，以前大审院的判例对承继的共同正犯持完全肯定的态度，例如，在一个案件中，大审院认为：强盗杀人罪是强盗罪[①]和杀人罪或者伤害致死罪所组成的，上述各种犯罪结合之后成为单纯一罪，（被告人）知悉他人出于强盗的目的杀害了被害人，在使该人所意欲的犯罪更易实现的意思之下，而帮助实施该强盗杀人罪的一部分即强取行为的时候，对其行为可以拟制为强盗杀人罪的一部分，而不应当仅仅看做强盗罪或者盗窃罪的从犯[②]。第二次世界大战后，有持肯定说的判例，也有少数持否定说的判例[③]。现在更多的是采取部分肯定说[④]。

在无法判明被害人的受伤究竟是由先行者还是后行者的暴行或奸淫行为所引起的案件中，法院认为，在后行为者“对自己介入之前的先行者的行为存在认识的基础上介入该犯罪的场合，包括上述介入之前的先行者的行为在内，（后行者）应对全部犯罪行为承担罪责”，进而认定所有参与者均构成强奸致伤罪的共同正犯[⑤]。

采用部分肯定说的判决认为，在先行者的犯罪实行途中，后行者共谋分担了该犯罪，要认定该后行者对包括先行者的行为在内的全体犯罪成立共同正犯，其根据在于，后行者将先行者的行为等因素作为实现自己犯罪的手段而积极利用。因此，要成立所谓承继的共同正犯，仅有后行者对先行者的行为以及由此所产生的结果存在认识还不够，后行者还须出于将先行者的行为以及由此所产生的结果作为实现自己犯罪的手段而积极利用这一意思。中途共谋参与先行者所实施的构成实体法上的一罪（不限于狭义的单纯一罪）的犯罪，而且作为实现自己犯罪的手段实际利用了先行者的行为以及

---

① 日本刑法中的强盗罪大体相当于中国刑法中的抢劫罪。

② 大审院 1938 年 11 月 18 日《刑集》第 17 卷第 839 页。大判昭 13·11·18 刑集 17·21·839。参见〔日〕大谷实：《刑法讲义总论》（新版第二版），黎宏译，中国人民大学出版社，2008 年，第 384 页。

③ 广岛高判昭 34·2·27 高集 12·1·36 等。参见〔日〕大塚仁：《刑法概说（总论）》（第三版），冯军译，中国人民大学出版社，2003 年，第 251 页。

④ 〔日〕西田典之：《日本刑法总论》（第二版），王昭武、刘明祥译，法律出版社，2013 年，第 328 页。

⑤ 东京高判昭和 34·12·2 东时 10 卷 12 号 435 页。参见〔日〕西田典之：《日本刑法总论》（第二版），王昭武、刘明祥译，法律出版社，2013 年，第 328 页。

由此所产生的结果的场合，作如此理解始为相当[①]。还有判例认为，认定承继的共同正犯，仅限于“后行行为者实施了贡献于先行行为者的行为，并扩大了由此所产生的结果、状态的行为”的场合[②]。

（二）关于承继的共同正犯的学说

关于承继的共同正犯能否成立，德国、日本的理论界有三种主张，即全部肯定说、部分肯定说、否定说。

1. 全部肯定说

全部肯定说主张后行为者对全部行为成立共同正犯。日本学者小野清一郎、植松正、平场安治、福田平、西原春夫、木村龟二、藤木英雄，德国的毛拉赫等持此观点。具体论证因学者不同而又有所不同。

有的学者强调犯罪的不可分的一罪性，这种观点主张一个犯罪作为一罪是不可分割的，即使在实行行为完成一部分后产生意思联络，只要是在共同实行的意思之下，参与了一罪的部分实行，就应将先行者的行为和后行者的行为作为一体来考察，按照共同正犯来处理。此说的代表性人物是小野清一郎与植松正。

有的学者强调后行者对先行者的利用意思，认为后行者在了解先行者意思的基础上利用先行者已经造成的事态，后行者与先行者就行为的全部存在“共同实行的意思”、“共同实行的事实”，所以对全部行为成立共同正犯。此说的代表人物是德国的毛拉赫，日本的西原春夫、福田平与木村龟二。

有的学者则强调共犯成立上的一体性及共犯处罚上的个别性，主张对整个犯罪成立共同正犯；而处罚则将结合犯、结果加重犯分别开来，认定各共同者的责任，冈野光雄持此说。

2. 部分肯定说

部分肯定说主张原则上后行为者仅仅对其参与后的行为成立共同正犯，但在例外的情况下对全部行为肯定共同正犯的成立。由于该说的基本立场是否定后行者对其介入之前的行为承担共同正犯的责任，因此有的学者称之为修正否定说或限制的否定说[③]。日本学者大塚仁、平野龙一、内田文昭、川端博、西田典之、大谷实，德国学者耶赛克等持此观点。

那么，在何种条件下出现这种例外情况呢？学者们的着眼点也不尽相同，主要有以下几种情况：

在结合犯的情况下，由于结合犯是独立的犯罪类型，因而认为对其整体成立共同正犯。大塚仁、庄子邦雄、福田平等持这种观点。

---

① 大阪高判昭和62·7·10判时1261号132页。参见〔日〕西田典之：《日本刑法总论》（第二版），王昭武、刘明祥译，法律出版社，2013年，第328页。

② 横滨地判昭和56·7·17判时1011号142页。判例认为，该案中后行者尽管对恐吓罪的实现提供了协助，但对伤害这一结果并无贡献行为，因而其罪责仅限于成立恐吓帮助。参见〔日〕西田典之：《日本刑法总论》（第二版），王昭武、刘明祥译，法律出版社，2013年，第328页。

③ 〔日〕冈野光雄：《承继的共犯》，载〔日〕阿部纯二等：《刑法基本讲座》（第4卷），法学书院，1992年，第187页。

在具有持续性效果的行为的情况下，先行者的行为在后行者参与后效果仍然持续着时，认为对整个犯罪成立共同正犯。平野龙一、内田文昭、川端博、西田典之等持这种观点。

在具有相互利用、相互补充关系的情况下，后行者将先行者的行为及结果作为自己实现犯罪的手段而加以利用时，对于后行者也可以对其参与前的行为以及结果追究责任。日本学者大塚仁、大谷实，德国学者耶赛克、魏根特等持这种观点。

在后行为对实行行为的重要部分具有因果关系，而这种因果关系对犯罪的完成又起了决定性作用的情况下，后行为者应对全部行为承担责任。井田良持此观点。

3. 否定说

否定说主张后行者仅仅对其介入后的行为成立共同正犯。日本学者牧野英一、平场安治、吉川经夫、山中敬一、前田雅英等持此说。

至于否定的理由，学者们各不相同：

根据行为共同说的立场，即使后行者知道先行者的行为，但后行者没有参与其介入之前的行为，就不能认为有责任关系，因此不应认为回溯到先行行为成立共犯关系。牧野英一持此观点。

根据目的行为论的立场，认为后行者对介入以前的行为没有目的性行为支配，所以不承担共同正犯的罪责。日本学者平场安治、德国学者罗克辛持此观点。

根据犯罪共同说的立场，共同正犯的成立不仅要有共同实行的意思，还必须有共同实行的行为。因此，后行者对先行者已实施的实行行为意义的认识不足以成为追究其介入之前的行为责任的根据。团藤重光持此观点。

根据因果共犯论的立场，主张由于先行者的行为和后行者的行为之间不可能具有因果关系，所以，后行者不应该就其介入之前的行为成立共同正犯。

六、共谋共同正犯

共谋共同正犯，是指两个以上的人共谋实现一定的犯罪，但是参与共谋者中只有一人或一部分人实施了实行行为的情形。松宫孝明认为："在犯罪共谋的基础上，共谋者中部分人实行犯罪的场合，仅仅参与犯罪共谋的人是否构成共同正犯也是个问题。这称为共谋共同正犯。"①

（一）关于共谋共同正犯的立法及判例

大陆法系国家在立法上对共谋共同正犯没有规定，共谋共同正犯的观念是日本判例的传统见解②。大审院从旧刑法时代就采用了这一解释。大审院 1896 年（明治 29 年）3 月 3 日的判例中认为，"数人既有共谋的事实，其共谋者中不论何人实行之，均为共谋者全体的行为"③。判例首先只对智能犯适用共谋共同正犯的理论。明治 35 年（1902 年）大审

① 〔日〕松宫孝明：《刑法总论讲义》（第四版补正版），钱叶六译，中国人民大学出版社，2013 年，第 207 页。

② 马克昌：《比较刑法原理：外国刑法学总论》，武汉大学出版社，2002 年，第 681 页。

③ 大判明 29・3・3 录 2・3・10 等。参见〔日〕大塚仁：《刑法概说（总论）》（第三版），冯军译，中国人民大学出版社，2003 年，第 258 页。

院关于诬告罪的判决认为："在数人共谋而为诬告的场合，共谋者中一人为犯罪行为的实行，应当看做共谋者全体的行为。"当时认为诬告罪是属于智能犯的典型形态，对其感到有承认所谓共谋共同正犯的必要[①]。日本现行刑法制定之后，以"在所谓智能犯的实施上，不仅要求对符合构成要件的行为施加身体上的影响，多数情况下，要求在精神上施加影响"[②]为根据，认可了恐吓罪之类的智能犯的共谋共同正犯，并最终扩展到放火罪、杀人罪、盗窃罪和抢劫罪等实力犯方面[③]。后来，连法定犯也肯定了共谋共同正犯[④]。

1936年（昭和11年）5月28日，日本大审院联合部判决全面适用共谋共同正犯的理论，被认为是判例史上具有重要意义的判决之一。大审院的判例认为："共同正犯的本质都在于，二人以上者有如一心同体，相倚相援，共同地实现各自的犯意，或者在都参加谋议之后由其一部分人担当实施，其形式虽然不同，但是，二者在协心协力的作用方面，其价值没有不同。因而，无论在哪种情形中，原则上都应该承认共同正犯的关系。"[⑤]为这种判例见解提供理论依据的是，大审院法官草野豹一郎博士的共同意思主体说。通过该判例，共谋共同正犯在日本判例上固定下来，该理论也为后来的最高法院继续沿用。

日本最高法院在1958年5月28日的练马事件判决[⑥]中所采用的观点修改了历来的共同意思主体说的立场，提出了"将他人的行为作为自己的手段实施犯罪"的与间接正犯类似的共谋共同正犯的概念。在认定共谋者的正犯性上下了很大工夫，并严格限定"共谋"的内容，使共谋共同正犯理论的适用得到了一定的限制，因而被视为特别重要的判例。在练马判决之后，日本司法系统基本沿袭该判决的精神，在肯定共谋共同正犯成立的基础上，开始试图将共谋共同正犯限定在合理的范围之内，以正确地区分共同正犯和教唆犯以及帮助犯。但学术界的主流观点仍然是激烈批判共谋共同正犯理论，并从根本上否定共谋共同正犯的成立。理论界与实务界的巨大分歧一直延续到1983年[⑦]。

1983年，以学术泰斗身份担任最高裁判所法官的团藤重光改变了以前强烈反对共谋共同正犯的立场，不再将注意力放在批判共谋共同正犯本身，而致力于防止判例中共谋共同正犯范围的扩大。"我本来对共谋共同正犯的判例持强烈的否定态度……但是，考虑到社会生活的现实，司法部门执著于承认共谋共同正犯，至少在一定限度内，是有其理由的。一般来说，作为法的基础推动法律前进的社会因素同样适用于刑法的领域……执著于

---

① 〔日〕日本刑法学会：《刑法讲座》（第4卷），有斐阁，1973年，第106页。

② 大判大11·4·18刑集1、233。参见〔日〕大谷实：《刑法讲义总论》（新版第二版），黎宏译，中国人民大学出版社，2008年，第387页。

③ 相关判例如，大判昭6·11·9刑集10·568、大判昭8·11·13刑集12·1997、大判昭11·5·28。参见〔日〕大谷实：《刑法讲义总论》（新版第二版），黎宏译，中国人民大学出版社，2008年，第387页。

④ 最判昭23·7·22集2·9·995。参见〔日〕大塚仁：《刑法概说（总论）》（第三版），冯军译，中国人民大学出版社，2003年，第258页。

⑤ 〔日〕大审院联合部1936年5月28日《刑事判例集》第15卷，第715页。参见〔日〕日本刑法学会：《刑法讲座》（第4卷），有斐阁，1973年，第107～108页。大连判昭11·5·28集15·715。参见〔日〕大塚仁：《刑法概说（总论）》（第三版），冯军译，中国人民大学出版社，2003年，第258页。

⑥ 〔日〕最高裁判所大法庭1958年5月28日《最高裁判所刑事判例集》第12卷第8号，第1718页。最大判昭33·5·28集12·8·1718。参见〔日〕大塚仁：《刑法概说（总论）》（第三版），冯军译，中国人民大学出版社，2003年，第260页。

⑦ 刘艳红：《共谋共同正犯》，《中国法学》，2012年第6期，第114页。

共谋共同正犯的判例的实务的感觉，即深深根植于这种社会现象中，单纯地否定以前的判例并不能解决问题……我们的选择应当是在正当的限度内承认共谋共同正犯，并防止其过度使用。”[①]

另外，在下级审的判例中承认了“共谋关系的脱离”这种观念。共谋者中的一部分人在其他共谋者作出实行行为之前，表明其脱离共谋关系的意思，并被其他共谋者所了解时，不对其追究之后其他共谋者的实行行为的责任。判例认为脱离的意思也可以是默示地表达意思[②]。不过，对支配其他共谋者、制造了共谋关系的共谋者，不能承认这种脱离[③]。如果共谋者中的某人仅有从共谋关系脱离的意思，在向其他共谋者表明这种意思之前，其他共谋者已经实行了犯罪的情况下，要追究想脱离的共谋者作为共同正犯的责任[④]。

（二）关于共谋共同正犯的学说

在共谋共同正犯的问题上，德国理论一般是扩张间接正犯的范围，将犯罪中的幕后人物作为正犯加以处理。应否承认共谋共同正犯的概念，主要是在日本存在着激烈的争论。

1. 否定说

尽管肯定共谋共同正犯的概念是日本判例一贯的观点，但是直到1983年，日本理论界的通说还是否认共谋共同正犯的[⑤]。日本学者香川达夫、福田平、中山研一、浅田和茂、山中敬一、曾根威彦、牧野英一、宫本英脩、小野清一郎、团藤重光、泷川幸辰、佐伯千仞等持否定说。

共谋共同正犯否定说论者的依据不尽相同。总的来说，其要点有：①实质上，只有实行共同正犯才是共同正犯，不认可共谋共同正犯。②形式上，《日本刑法典》第60条（二人以上共同实行犯罪的，皆为正犯）中所说的“实行”是指符合基本的构成要件的实行行为，“共同实行”不仅要求有共同实行的意思，而且要求有共同实行的事实，承认共谋共同正犯，就等于承认没有实施实行行为的人也是共同正犯。这显然是不适当地扩大了共同正犯的概念，违反了罪刑法定原则。③共同意思主体说最终是团体责任论，将共同意思主体这一团体所应承担的刑事责任转嫁给加入该团体的个人身上，是和现代刑法中的个人责任原则不相容的。④承认共谋共同正犯，就会使共同正犯与教唆犯、从犯的概念失去区别。

2. 肯定说

虽然以前的通说持否定态度，但实际上，赞成共谋共同正犯的学者正在增加，肯定说

---

① 〔日〕最高裁判所1982年7月16日《最高裁判所刑事判例集》第36卷第6号，第695页。

② 福冈高判昭28・1・12高集6・1・1。参见〔日〕大塚仁：《刑法概说（总论）》（第三版），冯军译，中国人民大学出版社，2003年，第262页。

③ 松江地判昭51・11・2月报8・11＝12・495。东京高判昭25・9・14高集3・3・407、大阪高判昭41・6・24高集19・4・375、东京高判昭46・10・5月报3・10・1293。参见〔日〕大塚仁：《刑法概说（总论）》（第三版），冯军译，中国人民大学出版社，2003年，第262～263页。

④ 福冈高判昭24・9・17判特1・127、东京高判昭26・10・29判特25・11。参见〔日〕大塚仁：《刑法概说（总论）》（第三版），冯军译，中国人民大学出版社，2003年，第262页。

⑤ 陈家林：《外国刑法通论》，中国人民公安大学出版社，2009年，第545页。

被认为是“可以说几乎通说化了”[①]。1983 年，团藤重光思想的转变对日本学术界产生了决定性的冲击。日本学者草野豹一郎、齐藤金作、下村康正、西原春夫、植松正、大谷实、藤木英雄、川端博、庄子邦雄、团藤重光、平野龙一、前田雅英、西田典之、松村格、松本时夫根据各自不同的依据持肯定说，主要有共同意思主体说、间接正犯类似说、行为支配说。

（1）共同意思主体说为共谋共同正犯提供了理论基础。该说是最早有关共谋共同正犯的学说，由草野豹一郎创立[②]，此后得到了其学生齐藤金作、下村康正、西原春夫、植松正等的继承和发扬。不过，也有见解虽然采用共同意思主体说，却不承认共谋共同正犯，如曾根威彦[③]。该说着眼于异心别体的两个以上的人由于为实现一定的犯罪这种共同目的而结合为一体，形成所谓共同意思主体。共同意思主体中只要一人在共同目的之下将共同意思付诸实行，那么这个行为就应当被当做共同意思主体整体的行为，同心一体的所有共同人都成为共同正犯。但是，在责任的归属上类推民法的合伙理论，追究各个共同人个人的责任[④]。

（2）间接正犯类似说代表性的学者是藤木英雄，川端博、庄子邦雄也持此说。在共同意思主体说受到众多学者批评之后，藤木英雄提出间接正犯类似说，力图按照与间接正犯类似的理论结构说明共谋共同正犯的理论根据。该说认为，判断共同实行的有无应对共同者的行为进行综合的全体的考察，并不需要所有成员都实行。共谋者之间基于意思联络就实现共同的犯罪达成合意，互相利用、补充他人的行为。直接实行犯罪的人就是作为全体共谋者的手足而实行犯罪；因此，共谋者的地位就类似于间接正犯，共谋者把他人的行为作为自己的手段而进行了犯罪，利用实行者来实现自己的犯罪意志[⑤]。

（3）行为支配说认为在共谋共同正犯中，未实行的人对实行的人具有行为支配。正犯者按照谋议的内容实行行为，谋议人则支配、操纵着实行人，最终实现自己的犯罪意图。在支配说内部又有目的行为支配说与优越支配共同说之分。目的行为支配说的代表人物是平场安治。该说认为，对实行行为的理解应排除对其进行那种自然的、物理的、非得亲自下手实行的自然主义的理解，只要对构成要件的行为有目的地支配就足够成立正犯。“从极端上说，即使自己根本没有亲自下手实行，只要支配他人的行为，能认为是自己的犯罪，就可以成立共同正犯。”[⑥] 即便是否定共谋共同正犯的学者也基于犯罪支配说的立场，认为在存在犯罪支配的情形下可以肯定共谋共同正犯。大塚仁提出所谓的“优越支配共同正犯”，认为单纯的共谋并不是实行行为，本来共谋共同正犯的观念明显违反了《日本刑法典》第 60 条，因此不能赞成承认共谋共同正犯这种观念的立场，而应追究其作为教唆

---

① 〔日〕西原春夫：《犯罪实行行为论》，戴波、江溯译，北京大学出版社，2006 年，第 279～280 页。

② 当时在大审院担任判事的草野豹一郎，在昭和 7 年（1932 年）发表于《法学协会杂志》第 50 卷第 6 号上的《刑法改正草案与从犯的从属性》中，明确提出共同意思主体说为共谋共同正犯论提供理论根据。参见马克昌：《比较刑法原理：外国刑法学总论》，武汉大学出版社，2002 年，第 682 页。

③ 〔日〕大塚仁：《刑法概说（总论）》（第三版），冯军译，中国人民大学出版社，2003 年，第 259 页。

④ 〔日〕草野豹一郎：《刑法要论》，有斐阁，1956 年，第 119 页。

⑤ 〔日〕大塚仁：《犯罪论的基本问题》，冯军译，中国政法大学出版社，1993 年，第 275 页。

⑥ 〔日〕平场安治：《刑法总论讲义》，有斐阁，1952 年，第 155～157 页。

犯或者从犯的责任。但是，在共谋者中可能存在着隐藏在实行者背后的更大的人物，因而应赋予背后者作为正犯者的可罚性。没有担当实行行为的共谋者，当其在社会观念上对实行担当者而言处于压倒的优越地位，对实行担当者给予了强烈的心理约束时，从规范的观点就可以说存在共同实行，可以肯定为共同正犯①。

七、不作为的共同正犯

不作为的共同正犯是指共同行为人中，至少有一人以不作为的方式参与共同行为的情况。其他参与人可能是以作为的方式也可能是以不作为的方式作出行为。

（一）关于不作为的共同正犯的立法及判例

虽然在立法上没有明确肯定不作为的共同正犯，但是德国、日本的判例都肯定不作为的共同正犯。

根据日本的判例，父母在意思联络的基础上，不给婴儿喂奶而使其饿死，这种情况毫无疑问成立不作为的共同正犯。即便是母亲甲和第三人乙在共同意思的基础上，相互利用、相互补充而不给婴儿喂奶，使其饿死的场合，也是共同正犯②。

德国的判例不仅肯定不作为之间成立共同正犯，也肯定作为与不作为之间成立共同正犯。如果共犯之一以积极的作为实施了共同犯罪行为，而另一共犯不履行阻止该行为的法义务，可认定为共同正犯③。相反，数人违反作为义务，不避免结果产生的，构成共同正犯。例如，一有限责任公司的数名经理共同未收回有害健康的产品④。缺乏共同义务的，如果在同一个构成要件该当的情形下数个行为义务人共同决定不作为的，如将受伤者送往医院的数名交通肇事人约定不予报警的（《德国刑法典》第142条第2款），同样成立共同正犯⑤。

（二）关于不作为的共同正犯的学说

由于作为与不作为在构造上存在着根本性的差异，所以，不作为共同正犯的成立就受到了质疑。虽然德日学者对其研究由来已久，但在理论界关于不作为的共同正犯问题并没有达成共识，形成统一的学说⑥。至今仍存在否定说、肯定说（全面肯定说、限制肯定说）之争。

1. 否定说

否定不作为的共同正犯的理由是，不作为不是行为，不作为的故意也是不存在的，关

---

① 〔日〕大塚仁：《刑法概说（总论）》（第三版），冯军译，中国人民大学出版社，2003年，第261～262页。

② 大阪高判昭62・10・2判时675・246。参见〔日〕大谷实：《刑法讲义总论》（新版第二版），黎宏译，中国人民大学出版社，2008年，第385页。

③ OGH 3，1（4）；BGH NJW 1966，1763. Vgl. Jescheck H H，Weigend T. Lehrbuch des Strafrechts Allgemeiner Teil. Drucker & Humblot，1996，5. Aufl.，S. 681～682.

④ BGH 37，106（129）. Vgl. Jescheck H H，Weigend T. Lehrbuch des Strafrechts Allgemeiner Teil. Drucker & Humblot，1996，5. Aufl.，S. 682.

⑤ Jescheck H H，Weigend T. Lehrbuch des Strafrechts Allgemeiner Teil. Drucker & Humblot，1996，5. Aufl.，S. 682.

⑥ 刘瑞瑞：《不作为共同正犯的共同性探讨》，《中国刑事法杂志》，2011年第5期，第16页。

于不作为犯，既不存在共同实行的意思，也没有共同实行的事实，所以不能承认其为共同正犯①。德国学者考夫曼、韦尔策尔持否定说。

2. 肯定说

通说肯定不作为的共同正犯，认为共同实行不仅可以出于作为，也可以出于不作为。在不作为犯的情况下，违反作为义务的不作为就是实行行为。根据共同正犯成立的范围，肯定说又分为全面肯定说和限定肯定说。

(1) 全面肯定说既肯定不作为和不作为结合而成的共同正犯形态，又肯定不作为和作为结合而成的共同正犯形态。支持全面肯定说的学者有：日本学者大塚仁、香川达夫、内田文昭、大谷实、川端博、前田雅英、齐藤诚二，德国学者毛拉赫、布塞（Busse）、韦尔纳（Woerner）、耶赛克等。在支持全面肯定说的前提下，关于不作为和不作为结合的共同正犯成立的范围，又有两种不同的见解：一是无作为义务者与有作为义务者，共同实现违反作为义务的不作为，也可能成立不作为犯的共同正犯。大谷实、川端博、前田雅英等持此观点。二是限于共同者各自有作为义务的场合，共同不作为，成立不作为犯的共同正犯。日本学者大塚仁、山中敬一等持此观点。大塚仁指出："认为没有作为义务的人也存在共同的实行时，就有不当地扩张实行行为的观念之嫌。在没有作为义务的人协助有作为义务的人的不作为时，应该解释为帮助犯。"②

(2) 限定肯定说肯定作为与不作为的共同正犯，但是对于不作为和不作为结合的情况则只在特定条件下予以肯定。德国学者博克尔曼（Paul Bockelmann）、罗克辛，日本学者植田重正、神山敏雄、山中敬一持限定肯定说。该说将不作为与不作为结合而成的共同正犯分为"形式的共同正犯"与"实质的共同正犯"。前者是指复数的不作为者中只要有一人履行其作为义务就可以防止结果发生的情形，后者是指复数的不作为者必须都履行其作为义务，互相配合才能避免结果发生的情形。在"形式的共同正犯"的场合，认定为共同正犯没有特别的意义，作为同时犯处理就可以了，只有在实质的共同正犯的场合才有承认共同正犯的实益，即只有在各个保障人共同行为才能阻止结果发生的情况下，才考虑不作为的共同正犯问题③。

八、对共同正犯的处罚

（一）依正犯处罚

大陆法系国家在立法上一般明确规定，对共同正犯依正犯处罚。换句话说，对共同正犯和单独正犯作同样处理。

例如，《德国刑法典》第 25 条第 2 款规定："数人共同实施犯罪者，均依正犯论处。"《日本刑法典》第 60 条规定："两人以上共同实行犯罪者，都是正犯。"《法国新刑法典》第 121-6 条规定："第 121-7 条意义上的共犯，以正犯论处。"《意大利刑法典》第 110 条规

① Kaufmann A. Die Dogmatik der Unterlassungsdelikte. Verlag Schwartz，1959，S，189. 转引自〔日〕大塚仁：《犯罪论的基本问题》，冯军译，中国政法大学出版社，1993 年，第 270 页。

② 〔日〕大塚仁：《刑法概说（总论）》（第三版），冯军译，中国人民大学出版社，2003 年，第 257 页。

③ 陈家林：《外国刑法通论》，中国人民公安大学出版社，2009 年，第 574 页。

定："当数人共同实施同一犯罪时，对于他们当中的每一个人，均处以法律为该犯罪规定的刑罚，以下各条另有规定者除外。"

（二）部分行为全部责任

共同正犯是建立在行为分工和功能性的角色分配基础之上的，每个参与人都是共同的行为决意和实现构成要件行为的承载人，每个行为都成为整体的一部分，因此每个参与人都要就整个结果负责。

这样，在共同正犯中，即便只参与实施了实现犯罪过程的一部分行为，对于犯罪结果都得承担全部责任。这就是"部分行为全部责任"的原则。共同参与者中一名参与者或一部分参与者的行为即使未遂，但因他人的行为达到了既遂时，共同参与者的全体成员都负既遂的责任，这就是"一人既遂全部既遂"。

（三）个人责任

虽然共同正犯都作为正犯处罚，但是各行为人所受的处罚并非一样。量刑的轻重应根据每个参与者的个人具体情况和具体犯罪情形分别加以考察。因而，各参与者适用的刑罚可能并不相同。

例如，《德国刑法典》第 28 条第 1 款规定："正犯的刑罚取决于特定的个人特征。"第 28 条第 2 款规定："法定刑因行为人的个人特征而加重、减轻或免除的，其规定只适用于具有此等特征的行为人。"第 29 条规定："数人共同犯罪的，各依自己的罪责受处罚，不考虑他人的罪责。"《日本刑法典》第 65 条第 2 款规定："因身份而特别加重或者减轻刑罚时，对于没有这种身份的人，判处通常的刑罚。"《意大利刑法典》第 118 条规定："如果使刑罚加重或者减轻的情节涉及犯罪的原因、故意的强度、过失的程度或者犯罪人的人身条件，则只针对与之有关的人员加以考虑。"第 119 条第 1 款规定："使某一共同犯罪人不受处罚的主观情节仅针对与之相关的人具有效力。"

第四节　狭义的共犯

所谓狭义的共犯，是指教唆犯和帮助犯。有的国家通过立法规定了共犯的类型，如《德国刑法典》和《日本刑法典》都规定了教唆犯（《德国刑法典》第 26 条、《日本刑法典》第 61 条第 1 款）和帮助犯（《德国刑法典》第 27 条、《日本刑法典》第 62 条第 1 款、第 63 条）。

一、教唆犯

（一）教唆犯的概念与成立条件

1. 教唆犯的概念

所谓教唆犯，是指通过唆使他人产生犯罪的决意，进而使其基于此决意实施犯罪的人。由于教唆犯是使原来没有犯罪决意的他人产生犯罪的决意，因而又被称为造意犯。这是教唆犯的本质特征。但是，教唆犯自己并不参与被教唆行为的实施，从而不同于二人以上互相利用、补充并分担实行行为的共同正犯。按照德国、日本通说的共犯从属性说，教唆犯应当从属于正犯。

2. 教唆犯的成立条件

关于教唆犯成立的条件，理论上的共识是需要教唆者在主观上具有教唆的意思并且在客观上实施了教唆行为，但是关于是否要求被教唆者实行被教唆的行为，历来存有争论。现从"教唆的故意"、"教唆的行为"、"被教唆者实行被教唆的行为"三方面进行阐述。

1）教唆的故意

对是否要求必须有故意的问题的讨论关系到是否承认过失教唆犯的问题。德国、日本的通说认为，教唆犯的成立以具有教唆的故意为必备条件。在立法上，也有国家明确规定了教唆犯的成立以具有教唆的故意为必备条件。例如，《德国刑法典》第 26 条规定："故意教唆他人故意实施违法行为的是教唆犯。"

那么，教唆者的故意是确定的故意（直接故意）还是也包括未必的故意（间接故意）在内？教唆者的故意包括确定的故意，这在刑法理论界是没有争论的；至于能否是未必的故意，则存在不同的认识。德国、日本的通说认为，这种故意可以是未必的故意。如德国学者耶赛克、魏根特认为："教唆犯必须是故意行为，间接故意即可。"[①] 日本学者大塚仁也认为："教唆犯的故意也可以是未必的故意。"[②]

关于教唆故意的内容，也是一个见仁见智的论题，有行为认识说与结果认识说之间的对立。另外，行为认识说与结果认识说的对立主要体现在"未遂的教唆"的处理上，这个问题将在后文相应部分予以介绍。

2）教唆的行为

成立教唆犯还需要教唆者实施了教唆行为。所谓教唆行为，是促使没有犯罪决意的他人产生实施特定犯罪的决意的行为。如果被教唆人已经决定犯罪，则不构成教唆犯。但是，如果被教唆人"有行为倾向"但还不是行为决意，则有可能构成教唆犯[③]。值得注意的是，日本最高法院在 2006 年的判决中认为，被教唆者即使在教唆者实施教唆行为之前已经积极地就犯罪的具体方法向教唆者咨询，但只要是教唆犯通过自己的教唆行为使被教唆者确定了照其提案来实施犯罪的意思，也属于教唆[④]。

至于教唆的行为能否以不作为的方式成立，存在着肯定说与否定说的对立。肯定说认为不作为也可能成为教唆的手段，德国学者玛拉哈、日本学者胜本勘三郎等均持此说，认为教唆行为本身可以由不作为构成。事先的行为引起了他人的犯罪决意，行为人应使他人打消犯意而不采取措施时，即是不作为的教唆犯。否定说认为"教唆行为应该是积极地、使其产生犯罪意思"[⑤]。单纯不作为不能成为教唆的手段，德国学者 M. E. 迈尔、耶赛克、

---

① Jescheck H H, Weigend T. Lehrbuch des Strafrechts Allgemeiner Teil. Drucker & Humblot, 1996, 5. Aufl., S. 687.

② 〔日〕大塚仁：《刑法概说（总论）》（第三版），冯军译，中国人民大学出版社，2003 年，第 265 页。

③ Jescheck H H, Weigend T. Lehrbuch des Strafrechts Allgemeiner Teil. Drucker & Humblot, 1996, 5. Aufl., S. 689.

④ 〔日〕最高裁判所 2006 年 11 月 21 日《最高裁判所刑事判例集》，第 60 卷第 9 号，第 770 页。

⑤ 〔日〕大塚仁：《刑法概说（总论）》（第三版），冯军译，中国人民大学出版社，2003 年，第 268 页。

韦尔策尔、考夫曼，日本学者植松正、大塚仁、川端博、庄子邦雄、木村龟二、福田平、齐藤诚二、大谷实等均持此说。大谷实认为：“教唆行为就是教导、唆使的意思，所以，在其语意上，只限于作为的教唆，而不可能有不作为的教唆。”[①] 德国学者耶赛克、魏根特也认为：“从法律上讲，是不可能存在不作为教唆犯的。”[②] 否定说为目前的通说。

一般认为，教唆的对象必须是特定的人，但不限于一个人，可以是多个人。至于教唆者是否认识，无关紧要。日本学者大谷实认为，以不特定的人为对象进行教唆时，不是教唆而是煽动[①]。但是德国学者耶赛克、魏根特认为，如果煽动不是针对特定的具体之人的，该规定亦可实现[③]。德国的立法也采用这种观点，根据《德国刑法典》第 111 条第 1 款，“公开地在集会中或通过散发文书，煽动他人实施违法行为的，以教唆犯论处”。

至于被教唆者是否需要有责任能力，则有不同观点：极端从属性说认为，只有正犯的行为构成犯罪时，教唆者才能成立共犯，所以教唆行为的对象必须是有刑事责任能力的人。因此，当被教唆者不具有责任能力时，教唆者应当属于间接正犯[④]。限制从属性说认为，被教唆者不以具有刑事责任能力为必备条件。即使是无责任能力者，只要具备规范意识，就能成为被教唆者[⑤]。如果被教唆者完全没有规范意识，缺乏是非辨别能力，比如被教唆者是幼儿或高度精神病患者，就不是教唆犯而是间接正犯[⑥]。这种观点是现在理论上的通说。

关于教唆的内容，一般认为应该是特定之罪。因此，如果仅仅是说“给我杀人”这样不明确的方式教唆实施犯罪还不够[⑦]。但是，没有必要具体地指示其时间、场所、方法等[⑧]。而且，在教唆当时，即使还不存在基于其教唆所实施的犯罪行为的对象，也可能以其对象的出现为条件进行教唆。例如，唆使怀孕的妇女在其分娩后杀害其出生的孩子[⑨]。德国判例也认为，“既不需要确定犯罪的时间和地点，也不需要确定被害人，同样不需要确定行为方法的所有具体细节，因为此等问题常常有赖于较后的发展”[⑩]。

另外，关于是否承认教唆不作为犯的情形（即教唆他人以不作为的方式实施犯罪的情形），尚存在着争议。德国刑法学者韦尔策尔否认这种教唆犯[⑪]。他认为，不作为不是行

① 〔日〕大谷实：《刑法讲义总论》（新版第二版），黎宏译，中国人民大学出版社，2008 年，第 397 页。

② Jescheck H H, Weigend T. Lehrbuch des Strafrechts Allgemeiner Teil. Drucker & Humblot, 1996, 5. Aufl., S. 691.

③ Jescheck H H, Weigend T. Lehrbuch des Strafrechts Allgemeiner Teil. Drucker & Humblot, 1996, 5. Aufl., S. 688.

④ 〔日〕大审院 1899 年 3 月 14 日《大审院刑事判例录》，第 5 辑第 3 卷，第 64 页。

⑤ 〔日〕大塚仁：《刑法概说（总论）》（第三版），冯军译，中国人民大学出版社，2003 年，第 369 页。

⑥ 〔日〕曾根威彦：《刑法总论》（第四版），有斐阁，2008 年，第 258 页。

⑦ 最判昭 26・12・6 刑集 5・13・2485。参见〔日〕大谷实：《刑法讲义总论》（新版第二版），黎宏译，中国人民大学出版社，2008 年，第 397 页。

⑧ 大判大 5・9・13 录 22・1335。参见〔日〕大塚仁：《刑法概说（总论）》（第三版），冯军译，中国人民大学出版社，2003 年，第 268 页。

⑨ 大判明 44・6・15 录 17 ・1180。参见〔日〕大塚仁：《刑法概说（总论）》（第三版），冯军译，中国人民大学出版社，2003 年，第 268 页。

⑩ RG 34, 327 (328). Vgl. Jescheck H H, Weigend T. Lehrbuch des Strafrechts Allgemeiner Teil. Drucker & Humblot, 1996, 5. Aufl., S. 688.

⑪ 〔日〕大塚仁：《刑法概说（总论）》（第三版），冯军译，中国人民大学出版社，2003 年，第 269 页。

为，也不存在不作为的故意。还有学者从认为教唆、帮助是以作为犯为前提的，因而对此持否定态度[①]。通说肯定教唆不作为犯。因为刑法上的行为包括作为与不作为，教唆他人以不作为的方式实施犯罪的情况是完全有可能的。例如，对唆使母亲不给婴儿喂奶致其饿死的情形等，应该肯定不作为犯的教唆犯。

只要能使被教唆者产生实行一定犯罪的决意，教唆的方法、手段在所不问，没有特别的限制，不问是明示的还是暗示的[②]，可以采用唆使、忠告、嘱托、欺骗、威吓、哀愿、指示、指挥、命令、诱导、怂恿、提供利益等各种方法[③]。但是，欺骗、威吓等的程度过大时，应该认为是间接正犯。原则上讲，所有涉及精神影响的方法均可能成为教唆方法[④]。在立法上，《意大利刑法典》、《日本刑法典》、《德国刑法典》[⑤] 均未对教唆的方法设任何规定，但《泰国刑法典》第 84 条第 1 款规定了教唆方法，该款规定："利用聘用、强迫、恐吓、雇用、利诱、煽动或者其他方法，使他人犯罪的，称为教唆犯。"《法国新刑法典》第 121-7 条第 2 款规定："以赠礼、许诺、威胁、命令、滥用权势或权力，挑动犯罪或教唆实行犯罪者，亦为共犯。"

3）被教唆者实行被教唆的行为

关于教唆犯的成立是否要求被教唆者实行被教唆的行为，理论上有着不同的观点。根据共犯从属性说，教唆者的教唆行为从属于实行者的实行行为，因而教唆犯的成立以被教唆者基于教唆行为作出了实行行为为必要。而以共犯独立性说的立场看来，教唆行为本身就是一种独立的实行行为，成立教唆犯不以被教唆者实施被教唆的行为为必要。理论上称之为独立教唆犯，在日本由特别法加以规定[⑥]。目前大陆法系的通说是共犯从属性说。下文按照作为通说的共犯从属性说予以阐述。

如何理解被教唆者"实行被教唆的行为"？一种观点认为，其是指着手实施符合基本构成要件的行为；另一种观点则认为，实施符合预备罪等修正的构成要件的行为也是实行行为。两种观点的主要分歧在于，是否承认预备罪（阴谋罪）的教唆，此问题将在后文中讨论。

至于被教唆者的实行行为应当具备何种程度才成立教唆犯，则关系到共犯的从属性程度的问题，理论上有不同见解。

采用极端从属性说的学者坚持共犯的处罚以主要行为的处罚为前提条件，认为只有当

---

① 〔日〕神山敏雄：《不作为犯的共犯的研究》，《刑法杂志》，1971 年第 18 卷 1—2 号，第 1 页；转引自〔日〕大谷实：《刑法讲义总论》（新版第二版），黎宏译，中国人民大学出版社，2008 年，第 397 页。

② 大判昭 9・9・29 集 13・1245。参见〔日〕大塚仁：《刑法概说（总论）》（第三版），冯军译，中国人民大学出版社，2003 年，第 267 页。

③ 大判明 43 ・ 6 ・ 23 录 16 ・1280、最判昭 26・12・6 集 5・13・2485。参见〔日〕大塚仁：《刑法概说（总论）》（第三版），冯军译，中国人民大学出版社，2003 年，第 267 页。

④ Jescheck H H，Weigend T. Lehrbuch des Strafrechts Allgemeiner Teil. Drucker & Humblot，1996，5. Aufl.，S. 687.

⑤ 德国旧《刑法典》第 48 条曾经明确列举了教唆的方法：给予礼品、承诺、威胁、滥用威望或权力、导致产生错误。但该条的结束语"或其他方法"表明，上述列举之教唆方法只不过是个例子，任何一种方法，包括打赌、请求和恳求，在可能的情况下甚至包括规劝某人不要为一定的行为，均可被认为是教唆方法。应该注意的只是，强制和威胁不能转变为"强迫"。〔德〕李斯特：《德国刑法教科书》（修订译本），徐久生译，法律出版社，2006 年，第 371 页。

⑥ 〔日〕野村稔：《刑法总论》，全理其、何力译，法律出版社，2001 年，第 420 页。

被教唆者的行为具有构成要件符合性、违法性和有责性时，才成立教唆犯。但是，按照德国、日本现在处于通说地位的限制从属性说，被教唆者的实行行为应当是“符合构成要件的违法行为”[①]。成立教唆犯，虽然以被教唆者实施实行行为为必要，但并不要求实行行为必须达到既遂。当然，被教唆者的行为终于未遂时，必须是实行的未遂受处罚的场合，即刑法条文明确规定了处罚未遂犯的场合才成立教唆犯。

根据共犯从属性说，为成立教唆犯，要求教唆行为的结果是，被教唆人决意实施该犯罪，并且将该决意付诸实施。因此，教唆行为和被教唆者的犯意的形成以及和被教唆者的实行行为之间必须具有因果关系[②]。也就是说，被教唆者没有产生犯意，或者被教唆者本身就有犯意，或者虽然引起了犯意，被教唆人却没有实施的场合，或者被教唆者虽然实行了犯罪行为，但实行的不是被教唆的犯罪等缺乏因果关系的场合，均不成立教唆犯[③]。

至于教唆犯的成立是否以“被教唆者认识到被教唆的事实”为必要，涉及片面教唆犯的问题。片面教唆犯是指教唆者基于教唆的故意实施了教唆行为，但被教唆者并没有认识到自己被教唆的事实而决意实施犯罪的场合。例如，“冲动性格的丈夫怀疑自己的妻子与他人有不正当关系，多次扬言如果抓住了就会杀死妻子。知道这一消息的第三人，意图利用这一点杀死该人的妻子，于是在不挑明实情的情况下，编造借口故意让丈夫前往妻子通奸的现场，结果导致妻子被自己的丈夫杀死”[④]。

是否承认片面的教唆，在理论上有肯定说与否定说的争论。

肯定说是现在日本的通说。该说认为，教唆行为是基于教唆的故意而实施的教唆行为，只要由此而让人决意实施犯罪就够了，不要求被教唆者对被教唆的事实有认识，所以，应当认可片面教唆犯[⑤]。大塚仁、大谷实、木村龟二、福田平、前田雅英、川端博、山中敬一等均持这种观点。例如，前田雅英说，“与共同正犯不同，片面的教唆是可能的，因为被教唆者不必要认识被教唆”[⑥]。

否认片面的教唆的学者认为，从教唆的概念本身来看，被教唆者不可能是没有认识到被教唆事实的人。教唆犯虽然在法律上并无明文规定需要有意思联络，但从共犯的本质上当然可以推断出教唆者与被教唆者之间必须有意思上的联络（相互了解）。因而，教唆犯的成立，以正犯者认识到被教唆的事实为必要。平野龙一、植田重正、植松正、西原春夫等持否定说。

本书认为，被教唆者没有认识到被教唆的情况是存在的，从教唆犯的成立条件上来看，只要有教唆的故意，并实施了教唆的行为，使他人产生了犯意并实施符合构成要件的违法行为，就可以成立教唆犯。至于被教唆的人是否意识到被教唆的情况，则不是必要的条件。

---

① 〔日〕川端博：《刑法总论》，余振华译，元照出版有限公司，2008年，第359～360页。

② 大判大12·7·12刑集2·718。参见〔日〕大谷实：《刑法讲义总论》（新版第二版），黎宏译，中国人民大学出版社，2008年，第399页。

③ 参见最判昭25·7·11集4·7·1261。参见〔日〕大塚仁：《刑法概说（总论）》（第三版），冯军译，中国人民大学出版社，2003年，第270页。

④ 〔日〕山中敬一：《刑法总论》（第二版），成文堂，2008年，第890页。

⑤ 〔日〕大谷实：《刑法讲义总论》（新版第二版），黎宏译，中国人民大学出版社，2008年，第398页。

⑥ 〔日〕前田雅英：《刑法总论讲义》（第五版），东京大学出版会，2011年，第508页。

（二）过失的教唆与教唆过失犯

德国理论通说、判例以及立法都否定过失教唆犯与教唆过失犯。《德国刑法典》第26条规定："故意教唆他人故意实施违法行为的是教唆犯。"但是，由于《日本刑法典》第61条仅规定"教唆他人实行犯罪的，判处正犯的刑罚"，立法上并没有对教唆者以及被教唆者的主观罪过进行规定，因而日本刑法理论界对于是否承认过失的教唆犯以及教唆过失犯产生了激烈的争论。下文就日本理论界的争论展开讨论。

1. 过失的教唆

过失的教唆，是指由于过失而引起他人实行犯罪的决意。例如，不注意当着容易激动的人的面，骂某特定的人是"卖国贼"，引起该容易激动的人的杀意的情况①。

肯定说从行为共同说的立场认可过失的教唆犯，认为共犯是行为的共同，故意的实行犯与过失的教唆犯能成立共犯。日本学者牧野英一、木村龟二、宫本英脩、佐伯千仞等持这种观点。持肯定说的学者认为，日本刑法与德国刑法在规定方式上明显不同。"因为（日本）刑法第61条及第62条没有明文要求教唆及帮助由故意构成，所以没有理由否定由于过失的共犯"②，否定过失的教唆犯的见解都是无分析地照搬德国刑法的理论，是不正确的③。

否定说在日本是通说。日本学者泷川幸辰、团藤重光、大塚仁、福田平、平野龙一、西原春夫、中山研一、大谷实、川端博、曾根威彦、前田雅英、山中敬一等均持此说。其主要理由是：第一，过失的教唆这一概念不符合教唆的本意。在将教唆理解为让他人产生实行特定的犯罪决意的前提下，不存在过失教唆的可能。第二，过失的教唆犯不符合现行法律的规定。根据《日本刑法典》第38条第1款，惩罚过失必须有特别的规定。所以，不能将过失教唆的情况作为教唆犯来处罚。第三，没有承认过失的教唆的现实必要性与价值。"过失教唆，没有使被教唆人产生实施犯罪的决意的定型性，引起正犯的危险也很微弱"①，而且，即使不承认过失的教唆犯也不妨碍司法上对犯罪的处理。

2. 教唆过失犯

所谓教唆过失犯，是指教唆他人实施过失犯罪的情况。

肯定过失的教唆的学者也肯定对过失犯的教唆，如牧野英一、宫本英脩、木村龟二等。木村龟二指出："由故意的教唆或帮助加功于他人的过失犯的场合，应当认为是对过失犯的教唆或帮助。"②

否认说是通说。由于教唆行为的内容是让他人决意实施犯罪，这就不可能教唆他人过失地犯罪。所以，对过失犯的教唆应看成是间接正犯（日本通说）④。否定过失的教唆的学者也否定对过失犯的教唆。如前田雅英认为："对过失犯的教唆也不能承认，因为使人产生过失犯的'犯意'是不可能的。虽然可能存在惹起过失犯意图的情况，但那会作为利用过失犯的间接正犯来处理。"⑤ 大塚仁也指出："与上述关于基于过失的教唆犯一样，难

---

① 〔日〕大谷实：《刑法讲义总论》（新版第二版），黎宏译，中国人民大学出版社，2008年，第396页。

② 〔日〕木村龟二：《刑法总论》（增补版），有斐阁，1984年，第412页。

③ 〔日〕佐伯千仞：《刑法讲义（总论）》，有斐阁，1981年，第354页。

④ 东京高判昭26·11·7判特25·31。参见〔日〕大谷实：《刑法讲义总论》（新版第二版），黎宏译，中国人民大学出版社，2008年，第397页。

⑤ 〔日〕前田雅英：《刑法总论讲义》（第五版），东京大学出版会，2011年，第509页。

以承认对过失犯的教唆犯。”[①]

（三）间接教唆、再间接教唆与连锁教唆

1. 间接教唆

所谓间接教唆，是指教唆教唆者的情形。主要包括两种情况：一是甲教唆乙，让乙去教唆丙实行犯罪；二是甲教唆乙实施犯罪，但被教唆者乙并没有亲自实施，而是教唆丙去实施该犯罪。

一些国家在立法上明文规定了间接教唆。例如，《日本刑法典》第 61 条第 2 项规定，“教唆教唆犯的，与前项同”，即间接教唆犯与教唆犯同样按照正犯论处。德国、法国、意大利等多数国家的立法对间接教唆没有进行规定。

理论通说是肯定间接教唆的，认为间接教唆之所以具有可罚性，是因为间接教唆使正犯的实行行为得以进行。在间接教唆的场合，实行者在教唆时是否确定，对间接教唆的成立没有影响。

2. 再间接教唆与连锁教唆

再间接教唆，是指教唆间接教唆者的情况。再间接教唆以及更多层次的间接教唆被称为连锁教唆、顺次教唆[②]。德国刑法理论将间接教唆包括在连锁教唆的范围之内[③]。

是否应当将连锁教唆作为教唆犯，有肯定说和否定说的对立。

肯定说属于德国、日本的通说。德国学者耶赛克、魏根特，日本学者牧野英一、小野清一郎、木村龟二、藤木英雄、西原春夫、大谷实、前田雅英、山中敬一、西田典之等持肯定说，如有学者认为：“本来，教唆行为的可罚性在于使正犯决定实施犯罪的一点，尽管是连锁教唆，但既然该行为和正犯的犯罪行为之间具有相当因果关系，就值得处罚。另外，由于教唆教唆者的人也不外乎是教唆人，因此，‘教唆教唆者’的规定当中的‘教唆者’，不仅包括教唆者以及间接教唆者，其以外的连锁教唆者也应包括在内。”[④]

否定说认为不可罚。日本学者团藤重光、大塚仁、中山研一、曾根威彦、野村稔、川端博等持否定说。如大塚仁认为：“在要求严格解释刑法的立场上，该条项所言教唆者，其趣旨是指该条第 1 项的教唆者即直接教唆了正犯者的人，因而，应该认为再间接教唆者以上的人不可罚。”[⑤]

日本的判例从很早开始便持肯定说的立场。日本判例指出：在认为教唆与正犯的实行行为之间有因果关系时，不限于教唆犯的教唆，进而对这种教唆顺次回溯而存在的再间接教唆和“连锁教唆”，解释为也适用于《日本刑法典》第 61 条第 2 款的规定。因而“教唆教唆犯者”条款中所规定的“教唆犯”，不仅限于间接教唆，而且包括再间接教唆和“连锁教唆”[⑥]。

---

① 〔日〕大塚仁：《刑法概说（总论）》（第三版），冯军译，中国人民大学出版社，2003 年，第 269 页。

② 〔日〕山中敬一：《刑法总论》（第二版），成文堂，2008 年，第 897 页。

③ Jescheck H H，Weigend T. Lehrbuch des Strafrechts Allgemeiner Teil. Drucker & Humblot，1996，5. Aufl.，S. 687.

④ 〔日〕大谷实：《刑法讲义总论》（新版第二版），黎宏译，中国人民大学出版社，2008 年，第 400 页。

⑤ 〔日〕大塚仁：《刑法概说（总论）》（第三版），冯军译，中国人民大学出版社，2003 年，第 271 页。

⑥ 〔日〕团藤重光：《注释刑法》（第 2 卷），有斐阁，1981 年，第 794 页。

德国刑法没有像《日本刑法典》第61条那样的规定，但德国的判例与理论通说认为，不管是间接教唆还是再间接教唆，均应作为正犯的教唆犯受处罚。因为在这种情况下，每一个教唆都通过其自身的贡献共同地教唆正犯实行犯罪。当然，每个教唆犯都必须具有确定的教唆故意，并且具有教唆行为，单纯传递信息的人只能成立帮助犯①。

（四）未遂的教唆与教唆的未遂

1. 未遂的教唆

所谓未遂的教唆，又称假象教唆或者不能犯的教唆，是指教唆者开始时就以使被教唆者的实行行为终于未遂的意思进行教唆的情形。也就是说，教唆者在实施教唆行为时就认识到，被教唆人产生犯罪决意后实行犯罪，不可能达到既遂。例如，甲明知丙的口袋中什么都没有，还教唆乙去掏丙的口袋，乙基于该种教唆而实施了盗窃行为。

1）未遂的教唆的可罚性

关于未遂的教唆有可罚说与不可罚说的对立。前文已述，对于教唆故意的内容存在着实行认识说与结果认识说的不同观点。未遂的教唆的可罚性问题与对教唆犯的故意内容的理解相关联。

实行认识说认为，教唆者的故意，只要具有使被教唆者产生决意实行犯罪的意思就够了，不要求认识到结果的发生。因此，应当处罚未遂的教唆。团藤重光、大塚仁、大谷实、小野清一郎、川端博、西原春夫持此说。例如，大谷实认为："只要认识到正犯可能实施实行行为，就成立教唆犯的故意。"② 日本的理论通说承认未遂的教唆的可罚性，日本的判例也是如此③。

结果认识说认为，教唆的故意包括对结果的认识，未遂的教唆属于没有犯罪故意的教唆行为，因而不可罚。木村龟二、福田平、野村稔、牧野英一、曾根威彦、前田雅英、山口厚持此说。野村稔指出："教唆犯的故意仅仅根据对于自己的教唆行为使他人（被教唆者）下决心去实行特定的犯罪并去实行之已经有所识别认可这点是不够的，必须还要对于打算去实现的犯罪构成要件有所识别认可。从这点出发，教唆者从一开始就预定了被教唆者实施的犯罪是以未遂告终，而进行了教唆的场合，即未遂的教唆，应该理解为不可罚。"④ 德国的理论通说主张不可罚。德国的判例也认为，教唆人必须致力于将正犯行为实施终了；如果他只想使正犯行为实施未遂，则不处罚⑤。

2）陷阱教唆

陷阱教唆（agent provocateur；Lockspitzel）又被称为教唆陷阱、陷害教唆，本意为"行教唆的刑警"，是指以使他人陷入犯罪为职业的警察的手下（也被称为警察的狗），在刑法上一般指想使他人因犯罪落网而教唆他人实施一定犯罪的情况，例如，为了搜查毒品

① 张明楷：《外国刑法纲要》（第二版），清华大学出版社，2007年，第327页。

② 〔日〕大谷实：《刑法讲义总论》（新版第二版），黎宏译，中国人民大学出版社，2008年，第395页。

③ 最决昭28·3·5刑集7·3·482。参见〔日〕大塚仁：《刑法概说（总论）》（第三版），冯军译，中国人民大学出版社，2003年，第267页。

④ 〔日〕野村稔：《刑法总论》，全理其、何力译，法律出版社，2001年，第416～417页。

⑤ RG 15，315（317）；44，172（174）；BGH GA 1975，333. Vgl. Jescheck H H，Weigend T. Lehrbuch des Strafrechts Allgemeiner Teil. Drucker & Humblot，1996，5. Aufl.，S. 687.

犯罪，警察进行诱惑侦察，“卧底”隐瞒其身份假扮成被侦察人的同伙的情形。需要指出的是，陷害教唆虽然存在既遂的情形，但是多数情形下是未遂的教唆。

关于陷阱教唆的可罚性，日本的判例肯定其成立教唆犯①。不过也往往作为搜查上不得已的手段会被合法化，如针对毒品的诱惑侦查，日本《麻药以及精神药物取缔法》第58条规定，对违反麻药以及精神药物取缔法的行为进行诱惑侦查是合法的②。然而学者们对于陷阱教唆的可罚性则持有不同观点。持结果认识说的学者虽然否定未遂的教唆犯的可罚性，却承认陷害教唆的可罚性，例如，日本学者泷川幸辰提出：“不管是以怎样的理由，任何人都没有权力为了让他人受刑事处罚而把他引入犯罪……‘禁止诱惑人们！’为了刑事审判的尊严，必须遵守这一格言。”③ 而肯定未遂的教唆犯的可罚性的学者，也有认为在具有搜查的必要性与手段的适当性的场合下，作为基于正当的业务行为而肯定其违法性阻却的可能性④。肯定未遂的教唆犯的可罚性的观点目前在日本是通说。

德国的理论通说对陷阱教唆的可罚性持否定的态度。如德国学者耶赛克、魏根特认为：“根据从属性原则，在此等情况下已构成教唆犯，因为行为人毕竟有意识地促成了犯罪的实现（未遂或既遂）。只是基于刑事政策的原因，在下列先决条件下，即密探小心地排除了受构成要件保护的法益的实体危害，对此等行为才不予处罚。”⑤ 德国判例原则上赞同使用联络人和密探打击很难破获的严重犯罪，只要他们不是以特别粗暴的方式对尚未准备实施犯罪行为之人施加影响。甚至在此等情况下，密探也很少受到刑事追诉，而被教唆之人将被从轻发落，这种从轻发落本身可能导致所受处罚要轻于与罪责相适应的刑罚（减轻处罚）⑥。

2. 教唆的未遂

教唆的未遂，是指教唆者的教唆行为虽然已经实施，但未得逞的场合。具体而言，教唆的未遂可能包括以下几种情形：①以失败而告终的教唆。教唆者虽然实施了教唆行为，但被教唆者并未产生实施犯罪的决意。②没有效果的教唆。被教唆者产生了实施犯罪的决意，但尚未作出任何行为；或被教唆者虽然实行了行为，但是教唆行为和被教唆者的实行之间没有因果联系。③以未遂而告终的教唆。被教唆者已经产生了实施犯罪的决意，且已经按照被教唆的内容着手实行行为，但未能得逞。

关于教唆未遂成立的范围，因采用不同学说而有所不同。

按照共犯从属性说，教唆行为对于法益侵害而言仅有潜在的、抽象的或部分的危险性，其必须从属于正犯的实行行为。在共犯从属性说看来，教唆未遂仅包括上述第三种情形。而另外两种情况下由于缺乏正犯的实行行为，不具有足以作为未遂犯处罚的结果发生

---

① 参照最决昭28·3·5集7·3·482，提出“诱惑者根据情形……要特别作为教唆犯或者从犯负责”。参见〔日〕大塚仁：《刑法概说（总论）》（第三版），冯军译，中国人民大学出版社，2003年，第267页。

② 陈家林：《外国刑法通论》，中国人民公安大学出版社，2009年，第589页。

③ 〔日〕泷川幸辰：《犯罪论序说》，王泰译，法律出版社，2005年，第158～159页。

④ 〔日〕大塚仁：《刑法概说（总论）》（第三版），冯军译，中国人民大学出版社，2003年，第267页。

⑤ Jescheck H H，Weigend T. Lehrbuch des Strafrechts Allgemeiner Teil. Drucker & Humblot，1996，5. Aufl.，S. 688.

⑥ BGH 32，345（355）；33，283；BGH NJW 1986，75；NJW 1986，1764；NStZ 1992，488. Vgl. Jescheck H H，Weigend T. Lehrbuch des Strafrechts Allgemeiner Teil. Drucker & Humblot，1996，5. Aufl.，S. 688.

的具体危险性，因此不可罚。德国学者李斯特认为："教唆未遂，不管是不成功的教唆还是未实行终了的教唆，均不作为教唆犯处罚，因为这里缺乏正犯的应受处罚的行为，也不能作为未遂之独立犯罪受处罚。"① 耶赛克、魏根特认为："被教唆的行为必须实行终了，或至少表明了是应当受刑法处罚的未遂。"②

根据共犯独立性说，教唆行为本身就已经彰显出行为人的反社会的危险性，正犯实行行为的有无对此没有影响。单纯的教唆行为就意味着教唆者的犯罪意图，从教唆行为的本身就可以认定行为的着手。在共犯独立性说看来，教唆未遂不仅包括上述第三种情形，而且还应包括上述第一种、第二种的场合。正如日本学者木村龟二所言，无论是哪种情形的教唆未遂都应成立教唆犯，适用未遂犯的规定进行处罚③。

目前德国、日本的通说是共犯从属性说，因此作为狭义的共犯之一的教唆犯，成立的前提条件是被教唆者已经实行被教唆的行为。在被教唆者没有产生犯意或者即使产生犯意却没有作出实行行为，或者即使作出了实行行为但与教唆行为之间不存在因果关系时，不能成立教唆犯。

（五）对预备罪的教唆

所谓对预备罪的教唆，是指教唆他人实施犯罪行为但被教唆者停留在预备、阴谋阶段的情况。

共犯独立性说认为，处罚教唆犯不以正犯实施了实行行为为必要，因而对预备罪的教唆也属于教唆的未遂。

共犯从属性说的看法有肯定说、否定说和折中说之分。

肯定说认为《日本刑法典》第61条关于教唆犯规定中的"实行"应当解释为包括符合修正的构成要件的行为在内，因而对预备罪、阴谋罪的教唆成立教唆犯。日本学者平野龙一、大谷实、前田雅英、川端博、山中敬一、草野豹一郎、庄子邦雄、柏木千秋、青柳文雄、泉二新熊、内田文昭、西田典之、平场安治等持这种观点。

否定说认为《日本刑法典》第61条规定的"实行"是指符合基本构成要件的行为。而预备是着手实行之前的行为，在被教唆者的行为还未到达实行的着手之阶段就肯定教唆行为的一般可罚性，是不妥当的，因而不成立预备（阴谋）罪的教唆犯，不可罚。日本学者大塚仁、香川达夫、中山研一、曾根威彦、植松正等持这种观点。

折中说认为，在独立地规定着预备罪的构成要件时予以肯定，在只不过规定为构成要件的修正形式时予以否定。如《日本刑法典》第153条明确规定了属于独立的构成要件的预备罪，所以，应肯定对该罪的教唆的成立。日本学者福田平、西原春夫等持这种观点。

（六）独立教唆犯

独立教唆犯是指只要实施了教唆行为，不管被教唆人是否产生了实行犯罪的决意，也不管是否现实地实施了犯罪，都成立犯罪的行为。日本最高法院的判例认为，独立教唆犯

---

① 〔德〕李斯特：《德国刑法教科书》（修订译本），徐久生译，法律出版社，2006年，第378页。

② Jescheck H H，Weigend T. Lehrbuch des Strafrechts Allgemeiner Teil. Drucker & Humblot，1996，5. Aufl.，S. 689.

③ 〔日〕木村龟二：《刑法总论》，有斐阁，1978年，第418页。

的成立并不以被教唆者产生了犯罪决意作为必备条件。只要教唆者实际实施了教唆行为，无论被教唆者是否产生犯罪决意，也无论被教唆者是否实施实行行为，教唆者都成立教唆犯①。

独立教唆犯不符合德国、日本通说的共犯从属性说，只有在法律有特别规定的情况下才能认可这种特殊的情形。日本的特别法规定了与教唆犯类似的观念，即所谓独立教唆犯、“唆使”、“煽动”、“影响”等。例如，日本《破坏活动防止法》第38～41条、《爆炸物取缔罚则》第4条等即规定了独立教唆犯。对日本《国家公务员法》第110条第1款第17项、第98条第2款、第111条的规定也应作同样的理解。

（七）对教唆犯的处罚

1. 依照正犯处罚

对教唆犯，依照正犯处罚。这一处罚原则为很多国家的刑法所规定。

例如，《德国刑法典》第26条规定：“对教唆犯的处罚与正犯相同。”《日本刑法典》第61条第1款规定：“教唆他人实行犯罪的，判处正犯的刑罚。”《法国新刑法典》第121-6条规定：“第121-7条意义上的共犯，以正犯论处。”“第121-7条意义上的共犯”包括教唆犯在内。《瑞士联邦刑法典》第24条规定：“故意教唆他人犯重罪或轻罪的，是教唆犯。对教唆犯的处罚与正犯相同。”

所谓依照正犯处罚，是指在与适用于正犯行为的基本构成要件相对应的法定刑范围内处罚，对教唆者量定比正犯者更重的刑也无妨②。正犯既遂的话，就成立对既遂犯的教唆犯；未遂的话，就成立对未遂犯的教唆犯，在该法定刑的范围内予以处罚③。

另外，日本刑法对于教唆教唆犯也有规定。《日本刑法典》第61条第2款规定，教唆教唆犯的，判处正犯的刑罚。对再间接教唆、连锁教唆应否处罚虽然理论上还有争论，但日本判例持肯定态度。

2. 量刑独立

判处正犯的刑罚并非意味着以正犯现实被判处的宣告刑为标准确定教唆犯的刑罚，对教唆犯的处罚不以正犯实际上被处罚为必要。

因此，对教唆犯的量刑是独立于对正犯的量刑的。在具体案件中，教唆犯可能受到重于或者轻于正犯的惩罚。对此也有很多国家刑法有明文规定。如《德国刑法典》第28条第2款规定：“法定刑因行为人的特定的个人特征而加重、减轻或排除的，其规定只适用于具有此等特征的行为人（正犯或共犯）。”《德国刑法典》第29条规定：“数人共同犯罪的，各依自己的罪责受处罚，不考虑他人的罪责。”《瑞士联邦刑法典》第26条规定：“裁判时应考虑正犯、教唆犯和帮助犯所具备的从重、减轻或排除刑罚的特殊之个人关系、特征和情况。”

---

① 〔日〕最高裁判所1954年4月27日《最高裁判所刑事判例集》第8卷第4号，第555页。最判昭29·4·27刑集8·4·555。〔日〕大谷实：《刑法讲义总论》（新版第二版），黎宏译，中国人民大学出版社，2008年，第395页。

② 大判明43·12·9录16·2139。参见〔日〕大塚仁：《刑法概说（总论）》（第三版），冯军译，中国人民大学出版社，2003年，第270页。

③ 最判昭25·12·19刑集4·12·2586。〔日〕大谷实：《刑法讲义总论》（新版第二版），黎宏译，中国人民大学出版社，2008年，第401页。

3. 对教唆的处罚限制

日本刑法规定，对于轻微犯罪的教唆者原则上不处罚。《日本刑法典》第 64 条规定：仅应判处拘留或者罚金之罪的教唆者，如果没有特别规定，不处罚。《日本轻犯罪法》第 3 条也作了类似规定。

4. 教唆的未遂

日本刑法对教唆的未遂没有规定，但其他国家的处理主要有以下几种方式：按犯罪预备、未遂处罚、减轻处罚、不予处罚或处以保安处分。例如，《德国刑法典》第 30 条第 1 款规定：命令或教唆他人实施重罪而未遂的，依该重罪的未遂论处，但依第 49 条第 1 款的规定减轻处罚，并适用第 23 条第 2 款的规定。《意大利刑法典》第 115 条规定：在教唆他人实施犯罪的情况下，如果教唆已被接受，但犯罪没有实施，或者教唆没有被接受，如果教唆的是实施某一重罪，对教唆人可处以保安处分，否则不予处罚。

5. 独立教唆犯

根据德国、日本刑法，独立教唆犯只有在法律有特别规定的情况下才能认可。

关于独立教唆犯的处罚，只要教唆者实施了教唆行为，不管被教唆人是否产生了实行犯罪的决意，也不管是否现实地实施了犯罪，都成立犯罪。

针对被教唆者着手实施了犯罪行为的情况，日本有关法律作了明文规定。例如，《破坏活动防止法》第 41 条规定："本法所规定的教唆，在被教唆者实行了被教唆的罪时，不排除刑法总则所规定的教唆之适用。此时应比较其刑并以重刑处断。"

二、帮助犯

（一）帮助犯的概念与成立条件

1. 帮助犯的概念

帮助犯，又称从犯，是指帮助正犯实行犯罪的人。帮助犯不参加犯罪的实行行为，仅仅是协助正犯使其实行行为更容易实现。由于帮助犯不分担犯罪的实行行为，因而不同于共同正犯；又由于帮助犯是帮助而非诱发他人实行犯罪，因而也不同于教唆犯。按照作为德国、日本通说的共犯从属性说，作为狭义共犯的帮助犯从属于正犯。

帮助犯在德国、日本等国的刑法中都有所规定。例如，《德国刑法典》第 27 条第 1 款规定："对他人故意实施的违法行为故意予以帮助的，是帮助犯。"《日本刑法典》第 62 条第 1 款规定："帮助正犯的，是从犯。"

2. 帮助犯的成立条件

一般认为，要成立帮助犯，不仅要有帮助正犯的故意，而且还要实施帮助正犯的行为；同时，根据共犯从属性说，还要求被帮助者即正犯实施了犯罪行为；另外，还有观点认为，帮助行为与正犯行为及结果之间具有因果关系也是必要的。因此，本书从"帮助的故意"、"帮助的行为"、"被帮助者实施实行行为"、"帮助的因果关系"四个方面来讨论帮助犯的成立条件。

1）帮助的故意

帮助犯的帮助行为必须是基于帮助正犯的意思而实施的，即帮助犯必须要有帮助的故意。这里的故意，是指对正犯的实行行为有认识，并且认识到通过自己的行为使该实行行为更容易实施。

帮助的故意主要涉及以下几个方面的问题。

关于帮助的故意的认识内容，是否要求帮助者认识到正犯的实行行为所产生的结果，与教唆的故意的认识内容一样，理论上有行为认识说与结果认识说的分歧。这两种观点的对立主要体现在是否承认所谓“未遂的帮助”的问题上。我们赞成行为认识说，从犯是在正犯实现其犯罪意思之际加功犯罪的人，其目的在于使正犯的犯罪行为更容易实现。所以只要其认识到自己的帮助行为能使正犯的行为更容易即可，不需要对正犯实行行为的结果有认识。

帮助的故意是否包括间接故意？多数学者持肯定态度。日本学者团藤重光、大塚仁、藤木英雄、大谷实、川端博，德国学者耶赛克、魏根特等持这种观点，例如，耶赛克和魏根特认为：“作为故意种类，如同在教唆犯情况下一样，间接故意即可。”[①] 大塚仁指出：“从犯的故意也可以是未必的故意。”[②] 这就是说从犯的故意，可以是直接故意，也可以是间接故意。

至于帮助犯与被帮助的正犯之间是否必须具有意思联络，这是关于“片面的帮助”的问题。片面的帮助又称秘密帮助[③]，是指帮助人基于帮助的故意而实施了帮助行为，但被帮助人即正犯却并未认识到自己正在被帮助的情况。有些国家的立法明确肯定了片面帮助犯。例如，《泰国刑法典》第 86 条规定：“在他人犯罪前或犯罪时，以任何方法帮助或者便利其犯罪者，即使他人不知道该帮助或该便利情况的，也是从犯。”日本判例也肯定了片面帮助犯的成立，如认识到他人开设着赌场，为了帮助他人而单方面地去拉客让其赌博的案件[④]。理论上对于片面的帮助犯能否成立颇有争议，通说持肯定的态度，认为在被帮助者（正犯）不知情的情况下，帮助行为仍然可以使实行行为更为容易，因此，只要帮助者认识到正犯的行为并有帮助正犯实施的意思就可以了，帮助者与被帮助者之间并不需要有意思联络，“正犯甚至不需要知道他（帮助者）提供的帮助”[⑤]。日本学者小野清一郎、木村龟二、团藤重光、福田平、大塚仁、大谷实、前田雅英、野村稔，德国学者耶赛克、魏根特等持此观点。

2）帮助的行为

在刑法上，所谓帮助行为，是指符合基本构成要件的实行行为以外的行为，必须使正犯者的实行行为变得容易[⑥]，但是，不要求帮助行为是正犯实施实行行为所必不可少的行为[⑦]。

---

① Jescheck H H，Weigend T. Lehrbuch des Strafrechts Allgemeiner Teil. Drucker & Humblot，1996，5. Aufl.，S. 695.

② 〔日〕大塚仁：《刑法概说（总论）》（第三版），冯军译，中国人民大学出版社，2003 年，第 272 页。

③ Jescheck H H，Weigend T. Lehrbuch des Strafrechts Allgemeiner Teil. Drucker & Humblot，1996，5. Aufl.，S. 691.

④ 大判大正 14 年 1 月 22 日刑集 3 卷 921 页；东京地方裁判所昭和 63 年 7 月 27 日判时 1300 号 153 页。参见〔日〕野村稔：《刑法总论》，全理其、何力译，法律出版社，2001 年，第 425 页；〔日〕大谷实：《刑法讲义总论》（新版第二版），黎宏译，中国人民大学出版社，2008 年，第 404 页。

⑤ Jescheck H H，Weigend T. Lehrbuch des Strafrechts Allgemeiner Teil. Drucker & Humblot，1996，5. Aufl.，S. 691.

⑥ 最判昭 24・10・1 刑集 3・10・1629。参见〔日〕大谷实：《刑法讲义总论》（新版第二版），黎宏译，中国人民大学出版社，2008 年，第 402 页。

⑦ 大判大 2・7・9 录 19 ・771、大判大 11・10・6 集 1・530。参见〔日〕大塚仁：《刑法概说（总论）》（第三版），冯军译，中国人民大学出版社，2003 年，第 273 页。

大陆法系国家在立法上对帮助的行为一般没有进行具体的界定。理论上认为，帮助行为的方法、手段多种多样，“以至于对他人的故意行为的任何一种故意的促进均可被视为帮助”[①]。其既可以是有形的物质性帮助，如提供信息、资金、犯罪工具、犯罪场所或者排除障碍等；也可以是无形的精神性帮助，如提供建议、进行指点、强化犯意、提示、鼓励、激励等。前一种情形被称为物质帮助犯（有形帮助犯），后一种情形被称为精神帮助犯（无形帮助犯）。判例中表现为：有形帮助犯的例子如，为赌博场开张者引诱赌者、提供房间[②]；无形帮助犯的例子如，甲具有实行伤害罪的决意，乙对甲说，“总是犹豫不决的话，就会更加拖下去”，强化了其犯罪意思[③]。

在帮助行为的形式上，既可以出于作为也可以是不作为。例如，负责选举的人尽管看见有人在干涉投票，却不制止[④]；剧场的负责人看到跳舞者公然猥亵的表演，不制止而让其继续公开演出[⑤]等。总之，在法律上具有防止正犯者的犯罪的作为义务的人，违反其义务、故意懈怠其防止的行为，就是基于不作为的帮助犯。

从帮助行为的对象上看，被帮助的人必须是特定的人。按照共犯从属性说的观点，从犯是从属于正犯的。帮助正犯，就应解释为以正犯的存在为前提。被帮助人原则上必须具有责任能力，但通说认为，只要是具有规范意识的人，即便是无责任能力者，也能成为被帮助人。

从帮助行为实施的时间上看，帮助行为可以与正犯的实行行为同时实施，即所谓“伴随的帮助犯”或“随附的帮助犯”，如放哨[⑥]；也可以先于正犯的实行行为而实施，即所谓“预备的帮助犯”或“事前帮助犯”，如预先借给凶器或者说明实施犯罪行为的方法[⑦]；还可以在正犯的实行行为的一部分终了之后实施，使以后的正犯行为更容易，即所谓“承继的帮助犯”。至于在正犯实行行为已经终了之后给予帮助能否成立“事后帮助犯”，学者间则有争议。在立法上，藏匿犯人、湮灭罪证以及有关赃物等都是事后帮助的犯罪，现行刑法都是将其规定为独立的罪名而不再属于共犯的概念。例如，《德国刑法典》第257条（包庇）、第259条（窝赃）；《日本刑法典》第103条（藏匿犯人）、第104条（隐灭证据）、第256条（收受赃物）。因此有学者认为，在立法上大陆法系已经否定了事后帮助犯的概念，而将这些犯罪都规定为独立罪名[⑧]。

---

① Jescheck H H, Weigend T. Lehrbuch des Strafrechts Allgemeiner Teil. Drucker & Humblot, 1996, 5. Aufl., S. 692.

② 大判大9·11·4录26·793。参见〔日〕大塚仁：《刑法概说（总论）》（第三版），冯军译，中国人民大学出版社，2003年，第273页。

③ 大判昭2·3·28集6·118。参见〔日〕大塚仁：《刑法概说（总论）》（第三版），冯军译，中国人民大学出版社，2003年，第273页。

④ 大判昭3·3·9集7·172。参见〔日〕大塚仁：《刑法概说（总论）》（第三版），冯军译，中国人民大学出版社，2003年，第274页。

⑤ 最判昭29·3·2裁集93·59。参见〔日〕大塚仁：《刑法概说（总论）》（第三版），冯军译，中国人民大学出版社，2003年，第274页。

⑥ 参见大判明42·9·20录15·1139。参见〔日〕大塚仁：《刑法概说（总论）》（第三版），冯军译，中国人民大学出版社，2003年，第275页。

⑦ 大判大6·7·5录23·787、大判昭10·3·20集14·315。参见〔日〕大塚仁：《刑法概说（总论）》（第三版），冯军译，中国人民大学出版社，2003年，第275页。

⑧ 〔日〕川端博：《刑法总论》（第二版），成文堂，2006年，第574页。

帮助行为既可以一人单独实施，也可以二人以上实施。共同帮助犯就是指两个以上的人出于共同实施帮助行为的意思，使正犯的实行行为容易实施的情况。一般认为，只要共同帮助人分别实施了帮助行为的一部分，那么，各自就应当承担帮助犯的罪责。即，不成立帮助的共同正犯，各人单独成立帮助犯。但是，两个以上的人共谋实施帮助行为，但只有其中的一人或一部分人实施了帮助行为的情况下，对于未实施帮助行为的人能否按照共谋共同正犯的理论成立共谋共同帮助犯？日本的判例对此持肯定态度，判例认为："共同地谋议帮助正犯的实行，只有其中的某人进行了帮助行为时，其他共谋者也应该负帮助犯的责任（共谋共同帮助犯）。"[①] 但是理论上则有肯定说与否定说之间的对立。肯定论者认为"两个以上的人共谋帮助行为完全是可能的，所以，应当认可共谋共同帮助犯"[②]，庄子邦雄、西原春夫、大谷实等持这种观点。持否定态度的学者则认为，将刑法关于共同正犯的规定加以扩张而承认所谓的共谋共同帮助犯，是不妥当的做法[③]，团藤重光、福田平、大塚仁、川端博、山中敬一等持这种观点。

3）被帮助者实施实行行为

被帮助者即正犯实施实行行为，是成立帮助犯的必要条件。这在立法上是有所体现的，例如《日本刑法典》第 62 条规定："帮助正犯的，是从犯。"作为例外，日本立法上还存在独立帮助犯的情况，如日本《国家公务员法》第 111 条、《轻犯罪法》第 3 条。

那么，如何理解被帮助者的"实行行为"？一种观点认为，它是指着手实施符合基本构成要件的行为；另一种观点则认为，符合预备罪等修正的构成要件的行为也是实行行为。两种观点的主要分歧在于是否承认预备罪（阴谋罪）的帮助，此问题将在后文中详述。

另外，被帮助者的实行行为是否可以包括不作为的方式？这便涉及是否承认帮助不作为犯的问题。少数学者否定对不作为犯的帮助，如德国学者韦尔策尔，其主要理由是，不作为是不实施一定行为的状态，不可能对其给予支援。因而不存在对不作为犯的帮助犯，行为人的行为只成立作为的正犯[④]。德国、日本的通说和日本的判例[⑤]都肯定对不作为犯的帮助犯。但是否有形的帮助与无形的帮助这两种形式都可以构成对不作为犯的帮助犯，理论上存有争议。通说既肯定对不作为犯的无形帮助犯，也肯定对不作为犯的有形帮助犯。

被帮助者的实行行为应当具备何种程度的犯罪性是一个直接与共犯从属性程度相关的问题，根据目前处于德国、日本理论通说的限制从属性说，被帮助者的实行行为"符合构成要件、是违法的就够了"[⑥]，"不一定要求正犯具有可罚性"[⑦]。德国、日本的立法也采

① 日本大审院 1935 年 10 月 29 日《大审院刑事判决集》第 14 卷，第 1267 页。参见〔日〕大塚仁：《刑法概说（总论）》（第三版），冯军译，中国人民大学出版社，2003 年，第 275 页。

② 〔日〕大谷实：《刑法讲义总论》（新版第二版），黎宏译，中国人民大学出版社，2008 年，第 404 页。

③ 大判昭 4・10・28 集 8・528、大判昭 15・5・9 集 19・297。参见〔日〕大塚仁：《刑法概说（总论）》（第三版），冯军译，中国人民大学出版社，2003 年，第 275 页。

④ 〔日〕大塚仁：《刑法概说（总论）》（第三版），冯军译，中国人民大学出版社，2003 年，第 275 页。

⑤ 高松高判昭 28・4・4 判特 36・9。参见〔日〕大谷实：《刑法讲义总论》（新版第二版），黎宏译，中国人民大学出版社，2008 年，第 403 页。

⑥ 〔日〕大塚仁：《刑法概说（总论）》（第三版），冯军译，中国人民大学出版社，2003 年，第 276 页。

⑦ 〔日〕大谷实：《刑法讲义总论》（新版第二版），黎宏译，中国人民大学出版社，2008 年，第 405 页。

用这种观点，即，被帮助者即正犯的实行行为，应理解为符合特定的犯罪构成要件的具有违法性的行为。如《德国刑法典》第 27 条第 1 款规定："对他人故意实施的违法行为故意予以帮助的，是帮助犯。"结合《德国刑法典》第 11 条，此处的"违法行为"就是"符合构成要件的违法行为"。

4）帮助的因果关系

德国的判例向来就不要求帮助行为与正犯的实行行为或结果之间存在因果关系，只要是促进正犯的行为便可以了[①]。日本的判例对此也持否定的态度，认为帮助的因果关系不是必要条件关系，只要具有强化犯意，使得犯罪行为更加容易的促进关系即可[②]。

日本在理论上存在肯定说和否定说之分。

肯定说主张，帮助犯的成立以帮助行为与正犯行为或结果之间具有因果关系为必要条件。但是学者间对因果关系的理解并不一致。有认为帮助犯的成立以帮助行为与正犯结果之间具有因果关系为必要条件的"正犯结果引起说"（也被称为条件关系必要说）。山中敬一、曾根威彦等持这种观点。还有认为帮助行为与正犯结果之间没有必要具备条件关系，只需具有"促进或使其变得容易"的关系即可的"促进的因果关系说"。西田典之、平野龙一、前田雅英等持这种观点。

否定说认为，帮助犯的成立不以帮助行为与正犯行为及结果之间具有因果关系为必要条件。在此说看来，所谓帮助行为，是一般认为会使正犯的实行行为变得容易的行为，并不以实际上使正犯的实行行为变得容易为要件。因为从犯不是实现正犯的结果的人，所以并不要求存在与正犯的结果之间的因果关系，并且它与正犯行为之间也不要求存在因果关系。中野次雄、野村稔等持这种观点。

通说采用实行行为促进说，认为帮助行为与正犯的实行行为之间必须具有因果关系，而与正犯的结果之间则无须因果关系的存在。只要帮助行为从心理或物理方面促进正犯的行为或使其变得容易，就可以认定为有因果关系。不要求具有没有帮助行为就没有正犯的实行行为的条件关系。日本学者大塚仁、大谷实、川端博、藤木英雄，德国学者耶赛克、魏根特等持这种观点。

（二）过失的帮助与对过失犯的帮助

1. 过失的帮助

过失的帮助，是指因违反注意义务而使正犯的实行行为更容易实施的情况。

是否承认过失的帮助，各国的态度并不一致。德国理论界和立法上都持否定态度。《德国刑法典》第 27 条第 1 款明确规定："对他人故意实施的违法行为故意予以帮助者，是帮助犯。"[③] 但是，在日本由于刑法典没有明确规定帮助犯的主观罪过形态，因而在理论上对于是否承认过失的帮助犯有争议。

---

① 〔日〕野村稔：《刑法总论》，全理其、何力译，法律出版社，2001 年，第 424 页。

② 大判大正 2・7・9 刑录 19 辑 771 页。参见〔日〕野村稔：《刑法总论》，全理其、何力译，法律出版社，2001 年，第 424 页；类似的判例还有：大判昭和 7・6・14 刑集 11 卷 797 页。参见〔日〕西田典之：《日本刑法总论》（第二版），王昭武、刘明祥译，法律出版社，2013 年，第 307～308 页。

③ 《德国刑法典》第 121 条第 2 款（过失帮助犯人脱逃）则属于例外情况。但这里不成立帮助行为，而是构成独立的犯罪。

肯定说认为，由于在《日本刑法典》第62条中并未明确要求故意实施帮助，所以没有理由否定过失的共犯。宫本英脩、木村龟二、牧野英一、内田文昭持此立场。

否定说是通说。否定说认为，帮助者必须认识到正犯的实行行为，并具有帮助正犯实行行为的意思。因此，过失的帮助犯不能成立。另外，刑法以处罚故意犯为原则，处罚过失犯必须有法律的明文规定，但是日本刑法并没有对过失的帮助犯进行处罚的明文规定，“所以，承认过失的帮助行为是违反罪刑法定原则的”①。山中敬一、前田雅英、大谷实、大塚仁、野村稔、曾根威彦持此立场。

2. 对过失犯的帮助

对过失犯的帮助是指认识到正犯违反注意义务，但为使结果容易发生而对其提供帮助的情况。

有些学者否认对过失犯的帮助。如德国学者李斯特认为，故意帮助为过失犯罪行为不属于共犯，此种情况可成立间接正犯②。

有的学者虽然对“过失的帮助”持否定态度，但认可“对过失犯的帮助犯”，日本学者大塚仁、大谷实、川端博、山中敬一等持此观点。如大谷实认为：“和教唆犯的场合不同，没有必要使正犯形成犯意，只要使正犯的犯罪容易进行就够了，因此，在帮助犯中，能够认可对过失犯的帮助犯。”③

（三）间接帮助、再间接帮助与连锁帮助

1. 间接帮助

所谓间接帮助，是指帮助帮助犯的情况。

和间接教唆犯（《日本刑法典》第61条第2款）不同，日本刑法没有规定间接帮助犯。但是日本判例肯定了间接帮助犯的可罚性。判决写道：“之所以处罚从犯，因为在于使正犯的实行容易这一点，其帮助行为对正犯的实行行为，不问直接间接，苟知正犯实施犯行之情，使其实行容易、均应当承认有因果关系，导致帮助的效果，在其间不应设立区别。从而将间接帮助正犯的行为亦作为从犯处断，不能不说是恰当的。”④

有关间接帮助犯的可罚性，理论上存在否定说与肯定说两种不同的见解。

否定说认为，《日本刑法典》第62条规定：“帮助正犯的，是从犯。”这就意味着帮助帮助犯的，不是帮助犯。因此，如果处罚对帮助犯的帮助行为的话，将会违背罪刑法定主义的要求。如日本学者大塚仁认为：“帮助行为不是作为基本构成要件内容的实行行为，帮助者不是正犯，所以，既然没有关于间接帮助犯的规定，就应该认为不处罚它才是刑法的趣旨。”⑤ 团藤重光、大塚仁、西原春夫、川端博、野村稔、泷川幸辰、福田平等持否定说。

肯定说则认为，《日本刑法典》第62条的规定并非意味着仅仅处罚直接帮助正犯的行为人，完全可以认为它包含着处罚直接帮助从犯而间接帮助正犯的行为人的意思。而且，

① 〔日〕大谷实：《刑法讲义总论》（新版第二版），黎宏译，中国人民大学出版社，2008年，第402页。
② 〔德〕李斯特：《德国刑法教科书》（修订译本），徐久生译，法律出版社，2006年，第376页。
③ 〔日〕大谷实：《刑法讲义总论》（新版第二版），黎宏译，中国人民大学出版社，2008年，第403页。
④ 马克昌：《比较刑法原理：外国刑法学总论》，武汉大学出版社，2002年，第723页。
⑤ 〔日〕大塚仁：《刑法概说（总论）》（第三版），冯军译，中国人民大学出版社，2003年，第279页。

从实质上看，不处罚间接从犯也不合理[①]。但是，“由于间接帮助犯和正犯的关系并不明确，所以，不应轻易认定间接帮助犯”[②]。牧野英一、小野清一郎、木村龟二、大谷实、前田雅英、山中敬一等持肯定说。

2. 再间接帮助与连锁帮助

再间接帮助，是指帮助间接帮助者的情况。再间接帮助以及更多层次的间接帮助被日本刑法理论称为连锁帮助、顺次帮助或相次帮助[③]。

对再间接帮助以及连锁帮助应否处罚，也存在肯定说与否定说两种不同意见。肯定说认为，即使中间存在帮助的连锁，只要通过这些帮助者而实现的正犯结果具有客观归属可能性，就具备帮助犯的处罚根据[④]。木村龟二持可罚的见解。

一般而言，否定间接帮助可罚性的学者自然会否定再间接帮助的可罚性。但即使是肯定间接帮助可罚性的学者，也有认为再间接帮助不可罚的。如大谷实认为：“在理论上应当认可这种类型，但是，由于帮助犯本来就没有定型性，加上再间接帮助犯在很多场合下和正犯的关系不明，所以，原则上，不应认可再间接帮助犯。判例也没有认可再间接帮助犯。”[②]

（四）未遂的帮助与帮助的未遂

1. 未遂的帮助

所谓未遂的帮助，是指帮助者预计到正犯的实行行为将以未遂而告终时实施的帮助行为。也就是说，帮助者从一开始就以使被帮助者的实行行为终于未遂的意思提供帮助。

未遂的帮助问题也与学者们对帮助的故意内容的理解有关。在是否要求帮助者认识到正犯的实行行为所产生的结果方面，与教唆的故意的认识内容一样，理论上存有分歧。

实行认识说不要求对根据正犯的实行行为实现基本的构成要件的情况具有认识，因此，不要求对帮助行为和构成要件结果之间的因果关系具有认识，只要认识到帮助行为的结果是使正犯容易实施就够了。团藤重光、大谷实、大塚仁、野村稔、藤木英雄、川端博等持此种观点。如大塚仁认为：“只要认识帮助行为的结果使正犯者的实行行为变得容易这种因果关系就够了。”[⑤]

结果认识说认为，帮助犯还必须对正犯的实行行为所实现基本的构成要件的情况有认识。即，需要认识到由正犯者的实行行为实现犯罪结果。根据该说，有必要认识由于帮助行为而发生正犯的犯罪结果的因果关系。日本学者木村龟二、平场安治、平野龙一、福田平、立石二六、前田雅英、井田良、浅田和茂、山中敬一，德国学者李斯特、耶赛克、魏根特等持这种观点。如德国学者李斯特认为：“如果被帮助人预见到，用帮助犯提供的工具将不可能招致结果的产生，同样不成立帮助犯。”[⑥] 耶赛克、魏根特认为：“如同要求教唆犯一样，通说也要求帮助犯的故意必须是指向正犯行为的实行终了。如果只想将行为控

---

① 〔日〕山中敬一：《刑法总论》（第二版），成文堂，2008 年，第 929 页。

② 〔日〕大谷实：《刑法讲义总论》（新版第二版），黎宏译，中国人民大学出版社，2008 年，第 407 页。

③ 〔日〕川端博：《刑法总论》（第二版），成文堂，2006 年，第 582 页。

④ 〔日〕山中敬一：《刑法总论》（第二版），成文堂，2008 年，第 931 页。

⑤ 〔日〕大塚仁：《刑法概说（总论）》（第三版），冯军译，中国人民大学出版社，2003 年，第 272 页注释 4。

⑥ 〔德〕李斯特：《德国刑法教科书》（修订译本），徐久生译，法律出版社，2006 年，第 378～379 页。

制在未遂阶段或者自始就知道行为不可能实施终了的不能犯未遂，不以帮助犯处罚。”①

与未遂的教唆一样，对于未遂的帮助是否成立帮助犯，理论上有肯定说与否定说两种观点。持行为认识说的学者肯定未遂的帮助犯，而持结果认识说的学者则否定未遂的帮助犯。日本的通说和判例持前一观点，德国的通说和判例持后一观点。例如，德国的判例认为，药剂师明知药物无堕胎效能而向孕妇提供所谓的堕胎药物，以便让该孕妇有时间改变主意，不构成堕胎罪的帮助犯②。

2. 帮助的未遂

所谓帮助的未遂，是指帮助者虽然实施了帮助行为，但被帮助者并未着手实施实行行为或者虽然实施了实行行为但以未遂告终的实行的情况。

在被帮助者也实施了实行行为但以未遂告终的情况下，帮助者成立帮助犯的未遂犯，是没有争议的。但是，在被帮助者并未着手实施实行行为的情况下，基于共犯独立性说与共犯从属性说的不同立场得出的结论不同。共犯独立性说认为，共犯行为本身已经彰显出行为人的反社会危险性，正犯实行行为的有无对此没有影响。因此，只要实施了帮助行为，即使正犯没有着手实行行为，也成立帮助犯的未遂。而共犯从属性说认为，共犯行为对于法益侵害而言仅有潜在的危险性，共犯的成立必须从属于正犯的行为。帮助的未遂缺乏正犯的实行行为，不具有足以作为未遂犯处罚的结果发生的具体危险性，因此不可罚。

（五）对预备罪的帮助

所谓对预备罪的帮助，是指帮助他人实施犯罪行为但被帮助者停留在预备阶段的情况。对此，能否以预备罪的帮助犯处罚？

日本判例的态度并不一致，既有采取否定立场的，也有采取肯定立场的③。理论上也有很大分歧。共犯独立性说认为，处罚帮助犯不以正犯实施了实行行为为必要，因而这种情况当然应当按照前述“帮助的未遂”处理。共犯从属性说的看法主要有肯定说、否定说和折中说之分。

肯定说认为，《日本刑法典》第 62 条关于帮助犯规定中的“正犯”应当解释为包括符合修正的构成要件的预备罪、阴谋罪在内，因而对预备罪、阴谋罪的帮助成立帮助犯。平野龙一、大谷实、前田雅英、川端博、山中敬一、草野豹一郎、青柳文雄、泉二新熊等持这种观点。

否定说认为，《日本刑法典》第 62 条规定的“正犯”指的是该法第 60 条“实行犯罪”含义上的正犯，而“实行”是指符合基本构成要件的行为，因此不包括预备罪与阴谋罪。如果处罚预备（阴谋）罪的帮助犯，就扩大了处罚范围，有害于法的安定性。因而主张对预备罪的帮助不可罚。大塚仁、香川达夫、中山研一、曾根威彦、植松正、泷川幸辰、植

① Jescheck H H，Weigend T. Lehrbuch des Strafrechts Allgemeiner Teil. Drucker & Humblot，1996，5. Aufl.，S. 695.

② RG 15，315（317）；17，377；60，23；BGH StV 1981，549. Vgl. Jescheck H H，Weigend T. Lehrbuch des Strafrechts Allgemeiner Teil. Drucker & Humblot，1996，5. Aufl.，S. 695.

③ 采取否定立场的，有名古屋高判昭 36·11·27 高集 14·9·635；采取肯定立场的，有大阪高判昭 38·1·22 高集 16·2·177。参见〔日〕大塚仁：《刑法概说（总论）》（第三版），冯军译，中国人民大学出版社，2003 年，第 276 页。

松正、佐伯千仞、齐藤诚二等持这种观点。

折中说认为，法律条文在独立地规定着预备罪的构成要件时（如《日本刑法典》第153条规定的伪造货币等准备罪）予以肯定，在规定为构成要件的修正形式的从属预备罪（如杀人预备罪）时予以否定。福田平、西原春夫等持这种观点。

（六）对帮助犯的教唆和对教唆犯的帮助

对"教唆教唆犯"、"帮助帮助犯"、"教唆帮助犯"、"帮助教唆犯"的情形，有学者称之为"共犯的共犯"，认为"共犯的共犯又称间接共犯或准共犯，是与直接共犯相对而言的，直接共犯指教唆或帮助实行犯的共犯，间接共犯指教唆或帮助教唆犯或帮助犯的共犯"[①]。

1. 对帮助犯的教唆

对帮助犯的教唆是指教唆他人对正犯的实行行为给予帮助。换句话说就是指对没有帮助正犯意思的人，使其产生帮助正犯的决意，并实施帮助行为。

《日本刑法典》第62条第2款规定："教唆帮助犯的，判处帮助犯的刑罚。"日本的判例有：丙已有杀意，甲建议乙送给丙金钱以强化其杀意，乙将金钱送给了丙，乙是丙的杀人罪的从犯，甲教唆了从犯乙[②]。

至于帮助犯的间接教唆，日本刑法没有特别规定，有的学者主张"应当认为是不可罚"[③]，有的学者则主张"间接教唆的帮助也能承认可罚性"[④]。

2. 对教唆犯的帮助

对教唆犯的帮助是指帮助教唆行为以使其更容易实行的情况。对此，德国、日本刑法上并没有规定。依照德国判例，帮助教唆犯和帮助帮助犯是正犯行为的帮助犯，不得两次减轻处罚[⑤]。理论上存在不可罚说和可罚说之争。

不可罚说主张，教唆行为不是实行行为，因而对教唆犯的帮助犯持否定态度。例如，山中敬一认为，帮助犯限于帮助正犯的行为，教唆行为的帮助者，不是帮助正犯，从而认为"教唆犯的帮助"不可处罚[⑥]。

可罚说认为，教唆行为是符合修正的构成要件的实行行为，所以应当承认对教唆犯的帮助犯。基于同样的理由，甚至对间接教唆的帮助犯也应持肯定态度。如前田雅英认为："虽然是间接的，但帮助了正犯的实行。"[⑦]

（七）对帮助犯的处罚

1. 依照正犯处罚

有些国家主张对帮助犯依照正犯独立处罚，即规定按照正犯所实行的犯罪处罚而未规

---

① 马克昌：《共同犯罪的若干特殊问题》，《武汉大学学报（社会科学版）》，1987年第6期，第6页。

② 大判大7·12·16录24·1549。参见〔日〕大塚仁：《刑法概说（总论）》（第三版），冯军译，中国人民大学出版社，2003年，第271页。

③ 〔日〕大塚仁：《刑法概说（总论）》（第三版），冯军译，中国人民大学出版社，2003年，第279页。

④ 〔日〕前田雅英：《刑法总论讲义》（第五版），东京大学出版会，2011年，第509页。

⑤ BGH 6，361；8，137；RG 14，318（320）；23，300（306）；59，396. Vgl. Jescheck H H，Weigend T. Lehrbuch des Strafrechts Allgemeiner Teil. Drucker & Humblot，1996，5. Aufl.，S. 697.

⑥ 〔日〕山中敬一：《刑法总论》（第二版），成文堂，2008年，第931页。

⑦ 〔日〕前田雅英：《刑法总论讲义》（第五版），东京大学出版会，2011年，第515页。

定减轻的情况。如《法国新刑法典》第121-7条规定，知情而故意给予帮助或协助，为准备或完成重罪或轻罪提供方便者，为重罪或轻罪之共犯。第121-6条规定，第121-7条意义上的共犯按正犯论处。《奥地利联邦共和国刑法典》第12条规定，所有参与人均作为正犯对待。《意大利刑法典》第110条规定了，当数人共同实施同一犯罪时，对他们当中的每一个人，均处以法律为该犯罪规定的刑罚。

2. 减轻处罚

多数国家对帮助犯采用依照正犯减轻处罚的做法。但是要注意的是，对帮助犯依照刑法中对正犯适用的法定刑减轻处罚，而不是比照正犯的宣告刑减轻处罚。因此，和正犯相比，帮助犯的宣告刑有时候可能更重。并且，帮助犯的处罚和正犯是否受到处罚没有关系。很多国家在立法上对这个问题进行了规定。如《瑞士联邦刑法典》第26条规定："裁判时应考虑到正犯、教唆犯和帮助犯所具备的从重、减轻或排除刑罚的特殊之个人关系、特征和情况。"《德国刑法典》第28条第2款规定："法定刑因行为人的特定的个人特征而加重、减轻或排除的，其规定只适用于具有此等特征的行为人（正犯或共犯）。"《巴西刑法典》第30条规定："除非属于犯罪构成要件，否则不能将个人特征视为共同犯罪的情节和状况。"

至于如何轻于正犯，各国的具体做法不一致：有的国家只规定从犯应减轻处罚，但没有规定具体的减轻处罚的方法。如《日本刑法典》第63条规定："从犯的刑罚，依照正犯的刑罚予以减轻。"《瑞士联邦刑法典》第25条规定，故意帮助他人实施重罪或轻罪的，可减轻处罚。《韩国刑法典》第32条第2款规定："对从犯的处罚，比照正犯之刑减轻处罚。"有的国家则明确规定了减轻处罚的幅度。例如，《泰国刑法典》第86条规定了对帮助犯应当依该罪法定刑的三分之二处罚。《德国刑法典》第27条第2款规定："对帮助犯的处罚参照正犯的处罚，并依第49条第1款减轻其刑罚。"其第49条第1款则规定了若干不同情况的减轻刑罚的幅度。

3. 对帮助犯的处罚限制

日本刑法规定对轻微犯罪的帮助者，原则上不处罚。

与前文所述对教唆的处罚限制相同，根据《日本刑法典》第64条，对法定刑为拘留和罚金的犯罪的帮助犯，法律没有特别规定的情况下，不能处罚。

第五节　共犯论的其他问题

一、共犯与身份

（一）概述

数个有一定身份者共同实施犯罪，毫无疑问依照身份者的犯罪论处；但当无身份者参与身份犯中身份者的行为时，例如，非公务员与公务员共同实行受贿罪，在这种情况下，无身份者应当如何论处，成为问题。共犯与身份即是为了解决这类问题而提出的。

刑法中的身份泛指与一定的犯罪有关的作为特定行为人特征的特殊地位或者状态，例如，侵占罪中的“占有人”、受贿罪中的“公务员”等，刑法将所有由于行为人的特征而对犯罪的成立以及刑罚产生影响的情况，都称做身份。行为者具有一定的身份影响犯罪是否成立或刑罚的轻重，一些国家的刑法对此作了专门规定。如《意大利刑法典》第540条对亲属关系的规定：“在刑事法律的意义上，当亲属关系被视为某一犯罪的构成要件、加重情节、减轻情节或者不受处罚的原因时，非婚生亲子关系等同于婚生亲子关系。”

德国现行刑法不再使用“身份”一词，而是使用“特定的个人特征”。根据《德国刑法典》第14条第1款的规定，特定的个人特征是指“特定的个人身份、关系或情况”。日本刑法中虽然使用的是“身份”一词，却未对身份作具体规定。不过，在日本判例中对身份所作的解释与德国刑法典中所规定的“特定的个人特征”大致相同。《日本刑法典》第65条中所说的身份并不仅仅限于男女性别、本国人和外国人的区别、家庭关系、公务员资格那样的关系，而是指所有的与一定犯罪相关的人与人之间关系的特殊地位或状态①。

有些日本学者甚至认为“目的”也应该包含在身份之中。刑法理论界关于该问题的争论相当激烈。关于“目的”是否包含在身份当中，学者中有肯定说（大谷实、木村龟二、团藤重光、平野龙一、西田典之、川端博、山口厚）和否定说（福田平、大塚仁、前田雅英、山中敬一）之分。否定说更有影响力，认为身份是以一定的继续性为前提的概念，而目的只是一时的心理状态，因而不是身份。肯定说认为，不仅在将目的作为犯罪成立要件的真正目的犯的场合，即使在将目的作为加重刑罚事由的不真正目的犯的场合，也应当将目的理解为犯人的“特殊地位或者状态”②。日本最高裁判所1967年3月7日的判决将《麻药取缔法》第64条第2款（走私麻醉药品罪）中的“营利目的”作为身份。

一些国家的刑法对身份与共犯问题作了规定。例如，《日本刑法典》第65条第1款规定：“参与因犯人之身份而构成犯罪行为者，虽不具有此种身份，仍为共犯。”第65条第2款规定：“因身份致刑有特别轻重者，无此种身份之人，科以通常之刑。”③ 又如，《德国刑法典》第28条规定：“（1）正犯的刑罚取决于特定的个人特征（第14条第1款）的，如共犯（教唆犯或帮助犯）缺少此等特征，依第49条第1款减轻处罚。（2）法定刑因行为人的特定的个人特征而加重、减轻或排除的，其规定只适用于具有此等特征的行为人（正犯或共犯）。”如前文所述，根据《德国刑法典》第14条第1款，这里的“特定的个人特征”包括“身份”，但比身份含义更广。《意大利刑法典》第117条也规定：“如果由

① 日本最高裁判所1952年9月19日《最高裁判所刑事判例集》第6卷第8号，第1083页。参见陈家林：《外国刑法通论》，中国人民公安大学出版社，2009年，第507页。

② 参见〔日〕西田典之：《日本刑法总论》（第二版），王昭武、刘明祥译，法律出版社，2013年，第371页。

③ 此条文引自〔日〕川端博：《刑法总论》，余振华译，元照出版有限公司，2008年，书末附录之《日本刑法典》。《日本刑法典》第65条日文版原文为：“第六十五条　犯人の身分によって構成すべき犯罪行為に加功したときは、身分のない者であっても、共犯とする。2　身分によって特に刑の軽重があるときは、身分のない者には通常の刑を科する。”国内学者多将《日本刑法典》第65条翻译为：“对于因犯人身份而构成的犯罪行为进行加功的人，虽不具有这种身份的，也是共犯。因身份而特别加重或者减轻刑罚时，对于没有这种身份的人，判处通常的刑罚。”参见张明楷译：《日本刑法典》（第二版），法律出版社，2006年，第28页。译者在此条文中作注说明：“加功”一词，指有助于实现犯罪的一切行为，故不仅包括教唆行为与帮助行为，而且可能包括实行行为。本书认为，中国多数学者在翻译的过程中只是简单地搬用了“加功”一词，由于中国古代法律中“加功”一词的含义与上述解释不一致，这容易造成国内刑法学者对此问题在理解上的混乱。根据日本理论通说以及判例的观点来分析，“加功”一词翻译为“参与”更为妥当。

于犯罪人的人身条件或身份或者由于犯罪人与被害人之间的关系而对某一共同犯罪人改变罪名，其他人也对相同的犯罪负责。但是，如果这后一犯罪比较严重，对于不具备上述条件、身份或者关系的人，法官可以减轻处罚。”

（二）构成身份与共犯

当法律规定具有一定的身份才成立犯罪时，这种身份是一定犯罪的构成要件，因而被称为构成身份或真正身份，身份的有无影响犯罪是否成立。例如，受贿罪，若行为人不具有公务员的身份，就不成立该罪。在真正身份犯的参与问题中，有以下几种情形：有身份者与无身份者共同实施真正身份犯；无身份者教唆或帮助身份者实行真正身份犯；有身份者教唆或帮助无身份者实行真正身份犯。

德国刑法没有对真正身份犯中共同正犯的成立问题进行规定，但是判例认为，如果构成要件以行为人必须具备特定的法律特征为前提条件，而相关之行为人缺乏这样的法律特征，则不存在共同正犯问题①。但是德国刑法对教唆犯和帮助犯在此等情况下的处理进行了规定。《德国刑法典》第 28 条第 1 款规定：“正犯的刑罚取决于特定的个人特征（第 14 条第 1 款）的，如共犯（教唆犯或帮助犯）缺少此等特征，依第 49 条第 1 款减轻处罚。”据此，教唆或帮助非特定身份者为真正身份犯的行为的情况下，成立教唆犯、帮助犯。但是教唆犯、帮助犯不依真正身份犯的正犯的刑罚受到处罚，而是要依第 49 条第 1 款的规定减轻处罚。

《日本刑法典》第 65 条第 1 款则规定，当无身份者参与实施身份者的行为时，即便是无身份者，也作为真正身份犯的共犯进行处罚。但是，关于《日本刑法典》第 65 条第 1 款规的中“共犯”的范围，日本判例的态度有一个变化的过程，早在 1911 年日本大审院的判例认为应仅限于共同正犯②，后来大审院认为《日本刑法典》第 65 条第 1 款也适用于教唆犯、帮助犯③，甚至共谋共同正犯也包括在内④。日本理论界的通说认为“共犯”除共同正犯之外，还包括教唆犯和从犯。

（三）加减身份与共犯

当法律规定一定身份是刑罚加重或减轻的条件时，这种身份就不是一定犯罪的构成要件，但是可以依据此身份加重或者减轻刑罚，因而被称为加减身份或不真正身份。此时，身份的有无只影响刑罚的轻重，不影响犯罪是否成立。

在不真正身份犯的参与问题中，有身份者与无身份者共同实施犯罪，或无身份者教唆或帮助有身份者实行犯罪，或有身份者教唆或帮助无身份者实行犯罪，只对有身份者处以

---

① RG 42，382；RG 59，79（81）；BGH 2，317（318）；BGH 14，123（127）；BGH 15，1（3）；BGH NJW 1986，2584. Vgl. Jescheck H H，Weigend T. Lehrbuch des Strafrechts Allgemeiner Teil. Drucker & Humblot，1996，5. Aufl.，S. 677.

② 大判明 44・10・9 刑录 17・1652。〔日〕大谷实：《刑法讲义总论》（新版第二版），黎宏译，中国人民大学出版社，2008 年，第 413 页注释 1。

③ 大判大 4・3・2 录 21・194、大判昭 9・11・20 集 13・1514；大判昭 9・11・20 集 13・1514；大判大 3・6・24 录 20 ・1329；大判昭 8・9・29 集 12 ・1683；大判明 44・ 5 ・16 录 17・874；大判大 4・3・2 录 21・194。参见〔日〕大塚仁：《刑法概说（总论）》（第三版），冯军译，中国人民大学出版社，2003 年，第 283 页。

④ 〔日〕西田典之：《日本刑法总论》（第二版），王昭武、刘明祥译，法律出版社，2013 年，第 373 页。

特定的刑罚，无身份者则以通常的刑罚论处。

《德国刑法典》第 28 条第 2 款规定："法定刑因行为人的特定的个人特征而加重、减轻或者免除的，其规定只适用于具有此等特征的行为人（正犯或共犯）。"《日本刑法典》第 65 条第 2 款规定："因身份而特别加重或者减轻刑罚时，对于没有这种身份的人，判处通常的刑罚。"但是，关于"判处通常的刑罚"的含义，理论上也有两种不同的解释：一种解释为，无身份者成立通常的犯罪，并科处该种罪的刑罚。西原春夫、前田雅英、川端博、西田典之等持这种观点。另一种解释为，就犯罪而言，成立身份犯，但是量刑则按照通常的刑罚处理。团藤重光、福田平、大塚仁等持此说。日本判例的态度前后有变化。大审院 1913 年 3 月 18 日对于帮助赌博惯犯的赌博行为的非惯犯人的罪责，采纳了所成立罪名是通常罪名的观点；而在 1918 年 7 月 2 日对儿子 B 杀害尊亲属的行为加功的 A 的罪责的认定上，采用了仅仅在"刑罚"上按照"通常"处理的立场①。

（四）消极身份与共犯

当法律规定行为者因具有一定的身份而不构成犯罪或者阻却刑罚的情况下，这种身份就是消极身份。日本现行刑法第 65 条虽然规定了构成的身份、加减的身份，但没有规定消极的身份。尽管如此，学者们在谈到"身份与共犯"时，仍然会论述"消极身份与共犯"。关于消极身份，多数学者将其分为违法阻却身份和责任阻却身份两种，西原春夫教授则在上述两种之外还提出刑罚阻却身份②。

违法阻却身份意味着行为人只要具有该身份其行为就合法。因此，当无身份者参与违法阻却身份者时，由于身份者的行为是合法的，无身份者也就不成立共犯。

对于责任阻却身份而言，当无身份者参与责任阻却身份者的行为时，虽然有身份者的行为不具有责任，但如果有身份者有辨别能力，就具备了规范的障碍因素，由于具有违法性，而违法又具有连带性，因此无身份者原则上成立共犯。不过，如果身份者不具有规范障碍时，日本的审判实践和学说一般认为，有身份者不构成犯罪，无身份者则构成间接正犯。

刑罚阻却身份，是指尽管行为人的行为已构成犯罪，但由于其具备一定的身份而阻却刑罚的情况。无身份者参与有身份者的行为的场合，例如，《日本刑法典》第 244 条第 2 款、第 257 条第 2 款有"对非亲属的共犯，不适用前款规定"③ 的特别规定。刑罚阻却事由对有身份者不适用刑罚处罚的意图是很清楚的，但无身份者的共犯仍应负相应的责任。刑罚阻却事由具有一定的专属性，对有身份者而言，具有阻却刑罚的效果，对无身份者则科处通常的刑罚。

二、共犯与错误

（一）共同正犯的错误

共同正犯的错误包括三种形态：同一构成要件内的错误（具体的事实错误）、不同构

---

① 〔日〕大谷实：《刑法讲义总论》(新版第二版)，黎宏译，中国人民大学出版社，2008 年，第 416 页。

② 马克昌：《比较刑法原理：外国刑法学总论》，武汉大学出版社，2002 年，第 731 页。

③ 《日本刑法典》第 244 条第 1 款规定："配偶、直系血亲或者同居的亲属之间犯第 235 条之罪（按：盗窃罪）、第 235 条之 2 之罪（按：侵夺不动产罪）或者这些罪的未遂的，免除刑罚。"

成要件间的错误（抽象的事实错误）、结果加重犯的错误。

同一构成要件内的错误是指共同正犯意图实行的犯罪与实际发生的犯罪事实虽不一致，但属于同一构成要件。这种错误主要表现为客体（即对象）错误、打击错误、因果关系的错误。德国、日本的理论通说认为，这种错误不阻却共同正犯的故意。只要两者在法律所规定的构成要件的范围内相一致，符合既遂的特征，便成立既遂犯的共同正犯。日本的审判实践也肯定这种观点。例如，共同正犯者中的一部分人误认了被害人而将其杀害，则全体共犯者都成立杀人罪的共同正犯[①]。

不同构成要件间的错误是指共同正犯意图实行的犯罪与实际发生的犯罪在犯罪构成要件上不一致的情况。德国、日本的通说认为，在这种情况下，原则上否定共同正犯的故意。但是，在各个基本构成要件是同质的、互相重合的情形中，在互相重合的限度内，可以承认共同正犯的故意[②]。例如，甲、乙共同砍伤丙，但是，甲具有杀意、乙抱有伤害的意思时，在杀人未遂罪与伤害罪互相重合的轻的伤害罪的范围内，成立共同正犯，其过剩部分的杀人未遂罪的罪责只归于甲。也有见解认为，这种场合，对重的杀人未遂罪成立共同正犯，对缺乏杀人意思的乙在科刑上应该在轻的伤害罪的限度内处断。判例明确提出，关于没有杀意的共犯者，“应该认为在杀人罪的共同正犯和伤害致死罪的共同正犯的构成要件互相重合的限度内，成立轻的伤害致死罪的共同正犯。……如果认为作为犯罪成立重的杀人罪的共同正犯，只是用暴行罪乃至伤害罪的结果加重犯的伤害致死罪的共同正犯之刑来处断其刑，必须说这种认识是错误的”[③]。

关于结果加重犯的错误，通说认为，只要在基本行为上具有共犯关系，就对重结果的发生具有共同的注意义务，所以，对于所发生的重结果成立共同正犯。日本判例也认为，关于结果加重犯，只要有对基本犯罪的认识，即使是对重结果，也能追究共同责任。例如，如果有关于暴行的共同实行的意思，即使缺乏关于作为其结果的伤害或者致死的认识，也成立伤害罪或者伤害致死罪的共同正犯[④]；由强盗共犯者一人的暴行使被害人负伤时，全体共犯者成立强盗致伤罪[⑤]；强奸罪的共谋者之一使被害人负伤时，其他人也应负强奸致伤罪的责任[⑥]。

（二）教唆犯的错误

教唆犯的错误是指教唆者在实施教唆行为时的认识内容与被教唆者实际实现的事实不

---

① 大判昭6·7·8集10·312。参见〔日〕大塚仁：《刑法概说（总论）》（第三版），冯军译，中国人民大学出版社，2003年，第288页。

② 〔日〕大塚仁：《刑法概说（总论）》（第三版），冯军译，中国人民大学出版社，2003年，第287页。

③ 最决昭54·4·13刑集33·3·179。X等7名暴力团成员共谋对A施加暴行，X为A的态度所激怒，出于间接故意将A杀死的场合，X成立杀人罪，其他6人成立伤害致死罪的共同正犯。参见〔日〕大塚仁：《刑法概说（总论）》（第三版），冯军译，中国人民大学出版社，2003年，第288页。

④ 最判昭23·5·8集2·5·478；最大判昭23·10·6集2·11·1267。参见〔日〕大塚仁：《刑法概说（总论）》（第三版），冯军译，中国人民大学出版社，2003年，第289页。

⑤ 最判昭22·11·5刑集1·1·1；最判昭24·7·12刑集3·8·1237（强奸致伤）。参见〔日〕大谷实：《刑法讲义总论》（新版第二版），黎宏译，中国人民大学出版社，2008年，第421页。

⑥ 大判明41·4·14录14·391；最判昭25·6·6集4·6·950。参见〔日〕大塚仁：《刑法概说（总论）》（第三版），冯军译，中国人民大学出版社，2003年，第289页。

一致的情况。教唆犯的错误也包括三种形态，即同一构成要件内的错误（具体的事实错误）、不同构成要件间的错误（抽象的事实错误）、结果加重犯的错误。

对于教唆犯的具体事实错误，日本的理论上存在具体符合说和法定符合说的争议。法定符合说是通说，认为教唆犯的错误如果是属于同一构成要件范围的话，即使在教唆时指定了实施犯罪行为的时间、场所、方法等，但被教唆者没有实施所指定的犯罪行为，也不排除教唆犯的故意而成立教唆犯。判例也认可通说的观点，认为即使伪证教唆的内容与被教唆者所作伪证的内容多少有些差异，也不妨碍成立伪证教唆罪。例如，教唆进入甲家盗窃钱财，但被教唆人错误地进入了乙家盗窃衣服的时候，也成立盗窃罪的教唆犯①。

对于教唆犯的抽象的事实错误，原则上阻却教唆犯的故意。但是，在其构成要件是同质的、互相重合时，在其互相重合的限度内，成立关于轻的犯罪的教唆犯②。

在结果加重犯的情况下，教唆他人实施结果加重犯的基本犯罪，结果被教唆者却造成了严重的后果，如教唆伤害而正犯引起了伤害致死的结果。日本的通说认为教唆者也成立结果加重犯的教唆犯。判例也认为，教唆了暴行，但是，被教唆者伤害了被害人并致其死亡时，教唆者也应承担伤害致死的罪责③。

（三）帮助犯的错误

帮助犯的错误是指帮助人的故意认识内容和被帮助人所引起的事实不一致的情况。帮助犯的错误可以比照教唆犯的错误进行处理。

另外，错误在不同形式的共犯之间也可以成立。如本来是想实施教唆，结果只是实施了精神上的帮助，或者相反的场合，就属于这种情况。根据共犯独立性说，前者成立教唆的未遂与过失帮助的竞合，应认定为成立重的教唆的未遂；基于同样的理由，后者则成立帮助的未遂。但根据共犯从属性说，站在否定“教唆、帮助的未遂”的可罚性立场，认为教唆和帮助都是通过正犯间接地侵害法益的行为，是从该种角度出发的构成要件的修正形式，所以，只要认可构成要件上的重合，就应当成立较轻的一方的修正形式。即，不论前者或后者，都成立轻的共犯形式，即帮助犯④。共犯从属性说关于帮助犯的错误的认定是通说。

三、共犯的中止

各国刑法对单独正犯的中止大都作了规定，但对共犯的中止只有极少数国家在刑法典中明文规定，如《德国刑法典》第 24 条、第 31 条。日本刑法没有类似的规定，但日本刑法理论对共犯的中止却研究得相当深入。

（一）共同正犯的中止

《德国刑法典》第 24 条第 2 款对数人共同犯罪情况下的中止的前提条件作出了具体的

① 〔日〕大塚仁：《刑法概说（总论）》（第三版），冯军译，中国人民大学出版社，2003 年，第 289 页。
② 〔日〕大塚仁：《刑法概说（总论）》（第三版），冯军译，中国人民大学出版社，2003 年，第 288～289 页。
③ 〔日〕大塚仁：《刑法概说（总论）》（第三版），冯军译，中国人民大学出版社，2003 年，第 290 页。
④ 〔日〕川端博：《刑法总论》（第二版），成文堂，2006 年，第 599 页。

规定："数人共同实施同一行为的，其中主动阻止行为完成的，不因犯罪未遂而处罚。如果该行为没有中止犯的努力也不能完成的，或该行为没有中止犯停止以前的行为也会实施的，只要行为人主动努力阻止该行为完成的，即应不予刑罚。"可见，依据德国刑法，即使行为达到既遂，只要行为人为阻止既遂进行了主动且真诚的努力，行为人仍可获得不处罚的待遇。数人共同犯罪的，中止作为个人的阻却刑罚事由，只对自己主动中止犯罪的共犯不予处罚，其他共犯（共同正犯、教唆犯、帮助犯）仍应处罚。他们如果想不受处罚，就必须主动中止犯罪行为①。

日本刑法理论通说认为，就共同正犯而言，当所有共同正犯都中止犯罪时，理当成立中止犯。共同正犯中的一部分正犯，基于自己的意志停止犯罪且阻止其他正犯实行犯罪，或防止结果的发生，这部分正犯就是中止犯；其他正犯成立障碍未遂。因为中止者的行为对于其他人而言属于意志以外的原因。而如果共同正犯中的一部分人中止犯罪，但其他正犯的行为导致了结果发生时，不成立中止犯。

（二）教唆犯、帮助犯的中止

《德国刑法典》第 31 条规定了共犯中止的各种具体情况："一、具有下列情形之一的，不依第 30 条处罚：1. 自动放弃命令他人犯重罪的意图，且消除可能发生的他人犯罪的危险的；2. 在已经声明愿意实施重罪之后放弃其计划；3. 接受他人的犯罪请求或与他人约定实施重罪后，能自动阻止犯罪的。二、如没有中止犯的中止行为犯罪行为也会停止的，或没有中止犯中止以前的犯罪行为行为也会实施的，只要行为人主动努力阻止行为实施的，即不予处罚。"可见，在教唆犯的情况下，放弃对他人的影响且消除可能发生的被教唆人犯罪的这一危险便可成立犯罪中止。而即便是中止行为与犯罪行为是否实施或者停止无关的情况下，只要行为人主动且真诚努力阻止犯罪完成的，亦成立共犯的中止。

日本刑法理论通说认为，与共同正犯类似，只有在教唆犯、帮助犯中止教唆、帮助行为，并且阻止正犯的行为发生结果时，才能成立教唆犯、帮助犯的中止，正犯如果不是中止的意思则构成未遂犯（障碍未遂）。如果正犯成立中止犯时，教唆犯或从犯没有中止的意思和行为，则构成未遂犯（障碍未遂）。

四、共犯关系的脱离

所谓共犯关系的脱离，是指共犯关系成立之后完成犯罪之前，部分参与犯罪的人切断与其他共犯的关系而从该共犯关系中解脱出来，其他共犯人继续实施实行行为，引起了犯罪结果的场合②。

关于共犯关系的脱离问题，各国刑法都没有规定，但日本刑法理论讨论得较多。对该问题的研究主要是为了解决虽为中止作出了努力但没能防止结果发生的共犯者的责任问题。与德国刑法不同，根据日本刑法理论，行为人为中止作出了努力但未能阻止结果发生的情况，不符合中止犯的条件，不能按中止犯处理；但是如果按既遂犯处理，也不合适。

---

① RG 56，209（201）；BGH 4，172（197）. Vgl. Jescheck H H，Weigend T. Lehrbuch des Strafrechts Allgemeiner Teil. Drucker & Humblot，1996，5. Aufl.，S. 549～550.

② 〔日〕大谷实：《刑法讲义总论》（新版第二版），黎宏译，中国人民大学出版社，2008 年，第 426 页。

于是日本刑法理论提出了脱离共犯关系的概念，主张虽然行为人没有成立中止，但是作为共犯关系的脱离，行为人对于脱离之前的行为承担责任，但对于脱离之后他人的行为以及由此发生的结果不承担责任。

下面从“脱离共谋关系”、“脱离共同正犯关系”、“脱离教唆犯关系”与“脱离帮助犯关系”四个方面来阐述共犯关系的脱离。

（1）脱离共谋关系又称“着手前的脱离”，是指一部分共谋实行犯罪者，在其他共谋者着手实行之前从共谋关系中脱离，对其他共谋者所实现的结果不承担共谋共同正犯的责任。是否承认共谋关系的脱离，与是否认可共谋共同正犯的概念直接相关。否定共谋共同正犯概念的学者，理所当然地认为没有必要认可脱离共谋关系的概念。而肯定共谋共同正犯概念的学者，也承认脱离共谋关系的理论。例如，日本学者川端博认为：“承认从共谋关系脱离的宗旨在于使行为人不对其他共谋者所实现的结果承担罪责。”[①] 由于脱离意味着脱离人只对到脱离为止的行为负责。因此，从共谋中脱离即着手前的脱离的场合，就成立预备罪的共同正犯[②]。日本判例也认为，共谋者甲在其他的共谋者尚未着手实行的阶段中，表明了脱离的意思，并且其他的共谋者也了解了该意思，甲与其他人的共谋关系已被消灭，甲对于其他共谋者所实施的行为，以及由此而产生的结果不承担责任[③]。但是，处在共谋者团体首领位置上的人，因为对其他共谋者居于统治支配的立场，如果希望脱离，必须使共谋关系复原到完全不存在的状态，否则不能认定为共谋关系的脱离[④]。

（2）脱离共同正犯关系又称着手后的脱离，是指在共同正犯实行着手后且未达到既遂的阶段，共同正犯中的一部分人切断与其他共同者相互利用、补充的关系，从而脱离共同正犯关系的情况。由于实行着手之后，难以切断其与之前的行为的因果关系，所以，一般认为原则上难以认定着手后的脱离。但是，日本最高法院 1988 年 6 月 26 日在伤害致死罪上使用了“共犯关系的解除”一语，首次承认即使在着手后也可以脱离[⑤]。不过，第二审的判决指出：“即使某一共犯者抱有自己从共犯关系脱离的意思，自己停止施加暴行，其后由其他某一共犯者继续施加暴行，结果致被害人死亡时，全体共犯者，包括想脱离的人，都必须作为伤害致死的共同正犯承担责任”。最高裁判所也认为：“在甲回去时，虽然乙还要施加暴行的危险并未消除，被告人［注：甲］却没有特别采取防止它的措施，只不过是任其发展而离开了现场，不能说在这一时点解消了与乙之间当初存在的共犯关系，认

---

① 〔日〕川端博：《刑法总论》（第二版），成文堂，2006 年，第 957 页。

② 〔日〕大谷实：《刑法讲义总论》（新版第二版），黎宏译，中国人民大学出版社，2008 年，第 429 页。

③ 福冈高判昭 28·1·12 高刑集 6·1·1；大阪高判昭 41·6·24 高刑集 19·4·375；松江地判昭 51·11·2。参见〔日〕大谷实：《刑法讲义总论》（新版第二版），黎宏译，中国人民大学出版社，2008 年，第 429 页。

④ 日本松江地方裁判所 1976 年 11 月 2 日《刑事裁判月报》第 8 号，第 11 页；神户地方裁判所 1966 年 12 月 21 日《下级裁判所刑事判例集》第 8 卷第 12 号，第 1575 页；福冈高等裁判所 1953 年 1 月 12 日《高等裁判所刑事判例集》第 6 卷第 1 号，第 1 页。参见〔日〕大谷实：《刑法讲义总论》（新版第二版），黎宏译，中国人民大学出版社，2008 年，第 428 页。

⑤ 日本《刑集》第 43 卷第 6 号第 567 页。参见〔日〕大谷实：《刑法讲义总论》（新版第二版），黎宏译，中国人民大学出版社，2008 年，第 428 页。

为其后乙的暴行也是基于上述共谋是妥当的。”① 理论上可以认为是脱离了共同正犯关系的情形有：一是共同正犯者中的一部分人在共同实行的过程中，放弃共同实行的意思，中止自己的实行行为，同时为了使其他共同者的实行行为中止而进行了认真且尽可能的努力，但是，最终还是由其他共同者达于既遂。二是在共同实行终了后，共同正犯还未达于既遂，而且能够阻止达于既遂的状况下，共同者中的一部分人为了阻止达于既遂而作出了认真的努力，但是，最终还是达于既遂。三是共同正犯者中的一部分人在共同实行的过程中，放弃自己的犯罪行为，因而消失了对其他共同者实施犯罪行为的影响时，也可以认为是从共同正犯关系的脱离，只是，这种意义的脱离，只限于脱离者在该共同正犯关系中占据的地位是被动的、消极的情形。对主动地、积极地形成了共同正犯关系的人，即使得到其他共同者的了解，从其中退出，只要共同正犯关系继续存在，就可以认为还残存着其影响，不能说存在脱离②。

（3）脱离教唆犯关系，是指教唆犯在正犯实施实行行为之后终了之前，为阻止犯罪结果的实现付出了真诚的努力，但最终结果仍然发生的情况。教唆者在被教唆者实行犯罪行为之前表明了脱离的意思，能够消除被教唆人的犯罪意思的话，对于之后的被教唆人的实行行为和结果，当初的教唆效果就消失，由于教唆行为而使被教唆人形成犯意的共犯关系就因此消灭，教唆者对于被教唆者所实施的行为，以及由此所产生的结果不承担责任。

（4）脱离帮助犯关系，是指在帮助犯为阻止正犯的实行行为进行了真诚的努力；或者在正犯的实行行为终了后尚能够阻止正犯达于既遂的状况下，虽然为阻止它尽了全力，但是，正犯仍然达于既遂时；以及在正犯者的实行行为前或者实行行为中，从犯者放弃从犯的故意，完全地消除了由自己的帮助行为给正犯者的实行创造的有利状态的情况③。

五、共犯的竞合

共犯的竞合一般分为三种：教唆犯与共同正犯的竞合、帮助犯与共同正犯的竞合、教唆犯与帮助犯的竞合。对于共犯的竞合，德国、日本等大陆法系典型国家在理论上持何立场？在司法实践中又是如何处理的呢？

根据日本判例，教唆者、帮助者与正犯共同实施了实行行为时，只成立共同正犯④；教唆者其后帮助了被教唆者的行为时，只成立教唆犯⑤。

依照德国判例，如果一人同时是同一犯行的正犯和共犯，或者是教唆犯和帮助犯，那么，较弱的共犯形式退居较强的共犯形式之后，也就是说，教唆犯先于帮助犯、共同正犯

---

① 东京高判昭 63・7・13 高集 41・2・259。参见〔日〕大塚仁：《刑法概说（总论）》（第三版），冯军译，中国人民大学出版社，2003 年，第 296 页。

② 〔日〕大塚仁：《刑法概说（总论）》（第三版），冯军译，中国人民大学出版社，2003 年，第 295～296 页。

③ 〔日〕大塚仁：《刑法概说（总论）》（第三版），冯军译，中国人民大学出版社，2003 年，第 297 页；〔日〕川端博：《刑法总论》（第二版），成文堂，2006 年，第 609 页。

④ 大判昭 8・11・27 集 12・2134。参见〔日〕大塚仁：《刑法概说（总论）》（第三版），冯军译，中国人民大学出版社，2003 年，第 298 页。

⑤ 大判大 12・7・12 集 2・718。参见〔日〕大塚仁：《刑法概说（总论）》（第三版），冯军译，中国人民大学出版社，2003 年，第 298 页。

先于教唆犯和帮助犯[①]。因同一行为同时构成数犯罪的教唆犯或帮助犯的，只成立同种想象竞合或异种想象竞合的教唆犯或帮助犯[②]。

德国、日本的通说认为："因为所有的共犯形式都指向一个不法结果，因而不能对其进行数次处罚。"[③] 对于共犯的竞合应包括地予以评价，即，重共犯形态吸收轻共犯形态；独立共犯形态吸收从属共犯形态。日本学者山中敬一、大塚仁、香川达夫、大谷实、川端博，德国学者李斯特、耶赛克、施特拉腾韦特（G. Stratenwerth）、韦塞尔斯等均持该种观点。

① RG 62，72（73）；BGH 4，244（247）；RG 70，138；293（296f.）. Vgl. Jescheck H H，Weigend T. Lehrbuch des Strafrechts Allgemeiner Teil. Drucker & Humblot，1996，5. Aufl.，S. 697.

② RG 70，26（31）. Vgl. Jescheck H H，Weigend T. Lehrbuch des Strafrechts Allgemeiner Teil. Drucker & Humblot，1996，5. Aufl.，S. 697.

③ Stratenwerth G，Kuhlen L. Strafrecht Allgemeiner Teil：Die straftat. Verlag Franz Vahlen，2011，6. Aufl.，S. 272.

第十三章 竞合

第一节 竞合概说

一、竞合的内涵

竞合，也称罪数、犯罪的单数和复数。竞合论是指研究犯罪行为的单数或复数，以决定其法律效果的刑法理论。它探讨在数个刑法条款发生竞合之时，究竟如何适用刑法条文以定罪科刑的问题，也就是行为所触犯的数个刑法条款是否可以并行适用；如果可以，则如何适用的问题。日本学者大谷实指出："作为犯罪论的最后课题是，在行为人引起了某种犯罪事实的场合，将这些事实是作为一罪处理还是作为数罪来处理呢？另外，在作为数罪处理的场合，一个行为人同时具有数个犯罪，产生犯罪的竞合，这时候，必须解决对行为人处以什么样的刑罚的问题。解决这两个问题的理论就是罪数论。"①

竞合论要处理下述四个问题：一是判断行为人的行为是一个行为（行为单数）还是数个行为（行为复数）。二是行为人的一个行为实现多个构成要件时，这些构成要件之间到底是什么关系，如何适用构成要件以定罪科刑的问题。三是行为人实行多个犯罪行为时，如何在同一审判中科处刑罚的问题。四是罪数的认定对程序将产生何种影响。若行为人的行为被评价为行为单数的犯罪竞合，则产生一事不再理的效力，不得再对其行为进行起诉；若行为人的数个行为被评价为实质竞合，则可能将其行为作为数罪起诉。

简单来说，竞合论的任务，就是对行为人的所有犯罪行为，作出充分而不过度、不重复的评价。所谓"充分而不过度"的评价是罪刑相当、禁止过度评价及禁止不足评价等原则的反映，与宪法的比例原则相关。所谓"（充分而）不重复"的评价合乎一行为（或一罪）不多罚原则、一事不再理原则的要求，同时具有实体法与程序法的双重意义。

---

① 〔日〕大谷实：《刑法讲义总论》（新版第二版），黎宏译，中国人民大学出版社，2008年，第431页。

然而，这个任务却是知易行难，任务固然清楚，但实践颇为棘手。关键原因在于，无论是刑法上的行为、犯罪（构成要件）还是个数的计算，都是人类想象、创造出来的作品，欠缺数学精确性的规范评价结果。在此，各国最多只能要求一个审查步骤相对清晰、审查结果大致合理的竞合论。

既然任务困难，为什么我们不“化繁为简”？最简单的想法，莫过于“直接相加（累积）法”，也就是不分一行为或数行为，就直接把行为人所犯数罪各自宣告其刑，然后再加总成一个“总刑罚”即可。为何不如此？原因在于[①]：

（1）在本质互斥的不同宣告刑之间，根本无法相加。例如，数罪的宣告刑分别为死刑或无期徒刑，试问要如何相加、如何执行？难道要先执行无期徒刑，然后执行死刑？这显然很荒谬。

（2）即使数罪宣告刑之间并无本质互斥情形，例如有期徒刑与有期徒刑，简单相加累积的刑罚往往太过严苛，刑过于罪，也就是过度评价。

（3）刑法分则（及其特别法）的规定错综复杂，适用范围彼此（全部或部分）重叠也是常见；换言之，形式上违反数罪，也就是符合数个犯罪构成要件的，实际上可能成立数罪，也可能只成立一罪，后者根本不应分别宣告其刑，更不用说把宣告刑简单相加。否则，将会违反一行为/一罪不多罚原则，造成重复评价。

因此，有必要运用竞合论落实罪刑相当和责任原则的要求，保证一罪不多罚，评价不过度。

二、竞合论在刑法学上的定位

刑法学总论通常可区分为犯罪论与刑罚论两大部分。竞合论在刑法学上的定位，应属位于犯罪论与刑罚论的交界处或衔接处。

行为人的行为究竟是刑法上的一行为还是数行为，是成立一罪还是构成数罪；如果成立一罪，应该如何定罪量刑；如果成立数罪，应如何裁量科刑。这些均属于竞合论的研究重点，故竞合论所探讨的不只是定罪的问题，而且兼及量刑的问题。德国学者约翰内斯·韦塞尔斯、博伊尔克指出：“竞合理论（Konkurrenzlehre）是犯罪行为理论（Lehre von der Straftat）和不法结果理论（Lehre von den Unrechtsfolgen）之间的缝合点。”[②] 当然德国也有持不同意见的学者，“如果行为人通过自己的行为只实现了一个犯罪构成要件，那么只能在规定的刑度内处以刑罚；而其他内容，特别是量刑，则属于刑事不法后果论的范畴。但若行为人违反了数条刑法规定，则有必要弄清楚这些法条之间的相互关系，如果适用其中一条规定，就会排除适用其他法条，被称为不纯正竞合或者法条竞合。但也可能需要同时适用数条法规，因此就构成纯正竞合。竞合的基本问题仍然被放在犯罪论里”[③]。

---

① 林钰雄：《新刑法总则》，中国人民大学出版社，2009 年，第 429～430 页。

② Wessels，Beulke. Strafrecht Allgemeiner Teil：Die Straftat und ihr Aufbau. C.F. Müller，2010，40. Aufl.，S. 296.

③ Stratenwerth G，Kuhlen L. Strafrecht Allgemeiner Teil：Die straftat. Verlag Franz Vahlen，2011，6. Aufl.，S. 327.

大陆法系多数学者认为竞合论应放在犯罪论中研究。例如，大塚仁认为："对已经成立的犯罪，必须论及其个数。犯罪的个数在适用刑罚上以及在进行刑事诉讼程序上，都具有重要意义。这样，罪数论在犯罪论的末尾确保着其体系论的位置。"① 西原春夫认为："严格地说，作为犯罪论一部分的罪数论，是关于区分一罪与数罪及其标准的理论……反之，数罪成立了的场合，对其怎样处理，最后决定应科处怎样的刑罚，不外是作为刑罚论的一部分的刑罚量定论，两者在体系上需要区别。然而，理论上后者虽然的确以前者为前提，但实际上宁可相反，后者也有成为决定前者标准的方面，并且因为一起说明要件与效果的方法易于理解，所以，为了方便在这里将后者一并说明。"② 这些都说明了罪数论既包含犯罪论的问题，也包含刑罚论的问题。山中敬一指出："关于罪数论，通常在犯罪论的最后论述，位于犯罪论与刑罚论之间。因此，关于其性质，有本质上是犯罪论或者是刑罚论的见解的不同。一般地说，应被评价为犯罪成立要件，然而再稍许详细地说，它应被评价为考虑了刑罚论的犯罪论。即需要是以可罚性评价为前提的犯罪成立论。其中虽然主要是可罚的违法论或者责任论的问题，但正确地说，认为它纵贯犯罪论的全阶段该是妥当的。"③ 韩国学者金日秀、徐辅鹤认为："罪数论不仅仅是一罪还是数罪的问题甚至还结合应该如何处理这种情况来进行讨论，所以通常也被作为犯罪论与刑罚论的中间位置的理论。"④ 李在祥也认为："罪数论是与犯罪论和刑罚论都有关的问题，是介于犯罪论与刑罚论之间的理论。"⑤

也有极少数学者主张应在刑罚论中研究罪数论，例如，日本学者泷川幸辰就认为，在刑法上罪数的数并没有多大的重要性，只是从适用刑罚上对一罪和数罪应当怎样给予不同对待和处理的观点来看才有意义。因而罪数论的固有领域并不是在犯罪理论里，而应当属于刑罚理论⑥。

还有学者认为，既然罪数论既不单纯是犯罪论的问题，也不单纯是刑罚论的问题，故应在犯罪论与刑罚论之后研究罪数论。意大利学者杜里奥·帕多瓦尼认为："犯罪竞合的理论，一方面因涉及'行为的统一性'问题而可纳入犯罪构成理论研究的范围；另一方面，由于研究犯罪竞合的实践意义在于解决如何量刑的问题，因而又可以说它属于犯罪的法律后果的范畴。尽管刑法学界多数人认为，犯罪竞合是犯罪的一种表现形式，但这种观点却大有商榷的余地，因为与犯罪未遂或共同犯罪不同的是，一人犯数罪，并不意味着这些罪的犯罪构成有什么变化。总而言之，由于这个问题涉及刑法制度和刑法理论的不同领域，若将其放在某一问题中进行分析，很难做到不对其进行肢解并避免重复。正是出于这种考虑，我们将这个问题独立出来，单独作为一章。"⑦ 根据上述观点，他在《意大利刑法学原理》一书中，将"一罪与数罪"即罪数论放在"犯罪的法律后果"之后（也就是全

① 〔日〕大塚仁：《刑法概说（总论）》（第三版），冯军译，中国人民大学出版社，2003 年，第 412 页。
② 〔日〕西原春夫：《刑法总论》（下卷）（改订准备版），成文堂，1995 年，第 418 页。
③ 〔日〕山中敬一：《刑法总论》（第二版），成文堂，2008 年，第 965 页。
④ 〔韩〕金日秀、徐辅鹤：《韩国刑法总论》（第十一版），郑军男译，武汉大学出版社，2008 年，第 647 页。
⑤ 〔韩〕李在祥：《韩国刑法总论》，〔韩〕韩相敦译，中国人民大学出版社，2005 年，第 453 页。
⑥ 〔日〕泷川幸辰：《犯罪论序说》，王泰译，法律出版社，2005 年，第 165 页。
⑦ 〔意〕杜里奥·帕多瓦尼：《意大利刑法学原理》（注评版），陈忠林译评，法律出版社，2004 年，第 359 页。

书的最后一章）予以论述。

三、竞合论的立法例

关于犯罪竞合的立法，有的国家采用“区别原则”，有的采用“单一原则”。

（一）区别原则

这一类型的立法例区别犯罪单数与犯罪复数，对其分别予以规定。详言之，采取区别原则的，对竞合形态的认定通常是以单数评价与复数评价作为区隔。对于单数评价的法律效果，所依据的是法定刑的整合；而对于复数评价的法律效果，则是以个别宣告刑为处理依据[①]。德国、日本、意大利、韩国等国家都采取这种立法例。

《德国刑法典》第 52 条第 2 款规定了想象竞合：“同一犯罪行为触犯数个刑罚法规，或多次触犯同一刑罚法规的，只判处一个刑罚。触犯数个刑罚法规的，依判处最重刑罚的法规为准。所判刑罚不得轻于其他可适用法规的刑罚。”第 53 条第 1 款、第 2 款规定了实质竞合：“若行为人因实施数个犯罪行为同时受审判，而被判处数个自由刑或罚金刑的，应宣告一个总和刑。自由刑与罚金并科的，应宣告一个总和刑。但法院也可分别判处罚金刑；因数个犯罪行为而被判处数个罚金刑的，应确定其总和罚金刑。”

日本刑法继受德国刑法，也采用犯罪复数与犯罪单数分别规定的立法例，共同规定在刑法典第九章。《日本刑法典》第 45 条规定了并合罪（即实质竞合），“未经确定判决的两个以上的罪，是并合罪。如果某罪已经确定判决判处监禁以上刑罚时，则只是该罪与其判决确定前所犯的罪是并合罪”。第 54 条第 1 款规定了想象竞合与牵连犯，即“一个行为同时触犯两个以上的罪名，或者作为犯罪的手段或者结果的行为触犯其他罪名的，按照其最重的刑罚处断”。日本《改正刑法草案》将并合罪改为竞合论，第 60 条规定：“没有受到确定判决的数个犯罪为竞合论。如果对某个犯罪已经作出禁锢以上刑罚的确定判决，则只是该罪与判决确定前所犯之罪是竞合犯。”

《意大利刑法典》第 15 条规定了法条竞合：“当数项刑事法律或者同一法律的数项规定调整某一相同的问题时，特别法律或者法律的特别规定变通一般法律或法律的一般规定，但另有规定者除外。”第 73 条第 1～3 款、第 74 条第 1 款、第 75 条第 1 款、第 77 条等规定了实质竞合。

韩国刑法在总则第二章第五节“竞合犯”中分别规定数罪竞合与想象竞合。《韩国刑法典》第 37 条规定：“判决确定前之数罪，或判决确定之罪与判决确定前所犯之罪，以竞合犯视之。”第 40 条规定：“一行为所犯数罪名者，从一重处断。”

（二）单一原则

这一类型的立法例并不区别犯罪单数与犯罪复数，不管是行为单数或复数，均一视同仁地处以一个单一的刑罚，也就是对于一行为导致犯数罪与数行为犯数罪不作区分，而在刑法上作同样的处理，即处以一个单一的刑罚。如《瑞士联邦刑法典》第 68 条第 1 款规定：“因一行为或数行为可能被判处数个自由刑的，法官可就其最严重行为科处自由刑，

---

① 柯耀程：《刑法竞合论》，中国人民大学出版社，2008 年，第 30 页。

并适当提高该自由刑的期限，但所提高之刑期不得长于应科处自由刑最高限之一半。判刑时法官应受刑种最高限的约束。”《奥地利联邦共和国刑法典》第 28 条规定：“行为人单一行为或独立之多数行为，违反数个同种或异种之可罚行为，而同时接受裁判时，如其竞合之法律，仅规定自由刑或罚金刑者，仅处以一个自由刑或一个罚金刑。此一刑罚依科以最重刑罚之法律定之。除有特别减轻其刑之规定外，其处罚不得低于各竞合法规所规定最低刑罚之最高度。”德国《少年法》第 31 条也采用了单一原则。这些国家立法虽然不区分犯罪单数与犯罪复数，但是在刑法学说和实务中，仍然论及想象竞合与实质竞合[①]。

四、犯罪竞合的判断标准

关于判定犯罪竞合的标准，学者间意见不一。主要有“行为标准说”、“法益标准说”、“犯意标准说”、“构成要件标准说”、“个别化说”、“可罚类型的不法评价说”、“犯罪标准说”等争论。

（一）行为标准说

行为标准说，又称行为说，主张犯罪是人的行为，因而应以犯罪行为的个数为标准来决定犯罪竞合。

问题是，什么是一个行为，什么是数个行为？对此，存在着从自然意义考察的自然行为说[②]、从社会见解上考察的社会行为说[③]和从构成要件上考察的构成要件行为说[④]。在德国，行为单数包括单纯的行为单数、自然的行为单数与符合构成要件的行为单数。行为人出于一个行为决意而出现一个意思活动的，就是单纯的行为单数。施特拉腾韦特、库伦在论及自然的行为单数时指出：“只有当数个基于同一意志而实施的同种的单独行为相互之间具有非常密切的时空联系，根据自然的观察方式只是一个整体时，才被认为构成这种行为单数。”[⑤] 构成要件的行为单数则是指刑法分则构成要件规定的，或者说是立法者所预设的，将数个自然的意思活动融合成一个行为。也就是说，法定构成要件如果把数个自然的意志动作连接成一个法律—社会影响上的评价单元，则成立法律意义上的一行为[⑥]。

行为标准说是德国的通说。该说也曾是日本第二次世界大战前的有力主张，如日本学者山冈万之助、冈田庄作、岛田武夫、大竹武七郎等均主张该说。但现在几乎没有人采用该说[⑦]。批评该说的学者认为：第一，按照行为标准说，开一枪打死两人时也只成立一

---

① Wessels，Beulke. Strafrecht Allgemeiner Teil：Die Straftaten und ihre Aufbau. C. F. Müller，2010，40. Aufl. S. 297.

② 〔日〕吉川经夫：《刑法总论》，法律文化社，1996 年，第 278 页。

③ 〔日〕大塚仁：《刑法概说（总论）》（第四版），有斐阁，2008 年，第 497 页。

④ 〔日〕铃木茂嗣：《刑法总论（犯罪论）》，成文堂，2001 年，第 256 页。

⑤ Stratenwerth G，Kuhlen L. Strafrecht Allgemeiner Teil：Die straftat. Verlag Franz Vahlen，2011，6. Aufl.，S. 329.

⑥ Wessels，Beulke. Strafrecht Allgemeiner Teil：Die Straftaten und ihre Aufbau. C. F. Müller，2010，40. Aufl.，S. 298.

⑦ 马克昌：《外国刑法学总论（大陆法系）》，中国人民大学出版社，2009 年，第 361 页。

罪，这忽视了作为犯罪本质要素的侵害法益，是不妥当的①。第二，行为即使只有一个，在观念的竞合场合下也可以成立复数的犯罪，并且即使实施的是复数的行为，在接续犯的场合下也可以作为一罪，所以只以行为为标准是不能说明犯罪单数复数全部问题的②。事实上，行为标准说也没有完全坚持数行为成立数罪的原则，而是多多少少承认数行为构成一罪的情形③。例如，日本采取行为标准说的学者将集合犯、接续犯、结合犯等解释为本来的一罪；采取行为标准说的德国，也将结合犯、连续犯视为一罪④。

（二）法益标准说

法益标准说又称法益说、结果标准说，认为犯罪的可罚性在于法益侵害，没有侵害法益的行为就不是犯罪，因此，应当以被侵害的法益个数尤其是所发生的结果的个数作为区分犯罪竞合的标准。

法益标准说认为在计算法益的个数时应考虑法益的性质。该说按法益和法益主体把保护法益分为专属法益和非专属法益⑤。生命、身体、名誉、自由、人的秘密等属于专属法益，不应与其他法益一起进行概括评价，因此应按照被侵害法益的个数即被害人的个数计算犯罪的成立。财产、公益等属于非专属法益，可以在某种程度上允许进行概括评价。对于专属法益，每侵害一个人的法益，就成立一罪；对于非专属法益，每侵害一个管理，就成立一罪⑥。例如，同时盗窃数人所有的财物，如果处于一个管理状态下的话是一罪，如果在复数的管理状态之下则应当按照所有者（被害者）的个数加以计算。国家法益、社会法益应当按照具体被侵害的法益的个数加以计算⑦。法益标准说为法条竞合与观念的竞合的区分提出了明确的标准：法条竞合时行为只侵害一个法益，而观念的竞合时行为侵害了数个法益。根据该说，观念的竞合、牵连犯和连续犯均属于本来的数罪，只是作为特例在处罚时按照一罪处理而已。

持法益标准说的主要是法国。正如法国学者所说，“从（法国）法院判例，我们可以看出，犯罪是‘一罪’，还是‘数罪’，标准主要在于这样一个问题：行为，且须为单一的行为，侵犯了法律保护的一个社会价值（社会法益），还是侵犯了法律保护的数个社会价值（社会法益）”⑧。在日本，提倡法益标准说的学者有泉二新熊、宫本英脩、泷川幸辰、植田重正等。宫本英脩在简述了行为说、意思说、结果说之后指出：“因此作为刑法上的问题，以上三说哪个最为适当，由于只是作为罪数问题考虑，是怎么也不可能解决的事，需要依据何种标准，最好归结为与刑法的根本主义一致的方法。而从这点考察，且有最重大关系的事是数罪场合的刑罚的加重；从结果看，它应当是使刑罚的加重最合理的标准，

---

① 〔日〕川端博：《刑法总论》（第二版），成文堂，2006年，第611页。

② 〔日〕野村稔：《刑法总论》，全理其、何力译，法律出版社，2001年，第446页。

③ 大体上可以认为，德国的符合构成要件的行为单数，实际上是采取了构成要件标准说。

④ 张明楷：《外国刑法纲要》（第二版），清华大学出版社，2007年，第344页。

⑤ 〔韩〕李在祥：《韩国刑法总论》，〔韩〕韩相敦译，中国人民大学出版社，2005年，第454页。

⑥ 〔日〕泷川幸辰：《犯罪论序说》，王泰译，法律出版社，2005年，第166页。

⑦ 〔日〕曾根威彦：《刑法总论》（第四版），有斐阁，2008年，第278页。

⑧ 中文译者注释也指出：法国法院判例在这个问题上更倾向于“法益说”。参见〔法〕卡斯东·斯特法尼等：《法国刑法总论精义》，罗结珍译，中国政法大学出版社，1998年，第574页。

也是最适当的标准。根据这样考虑，我采第三说。”[①] 泷川幸辰也认为结果标准说较为合适。犯罪是符合构成要件的行为，每当有充分满足构成要件的法益侵害，并且发生了与其数目相应的具有可罚价值的事实时，就应当解释为成立了数个犯罪[②]。

对法益标准说的批评主要有：第一，完全无视犯罪成立所不可欠缺的行为和构成要件而单独地以法益的个数来决定犯罪竞合，不妥当[③]。第二，法益标准说忽视了对同一法益的各种不同侵害形态，无视犯罪定型，因为并不只是法益侵害的结果影响犯罪竞合，法益侵害的形态也是影响犯罪竞合的，法益侵害说只着眼于法益侵害的结果，而不考虑其侵害的形式，失之片面[④]。第三，根据法益标准说，对同一法益的侵害即使存在意思的中断、方法的变更或者时间的隔绝，仍然成立一罪，这不妥当[⑤]。例如，对同一被害人，间隔数日而进行了第二次伤害，应当成立两罪，但此说认为只是一罪[⑥]。第四，不能说明数个法益侵害构成一个犯罪的情况[⑦]。

（三）犯意标准说

犯意标准说即意思说或主观说，认为犯罪是行为人犯罪意思的实现，犯罪行为和犯罪结果不外是犯罪人的反社会性格的征表，因而应当以行为人的犯罪意思的个数作为犯罪竞合的决定标准，即具有一个犯罪意思的就成立一罪，具有数个犯罪意思的就成立数罪。此说的代表人物是牧野英一和木村龟二。木村龟二认为：“犯罪的意思作为符合构成要件的行为被实现，是成为违法、有责的评价对象的行为的主干，因为构成犯罪的所有要素都综合地包含在内，所以，以犯罪的意思的单复为犯罪的单复的标准是最妥当的，从而基于单一的意思（决意）实施的犯罪是一罪；因为并合罪是一罪的复数，所以是数罪。”[⑧] 例如，行为人基于一次杀死两人的意思同时杀死两人属于一罪，而行为人在杀死一人后又决意杀死另一人的，属于两个犯罪。

犯意标准说受到了很多学者的批评：第一，根据此说，只要是出于一个犯罪意思，即便犯罪行为和侵害法益有数个，也只能作为一罪处罚，这是不合理的[⑨]。第二，根据此说，观念的竞合和牵连犯都只是基于一个犯罪意思，应完全作为一罪处理，这也不合理[②]。第三，“按照犯意说，没有犯罪的意思的过失犯的罪数就不可能决定”[⑩]。第四，犯罪竞合是客观的问题，仅依主观的犯意之数不可能决定，但是根据意思说只要出于单一的意思，结果不管怎样多，怎样不同，仍作为一罪解释。从客观主义的立场出发，该说过于轻视客观发生的结果，而且对犯罪意思顽固者的处理又过于宽大，这点应受到批判[⑪]。

---

① 〔日〕铃木茂嗣：《宫本英脩著作集》（第2卷），成文堂，1985年，第209～210页。
② 〔日〕泷川幸辰：《犯罪论序说》，王泰译，法律出版社，2005年，第166页。
③ 〔日〕川端博：《刑法总论》（第二版），成文堂，2006年，第612页。
④ 〔日〕曾根威彦：《刑法总论》（第四版），有斐阁，2008年，第278页。
⑤ 〔日〕山中敬一：《刑法总论》（第二版），成文堂，2008年，第966页。
⑥ 〔日〕浅田和茂：《刑法总论》（补正版），成文堂，2007年，第472页。
⑦ 〔韩〕李在祥：《韩国刑法总论》，〔韩〕韩相敦译，中国人民大学出版社，2005年，第455页。
⑧ 〔日〕木村龟二：《刑法总论》（增补版），有斐阁，1984年，第429～430页。
⑨ 〔日〕川端博：《刑法总论》（第二版），成文堂，2006年，第611页。
⑩ 〔日〕板仓宏：《新订刑法总论》，劲草书房，1998年，第354页。
⑪ 〔日〕木村龟二：《刑法学词典》，顾肖荣、郑树周等译，上海翻译出版公司，1991年，第397页。

（四） 构成要件标准说

构成要件标准说也称构成要件说、构成要件充足说、构成要件规准说、构成要件符合次数说。此说认为整个犯罪论都是以构成要件理论为基调的，竞合论也应如此，应当以构成要件的评价数量为标准决定犯罪的单复。该说主张竞合论不该以超法律、自然的方法来决定，而是应以法律的构成要件充足问题来作解释①。若满足一个构成要件则为一罪，若满足数个构成要件则是数罪。此说实际上是将犯罪意思、犯罪行为、法益等综合起来进行构成要件上的评价。因而，构成要件标准是一个综合的标准。

由于构成要件包含了诸多要素，所以在进行犯罪竞合判断时，以哪个要素作为核心就成为问题。综合来看，主张构成要件标准说的学者多认为："构成要件是为保护法益而设计的，在决定是一罪还是数罪时，应以该构成要件所预定的被害法益的单一性为中心，综合考虑（1）指向侵害该法益的犯意的单一性或连续性，（2）实行行为的单一性或连续性，（3）被害利益的同一性等，判断几次符合了构成要件。"②

构成要件标准说在日本是多数说。小野清一郎、团藤重光、佐伯千仞、福田平、大塚仁、大谷实、川端博、野村稔等众多学者都支持这一学说。大塚仁主张："在我们以构成要件理论为基础的立场上，应该采用构成要件标准说，必须根据构成要件符合性评价的次数来确定罪数。而且，这个立场可以说是想对犯罪意思、犯罪行为以及被侵害或者遭受危险的法益的意义都综合地考虑后，进行构成要件性评价。"③ 大谷实认为："某种犯罪事实，根据一个构成要件被评价为一次符合的话，就构成一罪，这就是本来的一罪；某种犯罪事实被评价为数次符合一个构成要件，或分别符合数个构成要件的话，就是数罪。"② 野村稔也认为："根据犯罪构成要件的评价次数来决定犯罪的单数复数问题的观点是有用的，并且是正确的。"④ 日本的判例基本上采用此说。德国学者耶赛克、魏根特也支持此说，他们认为："对于确定是行为单数还是行为复数起决定性作用的，可能是各自被破坏的法定构成要件的意义。"⑤ 不过，在德国构成要件标准说仍属于少数说。

构成要件标准说虽然是日本的通说，但也受到了一些批评。第一，有学者认为，究竟什么才是一次符合构成要件是不明确的，如连续数次进行殴打那样，从一个一个的行为分别看，都是符合构成要件的，但作为一罪来说明就有困难⑥。第二，它难以合理地说明包括一罪的一罪性⑦。第三，法条竞合与观念竞合的区别，仅仅根据构成要件标准的观点是否能够认定，也是问题⑧。

---

① 〔韩〕李在祥：《韩国刑法总论》，〔韩〕韩相敦译，中国人民大学出版社，2005 年，第 455 页。

② 〔日〕大谷实：《刑法讲义总论》（新版第二版），黎宏译，中国人民大学出版社，2008 年，第 432～433 页。

③ 〔日〕大塚仁：《刑法概说（总论）》（第三版），冯军译，中国人民大学出版社，2003 年，第 477 页。

④ 〔日〕野村稔：《刑法总论》，全理其、何力译，法律出版社，2001 年，第 447 页。

⑤ Jescheck H H, Weigend T. Lehrbuch des Strafrechts Allgemeiner Teil. Drucker & Humblot, 1996, 5. Aufl., S. 711.

⑥ 〔日〕木村龟二：《刑法学词典》，顾肖荣、郑树周等译，上海翻译出版公司，1991 年，第 396 页。

⑦ 〔日〕曾根威彦：《刑法总论》（第四版），有斐阁，2008 年，第 278 页。

⑧ 〔日〕西原春夫：《刑法总论》（下卷）（改订准备版），成文堂，1995 年，第 419～420 页。

（五）个别化说

个别化说也称折中说，此说主张根据罪数的不同种类采取不同的区分标准。该说认为前述各种学说都是基于"一个标准"区分犯罪竞合的，但是，犯罪竞合也有不同种类，以一个标准对所有种类的罪数进行区分，则相当困难。具体而言，应以构成要件标准说为前提，区分包括一罪、科刑上一罪分别适用不同的标准。平野龙一、西原春夫、前田雅英等支持此说。在平野龙一看来，"构成要件标准说，区别是否单纯一罪虽然是妥当的，但说明包括一罪、科刑上一罪的一罪性并不适宜。因为在以构成要件标准说为前提上，可以说明一罪性的对象，按照包括一罪或科刑上一罪等，认为标准不同是适当的。如果按照这样，包括一罪，'行为与结果'的一个性；科刑上一罪，'行为'的一个性，就被认为是标准"①。

个别化说实际上是以多元化的标准来解决不同的犯罪竞合问题。在多元化的标准之下，似乎各种情况下犯罪竞合判断的问题都可以迎刃而解。实际上，以多元化标准来解决犯罪竞合问题，不但使得犯罪竞合论面临缺乏统一的犯罪竞合判断标准的局面，还可能会使得犯罪竞合论的"地基"陷入不稳固的状态。

（六）可罚类型的不法评价说

可罚类型的不法评价说由山中敬一所主张。此说认为，构成要件标准说的意义不在于是决定一罪或数罪的标准，而只是论述什么是一罪的最低要件，因而它只能解决一部分犯罪的犯罪竞合的区分，而不能解决其他犯罪的犯罪竞合的区分，但各种犯罪的犯罪竞合的区别都可以可罚类型的不法评价为标准来解决。因此，区分一罪与数罪的标准，不是形式上充足构成要件的次数，而是该构成要件所预定的实质的可罚类型的不法所作的整体的评价次数。构成要件是被类型化了的不法，其类型化又有基本类型、派生类型等体系。然而，成为此类型的中心的，是统一的违法评价。例如，贿赂的"要求"、"约束"、"收受"，各自行为类型不同但实质上的不法评价是统一的。此外，基于同一机会的同一决意对同一被害人实施数次殴打的行为，虽然各自是符合构成要件的行为，但作为其规范违反行为的不法，是将一连串的行为统一评价后成为制裁对象的不法。因此，决定一罪性的，是为了科处与该不法相适应的制裁而被合理要求的实质的不法评价的统一性。因此，构成要件的基本类型或派生类型等应统一评价为一个类型；在同一机会、同一决意下对同一被害人实施的复数行为，也应统一评价为一个类型②。

（七）犯罪标准说

犯罪标准说认为，既然犯罪是符合构成要件的违法、有责的行为，那么，决定犯罪竞合的标准最终自然也应是对犯罪的成立要件作综合的考虑。即，在构成要件的层面上能够进行判断的，就按照构成要件标准说进行处理；如果不可能的话，就应当考虑违法性（法益侵害或危险），进而在有必要的情况下考虑责任，进行阶段性的考察③。

---

① 〔日〕山中敬一：《刑法总论》（第二版），成文堂，2008年，第967页。

② 〔日〕山中敬一：《刑法总论》（第二版），成文堂，2008年，第968～969页。

③ 〔日〕浅田和茂：《刑法总论》（补正版），成文堂，2007年，第472页。

犯罪标准说是浅田和茂提出的观点，林幹人也有类似的看法："犯罪的个数应当根据犯罪的实质加以决定。犯罪的实质是有责地实现了不法的事实。因此，其个数应由事实的不法、责任的内容的个数加以决定。即使是数个事实，如果不法、责任的内容密切关联成为一体的，就是一罪。否则的话就是数罪。"①

第二节 行为单数与行为复数

竞合论的出发点在于行为单数与行为复数的区分。透析这两个法律概念，才能区别犯罪单数与犯罪复数。

德国学者耶赛克、魏根特研究指出："根据行为单数和行为复数这两个基本概念所为的竞合理论的划分，可追溯到普通刑法学那里。科赫（J. Ch. Koch）通过划分行为单数、行为复数以及连续行为，并根据吸收原则、加重原则和单一刑罚原则解决这些案件，创立了竞合理论发展的基础。"②

行为单数和行为复数的概念，与犯罪单数和犯罪复数并不相同，各自只构成它们的前提条件和连结点③。因为行为单数或行为复数只是构成犯罪单数与犯罪复数的条件之一，并非所有的行为单数均能成立犯罪单数（一罪），也并非所有的行为复数都能成立犯罪复数即实质竞合（裁判确定前的数罪）。在行为单数中，除了想象竞合，还有法律竞合；在行为复数中，除了实质竞合，还包括裁判确定后的数罪以及"共罚的前行为或后行为"④。

一、行为单数与行为复数的区分标准

人的举止永远是一个作为和不作为的过程。因此，这里需要研究的是，根据何种标准将这一过程划分为对于刑法行为认定有意义的阶段，从而得以认定行为单数和行为复数。根据肌肉活动的次数来认定行为的个数显然在法律上是行不通的，因为按照医学标准将行为切成物理片状没有规范学上的意义⑤。

早期在客观主义盛行的时代，行为的单数或复数是由行为造成的结果来决定，假如行为人的行为造成复数的结果，则该行为为复数。其后又有主张行为的单数或复数取决于行为所该当的构成要件的个数，假如行为人的行为实现多个构成要件，就属于行为复数。根据所发生结果的数量来划分行为单数和行为复数这一标准在今天已被德国刑法学界所抛弃，因为通过一个意志活动可能导致数个结果的发生，即便结果会损害个人的数个专属法

---

① 〔日〕林幹人：《刑法总论》（第二版），东京大学出版会，2008年，第450页。

② Jescheck H H, Weigend T. Lehrbuch des Strafrechts Allgemeiner Teil. Drucker & Humblot, 1996, 5. Aufl. S. 709～710.

③ Wessels, Beulke. Strafrecht Allgemeiner Teil: Die Straftaten und ihre Aufbau. C. F. Müller, 2010, 40. Aufl. S. 297.

④ 韦塞尔斯、博伊尔克认为，在行为单数范围内，法条单一（也即法规竞合）这一概念属于不真正竞合的表现形式；而在行为复数的范围内，共罚的前行为和后行为则是表面竞合关系的事例。Vgl. Wessels, Beulke. Strafrecht Allgemeiner Teil: Die Straftaten und ihre Aufbau. C. F. Müller, 2010, 40. Aufl. , S. 308.

⑤ 李海东：《刑法原理入门——犯罪论基础》，法律出版社，1997年，第190页。

益，在此种情况下它也只能被视为一个行为[①]。例如，开一枪虽然造成有人死亡、有人受伤、有物受到毁损三个结果，但绝不是行为复数。此外，一个行为虽然可能实现数个构成要件，但是并非行为复数，而属于行为单数。因此，行为单数与行为复数的区分，不能以行为造成的结果数或行为实现的构成要件数为标准。

另外，从刑法上的行为概念中我们也不可能得出行为单数与行为复数的判断标准，因为刑法上的行为概念说明的只是人的举止应当具备什么样的最低条件，才具有刑法评价的意义。德国学者给尔兹（Geerds）曾认为以行为概念无法了解行为单数与行为复数的概念，故主张不必区分犯罪单数与犯罪复数而采用单一刑罚的立法例，其认为竞合论在未来的刑法可以放在刑罚的裁量中加以讨论[②]。1966 年由刑法学者所提出的刑法草案也主张采用单一刑罚原则，对想象竞合与实质竞合作相同的处理[③]。但是，1969 年德国刑法经过多方讨论，最后仍然决定区别犯罪单数与犯罪复数，并未按照学者建议作出修改。

德国判例和主流理论对于行为单数与行为复数的认定标准是自然生活说。该说主张："如果不同的行为部分是基于同一的意志决定，且时间和空间又有如此紧密的联系，以至于它被一个与之无关的观察者认为是一个行为的，那么，一个事件过程的表面上可分离的数个组成部分应当被视为一个单一的行为。"[④] 按照这一理解，下述行为都是行为单数：在同一场合的连续数次的奸淫行为；诱拐并强奸；盗窃中因有人暂行躲避、在他人离开后继续的；在更换选择杀人手段情况下，当行为决意在第一个杀人行为未成功后，如果行为人立即企图以其他方式来加以实现的；等等。但是，在不同的时刻对同一妇女实施的数个堕胎行为则不再是行为单数；教唆伤害后又教唆杀死被害人的，强奸后又将被害人杀害的，同样是行为复数。

然而，自然生活说实际上并没有给我们对于行为单数与行为复数的区别带来更深入的认识。犯罪计划不能成为确定行为数量的标准，因为一个统一的犯罪决议可能导致多个不同的单个行为，比如抢劫中的盗窃武器、杀害被害人、抢劫车辆逃跑等。于是，德国学者耶赛克、魏根特就认为，"对于确定是行为单数还是行为复数起决定性作用的，可能是各自被破坏的法定构成要件的意义"，并且将行为单数分为狭义的构成要件的行为单数和广义的构成要件的行为单数[⑤]。但是他们所谓的广义的构成要件的行为单数，实际上就是自然的行为单数。

正如韦塞尔斯、博伊尔克所说，"刑法上重要的举止，大都是由一连串的物理上单个动作组成，这些单个动作是一个事件的一定的社会影响性层面上的意义单元。这个法律-社会影响性上的意义关联，决定着一个行为发生的哪些外部上可以分割的单个动作，可以

---

① Jescheck H H，Weigend T. Lehrbuch des Strafrechts Allgemeiner Teil. Drucker & Humblot，1996，5. Aufl.，S. 710.

② Geerds F. Zur Lehre von der Konkurrenz im Strafrecht. Hanischer Gildenverlag J. Heitmann，1961，S. 251，496.

③ Baumann J：Alternativ-Entwurf eines Strafgesetzbuches：Allgemeiner Teil. Mohr Siebeck，1966，S. 116.

④ Jescheck H H，Weigend T. Lehrbuch des Strafrechts Allgemeiner Teil. Drucker & Humblot，1996，5. Aufl.，S. 710.

⑤ Jescheck H H，Weigend T. Lehrbuch des Strafrechts Allgemeiner Teil. Drucker & Humblot，1996，5. Aufl.，S. 711～713.

被视为是行为单数或者是行为复数"①。因此，行为单数与行为复数的区别既要依据法定的构成要件，也要考虑社会上的自然观念。

二、行为单数的概念与种类

行为单数是一个法律概念，行为人的行为是否属于行为单数，不能仅就社会的一般见解而作判断，必须兼顾法律与社会的意义关系。韩国学者金日秀、徐辅鹤认为："罪数论（竞合论）上的行为单一性是针对自然上无数分解可能的人类行为样态，基于'其是一行为'这种法共同体成员间的意义一致的理解进行判断的。此意义一致的理解虽然也有在法规范上被制度化的，但也有不是存在于实定法中而是存在于我们的历史的、解释学的领域中的。"②

（一）单纯的行为单数

单纯的行为单数也称为自然意义上的一行为，是指行为人出于一个行为决意，实行一个意思活动。例如，投掷一颗手榴弹，就属于一个行为，是单纯的行为单数，即使行为所破坏的法益涉及一身专属法益，也不受影响。相反，如果投掷了一颗手榴弹之后，再投掷另一颗，则是数个意思活动的体现，则不是单纯的行为单数。判断单纯的行为单数的标准，在于个别身体举止（Einzelakt）的数量（出于一个意思的一个动作），而不在于行为举止的同时性（Gleichzeitigkeit），也就是不在于个别身体举止是否同时进行。所以，同时或紧接着进行的数个个别身体举止，并非单纯的行为单数③。

（二）构成要件的行为单数

构成要件的行为单数，即符合构成要件的行为单数，相当于日本刑法中的包括一罪，是指刑法分则构成要件规定的，或者说是立法者所预设的，将数个自然的意思活动融合成一个行为的情况。法定构成要件将数个自然的意志动作视为一个"法律与社会评价单元"，形成法律意义上的一个行为①。构成要件的行为单数的判断，依赖于对刑法分则各个构成要件的解释。它主要包括以下几种情形。

1. 多行为犯

多行为犯也称复行为犯，是指刑法将数个不能独立成罪的行为规定为一个犯罪的情况。在一个多行为犯的构成要件中包含了数个行为，数个行为都符合构成要件时才能以犯罪论处。例如，诈欺罪中的欺诈行为和取得财物行为，单独不能构成犯罪，但刑法将其组合在一起成为一个犯罪类型，行为人只有既实施欺诈行为又实施取得财物行为才构成诈欺罪。

2. 结合犯

结合犯是指将分别独立成罪的两个以上的行为结合成一个犯罪的情况。从表面上看，结合犯中的两个以上的行为可以独立地构成犯罪，但刑法考虑到两个以上的行为具有密切

---

① Wessels，Beulke. Strafrecht Allgemeiner Teil：Die Straftaten und ihre Aufbau. C. F. Müller，2010，40. Aufl.，S. 298.

② 〔韩〕金日秀、徐辅鹤：《韩国刑法总论》（第十一版），郑军男译，武汉大学出版社，2008 年，第 652 页。

③ Roxin C. Strafrecht Allgemeiner Teil Band Ⅱ. Verlag C. H. Beck，2003，S. 801.

联系而且容易同时发生，因而将其规定为一罪。例如，强盗并强奸了妇女时，不是分别成立强盗罪（《日本刑法》第236条）和强奸罪（《日本刑法》第177条），而是只成立强盗强奸罪（《日本刑法》第241条）。

德国有学者认为，一般而言结果加重犯也是结合犯，如伤害致死①。这主要是考虑到结果加重犯是一种故意和过失相结合的产物。意大利也将结果加重犯纳入结合犯的范围加以论述。意大利有学者指出，《意大利刑法典》第84条第1款规定："当本身就构成犯罪的不同事实被法律视为单一犯罪的构成要件或从重情节时，不适用上述各条（有关犯罪竞合）的规定。"这种情况就是狭义的所谓的"复合犯"，也称结合犯。其特点是将不同的犯罪结合为一个新的犯罪，被结合的那些犯罪或者都成为新的犯罪的构成要件，或者一个成为构成要件，一个成为从重情节［如《意大利刑法典》第625条第1款第1项规定的因入室盗窃而构成的加重盗窃罪、侵犯居所罪（《意大利刑法典》第614条第1款）就是构成加重情节的要件］②。

结合犯在实质上符合数个独立的构成要件，仅仅是因为立法的规定才将其结合成为一个构成要件。基于立法的这种规定，结合犯属于实现一个构成要件的行为，因而属于构成要件的行为单数。

3. 继续犯

关于继续犯（持续犯）的定义，理论上存在不同表述。有人认为，继续犯是指如监禁罪这样的发生法益侵害等结果就成立犯罪，在其结果继续期间犯罪也处于继续的状态的犯罪。继续犯只需要法益侵害的状态继续，而不需要行为本身的继续。因为，如果要求行为继续并以此为要件的话，那么错误非法拘禁他人的人在意识到自己的错误时就成立监禁罪，但这实际上应当作为不作为犯的问题加以解决③。另有人认为，继续犯是指在构成要件结果发生的同时就出现了侵害法益的情况，达到既遂状态之后不法行为与不法状态处于继续状态的犯罪④，比如在剥夺他人自由或者非法入侵他人住宅的场合中，所有的服务于违法状态的成立或者保持的行为动作，都是"一个"行为的组成部分⑤。还有人认为："继续犯是指并不因构成要件的实现而结束，而通过行为人持续的犯罪意志继续维持，且其创设的违法状态仍旧持续的犯罪。"⑥

学界尽管对于继续犯的表述存在差异，但对继续犯的范围几乎没有争议。例如，非法侵入他人住宅、违背监护和教养义务、非法剥夺他人自由、酒后驾驶甚至造成数起具体的伤害等，一致被视为属于继续犯的范畴。但事实上，在某些情况下，不同的表述也可能影

---

① Jescheck H H，Weigend T. Lehrbuch des Strafrechts Allgemeiner Teil. Drucker & Humblot，1996，5. Aufl. ，S. 265.

② 〔意〕杜里奥·帕多瓦尼：《意大利刑法学原理》（注评版），陈忠林译评，中国人民大学出版社，2004年，第365页。

③ 〔日〕山口厚：《刑法总论》（第二版），有斐阁，2007年，第48～49页。

④ 〔日〕大谷实：《刑法讲义总论》，黎宏译，中国人民大学出版社，2008年，第116页。

⑤ Wessels，Beulke. Strafrecht Allgemeiner Teil：Die Straftaten und ihre Aufbau. C. F. Müller，2010，40. Aufl. ，S. 299.

⑥ Roxin C. Strafrecht Allgemeiner Teil Band Ⅰ. Verlag C. H. Beck，2006，4. Aufl.，S. 330.

响犯罪的成立与否[①]。

4. 集合犯

所谓集合犯，是指在构成要件行为中，预定有数个同种类的行为的犯罪，包括常业犯、职业犯和营业犯在内[②]。韩国学者认为："集合犯是指当然能够设想多数的同种行为将基于同一意思的倾向被反复的情况。"[③]

常业犯也称惯犯，是指预定以具有常习性的行为人反复实施的行为作为构成要件的犯罪。例如，具有赌博常习的犯罪人，数十次实施赌博行为，也只成立一个常习赌博罪。

职业犯是指构成要件上预定行为人不以营利为目的而作为一种业务反复实施一定犯罪行为的犯罪。如即便对数人实施散布淫秽物的行为，也只成立散布淫秽物罪一罪。

营业犯是指构成要件上预定行为人以营利为目的而反复实施一定犯罪行为的犯罪。例如，无证行医罪，是指没有医师执照的人将行医作为一种业务而反复从事行医活动的一种犯罪，符合这一构成要件的行为，就只构成一罪，而不构成数罪。

职业犯与营业犯的主要区别在于，前者主观上不要求以营利为目的，而后者则要求以营利为目的。

5. 构成要件的等价选择行为

如果对于同一构成要件，立法者描述了数种可能实现的行为方式，且这些行为方式出于等价选择的关系，行为即使形式上先后数次满足构成要件，但仍以一个构成要件行为论处。如日本《改正刑法草案》第 137 条第 1 款规定："公务员就其职务上的事项，收受、要求或者约定贿赂的，处五年以下惩役；接受请托的，处七年以上惩役。""收受、要求或者约定"贿赂即构成贿赂罪的等价选择行为，若行为人先"要求"，后"约定"，再"收受"，仅构成一次贿赂行为，属于构成要件的行为单数。

（三）自然的行为单数

"自然生活说"[④] 是德国的判例及刑法学界采用的观点，认为从外观上可以分割为整体事件的数个部分行动，如果是出于单一的意思决定，而且这数个部分行动在时空上又存有紧密关系，从旁观者的立场也认为是一个单一行为时，就可认为是行为单数。日本有判例认为，所谓"一个行为"，是指"撇开法律评价并舍弃构成要件性观点，在自然性观察之下，行为人的动态可以接受社会性观念上的'一个动态'这一评价的场合"[⑤]。正如德国最高法院判例所指出的："很多生活领域里的应受处罚的行为方式虽然本身已经触犯了（同一个）罪名，但只有从整体上才能被正确理解。通常情况下，只有当数个基于同一意志而实施的同种的单独行为相互之间具有非常密切的时空联系，根据自然的观察方式只是

---

① 如果将行为的持续性作为继续犯的要件，那么，过失将他人关闭在某房间的行为人，只要意识到自己将客人关闭在房间，即使在不可能释放被害人的场合，也成立非法拘禁罪。如果不将行为的持续性作为继续犯的要件，那么，在上述情况下，就必须通过考虑释放（法所期待的作为）的可能性等，判断非法拘禁罪的成立与否。参见张明楷：《外国刑法纲要》（第二版），清华大学出版社，2007 年，第 115 页。

② 〔日〕大谷实：《刑法总论》（新版第二版），黎宏译，中国人民大学出版社，2008 年，第 435 页。

③ 〔韩〕金日秀、徐辅鹤：《韩国刑法总论》（第十一版），郑军男译，武汉大学出版社，2008 年，第 670 页。

④ 自然生活说并非自然科学上的意义，而是就日常社会生活所适用的语言习惯，加上规范的观点。

⑤ 〔日〕西田典之：《日本刑法总论》（第二版），王昭武、刘明祥译，法律出版社，2013 年，第 380 页。

一个整体时，才被认为构成这种行为单数。”① 例如，在杀人行为中变换杀害手段，如开枪未中后，另以其他方法杀害被害人的，是行为单数。

德国的自然的行为单数相当于日本、韩国刑法中的接续犯。日本学者大谷实指出：所谓接续犯，是指基于同一的犯意，在时间、场所接近的条件下，所实施的数个同种行为②。韩国学者金日秀、徐辅鹤认为：“接续犯是指针对同一法益（尽管其自身单独也能够符合构成要件的）数个行为不可分地加以接续而实行的情况。”③ 同一行为人实施了数个行为，虽然每一个都实现了同一种性质的不法，但因为这些行为之间紧密的内部与外部联系而被视为一个犯罪行为。例如，同一人在同一时间、地点继续实施同种赌博时，数个赌博行为只受一次构成要件的评价，成立一个赌博罪。

日本、韩国刑法中还存在连续犯的概念。日本学者大谷实认为，所谓连续犯，是指即便在时间、场所上不接近，但连续性地实施符合同一构成要件的行为，指向同一利益侵害、基于单一犯意的场合②。韩国学者李在祥认为：“连续犯是指连续的数个行为属于同种的犯罪而言。连续的数个行为并不要求构成要件上的一致，也不以时间、地点的接续为要件，其之间的连贯并不紧密，这与接续犯有所区别。”④ 但是，日本学者西田典之则认为连续犯就是接续犯，它是指数个行为连续造成针对同一法益主体的同种法益侵害的情形⑤。

连续犯的概念早在中世纪就存在于意大利刑法理论中，意大利现行刑法第 81 条第 2 款对连续犯作了规定：基于同一犯罪意图的数个作为或不作为，即使在不同时间，实施多次触犯同一规定或不同规定的人。德国 19 世纪的特别刑法也规定过接续犯，可是，德国 1871 年刑法典没有规定接续犯，现行刑法也没有规定接续犯。然而，德国刑法理论与判例长期以来都承认接续犯概念。德国学者李斯特认为：“连续犯，即利用同一个机会或与同一个机会有关之机会不间断地、间歇地，一而再再而三地实现同一个构成要件。由于数个同质行为具有一系列相同的特点，如相同的罪责形式，针对同一个法益，相同的行为方式，共同利用同一个犯罪机会等，法律上将其视为一个行为。”⑥ 另外，施特拉腾韦特、库伦将连续犯界定为“同一行为人实施了数个行为，虽然每一个行为都实现了同一种性质的不法，但因为这些行为之间紧密的内部和外部联系而被视为一个犯罪行为”，他认为规定连续犯的目的首先是为了避免对单个行为单独处理时判处不合理的重刑⑦。

日本现行刑法没有规定连续犯，但刑法理论上仍然认为，在一定范围内承认连续犯是必要的。现在，日本刑法学者在罪数论中仍然论述连续犯。不仅如此，日本审判实践也在一定范围内承认连续犯。例如，1957 年日本最高裁判所将一医生在 4 个月内 38 次将麻醉品交付给一患者的行为，认定为包括的一罪。

---

① Stratenwerth G，Kuhlen L. Strafrecht Allgemeiner Teil：Die straftat. Verlag Franz Vahlen，2011，6. Aufl.，S. 329.

② 〔日〕大谷实：《刑法总论》（新版第二版），黎宏译，中国人民大学出版社，2008 年，第 436 页。

③ 〔韩〕金日秀、徐辅鹤：《韩国刑法总论》（第十一版），郑军男译，武汉大学出版社，2008 年，第 665 页。

④ 〔韩〕李在祥：《韩国刑法总论》，〔韩〕韩相敦译，中国人民大学出版社，2005 年，第 468 页。

⑤ 〔日〕西田典之：《日本刑法总论》（第二版），王昭武、刘明祥译，法律出版社，2013 年，第 377 页。

⑥ 〔德〕李斯特：《德国刑法教科书》（修订译本），徐久生译，法律出版社，2006 年，第 387 页。

⑦ Stratenwerth G，Kuhlen L. Strafrecht Allgemeiner Teil：Die straftat. Verlag Franz Vahlen，2011，6. Aufl.，S. 330.

三、特殊犯罪形态的行为单复数

（一）过失犯的行为单复数

在过失的结果犯中，如果构成要件该当的结果只发生一次，则仍为行为单数——即使该结果的发生是基于数次对注意义务的违反。相反，如果发生了数个构成要件该当的结果，或者同一构成要件的结果发生数次，则过失行为究竟是行为单数还是行为复数，要看行为人在数次不同的结果之间是否另有违背注意义务的情况。例如，如果行为人的汽车打滑，先后伤害了数人，应认定为行为单数，如果行为人因未注意交通安全在较长的时间范围内造成了三起交通事故，则构成行为复数。在过失行为犯情况下，同样必须考虑到行为人在各个具体的行为之间是否另外违反注意义务。因此，在数次过失违反注意义务的情况下，构成行为复数①。

（二）不作为犯的行为单复数

在不作为犯的情况下也应当根据相同的原则来处理。

在不纯正的不作为犯中，行为人违背其保证人义务，没有避免数个构成要件该当的结果发生，如果他通过一个行为就能够阻止所有结果的发生的，应当认定为一个不作为犯罪。相反，如果在第一个结果发生之后仍有可能阻止其他结果发生的，则构成数个不作为犯罪。例如，在违反针对数个权利人的赡养义务的情况下，构成数个不作为犯罪。

在不纯正不作为犯的情况下，构成要件性的结果如果只产生一次，则尽管是耽误了数个救助可能性，仍然只有“一个”法律意义上的不作为。相反地，保证人如果是对数个阻止结果的义务不作为，则要依据他对结果本是可以一同阻止（即以“一个”一定的行为）还是要实施相互无关的“数个”行为方可阻止来判定行为的单复数。在第一种情况下，只成立“一个”不作为（例如，列车轧死了数名道路工人，因为信号员忘了发出报警信号）；而在第二种情况，则构成“数个”不作为②。

（三）各种参与犯的行为单复数

若以自然意义的一个行为教唆或帮助他人犯罪的，即使正犯实行数个行为，成立数罪，同样只成立一个教唆行为或一个帮助行为，教唆或帮助者最终应以一行为触犯数罪名的想象竞合犯论处。以一个不作为帮助正犯的，亦同。仅以一行为与其他共同正犯分担数罪的实行行为的共同正犯，或仅以一利用行为促使他人犯数罪的间接正犯，也是同理。

相反，如果正犯所犯的是一罪，教唆者或帮助者即便以数个自然意义的一行为来完成其教唆或帮助行为，该教唆或帮助行为也应认定为行为单数。

---

① Jescheck H H，Weigend T. Lehrbuch des Strafrechts Allgemeiner Teil. Drucker & Humblot，1996，5. Aufl.，S. 713～714.

② Wessels，Beulke. Strafrecht Allgemeiner Teil：Die Straftaten und ihre Aufbau. C. F. Müller，2010，40. Aufl.，S. 299.

第三节 行为单数的犯罪竞合

一、不真正竞合：法条竞合

（一）法条竞合的概念

法条竞合属于不真正竞合的类型之一。不真正竞合是指行为既符合甲罪的构成要件，也符合乙罪的构成要件，即从法律条文上看甲罪与乙罪形式上产生竞合，但实质上甲罪法条会排斥乙罪法条的适用，最终只成立甲罪而不真正地构成乙罪，因此被称为不真正竞合。在行为单数的情况下，不真正竞合的形态就是指法条竞合①。

法条竞合也称法规竞合、规范竞合、法律竞合、法条单一、法规单数，是指对于同一行为，外表上符合数个构成要件，但是，实际上只适用其中一个构成要件定罪量刑，而排斥其他构成要件的适用。因为被适用的构成要件的不法内容完全容纳被排斥的构成要件，所以适用数个构成要件会造成所谓双重评价的不当结果②。

山中敬一指出："所谓法条竞合，指关于可罚类型的不法评价上的数罪，似乎可能适用数个刑法条文，但一个刑法条文排除其他刑法条文，应当仅仅一个刑法条文适用的情况……由于规范的评价竞合，某一规范退于其他规范的背后，在犯罪成立上，仍然意味着是一罪的情况，即法条竞合是本来的一罪。"③

根据上述定义可知，法条竞合具有如下特点：①行为人须出于同一犯意，实施了一个行为，而不是数个行为。这里的行为个数是以行为符合某一犯罪的客观要件为依据的，即凡符合一个构成要件之客观要件的行为为一个行为；这里的犯意既包括故意也包括过失。②一个行为符合数个构成要件，从而可能适用数个刑法条文。③数个构成要件有重复的内容，具有相互的逻辑上的包容关系。④实际上适用其中一个构成要件，排除其他构成要件的适用，从而应当适用一个刑法条文，排除其他刑法条文的适用。

法国对法条竞合的概念有比较特别的认识。法国刑法理论对法律竞合的理解相当于通常的结合犯，认为"法律有时却要求法官仅认定一个单一的罪名并将诸行为中的一行为作为另一犯罪的加重情节"。例如，"在实行盗窃时使用武器的行为并不构成两个犯罪（携带受禁止的武器罪与盗窃罪），而是构成法国新刑法典第 311-8 条所规定的'武装盗窃罪'（抢劫罪）"，并指出，"这种处理称为'法律竞合'"。经法律上的结合处理，不仅仅是实现科刑的简单"增加"，而且是使刑罚成倍"增加"④。

法条竞合在大陆法系部分国家的刑事立法上也有反映。例如，《意大利刑法典》第 15 条规定："当不同的法律或同一刑事法律中的不同条款调整同一问题时，特别法或者法律中的特别条款优于普通法或者法律的普通条款，但法律另有规定的除外。"

---

① 林钰雄：《新刑法总则》，中国人民大学出版社，2009 年，第 448 页。

② 〔韩〕李在祥：《韩国刑法总论》，〔韩〕韩相敦译，中国人民大学出版社，2005 年，第 459 页。

③ 〔日〕山中敬一：《刑法总论Ⅱ》，成文堂，1999 年，第 914 页。

④ 〔法〕卡斯东·斯特法尼等：《法国刑法总论精义》，罗结珍译，中国政法大学出版社，1998 年，第 575～576 页。

（二）法条竞合的种类

在大陆法系刑法理论中，法条竞合的种类是围绕相互竞合的法条之间的关系进行划分的。对此，学者间尚未达成共识。

德国刑法理论的通说是将法条竞合划分为特别关系、补充关系和吸收关系三类[①]。但也存在不同观点，如李斯特还增加了选择关系（给法益以保护的构成要件，彼此相互排斥），使之成为四类[②]。贝林认为法规竞合包括特别关系和补充关系[③]。雅科布斯的主张最为极端，他把所有的法条竞合案例统统称为特别关系。他认为，法条之间逻辑上的广义特别关系，并不仅仅是法条表面文字之间的关系，也包含了在个案适用上经过解释以后的条文之间的关系。所以，对于德国通说认为是补充关系和吸收关系的案例，他都认定为特别关系[④]。

在意大利刑法理论中，对于法条竞合存在特别关系、从属关系（相当于补充关系）和吸收关系的划分[⑤]，这与德国刑法理论的通说是类似的。但是，从属关系和吸收关系在意大利都没有法律依据。

日本刑法理论的通说将法条竞合划分为特别关系、补充关系、吸收关系和择一关系四种[⑥]。还有一些学者则主张采取三分法，但关于三分法的具体内容各学者的主张并不一致。如野村稔、山中敬一认为，法条竞合可以划分为特别关系、补充关系、吸收关系三类[⑦]，"择一关系是以不存在逻辑上的竞合关系为前提，所以原本就不应包括在法条竞合之内"[⑧]。大谷实、前田雅英则将法条竞合分为特别关系、补充关系和择一关系三类，认为吸收关系属于包括一罪，而非法条竞合[⑨]。此外，也有学者采取二分法。例如，西田典之将法条竞合仅仅区分为特别关系、吸收关系两种情况，其认为将补充关系和择一关系纳入法条竞合，并无必要[⑩]。山口厚将法条竞合区分为特别关系和择一关系两类，认为吸收关系属于包括一罪，补充关系是特别关系的一种[⑪]。

韩国刑法理论的通说认为法条竞合有特别关系、补充关系、吸收关系和择一关系四

---

① Jescheck H H, Weigend T. Lehrbuch des Strafrechts Allgemeiner Teil. Drucker & Humblot, 1996, 5. Aufl., S. 733; Baumann, Weber, Mitsch. Strafrecht Allgemeiner Teil. Verlag Ernst und Werner Gieseking, 2003, 11. Aufl., S. 803.

② 〔德〕李斯特：《德国刑法教科书》（修订译本），徐久生译，法律出版社，2006 年，第 392 页。

③ 〔德〕恩施特·贝林：《构成要件理论》，王安异译，中国人民公安大学出版社，2006 年，第 197～198 页。

④ 陈志辉：《刑法上的法条竞合》，台北自版，1998 年，第 44～45 页。

⑤ 〔意〕杜里奥·帕多瓦尼：《意大利刑法学原理》（注评版），陈忠林译评，中国人民大学出版社，2004 年，第 359～361 页。

⑥ 〔日〕大塚仁：《刑法概说（总论）》（第三版），中国人民大学出版社，2003 年，第 418～419 页；〔日〕川端博：《刑法总论》（第二版），成文堂，2006 年，第 614～617 页；〔日〕井田良：《讲义刑法学·总论》，有斐阁，2008 年，第 523 页。

⑦ 〔日〕野村稔：《刑法总论》，全理其、何力译，法律出版社，2001 年，第 489 页。

⑧ 〔日〕山中敬一：《刑法总论》（第二版），成文堂，2008 年，第 981 页。

⑨ 〔日〕前田雅英：《刑法总论讲义》（第四版），东京大学出版会，2006 年，第 497 页；〔日〕大谷实：《刑法讲义总论》，黎宏译，中国人民大学出版社，2008 年，第 433 页。

⑩ 〔日〕西田典之：《日本刑法总论》（第二版），王昭武、刘明祥译，法律出版社，2013 年，第 376 页。

⑪ 〔日〕山口厚：《刑法总论》（第二版），有斐阁，2007 年，第 366 页。

种。但有的学者不同意将择一关系纳入法条竞合[①]。

为了尽可能全面地分析法条竞合的类型，我们按照日本通说的四分法进行阐述，并在其中就具体类型所涉及的争论加以介绍。

1. 特别关系

所谓特别关系（Spezialität），是指相竞合的两个以上的法条之间存在一般法和特别法的关系的场合。山中敬一指出，特别关系“指竞合的复数构成要件处于一般法与特别法的关系的情况。这种场合，相当于特别法的构成要件，逻辑上被相当于一般法的构成要件所包含。符合相当于特别法的构成要件的行为，逻辑上必然地也完全符合相当于一般法的构成要件。一个行为符合相当于这种关系的构成要件时，根据‘特别法排除一般法’的原则，仅仅相当于特别法的构成要件被适用”[②]。特别关系亦可称为逻辑包含关系。德国学者耶赛克、魏根特认为，如果一个刑法规定具备了另一个刑法规定的所有要素，且它只能通过具有将案件事实以特殊的观点来理解的其他要素而与该另一刑法规定相区别的，即存在特别关系。在特别关系情况下，也就产生了从属的逻辑上的依赖关系，因为实现特有构成要件的每一个行为，还同时实现一般犯罪的构成要件，否则不构成特别关系[③]。

特别关系首先存在于普通法律和特别法律之间，如日本的盗窃森林罪（《日本森林法》第197、198条）与普通盗窃罪（《日本刑法典》第135条）；其次，特别关系存在于同一法律中的普通法条和特别法条之间，如盗窃罪（《德国刑法典》第242条）与特别严重盗窃罪（《德国刑法典》第243条）。

然而，什么样的法条属于特别法呢？意大利学者对此作了深入探讨，认为相互竞合的法条之间存在两种关系：一是单向包容关系，即特殊规定的全部或部分构成要件是一般规定的特殊化，或者特殊规范中包含一般规定所不具备的构成要件而形成的包容关系，如侮辱公务员罪与侮辱罪；二是相互或双向包容关系，即数个法条之间互为特殊规范所形成的包容关系，例如，《意大利刑法典》第610条规定的私人强暴罪与第611条规定的以暴力或者威胁强迫实施犯罪罪之间就呈现这种关系。在单向包容关系中，包含特殊要求的规范就是特别条款，因此不难确定；但是在双向或相互包容关系中，则应由规定这些法条的法律在整个法律体系中的地位来确定哪种规范为特殊规范，例如，在《意大利民法典》第2628条规定的公司证券的诈欺操作罪与《意大利刑法典》第501条第1款规定的扰乱国内商品、证券市场价格罪竞合时，由于前者的法律调整的是普通法典以外的特殊关系，因此应适用前者而排除后者的适用。当用上述标准无法确定特殊法条时，如果一个法条规定的主体能包容另一个法条规定的主体，那它就不是特殊规范。值得肯定和借鉴的是，意大利的法律常常通过确定的、相对确定的或不确定的保留条款来指出在法条竞合中应当优先

---

① 〔韩〕李在祥：《韩国刑法总论》，〔韩〕韩相敦译，中国人民大学出版社，2005年，第459页；〔韩〕金日秀、徐辅鹤：《韩国刑法总论》（第十一版），郑军男译，武汉大学出版社，2008年，第661页。

② 〔日〕山中敬一：《刑法总论Ⅱ》，成文堂，1999年，第915页。

③ Jescheck H H, Weigend T. Lehrbuch des Strafrechts Allgemeiner Teil. Drucker & Humblot, 1996, 5. Aufl., S. 733.

适用的具体条款，这种做法无疑可以避免许多无谓的纷争[①]。

在特别关系的场合，特别规定的构成要件既包括一般规定构成要件的全部要素，也包括一个或数个特别要素。如果不优先适用含有特别要素的特别规定，则特别规定的构成要件就没有存在的价值。因此，关于特别关系的处理，理论上一致认为应根据特别法优于一般法（特别法优于普通法、特别法拒绝一般法）的原则，只适用特别规定而不适用一般规定。有的国家刑法还专门就此作出了规定。例如，《意大利刑法典》第 15 条规定："当不同的法律或同一刑事法律中的不同条款调整同一问题时，特别法或法律中的特别条款优于普通法或法律中的一般条款，法律另有规定的除外。"这一规定的特色是除了明确特别法优于一般法原则以外，还考虑到了该原则的例外情形。《俄罗斯联邦刑法典》第 17 条第 3 款规定："如果一个犯罪由一般规范和特殊规范作了规定，则不是数罪，其刑事责任依特殊规范。"

在行为所符合的构成要件均为加重构成要件时，应适用法定刑最重的构成要件；在行为所符合的构成要件均为减轻构成要件时，应适用法定刑最轻的构成要件；在行为所符合的构成要件既包括加重构成要件又包括减轻构成要件时，则应适用减轻构成要件，而不是加重构成要件。

特别要指出的是，由于结果加重犯在本质上是结合故意与过失构成要件的犯罪，所以在针对加重结果而设的结果加重犯的构成要件与过失构成要件之间，也存在特别关系。此种情况中排斥过失构成要件的适用，仅以结果加重犯论处。

2. 补充关系

所谓补充关系（Subsidiarität），是指相竞合的两个以上的法条之间处于基本法和补充法之间的关系的场合。当一个行为被认为同时符合基本法的构成要件和补充法的构成要件时，"基本法拒绝补充法"（Lex primaria derogate legi subsidariae）。只有在不适用基本法时，才提出补充法。施特拉腾韦特、库伦认为："补充关系的含义是，如果根据其他法律不能对某一行为处以（更重的）刑罚，才能适用刑法规定。为了扩大和加强刑事保护，经常有行为方式被予以惩罚，而这些行为只是刑法另外规定的侵害法益行为的预备阶段或预备形式或者较轻的变种行为。因此，如果已经实施了真正的或者更严重的侵害并应受到处罚，则不再适用补充性的法条。只有当违反补充性法条的行为并非必然或者典型地伴随有优先地位的犯罪时，补充性关系才具有独立于特别关系与吸收关系之外的独立意义。"[②]山中敬一认为："所谓补充关系，指某一构成要件，只要其他构成要件不被适用，就可能补充适用的情况。在这里补充的构成要件，后退于优先的基本的构成要件的背后。这种情况被称为'基本法排除补充法'。补充关系的逻辑构造不是包含关系，而是交叉关系。补充关系的实质基础在于，复数的刑法规范在不同的攻击阶段保护同一法益。例如，适用伤害罪（第 204 条）时，则不适用暴行罪（第 208 条）。"[③] 适用《日本刑法典》第 260 条损

---

① 〔意〕杜里奥·帕多瓦尼：《意大利刑法学原理》（注评版），陈忠林译评，中国人民大学出版社，2004 年，第 359～360 页。

② Stratenwerth G，Kuhlen L. Strafrecht Allgemeiner Teil：Die straftat. Verlag Franz Vahlen，2011，6. Aufl.，S. 332～333.

③ 〔日〕山中敬一：《刑法总论》（第二版），成文堂，2008 年，第 982 页。

坏建造物罪成立的时候，不适用第 261 条损坏器物罪的规定。

之所以在基本法之外又设立补充法，就是考虑到仅仅根据基本法对法益的保护是不够的，因而设立补充法以资弥补。所以一个行为如果可以适用作为基本法的构成要件，作为补充法的构成要件就没有必要适用。因此，关于补充关系的处理，理论上一致认为应采取基本法优于补充法（基本法拒绝补充法、原本法优于补充法、主要条款优于补充条款）的原则，即优先适用基本法、主要条款，只有当基本法无法适用时才考虑适用补充法、补充条款。

补充关系有的是被明确地规定，有的是通过对意义关联的解释产生。因此，可以分为明示的补充关系与默示的补充关系。

（1）明示的补充关系也称形式的补充关系，是指法律直接在条文中作了规定。例如，日本刑法首先规定对现住建筑物等放火罪（第 108 条）、对非现住建筑物等放火罪（第 109 条），然后在第 110 条规定“对前两条规定物以外之物”的放火罪，即对建筑物以外之物放火罪。这样第 108 条、第 109 条与第 110 条之间就形成了明示的补充关系。《德国刑法典》第 248 条 b 规定了擅自使用交通工具罪的构成要件和法定刑，该条还同时规定，只有当行为不符合法定刑更重的构成要件时，才构成本罪。

德国学者将明示的补充关系（形式的补充关系）又进一步分为绝对的补充关系和相对的补充关系：前者是指法条明确表示补充规定应当退到每一个其他刑法规定的后面，如德国旧《刑法典》第 143 条第 1 款第 2 项。后者是指法条表示只有一个规定最重刑罚的犯罪构成要件具有优先适用权，如《德国刑法典》第 125 条、第 145 条 d、第 248 条 b、第 265 条 a 等①。

（2）默示的补充关系也称实质的补充关系，是指法律没有直接规定，但从论理解释上可以明确的补充关系。特别是在具体的危险犯与实害犯之间，同一个行为的未遂与既遂之间，以及较轻一些的与更重一些的参与形式之间的关系上，悄然有着补充性关系的存在。例如，《日本刑法典》第 155 条规定伪造公文书罪，第 159 条规定“伪造他人文书”的犯罪，该条并未明示必须是“公文书以外的文书”，虽然在文理上可认为包括公文书而形成法条竞合的情况。然而，第 159 条是补充第 155 条的条款，所以应只适用于公文书以外的文书即私文书，这就是暗示的补充关系。

德国、日本有学者将默示的补充关系分为以下两类②：

第一，发展犯（Durchgangsdelikte）的情况。所谓发展犯也称经过犯、过渡性犯罪，是指某种犯罪的实施过程中包含一些本身就可能构成独立犯罪的发展阶段，并且这些犯罪阶段与该犯罪所侵犯的是同一或同类犯罪客体的情况。例如，杀人罪一般都有先构成伤害罪的过程。发展犯构成单一的犯罪：就客观方面而言，它们是侵犯主要法益的一系列有内在联系的举动；从主观方来看，它们共同指向同一违法的结果。对于发展犯而言，一旦行为转移到下一阶段，前一阶段的犯罪就失去其独立意义而成为不可罚的事前行为。在不可

---

① Jescheck H H，Weigend T. Lehrbuch des Strafrechts Allgemeiner Teil. Drucker & Humblot，1996，5. Aufl.，S. 734～735.

② Jescheck H H，Weigend T. Lehrbuch des Strafrechts Allgemeiner Teil. Drucker & Humblot，1996，5. Aufl.，S. 735。参见〔日〕山中敬一：《刑法总论》（第二版），成文堂，2008 年，第 983 页。

罚的事前行为观点下，相对于侵害犯而言，只要危害结果没有超出所发生的损害，则具体的危险犯也是补充性质的。不过，由于抽象的危险犯是针对公众法益的侵害，所以保留了其独立的意义。

对于这种发展犯的解释，日本学者意见不一：平野龙一、山口厚、西田典之等学者认为它不是法条竞合而是包括一罪的问题。例如，行为人经过杀人预备阶段进入实行行为时，杀人预备作为犯罪并未消失，不应将其视为法条竞合。“预备不过是被未遂犯、既遂犯作为包括一罪加以吸收。”[①] 赞成者如山中敬一、西原春夫则认为，吸收一罪应定位为法条竞合中的吸收关系而非包括一罪的一种类型[②]。例如，第 199 条（杀人罪）被适用时，第 201 条（杀人预备罪）、第 203 条（杀人未遂罪）或者第 204 条（伤害罪）不能适用[③]。

第二，除发展犯以外的其他属于实质的补充关系的情况。德国学者耶赛克、魏根特认为：“如果一人在同一个犯罪行为中既是正犯又是共犯，或者说他同时具有共同犯罪的不同形式，实质补充关系首先适用于较轻的共犯形式。例如，如果某人成为被其教唆行为的帮助犯，那么成为帮助犯是补充性质的；如果行为人成为共同正犯，他只因正犯受处罚，而不负教唆的责任。在涉及同一行为客体时，相对于故意犯罪而言，过失犯罪同样是补充性质的，例如，如果汽车司机故意不救助被其撞伤的行人，后者由于未得到立即的救助而死亡。”[④] 韩国学者李在祥指出：“对于相同法益的侵害，严重侵害方法和轻微侵害方法之间认定补充关系。从犯对于教唆犯和正犯，教唆犯对正犯有补充关系。从而共犯以教唆行为帮助时只以教唆犯处罚，他成为共同正犯时只以共同正犯处罚。并且不作为犯对作为犯，过失犯对故意犯有补充关系。”[⑤]

3. 吸收关系

吸收关系（Konsumtion）即全部法与一部法的关系，是指一个行为符合两个构成要件，但其中一个构成要件被包含在另一个构成要件中。日本学者山中敬一指出：“所谓吸收关系，指一个构成要件吸收其他构成要件的情况。即某一构成要件行为的不法、责任内容，包含其他行为的不法、责任内容，全体的现象的法的评价由于某一行为全被评价的场合，其他行为的评价，被某一行为的评价所吸收，这是吸收关系。在吸收关系中‘吸收法排除被吸收法’。”[⑥] 吸收关系可以认为适用于一个行为的数个构成要件中，某个构成要件比其他构成要件具有完全性时，“完全法拒绝不完全法”（Lex consumens derogat legi consumptae）。例如，在杀人罪（《日本刑法典》第 199 条）成立的时候，不适用伤害罪的规定（《日本刑法典》第 204 条）。

在法条竞合的判断上，首先应判断是否为特别关系；如果不是，再判断是否为补充关系；只有在既非特别关系，又非补充关系的情况下，才判断是否为吸收关系。

---

① 〔日〕山口厚：《刑法总论》（第二版），有斐阁，2007 年，第 368 页。

② 〔日〕山中敬一：《刑法总论》（第二版），成文堂，2008 年，第 984 页。

③ 〔日〕西原春夫：《刑法总论》（下卷）（改订准备版），成文堂，1995 年，第 423 页。

④ Jescheck H H，Weigend T. Lehrbuch des Strafrechts Allgemeiner Teil. Drucker & Humblot，1996，5. Aufl.，S. 735.

⑤ 〔韩〕李在祥：《韩国刑法总论》，〔韩〕韩相敦译，中国人民大学出版社，2005 年，第 462 页。

⑥ 〔日〕山中敬一：《刑法总论》（第二版），成文堂，2008 年，第 985 页。

关于附随犯是否成立吸收关系，存在争议。肯定说认为，所谓附随犯，是指附随主犯罪而成立的犯罪。附随的犯罪为主犯罪所吸收，不给予独立的评价。例如，实施杀人行为时损坏了被害人的衣服，此时损坏器物罪就被杀人罪所吸收而无独立评价之必要。“如果立法者在制定加重的刑法规定时已经考虑到，行为通常情况下会与另一具有明显较轻不法内容的行为相联系，后者相对于正犯行为而言是微不足道的，那么，就可认为构成伴随犯。”① 否定说则认为，这种所谓的伴随犯的情况，伴随的犯罪与基本的犯罪并不是以同一法益侵害为内容的犯罪，所以不是吸收关系，而应当理解为包括一罪②。

4. 择一关系

所谓择一关系（Alternativität），是指竞合的法条之间处于排他性关系的场合。在这种场合，只要适用其中一个法条，就不再适用其他法条。例如，关于侵占罪（《日本刑法典》第 252 条）和背任罪（《日本刑法典》第 247 条）之间的关系。

关于择一关系是否属于法条竞合的一种类型，理论上存在激烈争议。

择一关系是由宾丁最早提出的，他认为只要数个法条基于不同的法律观点对同一行为加以处罚，就有选择关系的存在。如果不同的法条规定了相同的刑罚，无论适用哪一条都可以，但是刑罚不同时，则适用在具体案例中对行为人最不利的法条③。而贝林则认为，同一行为有可能会符合不同法定构成要件，只有相关构成要件处于对立（相冲突）关系中，这种情况才不会发生（如一个行为对一项财物不能同时构成盗窃和侵占）④。

德国现在的通说否定择一关系，认为择一关系在逻辑上并不会导致法条竞合，因为两个构成要件彼此对立而相互排斥，一个构成犯罪事实的行为如果符合甲构成要件，就不会符合具有择一关系的乙构成要件，否则，甲、乙两构成要件即非择一关系；况且，构成法条竞合的数个构成要件，至少有部分重叠的现象，而择一关系的两个构成要件毫无重叠之处，所以不认为法条竞合中存有择一关系。正如耶赛克、魏根特所言，法条竞合至少以构成要件行为的部分重叠为先决条件，而择一关系在逻辑上互相排斥，因而不属于法条竞合⑤。

日本刑法理论中的通说认为，择一关系是法条竞合的一种。大谷实指出：“关于择一关系，有①是应当适用哪一个法条的事实认定的问题，而不是法条竞合的见解，和②正如诱骗未成年人罪和营利诱骗罪的关系一样，在两罪的构成要件交错的场合，就能认可择一关系的见解之间的对立。之所以将择一关系作为问题，是因为只要能认定这种关系，就能认可单纯一罪，所以，只有在不能认可特别关系、补充关系的场合，将择一关系当做问题才有意义，所以，②说妥当。”⑥

日本也存在着择一关系否定说。比如，大塚仁指出，择一关系实际上只不过是事实认

---

① Jescheck H H，Weigend T. Lehrbuch des Strafrechts Allgemeiner Teil. Drucker & Humblot，1996，5. Aufl.，S. 737.

② 〔日〕山口厚：《刑法总论》（第二版），有斐阁，2007 年，第 373 页；前田雅英：《刑法总论讲义》（第四版），东京大学出版会，2006 年，第 498 页；平野龙一：《刑法总论Ⅱ》，有斐阁，1975 年，第 411 页。

③ 陈志辉：《刑法上的法条竞合》，台北自版，1998 年，第 120～121 页。

④ 〔德〕恩施特·贝林：《构成要件理论》，王安异译，中国人民公安大学出版社，2006 年，第 197～198 页。

⑤ Jescheck H H，Weigend T. Lehrbuch des Strafrechts Allgemeiner Teil. Drucker & Humblot，1996，5. Aufl.，S. 734.

⑥ 〔日〕大谷实：《刑法总论》（新版第二版），黎宏译，中国人民大学出版社，2008 年，第 434 页。

定的问题，并非是各法条本身的竞合。因此，把择一关系看成法条竞合的一种并不妥当[①]。铃木茂嗣针对将择一关系解释为互相排他的关系的观点指出："如果是立于排他的关系，在具体的事例中，毕竟应当只能认识其中之一是一个犯罪，法条竞合从开始即在问题之外。在问题以外的场合，大体上作为特别关系或补充关系处理是可能的。在德国认为不要择一关系的观念的见解是有力的。"[②] 否定择一关系是法条竞合的理由主要是：①这种场合是事实认定的问题，各法条本身不存在竞合的情况。②即使作为法条竞合，按照特别关系或补充关系处理就可以了，没有必要单独提出来。③德国学者否定择一关系的见解日益有力，值得借鉴。

在择一关系的场合，只有适用带有较重刑罚的规定才能达到刑罚的目的，因此，认为择一关系属于法条竞合的学者都一致认为，对于择一关系，应根据重法优于轻法的原则，适用重法。

（三）法条竞合的处理

在法条竞合的情况下，只有一个法条被适用，被排除的法条不会记载于判决主文中。德国的通说认为：①刑罚裁量应该在被适用法条的量刑范围之内。②例外地也承认被排除的法条能够限制量刑范围。如果被排除法条的最低刑罚比被适用的法条高，则量刑范围被限缩，不能低于这一最低限。这也就是所谓的轻法的封锁作用。此时，法官的刑罚裁量权受到限制。③成立法条竞合时，被排除的法条如果有被适用的法条所未规定的从刑、附属效果（如剥夺公权）和保安处分，刑罚裁量时也可以加以考虑[③]。

另外，在处理法条竞合的案件时，也不能忽略被排除的法条在定罪中的作用：①在中止未遂的情况下，如果在未遂中包含一个既遂的可罚行为，则这一附加的既遂行为在主行为的处罚被排除的情况下独立地受到处罚；②如果法条竞合中未被排除的法条由于个人的刑罚阻却事由或由于缺乏告诉而无法适用，则允许适用被排除的法条。

二、真正竞合：观念竞合

（一）观念竞合概述

1. 观念竞合的概念

所谓观念竞合也称想象竞合、想象上数罪、表面竞合、一行为数罪，是指一个行为触犯两个以上罪名的场合。在意大利刑法理论中，观念的竞合被称为形式的犯罪竞合，指的是一个单独的作为或不作为同时触犯"不同的刑法规范"（形式的异种数罪竞合）或"多次触犯同一刑法规范（形式的同种数罪竞合）"[④]。日本学者野村稔认为观念的竞合是指"一个行为触犯数个罪名"[⑤]。韩国学者金日秀、徐辅鹤指出："想象竞合是指一行为符合

---

① 〔日〕大塚仁：《刑法概说（总论）》（第三版），冯军译，中国人民大学出版社，2003年，第419页。

② 〔日〕中山研一等：《现代刑法讲座》（第3卷），成文堂，1982年，第289页。

③ 陈志辉：《刑法上的法条竞合》，台北自版，1998年，第123～126页。

④ 〔意〕杜里奥·帕多瓦尼：《意大利刑法学原理》（注评版），陈忠林译评，中国人民大学出版社，2004年，第367页。

⑤ 〔日〕野村稔：《刑法总论》，全理其、何力译，法律出版社，2001年，第456页。

数个犯罪的情况。……与实体的竞合相区别，亦将此称为观念的竞合”[①]。观念的竞合是大陆法系国家罪数论中普遍接受的罪数形态，大陆法系许多国家都在刑法典中规定了观念竞合的概念和处罚原则。例如，《德国刑法典》第52条第1款：“同一犯罪行为触犯数个刑法法规，或数个犯罪行为触犯同一刑法法规的，只判处一个刑罚。”《日本刑法典》第54条规定：“一个行为触犯两个以上的罪名……的，按照其最重的刑罚处断。”《韩国刑法典》第40条（想象竞合）规定：“一行为触犯数个罪名时，从一重罪处断。”《俄罗斯联邦刑法典》第17条第2款规定了想象的数罪的定义，即“一个行为（包括作为或者不作为）含有刑法典中两个或者更多条文规定的犯罪构成要件的，也被视为数罪”[②]。其他国家的刑法也有类似的规定。

2. 观念竞合的本质

关于观念竞合的本质，在大陆法系刑法理论和实务中主要有以下三种观点：

(1) 想象的犯罪竞合说。这种观点是由德国学者巴尔、贝林等提出的，它主张观念的竞合从外观上看是数个犯罪行为，具有数罪的特征，而在本质上应属于一罪。德国学者所主张的单数理论认为，在想象竞合犯的情况下，尽管适用数个构成要件，但只存在一个行为，因此，只能考虑构成一个犯罪[③]。如法国学者斯特法尼等所指出，在“想象的数罪”中，实际上并没有数个犯罪，而仅仅有一个“单一罪”，问题是应当找到这个“单一罪”的准确罪名，所以，这是一个“罪名冲突”的问题。对此问题的研究主要属于“刑法分则”的范畴。原则上，这种冲突应当按法定刑最重的罪名论处，并且仅宣告一个有罪判决[④]。

(2) 实质的数罪竞合说。这种观点与想象的犯罪竞合说相对立，认为观念的竞合不仅从形式上触犯数个罪名，而且实质上也应当认为是数罪。如宾丁所主张的复数理论强调，既然触犯数个刑法法规，就必须认为存在数个犯罪，尽管从外表看只有一个行为[⑤]。日本学者泷川幸辰认为，一个构成要件包括不了一个事实时，理所当然地要求在刑法上承认符合该事实的数个构成要件，想象竞合正是这种情况。因而，想象竞合应当解释为实质上存在数罪的情形。但是把它当做数罪而参照并合罪的例子给予处罚时，恐怕多数情况下会招致过重的惩罚。所以刑法考虑到实际的要求，在处罚时就把实质上的数罪当做一罪来对待[⑥]。日本学者大谷实也认为：“观念竞合实际上是数罪，是数个犯罪实在竞合的场所，但刑法着眼于行为是一个这一点，将其作为科刑一罪，准作为本来一罪。”[⑦]

(3) 法规竞合说。这种观点认为观念的竞合不是犯罪竞合问题，而是法规竞合问题。例如，根据德国学者李斯特早期的观点，一个行为触犯数个罪名时，不是数罪的竞合，而

---

① 〔韩〕金日秀、徐辅鹤：《韩国刑法总论》（第十一版），郑军男译，武汉大学出版社，2008年，第672页。

② 〔俄〕Л. В. 伊诺加莫娃-海格：《俄罗斯联邦刑法（总论）》（第二版），黄芳等译，中国人民大学出版社，2010年，第148页。

③ Baumann，Weber，Mitsch. Strafrecht Allgemeiner Teil. Verlag Ernst und Werner Gieseking，2003，11. Aufl.，S. 814.

④ 〔法〕卡斯东·斯特法尼等：《法国刑法总论精义》，罗结珍译，中国政法大学出版社，1998年，第573页。

⑤ Jescheck H H，Weigend T. Lehrbuch des Strafrechts Allgemeiner Teil. Drucker & Humblot，1996，5. Aufl.，S. 719.

⑥ 〔日〕泷川幸辰：《犯罪论序说》，王泰译，法律出版社，2005年，第168页。

⑦ 〔日〕大谷实：《刑法总论》（新版第二版），黎宏译，中国人民大学出版社，2008年，第441页。

是数个刑法条文的竞合，换句话说，这种情况是法条竞合而不是犯罪竞合。刑法设立想象竞合犯的宗旨，不外乎以此解决适用哪一项法律条文的问题，所以，想象竞合犯应在法律适用论当中研究，而不属于犯罪论的范围[①]。

（二）观念竞合的成立要件

成立观念竞合，必须是：①一个行为；②一个行为触犯数个罪名。

1. 一个行为

（1）关于一个行为的判断标准，有如下几种学说：第一种观点主张根据自然的观察来认定[②]。第二种观点主张根据社会的见解来认定[③]。第三种观点主张以构成要件为标准来认定[④]。第四种观点主张综合第一、二种观点，即从自然的、社会的见解来加以认定[⑤]。例如，日本最高法院指出："所谓一个行为，是指在脱离法评价并抽象构成要件的观点之自然观察的基础上，行为人的行动于社会观念上被评价为一个的场合。"[⑥] 第五种观点则认为应综合第一、二、三种观点进行判断，即以自然的、社会的判断为基础，再加上从构成要件的角度进行的规范判断，予以综合认定。山中敬一指出："认为是以自然的、社会的判断为基础，而且加以从构成要件的观点所作的规范判断的综合判断，应当说是妥当的。"[⑦]

（2）构成要件的重合问题。在构成要件的重合方面成为问题的是，继续犯、即成犯或者状态犯中的行为与别的罪中的行为，在怎样的范围内可以认定为"一个行为"。例如，在醉酒状态中驾驶汽车失误撞人致其死亡的场合，醉酒运输罪是继续犯，业务上过失致死伤罪是结果犯，这是基于"一个行为"实施的吗？

在两罪的构成要件行为重合的限度内，可以说是一个行为。然而，例如枪支的不法持有人，用其枪支实施强盗，是一个行为吗？团藤重光指出，认为这两个罪是观念的竞合是不当的。那么，何种范围的重合可以认定为一个行为呢？

对此，理论上有四种学说：①主要部分重合说。该说认为，符合数个构成要件的各自然行为至少主要部分要有重合，才属于一个行为。据此，如果行为人使用以前所持有的手枪来实施强盗行为，那么不法持有枪支的行为与强盗行为就是完全不同的两个行为，其主要部分不重合。相反，如果行为人为了实施强盗行为而购买手枪，并用之实施了强盗行为，那么主要部分就是重合的，可以视为是一个行为的观念竞合[⑧]。福田平、大塚仁、川端博等持此说。此说面临的主要批评是，什么是主要部分，其范围如何，关于这些此说都没有予以明确[⑨]。②一部分重合说。此说认为，各自然行为只要在某一点上重合，就可以

---

① 王觐：《中华刑法论》，中国方正出版社，2005年，第302页。李斯特在其晚年再版的《德国刑法教科书》中明确区分了条文的竞合与犯罪的竞合，并将其置于"犯罪单数"中研究。参见〔德〕李斯特：《德国刑法教科书》（修订译本），徐久生译，法律出版社，2006年，第393页。

② 〔日〕吉川经夫：《刑法总论》，法律文化社，1996年，第298页。

③ 〔日〕大塚仁：《刑法概说（总论）》（第三版），冯军译，中国人民大学出版社，2003年，第421页。

④ 〔日〕铃木茂嗣：《关于观念的竞合》，《刑法杂志》，1976年第21卷第2号，第127页。

⑤ 〔日〕大谷实：《刑法总论》（新版第二版），黎宏译，中国人民大学出版社，2008年，第441页。

⑥ 〔日〕松宫孝明：《刑法总论讲义》（第四版补正版），钱叶六译，中国人民大学出版社，2013年，第249页。

⑦ 〔日〕山中敬一：《刑法总论》（第二版），成文堂，2008年，第990～991页。

⑧ 〔日〕大塚仁：《刑法概说（总论）》（第四版），有斐阁，2008年，第498页。

⑨ 〔日〕山中敬一：《刑法总论》（第二版），成文堂，2008年，第992页。

认为是一个行为。伊达秋雄持这种观点①。但此说被批评为过于扩大了一个行为的范围②。③着手一体说。此说认为，在实行着手阶段上，各自然行为重合的，就是一个行为。植松正、大谷实持这种观点。据此，不法持有枪炮并用之实施杀人强盗行为的，由于实行着手阶段不同，所以不是观念的竞合而是并合罪。而开始不法持有枪炮是杀人等的实行行为时，属于观念竞合③。对此说的主要批评是，为什么能够在实行着手阶段进行这种限制，该说对此没有说明其根据②。④不能分割说。此说认为，实施一种自然行为就必然实施另一种自然行为时，才是一个行为。中野次雄持这种观点④。对此说的主要批评是，行为是否存在分割的可能，应根据具体情况下行为人的选择可能性进行判断，这导致其判断标准暧昧，难以得出统一的结论。综合来看，构成要件的行为如果在主要部分上重合，它们实质上评价为一个行为是应该的，因为在行为的评价中有重复，所以观念的竞合作一罪处断，根据这一观点，主要部分重合说是最妥当的②。

在继续犯的情况下，德国学者区分不同情形进行了讨论：为了维持继续犯的既存的违法状态而实施犯罪，如非法侵入他人住宅时打伤阻拦的房主，应当认定为想象竞合犯。继续犯创造了实施其他犯罪行为的前提条件，如非法携带武器以用于实施抢劫，同样可认定为想象竞合犯。而在继续犯的违法状态持续的情况下偶尔所实施的行为，例如，房主要求非法侵入者离去，后者对前者进行侮辱的行为，根据一般的观点，是与继续犯处于实质竞合的状态。不过，即使在继续犯的情况下，欲成立想象竞合犯，判例通常也会要求事实行为的部分重合。如果数个继续犯的实行行为至少有部分重合，如无照驾驶和酒后驾驶，则数个继续犯可能彼此处于行为单数关系。在结果加重犯的情况下，如果加重结果只能由过失造成，那么，当其由故意造成时就是另外一个犯罪，结果加重犯与相关之过失构成要件之间就是法规竞合关系，因为这类结果加重犯构成总是将过失结果包括在内的。但是，如果加重结果既可以由过失造成，也可以由故意造成，则结果加重犯与相关之故意构成要件之间就存在想象竞合关系，因为只有这样才能解释清楚严重的结果在具体情况下究竟是由故意还是由过失造成的⑤。日本有学者认为，继续犯等的重合问题，应区分继续行为与继续行为重合和继续行为与非继续行为重合的不同情况加以考察。继续行为与继续行为重合时，可以视为一个行为；继续行为与非继续行为重合时，如果继续行为的目的是为了实施非继续的行为，即两者具有内在关联时，也可以视为一个行为。根据日本的判例，未经准许驾驶与醉酒驾驶、未经准许驾驶与无检查证运行，都是观念的竞合。例如，打瞌睡驾驶与业务上过失致死伤罪，因为打瞌睡驾驶与过失行为的范围具有相当程度的一致性，所以是观念的竞合。与此相反，根据判例，醉酒驾驶与重过失伤害构成并合罪⑥。这些案例对研究观念的竞合是有帮助的，但有的判例是否妥当还值得商榷，正如川端博对醉酒驾驶

---

① 〔日〕伊达秋雄：《刑法入门》，青林书院，1960 年，第 168 页。

② 〔日〕川端博：《刑法总论》（第二版），成文堂，2006 年，第 629 页。

③ 〔日〕大谷实：《刑法讲义总论》，黎宏译，中国人民大学出版社，2008 年，第 443 页。

④ 〔日〕中野次雄：《刑法总论概要》（第三版），成文堂，1992 年，第 179 页。

⑤ Jescheck H H，Weigend T. Lehrbuch des Strafrechts Allgemeiner Teil. Drucker & Humblot，1996，5. Aufl.，S. 722～723.

⑥ 〔日〕山中敬一：《刑法总论》（第二版），成文堂，2008 年，第 992～993 页。

与业务上过失致死伤罪的分析。他指出："根据主要部分合致说，例如，醉酒的程度高，在驾驶行为本身有发生事故的高度危险时，驾驶行为本身是过失行为，如果由此发生事故，醉酒驾驶成为过失的内容，醉酒驾驶之罪与业务上过失致死伤罪，因为认为在主要部分重合，所以成为观念的竞合。与此相反，例如，虽然喝醉，但像不注意前方或违反驾驶速度那样的醉酒，由于一下违反另外的注意义务发生事故时，因为醉酒驾驶不成为过失的内容，两者不是一个行为，就成为并合罪。"①

关于不作为犯的观念竞合问题，德国、意大利的通说都认为不作为本身能够成立观念的竞合。如德国有学者认为，在不作为犯罪中是否存在想象竞合，取决于违反义务没有实施的是一个还是数个行为，这里，数个单独行为的部分重叠也可能产生应为之行为的同一性②。意大利有学者认为，在形式的异种数罪竞合中，从根本上说，一个单独的行为是指可同时作为多个犯罪构成的构成要件的行为，即能使不同犯罪构成相互重合的行为，这种行为表现为主体实施的一系列有内在联系的举动（即作为），或主体没有履行自己承担的多重法律义务（即不作为）③。而且，《意大利刑法典》第 81 条第 1 款也明确肯定了单一的不作为可以构成形式竞合。该问题在日本尚未形成通说，日本有两种不同观点的对立：①认为由于违反各个义务的不作为，社会见解上应评价为一个动态，所以构成观念的竞合。如大谷实认为："按照前述着手重合说的立场，必须是一个不作为犯的实行行为同时也能成为其他不作为犯的实行行为，如交通肇事中，违反救护义务和违反报告义务的场合，逃走不救护的话，就同时违反了救护义务和报告义务，所以一个不作为应认为相当于'一个行为'。"④ ②认为由于在基于一个作为不能完成其他作为义务的场合，不能说是一个行为，所以作为原则不构成观念的竞合。如平野龙一认为："不作为犯与不作为犯构成一个犯罪触犯数法，必须基于一个行为可能完成两个作为义务，从而发生交通事故后逃走，即使既不救护也不报告，违反救护义务与违反报告义务，不构成一个犯罪触犯数法，因为使用一个行为进行救护同时进行报告是不可能的事。"⑤ 对于这种情况，日本"判例虽然从原来采并合罪说，最近转向观念的竞合说。学说上依然并合罪说是有力的。然而，如果从侵害法益的宛如同一性或一体性来看，不如像下级法院判例所认定的那样，认为是法条竞合或包括一罪是妥当的"⑥。

2. 触犯数个罪名

所谓"触犯数个罪名"，是指在构成要件的评价上，实质性地符合数个构成要件，成立数罪。如果只是在外形上符合数个罪名，是法条竞合，而不是观念竞合。这里的"数个罪名"，既包括均为故意犯罪的情况，也包括均为过失犯罪的情况，还包括既有故意犯罪

---

① 〔日〕川端博：《刑法总论讲义》，成文堂，1997 年，第 619～620 页。

② Stratenwerth G, Kuhlen L. Strafrecht Allgemeiner Teil: Die strafat. Verlag Franz Vahlen, 2011, 6. Aufl., S. 337.

③ 〔意〕杜里奥·帕多瓦尼：《意大利刑法学原理》（注评版），陈忠林译评，中国人民大学出版社，2004 年，第 367 页。

④ 〔日〕大谷实：《刑法讲义总论》，黎宏译，中国人民大学出版社，2008 年，第 450 页。

⑤ 〔日〕平野龙一：《刑法总论Ⅱ》，有斐阁，1987 年，第 429 页。

⑥ 〔日〕中山研一等：《现代刑法讲座》（第 3 卷），成文堂，1982 年，第 299 页。

又有过失犯罪的情况。在此，值得讨论的问题是，“数个罪名”是否可以是同种犯罪。这涉及在一个行为数次符合相同构成要件的情形能否成立同种类的观念竞合的问题。对此，在大陆法系刑法理论中存在三种见解：①否定说从主观主义刑法理论出发，认为行为人只有一个犯意，且触犯的罪名是同一性质的，是一罪名而不是数罪名，因此应成立本来一罪，依法条竞合处理即可，科刑上一罪的概念没有存在的必要；②肯定说从客观主义刑法理论出发，认为一行为只要触犯了数个法益即构成数罪，这数个法益是否相同均不影响数罪的成立；③折中说将受侵害的法益分为专属法益和普通法益，侵害数个专属法益即构成观念的竞合，侵害数个普通法益则只构成一罪，不构成观念的竞合。同种类的观念竞合在日本刑法理论和刑事判例中均得到了承认，例如，日本判例将使用数份伪造文书、以一份诉状诬告数人、以一个胁迫行为抢劫数人的财物都认定为观念的竞合[①]。

在上述问题上，德国、意大利赞成肯定说。如德国学者指出，同种类的想象竞合犯已被明确规定在刑法第 52 条第 1 款中，且很久以前判例和主流理论就表示赞同[②]。意大利学者认为观念竞合的特点是：同一个单独的作为或不作为同时触犯“不同的刑法规范”（形式的异种数罪竞合）或“多次触犯同一刑法规范”（形式的同种数罪竞合）[③]。

在日本，尽管对同种类的观念竞合的认识不如德国那样一致，但通说和判例都是主张肯定说的。大谷实指出：“关于数个罪名，有①指不同罪名的见解，和②是不同罪名的同时，也包括相同罪名的见解（判例、通说）之间的对立。①说是以犯意标准说为基础的，不妥；另外，犯罪个数是由符合构成要件的次数所决定的，所以，只要一个行为受到数个构成要件上的评价，即便是相同的构成要件，也应看成是‘一个行为触犯两个以上罪名’的情况，所以，判例、通说的见解是对的。而不管是异种类的观念竞合（一个投石行为造成了人员伤害和器物损坏的结果的场合）还是同种类的观念竞合（一个开枪行为造成了两个人被杀），在所不问。”[④] 大塚仁也指出：“在一个行为触犯两个以上的罪名的情形中，有一个行为符合不同构成要件的情形，例如，扔一块石头，打破了他人房屋窗户上的玻璃，又打伤了房屋中的人，是损坏器物罪与伤害罪的观念竞合；也有一个行为数次符合相同构成要件的情形，例如，扔一枚炸弹，杀死二人，是杀人罪的观念竞合。前者称为异种类的观念竞合，后者称为同种类的观念竞合。”[⑤]

韩国有学者赞同折中说。韩国学者李在祥指出，虽然没有理由原则上否认同种想象竞合，但是也不能离开与被害法益的关系而作一贯决定。对于如生命、身体、自由、名誉等专属性法益，对数人法益的侵害不单纯是构成要件在量上有所增加，还构成数个犯罪。因此，以一个行为杀害或伤害数人的时候，就构成与其主体的数量相应的杀人罪或伤害罪的想象竞合。对于在国家或社会的法益当中具有个别的固有价值的犯罪，其情况也是相同

---

① 〔日〕木村龟二：《刑法学词典》，顾肖荣、郑树周等译，上海翻译出版公司，1991 年，第 401 页。

② Jescheck H H，Weigend T. Lehrbuch des Strafrechts Allgemeiner Teil. Drucker & Humblot，1996，5. Aufl.，S. 720.

③ 〔意〕杜里奥·帕多瓦尼：《意大利刑法学原理》（注评版），陈忠林译评，中国人民大学出版社，2004 年，第 367 页。

④ 〔日〕大谷实：《刑法讲义总论》，黎宏译，中国人民大学出版社，2008 年，第 444 页。

⑤ 〔日〕大塚仁：《刑法概说（总论）》（第三版），冯军译，中国人民大学出版社，2003 年，第 423 页。

的。因此，不仅是一个诉状诬陷数人、妨害数人执行公务的情况，甚至在对数个公务员同时行贿、教唆数人作伪证的情况下，也成立想象竞合。而一旦是以一个行为实施的财产犯罪，即使所有人为数人，也只不过是在量上增加或强化构成要件性不法，因而应该认为只能构成一个犯罪。但是，对于财产罪当中像抢劫罪或恐吓罪一样同时侵害个人专属性法益的犯罪，还可能成立同种想象竞合。对属于非专属性法益的公共法益，也没有成立同种想象竞合的余地。例如，以一个行为对数个建筑物放火时，只能成立一个放火罪①。

（三）观念竞合的种类

依据通说，观念竞合可以分为异种类的观念竞合和同种类的观念竞合。

（1）异种类的观念竞合，是指一个行为符合不同的构成要件的情况。德国学者耶赛克、魏根特指出："（德国刑法）第 52 条第 1 款首先指的是一般情况，即一个行为侵害两个或多个不同的刑法法规（不同种类的想象竞合犯）。"② 日本判例认为以下情形属于异种类的观念竞合：对执行职务中的公务员施加暴行使其负伤（妨碍执行公务罪与伤害罪）；窃盗犯人为了免遭逮捕而对巡警施加暴行使其负伤（妨碍执行公务罪与强盗致伤罪）；在实施骚乱行为后侵入他人的住居（骚乱罪与侵入住居罪）；放火损伤了尸体（放火罪与损坏尸体罪）；以杀意强奸妇女致其死亡（强奸致死罪和杀人罪）；知道是窃盗物品等却作为贿赂而收受（收贿罪和盗品等无偿受让罪）；以杀人的目的侵入他人住宅（杀人预备罪与侵入住居罪）；散布虚伪的谣言毁损他人的信用并且毁坏了名誉（毁损信用罪与毁损名誉罪）；以强盗强奸杀人的意思强奸并杀害了妇女（强盗强奸罪与强盗杀人罪）；等等③。

（2）同种类的观念竞合，是指一个行为数次符合一个构成要件的情况。德国学者耶赛克、魏根特认为："如果通过一个行为数次触犯同一个刑法法规的，同样存在想象竞合犯（同种类的想象竞合犯）。这一可能性现在被明确规定在第 52 条第 1 款中，但在很久以前判例和主流理论就表示赞同。"④ 山中敬一认为："一个行为数次实现相同构成要件的情况……叫做同种类的观念竞合。"⑤ 例如，用毒药同时毒死数人的场合（杀人罪），同时向数个公务员行贿的场合（行贿罪）等，构成同种类的观念竞合。日本的判例认为是同种类的观念竞合的情形有：一个行为同时妨碍了数名公务员执行职务（妨碍执行公务罪）；由一个行为而藏匿、隐避了数名共犯者（犯人藏匿·隐避罪）；使用两人的印章·署名而伪造了关于权利义务的一个私文书（私文书伪造罪）；以杀意向被害人及其家人饮用的开水瓶的开水中投入了毒药（杀人未遂罪）；以一个业务上的过失行为致数人死亡（业务上过失致死罪）；以一个商报记载毁损了数人的信用（毁损信用罪）；由一个胁迫行为同时从数人处抢走了财物（强盗取财罪）；以一个欺骗的手段使数人交付了财物（诈欺取财罪）；等等⑥。

---

① 〔韩〕李在祥：《韩国刑法总论》，〔韩〕韩相敦译，中国人民大学出版社，2005 年，第 480 页。

② Jescheck H H，Weigend T. Lehrbuch des Strafrechts Allgemeiner Teil. Drucker & Humblot，1996，5. Aufl.，S. 719.

③ 〔日〕大塚仁：《刑法概说（总论）》（第三版），冯军译，中国人民大学出版社，2003 年，第 423 页。

④ Jescheck H H，Weigend T. Lehrbuch des Strafrechts Allgemeiner Teil. Drucker & Humblot，1996，5. Aufl.，S. 720.

⑤ 〔日〕山中敬一：《刑法总论》（第二版），成文堂，2008 年，第 996 页。

⑥ 〔日〕大塚仁：《刑法概说（总论）》（第三版），冯军译，中国人民大学出版社，2003 年，第 424～425 页。

（四）观念竞合的处罚

1. 关于观念竞合的处罚的立法例

概括而言，关于观念竞合的处罚有三种不同的立法规定：①从一重处断，即按照所触犯的数罪中最重的刑罚处断。日本、韩国刑法都是如此。《日本刑法典》第 54 条规定："一个行为触犯两个以上罪名……时，按照其最重的刑罚处断。"②从一重处断并适当加重刑罚，即以所触犯的数个犯罪中最重的刑罚为基础，并适当加重刑罚。例如，《意大利刑法典》第 81 条第 1 款规定对观念竞合"按照对最严重的侵害行为本应科处的刑罚处罚，并且可在 3 倍的幅度内增加刑罚"。③从一重处断但对可能判处的最低刑加以限制，即按照所触犯的数罪中最重的刑罚处断，但是就其最低刑则有最低限制。《德国刑法典》第 52 条第 2 款规定："触犯数个刑法法规者，依规定刑罚最重的法规为准。所判刑罚不得轻于数法规中任何一个得适用法规之刑罚。"

2. 观念竞合的实体法效果

(1) 异种类的观念竞合的处罚。在异种类的观念竞合的处罚的场合，面临如何确定最重的刑罚的问题。第二次世界大战前日本大审院的判例认为，它指的是数个罪名中规定最重法定刑的刑法条文。第二次世界大战后日本最高法院的判例则认为，它指的是上限和下限都规定最重法定刑的刑法条文。日本通说认为，观念的竞合属于数罪实实在在的竞合，因而在广义上属于并合罪，应适用刑法第 72 条关于加重减轻顺序的规定。因此，最重的刑罚指的是各个罚条规定的法定刑经过再犯加重和法律上的减轻之后，上限、下限都最重的情况[①]。例如，甲罪是 3 年以下自由刑，乙罪是 5 年以下自由刑，乙罪有法律上减轻事由的场合，选择法定刑重的乙罪，对此予以法律上的减轻，处断刑成为 2 年 6 个月以下的自由刑。如果根据通说，将甲罪与具有刑罚减轻事由的乙罪进行比较，乙罪比甲罪轻，则甲罪的 3 年以下自由刑就成为处断刑。这实际上就是德国刑法典所规定的"所判刑罪不得轻于数法规中任何一个得适用法规之刑罚"。

根据德国学者的见解，在不同种类想象竞合的情况下，最终形成的共同的量刑范围，并不是根据重罪和轻罪的划分原则来确定的，而是在考虑具体案件中存在的加重刑罚事由和减轻刑罚事由的情况下，根据相竞合的法规所允许的最高刑和最低刑来确定的[②]。

此外，在法国，当代的法院判例都倾向于排除"想象的犯罪并合"理论。法国最高法院认为，如果单一行为触犯的数个罪名之间互斥而不可协调，那么，单一行为可以实现两个犯罪，并且是对不同利益（法益）的侵犯。因此，如果在所触犯的数个罪名中犯罪的心理构成要件并不严格一致，那么，法官有权认定数个罪名，并且有权作出数个有罪宣告。在此情况下，所谓的"想象的数罪"被作为实际的数罪处理[③]。

(2) 同种类的观念竞合的处罚。如果涉及同种类的观念竞合，就不存在刑罚轻重的比较问题。德国学者耶赛克、魏根特认为，在这种场合，有罪判决必须表明数次触犯同一个

---

① 〔日〕团藤重光：《刑法纲要总论》，创文社，1990 年，第 461 页。

② Jescheck H H，Weigend T. Lehrbuch des Strafrechts Allgemeiner Teil. Drucker & Humblot，1996，5. Aufl.，S. 724.

③ 〔法〕卡斯东·斯特法尼等：《法国刑法总论精义》，罗结珍译，中国政法大学出版社，1998 年，第 574 页。

刑法法规，正是基于此，被告人才被判刑（“A因谋杀三人被科处终身自由刑”）。但触犯数个刑法法规的，只科处一个刑罚（第52条第1款）。数次触犯同一刑法法规的事实，一般情况下会在该犯罪构成要件规定的法定刑的上限范围内向加重处罚的方向考虑（第46条第2款：“法院在量刑时应考虑行为方式和犯罪结果”）。数次触犯同一刑法法规，可以认为是构成特别严重的情况[①]。

3. 观念竞合的诉讼法效果

在观念竞合的场合，必须在判决主文中载明处于想象竞合关系的一切犯罪事实和所有同时被触犯的条文。在观念竞合所触犯的数罪分别为亲告罪、非亲告罪的情况下，应该就各罪分别进行告诉和诉讼时效的探讨。另外，一旦对某个或某部分罪行提起公诉，根据公诉不可分的原则，其效力将及于其余的犯罪。处于想象竞合关系的数个犯罪中，一部分被认定无罪时，没有必要在判决主文中宣告无罪。就处于想象竞合关系中的某个罪行有确定性判决时，既判力将及于全体犯罪。

4. 观念竞合的处罚根据

如前所述，刑法规定观念竞合按照其最重的刑罚处断或者说从一重处断，比实质竞合处罚要轻，根据何在？对此，刑法理论上有不同的见解：①认为“一行为对应一处罚”这一观念已经形成法的确信。观念竞合既然是一行为，所以就从一重处罚，中山善房持此说。针对此说，川端博指出，观念的竞合由于是本来的数罪，也可能予以加重处罚，一罪的处罚不能说形成了确信，既然关系到刑罚的轻重，那么实体的根据是必要的。②主张将实体的根据求之于违法评价的重复性，由于在违法评价上产生某种程度的重复，所以违法性减少，处罚也就较轻，中野次雄持此说。针对此说，山中敬一提出异议：包含观念竞合的科刑上一罪的情况与本来的一罪的情况不同，是以复数的法益侵害为前提的，可以说违法评价重复是当然的，违法性不减少，由此看来，此说毕竟是个疑问。③认为观念竞合由于是一个意思表现，所以责任减少，处罚自然应当轻，平野龙一持此说。对于此说，川端博基本表示肯定：基于一个犯罪行为比基于数个犯罪行为，社会侵害性的程度低，有必要考虑在同样的意义上非难的程度也轻。④主张观念竞合与实质竞合相比，在违法性和责任两方面都受轻的评价，所以应被科处轻的刑罚，虫明满、川端博也支持这一见解[②]。

（五）观念竞合与法条竞合的关系

观念竞合与法条竞合极为相似：二者都是出于一个行为，都触犯了数个法条规定的罪名，但两者毕竟不同。

根据大陆法系刑法理论，观念竞合与法条竞合的区别主要表现在以下几个方面：其一，在二者的性质上，前者属于真正竞合，后者则属于不真正竞合。其二，在需要解决的问题上，前者所要解决的是对数罪如何处罚的问题（犯罪竞合问题），而后者所要解决的是在一个行为符合数个法条的构成要件情况下法条的选择问题，是数个法条的关系论（法律适用问题）。例如，《意大利刑法典》将法条竞合作为法律适用问题加以规定，而未将其

---

① Jescheck H H，Weigend T. Lehrbuch des Strafrechts Allgemeiner Teil. Drucker & Humblot，1996，5. Aufl.，S. 723～724.

② 〔日〕川端博：《刑法总论讲义》，成文堂，1995年，第616页。

规定在罪数中。根据意大利学者的解释，法条竞合的理论应属于更为广泛的刑法适用范围的问题，因为这实际上要解决的是某一法条的适用范围因其他法条的存在而受到限制的问题[①]。其三，前者的成立要求一个行为侵害数个法益或数次侵害同一法益；而后者实际上只有一个法益遭受侵害。正如宫本英脩所指出的："似想象的并合罪而非想象的并合罪，有法条竞合的情况，差别在于：前者是存在数个法益侵害的情况，依结果说是本来数罪；后者是法益侵害单一或近于单一，依结果说是当然一罪。"[②] 其四，前者的构成要件均有其独立的不法内涵和罪责内涵；而后者只需适用一个不法构成要件，即足以涵括这个行为的不法内涵与罪责内涵。其五，所触犯的法条之间的关系不同。前者所触犯的法条之间不存在重合或交叉关系，而后者所触犯的数个法条之间必然存在重合或交叉关系。如冈田庄作认为观念竞合与法规竞合的区别概括来说是：在法规竞合中，被排斥的法规常常构成被适用的法规的一部分内容，而观念竞合则不具有这种情况[③]。其六，规定不同罪名的法条发生关联的前提不同。前者以行为人所实施的特定犯罪行为为前提，而后者并不以犯罪行为的实际发生为转移。其七，处罚原则不同，前者从一重罪处罚，而后者则根据不同的类型实行不同的处罚原则。其八，对于前者，法官须在判决主文中对行为所触犯的罪名逐一加以宣告，而不是仅论以重罪，舍弃轻罪，只作一罪宣告；对于后者，法官在判决主文中仅需载明所适用的法条，而无须提及被排除的法条。

（六）观念竞合的相关问题

1. 牵连犯

1）牵连犯的概念

所谓"牵连犯"，是指"属于犯罪的手段或者结果的行为触犯其他的罪名时"的情形，即数个行为虽然各自符合不同的构成要件，但是，其间存在某行为是其他行为的手段或者其他的行为是某行为的结果这种关系[④]。

与想象竞合犯不同，牵连犯在绝大多数国家刑法中都没有明文规定，理论上作为一种独立类型进行探讨的也不多。德国的刑事立法和刑法理论中都没有关于牵连犯的规定，其更多地存在于日本刑法理论与立法中。《日本刑法典》在第 54 条第 1 款将牵连犯和想象竞合犯放一起，作了如下规定："一个行为同时触犯两个以上罪名，或者作为犯罪的手段或者结果的行为触犯其他罪名的，按照其最重的刑罚处断。"有的学者认为这一规定是日本的独创，"牵连犯的规定，从比较法角度看，是我国现行刑法首次采用的，在外国法中见不到类似例子的独特的立法例"[⑤]，"在比较法上几乎没有例证"[⑥]。但也有学者认为这种看法并不正确，"现行刑法立法当时据说是参照了西班牙刑法第 90 条"[⑦]，这种观点可以从西班牙现行立法中得

① 〔意〕杜里奥·帕多瓦尼：《意大利刑法学原理》（注评版），陈忠林译评，中国人民大学出版社，2004 年，第 359 页。

② 〔日〕铃木茂嗣：《宫本英脩著作集》（第 3 卷），成文堂，1984 年，第 212 页。

③ 〔日〕冈田庄作：《刑法原论（总论）》（第二十二版），明治大学出版部，1934 年，第 447 页。

④ 〔日〕大塚仁：《刑法概说（总论）》（第三版），冯军译，中国人民大学出版社，2003 年，第 426 页。

⑤ 〔日〕川端博：《刑法总论》（第二版），成文堂，2006 年，第 642 页。

⑥ 〔日〕浅田和茂：《刑法总论》（补正版），成文堂，2007 年，第 485 页。

⑦ 〔日〕山中敬一：《刑法总论》（第二版），成文堂，2008 年，第 999 页。

到佐证，因为西班牙现行刑法第 77 条第 1 款规定：“当同一行为构成两个或者两个以上罪行，或者某一犯罪是实施另一犯罪行为的必要时，不适用以上两条规定。”这里的“以上两条规定”是有关数罪并罚的规定。这一规定与日本的立法几乎一致。

2）牵连犯作为科刑上一罪处理的根据

牵连犯作为科刑上一罪处理的根据在于：能够评价为“社会一般的观念上（自然的观察、社会的见解上）在类型上一体的事实”，或者能够认为类似作为一罪的结合犯的密切相接的关系，因而没有必要作为并合罪独立给予刑法的评价①。野村稔认为，在牵连犯的场合，在实行某个犯罪之际，通常预想到把在客观类型上归属于其他犯罪的行为作为手段，或者作为所伴随的结果来加以实施，并且行为者也认识到这点，从刑法规范角度来看，与其说对于各个犯罪加以独立的非难，不如说对于整体进行评价，对其加以最重的规范的非难更为合理②。泷川幸辰指出：牵连犯实质上是数罪。同想象竞合一样，牵连犯属于对一个事实进行法律上的双重评价的情况，而这个事实只要符合数罪的构成要件，就必须认定为成立刑法上的数罪。但是，在这种情况下，适用并合罪的规定只会毫无用处地加重刑罚，并不合乎实际的要求。因此，刑法决定，把实质上的数罪当做处分上的一罪，“按其中最高的刑罚判处”③。

3）牵连犯的成立要件

牵连犯的成立必须具备如下要件：

（1）数个行为之间存在手段与目的、原因与结果的关系，也即存在牵连关系。关于如何认定牵连关系，刑法理论中存在三种学说。

第一，客观说。该说主张根据行为的客观性质而作出决定，即行为间存在牵连关系须具有作为通常手段或结果而实施的经验上的类型性。换言之，数行为间是否存在牵连关系，仅依行为人的主观认识是不够的，如果数行为间具有通常的手段与目的或原因与结果之间的关系时，即使行为人主观上未将其作为犯罪手段或结果，亦可认定该数行为成立牵连犯。在日本，客观说受到小野清一郎、泷川幸辰、团藤重光、福田平、大塚仁、大谷实、植松正、川端博、山口厚等众多学者的支持，因而成为通说。如泷川幸辰认为，成为牵连犯的作为手段或结果的各个行为之间，必须具有属于通常事例的手段或结果的关系。也就是说，从手段方面来讲，只有能被认为是普通一般手段的行为，才是“手段”；从结果方面来讲，只有能作为理所当然的结果的行为，才是“结果”④。大塚仁也指出，“所谓犯罪的手段是指在某犯罪的性质上普通作为其手段而使用的行为，所谓犯罪的结果是指由某犯罪产生的当然的结果，因此，在牵连犯中某犯罪与属于手段或者结果的犯罪之间必须存在密切的因果关系。因而，犯人现实地犯的两罪只是偶然处于手段、结果的关系上时，不能说是牵连犯”⑤。

第二，主观说。该说从重视行为人意思的主观说的立场出发，认为只要行为人主观上

---

① 〔日〕山中敬一：《刑法总论》（第二版），成文堂，2008 年，第 1000 页。

② 〔日〕野村稔：《刑法总论》，全理其、何力译，法律出版社，2001 年，第 459 页。

③ 〔日〕泷川幸辰：《犯罪论序说》，王泰译，法律出版社，2005 年，第 171～172 页。

④ 〔日〕泷川幸辰：《犯罪论序说》，王泰译，法律出版社，2005 年，第 171 页。

⑤ 〔日〕大塚仁：《刑法概说（总论）》（第三版），冯军译，中国人民大学出版社，2003 年，第 426 页。

认识到数行为之间具有手段、结果关系的牵连，即可认定存在牵连犯关系[①]。换句话说，行为人在主观上有以手段或者结果之关系使其与本罪发生牵连的意思，就存在牵连关系；在主观上没有使数罪作为手段或结果而牵连的意思，就不存在牵连关系。日本学者牧野英一、木村龟二、西田典之持此说。西田典之认为牵连犯是指“作为犯罪的手段或结果的行为触犯了其他罪名”的情形。也就是，在数个行为处于目的、手段或者原因、结果这种关系之时，也应着眼于其犯罪意思活动的单一性，作为准照于一个行为的犯罪，按照科刑上的一罪来处断[②]。

但是，也有日本学者指出，教唆窃盗和收买赃物时，如果从最初开始就打算收买赃物而教唆他人窃盗的，就构成牵连犯；反之，即使在伪造文书、行使的场合，如果最初以伪造文书的意思进行伪造，后来才加以行使的，就不能认为是牵连犯[①]。主观说将牵连犯的成立范围取决于行为人偶然的认识，并不妥当。

第三，折中说。该说认为，认定数个行为之间是否具有牵连关系，必须从主、客观两个方面进行考察。只有在客观性质上数行为通常一般处于手段行为与目的行为、原因行为与结果行为的关系，在主观认识上行为人具有使其牵连的意思，才能认为具有牵连关系。该说的主张者为日本学者平野龙一、西原春夫等。如平野龙一认为，牵连性的有无是应当在主观上、客观上予以判定的[③]。

日本判例认为：“所谓犯罪手段，是指某种犯罪在其性质或者手段上所通常采用的行为，犯罪结果是指某一犯罪所产生的当然结果，因此，成立牵连犯，犯罪和成为手段或者结果的犯罪之间，必须具有密切的因果关系。”另外，判例认为，在侵入住宅之后产生杀意的场合，成立侵入住宅罪和杀人罪的牵连犯，出于会情人的目的进入他人住宅，盗窃他人财物的场合，也成立侵入住宅罪和盗窃罪的牵连犯，因此，可以说，其主流观点是采用了客观说。但是，日本最高法院大法庭认为，“牵连犯的数罪之间，在罪质上，通常其一方是另一方的手段或者结果，而且具体来说，犯人在有关关系上，实施了数罪的场合，在科刑上特别要作为一罪处理”，因此，也可以说是采取了折中说的立场[④]。

（2）数个行为必须触犯其他罪名。所谓“触犯其他罪名”，是指数个行为各自符合不同的构成要件，成为犯罪。当属于犯罪的手段或者结果的行为是不可罚的事前行为或者不可罚的事后行为，被主要的犯罪所吸收，不成立独立的犯罪时，当然不成为牵连犯[⑤]。

对于如何理解“其他罪名”，一种观点认为，其他罪名必须是不同的犯罪，现实中难以设想同种类构成要件的牵连关系，例如，作为伪造某种文书的手段而伪造其他文书时，按照单纯一罪或观念的竞合处理就行了，没必要认为是牵连犯[⑥]。另一种观点认为，其他罪名并不需要是不同的犯罪。处于手段·结果关系的各犯罪是异种类的场合可以称为异种类的牵连犯，是同种类的场合可以称为同种类的牵连犯。在同种类的牵连犯中，各犯罪都

---

① 〔日〕木村龟二：《刑法学词典》，顾肖荣、郑树周等译，上海翻译出版公司，1991年，第402页。

② 〔日〕西田典之：《日本刑法总论》（第二版），王昭武、刘明祥译，法律出版社，2013年，第382页。

③ 〔日〕平野龙一：《刑法总论Ⅱ》，有斐阁，1987年，第427页。

④ 〔日〕大谷实：《刑法讲义总论》（新版第二版），黎宏译，中国人民大学出版社，2008年，第446页。

⑤ 〔日〕大塚仁：《刑法概说（总论）》（第三版），冯军译，中国人民大学出版社，2003年，第427页。

⑥ 〔日〕山中敬一：《刑法总论》（第二版），成文堂，2008年，第1002页。

具有各自独立的意义，因而，区别于包括的一罪①。

4）牵连犯的处罚

牵连犯虽然是数个行为触犯了数个罪名，从性质上来说是数罪，但大陆法系国家刑法并不以并合罪处罚，是因为在构成牵连犯的数行为之间存在着手段与目的、原因与结果的关系，与实际的数罪仍有差别。因此，作为科刑上的一罪的另一形式，牵连犯的处罚原则与观念竞合是相同的，即采取“从一重罪处断”的原则予以处罚。

关于牵连犯处罚的立法例不多。日本刑法对于牵连犯的处罚作了与观念的竞合完全相同的规定，即“按照其最重的刑罚处断”。《西班牙刑法》第77条第2款规定：“此类案件，在最严重罪行的法定刑幅度内，取较重半幅度处罚。如果就几项犯罪行为分别判刑，但处罚的年限不准超过对各种犯罪分别处罚的平限的总和。”该条第3款规定：“如果所判刑罚按照此种方法计算超过最高期限，则就其所触犯的法律分别处罚。”

5）牵连犯存废之争

在日本，关于是否应当废除牵连犯的问题一直存在争议。早在1940年的《改正刑法草案》中，就有废除牵连犯的主张。1961年的《改正刑法准备草案》就以牵连犯属于实质上数罪为理由没有设立牵连犯的规定。1971年的《改正刑法草案》和1974年的《改正刑法草案》均主张删除关于牵连犯的规定，1974年的《改正刑法草案》的说明书也阐述了删除牵连犯规定的理由：“成为牵连犯的数罪中，作为手段的行为与成为结果的行为之间有相当的时间间隔，对一方的既判力及于他方有时也不适当。判例虽然以立于通常手段、结果的关系的数罪为牵连犯，但其在具体的适用上未必一贯。在现行法之下被认为牵连犯的情况中，很多可能解释为观念竞合，删除牵连犯的规定也不会对被告人那么不利。”② 但是，日本现行刑法仍然保留了关于牵连犯的规定。理论界对牵连犯应否保留存在废止论与存置论之争。

（1）牵连犯废止论。牧野英一、大谷实等持此说。其理由主要有：牵连犯的规定在适用上存在随意性；相当于牵连犯的犯罪可以作为包括一罪或并合罪处理；《改正刑法草案》已将牵连犯的规定删除；国外关于牵连犯的立法例很少等。如大谷实认为：“难说牵连犯有合理根据，其存在理由值得怀疑，因此，应当废除牵连犯，将认定为牵连犯的犯罪以包括一罪或者并合罪处理。《修改刑法草案》中没有规定牵连犯，外国的立法中也没有看到这种规定。”③ 大谷实所说的《修改刑法草案》是指日本1974年的《改正刑法草案》。

（2）牵连犯存置论。支持这种观点的学者认为：第一，在现行刑法之下，牵连犯在实务中已经被认可并固定下来了，不能忽视这一事实。从沿革上说，现行日本刑法之所以规定牵连犯，是因为在旧刑法中作为总合的一罪处理的公文书伪造行使（第203条）、私印章伪造行使（第208条）、官方许可证伪造行使（第213条）、侵入住宅盗窃（第368条）、

① 〔日〕大塚仁：《刑法概说（总论）》（第三版），冯军译，中国人民大学出版社，2003年，第427页。

② 〔日〕《改正刑法草案》说明书，第137页；转引自川端博：《刑法总论》（第二版），成文堂，2006年，第641～642页。

③ 〔日〕大谷实：《刑法讲义总论》（新版第二版），黎宏译，中国人民大学出版社，2008年，第446～447页。

携带凶器侵入住宅盗窃（第370条）等罪，在现行刑法中，像公文书伪造及其行使、侵入住宅与盗窃等行为已被分割成数罪。为了像从前一样处理这些犯罪，对牵连犯进行规定是特别必要的，支持牵连犯的观点也就理所当然了[①]。第二，在存在类型化的手段与结果等关系下，将数行为进行一体的评价存在一定的合理性。有学者指出，牵连犯的数罪之间存在手段、目的或者原因、结果的关系，虽然立法例少，判例的认定与否是恣意的，废止的立法论也是有力的（《改正刑法草案》），但将牵连犯认定为并合罪是存在疑问的，因此，有必要维持、扩大牵连犯[②]。第三，科刑上的一罪之所以进行一次性处罚，并非与规范意识的觉醒这种责任问题相关联，而是与违法行为的评价有密切的联系。从这一观点来看，废除牵连犯的规定属于对行为人不利的法律修改[③]。

2. 插销现象

1）插销现象的概念

所谓插销现象（Klammerwirkung；Verklammerung），也称挂钩现象、钩环现象、搭钩现象、搭扣现象、夹锁现象、夹结作用、夹子效应，是指本来应当成为并合罪的数罪，根据其分别和某个犯罪之间处于观念竞合或者牵连关系的情况，将全体数罪作为科刑上的一罪加以处理的情况[④]。例如，甲罪与乙罪本来是并合罪，偶尔甲罪与丙罪形成科刑上一罪（观念的竞合或牵连犯）的关系，同时乙罪与丙罪也形成科刑上一罪的关系，甲罪、乙罪也就作为科刑上一罪处理了。这个场合，因为丙罪像“挂钩”（插销）那样起作用，将成为并合罪的数罪联结起来作为科刑上一罪，所以比喻上称其为插销现象。

插销现象有如下几种情况：①观念竞合的场合，例如，骚乱罪中的行为人侵入住宅实施恐吓、杀人行为。②牵连犯的场合，例如，行为人侵入住宅犯强盗杀人罪后又实施放火。③观念竞合及牵连犯的场合，如占有他人股票的行为人，为了给自己的债务提供担保，伪造改写股票名义的委任状及处分承诺书，将之与股票一起交给债权人。在这个案例中，判例以股票侵占罪与伪造私文书罪、行使伪造的私文书罪属于观念竞合的关系为由认为全部是一罪。然而有学者主张，应当认为由于伪造私文书罪与行使伪造的私文书罪是牵连犯、行使伪造的私文书罪与侵占罪是观念竞合而成为一罪[⑤]。

2）插销现象的问题

承认插销现象会带来一些问题。首先会产生刑罚过轻而不平衡的问题。例如，侵入住宅罪与三个杀人罪成为牵连犯的案例：杀三个人，如果在住宅之外实施，三个杀人罪是并合罪，选择有期徒刑时，处断刑为3年以上20年以下；如果侵入住宅实施，附加侵入住宅罪成为牵连犯。这时作为“最重刑”，在3年以上15年以下处断，显然有失均衡。其次，“钩环”作用的理论在既判力上也存在问题。例如，最初只发现集合犯A罪与另一个别的B罪，判决确定后，又发现了C罪。由于A罪的“钩环”作用，不仅仅B罪，而且包含C罪在内都应作为观念竞合而成为一罪，既判力也及于C罪，因而就不可能对C罪

① 〔日〕川端博：《刑法总论讲义》，成文堂，1997年，第631～632页。

② 〔日〕刑法理论研究会：《现代刑法学原论（总论）》，三省堂，1984年，第279页。

③ 〔日〕川端博：《刑法总论》（第二版），成文堂，2006年，第642～643页。

④ 〔日〕大谷实：《刑法讲义总论》（新版第二版），黎宏译，中国人民大学出版社，2008年，第450页。

⑤ 〔日〕川端博：《刑法总论》（第二版），成文堂，2006年，第639页。

进行起诉、处罚，这不合理[①]。

3）插销现象的学说

为了解决上述插销现象带来的不公平问题，雅科布斯、施密特霍伊泽尔等学者完全否定夹结原则[②]。雅科布斯提出，应首先根据实质竞合的规则确定本身相互独立的数罪应该被判处的刑罚，然后再根据想象竞合的规则对将这些刑罚联结起来的犯罪进行量刑[③]。日本不少学者也在尽力摆脱插销现象，其中代表性观点有：①当甲、乙、丙罪依次牵连，如果甲罪最重，乙罪次重、丙罪最轻时，丙罪与甲罪、丙罪与乙罪的两个牵连关系是择一的关系，只有重的一方成立牵连一罪，并与另一罪成立并合罪。宫本英脩持这种观点。②只有甲罪和丙罪是科刑的一罪，与乙罪成立并合罪。内田文昭持这种观点。③在罪数上因为插销现象而成立一罪，但其处断刑则应以甲、乙的并合刑与丙的刑罚中较重的罪为基准来加以确定。中野次雄持这种观点。然而，此说一方面主张是科刑上一罪，同时却又认为有并合加重的余地，在这一点上存在疑问。④丙罪与甲罪的观念竞合同丙罪与乙罪的观念竞合是并合罪。中山善房持这种观点。但是，在日本对此问题至今尚无定说[④]。

不过，日本理论通说仍然认为基于对现行刑法的解释，应全面承认插销现象，团藤重光、平野龙一、大塚仁、大谷实、中山研一等均持此观点。通说在肯定插销现象的同时，追求量刑中的具体的妥当性[⑤]。大谷实指出："承认插销效果的话，虽说会有从轻处罚的不当，但是，在现行刑法之下，不得不承认它。另外，刑法典所规定的法定刑的范围很广，在实际的处理上，也并不会有太大的麻烦。"[⑥] 大塚仁也认为："作为实际问题，刑法典规定的法定刑幅度很大，裁判所的量刑一般近于法定刑的下限，由此大致可以避免具体的不合适。"[⑦]

第四节 行为复数的犯罪竞合

一、不真正竞合：共罚的事前、事后行为

在行为复数时，亦存在不真正竞合，即共罚的事前、事后行为，它是指某些犯罪在一般情况下是另一犯罪的前提或后果，也就是前、后实现刑法构成要件的两行为，虽然形式上可能构成不同的犯罪，但因其前行为的不法及责任内涵已经被包括在后行为的处罚规定中，因此不再处罚前行为，而直接处罚后行为，以免重复评价；或者刚好相反的情形。韦

① 〔日〕山中敬一：《刑法总论》（第二版），成文堂，2008年，第1008页。

② Wessels，Beulke. Strafrecht Allgemeiner Teil：Die Straftat und ihr Aufbau. C.F. Müller，2010，40. Aufl.，S. 306.

③ Stratenwerth G，Kuhlen L. Strafrecht Allgemeiner Teil：Die straftat. Verlag Franz Vahlen，2011，6. Aufl.，S. 339.

④ 〔日〕西田典之：《日本刑法总论》（第二版），王昭武、刘明祥译，法律出版社，2013年，第383页。

⑤ 〔日〕川端博：《刑法总论讲义》，成文堂，1997年，第629～630页。

⑥ 〔日〕大谷实：《刑法讲义总论》（新版第二版），黎宏译，中国人民大学出版社，2008年，第450页。

⑦ 〔日〕大塚仁：《刑法概说（总论）》（第三版），冯军译，中国人民大学出版社，2003年，第428页。

塞尔斯、博伊尔克认为："'不纯正竞合'的表现形式，也存在于行为复数的范围内，如果一犯罪行为构成要件的实现，也把一先前的独立行为或者一事后的使用性质的行为之不法性和有责性连同包括其中。为了将这类情况与行为单数情况区别开来，在这里就不说'法规单数'，而是讲共罚的（也包括'不处罚的'）事前行为和事后行为。在这个范围内被排斥适用的刑罚规定退撤于后，是出于具有补充性或者吸收关系的视点。"①　日本学者西田典之指出："所谓共罚的事前、事后行为，是指尽管数个行为引发了该当于数个构成要件的结果，由于相互之间处于原因与结果这种紧密关系，因而轻罪与重罪一同作为重罪之一罪来处理的情形。"②

共罚的事前、事后行为，其目的同法条竞合一样，也在于完成竞合论"充分但不重复评价"的基本任务，甚至于，事先行为或事后行为被排斥的实质理由，也与法条竞合的补充关系或吸收关系颇为类似，只是为了与行为单数相区别，故不称为法律单数或法条竞合，而称为共罚的事前、事后行为③。

（一）共罚的事前行为

共罚的事前行为，简单地讲，就是复数的犯罪行为中，前行为已经被并到后行为来处罚了，所以不以实质竞合（数罪并罚）论处。其实质理由类似于前述的补充关系或吸收关系。但应注意，如果侵害的法益不同，就不能以共罚的事前行为论处。

日本学者大谷实主张，共罚的事前行为是指向同一法益的数个行为，由于具有目的和手段、原因和结果上的密切关系，所以将轻罪和重罪放在一起，仅作为重罪一罪处断的场合，也称为不可罚的事前行为④，但其自身是可罚的。只是，由于被主要犯罪所包括加以处罚，所以，不是单独的处罚对象，称其为"共罚"是合适的。例如，根据日本刑法的规定，无钱饮食之后，在被要求支付费用的时候，行为人以暴力、胁迫手段拒绝支付，此时第 246 条第 1 款的诈骗就被第 236 条第 2 款的抢劫所包括，应当以抢劫罪处罚。还有，实施杀人预备行为的人在杀人既遂的情况，杀人预备罪就被与此不同的杀人罪的构成要件所评价。因为它是指向同一法益的侵害行为⑤。

意大利学者所指的不可罚的事前行为是指某些犯罪在一般情况下是另一犯罪的前提的情况（如非法携带武器往往是抢劫罪的前提）⑥。

韩国学者则将不可罚的事前行为也作为吸收关系的类型予以论述⑦。例如，侵占他人汽车钥匙后又窃走汽车，前侵占行为就被后盗窃行为吸收，本质上类似吸收关系。

---

① Wessels，Beulke. Strafrecht Allgemeiner Teil：Die Straftat und ihr Aufbau. C. F. Müller，2010，40. Aufl.，S. 312.

② 〔日〕西田典之：《日本刑法总论》（第二版），王昭武、刘明祥译，法律出版社，2013 年，第 378 页。

③ 林钰雄：《新刑法总则》，中国人民大学出版社，2009 年，第 460～461 页。

④ 以前的日本教科书一般称为不可罚的事前、事后行为，但现在多认为称之为"共罚的事前、事后行为"更为明确、妥当。这是因为，这种事前、事后行为本身并非不可罚，只是被其他重罪所包括而无须再单独处罚。参见〔日〕西田典之：《日本刑法总论》（第二版），王昭武、刘明祥译，法律出版社，2013 年，第 378 页。

⑤ 〔日〕大谷实：《刑法讲义总论》（新版第二版），黎宏译，中国人民大学出版社，2008 年，第 437 页。

⑥ 〔意〕杜里奥·帕多瓦尼：《意大利刑法学原理》（注评版），陈忠林译评，中国人民大学出版社，2004 年，第 375 页。

⑦ 〔韩〕金日秀、徐辅鹤：《韩国刑法总论》（第十一版），郑军男译，武汉大学出版社，2008 年，第 661 页。

（二） 共罚的事后行为

共罚的事后行为又称不可罚的事后行为，是指犯罪完成之后，与该犯罪相随而继续存在的违法状态中所包含的行为。由于是已被该犯罪的构成要件所评价完毕的行为，因而共罚的事后行为不受处罚。也就是说，在状态犯的情况下，利用该犯罪行为的结果的行为，如果孤立来看，符合其他犯罪的构成要件，具有可罚性；但由于被综合评价在该状态犯中，故没必要认定为成立其他犯罪。如盗窃犯人在保管、搬运、有偿处分被盗物品的场合，不构成有关赃物的犯罪或侵占罪。

德国有学者指出："除了共同受到惩罚的先行为，不受处罚的（同时应受处罚的）后行为也是行为复数的情况下的一种不纯正竞合。不受处罚的后行为其实经常被归入吸收关系，但是基于不同的基本思想，单纯的保障或利用行为只要没有给被害人造成新的损失或者针对另外一个法益，那么就应让位于真正作为犯罪侵害行为核心的取得行为。后行为无须是典型的伴随行为，重要的是与侵害他人法益的基本行为相比，它没有独立意义。因此，它与补充关系很相近。只不过这种从属关系产生于保障或利用行为的功能，而非法律的体系。"①

关于不可罚的事后行为的法律性质，日本有以下几种对立的见解：①是法条竞合中的吸收关系②；②本来就不可罚，所以，在外形上也不符合其他处罚规定③；③行为的违法性被事前的行为所吸收④；④事后行为成立犯罪，但被重罪的刑所吸收⑤。共罚的事后行为自身也是可罚的，应当适用罚条，但在违法状态下实施的行为通常是包含在违法状态之中的，应当说它已被状态犯的构成要件所评价殆尽，所以，④说妥当。因此，共罚的事后行为的成立，必须符合①通常被事前的状态犯所包含的行为，②不存在新的侵害法益的情况⑤。这两条标准为日本判例所认同，如日本有判例认为：①向供应店出示骗取的供应票证骗取大米的场合，是新的侵害法益的行为，所以，另外成立诈骗罪；②向银行职员出示骗取来的支票骗取金钱的场合，是新的侵害法益的行为，所以，另外成立诈骗罪；③无钱饮食的犯人，在两个半小时以后，对请求付账的被害人进行殴打，意图免除债务的时候，从手段方面来看，和诈骗罪中所保护的利益不同，所以，成立抢劫致伤罪。

德国也有学者认为，吸收关系的基本思想完全适用共罚的事后行为。如果后续行为的情节或者情形没有超出通过先前行为的所获程度，没有对已经形成的法益损害造成本质性的扩大，没有侵犯新的法益，那么后续行为就被符合构成要件的、违法的和有责的先前行为所吸收。这两个独立行为之间的典型关系在于，如果行为人想使先前行为对于他具有意义，则行为人通常必须实施后续行为⑥。

---

① Stratenwerth G，Kuhlen L. Strafrecht Allgemeiner Teil：Die straftat. Verlag Franz Vahlen，2011，6. Aufl.，S. 355.

② 〔日〕大塚仁：《刑法概说（总论）》（第三版），冯军译，中国人民大学出版社，2003 年，第 420 页。

③ 〔日〕佐伯千仞：《刑法总论》，有斐阁，1981 年，第 373 页。

④ 〔日〕正田满三郎：《責任と処罰の連鎖：罪数論を中心として》，有斐阁，1968 年，第 84 页。

⑤ 〔日〕大谷实：《刑法讲义总论》（新版第二版），黎宏译，中国人民大学出版社，2008 年，第 438 页。

⑥ Wessels，Beulke. Strafrecht Allgemeiner Teil：Die Straftat und ihr Aufbau. C.F. Müller，2010，40. Aufl.，S. 312～313.

还应注意的是，共罚的事后行为之所以不罚，是因为已经处于前（主）行为的处罚范围之内，所以不得重复评价；但是，因为诉讼上不可证明或者已过时效而对主要行为撤销判决的，对后续行为仍可独自处罚，而不存在重复评价的问题。此外，第三人仍然可以成立事后行为的共同正犯或共犯，并不会因为对主行为人而言是共罚的事后行为就否定第三人参与事后行为的犯罪可能性。第三者对“共罚的事后行为”的可罚参与是可能的。

二、真正竞合：实质竞合

（一）实质竞合的概念

所谓实质竞合，也称实在竞合、并合罪、数罪俱发、数罪并罚，是指没有经过确定裁判应当并合处罚的两个以上的犯罪。实质竞合是数个独立行为触犯数个罪名，而这些行为之间唯一的联系在于它们都是由同一行为人实施。由于各国刑法对并合罪的规定不一致，所以很难给实质竞合下一个准确的定义。德国有学者认为：“如果行为人实施了数个独立的将在同一个诉讼程序中受审判的犯罪，即存在实质竞合。实质竞合的先决条件首先是存在数个行为，其次存在同时受审判的可能性。”[①] 意大利有学者认为：“实质的犯罪竞合是指同一个主体实施了多个犯罪的情况。如果多次实施同一种犯罪，这种竞合就是同种数罪的竞合；如果实施的犯罪不同，则是异种数罪的竞合。”[②] 日本有学者主张所谓并合罪（数罪俱发），是指未经确定裁判的两个以上的犯罪。并合罪与观念竞合相比，也称为实质竞合[③]。韩国有学者指出竞合犯或者实质竞合是指基于一人所实施的判决尚未确定前的数罪或者处以禁锢以上之刑的判决确定的罪与其判决确定前的罪之间的竞合[④]。

（二）实质竞合的成立要件

实质竞合的成立条件如下：

（1）行为人必须实施了刑法分则所规定的两个或两个以上的罪行，至于是同时实施或先后实施，则不影响实质竞合的成立。

（2）每个罪行都未满刑事追诉的时效期间，对已过追诉时效的罪行，不发生实质竞合问题。

（3）行为人实施的犯罪中，任何一个犯罪依照法律都不应当是另外一个犯罪的要件。否则，就只能是一个单一的犯罪，而不是实质竞合。

（4）行为人所实施的数罪都未经过确定裁判。如果某罪已经确定判决判处监禁以上刑罚时，则只是该罪与其判决确定前所犯的罪是并合罪。该确定判决后所犯之罪，与确定判决以前之罪不是实质竞合的关系，而是作为单纯数罪实行刑罚并科。

在实施继续犯、集合犯或包括一罪的过程中，关于在其他犯罪被判处监禁以上刑罚的

---

① Jescheck H H，Weigend T. Lehrbuch des Strafrechts Allgemeiner Teil. Drucker & Humblot，1996，5. Aufl.，S. 726.

② 〔意〕杜里奥·帕多瓦尼：《意大利刑法学原理》（注评版），陈忠林译评，中国人民大学出版社，2004 年，第 368 页。

③ 〔日〕山中敬一：《刑法总论》（第二版），成文堂，2008 年，第 1011 页。

④ 〔韩〕金日秀、徐辅鹤：《韩国刑法总论》（第十一版），郑军男译，武汉大学出版社，2008 年，第 682 页。

判决已经确定时应如何处理的问题，存在两种不同见解：一种见解认为，“因为这些罪都是本来的一罪，应该作为一体来把握，以犯罪终了时为标准来论及其成立是妥当的，所以，应该认为不适用第 45 条后段”[①]。大塚仁、川端博等均持此说。另一种见解认为，既然有同时审判的可能性，就有第 45 条后段的适用。高田卓尔持此说。针对上述两种观点，大谷实认为，因为继续犯、集合犯以及包括一罪，从整体上看，只是评价为一次符合构成要件，不可能将这些行为分开进行评价，因此，上述第一种见解是妥当的。如以某个行为人具有五个成立犯罪的事实为例，其中，从时间上来看，如果第三个犯罪事实在第四个犯罪事实实施以前，就被确定的裁判处以监禁以上的刑罚的话，以第一个到第三个的犯罪就构成一个并合罪，另外第四个和第五个犯罪构成一个并合罪，对这两个并合罪，分别科处作为并合罪的刑罚[②]。

（三）实质竞合的成立范围

实质竞合的成立范围解决的是哪些犯罪可以在同一审判程序中受审判并予以并合处罚的问题。对此，在大陆法系刑法中大致存在以下四种立法例：

其一，实质竞合必须发生在裁判宣告之前。采取这种立法例的国家主要是荷兰。《荷兰刑法典》第 63 条规定：“再次发现被定罪并判刑的人在定罪之前还犯有较重的罪或较轻的罪的，应当像犯罪被同时审判那样适用本章（指实质竞合——引者注）的条文。”

其二，实质竞合必须发生在裁判确定之前。大陆法系多数国家采取这种立法例，其中以法国、日本、韩国为代表。例如，《法国新刑法典》第 132-2 条规定：“一人在因他罪未经最终确定判决之前犯罪，为数罪。”《日本刑法典》第 45 条明文规定：“未经确定判决的两个以上的罪，是并合罪。如果某罪已经确定判决判处监禁以上刑罚时，则只是该罪与其判决确定前所犯的罪是并合罪。”日本《改正刑法草案》第 60 条规定：“没有受到确定判决的数个犯罪为竞合犯。如果对某个犯罪已经作出禁锢以上刑罚的确定判决，则只是该罪与判决确定前所犯之罪是竞合犯。”此外，现行《韩国刑法典》第 37 条规定：“判决确定前的数罪，或者判决确定的罪和其判决确定前所犯的罪，称为竞合犯。”根据《日本刑事诉讼法》第 373、418、465 条的规定，所谓“确定判决”，是指确定了的判决，即根据通常的诉讼程序达到没有提出不服这种状态的判决，即在判决宣告后，被告人未进行上诉、控诉、上告。

其三，实质竞合必须发生于刑罚执行完毕之前。这种立法例主要为德国所采用。《德国刑法典》第 53 条第 1 款规定：“因犯数罪同时受审判，因而被判处数个有期自由刑或罚金刑的，应宣告总和刑。”该法第 55 条第 1 款规定：“已生效判决的被判决人在宣告刑执行完毕前，或在时效届满或赦免前，因原判以前的犯罪而受审判的，也可适用第 53 条、第 54 条的规定（即实质竞合的规定——引者注）。在原诉讼程序中对基本事实的认定作最后审查以后形成的判决视为原判。”可见，在德国刑法中，并合罪中的数罪原则上是裁判之前的数罪，但在刑罚执行完毕以前发现原判以前所犯之罪需要处刑的，也可以成立实质竞合。

---

① 〔日〕大塚仁：《刑法概说（总论）》（第三版），冯军译，中国人民大学出版社，2003 年，第 431 页。

② 〔日〕大谷实：《刑法讲义总论》（新版第二版），黎宏译，中国人民大学出版社，2008 年，第 452 页。

其四，实质竞合必须发生在裁判宣告之前或之后。这种立法例以意大利为代表。《意大利刑法典》第80条（以数项判决或者处罚令分别科处的数项刑罚）规定："如果在宣告一项判决或者处罚令之后，需要对同一人在受到该处罚以前或者以后实施的另一犯罪进行审判，或者对同一人需要执行数项判决或者处罚令，也适用以上各条的规定（指关于实质竞合的规定——引者注）。"

（四）实质竞合的种类

1. 同种类的实质竞合与异种类的实质竞合

德国、意大利学者将实质竞合分为同种类的实质竞合与异种类的实质竞合。同种类的实质竞合是指在数个同种犯罪之间所存在的实在竞合；异种类的实质竞合是指在数个异种犯罪之间所存在的实在竞合。正如耶赛克、魏根特所指出的："如同想象竞合犯一样，实质竞合也区分为同种的实质竞合和不同种的实质竞合。如果行为人数次实施同一个犯罪行为，即存在同种之实质竞合，如果不同的犯罪构成要件相竞合，就存在不同种之实质竞合。"① 杜里奥·帕多瓦尼也指出："实质的犯罪竞合是指同一个主体实施了多个犯罪的情况。如果多次实施同一种犯罪，这种竞合就是同种数罪的竞合；如果实施的犯罪不同，则是异种数罪的竞合。"②

2. 同时的实质竞合与事后的实质竞合

韩国学者在主张区分同种的竞合犯与异种的竞合犯的同时，还将实质竞合分为同时的竞合犯与事后的竞合犯③。日本刑法理论则依据其刑法关于并合罪（实质竞合）的规定，将并合罪分为同时的并合罪（同时的实质竞合）和事后的并合罪（事后的实质竞合）。

同时的实质竞合，即未经确定裁判数罪的竞合。"所谓'确定裁判'，虽然一般指确定了的裁判，即根据通常的诉讼程序到了不能提出不服的状态，但在这里特别权限定为具有一事不再理的效力的有罪、无罪、免诉的判决、简易命令、交通案件即决裁判。所谓'未经'，指该罪的判决未至于确定的情况。"④ 例如，一年之间犯了杀人罪、盗窃罪、强盗罪三个罪时，如果三个罪的裁判都未确定，三个罪成为并合罪，现实各罪是否被审理则可以不问。《日本刑法典》第45条前段规定，"未经确定判决的两个以上的罪，是并合罪"，从立法和审判实践来看，同时的并合罪是较为典型的并合罪（即实质竞合）类型。

事后的实质竞合，即确定裁判前后的犯罪的竞合。详言之，是指数个犯罪事实中有经判处监禁以上刑罚的确定裁判之罪和其裁判确定前犯的他罪的竞合。所谓"处监禁以上刑罚的确定裁判"，是指判处死刑、徒刑、监禁三者之一的确定判决。所谓"裁判确定之前"，是指对该犯罪事实的判决确定以前⑤。只要裁判确定，刑罚的执行是否终了可以不问。根据《日本刑法典》第27条，基于缓刑的确定裁判，刑罚的宣告即使失效，事后的

---

① Jescheck H H，Weigend T. Lehrbuch des Strafrechts Allgemeiner Teil. Drucker & Humblot，1996，5. Aufl.，S. 726.

② 〔意〕杜里奥·帕多瓦尼：《意大利刑法学原理》（注评版），陈忠林译评，中国人民大学出版社，2004年，第368页。

③ 〔韩〕金日秀、徐辅鹤：《韩国刑法总论》（第十一版），郑军男译，武汉大学出版社，2008年，第683～684页。

④ 〔日〕川端博：《刑法总论讲义》，成文堂，1995年，第638～639页。

⑤ 〔日〕大谷实：《刑法讲义总论》（新版第二版），黎宏译，中国人民大学出版社，2008年，第452页。

实质竞合的成立与否也不受影响。《日本刑法典》第45条后段规定："如果某罪已经确定判处监禁以上刑罚时，则只是该罪和其判决确定前所犯的罪是并合罪。"这些都是关于事后的并合罪（即实质竞合）的规定。例如，行为人依次犯了甲、乙、丙、丁、戊五个罪，其中丙罪已经被判处禁锢以上的确定刑罚，那么甲、乙、丙三罪是并合罪（当然基于一事不再理原则，丙罪不再成为审判对象），丁、戊两罪是实质竞合。

（五）实质竞合的处罚原则

根据大陆法系主要国家的立法例，实质竞合的处罚原则大致有以下四种。

1. 并科主义

并科主义亦称相加原则、累加原则或合并原则，是指对有并合关系的数罪分别判处刑罚，然后将数罪所判处的刑罚相加，相加的总和刑期就是宣告刑。

在具体的适用方法上，并科主义又可分为三种情况：一是将数罪的宣告刑绝对相加，合并执行，不加任何限制；二是在将数罪的宣告刑绝对相加的基础上，执行刑酌减；三是在并科的基础上，又规定了应适用的刑罚的上限。第三种情况的典型立法例是意大利刑法。《意大利刑法典》第73条（数项可能导致判处同种类有期监禁刑或财产刑的犯罪）第1款规定："如果数项犯罪可能导致判处同种类有期监禁刑，只适用一种刑罚，其刑期相当于对各项犯罪本应科处的总合刑期。"该条第3款规定："同种类财产刑应当全部予以适用。"该法第74条（数项可能导致判处不同种类监禁刑的犯罪）规定："如果数项犯罪可能导致判处不同种类的监禁刑，各种监禁刑分别地和全部地予以适用。拘役刑最后执行。"该法第78条（对增加主刑的限制）规定："在第73条规定的数罪的情况下，根据该条应适用的刑罚不得超过竞合刑罚中最重刑的5倍，也不得超过：1）有期徒刑30年；2）拘役6年；3）罚金15 493欧元，罚款3098欧元；如果法官行使第133条—2第2款规定的增刑权，罚金和罚款的最高数额分别不得超过64 557欧元和12 911欧元。在第74条规定的数罪的情况下，根据该条应科处的刑期不得超过30年。超过此限度的刑罚在任何情况下从拘役中扣除。"显然，第73条第1、3款和第74条采用了并科原则，但第78条又规定了数罪最终应适用的刑期的上限。荷兰刑法采纳了上述第三种立法例。

这种并合原则起源于罗马法中的"适应于犯罪个数的刑罚"，可谓历史悠久，是报应刑主义的产物。但它过于严厉，有悖于当代刑罚制度的基本原则和精神，且有损法律的严肃性。因此，极少有国家采用单纯的并科主义。

2. 吸收主义

吸收主义是指以数罪所应判处的刑罚中最重的刑罚为宣告刑，以重刑吸收轻刑、轻刑不予处断的并合处理原则。例如，法国旧《刑法典》第5条规定："犯数重罪或轻罪者，仅宣告其最重之刑。"《法国新刑法典》第132-3条就同种刑罚仍规定了吸收主义。

此外，在意大利刑法中还存在一种比较独特的关于吸收主义的规定。《意大利刑法典》第72条（数项可能导致判处无期徒刑和有期监禁刑的犯罪）规定："如果数罪中的每一项犯罪均可能导致判处无期徒刑，对罪犯适用无期徒刑，并且实行白天隔离6个月至3年。如果数罪中的一项犯罪可导致判处无期徒刑并且其他一项或数项犯罪可导致判处总和刑期超过5年的有期监禁刑，适用无期徒刑，并且实行白天隔离2个月至18个月。被判处无期徒刑并实行白天隔离的人应参加劳动。"这一规定在对数罪判处数个无期徒刑或最重罪为无期徒刑时的处罚上实行吸收原则的同时，还确认了对无期徒刑在执行方式上的加重。

3. 限制加重主义

限制加重主义又称加重主义，是指以数罪中的最高刑罚为基础，再加重一定的刑罚，作为执行的刑期，或者在数刑的合并刑期以下，依法酌情决定执行的刑期。限制加重主义可以分为加重单一刑主义和加重综合刑主义。

加重单一刑主义将各罪所规定的刑罚以其中最重者为基准，再根据刑法规定的一定比例确定加重的幅度，在此范围内确定实际应该执行的刑罚。如《日本刑法典》第 47 条规定："并合罪中有两个以上判处有期惩役或者有期监禁的犯罪时，应将最重的罪所规定的刑罚的最高刑期加其二分之一作为最高刑期；但不得超过对各罪所规定的刑罚的最高刑期的总和。"例如，行为人犯了甲罪与乙罪，其中甲罪是重罪，其最高法定刑为 10 年惩役，乙罪为轻罪，其最高法定刑为 4 年惩役，那么，并合处罚时，其处断刑的最高刑就是 15 年惩役（10 年加 10 年的 1/2）。但甲罪与乙罪的最高刑的总和为 14 年，故甲、乙二罪的处断刑的最高刑为 14 年惩役。可见，在采取加重单一刑主义时，并不是对每一个罪都分别量刑。

加重综合刑主义即在数罪科处的总和刑期以下，数罪中最高刑期以上，决定执行的刑期。如《德国刑法典》第 54 条规定："（1）如果单一刑罚之一是终身自由刑，那么，科处终身自由刑作为总和刑。在所有其他情况下，总和刑通过提高所判处的最高刑构成，刑罚种类不同的，通过提高按其种类最高的刑罚构成总和刑。审判时应综合考虑行为人人身和各罪的情况。（2）总和刑应在单一刑罚的总和之下。判处自由刑的，不得超过 15 年；判处罚金刑的，不得超过 720 单位日额金。相应适用第 43 条 a 第 1 款第 3 句的规定。（3）总和刑由自由刑和罚金刑构成的，在确定数个单一刑罚的总数时，1 单位日额金相当于 1 日自由刑。"在采取加重综合刑主义时，需要对每个犯罪予以分别量刑。

加重综合刑主义以"一罪一刑"的思想为基础，但在程序上比加重单一刑主义繁琐。加重单一刑主义则以行为责任为根据，认为行为背后的行为人的人格与环境，对数个犯罪或多或少是在共同起作用，采取加重单一刑主义就可以考虑行为人的人格与环境，而且在程序上也较方便。

加重综合刑主义有其优越性，但其不足在于一般只适用于自由刑或财产刑，当数罪中有一罪为死刑时不可能采取加重主义。但有的国家刑法规定当数罪中有无期徒刑时，也采取一定的加重方式，这种加重方式显然不可能是刑期上的加重，只能是执行方法上的加重。例如，《意大利刑法典》第 72 条规定："如果数罪中的每一项犯罪均可能导致无期徒刑，对罪犯适用无期徒刑，并且实行白天隔离 6 个月至 3 年。如果数罪中的一项犯罪可能导致判处无期徒刑并且其他一项或数项犯罪可能导致判处总和刑期超过 5 年的暂时监禁刑，适用无期徒刑，并且实行白天隔离 2 个月至 18 个月。"

4. 折中主义

折中主义或称并用主义，即根据刑罚方法的性质，分别采用并科主义、吸收主义或限制加重主义。这种方法舍上述各说之短而取其所长，便于适用，为很多国家的刑事立法所采用。

《日本刑法典》第 46 条规定："并合罪中有一个罪判处死刑时，不判处其他刑罚，但没收不在此限。并合罪中有一个罪判处无期惩役或者无期监禁时，不判处其他刑罚，但罚金、科料和没收不在此限。”可见，当一罪应判处死刑或无期自由刑时，就吸收了其他自由刑。

上述第 46 条的规定表明没收与死刑可以并科，无期自由刑与罚金、科料、没收可以并科；第 48 条第 1 项进一步规定：“罚金与其他刑罚应当并科，但第 46 条第 1 项的情形，不在此限。”第 49 条规定：“虽然并合罪中的重罪没有判处没收，但其他犯罪具有没收的事由时，可以附加没收。两个以上的没收，应当并科。”由此可见，罚金、拘留、科料、没收，原则上可以与其他刑罚并科，没收之间也应并科。《日本刑法典》第 53 条还规定：“拘留或者科料与其他刑罚，应当并科，但第 46 条的情形，不在此限。两个以上的拘留或者科料，应当并罚。”

可见，在日本刑法中，死刑、无期自由刑与其他刑罚之间，是吸收主义；有期自由刑之间，是加重主义；财产刑与其他刑罚之间，以及财产刑相互之间，基本上是并科主义。

（六）实质竞合的形成

有学者根据《德国刑法典》第 54 条的规定，将并合刑的形成划分为三个阶段：

首先，对各个犯罪事实科处个别刑。此时，各个犯罪必须为有罪判决所处罚。

其次，选择最重的个别刑，也就是基准刑。仅仅科处同种类的个别刑时，基准刑是最高的个别刑。与此不同，宣告异种类的个别刑时，基准刑是作为其种类中最重的刑罚的自由刑。个别刑之一是无期自由刑时，作为并合刑也能科处无期自由刑。

最后，根据加重主义加重刑罚。这里应当特别注意两个上限：①根据第 54 条第 2 款第 1 项的规定，总和刑应当在数罪刑罚的总和以下（相对的上限），总和刑由自由刑和罚金刑构成的（第 53 条第 2 款第 1 项），在计算相对上限时，如果并科罚金刑的，应当适用一般规定，即一个单位日额金相当于一日自由刑（第 54 条第 3 款）。②总和刑在自由刑情况下不得超过 15 年、在罚金刑情况下不得超过 720 个单位日额金（绝对的上限）。被触犯的刑法法规中规定的最重刑罚可被超越，在该范围内总和刑作为量刑的特殊行为来确定。对此，第 54 条第 1 款第 3 项规定了超越第 46 条的评价原则。根据该规定，必须对犯罪人本人和各具体犯罪行为的情况作出综合的评价，这对于构成总和刑是必需的[①]。

（七）实质竞合特别处理的根据

在一个行为人犯有数罪的情况下，本来需要对每一犯罪分别处理，但在日本并不对成立实质竞合的每一犯罪宣告刑罚，而是给予综合的评价，以单一的刑罚处断。那么，这样特别处理的根据是什么？理论上有不同的见解：第一种观点认为，从诉讼法上考虑，实质竞合特别处理的根据在于同时审判的可能性。如大塚仁指出：“一个行为人犯了数罪时，本来即使对其各罪分别处分也无妨，但是，在它们处于能够被同时审判的状况下时，在刑的适用上，把这些罪一起处理更为合理。而且，实际上，对即使没能同时审判的数罪，在事后的判断中认为存在同时审判的可能性时，与被同时审判进行权衡，在某种程度上把它

---

① Jescheck H H，Weigend T. Lehrbuch des Strafrechts Allgemeiner Teil. Drucker & Humblot，1996，5. Aufl.，S. 729.

们一起处理也是适当的。”[①] 第二种观点认为，从人格责任论的立场考虑，实质竞合特别处理的根据在于数个行为是由一系列的人格形成联系起来的。如团藤重光指出：“盖数个行为虽然不是一个人格态度的表现，但是在根底上是由一系列的人格形成联系起来的。在这个意义上，应当包括地予以评价。然而，一旦从国家受到了刑罚的评价（有罪判决的确定）时，是能期待新的人格态度的。从而作为评价对象的人格形成的系列性，能够考虑由此被遮断，认为由于确定裁判遮断并合关系的现行法的主张，我想可以这样理解。”[②] 第三种观点认为，从实体上考察，实质竞合特别处理的根据在于为了决定责任的量需要考虑行为人的素质、环境。如川端博认为，实体上的合理的根据是必要的。关于这一点，一个人犯数个罪时，只要强调行为责任，对各个行为科刑是自然的。然而，这时行为人的素质、环境，为了决定责任的量当然要考虑。所犯的一个罪对其他罪的刑罚的量定给予影响。在同时审判时，素质、环境已经被各自的行为进行了二重评价。此外，在存在有罪判决的情况下，应考虑的素质、环境因素已经被考虑过了，所以同时审判的余罪，就必须特别考虑刑罚的适用[③]。第四种观点认为，确定判决是考虑到它之前的背景情况而裁量的刑罚，所以此后应加以区分进行量刑[④]。上述诸说从不同的角度说明了对实质竞合进行特别处理的根据，它们可以起到互相补充的作用。

---

① 〔日〕大塚仁：《刑法概说（总论）》（第三版），冯军译，中国人民大学出版社，2003年，第430页。

② 〔日〕团藤重光：《刑法纲要总论》（改订版），创文社，1979年，第423页。

③ 〔日〕川端博：《刑法总论》（第二版），成文堂，2006年，第649页。

④ 〔日〕平野龙一：《刑法总论Ⅱ》，有斐阁，1975年，第434页。

第十四章 刑罚

第一节 刑罚概说

一、刑罚的概念

刑罚是一个内涵丰富的概念，若仅从一个角度加以阐述，恐有失偏颇，而不能做到全面、精确。本书从刑法规范和理论学说两个方面对其进行阐释。

首先，从刑法规范上看，有的国家在刑法典中明确规定了刑罚的定义，有的未规定刑罚的概念，而直接规定刑罚的种类、裁量、宣告、执行等。例如，《俄罗斯联邦刑法典》第 43 条规定了刑罚的概念与目的："1. 刑罚是法院的刑事判决所判处的国家的强制措施。……2. 适用刑罚的目的在于恢复社会公正，以及改造被判刑人和预防实施新的犯罪。"[①]《越南刑法典》第 26 条规定："刑罚是国家剥夺或者限制罪犯权利、利益的最严厉的强制措施。刑罚由刑法规定并由法院决定适用。"[②] 德国、奥地利、瑞士、西班牙等国家未在刑法典中明确规定刑罚的定义。

其次，从理论上看，前古典时期，贝卡里亚从社会契约论的立场出发，阐述了刑罚的起源[③]，但并未对刑罚概念进行具体释义；进入古典时期、近代以及第二次世界大战以后，德日刑法学家界定刑罚概念的侧重点则有所不同。犯罪是对法益的否定，刑罚则是对犯罪的否定——成为学者定义刑罚的着眼点。如李斯特认为："刑罚是刑事法官根据现行法律就犯罪人的犯罪行为而给予犯罪人的痛苦（Uebel），以表达社会对行为及行为人的否定评价。"[④] 耶赛克、魏根特认为："刑罚是依据不法行为的严重程度和罪责来确定的一

---

① 黄道秀译：《俄罗斯联邦刑法典》，中国法制出版社，2004 年，第 17 页。

② 米良译：《越南刑法典》，中国人民公安大学出版社，2005 年，第 12 页。

③ 〔意〕切萨雷・贝卡里亚：《论犯罪与刑罚》，黄风译，北京大学出版社，2008 年，第 7 页。

④ 〔德〕李斯特：《德国刑法教科书》（修订译本），徐久生译，法律出版社，2006 年，第 401 页。

种痛苦，它表明了国家对不法行为的否定评价，是对严重违法行为的抵偿，从而达到维护法治的目的。”①

与德国学者注重“犯罪行为—犯罪后果（刑罚）”的动态过程不同，日本刑法学者一般从“法益剥夺”这一静态结果的角度来理解刑罚。例如，西原春夫认为：“刑罚是国家对作为犯罪的法律效果科处私人的法益的剥夺。因为现代法律秩序科处刑罚的权限为国家所独占，所以刑罚限于公刑罚，所谓私刑罚不属于刑罚的观念。并且，由于现代刑法上的规范仅仅指向人，因而人以外的动物或自然现象不成为刑罚的对象。”② 又如，牧野英一指出：“所谓刑罚是国家对不法行为作为法律上的效果给个人科处的法益的剥夺。”③ 再如，野村稔认为，刑罚是责任非难的一个表现形式，它以剥夺一定的法益为内容④。

综上，刑罚的概念具有如下内涵：

第一，刑罚以恶害为内容。它是国家给犯罪人施加的一种痛苦和折磨，或使其遭受一定损失或丧失某种社会地位（剥夺一定的法益）。

第二，刑罚的前提是犯罪。没有犯罪行为就没有刑罚，刑罚是犯罪行为最主要的法律后果。换言之，如果行为人没有实施犯罪，就不能给予刑罚处罚——这是基本的罪刑关系。

第三，刑罚的适用主体是国家。尽管犯罪可以分为侵害国家法益的犯罪、侵害社会法益的犯罪与侵害个人法益的犯罪，但对任何一种犯罪适用刑罚时，绝不允许个人或非国家机关作为适用刑罚的主体，国家是刑罚适用的唯一主体。

第四，刑罚的适用对象是犯罪人。大陆法系国家传统的原则认为，刑罚的适用对象只能是自然人，不能是法人或集体，因为对集体的惩罚违反了责任主义。大陆法系国家刑法典中一般没有规定对法人科处刑罚，例如德国、日本的刑法典。法国新刑法典则是例外，规定了大量的法人犯罪。

第五，刑罚既与犯罪相关联，又相对独立于犯罪。刑罚是犯罪的直接法律后果，但又不是一种单纯的法律后果，刑罚本身也是一种社会现象，因此，刑罚与社会的政治、经济、文化等要素有着密切关系。随着时代的变迁，刑罚制度也在不断发展变化。刑罚在一国的法律制裁体系中的地位，主要从刑法的法律性质即刑法具有补充性与保障性来体现。所谓刑法的补充性，是指只有当一般部门法不能充分保护某种合法权益时，才由刑法保护，或者只有当一般部门法不足以抑止某种危害行为时，才能适用刑法；刑法的保障性，是指刑法是其他部门法的保护法，若没有刑法的保障，其他部门法往往难以得到彻底贯彻实施。由此可见，刑罚制裁恰恰扮演了其他法律的保护人的角色。

二、刑罚的本质

（一）刑罚的本质概说

刑罚实乃一种恶害，它以剥夺人的权利、施加于人痛苦为内容。那么，刑罚的正当化

① Jescheck H H，Weigend T. Lehrbuch des Strafrechts Allgemeiner Teil. Drucker & Humblot，1996，5. Aufl.，S. 13.

② 〔日〕西原春夫：《刑法总论》（下卷）（改订准备版），成文堂，1995年，第483页。

③ 〔日〕牧野英一：《日本刑法》（上卷）（第六十四版），有斐阁，1939年，第573～574页。

④ 〔日〕野村稔：《刑法总论》，全理其、何力译，法律出版社，2001年，第469页。

根据（the Justification of Punishment）何在？刑罚的本质又称刑罚的正当化根据、刑罚的正当化理由，是刑罚论首要的、核心的问题。对此，有学者指出，刑罚“既是对国家刑罚权正当性的说明，也是对个人权利和自由被剥夺和限制的限定”①。古往今来，关于刑罚为何会存在，为何必须存在，其如何存在、如何运行以及运行过程中所体现的法律价值——正义和秩序的合作与博弈——等一系列问题，在具体的国度、不同的历史时期，都始终是刑法学家、法哲学家，乃至哲学家孜孜追求、上下求索的永恒命题。

在西方刑法学史上，关于刑罚的本质，存在报应论（正义论、绝对主义）和目的论（功利论、相对主义）的尖锐对立，二者相争相论数百年而不熄。正如有学者所言：“报应和预防两大思想，乃刑罚意义和目的的两大支柱。”② 其实，两大理论不但在外部世代对垒，在其内部也存在历时的冲突和拮抗。如报应论经历了早期报应思想、神意报应论、道意报应论、法意报应论的嬗变，诸多哲学、法学巨人，从亚里士多德、托马斯·阿奎那，到康德、黑格尔、宾丁，都依据不同的哲理对这一思想进行了不同的解读；而目的论的演进更加复杂，从近代刑法学之父贝卡里亚在其不朽名著《论犯罪与刑罚》中基于社会契约论首次提出预防的刑法思想后（有学者称其为“双面预防论”），功利主义预防论（边沁）、个别预防论（近代学派）、消极的一般预防论、积极的一般预防论（罗克辛）都曾在刑罚理论的舞台上烜赫一时，互不相让。

报应论和目的论都有其存在的合理性和一定的解释力度，但亦都有不可克服的缺陷。而且，由于二说在西方刑法学界长期对立，以此击彼，导致对刑罚正当化根据这一问题的探讨杂乱无章，无法形成统一、完整的理论体系。基于这种状况，20 世纪以来，学界开始进行二者调和、折中、互补长短的努力，产生了所谓的折中论（又称并和主义、综合论、一体论或一体化刑罚理论）。持此种理论的学者（如哈特）认为，“任何在道德上讲得通的说明，都必然表现为对诸种性质各异且部分冲突的原理的一种折中”③，折中论在当代刑法学界逐渐居主流地位，成为通说。然而，这种理论并非完美，它虽力图结合报应论和预防论的优点而成为统一的学说，但对于如何结合以使其在理论上具有高度的完整性和圆融性而不是旧学说的叠加，该理论似乎并没有给出令人信服的答案。可以看出，折中论的问世虽然缓和了报应论和功利论的对峙，但并未消除刑罚根据论上的混沌，认为折中论是将报应论和功利论的对立由外部转移到了内部的观点，也具有一定的合理性。

（二）报应论

报应论是立足于刑罚的正义性来解释和论证其正当性的学说，它是一种古老但不落伍的观念④。报应理念与原始复仇习惯有不解之缘，一方面，它可回溯至刑罚的草创时期，而这一时代被学者称为“复仇时代”（牧野英一）⑤，但另一方面，复仇不以犯罪为起因，不受法律规制，系个人怨恨的发泄，而报应立足于法定的犯罪，受法律的规制，维护法律

---

① 邱兴隆：《关于惩罚的哲学——刑罚根据论》，法律出版社，2000 年，第 1 页。
② 林山田：《刑法通论》（下册）（增订十版），元照出版有限公司，2008 年，第 413 页。
③ Hart H L A. Punishment and Responsibility. Oxford University Press，1968，p. 1.
④ 林东茂：《刑法纵览》，中国人民大学出版社，2009 年，第 14 页。
⑤ 邱兴隆：《关于惩罚的哲学——刑罚根据论》，法律出版社，2000 年，第 11 页。

秩序和法律正义，因此，二者不可混为一谈。

在报应论的历史演进上，首先，根据理念的不同，可分为神意报应论、道义报应论、法意报应论；其次，根据对刑罚内容理解的不同，可分为等量报应论和等价报应论。报应论在刑事古典学派时期烜赫一时，康德和黑格尔是其集大成者。通说认为，康德是道义报应论和等量报应论的奠基人。他认为自由是先验的理念，根源于人性之中，自由是道德法则的前提，道德本身只是目的，绝不是手段，道德法则就是自然法，意志的恶是刑罚报应的根据，等量是道义报应的标准，强调刑罚与犯罪的损害形态相等同——“如果你偷了别人的东西，你就是偷你自己的东西，如果你打了别人，你也是打你自己。”[①] 康德的等量报应论符合“以眼还眼，以牙还牙”的古老朴素法则，是人类报复心理的本能反应。等量报应论有力地遏制了中世纪刑罚的残酷和擅断，是时代进步和刑罚公正的体现。但它要求完全意义上的等量报应，在实践中是无法操作的。由于犯罪与刑罚在量上难以找到绝对的平衡标准，从而使等量报应难免陷入“同态复仇”的恶性循环，而且这种观念对犯罪严重性的评价仅停留于客观的危害形态，而不顾其主观恶性的大小，从而致使报应所追求的公正理念大打折扣。但也有学者指出，康德并不是一个极端的等量报应论者，实际上他并不否认惩罚的功利价值，只是主张公正优先，兼顾功利[②]。康德之后，另一位伟大的哲学家黑格尔对等量报应论进行了扬弃，从辩证法的角度，提出了对后世刑罚理念影响深远的等价报应论。他认为：“犯罪行为不是最初的东西，肯定的东西，刑罚是作为否定加于它的，相反地，它是否定的东西，所以刑罚不过是否定的否定，现实的法就是对侵害的扬弃。”并且，“犯罪不是侵害行为特种形状的等同，而是侵害行为自在地存在的等同，即价值的等同”[③]。黑格尔的这种等价报应论较康德的理论前进了一大步，开启了更为文明的刑罚观，是刑罚史上的一次巨大飞跃。首先，黑格尔报应刑理论强调刑罚的必然性和正义性，这一观点被法理界所沿袭；其次，黑格尔报应刑理论主张刑罚理性化，为科学合理的刑事政策的制定指明了方向；最后，黑格尔报应刑理论为后世教育刑理论的发展提供了依据。但这种理论也并非完美，其主要缺陷和康德报应论一样，在于过分强调刑罚的报复性，否定刑罚的预防价值；同时此种报应论主张保留死刑，是一种以死刑为例外的不彻底的等价报应，“并未真正实现等量报复到等价报复的完全升华”[④]。

（三）功利论

功利论又称目的刑论、相对主义，这种刑罚观建立在对报应主义批判的基础之上。刑罚报应论因为强调刑罚对已然之罪的报应，被作为刑罚的基础看待。然而报应究竟是人们利用刑罚所追求的主观愿望——即刑罚的目的，还是仅仅为刑罚的一种本能反应？功利论者往往赞成后者，因为他们认为自己基于功利的相对主义才更好地回答了刑法的目的。功利论在其内部有具体的分类，大陆法系一般分为一般预防和特别预防，英美法系则分为威

---

① 〔德〕康德：《法的形而上学原理》，沈叔平译，商务印书馆，1997年，第165页。

② 王立峰：《康德的惩罚观：公正优先兼顾功利——读〈法的形而上学原理〉》，《政法论坛》，2006年第5期，第173页。

③ 〔德〕黑格尔：《法哲学原理》，范扬、张企泰译，商务印书馆，1996年，第104页。

④ 邱兴隆：《关于惩罚的哲学——刑罚根据论》，法律出版社，2000年，第19页。

慑隔离和教育改造，其中威慑又分为一般威慑和个别威慑。其实两种分类没有实质区别，前者的一般预防大体等同于后者的一般威慑，而特别预防则涵盖了个别威慑、隔离和教育改造的内容。本书从一般预防和特殊预防的角度进行分析。

一般预防认为，刑罚的实施主要是为了震慑社会中的一般人，使之不去犯罪，力图消除的是社会上潜在的犯罪可能性。用刑罚的方式使得潜在的犯罪人了解犯罪的痛苦，因为害怕这种犯罪的痛苦而不敢犯罪。一般预防论源于古代和中世纪的重刑主义和威慑论。重刑思想认为刑罚越重，对潜在犯罪人的威慑效果就会越好，因此该观点必然导致刑罚的残酷性。而刑罚过于残酷不仅与人道主义的观念不符，也会使得罪刑之间失去均衡，反而失去了刑罚本来要达到的效果①。到了启蒙时期，法学家通过对重刑威慑主义的批判和反思，带来了一般预防论的转型，形成了以立法威吓、一般预防为核心的古典功利论。这一时期的代表人物是贝卡里亚和边沁。值得注意的是，边沁、贝卡里亚等除了主张一般预防外，还都提到了个别预防的目的。如贝卡里亚认为刑罚的目的在于“阻止罪犯再重新侵害公民并规诫其他人不要重蹈覆辙”②。同样，边沁也认为刑罚的目的是控制人的行为，“不只是控制因违法被判刑的服刑之人的行为，而且控制一旦违法而应受惩罚的人的行为”，即特殊预防和一般预防。只不过，“刑罚的主要目的是一般预防，因为它是刑罚的真正目的”③。

特殊预防又称特别预防、个别预防，认为刑罚的主要目的是预防已经犯罪的罪犯将来不再实施犯罪行为。如前所述，虽然在古典时期贝卡里亚和边沁的刑罚论中已经包含了特殊预防的思想，但由于他们始终侧重一般预防，因而对特殊预防阐述不多。真正将特殊预防论发扬光大的是近代学派。近代学派的特殊预防论又可以分为剥夺犯罪能力论和教育改造论。剥夺犯罪能力论的典型代表是龙勃罗梭，他认为人之所以犯罪在于其生物学的基础，是遗传基因造成的，提出了“天生犯罪人”的观点，对天生犯罪人而言，将其强制与社会相隔离，剥夺他们危害社会的能力，使其不致再危害社会，是最好的方法④。因此，剥夺犯罪能力论又被称为隔离论、丧失能力论。教育改造论，又称教育论、教育矫正论或者矫正治疗论。教育改造论认为刑罚的目的在于教育改造犯罪者，通过刑罚的教育改造，使得犯罪者改恶向善，人身危险性消失，从而不致再犯罪危害社会。教育改造论认为人的意志并非自由，而是由生物属性和社会属性所决定的，罪犯就是由生物原因和/或社会原因造成的病态人格，犯罪人即“病人”。这一理论的奠基人认为“犯罪是由实施犯罪行为当时行为者的特性，加上周围环境的影响所产生的”⑤，由于罪犯的犯罪原因有社会因素这一部分，所以社会有义务对这种病态人格者进行治疗、教育和改造，使之得以正常的人格复归社会。李斯特将犯罪人分为机会犯罪人与惯习犯罪人两大类，并将惯习犯罪人又分为改善可能者与改善不可能者。李斯特认为，机会犯罪人由于是在外部影响下偶然成为罪犯，故没有必要对其施以严厉刑罚，对其处以罚金即可达到效果；对惯习犯罪人中的可以

① 李川：《刑罚目的理论的反思与重构》，山东大学博士学位论文，2007 年，第 19 页。

② 〔意〕切萨雷·贝卡里亚：《论犯罪与刑罚》，黄风译，北京大学出版社，2008 年，第 29 页。

③ 邱兴隆：《关于惩罚的哲学——刑罚根据论》，法律出版社，2000 年，第 81 页。

④ 〔意〕切萨雷·龙勃罗梭：《犯罪人论》，黄风译，北京大学出版社，2011 年，第 7～21 页。

⑤ Newman G. The Pnishment Response. Harrow and Heston，1985，p. 211.

改善者，通过自由刑对犯罪人的改造，使其重新适应正常社会生活；对惯习犯罪人中不可改善者，则应处以终身监禁或者死刑，对其犯罪能力予以永远剥夺。可见，李斯特的特殊预防理论有综合剥夺犯罪能力和教育改造的倾向。

综上，无论是一般预防还是特殊预防，都是基于对报应论的批判而产生的。功利论之所以能够发展壮大，确实因为它有诸多合理之处。首先，该理论明确提出刑罚就是要追求一种功利目的，符合“人的一切行为都具有目的性”这一人类社会的基本规律。其次，功利论把“功利”放在首要位置来加以考虑，将经济学的有关原理引入了刑罚研究领域，这至少在方法论上为刑罚科学化提供了依据。较之于那种不计后果的盲目报应，这应该说是一种进步。最后，功利论创立了完整的教育改造理论，从而系统论证了刑罚存在的合理性——预防和减少犯罪①。

同报应论一样，功利论同样属于“盲人摸象”，远非合理。由于该理论过分强调刑罚的功利性，容易导致无辜者受到牵连。功利论由于迷信刑罚的预防效果，不但可能使刑罚趋于残忍，还可能导致轻微犯罪重刑化。因此，这种有可能导向重刑主义的刑罚理论，在一定程度上会影响刑法保障人权机能的实现。

（四）折中论

由于报应论和功利论（一般预防论和特殊预防论）各有局限性和片面性，都不是对刑罚正当化根据的完整说明，因此有些学者提出了折中论，试图对报应论和功利论进行调和、折中。折中论又称一体论、并和论或综合论，还有学者将其称为“相对报应主义”。折中论既承认刑罚的报应性，也承认刑罚的功利性，即一方面承认刑罚是对犯罪的报应或正义的报应，另一方面又主张刑罚具有预防犯罪的目的。

率先追求报应和功利结合的当属费尔巴哈。他提出了著名的心理强制说，而且以此为基础，推出了立法威吓论。费尔巴哈认为“刑罚通常意味着痛苦”，它可以通过“心理强制”而使意欲犯罪的人自我抑制违法的精神动向，使之“不发展为犯罪行为”，这其实类似一般预防的理念②。但是费尔巴哈并不同意将威吓和预防作为判处刑罚的依据。他认为：“如果刑罚不是按照刑法法规来科处，而是按照预防、威吓来科处，那么，刑法法规还有什么目的呢？”而且，“犯罪人也是人”，“不管在哪种场合，只有以犯罪人犯了罪为理由才能科处刑罚”③。因此可以看出，费尔巴哈的刑罚论带有法律报应论的色彩，是将一般预防和法律报应予以结合的一种折中论。

随后，另一位德国学者 M. E. 迈尔提出了较为系统、具体的刑罚折中论——“分配理论”。他认为，在与立法者、法官和刑务官这些国家机关的关系中，可以把刑罚区分为刑罚的法定、刑罚的量定和刑罚的执行三个阶段。各阶段刑罚的指导理念分别是报应、法的确证和目的刑，在其间不存在一贯的刑罚目的④。“具体来说，国家创制刑法时对轻重不同的犯罪规定轻重不同的刑罚，这是基于报应的思想，具有报应的意义；法官通过刑事

① 赵秉志：《外国刑法原理（大陆法系）》，中国人民大学出版社，2000年，第270～271页。

② 邱兴隆：《关于惩罚的哲学——刑罚根据论》，法律出版社，2000年，第258页。

③ 张卫平、邱兴隆：《费尔巴哈早期刑法思想剖析》，《外国法学研究》，1986年第1期，第58页。

④ 〔日〕大塚仁：《刑法概说（总论）》（第三版），冯军译，中国人民大学出版社，2003年，第53页。

审判对行为人的行为进行法律评价，确定行为是否构成犯罪和量定刑罚，这具有维持法律的规定和尊严的意义；国家行刑机关根据法律和政策对被判刑的犯罪人进行教育改造，使之回归社会，这具有预防的意义。”[①]

此外，在大陆法系和英美法系国家的刑法学界中，还存在形形色色的折中论者，他们都试图从报应和预防的统一上来论证刑罚的正当性。较有影响力的有奎顿（Quinton）的逻辑与道德分立的折中论，哈特（Hart）的立法、裁判、行刑“三阶段”论，帕克（Herbert L. Packer）的报应限制功利的折中论，赫希（Hirsch）的一般预防与道德谴责相结合的折中论，曼可拉的刑罚存在根据与分配根据分立的折中论，帕多瓦尼从立法、行刑角度论述刑罚根据的折中论[②]，福田平、大塚仁的折中论[③]，等等。

综上，将刑罚的正当化根据停留在原始的报应层次或一般预防和特殊预防的功利目标上，显然是不够的。折中论在吸收报应刑与目的刑两种理论的优点的基础上，既注意到了刑罚本质的报应因素，又注意到了刑罚本质上追求社会福祉（功利）的因素，进而达成刑法的正义要求与功利要求的统一，因此是较为完整、合理的刑罚根据论、本质论。尽管折中论方兴未艾，但由于各种理论对报应和预防的统一都不够彻底，缺乏理论上的贯穿性、透彻性和圆融性，因此，刑罚的本质即正当化根据问题仍是理论上一个未尽的话题，西方刑法学界仍在不断地对旧观点进行扬弃，对新观点进行探索，力图对这一刑罚论的根本问题进行更加科学合理的论证。

第二节 刑罚的体系

一、刑罚体系概述

刑罚的体系，是由各国刑法所规定的并按照一定秩序排列的各种刑罚方法的总和。犯罪的类型多样、轻重各异，决定着刑罚种类和刑罚轻重的不同。大陆法系国家的刑罚体系完备，刑罚适用多样。依据不同的标准，可对刑罚种类进行不同类别的划分。

第一，从被科处刑罚的受刑人被剥夺的法益的角度（或从刑罚的性质和内容的角度），可分为生命刑、身体刑、自由刑、名誉刑、财产刑。历史上，由于刑罚的野蛮与擅断，身体刑和生命刑盛极一时，成为各国刑罚体系的中心。时至今日，随着人类走向文明，折磨肉体和精神的身体刑在各国刑法典中基本消失；且从贝卡里亚在其不朽名著《论犯罪与刑罚》中首次提出死刑废除的观点后，在理论与实践的推动下，死刑废除也在西方各国中成为刑罚改革的趋势；自由刑与财产刑取代了其他刑种，逐渐成为世界各国刑罚体系的核心。

第二，从刑罚能否单独适用的角度，可分为主刑和附加刑。主刑是指能够独立判处的刑罚方法；而附加刑是只能依附于主刑判处的刑罚方法。刑法中明确规定主刑和附加刑的

① 马克昌：《外国刑法学总论（大陆法系）》，中国人民大学出版社，2009年，第412页。
② 邱兴隆：《关于惩罚的哲学——刑罚根据论》，法律出版社，2000年，第260～283页。
③ 陈兴良：《刑法的价值构造》，中国人民大学出版社，2006年，第247～248页。

有日本、德国、意大利、巴西等。一般而言，主刑原则上应单独适用，但例外情况下可与其他主刑一并适用。此外，附加刑虽是附随主刑的刑罚方法，但也有独立适用的可能。例如，罚金刑是德国刑罚体系中唯一的财产刑主刑，罚金刑在德国既可以单独适用，也可在自由刑之外作为第二主刑适用，还可与自由刑一起适用①。

第三，从犯罪性质的角度，可分为国事刑、普通刑。国事刑指对政治犯（国事犯）科处的刑罚；普通刑则是对普通刑事犯科处的刑罚。有人主张，考虑受刑人应受尊敬的动机，对国事犯宜科处名誉拘禁。通常认为，日本刑法中的监禁包含这种性质②。

第四，从刑罚严厉程度的角度，可分为重罪之刑、轻罪之刑、违警罪之刑。日本学者大塚仁指出："重罪之刑，是指死刑、无期或者 6 年以上的惩役或者监禁；轻罪之刑，是指未满 6 年的惩役或者或者罚金；所谓违警罪之刑，是指拘留或者科料。"③ 此种分类由法国 1791 年刑法典率先规定，此后不少国家纷纷效仿，但并非完全相同。有学者通过比较研究发现，《法国新刑法典》明确规定了"重罪之刑罚"、"轻罪之刑罚"和"违警罪之刑罚"，其犯罪论部分的"重罪、轻罪、违警罪"与刑罚论部分的上述三种刑罚一一对应；《日本刑法典》却没有对犯罪作出重罪、轻罪、违警罪的区分，但在其他法律中认可了重罪之刑罚、轻罪之刑罚与违警罪之刑罚的划分，但它们之间与重罪、轻罪、违警罪则并非对应关系④。

二、死刑

（一）死刑的含义

死刑，又被称为极刑、生命刑，是剥夺犯罪人生命的刑罚方法。在历史上，死刑一度居于刑罚体系的核心，"种类也很多，而且，不少是残虐的"⑤。但随着人道主义的思想在近现代社会的传播，绝大多数残酷的执行方法被废除。现代各国的死刑执行方法通常是枪决、绞首、电刑、注射等较为和缓、人道的方式。

（二）死刑存废之争

死刑存废的争论，大致始于启蒙运动（18 世纪）⑥。不过，首次从理论上详细批判死刑的学者是近代刑法学的鼻祖、意大利刑法学家贝卡里亚。他在《论犯罪与刑罚》中论述到反对死刑的几个原因："第一，是因为死刑是不必要的，因而是不公正的。第二，是因为死刑不如终身刑有效，如果这种终身刑具有有效和持续的公开性；第三，因为死刑是不可补救的。"⑦ 贝卡里亚之后，有的学者主张废除死刑，如边沁⑧；也有学者主张保留死

① 〔德〕李斯特：《德国刑法教科书》，徐久生译，法律出版社，2000 年，第 433 页。
② 马克昌：《比较法原理：外国刑法学总论》，武汉大学出版社，2002 年，第 839 页。
③ 〔日〕大塚仁：《刑法概说（总论）》（第三版），冯军译，中国人民大学出版社，2003 年，第 442 页。
④ 陈家林：《外国刑法通论》，中国人民公安大学出版社，2009 年，第 666 页。
⑤ 〔日〕大塚仁：《刑法概说总论》第三版，冯军译，中国人民大学出版社，2003 年，第 442 页。
⑥ 林东茂：《刑法纵览》，中国人民大学出版社，2009 年，第 16 页。
⑦ 〔意〕切萨雷・贝卡里亚：《论犯罪与刑罚》，黄风译，北京大学出版社，2008 年，第 183 页。
⑧ 边沁反对死刑的相关论述请参见〔英〕边沁：《道德与立法原理导论》，时殷弘译，商务印书馆，2000 年，第 242 页。

刑，如费尔巴哈[①]、康德[②]等。有关死刑存废的争论一直延续至今天。

死刑废除论者和死刑保留论者的观点交锋主要体现在以下几点：

第一，关于死刑的人道主义问题。废除论者认为生命权是一个人之所以被当做人类伙伴所必须享有的权利，是人权的底蕴所在[③]。国家用死刑剥夺犯罪人的生命，是极不人道的行为，是对生命价值的漠视[④]；而保留论者则认为“杀人者偿命”是人类社会长期以来承袭的法律观念[⑤]，对罪恶重大的犯罪人适用死刑，恰恰是尊重被害人生命尊严的体现。

第二，关于死刑是否正义的问题。废除论者认为报应理论不合文明时代和人权事业发展的要求，是与落后、愚昧相适应的野蛮时代的产物；而保留论者认为死刑是公平正义的，这源于传统的报应论观点，即“生命刑是基于伦理正义的必然要求”[⑥]。

第三，关于死刑的威慑力问题。废除论者的观点是，死刑并不像立法者所预想的那样具有强大的威慑作用。“对于杀人犯、政治犯以及其他确信犯，他们之中有的是亡命之徒，有的是基于某种信念而不计较自己的生命，有的是出于感情因素把生命放在一边，即使面对残酷的死刑也会毫无顾忌，死刑完全不具有威慑力”[⑦]；而保留论者则认为，“死刑的威慑力是其他任何刑罚所不能相比的，因为死刑是剥夺犯罪人的生命，而人的生命只有一次，乐生畏死是人之常情，由于死刑的存在，才使犯罪分子有所顾忌，尽量不犯死罪”[⑧]。

第四，关于死刑是否会产生错判的问题。废除论者认为，死刑的错误是不可挽回的，因为死刑的证据有时并不确实，这在各国刑法实践中均有证明；而保留论者的观点是：“这一缺陷并非死刑所固有的，而是司法错误的产物。因此，死刑误判难纠的可能性可以通过严格的审判程序、慎重对待死刑的态度得以避免。”[⑨]

此外，废除论者和保留论者还提出一些论据来加强自己的论点，如前者认为，死刑是对历史发展的阻碍、死刑的经济性差、死刑违反社会契约等；后者则认为，保留死刑可以避免因废除死刑而导致增加私刑，保留死刑有利于恢复社会公正等。

（三）死刑的现状

受废除死刑理论的影响，突斯展尼（今意大利西部）于 1786 年首先废除了死刑[⑩]。随后，更多的国家开始了废除死刑的运动。19 世纪末 20 世纪初，圣马力诺、葡萄牙、瑞士、意大利、巴西、挪威、瑞典、冰岛、西班牙、丹麦等国先后废除了死刑[⑩]。第二次世界大战后又掀起了废除死刑的高潮。截止到 1995 年 9 月，根据学者的统计，除战时的特别情况

---

① 费尔巴哈赞成死刑的相关论述。请参见〔德〕凯帕：《费尔巴哈传》，西村克彦译，良书普及会，1979 年，第 202 页。

② 康德赞成死刑的相关论述。请参见〔德〕康德：《法的形而上学原理——权利的科学》，沈叔平译，商务印书馆，1991 年，第 166～167 页。

③ 〔英〕A. J. M. 米尔恩：《人的权利与人的多样性——人权哲学》，中国大百科全书出版社，1995 年，第 158 页。

④ 赵秉志：《外国刑法原理（大陆法系）》，中国人民大学出版社，2000 年，第 279 页。

⑤ 马克昌：《外国刑法学总论（大陆法系）》，中国人民大学出版社，2009 年，第 420 页。

⑥ 陈兴良：《刑种通论》，人民法院出版社，1993 年，第 291 页。

⑦ 张明楷：《外国刑法纲要》（第二版），清华大学出版社，2007 年，第 373 页。

⑧ 童德华：《外国刑法原论》，北京大学出版社，2005 年，第 401 页。

⑨ 赵秉志：《外国刑法原理（大陆法系）》，中国人民大学出版社，2000 年，第 280 页。

⑩ 张明楷：《外国刑法纲要》（第二版），清华大学出版社，2007 年，第 372 页。

（叛逆罪等）外，“完全废除死刑的国家和地区有：冰岛、挪威、瑞典、芬兰、丹麦、荷兰、比利时、卢森堡、德国、奥地利、瑞士、法国、意大利、列支敦士登、捷克、罗马尼亚、匈牙利、希腊、葡萄牙、洪都拉斯、多米尼加、尼加拉瓜、哥斯达黎加、巴拿马、厄瓜多尔、哥伦比亚、委内瑞拉、乌拉圭、玻利维亚、加普·威尔特（非洲）、澳大利亚、新西兰、所罗门群岛、瓦奴阿图、图瓦卢、基里巴斯、中国香港地区、英国、摩纳哥、圣马力诺、西班牙、塞浦路斯、马耳他、以色列、墨西哥、秘鲁、巴拉圭、巴西、阿根廷、加拿大、斐济、尼泊尔等。美国各州有所不同，阿拉斯加、夏威夷等完全废除死刑”①。

从目前来看，废除死刑的国家和地区在逐渐增多。在保留死刑的国家中，对死刑的规定情况则有很大差别，“有的规定可以适用死刑的犯罪范围较广，有的规定对可以适用死刑的犯罪作了严格限制”②。例如，作为大陆法系保留死刑的典型国家，日本在其刑法典中规定了12种犯罪可适用死刑，特别刑法中规定的死刑罪名有6种，共计18种③。但日本虽保留死刑，实际运用却不多，根据有关学者的统计，其在1984年至1986年仅仅执行了六件死刑案件④，属于“对可以适用死刑的犯罪作了严格限制”的情况。

三、自由刑

（一）自由刑的含义与分类

自由刑是一种剥夺犯罪人自由的刑罚方法。中世纪及以前，生命刑和身体刑繁荣一时。至启蒙时期，天赋人权的自由平等理念深入人心，自由在社会生活中的价值与日俱增，自由刑作为一种刑罚方法迅速崛起，取代生命刑和身体刑成为刑罚体系的核心。时至今日，自由刑和财产刑一起，成为世界各国最重要、适用最广泛的刑种。

结合各国刑法典的规定，从不同的角度，自由刑有不同的分类。

第一，根据自由刑的刑期，可将其分为无期自由刑、不定期自由刑、有期自由刑。

无期自由刑，又叫终身自由刑，是使犯罪分子在监狱内囚禁终身的刑罚方法。无期自由刑是仅次于死刑的、最严厉的刑种，通常针对实施了极其严重犯罪的犯罪分子。但正如意大利学者帕多瓦尼强调的那样，无期自由刑并不意味着服刑人之自由终生被剥夺，若干年后，其也可获得假释或半自由的处理⑤。不定期自由刑是指“没有固定期限地剥夺犯罪人的人身自由”的刑罚方法⑥，其又有绝对不定期自由刑和相对不定期自由刑之分。有期自由刑则是运用最为广泛的一种自由刑，它是指在一定期限内剥夺犯罪分子自由的刑罚方法。各国刑法典对有期自由刑期限的规定不尽相同。例如，意大利刑法规定有期自由刑最长为24年，最短为15天；德国刑法规定有期自由刑最长为15年，最短为1个月。

---

① 马克昌：《比较刑法原理：外国刑法学总论》，武汉大学出版社，2002年，第844～845页。

② 马克昌：《比较刑法原理：外国刑法学总论》，武汉大学出版社，2002年，第845页。

③ 有关日本现行刑法中死刑罪名的详细统计，请参见〔日〕大谷实：《刑法讲义总论》（新版第二版），黎宏译，中国人民大学出版社，2008年，第459～460页。

④ 转引自赵秉志：《外国刑法原理（大陆法系）》，中国人民大学出版社，2000年，第282页。

⑤ 〔意〕杜里奥·帕多瓦尼：《意大利刑法学原理》（注评版），陈忠林译评，中国人民大学出版社，2004年，第310页。

⑥ 陈家林：《外国刑法通论》，中国人民公安大学出版社，2009年，第676页。

第二，根据自由刑的内容，可将自由刑分为徒刑与监禁。

是否参加劳动改造是二者最关键的区别。徒刑是同时对犯罪分子剥夺自由和判处劳动改造的自由刑，又称“劳役、惩役”[①]。监禁则仅将犯罪分子囚禁以限制其自由，而不使其从事强制性劳动，又称“名誉拘禁、禁锢”[①]。李斯特时期的德国旧刑法规定的自由刑有重监禁、监禁、拘禁和要塞监禁四种[②]，日本现行刑法中规定的自由刑的种类包括有期徒刑（惩役）、监禁和拘留三种[③]。

（二）自由刑的单一化

1. 自由刑单一化的含义

自由刑的单一化，是指实行单一的自由刑制，它废除了自由刑在执行方式上的不同。有学者认为，自由刑的单一化有广义和狭义之分，“在广义上，它指将惩役、监禁、拘留三种自由刑单一化；在狭义上，指废除惩役和监禁之间的区别”[④]。这是基于大陆法系国家对自由刑的规定的不同而得出的观点。有的国家在自由刑中规定了“拘留”（如日本），而有的国家则对此没有规定。

2. 自由刑单一化的趋势

1881年荷兰成为世界上第一个在制定法上实现单一自由刑的国家。第二次世界大战以后，这一趋势成为潮流，英国、匈牙利、保加利亚、德国、奥地利等相继修订刑法实现自由刑的单一化[⑤]。

其中，德国是受自由刑单一化趋势影响最明显的国家。如上所述，德国旧刑法按照严厉程度的不同区分了重惩役、轻惩役、拘留与拘禁四种自由刑。1966年，鲍曼等14名法学教授发表了“刑法典选择性草案”，该草案取消了各种自由刑的区别。立法者经过长期的论证，最终同意了选择性草案的观点[⑥]。从此，德国刑法就实行了自由刑的单一化，只规定了一种自由刑（《刑法典》第38条），且仅有无期徒刑与有期徒刑之别。

日本的情况则有所不同。目前单一刑论在日本刑法修改中没有得到支持，这一问题尚处于争论分歧之中。日本学者川端博认为，作为立法论的一种要求，认为应废除惩役与监禁的区别且自由刑应当单一化的观点，是当今日本刑法学界的一种有力主张[⑦]。

（三）短期自由刑

1. 短期自由刑概说

短期自由刑，是指低于有期自由刑刑期的自由刑。对“短期”的解释，学界的观点不一。其中3个月说、6个月说与1年说是“有力的主张”，除此之外“还有1周说、2周说、6周说、4个月说、9个月说”等诸多观点，其中“最极端的主张是短期自由刑最下

① 张明楷：《外国刑法纲要》（第二版），清华大学出版社，2007年，第380页。

② 〔德〕李斯特：《德国刑法教科书》（修订译本），徐久生译，法律出版社，2006年，第409页。

③ 〔日〕山中敬一：《刑法总论》（第二版），成文堂，2008年，第1029页。

④ 童德华：《外国刑法原论》，北京大学出版社，2005年，第393页。

⑤ 马克昌：《比较刑法原理：外国刑法学总论》，武汉大学出版社，2002年，第852～853页。

⑥ 这一过程请参见：Roxin C. Strafrecht Allgemeiner Teil Band Ⅰ. Verlag C. H. Beck，2006，4. Aufl.，S. 114～127.

⑦ 〔日〕川端博：《刑法总论讲义》，成文堂，1995年，第655页。

限（最低刑期）应为 6 小时或 12 小时”[①]。

关于短期自由刑的优劣以及存废问题一直争论不休。1872 年，伦敦第一届国际刑务会议将短期自由刑作为一项议题正式提出，此后学界和司法界开始关注这一刑事政策问题。近年来，与以往抨击短期自由刑具有种种使用上的缺陷并谋求其替代措施的主张相反，关注其有效性、合理性的观点逐渐抬头，使得学界与实务界不得不重新审视这一问题[②]。

2. 短期自由刑的弊端

一般认为，短期自由刑的弊端有：短期自由刑时间过短，没有威慑力；短期自由刑的执行场所大多设施不齐，罪犯间易发生交叉感染；受刑人中的初犯者，在短期的拘谨中自尊心低下，容易步入累犯的道路；国家为了维持短期自由刑不必要地支出许多费用等。为避免这些弊端，学界和实务界开始探索短期自由刑的代替制度。根据日本学者福田平、大塚仁的观点，一般认为取代短期自由刑的制度有罚金、科料刑、刑罚的缓执行、缓宣告、缓起诉等[③]。

3. 短期自由刑的改良

从刑事政策的角度看，短期自由刑虽然存在着诸多弊端，但由于犯罪类型千差万别，轻重不一，短期自由刑在惩罚犯罪方面亦有着重要的意义。此外，由于代替它的措施也都存在着诸多问题，因而不能武断地一概废除。鉴于此，大陆法系的一些国家试图走出一条折中的道路，即在短期自由刑的运用上实行改良，而不是废除[④]。例如，德国在立法上并未全面废除短期自由刑，但在实践中对短期自由刑的适用作出严格的限制，根据《德国刑法典》第 38 条第 2 款的规定，1 个月以下的自由刑被完全废除[⑤]。意大利法律则规定了一系列替代短期监禁刑的制裁措施——包括半监禁、管制、（可替换监禁刑的）财产刑等[⑥]。法国、意大利、瑞士、比利时、葡萄牙等也采用了半监禁制度[⑦]。

四、财产刑

（一）财产刑概说

所谓财产刑，是剥夺犯罪人的财产性利益的刑罚方法，一般分为三种类型，即罚金、科料和没收。有学者认为，鉴于罚金与科料都是以剥夺一定的金额为内容的刑罚，二者只有金额上的不同而无实质上的分别，两者可合并为一种广义的罚金刑[⑧]。本书亦采取此立场，即分为罚金（含科料）、没收两部分进行阐述。

① 张明楷：《外国刑法纲要》（第二版），清华大学出版社，2007 年，第 381 页。

② 马克昌：《比较刑法原理：外国刑法学总论》，武汉大学出版社，2002 年，第 857 页。

③ 〔日〕福田平、大塚仁：《刑法总论Ⅱ》，有斐阁，1982 年，第 50 页。

④ 〔日〕福田平、大塚仁：《刑法总论Ⅱ》，有斐阁，1982 年，第 53～54 页。

⑤ Jescheck H H，Weigend T. Lehrbuch des Strafrechts Allgemeiner Teil. Drucker & Humblor，1996，5. Aufl.，S. 759.

⑥ 〔意〕杜里奥・帕多瓦尼：《意大利刑法学原理》，陈忠林译，法律出版社，1998 年，第 362～363 页。

⑦ 陈家林：《外国刑法通论》，中国人民公安大学出版社，2009 年，第 679 页。

⑧ 马克昌：《比较刑法原理：外国刑法学总论》，武汉大学出版社，2002 年，第 866 页。

（二）罚金刑

1. 罚金刑概说

罚金刑是审判机关强制犯罪分子向国家缴纳一定数额金钱作为惩罚的刑种。与自由刑相比，罚金刑的历史久远，可追溯至古希腊的古代赔偿金制度或日耳曼民族的赎罪制度[①]。但在古代社会，刑罚的本质是以威慑为主，罚金刑的适用范围极窄。近代以来，自由刑成为了刑罚体系的中心，罚金刑亦受尽冷落。进入 20 世纪后，随着刑罚的轻缓化，自由刑的地位开始动摇，罚金刑日益受到重视，大有取而代之成为刑罚体系中心的趋势。在许多国家，罚金刑逐渐成为了适用最多的刑罚方法。

2. 罚金刑的种类

从大陆法系各国刑法的规定来看，罚金的确定有以下几种方式：

（1）无限额罚金制，是指法律不规定罚金数额，而由法官根据犯罪人的犯罪行为、悔罪表现、经济情况等综合考量而确定数目的制度[①]。如 1871 年《法国刑法典》第 86 条的规定。

（2）限额罚金制，又称普通罚金制，是指刑法规定罚金的一定数额，在其数额幅度内由法官根据具体案件作出裁量的罚金制度[①]。如《意大利刑法典》第 403 条的规定。

（3）倍比罚金制，又称按比例罚金制，是指刑法规定根据犯罪的情况，确定具体的数额基准，然后以此基准的一定倍数或比例来确定罚金数额的制度[①]。如《西班牙刑法典》第 290 条、第 306 条的规定。

（4）日付罚金制，又称日额罚金制，是按照交纳罚金的确定天数和每天应当交付的罚金数额逐日交付罚金的制度[①]。这一制度由斯堪的纳维亚人率先发明[②]。

3. 罚金刑的适用

大陆法系国家罚金刑适用的方式主要有三种，即单独适用、选择适用、共同适用。

（1）罚金刑的单独适用。如果某种犯罪应判处的刑罚只有罚金刑一种，那么罚金刑作为主刑单独适用[③]。如《意大利刑法典》第 637 条的规定。

（2）罚金刑的选择适用。如果某种犯罪应判处的刑罚中既包含罚金刑，又有其他刑种，那么法官只能在该两种以上的刑罚方法中择一而不能全部适用[③]。如《日本刑法典》第 203 条的规定。

（3）罚金刑与其他刑罚的共同适用。如果某种犯罪的法定刑中包含了罚金刑与其他刑罚方法，那么法官在判处犯罪者罚金刑之外仍可适用其他的刑罚方法[③]。如《日本刑法典》第 356 条及《德国刑法典》第 41 条的规定。

4. 广义罚金刑——科料

科料是强制犯罪人负担、支付一定数额的金钱的刑罚方法。首先，科料与罚金并没有

---

① 马克昌：《外国刑法学总论（大陆法系）》，中国人民大学出版社，2009 年，第 436 页。

② Jescheck H H，Weigend T. Lehrbuch des Strafrechts Allgemeiner Teil. Drucker & Humblot，1996，5. Aufl.，S. 780.

③ 赵秉志：《外国刑法原理（大陆法系）》，中国人民大学出版社，2000 年，第 288 页。

本质差异，主要是“根据金额而加以区别”[①]；其次，二者有略微区别，如罚金刑可以缓刑，而科料不得缓刑等[②]。

与罚金一样，当行为人不能完纳科料时，也能够易科自由刑[②]。例如，《日本刑法典》第18条规定：“不能缴清科料的人，应在1日以上30日以下的期间内，扣留于劳役场。并处罚款的场合的留置期间不得超过60日。”又如，根据《意大利刑法典》第135、136条的规定，被判处科料的人，无支付能力而未执行的，75 000里拉换算1日监禁刑。

（三）没收

1. 没收的含义

没收是指因犯罪而剥夺原物主的所有权，将财物收归国库的处分[③]。

2. 没收的种类

没收依据不同的标准可有不同的分类。

第一，根据没收的对象，可分为一般没收与特别没收。一般没收，也称全部没收，是指剥夺犯罪人的全部财产，即将犯罪人的所有财物收归国有。特别没收，也称特定没收或限制没收，是指仅将与犯罪有密切关系的特定物收归国有。古代刑法一般采取一般没收，而现代各国则倾向于采取特别没收制度[④]。

第二，根据刑法对没收规定的方式，可分为任意性没收与必要性没收。法院对是否没收具有裁量权时，是任意没收，如《日本刑法典》第19条及《德国刑法典》第42条a所规定的没收，采取的措辞均为“可以”，即为任意性没收[⑤]；法院必须科处没收时，则是必要性没收，在这种情况下，法院无自由裁量的权限，如《日本刑法典》第197条之5的前段所规定的没收财产，该规定为：“犯罪人或者知情的第三者所收受的贿赂，应当没收。”[⑥]

第三，根据没收的适用方式，可分为并科没收、专科没收与单独没收。并科没收，是指将没收作为附加刑，只能与主刑同时适用。规定此种方式的有日本刑法。专科没收，是指主刑虽因某种原因而被免除，但仍应科处没收的情形。单独没收，是指对违禁物的没收，此种情况下，没收是针对违禁物的社会危险，而不是行为的性质或是否构成犯罪，显然单独没收具有保安处分的性质[④]。

3. 没收的替代措施——追征

追征是指在应当被没收的物不能没收的场合，作为替代措施，命令其向国库缴纳一定数额的金钱的处分。如《日本刑法典》第19条之二规定，在应当被没收的物的全部或者一部分不能被没收的场合，法院可以宣告等价额的追征[⑦]。追征并不是一种刑罚。但是，它作为一种不能执行没收判决场合的换刑处分，具有准刑罚的性质。

---

① 〔日〕川端博：《刑法总论讲义》（第二版），成文堂，2006年，第666页。
② 张明楷：《外国刑法纲要》（第二版），清华大学出版社，2007年，第397页。
③ 陈家林：《外国刑法通论》，中国人民公安大学出版社，2009年，第682页。
④ 张明楷：《外国刑法纲要》（第二版），清华大学出版社，2007年，第398页。
⑤ 马克昌：《外国刑法学总论（大陆法系）》，中国人民大学出版社，2009年，第438页。
⑥ 马克昌：《外国刑法学总论（大陆法系）》，中国人民大学出版社，2009年，第439页。
⑦ 〔日〕大谷实：《刑法讲义总论》（新版第二版），黎宏译，中国人民大学出版社，2008年，第466页。

追征可分为任意的追征和必要的追征。刑法总则规定的追征是根据法院任意裁量的追征，被称为任意的追征。反之，例外地认为应当追征的，被称为必要的追征（如《日本刑法典》第197条之五）。在特别刑罚法规中有不少对必要的追征的规定[①]。

五、资格刑

（一）资格刑的含义

资格刑又称名誉刑、能力刑、权利刑等，是剥夺受刑人享有或行使一定权利的资格的刑罚方法。资格刑被认为是刑罚中最轻者。它在刑罚体系中的地位虽不如生命刑、自由刑、财产刑重要，但随着刑罚轻缓化运动的推进，作为轻刑的资格刑受到实务界和理论界的重视，其地位也日益提升。

（二）资格刑的种类

资格刑的种类依据不同的标准有不同的划分。

首先，依照期限的不同，可分为无期资格刑与有期资格刑。无期资格刑，是使犯罪人终身不能享有某种资格；有期资格刑，则是使犯罪人在一定期限内不能享有某种资格[②]。

其次，依照适用方式的不同，可分为必要资格刑与任意资格刑。必要资格刑，是指法院无裁量权而必须宣告的资格刑；任意资格刑，是指法院可以自由裁量的资格刑[②]。

（三）资格刑的内容

根据各国刑法的规定，资格刑的内容主要有以下几个方面。

第一，剥夺公权。剥夺公权是指剥夺犯罪人在公法上的权利。具体包括担任公职的权利、作为公职候选人的权利、选举权与被选举权、获各项荣誉之权等[②]。

第二，剥夺从事特定行为的权利，其中包括行政性的权利和民事性等权利。常见的有：禁止驾驶，禁止从事某种商业、营业活动，禁止从事某种职业以及其他禁止从事的行为[③]。

第三，剥夺纯名誉上的某些权利。如《意大利刑法典》中规定的剥夺公共荣誉标志以及一切与职务、地位、身份有关的荣誉性权利[④]。

第四，适用于法人犯罪人的资格刑。《法国新刑法典》对此进行了规定。

判处资格刑时，不一定全部剥夺受刑人上述几个方面的权利，而是根据具体情况，剥夺其中某项内容。

第三节 刑罚的裁量

一、刑罚裁量的含义

刑罚的裁量又称刑罚的量定，简称量刑。其具体过程包括三个要素，即法定刑、处断

---

① 马克昌：《比较刑法原理：外国刑法学总论》，武汉大学出版社，2002年，第886页。

② 张明楷：《外国刑法纲要》（第二版），清华大学出版社，2007年，第401页。

③ 马克昌：《外国刑法学总论（大陆法系）》，中国人民大学出版社，2009年，第441页。

④ 马克昌：《外国刑法学总论（大陆法系）》，中国人民大学出版社，2009年，第442页。

刑、宣告刑。

法定刑是刑罚适用的出发点，是指刑罚法规的分则中各条所规定的刑罚。法定刑的规定形式有绝对的专断刑、绝对确定的法定刑以及相对确定的法定刑。第一，绝对的专断刑又称“专断刑主义”，是指法律对犯罪的刑罚种类、轻重不作具体规定而完全由法官自由裁量。在近代初期的欧洲，受国家绝对主义思想的影响，专断刑主义盛行。它导致法官任意行使刑罚裁量权，造成罪刑擅断的后果。第二，绝对确定的法定刑又称“绝对法定刑主义”，是指犯罪的刑罚种类与轻重由刑法统一规定，法官没有任何自由裁量权，只能根据行为人的具体犯罪情况对其适用法律规定的刑罚种类及幅度。它是自由主义思想兴起和罪刑法定原则确立的产物，虽然与绝对的专断刑相比，表面上做到了法律面前人人平等，但由于完全剥夺了法官的刑罚自由裁量权，因此失去了具体的妥当性，妨碍了刑罚功能的发挥。如今，绝对确定的法定刑作为一种理论原则已经退出了历史舞台，只在有些国家的少数条文中还有遗存。第三，相对确定的法定刑又称“相对法定刑主义”，是指国家刑法对刑罚的种类和幅度在原则上加以规定，在法律规定的幅度内准许法官根据犯罪人的具体情况自由裁量决定对其适用刑罚的种类和幅度。19 世纪末期，实证主义学派标榜防卫社会才是刑法的目的，法官的裁量范围逐步扩大，相对确定的法定刑在大陆法系国家逐步确立。

处断刑是指在法定刑基础上进行法律上或裁判上的加重或减轻的刑罚范围。这是宣告刑的最终基准，如果法定刑是选择刑，那么首先应选择刑的种类，之后针对所选择之刑进行必要的加重或减轻，进而决定处断刑①。

宣告刑是指法官所量定的具体的刑罚，即判决书中对犯罪人最终量定的确定的刑罚。刑罚的宣告有确定宣告主义和不确定宣告主义。法院在判决时就已经确定宣告刑的是确定宣告主义；在判决时不确定宣告刑的一部分或全部，而是由刑罚执行机关在执行过程中确定的，称为不确定宣告主义。确定宣告主义所宣告的自由刑是定期刑，不确定宣告主义所宣告的自由刑是不定期刑。由于不定期刑所存在的弊端，当今各国均是采用确定宣告主义，就自由刑而言，多采用定期刑，只有少数国家存在例外，如日本《少年法》第 52 条规定的对少年犯采用不定期刑。

二、刑罚的加重、减轻、免除

刑罚可以加重、减轻或免除。由于受罪刑法定以及谦抑性等刑法基本原则的限制，刑罚的加重往往只有法律上的加重，而不承认裁判上的加重。它分为一般的加重事由和特殊的加重事由，前者是指刑法总则规定的，一般必须对所有犯罪均加重的事由；后者则是指刑法分则规定的，在特别构成要件中只对特定犯罪加重的事由。

与刑罚的加重不同，刑罚的减轻不但包括法律上的减轻，亦包括裁判上的减轻（又称酌量减轻）。法律上的减轻即基于法律的规定减轻刑罚，包括两种情况：①存在一定事由即可减轻的“必要的减轻”；②以存在一定事由为条件，在此基础上法官基于自由裁量的

---

① 〔韩〕金日秀、徐辅鹤：《韩国刑法总论》（第十一版），郑军男译，武汉大学出版社，2008 年，第 731 页。

考虑而进行减轻的“任意的减轻”。

三、累犯

累犯是刑罚的加重事由之一。根据不同的标准可对累犯进行不同的分类，主要类别有如下几种：

第一，有法定期限的累犯和无法定期限的累犯。前者对犯罪时间的间隔规定有法定期限，而后者没有。

第二，一般累犯和特别累犯。一般累犯不要求前后罪的犯罪性质相同，如前罪是强奸罪，后罪是故意毁坏财物罪；特别累犯则要求前后罪的犯罪性质相同，如前后罪都是强奸罪。

第三，普通累犯和常习累犯。日本《改正刑法草案》第58条规定：“被判处六个月以上惩役的累犯人又犯罪，应作为累犯判处有期惩役时，如果认定犯罪人是常习者，则为常习累犯。”[①]

多数国家的刑法对累犯都规定了加重处罚，累犯加重的方式在各国有所不同，主要有：

第一，只提高最低刑期[②]。如《德国刑法典》原第48条规定，针对累犯应当“以6个月为其自由刑之最低度，法律对该犯罪有较重之最低刑度者，依其规定。法定自由刑最高度仍以原有者为准”（此条已废除）。

第二，只提高最高刑期[②]。如《日本刑法典》第57条规定：“再犯的刑罚，是对其犯罪所规定的惩役的最高刑期的二倍以下。”[③]

第三，同时提高法定刑的最高刑期与最低刑期[④]。如《意大利刑法典》第99条的规定。

四、自首

自首是刑罚的一种减轻事由。不同国家的学者对自首的理解略有不同。日本有学者认为，所谓自首，是犯人未待搜查机关的调查，自发地报告自己的犯罪事实，请求其处分的行为[⑤]。而俄罗斯有学者认为，自首是犯罪人自愿到执法机关或向公职人员坦白他所实施的犯罪，从而明示愿意为实施的犯罪承担相应的刑罚[⑥]。

一般而言，自首应具备以下两个条件：

第一，自动投案。自动投案的时间截止点是在犯罪事实被侦查机关发觉之前。“犯罪事实被发觉前”应包括虽然犯罪事实已被侦查机关掌握，但犯罪人却不知的情况。但如果

① 〔日〕大塚仁：《刑法概说（总论）》（第三版），冯军译，中国人民大学出版社，2003年，第461页。

② 张明楷：《外国刑法纲要》（第二版），清华大学出版社，2007年，第408页。

③ 《日本刑法典》第56、57条所称的“再犯”相当于中国的累犯概念。

④ 张明楷：《外国刑法纲要》（第二版），清华大学出版社，2007年，第409页。

⑤ 〔日〕大塚仁：《刑法概说（总论）》（第三版），冯军译，中国人民大学出版社，2003年，第465页。

⑥ 〔俄〕Н. Ф. 库兹涅佐娃、И. М. 佳日科娃：《俄罗斯刑法教程（总论）》（上卷），黄道秀译，中国法制出版社，2002年，第668页。

侦查机关一旦确定了犯罪人，已经立案而只是尚未抓获归案，此时犯罪人自发报告犯罪行为的不能认定为自首。

第二，自发报告。自发地报告是指犯罪人应将自己实施的犯罪事实亲自或者通过他人向有关机关进行报告。报告方式可书面，可口头，但不能是匿名报告。有的国家规定了自首认定的程度。如日本刑法规定，只要行为人在侦查机关讯问之前主动、如实地交代犯罪情况，并表示愿意承担刑罚即成立自首；而俄罗斯刑法则规定，犯罪人不仅要详细交代其所实施的犯罪的一切犯罪事实，并且要真诚悔罪，才能成立自首。

大陆法系国家的刑法典大都将自首规定为减轻处罚的事由之一。如《日本刑法典》第42条第1款规定："犯罪人在搜查机关发觉前自首的，可以减轻刑罚。"

五、首服与自白

首服和自白亦是刑罚的减轻事由，甚至是免除事由。

首服源于日本刑法的规定，它是指在亲告罪中，对能够告诉的人（亲告权者），告诉自己的犯罪事实，并愿受处置的意思表示[①]。《日本刑法典》第42条第2款规定首服是指就告诉才能提起公诉的犯罪，犯罪人向可以告诉的人告诉自己的犯罪事实，委托其处理的情形。

自白是指行为人在接受侦查机关调查时如实供述自己的犯罪事实。关于自白，日本的刑法总则中未设特别规定，但是，在刑法分则和其他的特别刑罚法规中，有些场合将自白规定为刑罚的任意减免事由[②]。如日本1907年《刑法》第170条规定："犯伪证罪的，在其提供证言的案件判决确定前或者实行惩戒处分前自行坦白的，可以减轻或者免除刑罚。"

第四节　刑罚的执行

一、刑罚执行概述

刑罚的执行，是指依据确定的判决对被科处刑罚的犯罪人执行其所应受的刑罚[③]。

由于各国法律规定的刑罚种类不同，导致其执行的具体内容和方式呈现多样性。不过，体现现代行刑理念和政策价值的行刑制度，如缓刑和假释，则被各国刑法广泛采用[④]。

此外，在刑罚执行的具体过程中，也存在种种裁量问题。例如，是否决定缓刑、是否附保护观察、是否撤销缓刑等，一般要由法院裁量；又如，是否允许假释、是否撤销假释等，一般由行政机关裁量。这是为了使刑罚的执行适应具体的、复杂的情况，使刑罚的执

---

① 童德华：《外国刑法原论》，北京大学出版社，2005年，第407～408页。
② 〔日〕大塚仁：《刑法概说（总论）》（第三版），冯军译，中国人民大学出版社，2003年，第467页。
③ 赵秉志：《外国刑法原理（大陆法系）》，中国人民大学出版社，2000年，第304页。
④ 马克昌：《外国刑法学总论（大陆法系）》，中国人民大学出版社，2009年，第454页。

行具有合目的性、合理性①，从而充分保障受刑人的人权。

二、各种刑罚的执行

（一）死刑的执行

如前所述，大陆法系多数国家的刑法典中已经废除了死刑的规定，如德国、法国、奥地利、瑞士等，仅有极少数国家（日本、韩国、意大利等）在立法上仍保留死刑。保留死刑国家的刑法典对死刑执行方式、执行场所等死刑执行的具体程序的规定不尽相同。

1. 死刑执行方式

死刑的执行方法有绞首、斩首、枪决、毒气刑、电刑和致死注射等，其中，采用枪决、绞首方法的国家最多②。枪决，即以枪射击犯人致其死亡的死刑执行方法，如《意大利刑法典》第 21 条第 1 款规定："死刑以枪决的方式执行。"绞首，即以绞绳勒紧犯罪人的颈部使其窒息死亡的死刑执行方法。在日本，明治以来基本上均是采用绞首刑的方法，如《日本刑法典》第 11 条第 1 款规定："死刑用绞首的方法执行。"②

2. 死刑执行场所

根据《日本刑法典》第 11 条规定，死刑在刑事设施内执行。已受死刑宣告的人，在执行前应拘禁在刑事设施内。根据《意大利刑法典》第 21 条的规定，死刑在监狱内或者在司法部指定的其他场所执行。除非司法部作出不同的决定，死刑不公开执行。根据 1953 年《韩国刑法典》的规定，死刑由劳改所执行③。

（二）自由刑的执行

自由刑的执行，从受刑人的改善、教育这一角度考察时，也被称为行刑（行刑与刑罚的执行不是等同的概念）。日本在第二次世界大战后受美国的影响，一般使用矫正一词。它是在比行刑更广的意义上使用的④。

1. 自由刑的执行方式

近代自由刑制度有独居制、沉默制、点数制、累进制、受刑者自治制、集体疗法等执行方式。

(1) 独居制。独居制源自英国何尔德（John Howard）与美国富兰克林（Benjamin Franklin）的理论。何尔德实地调查了英国几乎全部的监狱，鼓吹监狱改良。而富兰克林批评了监狱以前的无秩序的杂居拘禁，并根据基督教的信念，提倡使受刑者日夜独居的独居制。1790 年，这一制度被美国的宾夕法尼亚州的乌尔纳特监狱所采用，因而也被称为宾夕法尼亚制，其核心理念，是认为罪犯的改善和教育必须在严格独居下才能成功⑤。这一制度可分为严格独居制与缓和独居制两种类型。前者要求罪犯不许出监房，罪犯之间不许随意出进监房，也不许参加劳动；后者则认为罪犯在日间劳动时独居，但在运动、娱

---

① 张明楷：《外国刑法纲要》（第二版），清华大学出版社，2007 年，第 414 页。

② 马克昌：《比较刑法原理：外国刑法学总论》，武汉大学出版社，2002 年，第 919 页。

③ 马克昌：《外国刑法学总论（大陆法系）》，中国人民大学出版社，2009 年，第 455 页。

④ 〔日〕大塚仁：《刑法概说（总论）》（第三版），冯军译，中国人民大学出版社，2003 年，第 477 页。

⑤ 〔日〕大塚仁：《刑法概说（总论）》（第三版），冯军译，中国人民大学出版社，2003 年，第 477～478 页。

乐、教诲时可与其他罪犯在一起[①]。独居制是一种消极的行刑制度[②]。

（2）沉默制。沉默制又称 Auburn 制，源于奥勃恩（Auburn）对独居制的改良。这一制度要求罪犯夜间分房监禁，白天杂居劳动作业，但在白天杂居时要保持绝对沉默，严禁罪犯之间交谈，以避免发生相互争斗、预谋犯罪等[①]。沉默制亦属于消极的行刑制度[②]。

（3）点数制。点数制是 1842 年由英国殖民岛诺夫科岛（Norfolk）的典狱长麦科诺基发明的。点数制考察和记录犯人的劳动及其他方面的表现，把勤奋劳动、良好行为、生活节俭、思想改善等都用一定的点数表达出来，犯人由此可挣得进步分数，获得狱内待遇的改善，以此增强犯人的自我改善与自律[①]。

（4）累进制。累进制是由早期的点数制演变改进而来，其主要内容是将罪犯的自由刑执行分为若干阶段，并确定相应的处遇，按照罪犯的服刑成绩，逐渐改进其处遇，达到促使罪犯改过迁善的目的，因而又被称为阶级制[①]。该制度“将受刑者的成绩用分数表示，得到一定分数的，就累进地改变处遇。累进制的核心是实质的不定期刑、分数制（Mark System；Markensystem）与假释”[②]。

（5）受刑者自治制。受刑者自治制的思想渊源来自瑞士，它也是一种进步的行刑制度。累进制固然在行刑制度上具有划时代的意义，但它只是考虑了作为个人的受刑者的改善。而行刑的宗旨，不是为了产生好的受刑者，而是为了产生好的社会人。所以，在监狱这一社会里，要实行受刑者自身的自治，以便把他们锻炼成社会人。但是，受刑者自治制的宗旨容易被少数牢头、狱霸歪曲，因而这点要加强引导和监督[③]。

（6）集体疗法。集体疗法源自美国新泽西的监狱实行的一项制度，也被称为集体心理疗法或集体精神疗法。它是指将受刑者分为小集体，使他们定期集合在一起，让他们自己议论自己的问题，消除他们的自己处于社会的孤立地位或中心地位的想法，积极地与集体保持联系，培养反犯罪的行为规则与规范意识，进而达到教育和矫正罪犯的目的[③]。

2. 自由刑的刑期计算

关于自由刑刑期的起算，大陆法系国家主要有以下三种方式：

（1）用月或年确定刑期。如 1907 年《日本刑法典》第 22 条规定：“以月或年确定期间的，依照历书计算。”[④]

（2）用相对完整的时间计算[④]。如《德国刑法典》第 39 条规定：“1 年以下的自由刑按整周和整月计算，更长期的自由刑按整月和整年计算。”

（3）从判决确定之日起计算。如 1907 年《日本刑法典》第 23 条规定：“刑期从判决确定之日起计算。”[④]

自由刑执行中的其他情况，如未决前的羁押日数或执行中的减刑刑期，一般全部或部分地算入本刑，如 1907 年《日本刑法典》第 21 条规定，未决前的羁押日数，可以全部或

---

① 马克昌：《外国刑法学总论（大陆法系）》，中国人民大学出版社，2009 年，第 456 页。

② 张明楷：《外国刑法纲要》（第二版），清华大学出版社，2007 年，第 415 页。

③ 张明楷：《外国刑法纲要》（第二版），清华大学出版社，2007 年，第 416 页。

④ 赵秉志：《外国刑法原理（大陆法系）》，中国人民大学出版社，2000 年，第 307 页。

者一部分算入本刑；《德国刑法典》第51条规定，如果被判刑人由于是或者曾经是程序的对象的行为受到审讯拘禁或者其他的自由剥夺，那么，将其被剥夺自由的期间折抵为自由刑或罚金刑，但是，如果根据被判决人行为后的态度，认为折抵不适当的，法院可以命令部分或者全部不折抵。

此外，日本刑法对未被拘禁的日数作了规定。《日本刑法典》第23条第2款规定，未被拘禁的日数，即使在判决确定后，也不算入刑期。假释出狱中的日数，在撤销假释时，虽然不算入刑期（第29条第2款），但没有被撤销时，则算入刑期。假出所（第30条）的日数，也算入刑期。受自由刑的宣告的人处于心神丧失状态时虽然停止执行，但检察官提交给监护义务人或地方公共团体的长官，送入医院或其他适当的场所前，拘禁在监狱内，这段时间应当算入刑期①。

（三）财产刑的执行

如前所述，20世纪以来，世界各国在立法上日益重视罚金刑，司法领域中也逐渐扩大罚金刑的适用。现代各国刑罚体系中，罚金刑成为最重要、适用最多的财产刑，而其他种类的财产刑的执行大多以罚金刑为参照。例如，德国将财产刑的执行与罚金刑的执行并列。因此，下面仅以罚金刑的执行为例进行说明。

1. 罚金刑的执行数额

大陆法系国家对罚金刑执行数额的规定不尽相同，但基本上都规定了最低数额，具体数额的多少则由刑法分则根据具体的罪行予以确定。

例如，《德国刑法典》第40条规定的金钱刑的执行方法为："（1）金钱刑用日额决定。它总计至少为5整日额，如果法律没有不同规定，至多为360整日额。（2）法院考虑到行为人的经济关系确定日额的数额。此时通常从行为人平均每天获得或者能够获得的纯收入出发。一个日额至少为1个欧元、至多为5000欧元。（3）行为人的收入、其他的财产和其他对计算日额而言的基本情况，可以予以考虑。（4）在判决中说明日额的数量和数额。"在德国，罚金刑的执行是检察院的义务。在判决生效后，行为人首先会被要求缴纳罚金②。《德国刑法典》第43条规定："行为人不能缴纳罚金的，以替代自由刑代替之。"该种情况下，替代自由刑执行完毕，即视为罚金刑执行完毕。

又如，1907年《日本刑法典》第15条规定："罚金为1万元以上，但减刑时，可以减至不满1万元。"第152条规定："取得货币、纸币或者银行券后，知道是伪造、变造的而行使，或者以行使为目的交付他人的，处面额3倍以下的罚金或者科料，但不得少于2000元。"

2. 罚金刑的执行方式

大陆法系国家财产刑中罚金刑的执行方式主要有四种：

第一，立即缴纳，即罚金一经判决，犯罪人必须缴纳。如《瑞士联邦刑法典》第49条第1款规定："主管官署应确定1至3个月之罚金缴纳期间，如受罚人在瑞士无固定之住所时，主管官署应命其立即缴纳罚金，或对之提供担保。"

---

① 马克昌：《比较刑法原理：外国刑法学总论》，武汉大学出版社，2002年，第922页。

② 马克昌：《比较刑法原理：外国刑法学总论》，武汉大学出版社，2002年，第925页。

第二，分期或者定期缴纳，即对罚金的缴纳规定一定的期限，犯罪人在规定的期限内一次或分几次缴纳罚金。如《意大利刑法典》第 133 条第 3 款规定："法官可以根据犯罪人的经济条件，在处罚判决或处罚令中决定罚金或罚款在 3 个月至 30 个月内分期支付。但是，每次分期付款不少于 15 欧元。"

第三，延期缴纳，即当犯罪人在规定的期限内不能缴纳罚金时，由法院裁决允许其延长一定时间后再缴纳。如巴西刑法在修订前规定的即是延期缴纳（修订后刑法只规定了分期缴纳）。

第四，强制缴纳，即在规定缴纳罚金的期限届满时，对有缴纳能力却拒不缴纳的犯罪人，采取强制措施强制其缴纳。如《瑞士联邦刑法典》第 49 条第 2 款规定："受罚人在指定完纳期间内不缴纳罚金，又不以劳动抵充时，如主管官署认为有此必要并可能有结果时，得命令强制征收。"

3. 罚金刑易科制度

罚金刑易科制度是罚金刑的一种替代措施。即指在犯罪人拒不缴纳或不能缴纳罚金的情况下，经法院裁定，用其他刑罚或非刑罚的处罚措施代替罚金刑执行的一种制度。

罚金刑执行困难是一个世界性问题，因此罚金刑易科制度被各国广泛采用。德国、日本、法国、意大利、俄罗斯、瑞士、澳大利亚、英国、美国等均在其刑法中规定有罚金刑易科制度。具体来说，主要有两种做法：

一是易科为自由刑。如《德国刑法典》第 43 条规定："不能缴纳罚金的，以自由刑代替之。1 单位日额金相当于 1 日自由刑。以自由刑替代的，最低为 1 日。"

二是易科为劳动。《德国刑法典实施法》第 293 条规定，"无偿劳动"作为替代自由刑的代替品；如果被判刑人同意，他可以用公益劳动替代自由刑，以此等方式清偿罚金刑。

（四）资格刑的执行

资格刑具有既可附加适用又可独立适用的特点，二者在执行的起始时间和执行的期限方面均有区别。

1. 资格刑执行的起始时间

第一，当资格刑独立适用时，以判决确定之日作为资格刑执行的时间。如《瑞士联邦刑法典》第 51 条第 3 项规定："被夺官职及担任官职资格之从刑，于判决之时发生效力。"《法国新刑法典》第 131-29 条规定："如禁止行使第 131-26 条①所列举之全部权利或部分权利或者禁止担任公职或从事职业性、社会性活动并科无缓期之自由刑，该禁止事项自自由刑开始，即予实施；自自由刑终止之日起，禁止事项在判决规定的时间内仍继续执行。"

第二，资格刑附加于主刑适用时，应将确定主刑执行的时间视为资格刑开始执行的时间，即从自由刑执行完毕之日或假释之日起算，如《德国刑法典》第 45 条 a 第 2 款规定："丧失资格或权利的期间，从自由刑执行完毕，或因时效届满失效或免除刑罚之日起算。"

2. 资格刑执行的期限

大陆法系国家刑法规定资格刑的期限，主要有两种：

---

① 该条规定的是剥夺公民权、民事权与亲权的内容。

第一，终身剥夺，一般适用于犯有重罪的人，如《意大利刑法典》第 29 条规定："判处无期徒刑和 5 年以上有期徒刑意味着对被判刑人被夺公职终身；判处 3 年以上有期徒刑意味着剥夺公职 5 年。宣告犯罪的惯常性或职业性，或者宣告具有犯罪倾向，意味着被夺公职终身。"

第二，定期剥夺，如《德国刑法典》第 45 条第 2 项规定："在法律特别规定的限度内，法院可以剥夺被判决人为期 2 年以上 5 年以下的第 1 款中所规定的资格。"此处的资格，是指担任公职和从公开选举中取得权利的资格。

此外，由于资格刑所包含的内容比较广泛，各国根据其刑法适用的程度，对不同种类的资格刑执行期限的规定亦不尽相同。例如，《意大利刑法典》第 30 条第 2 款规定："禁止从事某一职业或技艺的期限不得少于 1 个月，也不得超过 5 年，法律明文规定的情况除外。"《德国刑法典》第 45 条第 5 款规定："在法律特别规定的限度内，法院可以剥夺被判决人为期 2 年以上 5 年以下在公共事务中选举权或者被选举权。"

三、缓刑

（一）缓刑的概念和立法模式

缓刑是指暂缓刑罚判决的宣告或者执行的刑罚制度。它是集中体现刑罚人道化、个别化和社会化的一种刑罚制度，在避免短期自由刑的弊端、促进犯罪人改恶从善和再社会化等方面发挥着重要作用，被誉为当代刑罚制度的宠儿[①]；且它是"为了救济自由刑的缺失而设的制度，假如用之得当，且有完善的处遇与辅导制度的配合，必能发挥刑罚制度上的功能"[②]。因而，缓刑制度在大陆法系国家中被普遍适用。

大陆法系国家关于缓刑立法的模式，大体可分为刑罚暂缓宣告制（宣告犹豫主义）、刑罚暂缓执行制（执行犹豫主义）和综合缓刑制三种类型[③]。刑罚暂缓宣告制又称宣告犹豫，仅确定有罪，缓宣告有罪判决或刑罚，即对于一定情形下的犯人，在一定期间内，不作有罪宣告，以观察其行为，如果在此期间未发生特定事由，则待刑期届满时不再作有罪宣判；刑罚暂缓执行制又称执行犹豫，即对一定的犯罪，在宣告应执行的刑罚的同时，宣布在一定期限内附条件地不予执行的制度；综合缓刑制则是二者的折中。其中，刑罚暂缓宣告制可分为刑的暂缓宣告和罪的暂缓宣告；刑罚暂缓执行制可分为附条件的有罪宣告和附条件的赦免；综合缓刑制可分为折中式缓刑、休克缓刑和辅助制裁等。

（二）缓刑的意义

缓刑制度的意义有以下四点：

第一，缓刑有利于促进犯罪人改恶从善。判处缓刑的犯罪人大多是主观上并非存在较大恶性而又尚未对自己失去改过自新信心的偶发犯或轻微犯，缓刑足以使他们形成悔过心理，以达到犯人谋求改造且防止再犯的目的。

---

① 甘雨沛：《比较刑法学大全》（下册），北京大学出版社，1997 年，第 1137 页。

② 林山田：《刑法通论》（下册）（增订十版），元照出版有限公司，2008 年，第 562 页。

③ 贾济东、刘春阳：《重构缓刑立法模式刍议》，《江汉论坛》，2013 年第 1 期，第 134 页。

第二，缓刑可以避免短期自由刑的弊端。“短期监禁刑的缺陷在于，由于时间太短，不可能发挥监狱的改造作用，同时它的时间又长得足以显示监禁刑所有的消极作用。就被判刑的犯罪人来说，他既被打上了犯罪人的烙印，又被割断了与家庭和劳动的联系；就社会来说，被判刑人在狱中感染的‘犯罪病毒’必然会增大其再犯罪的危险。当一个因第一次实施最轻微的犯罪而被判刑入狱的人走出监狱时，他不仅已学会了实施最严重犯罪的本领，同时他所面临的被抛弃者的新处境也促使其再次犯罪。”①

第三，缓刑没有使罪犯隔离于社会之外，可以有效地促进罪犯的再社会化。

第四，适用缓刑可在不执行刑罚的情况下达到执行的效果，这符合刑罚谦抑主义原则。

（三）缓刑的条件

适用缓刑，必须具备一定的条件。各国刑法对适用缓刑的具体条件的规定不完全相同，但基本条件没有本质区别。

第一，缓刑适用的刑罚基础是受刑人犯轻罪。例如，《德国刑法典》第56条规定：“判处不超过1年的自由刑的，可以适用缓刑。”

第二，关于缓刑适用的对象条件，大陆法系各国的规定不同。例如，法国规定有法人犯罪的罪名和刑罚，因而在缓刑适用中明确缓刑只适用于自然人；意大利刑法对适用缓刑对象的年龄作了明确的规定，《意大利刑法典》第163条第2款和第3款规定：“如果犯罪时不满18岁的，则所判处的自由刑不超过3年时，可以适用缓刑；如果犯罪时已满18岁但不满21岁，或者犯罪时已满70岁的，判处不超过2年零6个月的自由刑时，可以适用缓刑。”此外，在德国，犯罪人的生活经历、生活环境、人格特性、行为状况和行为后的态度等因素都会影响到缓刑的适用。

第三，缓刑适用的实质条件是执行缓刑不危及法律秩序。例如，《德国刑法典》第56条第1款规定：“如果法院认为所判处的刑罚已对被判刑人起到警戒作用，且在将来不执行刑罚被判刑人也不会再实施犯罪行为时，才能适用缓刑”。该条第3款规定：“在判处至少6个月的自由刑时，如果实际执行刑罚为维护法秩序所必需，则不得适用缓刑。”

第四，缓刑适用的限制条件是行为人没有犯罪前科，或虽有犯罪前科但已经过一定期限。通常而言，对有犯罪前科的人绝对不适用缓刑，特别是累犯、常习犯、职业犯等②。因为一般认为惯犯或累犯具有较大的人身危险性。但不少国家的刑法规定，即使有犯罪前科，但如果经过了一定的期限，也可附条件地适用缓刑。例如，1907年《日本刑法典》第25条第2款规定：“以前虽然被判处过监禁以上的刑罚，但从执行完毕或者获得免除执行之日起，在5年内未再被判处监禁以上刑罚。以前虽然被判处过监禁以上的刑罚但经缓刑的人，被判处1年以下的惩役或者监禁的，具有应当特别斟酌的情节时，也可以按照前项规定暂缓执行；但依据第25条之二第1款的规定交付保护观察，而在此期间内犯罪的，不在此限。”

---

① 〔意〕杜里奥·帕多瓦尼：《意大利刑法学原理》（注评版），陈忠林译评，中国人民大学出版社，2004年，第317页。

② 张明楷：《外国刑法纲要》（第二版），清华大学出版社，2007年，第418页。

（四）缓刑的考验期限

“缓刑是刑罚的暂缓执行，刑罚是否继续执行取决于行为人本身的表现，而行为人的这种表现又是在一定期限内的，即缓刑的考验期。”① 缓刑的起始时间一般是判决确定之日。此外，日本等国家的刑法典规定，对于被宣告缓刑的人在缓刑考验期间内要交付保护观察②。大陆法系国家缓刑的考验期，存在两种理论：

（1）绝对期限，即缓刑的期限是由法律明文规定的，法官无自由裁量权。例如，《意大利刑法典》第 163 条第 1 款规定：“如果被判犯有重罪，刑罚缓期 5 年，如果被判犯有轻罪（违警罪），缓期 2 年执行刑罚。”

（2）相对期限，即缓刑的期限由法律规定一个上下幅度，法官在此范围内根据案件的具体情况自由裁量。例如，《日本刑法典》第 25 条规定：“自判决确定之日起，在 1 年以上 5 年以下的范围内法院所定的期间里暂缓其刑罚的执行。”

（五）缓刑的撤销

缓刑的撤销是指“在刑罚执行期限内，被宣告缓刑执行犹豫的犯罪人实施了某些行为，足以使原判刑罚继续执行的，从而撤销缓刑”③。在各国刑法的规定中，撤销缓刑的事由和条件，主要是基于此种事由表明对犯罪人适用缓刑不能达到刑法目的时，才应撤销缓刑，而不只限于犯新罪。同时，撤销缓刑意味着执行原判刑罚，因再犯新罪而撤销缓刑的，则应将新罪所判处的刑罚与前罪所判处的刑罚进行并罚。缓刑的撤销分为必要的撤销和任意的撤销。

必要的撤销是指在执行缓刑期间发现以下几种情形时，法官直接决定撤销缓刑：行为人在缓刑考验期间又犯新罪的；发现被缓刑人在缓刑以前曾犯他罪的；考验期间严重违反有关缓刑的规定或者不履行规定义务的②。例如，《德国刑法典》第 56 条 f 第 1 款规定：“如果被判刑人在缓刑考验期间重新犯罪，并且因此表明成为暂缓执行刑罚的基础的期待没有被满足；严重地或者持续地违反指示，或者持续地脱离考验帮助者的监督和管理，并且因此使人们有理由担心他将重新实施犯罪，或者严重地或者持续地违反负担者，法院得撤销假释。”

任意的撤销，又称酌量的撤销，是指在考验期内出现某种情况时，法官可以考虑撤销缓刑，但非必须。例如，《日本刑法典》第 26 条之 2 关于缓刑的酌情撤销的规定：①在缓刑期间内又犯罪被判处罚金时。②依照第 25 条之 2 第 1 项的规定交付保护观察的人不遵守应当遵守的事项，情节严重时。所谓“应当遵守的事项”是指缓刑人保护观察法第 5 条规定的事项。③发觉在宣告缓刑前有其他罪，已被判处监禁以上刑罚，并已宣告缓刑时。

（六）缓刑的法律效力和法律后果

缓刑的法律效力，是指缓刑宣告后暂缓执行原判刑罚的有效范围。各国对缓刑的法律效力及于主刑不存在疑问，但是，是否及于附加刑，则存在两种见解：一是主张同时及于

---

① 冯军、李春雷：《外国刑法学概论》，中国民主法制出版社，2004 年，第 234 页。

② 马克昌：《外国刑法学总论（大陆法系）》，中国人民大学出版社，2009 年，第 461 页。

③ 冯军、李春雷：《外国刑法学概论》，中国民主法制出版社，2004 年，第 235 页。

主刑和附加刑，例如，《意大利刑法典》第 166 条第 1 款规定，“缓刑的适用扩及附加刑”，此外，比利时刑法也存在相似的规定；二是主张及于主刑，只有当缓刑期满且未被撤销的，才及于附加刑，如法国刑法的规定。

缓刑的法律后果，是指缓刑犹豫执行期满后原宣告的罪行是否仍有效，是否对行为人构成累犯有影响等。对此也存在两种观点：

一是无效说，即缓刑犹豫执行期满后，如未发生缓刑撤销事由，原宣告的罪刑丧失效力。例如，《意大利刑法典》第 167 条规定：“如果在规定的期限内被判刑人没有实施重罪或者同样性质的违警罪，并且履行了为其规定的义务，犯罪消灭，在这种情况下，刑罚不再执行。”

二是执行说，即缓刑犹豫执行的是暂缓刑罚的执行，如未发生缓刑撤销事由，只能是不执行原判刑罚，而有罪宣告仍存在。

四、假释

（一）假释的概念和意义

假释，是指对被执行自由刑的犯罪人在宣告的刑期还没有执行完毕的过程中，由于符合法定条件，附条件的提前释放或附条件的暂先释放，在剩余刑期中如果遵守一定的条件，就认为原判刑罚已经执行完毕的制度。

大陆法系各国刑法基本上都规定了这项制度，但关于假释的立法规定及称谓并不完全相同，如日本、意大利等一些国家直接称之为假释，而德国称假释为“余刑延缓”，即暂缓执行自由刑的余刑①。

假释是为解决长期自由刑的弊端而设的。首先，通过假释制度，可为犯罪人提供提前出狱的机会。其次，假释提前释放的附条件性，可以促使犯罪人不断自我矫正。最后，假释制度有利于调动罪犯改造的积极性，是激励罪犯改造的一种有效手段。假释就为犯罪人提供了一个从监狱到正常社会的过渡阶段，假释期敦促犯罪人为适应较为复杂的社会生活做好准备，从而顺利地复归社会。

（二）假释的条件

假释制度具有附条件性，各国刑法对假释条件的规定体现在以下几方面。

1. 刑种条件

大陆法系国家刑法大多规定假释仅适用于被判处监禁以上自由刑的犯罪人。例如，《德国刑法典》第 57 条和第 57 条 a 规定的有期自由刑与终身自由刑的受刑者；又如，《意大利刑法典》第 176 条第 1 款规定：“被判处监禁刑的人在刑罚执行期间表现良好，令人确信有所悔改的，附条件情况下可以获准假释。”

但是，也有国家刑法规定假释的适用不以“监禁刑以上”刑种为条件。例如，《日本刑法典》在第 28 条规定假释适用的对象是被判处惩役或监禁之人的同时，于第 30 条规定：“对于被判处拘留的人，根据情节，在任何时候都可以根据行政机关的决定，准许假

① 赵秉志：《外国刑法原理（大陆法系）》，中国人民大学出版社，2000 年，第 313 页。

释出所。对于因不能缴纳清罚金或者科料而被扣留的人，也与前项同。”

2. 刑期条件

因假释是在考察犯罪人人身危险性的基础上给予的一种优遇，而考察受刑人人身危险性须以一定期限的刑罚执行为依据，这一期限在各国刑法中即表现为假释最低服刑期限。关于假释最低服刑期限，通常是根据被判处有期自由刑还是无期自由刑的不同而作出不同的规定：

（1）被判处有期自由刑的，其假释最低服刑期限在立法上主要有三种模式：

一是年限制，即刑法明文规定经过一定的最低服刑期限才能假释。如日本刑法对于少年犯有特别宽大的规定，当未成年人无期刑经过 7 年、依照《少年法》第 51 条宣告的有期刑经过 3 年的，也能准许假释。

二是比例制，即刑法规定在执行刑期的一定比例后才能假释。如《德国刑法典》第 57 条第 1 款第 1 项规定：“获假释者应实际服满所判刑期的三分之二，但至少已执行 2 个月。”

三是混合制，既规定刑期比例又同时规定明确的最低服刑期限。此种模式被多数国家采用。如《意大利刑法典》第 176 条第 1 款规定：“被判处监禁刑的罪犯，如果至少已服刑 30 个月或者至少已服满所判刑期的一半并且剩余的刑期不超过 5 年，可以获准假释。”

（2）被判处无期自由刑的，一般采用明确规定假释最低服刑期限的立法例。例如，有的国家规定为 10 年，如日本、韩国；有的国家规定为 15 年，如德国、瑞士、奥地利；有的国家规定为 18 年，如法国；也有的国家规定为 20 年，如希腊、土耳其、阿根廷；还有的国家规定为 20 年以上，如意大利对其规定为 26 年。

3. 实质条件

假释适用的实质条件是犯罪人确有悔改表现。各国刑法均强调犯罪人的人身危险性的降低。如《德国刑法典》第 57 条规定，受刑人不执行刑罚也不致再犯罪；《意大利刑法典》第 176 条第 1 款规定，必须“在刑罚执行期间表现良好，令人确信有所悔改”。

4. 限制条件

某些国家的刑法还规定了其他一些限制条件。例如，对于累犯，有的国家绝对禁止适用假释，如《阿根廷刑法典》第 14 条规定“累犯不得适用假释”。此外，还有对于被撤销假释的罪犯不得再准许假释的规定。如《阿根廷刑法典》第 17 条规定“被撤销假释的罪犯不得再假释”，《意大利刑法典》第 177 条第 1 款也规定，被撤销假释的罪犯“不得再准许假释”。

（三）假释的考验期限

大陆法系国家在规定假释适用的条件时，基本上都规定被执行刑罚之人“具有悔改的表现”，这一理念在其被适用假释以后则转化为一种对被宣告假释之人不会再实施犯罪的期待，而此种期待需要用时间来考察所适用的假释是否恰当，这段时间即为假释的考验期。假释时犯罪人仍有被收监执行的可能（即假释被撤销），同时各国刑法通常规定假释后附有保护观察处分，因此需要有假释考验期的规定。根据自由刑的有期和无期的不同，设定的考验期有所不同。

1. 有期徒刑的假释考验期

有期徒刑的考验期一般有两种：

(1) 假释的考验期为没有执行完的剩余刑罚。例如，1953 年《韩国刑法典》第 76 条第 1 款规定，有期徒刑的假释考验期间为剩余的刑期。日本现行刑法没有规定假释考验期间，但按照学界的通说和实务界的见解，“假释的期间，即从假释之日至刑期满了之日”①。

(2) 假释的考验期由刑法明文规定，而不考虑被宣告假释之人未执行的剩余刑期。例如，根据《德国刑法典》第 57 条第 3 款、第 56 条 a 的规定，有期自由刑的假释考验期间为 2 年以上 5 年以下，即使缩短也不得少于剩余刑期。

2. 无期徒刑的假释考验期

由于无期徒刑的假释考验期无法用未执行完的刑罚进行计算，所以刑法基本上对该种刑罚的假释作了明确的时间限定，但各国具体规定有所不同。例如，奥地利、韩国刑法规定，无期自由刑的假释考验期间为 10 年，德国、意大利、瑞士刑法规定，终身监禁自由刑假释的考验期间为 5 年。

(四) 假释的撤销

在假释考验期间内，犯罪人应当遵守一定的条件，在确定的假释考验期间发生法定事由将导致假释被撤销和重新收监执行。

从各国刑法的规定来看，假释的撤销事由主要包括以下三种情形：

一是被假释者在宣告假释之前有漏罪的。如 1907 年《日本刑法典》第 29 条第 1 款第 2、3 项规定，在假释前犯有其他罪，被判处罚金刑以上刑罚的，或者对假释前因其他罪被判处的罚金以上刑罚应当执行的，可以撤销假释。

二是被假释者在假释考验期内又犯新罪的。如《奥地利联邦共和国刑法典》第 53 条第 1 款规定：“违法者在考验期间因应受刑罚处罚的行为被判刑的，如果考虑到新的判决要求如此，以防止违法者继续实施应受刑罚处罚的行为，法院必须撤销附条件缓刑或附条件释放，重新执行刑罚、刑罚一部分或重新执行余刑。”

三是被假释者在假释考验期未届满时，不遵守法院规定其应遵守的事项，或不履行法定义务的，法院应撤销对其的假释。如 1907 年《日本刑法典》第 29 条第 1 款第 4 项规定：“在假释期间没有遵守应当遵守的事项的，可以撤销假释的决定。”

(五) 假释的效力

关于假释的效力，首先，假释只是刑罚继续执行的免除，其罪刑宣告并不丧失效力，即有罪判决并不因此而消失。

其次，被宣告假释之人，假释考验期间没有出现上述需撤销假释的情形，则剩余的刑罚部分视为已执行完毕，如《意大利刑法典》第 177 条第 2 款规定：“在所判处的刑期时间全部经过后，或者在自决定假释之日起经过 5 年后，如果属于被判处无期徒刑的人，在没有发生任何导致撤销假释的原因的情况下，刑罚消灭，并且撤销法官在处罚判决中或者

---

① 〔日〕山中敬一：《刑法总论》(第二版)，成文堂，2008 年，第 1064 页。

在随后的决定中适用的人身保安处分。”日本现行刑法对此虽没有明文规定，但学界通说认为：“假释后没有被撤销，经过残余刑期，认为刑罚执行终了，免除刑罚的执行”①。

最后，关于假释期间发生假释应予撤销的事由这种情形的处理，意大利刑法规定在假释中度过的时间不计入刑期，且被判刑人不得再次获准假释②。

第五节 刑罚的消灭

一、刑罚的消灭概述

所谓刑罚的消灭是指，以具体犯罪行为为根据而发生的个别刑罚权，因之后某种情况的出现而消灭的情形③。关于刑罚的消灭，各国法条的规定并非一致。例如，《日本刑法典》总则第六章的章目为“刑罚的时效及刑罚的消灭”，《意大利刑法典》总则第六章的章目为“犯罪及刑罚之消灭”；《西班牙刑法典》总则第六集的标题为“刑事责任的消灭及其效力”；《法国新刑法典》总则第三编第三章的章目为“刑罚之消灭、判刑之消灭”。

此外，从刑罚消灭制度的具体内容来看，各国并非都集中将其规定于刑法典中，而是分别在刑法、刑事诉讼法、宪法或行政法中予以规定。一般而言，赦免，通常由宪法或者刑事诉讼法规定；刑罚执行完毕和犯罪人死亡通常由刑事诉讼法规定；缓刑考验期限届满和假释考验期限届满，则一般都由刑法规定④。

二、刑罚消灭的具体事由

犯罪人刑事责任的终结或者所判处刑罚的消灭，均须以一定的法定事由为前提。从各国立法例看，刑罚的消灭事由主要有以下情形：①刑罚执行完毕；②缓刑考验期限届满；③假释考验期限届满；④犯罪人的死亡，包括犯罪法人的消灭；⑤超过时效期限；⑥赦免；等等。

（一）刑罚执行完毕

法院判决确定的刑罚（包括主刑和附加刑）执行完毕时，表明犯罪人对自己的犯罪行为应当承担法律责任已经履行完毕，刑罚随之消灭。例如，被判处10年有期惩役的罪犯已服刑满10年；被单处罚金的罪犯已经缴纳所判罚金；等等。

（二）缓刑考验期限届满

如上所述，作为一种附条件不执行原判刑罚的制度，各国立法对缓刑都规定有一定的考验期，被宣告缓刑的犯罪人如能在考验期限内遵守法定的条件，期限届满，原判刑罚就不再执行；如果在缓刑考验期限内不遵守法定条件，就要撤销缓刑，重新犯罪的，则按数

---

① 〔日〕山中敬一：《刑法总论》（第二版），成文堂，2008，第1065页。
② 冯军、李春雷：《外国刑法学概论》，中国民主法制出版社，2004年，第241页。
③ 〔日〕松宫孝明：《刑法讲义总论》（第四版补正版），钱叶六译，中国人民大学出版社，2013年，第265页。
④ 赵秉志：《外国刑法原理（大陆法系）》，中国人民大学出版社，2000年，第326页。

罪并罚的原则确定执行的刑罚。

（三）假释考验期限届满

如上所述，作为一种附条件予以释放的刑罚执行制度，各国刑事立法对假释都规定一定的假释期，被宣告假释的罪犯在考验期限内如能遵守法定条件，期限届满，其原判刑罚就认为已执行完毕；如犯罪人在假释考验期限内不遵守法定条件，就要撤销假释，重新犯罪的，则将原判刑罚与新罪所判处的刑罚进行数罪并罚。

（四）犯罪人死亡或者法人解散

"在今日的刑法中，刑事责任专属于犯人的一身。因而，作为自然人的犯人死亡、作为法人的犯人消灭时，国家的刑罚权也消灭。在道义主义的立场上，只有在存续着具有规范意识的主体这种人格时，才应该追及刑事责任。"[①]

首先，对自然人而言，犯罪人死亡是一种刑罚消灭事由。但犯罪人死亡发生在提起刑事追诉之前，还是在案件审理的过程中，抑或是判决确定之后，由此导致刑罚消灭的具体依据和后果则不同。判决未确定前，如果犯罪人死亡，则根本不发生刑罚适用的问题；判决确定后，犯罪人死亡，主刑的刑罚权也随之消亡，但罚金、科料等附加刑是否随之归于消灭，各国规定不同。这主要有两种情况：第一种是明确规定犯罪人死亡，主刑和附加刑均消灭，如《瑞士联邦刑法典》第48条第3款的规定；第二种是总体上规定犯罪人死亡，财产性的附加刑归于消灭，但在某些情况下规定犯罪主体在判决确定后消灭的，其所判处的罚金、没收等刑罚仍应执行，如《日本刑事诉讼法》第490条关于"财产刑等的执行"的规定。

其次，对法人而言，法人因合并、原法人归于消灭，或在合并后继续存在的场合，对原法人所科处的罚金、没收、科料、追缴等刑罚，继承的法人一般应负纳付责任[②]。

（五）时效制度

刑法上的时效，就是法律规定的关于追诉权和刑罚执行权在一定期间内有效的制度，即超过法定期限不行使上述权力，这些权力归于消灭。超过诉讼时效司法机关不得对犯罪人进行追诉，犯罪人的罪或刑归于消灭[③]。

时效可分为追诉时效和行刑时效。追诉时效又称公诉时效，是法律规定的对犯罪人行使追诉权的有效期限，超过追诉时效，追诉权即告消灭；而行刑时效是指对于一定的犯罪，在处刑判决确定后，超过法定期限不执行，所处刑罚就不得再执行的制度。两种时效均可中止、中断和延长。

各国关于时效制度的规定有所不同。差别在于，此项制度由刑事实体法还是由刑事程序法规定。有的国家将追诉时效和行刑时效均规定在刑事诉讼法中，如法国；有的国家将追诉时效规定在刑事诉讼法中，而将行刑时效规定在刑法中，如日本；有的国家则将追诉时效和行刑时效均规定在刑法典中，如德国、意大利、挪威、芬兰、墨西哥等。就时效内容而言，有的国家仅规定追诉时效而无行刑时效；有的国家则都作出

---

① 〔日〕大塚仁：《刑法概说（总论）》（第三版），冯军译，中国人民大学出版社，2003年，第500页。

② 赵秉志：《外国刑法原理（大陆法系）》，中国人民大学出版社，2000年，第328页。

③ 赵秉志：《外国刑法原理（大陆法系）》，中国人民大学出版社，2000年，第328～329页。

规定，如德国等[①]。

（六）赦免

赦免，又称恩赦，是一项由国家元首或最高行政机关颁布的免除或减轻犯罪人刑罚的制度。各国刑法规定的赦免包括大赦、特赦、免除刑之执行和减刑、复权等内容。

1. 大赦

大赦是指国家对某一时期内犯有一定罪行的不特定的犯罪人免予追诉或免除刑罚执行的制度。

大赦具有最高的赦免效力。首先，大赦适用对象范围广泛。凡在某一时期内犯一定罪的，都可以适用，并不以特定的人为限；其次，大赦不但免除刑罚的执行，而且使罪和刑同时归于消灭。如《意大利刑法典》第151条第1款规定："大赦是犯罪消灭；如果已经宣告处罚判决，不再执行处罚判决和附加刑。"

2. 特赦

特赦是指国家在特定时期对受罪刑宣告的特定犯罪人全部或部分免除其罪或刑的制度。与大赦相比，特赦是针对特定范围的犯罪人适用的。

此外，关于特赦的效力各国规定不一致，主要有两种情形：一种是赦刑并赦罪，即特赦的效力使宣告的罪与刑均归于无效，如日本1947年《恩赦法》第5条的规定以及《俄罗斯联邦刑法典》第85条第2款的规定。另一种是特赦的效力只赦刑不赦罪，即只是免除宣告的刑罚，可免除全部，也可只免除尚未执行的那部分刑罚，如《法国新刑法典》第133-7条的规定以及《意大利刑法典》第174条第1款的规定[②]。

3. 刑罚的执行免除

刑罚的执行免除，是指对受刑罚宣告的特定人免除刑罚执行的制度。此项制度并不同于审判中对犯罪人免予刑罚处罚，因为后者只作有罪宣判而不予刑事处分；而刑罚的执行免除既作有罪宣判又宣告判处刑罚，只是在实际执行中免予执行。

4. 减刑

减刑有两种类型：一种是赦免减刑，它是国家赦免制度的组成部分；另一种是一般减刑，法院依据刑法规定并依法定程序适用，属刑罚执行制度的组成部分。作为刑罚消灭具体事由的减刑一般是指前者，即赦免减刑。

如上所述，此类减刑在内容上与大赦和特赦均有一定程度的交叉，大赦中实质上已经含有一般减刑的内容，特赦也实质上包含了特别减刑，所以，减刑可以认为是大赦和特赦的具体内容之一。因此，有的国家的赦免制度中没有设置独立的减刑制度[③]。

5. 复权

复权是指恢复由于判处刑罚而丧失或者被停止的资格。但是，因有罪宣告而已经形成的效果，不能通过复权来变更，如《日本恩赦法》第11条的规定[④]。

---

① 赵秉志：《外国刑法原理（大陆法系）》，中国人民大学出版社，2000年，第333页。

② 马克昌：《外国刑法学总论（大陆法系）》，中国人民大学出版社，2009年，第468页。

③ 赵秉志：《外国刑法原理（大陆法系）》，中国人民大学出版社，2000年，第331～332页。

④ 〔日〕松宫孝明：《刑法总论讲义》（第四版补正版），钱叶六译，中国人民大学出版社，2013年，第267页。

第十五章

保安处分和修复性司法

第一节　保安处分

一、保安处分概述

犯罪是危害社会的行为，针对犯罪，国家往往选择通过对行为人科处刑罚的方式来达到抑制或矫正犯罪的效果。但是，对犯罪进行抑制和矫正，刑罚并非唯一完美、有效的手段。例如，对限制责任能力者，通过减轻的刑罚明显难以实现预防的目的。因此，理论界和实务界开始积极寻找刑罚的替代方式，保安处分即是其中一种制度。

所谓保安处分，是指以行为人所具有的社会危险性为基础，在对其进行社会保安的同时，以改善、治疗行为人为目的的国家处分①。有些侵害社会的行为，由于不具备有责性而不构成刑法上的犯罪，但这些行为由于具有社会危害性而有必要予以预防。例如，对无责任能力的人所实施的符合构成要件的违法行为，由于不具备有责性而不成立犯罪，因而不能予以刑罚处罚，对其进行保安处分就是必要的。另外，对于一些特殊的犯罪人的矫正，单靠刑罚可能达不到预防的效果，这时也需要采取保安处分。例如，对有重大危险性的传染者进行隔离、治疗。由于这种处分强调危险性的清除即保安，因而被特别地称为“保安处分”②。还有学者称之为“矫正及保安处分”③。

保安处分理论产生于19世纪末的欧洲。这一时期，资本主义世界进入垄断资本主义时期，社会贫富两极分化日益严重，各种矛盾高度激化，犯罪大量增加，尤其是少年犯罪、累犯、流浪者增加，促使人们对基于自然法的刑罚理论进行反省。这一时段，意大利

---

① 〔日〕川端博：《刑法总论讲义》（第二版），成文堂，2006年，第714页。

② 〔日〕松宫孝明：《刑法总论讲义》（第四版补正版），钱叶六译，中国人民大学出版社，2013年，第269页。

③ Jescheck H H，Weigend T. Lehrbuch des Strafrechts Allgemeiner Teil. Drucker & Humblot，1996，5. Aufl.，S. 801.

学者菲利与德国学者李斯特开始倡导社会防卫论，主张刑罚的目的在于通过教育、改造犯罪人来维护社会秩序，明确提出“对虽未犯罪，但显然有犯罪倾向者以及服刑终了但尚有危险者予以保安处分”[①]。社会防卫论不仅完全改变了以往人们关于刑罚的报应观念，而且在发展的同时奠定了坚实的刑事政策理论基础，并使保安处分的理论得以长足发展。

二、保安处分与刑罚的关系

保安处分与刑罚之关系的核心问题是保安处分的性质问题，即保安处分在本质上与刑罚是相同的处分（一元主义）还是不同的处分（二元主义）的争论。

刑罚与保安处分的二元主义，也称保安处分与刑罚的二元论，是指将刑罚与保安处分认定为不同性质的处分措施的理论。二元论为刑事古典学派（旧派）所主张，他们认为要想建立完全非报应的、彻底的防卫社会的刑法体系，在现实中不但无可能、且缺乏正当化依据。因此，只有在现行的刑罚制度的基础上，以正义为价值目标进行改善和修正，以使其达到防卫社会的目的。同时也可在刑法之外（如行政法规），针对那些无法适应刑罚的犯罪人，另行规定保安处分制度，予以适当处置以确保社会安全[②]。

刑罚与保安处分的一元主义，也称刑罚与保安处分的一元论，是指将刑罚与保安处分认定为相同性质的处分措施的理论。一元主义为刑事实证学派（新派）所主张，他们认为刑罚的本质在于改造犯罪人，亦即特殊预防，其目的是社会防卫；而保安处分正是基于行为人的危险性，通过施加处分，教育和改造行为人，目的也是社会防卫，即“在保全国家、防卫社会、维持法秩序等各方面，刑罚与保安处分同样重要，无甚差别，即使或有差别也是相对的，不含绝对的意义”[③]。

三、保安处分的分类

关于大陆法系国家立法例中的保安处分，学者们根据不同的标准进行了多种分类。

(1) 根据保安处分对象的性质，可分为对人的保安处分和对物的保安处分。

第一，对人的保安处分，是指对具有一定犯罪危险性，可能危害社会的人实施的具有刑法强制力的预防措施。对人的保安处分又可分为剥夺自由和限制自由两种。

其一，剥夺自由的保安处分。剥夺自由的保安处分，是指将被处分人收容于一定设施内进行治疗、教育、隔离的处分。由于剥夺自由性质的严厉性，因而此类保安处分应严格限制。一般来说，判断是否进行该类处分的标准主要有三点：①剥夺自由是基于保护社会公共利益而对个人自由进行限制的价值倾向；②预测到被判刑人有实施重罪的危险；③此等处分对于预防危险行为是合适的[④]。

各国对剥夺自由的保安处分有不同的规定，分别有监护处分、保安拘禁、矫正处分、

---

① 谢望原：《刑罚价值论》，中国检察出版社，1999年，第91～92页。

② 张灏：《中国刑法理论及实用》，台湾三民书局股份有限公司，1980年，第442页。

③ 〔日〕濑川晃：《少年犯罪的现状对策》，载〔日〕西原春夫：《日本刑事法的重要问题》（第3卷），法律出版社，2000年，第194页。

④ 马克昌：《外国刑法学总论（大陆法系）》，中国人民大学出版社，2009年，第480页。

劳作处分、司法感化院的收容等几种方式。

其二，限制自由的保安处分。限制自由的保安处分，是指不将被处分人处置于设施内，只限制其自由或剥夺某类资格以预防其实施不法行为的处分。各国对此类保安处分的规定有以下几种：限制居住、禁止执业、保护观察、禁止出入特定场所、驱逐出境等。

第二，对物的保安处分，也称以物为对象的保安处分，是指以预防犯罪为目的而对与犯罪有关的特定物采取的保安处分。所谓有关的特定物，既包括被用于犯罪的物、犯罪所得的财产利益，也可以是被处分人提供的财物。日本学者川端博认为："对物的保安处分有 1. 没收，2. 关闭事务所，3. 法人解散，4. 禁止、停止营业，5. 禁止贩卖等"①。

（2）根据保安处分外延的广狭，可以将其分为狭义的保安处分、广义的保安处分和最广义的保安处分。

第一，狭义的保安处分，是指剥夺被处分者自由的保安处分，即把被处分者收容于一定的设施，以实现社会防卫，维护社会秩序。例如，将无责任能力者、限定责任能力者收容于治疗·监护设施（《意大利刑法典》第 222 条，《瑞士联邦刑法典》第 14 条，《德国刑法典》第 63 条，《希腊刑法典》第 69 条，《丹麦刑法典》第 65 条等）；将酒癖者、麻药常习者等收容于治疗·戒除设施（《意大利刑法典》219 条以下，《瑞士联邦刑法典》第 44 条、第 45 条，《德国刑法典》第 64 条，《希腊刑法典》第 71 条，《丹麦刑法典》第 62 条等）；将厌恶劳动者、乞丐、流浪者等收容于劳动设施（《瑞士联邦刑法典》第 43 条，《丹麦刑法典》第 62 条，《巴西刑法典》第 93 条，《葡萄牙刑法典》第 70 条、第 71 条等）；将危险的常习犯人收容于保安监置（Verwahrung；Sicherungsverwahrung；internement de Sûreté）设施（《瑞士联邦刑法典》第 42 条，《意大利刑法典》第 216 条，《德国刑法典》第 66 条，《丹麦刑法典》第 65 条，《奥地利联邦共和国刑法典》第 23 条等）；将精神病者收容于社会治疗设施（sozialtherapeutische Anstalt）（德国旧《刑法典》第 65 条）等②。

第二，广义的保安处分，是指除上述狭义的保安处分外，还包含对被处分者不带有剥夺自由的处分。例如，职业的禁止（《德国刑法典》第 70 条以下，《希腊刑法典》第 67 条等）；居住的限制、禁止（《意大利刑法典》第 233 条，《丹麦刑法典》第 70 条，《瑞士联邦刑法典》第 16 条、《希腊刑法典》第 73 条等）；把外国人驱逐到国外（《意大利刑法典》第 235 条，《瑞士联邦刑法典》第 42 条第 1 项后段、第 55 条，《希腊刑法典》第 74 条，《丹麦刑法典》第 76 条等）；保护观察（《瑞士联邦刑法典》第 42 条第 6 项、第 43 条第 5 项后段、第 44 条第 4 项、第 47 条及其他）；行状监督（《德国刑法典》第 68 条以下等）；善行保证（《意大利刑法典》第 237 条以下、《瑞士联邦刑法典》第 57 条等）；禁止进入饮酒店（《意大利刑法典》第 234 条，《瑞士联邦刑法典》第 56 条，《丹麦刑法典》第 72 条等）；取消驾驶执照（《德国刑法典》第 69 条以下）等。广义的保安处分一般都是对被处

① 〔日〕藤本哲也：《刑事政策概论》（全订六版），青林书院出版社，2008 年，第 196 页。

② 〔日〕大塚仁：《刑法概说（总论）》（第三版），冯军译，中国人民大学出版社，2003 年，第 508 页。

分者——人的保安处分①。

第三，最广义的保安处分，是指在包括上述广义的、对人的保安处分外，还包含对物的保安处分。例如，没收（《意大利刑法典》第240条等）；关闭营业所（《法国草案》第71条第2号、第87条等）；法人的解散或者停止业务（《法国草案》第71条第3号、第88条等）等②。

第二节 修复性司法

一、修复性司法概述

近年来，外国刑法学发展的一个新的动向是对修复性司法的研究。简单来说，修复性司法是对刑事犯罪通过在犯罪方和被害方之间建立一种商谈关系，以犯罪人主动承担责任来消除双方冲突，并通过社区等有关方面的参与，修复受损害的法益的一种司法活动。它是刑罚的一种替代性措施。

关于修复性司法，理论上有两种定义：一种认为，修复性司法是“与该犯罪有关的全部当事人齐聚一堂共同决定如何解决犯罪的影响及今后的相关事宜的过程”③。这是一种以程序为主导的狭义的定义，也被称为纯粹模式（Purist Model），它强调犯罪者与受其影响的当事人之间的会面、沟通的重要性。另一种认为，修复性司法是“通过修复犯罪所产生的损害而以实现司法（正义）为志向的一切活动”②。这个定义不囿于具体的程序和形式，而在实质上强调修复性司法的结果与价值，又被称为最大化模式（Maximalist Model）④。

由于两种观点均是从一个侧重点或角度出发对修复性司法进行的定义，因此，学界对其各有批判。对于纯粹模式的批判主要是：首先，它并非专门针对犯罪损害的修复。由于此种定义重视当事人汇聚一堂进行讨论的程序，即使没有修复损害的努力也被视为修复性司法。其次，它要求直接对话与自发参与，范围过窄——因为即使当事人不聚集一堂，同样可以进行损害修复。最后，纯粹模式将修复性司法限定为非强制的自发程序，又具有非正式的性质，处理对象仅限于轻微案件，无法为所有的犯罪提供综合性解决路径。因此，它缺乏实际运用可能性，只是一种乌托邦式的理想⑤。

对于最大化模式的批判主要是：首先，它由于包含了复归社会及报应的目标，缺乏理论的明确性。其次，最大化模式没有正确地把握犯罪的相关关系。再次，最大化模式使修复性司法包含了正式的强制性内容，并不符合修复性司法这一模式的性质。最后，最大化模式强化了修复性司法对现行司法体制的挑战，而且它无视司法的手段与结果，无法进行

① 〔日〕大塚仁：《刑法概说（总论）》（第三版），冯军译，中国人民大学出版社，2003年，第508～509页。
② 〔日〕大塚仁：《刑法概说（总论）》（第三版），冯军译，中国人民大学出版社，2003年，第509页。
③ 陈家林：《外国刑法通论》，中国人民公安大学出版社，2009年，第689页。
④ 〔日〕高桥则夫：《由对话解决犯罪》，成文堂，2007年，第7页。
⑤ 〔日〕高桥则夫：《修复的司法的探求》，成文堂，2003年，第88～89页。

客观的评价①。

二、修复性司法的意义

修复性司法是对传统的刑法理论的一种改变，是“公”与“私”折中的一种模式。“刑法的原则有行为主义、罪刑法定主义、法益保护主义、责任主义等等。这些刑法的原则，是处理犯罪的大前提。但是，这些原则，是立足于国家对加害者这样的图式，如果认为犯罪在这种图式中处理就已足够的话，那么刑法与民法就水火不相容了。但是，如果认为在处理犯罪过程中，还应当将被害者、加害者、社区这些方面都考虑进去的话，如何与根植于国家对加害者图式的刑法诸原则相协调就成为问题。”②

传统的刑法理论认为犯罪的本质是对国家的侵害，但“修复性司法则认为犯罪首先是侵害被害人的权利，其次是侵犯社区的权利，最后才侵害了国家的法律秩序”③。由于对犯罪的认识进行了实质的转变，我们不能“孤立地看待民事责任和刑事责任，而出现了‘刑事责任和民事责任相互融合和渗透’的情况”③。又由于犯罪人已经对被害者的损害进行双方满意的修复，因此，这种“情节”也会影响对犯罪人刑罚的量刑。

修复性司法作为刑事司法发展一个新的趋势，它不仅涉及司法程序问题，同时还包含了对犯罪和刑法重新认识的实质性问题：首先，社会秩序并不必然仅仅依靠国家公权力加以维护，多元化的犯罪处理模式使现代法治和现代刑法理念富含新的内涵；其次，正义的内涵不是唯一的，正义的实现可以有多种途径；最后，对犯罪的解决亦可采用多元化的方式，应将有限的资源合理地分配给不同的解决方式，按照不同犯罪的特殊要求和当事人意思自治，适用不同的解决模式④。

三、修复性司法的现状

20世纪70年代，作为一种“被害人—犯罪人和解程序”，修复性司法逐步成为世界各国传统刑事司法的重要补充。

大陆法系各国修复性司法的发展也体现在刑法典的规定中。例如，法国1993年《刑事诉讼法》第41条规定：“共和国检察官如认为进行调解可以保证受害人受到的损害得到赔偿，可以终止因犯罪造成的扰乱，有助于罪犯重返社会，在其就公诉作出决定之前，并征得各方当事人的同意，可以决定实行调解。”《德国刑法典》第46条a规定：“行为人与被害人的和解、损害补偿。如果行为人：（1）在努力实现与被害人的和解（行为人与被害人）中补偿了其行为的全部或者绝大部分或者认真地力求了补偿；或者（2）在损害补偿需要他极大的人的付出或者人的放弃的情节中，赔偿了被害人的全部或者绝大部分，那么法院可以根据第49条第1款轻处刑罚，或者如果没有科处比1年以下的自由刑或者365

① 〔日〕高桥则夫：《修复的司法的探求》，成文堂，2003年，第89页。

② 〔日〕高桥则夫：《刑罚与损害赔偿——刑法、民法中的行为规范与制裁规范》，《现代刑事法》，2004年第6号，第41页。

③ 陈家林：《外国刑法通论》，中国人民公安大学出版社，2009年，第690页。

④ 陈晓明：《论修复性司法》，《法学研究》，2006年第1期，第61页。

日额以下的金钱刑更重的刑罚，免除刑罚。”① 《日本刑法典》第 25 条之 2 规定，对于以前未被判过监禁刑罚的人适用缓刑，可以附加保护观察；对于实施犯罪行为 5 年以前受过监禁以上刑罚的人适用缓刑，应当附加观察。所谓保护观察，是指为了改造犯罪人并使其重返社会，进行必要的辅导、帮助的处理方法。

由于修复性司法的迅猛发展，有关国际组织也开始关注此种刑罚替代措施。2000 年 4 月在维也纳召开了第十届联合国预防犯罪与罪犯待遇大会，大会通过的《关于犯罪与司法：迎接二十一世纪挑战的维也纳宣言》第 28 条宣告：“我们鼓励制订各种尊重被害人、犯罪者、社区以及其他各当事方的权利、需要和利益的修复性司法政策、程序和方案。”② 大会把修复性司法作为一种有效的刑事政策向各成员国推广。

四、修复性司法的展望

21 世纪以来，修复性司法作为一种新的理论逐渐完善，并向解决更复杂、更严重的犯罪方面延伸。现在，一些国家对于暴力性犯罪也允许各方协商解决，这扩大了修复性司法应用的范围。

此外，在监狱的改革方面，修复性司法也发挥着建设性的作用的。例如，“巴西政府创制的以 30 年为限的监狱模式在全世界范围内被借鉴，它通过帮助罪犯认识到自己对社会所作的贡献，而在监狱内部营造出了爱与和谐的气氛，在这些监狱里改造过的犯罪人再犯的比例大大降低了”③。

总之，修复性司法极大地弥补了传统刑事司法措施的弊端。在保护法益的同时，要更好地保障被告人的人权，且更多地关注被害人的权益，这是现代刑罚理念的基本追求，而恢复性司法正好使该理念得以彰显，它在更好地改造犯罪人与最大可能地修复被害人生活之间架设了一座黄金桥梁，使因犯罪而受损的社会关系在一定程度上得以修复，可以说，其理念与实践已深入人心。

---

① 冯军译：《德国刑法典》，中国政法大学出版社，2000 年，第 20 页。

② 刘东根：《恢复性司法及其借鉴意义》，《环球法律评论》，2006 年第 2 期，第 239 页。

③ 〔美〕丹尼尔·W. 凡奈思；《全球视野下的恢复性司法》，王莉译，《南京大学学报（哲学·人文科学·社会科学）》，2005 年第 4 期，第 135 页。

参考文献

阿部纯二等．1993. 刑法基本讲座（第1～6卷）．东京：法学书院

安塞尔．1990. 社会防卫思想．卢建平译．香港：香港天地图书有限公司

板仓宏．1998. 新订刑法总论．东京：劲草书房

贝卡里亚 C. 2008. 论犯罪与刑罚．黄风译．北京：北京大学出版社

贝林 E. 2006. 构成要件理论．王安异译．北京：中国人民公安大学出版社

边沁．1993. 立法理论——刑法典原理．孙力译．北京：中国人民公安大学出版社

边沁．2000. 道德与立法原理导论．时殷弘译．北京：商务印书馆

别利亚耶夫 H A 等．1987. 苏维埃刑法总论．马改秀等译．北京：群众出版社

蔡墩铭．1998. 刑法总论．台北：三民书局

蔡桂生．2010. 敌人刑法的思与辩．中外法学，(4)：604

蔡桂生．2013. 构成要件论：罪刑法定与机能权衡．中外法学，(1)：140

草野豹一郎．1956. 刑法要论．东京：有斐阁

长井圆．2009. 德日两大犯罪论体系比较研究．牛犇译．国家检察官学院学报，(1)：25～31

陈家林．2006. 析共同正犯的几个问题．法律科学，(1)：79～84

陈家林．2009a. 犯罪论体系之演度．载：赵秉志．刑法论丛（第3卷）．北京：法律出版社

陈家林．2009b. 外国刑法通论．北京：中国人民公安大学出版社

陈瑾昆．2004. 刑法总则讲义．吴允锋勘校．北京：中国方正出版社

陈晓明．2006. 论修复性司法．中国检察官，(4)：52～61

陈兴良．1993. 刑种通论．北京：人民法院出版社

陈兴良．2006. 刑法的价值构造．北京：中国人民大学出版社

陈兴良．2011. 构成要件论：从贝林到特拉伊宁．比较法研究，(4)：71～84

陈璇．2011. 德国刑法学中结果无价值与行为无价值的流变、现状与趋势．中外法学，(2)：369～394

陈志辉．1998. 刑法上的法条竞合．台北自版

陈忠林．1999. 意大利刑法纲要．北京：中国人民大学出版社

陈子平．2009. 刑法总论（2008年增修版）．北京：中国人民大学出版社

川端博．1995. 刑法总论讲义．东京：成文堂

川端博．1997. 刑法总论讲义．东京：成文堂

川端博．2001. 共犯论序说．东京：成文堂

川端博．2003. 刑法总论二十五讲．余振华译．北京：中国政法大学出版社

川端博．2005. 刑法讲话Ⅰ总论．东京：成文堂

川端博．2006a. 刑法总论（第二版）．东京：成文堂

川端博．2006b. 刑法总论讲义（第二版），东京：成文堂

川端博．2007. 事实の错误の理论．东京：成文堂

川端博．2008. 刑法总论．余振华译．台北：元照出版有限公司

大谷实．2000. 刑法讲义总论（新版）．东京：成文堂

大谷实．2001a. 刑法各论．东京：成文堂

大谷实．2001b. 刑法总论．东京：成文堂

大谷实．2008. 刑法讲义总论（新版第二版）．黎宏译．北京：中国人民大学出版社

大越义久．1981. 共犯的处罚根据．东京：成文堂
大塚仁．1977. 注解刑法・第一编总则．东京：青林书院新社
大塚仁．1993. 犯罪论的基本问题．冯军译．北京：中国政法大学出版社
大塚仁．1996. 刑法概说（各论）（第三版）．东京：有斐阁
大塚仁．1997. 刑法概说（总论）（第三版）．东京：有斐阁
大塚仁．2003. 刑法概说（总论）（第三版）．冯军译．北京：中国人民大学出版社
大塚仁．2008. 刑法概说（总论）（第四版）．东京：有斐阁
大塚仁等．2000. 大コンメンタール刑法（第二版）（第1卷）．东京：青林书院
丁慧敏．2011. 刑法目的观转变简史——以德国、日本刑法的祛伦理化为视角．环球法律评论，(2)：62
法学教材编辑部．1983. 西方法律思想史资料选编．北京：北京大学出版社
菲利 E. 2004a. 犯罪社会学．郭建安译．北京：中国人民公安大学出版社
菲利 E. 2004b. 实证派犯罪学．郭建安译．北京：中国人民公安大学出版社
冯・费尔巴哈 A R. 2010. 德国刑法教科书（第十四版）．徐久生译．北京：中国方正出版社
冯・洪堡 W. 1998. 论国家的作用．林荣远，冯兴元译．北京：中国社会科学出版社
冯・耶林 R. 2009. 罗马私法中的过错要素．柯伟才译．北京：中国法制出版社
冯军，李春雷．2004. 外国刑法学概论．北京：中国民主法制出版社
福柯 M. 2012. 规训与惩罚（修订译本）．刘北成，杨远婴译．北京：生活・读书・新知三联书店
福田平．2001. 刑法总论（全订第三版增补）．东京：有斐阁
福田平．2002. 刑法各论（全订第三版增补）．东京：有斐阁
福田平．2004. 全订刑法总论（第四版）东京：有斐阁
冈田庄作．1934. 刑法原论．东京：明治大学出版社
冈野光雄．1992. 承继的共犯．载：阿部纯二等．刑法基本讲座（第4卷）．东京：法学书院
高铭暄．2009a. 对主张以三阶层犯罪成立体系取代我国通行犯罪构成理论者的回应．载：赵秉志．刑法论丛（第3卷）．北京：法律出版社
高铭暄．2009b. 论四要件犯罪构成理论的合理性暨对中国刑法学体系的坚持．中国法学，(2)：5～11
高铭暄，马克昌．2011. 刑法学（第五版）．北京：北京大学出版社，高等教育出版社
高桥则夫．1988. 共犯体系和共犯理论．东京：成文堂
高桥则夫．2003. 修复的司法の探求．东京：成文堂
高桥则夫．2006. 刑法总论讲义案．东京：成文堂
高桥则夫．2007a. 对话による犯罪解决．东京：成文堂
高桥则夫．2007b. 规范论と刑法解释论．东京：成文堂
格老秀斯．2005. 战争与和平法．何勤华等译．上海：上海人民出版社
宫本英脩．1932. 刑法大纲（总论）．东京：弘文堂
关哲夫．2006. 刑法解释の研究．东京：成文堂
韩啸．2013. 浅议刑法的明确性．中国刑事法杂志，(1)：25
黑格尔．1961. 法哲学原理．范扬、张企泰译．北京：商务印书馆
黑木忍．1998. 实行の着手．东京：信山社
洪福增．1977. 刑法理论之基础．台北：台北刑事法杂志社
黄继坤．2011. 刑法类推解释如何得以进行——刑法演绎推理中的类推解释．现代法学，(5)：66
黄荣坚．2006. 基础刑法学（下）．台北：元照出版有限公司
霍布斯．1985. 利维坦．黎思复，黎廷弼译．北京：商务印书馆
加罗法洛．1996. 犯罪学．耿伟、王新译．北京：中国大百科全书出版社

甲斐克则．2005. 责任原理与过失犯论．东京：成文堂
金日秀．2012. 关于犯罪论体系的方法论考察．郑军男译．载：赵秉志．刑法论丛（第 2 卷）．北京：法律出版社
金日秀，徐辅鹤．2008. 韩国刑法总论（第十一版）．郑军男译．武汉：武汉大学出版社
井上宜裕．2007. 紧急行为论．东京：成文堂
井田良．2005. 刑法总论の理论构造．东京：成文堂
井田良．2008. 讲义刑法学・总论．东京：有斐阁
久礼田益喜．1925. 日本刑法总论．东京：一松堂
久礼田益喜．1929. 日本刑法总论．东京：成文堂
凯帕 E. 1979. 费尔巴哈传．西村克彦译．东京：良书普及会
康德．1986. 道德形而上学原理．苗力田译．上海：上海人民出版社
康德．1991. 法的形而上学原理——权利的科学．沈叔平译．北京：商务印书馆
柯耀程．2003. 变动中的刑法思想．北京：中国政法大学出版社
柯耀程．2008. 刑法竞合论．北京：中国人民大学出版社
库兹涅佐娃 Н Ф，佳日科娃 И М. 2002. 俄罗斯刑法教程（总论）（上卷）．黄道秀译．北京：中国法制出版社
拉德布鲁赫 G. 1997. 法学导论．米健，朱林译．北京：中国大百科全书出版社
拉德布鲁赫 G. 2001. 法律智慧警句集．舒国滢译．北京：中国法制出版社
拉德布鲁赫 G. 2005. 法哲学．王朴译．北京：法律出版社
劳东燕．2004. 罪刑法定的明确性困境及其出路．法学研究，(6)：81～93
黎宏．2008. 日本刑法精义（第二版）．北京：法律出版社
李川．2007. 刑罚目的理论的反思与重构．山东大学博士学位论文
李海东．1998. 刑法原理入门——犯罪论基础．北京：法律出版社
李斯特．2006. 德国刑法教科书（修订译本）．徐久生译．北京：法律出版社
李希慧．2008. 刑法总论．武汉：武汉大学出版社
李在祥．2005. 韩国刑法总论．韩相敦译．北京：中国人民大学出版社
李支援．2001-04-12. 荷兰成为安乐死合法化第一国．检察日报，第 5 版
立石二六．2006. 刑法总论（第二版）．东京：成文堂
立石二六．2007. 刑法总论 30 讲．东京：成文堂
梁云宝．2012. 犯罪论体系视阈下的"原因自由行为"理论之否定．法学，(1)：50
林东茂．2009. 刑法纵览．北京：中国人民大学出版社
林山田．1983. 刑罚学．台北：台北商务印书馆股份有限公司
林山田．2008a. 刑法通论（上册）（增订十版）．台北：元照出版有限公司
林山田．2008b. 刑法通论（下册）（增订十版）．台北：元照出版有限公司
林幹人．1999. 刑法各论．东京：东京大学出版会
林幹人．2008. 刑法总论（第二版）．东京：东京大学出版会
林钰雄．2009. 新刑法总则．北京：中国人民大学出版社
铃木茂嗣．1985. 宫本英脩著作集（第 2 卷）．东京：成文堂
铃木茂嗣．2001. 刑法总论（犯罪论）．东京：成文堂
刘东根．2006. 恢复性司法及其借鉴意义．环球法律评论，(2)：236～242
刘明祥．1996. 错误论．北京：法律出版社，东京：成文堂
刘瑞瑞．2011. 不作为共同正犯的共同性探讨．中国刑事法杂志，(5)：16
刘艳红．2012. 共谋共同正犯．中国法学，(6)：114

刘芝祥．2008. 法益概念辨识．政法论坛，(4)：95～105
龙勃罗梭 C. 1929. 朗伯罗梭氏犯罪学（二）．刘麟生译．北京：商务印书馆
龙勃罗梭 C. 2011. 犯罪人论．黄风译．北京：北京大学出版社
泷川幸辰．1999. 犯罪论序说．王泰译．载：高铭暄．刑法论丛（第 3 卷）．北京：法律出版社
卢梭．1980. 社会契约论．何兆武译．北京：商务印书馆
罗克辛 C. 2010. 构建刑法体系的思考．蔡桂生译．中外法学，(1)：7
罗克辛 C. 2011. 刑事政策与刑法体系（第二版）．蔡桂生译．北京：中国人民大学出版社
洛克．1964. 政府论（下篇）．叶启芳，瞿菊农译．北京：商务印书馆
马德才．2011. 本国国民不引渡原则的发展趋势分析——兼论我国《引渡法》的完善．江西社会科学，(2)：166
马克昌．2002. 比较刑法原理：外国刑法学总论．武汉：武汉大学出版社
马克昌．2005. 马克昌文集．武汉：武汉大学出版社
马克昌．2008. 近代西方刑法学说史．北京：中国人民公安大学出版社
马克昌．2009. 外国刑法学总论（大陆法系）．北京：中国人民大学出版社
马克昌．2010. 危险社会与刑法谦抑原则．人民检察，(3)：7
马琳．2012. 德日犯罪论的中国命运考量．政法论丛，(1)：124
孟德斯鸠．1961. 论法的精神（上册）．张雁深译．北京：商务印书馆
孟德斯鸠．1963. 论法的精神（下册）．张雁深译．北京：商务印书馆
木村光江．1988. 财产犯论の研究．东京：日本评论社
木村光江．1992. 主观的犯罪要素の研究．东京：东京大学出版会
木村龟二．1949. 刑法的基本概念．东京：有斐阁
木村龟二．1957. 刑法学入门．东京：有斐阁
木村龟二．1968. 犯罪论的新构造（上）．东京：有斐阁
木村龟二．1978. 犯罪论的新构造（下）．东京：有斐阁
木村龟二．1984. 刑法总论（增补版）．东京：有斐阁
木村龟二．1991. 刑法学词典．顾肖荣，郑树周等译．上海：上海翻译出版公司
木村龟二，阿部纯二．1978. 刑法总论．东京：有斐阁
牧野英一．1939. 日本刑法（上卷）（第六十四版）．东京：有斐阁
牧野英一．2001. 刑法总论（上卷）（重订版）．东京：有斐阁
牧野英一．2003. 日本刑法通义．陈承泽译．北京：中国政法大学出版社
内藤谦．1997. 刑法原论．东京：岩波书店
内藤谦．2002. 刑法讲义总论．东京：有斐阁
帕多瓦尼 R. 2004. 意大利刑法学原理（注评版）．陈忠林译评．北京：中国人民大学出版社
彭梵得 P. 2005. 罗马法教科书．黄风译．北京：中国政法大学出版社
彭文华．2005. 论阻却犯罪的违法性错误．政治与法律，(3)：105
平场安治．1952. 刑法总论讲义．东京：有斐阁
平场安治．1977. 关于犯罪论的体系．法曹时报，(9)：29
平山干子．2005. 不作为犯と正犯原理．东京：成文堂
平野龙一．1972. 刑法总论Ⅰ．东京：有斐阁
平野龙一．1975. 刑法总论Ⅱ．东京：有斐阁
平野龙一．1977. 刑法概说．东京：东京大学出版会
平野龙一．1980. 判例教材 刑法各论．东京：东京大学出版会

平野龙一．1981. 犯罪论的诸问题．东京：有斐阁
平野龙一．1982a. 犯罪论の诸问题（上）总论．东京：有斐阁．
平野龙一．1982b. 犯罪论の诸问题（下）各论．东京：有斐阁．
齐藤金作．1955. 共犯判例与共犯立法．东京：有斐阁
齐藤金作，内田一郎．1996. 刑法讲义．东京：成文堂
齐藤由纪．2009. 犯罪事实与构成要件．齐虹丽译．昆明理工大学学报（社会科学版），(3)：49～52
前田雅英．1999. 刑法各论讲义（第三版）．东京：东京大学出版会
前田雅英．2006. 刑法总论讲义（第四版）．东京：东京大学出版会
前田雅英．2011. 刑法总论讲义（第五版）．东京：东京大学出版会
浅田和茂．2007. 刑法总论（补正版）．东京：成文堂
桥本正博．2000. "行为支配论"正犯理论．东京：有斐阁
桥爪隆．2011. 日本正当防卫制度若干问题分析．江溯、李向阳译．武陵学刊，(4)：98
邱兴隆．2000. 关于惩罚的哲学——刑罚根据论．北京：法律出版社
泉二新熊．1939. 日本刑法论．东京：有斐阁
日本刑法学会．1973. 刑法讲座（第 4 卷）．东京：有斐阁
日高义博．2005. 违法性の基础理论．东京：成文堂
日高义博等．2006. 神山敏雄先生古稀祝贺论文集（第 1 卷）．东京：成文堂
三井诚．2007. 铃木茂嗣先生古稀祝贺论文集（上、下卷）．东京：成文堂
山本雅子．2007. 实质的犯罪论の考察．东京：成文堂
山口厚．1998. 问题探究 刑法总论．东京：有斐阁
山口厚．1999. 问题探究 刑法各论．东京：有斐阁
山口厚．2005a. 刑法．东京：有斐阁
山口厚．2005b. 刑法各论（补订版）．东京：有斐阁
山口厚．2007. 刑法总论（第二版）．东京：有斐阁
山口厚．2010. 犯罪论体系的意义与机能．付立庆译．中外法学，(1)：23～31
山口厚．2011. 刑法总论（第二版）．付立庆译．北京：中国人民大学出版社
山口厚，井田良，佐伯仁志．2001. 理论刑法学の最前线Ⅰ．东京：岩波书店
山口厚，井田良，佐伯仁志．2006. 理论刑法学の最前线Ⅱ．东京：岩波书店
山中敬一．2001. 中止未遂の研究．东京：成文堂
山中敬一．2005. 法学院讲义刑法总论．东京：成文堂
山中敬一．2008. 刑法总论（第二版）．东京：成文堂
神山敏雄．1994. 不作为をめぐる共犯论．成文堂
生田胜义．2002. 行为原理と刑事违法论．东京：信山社
守山正，安部哲夫．2008. 初学者刑事政策．东京：成文堂
斯库拉托夫等．2000. 俄罗斯联邦刑法典释义（上册）．黄道秀译．北京：中国政法大学出版社
斯特法尼 G 等．1998. 法国刑法总论精义．罗结珍译．北京：中国政法大学出版社
松宫孝明．2009. 刑法总论讲义（第四版）．东京：成文堂
松宫孝明．2013. 刑法总论讲义（第四版补正版）．钱叶六译．北京：中国人民大学出版社
松原芳博．2010a. 刑法总论专题研究（二）．王昭武译．河南省政法管理干部学院学报，(4)：126～142
松原芳博．2010b. 刑法总论专题研究（三）．王昭武译．河南省政法管理干部学院学报，(6)：112
松原久利．2006. 违法性の错误と违法性の意识の可能性．成文堂
孙逸舟．2010. 霍布斯、洛克、卢俊之社会契约理论解析．河北法学，(11)：184

特拉伊宁 A H. 1958. 犯罪构成的一般学说. 薛秉忠等译. 北京：中国人民大学出版社
藤本哲也. 2008. 刑事政策概论（全订第六版）. 东京：青林书院
藤木英雄，船山泰范. 2008. 刑法（第三版补订二版）. 东京：有斐阁
町田行男. 2005. 中止未遂の理论. 东京：现代人文社
町野朔. 1995. 刑法总论讲义案Ⅰ. 东京：信山社
町野朔. 1996. 刑法各论の现在. 东京：有斐阁
町野朔. 2003. 环境刑法の综合的研究. 东京：信山社
童德华. 2005. 外国刑法原论. 北京：北京大学出版社
团藤重光. 1981. 注释刑法（第2卷）. 东京：有斐阁
团藤重光. 1990. 刑法纲要各论（第三版）. 东京：创文社
团藤重光等. 1981. 泷川幸辰刑法著作集（第5卷）. 京都：世界思想社
王觐. 2005. 中华刑法论. 姚建龙勘校. 北京：中国方正出版社
王立峰. 2006. 康德的惩罚观：公正优先兼顾功利——读《法的形而上学原理》. 政法论坛，（5）：166～175
维诺格拉多夫 P. 2010. 中世纪欧洲的罗马法. 钟云龙译. 北京：中国政法大学出版社
韦尔策尔 H. 2012. 近百年的德意志刑法学理与目的行为论（1867—1966）. 蔡桂生译. 载：陈泽宪. 刑事法前沿（第6卷）. 北京：中国人民公安大学出版社
魏根特 T. 2006. 刑法未遂理论在德国的发展. 樊文译. 法学家，（4）：147
沃尔金 B П. 1983. 十八世纪法国社会思想的发展. 杨穆，金颖译. 北京：商务印书馆
西村克彦. 1998. 近代刑法の遗产（中）. 东京：信山社
西田典之. 2003. 新版共犯と身份. 东京：成文堂
西田典之. 2005. 刑法各论（第三版）. 东京：弘文堂
西田典之. 2006. 刑法总论. 东京：弘文堂
西田典之. 2013. 日本刑法总论（第二版）. 王昭武，刘明祥译. 北京：法律出版社
西田典之，山口厚. 2000. 刑法の争点（第三版）. 东京：有斐阁
西田典之等. 2001. 共同正犯论的课题与展望. 现代刑事法，（8）：12
西原春夫. 1993a. 刑法总论（上卷）（改订版）. 东京：成文堂
西原春夫. 1993b. 刑法总论（下卷）（改订准备版）. 东京：成文堂
西原春夫. 1998. 犯罪实行行为论. 东京：成文堂
西原春夫. 2006. 犯罪实行行为论. 戴波，江溯译. 北京：北京大学出版社
西原春夫. 2007. 构成要件的概念与构成要件的理论. 陈家林译. 法律科学，（5）：62～67
西原春夫. 2008. 刑法·儒学与亚洲和平——西原春夫教授在华演讲集. 济南：山东大学出版社
西原春夫先生古稀祝贺论文集编集委员会. 1998. 西原春夫先生古稀祝贺论文集（第2卷）. 东京：成文堂
夏目文雄，上野达彦. 1992. 犯罪概说. 东京：敬文堂
夏目文雄，上野达彦. 2004. 刑法学概说（总论）. 东京：敬文堂
香川达夫. 1995. 刑法讲义总论（第三版）. 东京：成文堂
小野清一郎. 1932. 刑法讲义（总论）. 东京：有斐阁
小野清一郎. 1942. 日本法理的自觉展开. 东京：有斐阁
小野清一郎. 1950. 新订刑法讲义总论（增订版）. 东京：有斐阁
小野清一郎. 1991. 犯罪构成要件理论. 王泰译. 北京：中国人民公安大学出版社
谢望原. 1999. 刑罚价值论. 北京：中国检察出版社
许迺曼. 1994. 刑法上故意与罪责之客观化. 郑昆山，许玉秀译. 台湾政大法学评论，（50）

许玉秀．2005. 当代刑法思潮．北京：中国民主法制出版社
许玉秀，陈志辉．2006. 不移不惑献身法与正义——许迺曼教授刑事法论文选辑．台北：公益信托春风煦日学术基金
雅科布斯 G. 1997. 行为 责任 刑法．冯军译．北京：中国政法大学出版社
雅科布斯 G. 2004. 刑法保护什么：法益还是规范适用．王世洲译．比较法研究，(1)
亚里士多德．1965. 政治学．吴寿彭译．北京：商务印书馆
杨兴培．2010. 检视罪刑法定原则在当前中国的命运境遇——兼论中国刑法理论的危机到来．华东政法大学学报，(1)：5
杨志国．2010. 德国犯罪论体系演变的现代西方哲学思潮背景．政治与法律，(7)：12
野村稔．1998. 刑法总论（补订版）．东京：成文堂
野村稔．2001. 刑法总论．全理其，何力译．北京：法律出版社
伊诺加莫娃-海格 Л В. 2010. 俄罗斯联邦刑法（总论）（第二版）．黄芳等译．北京：中国人民大学出版社
曾根威彦．2000. 刑法总论（第三版）．东京，弘文堂
曾根威彦．2001. 刑法各论（第三版）．东京：弘文堂
曾根威彦．2005a. 刑法の重要问题（总论）（第二版）．东京：成文堂
曾根威彦．2005b. 刑法学基础．黎宏译．北京：法律出版社
曾根威彦．2008. 刑法总论（第四版）．东京：弘文堂
曾根威彦．2013. 日本刑法理论的发展动向．徐宏译．载：赵秉志．刑法论丛（第 1 卷）．北京：法律出版社
曾根威彦，松原芳博．2008. 重点课题刑法总论．东京：成文堂
张灏．1980. 中国刑法理论及实用．台北：台湾三民书局股份有限公司
张宏生，谷春德．1990. 西方法律思想史．北京：北京大学出版社
张建军．2013. 论规范性要素明确性的困境与出路．法学论坛，(3)：73～74
张丽卿．2001. 刑法总则理论与运用．自发行
张明楷．2000. 法益初论．北京：中国政法大学出版社
张明楷．2002. 刑法的基本立场．北京：中国法制出版社
张明楷．2007. 外国刑法纲要（第二版）．北京：清华大学出版社
张明楷．2011. 刑法学（第四版）．北京：法律出版社
张卫平，邱兴隆．1986. 费尔巴哈早期刑法思想剖析．外国法学研究，(1)：20～27
赵秉志．2000. 外国刑法原理（大陆法系）．北京：中国人民大学出版社
赵秉志．2006. 略论刑法的机能．北京联合大学学报（人文社会科学版），(2)：65～72
赵秉志．2008. 论不能犯与不能犯未遂问题．北方法学，(1)：72～86
赵秉志，彭文华．2011. 文化模式与犯罪构成模式．法学研究，(5)：96～109
正田满三郎．1979. 刑法体系总论．东京：良书普及会
郑健才．1982. 刑法总则．台北：三民书局
中国人民大学刑法教研室．1955. 苏维埃刑法论文选译（第 1 辑）．北京：中国人民大学出版社
中森喜彦．1996. 刑法各论（第二版）．东京：有斐阁
中山研一．1981. 牧野英一的刑法理论——刑法解释论．甘雨沛译．国外法学，(5)：17～23
中山研一．1982. 刑法总论．东京：成文堂
中山研一．2005. 口述刑法总论．东京：成文堂
中野次雄．1992. 刑法总论概要．东京：成文堂
周振杰．2011. 日本现代刑法思想的形成．载：陈兴良．刑事法评论（第 2 卷）．北京：北京大学出版社

朱利江．2010. 普遍管辖国内立法近期发展态势．环球法律评论，(1)：144
竹田直平．1990. 刑法与现代法秩序．东京：成文堂
庄子邦雄．1994. 近代刑法思想史研究．东京：NTT 出版
庄子邦雄．1996. 刑法总论（第三版）．东京：青林书院新社
庄子邦雄．2010. 近代刑法思想史序说——费尔巴哈和刑法思想史的近代化．李希同译．北京：中国检察出版社
宗冈嗣郎．2007. 犯罪论と法哲学．东京：成文堂
佐伯千仞．1981a. 四订刑法讲义（总论）．东京：有斐阁
佐伯千仞．1981b. 刑法讲义（总论）．东京：有斐阁
佐伯仁志，道垣内弘人．2001. 刑法と民法の对话．东京：有斐阁
佐久间修．1997. 刑法讲义（总论）．东京：成文堂
Baumann，Weber，Mitsch. 2003. Strafrecht Allgemeiner Teil（11. Auflage）. Bielefeld：Verlag Ernst und Werner Gieseking
Beling. 1906. Die Lehre vom Verbrechen（2. Auflage）. Köln：Scientia
Jescheck H H，Weigend T. 1996. Lehrbuch des Strafrechts Allgemeiner Teil（5. Auflage）. Berlin：Drucker & Humblot
Lenckner T. 1968. Wertausfüllungsbedürftige Begriffe im Strafrecht und der Satz nullum crimen sine lege. JuS，(6)
Mayer M E. 1915. Der Allgemeine Teil Des Deutschen Strafrechts. Heidelberg：C. Winter
Naucke W. 1973. über Generalklauseln und Rechtsanwendung im Strafrecht. Tübingen：J. C. B. Mohr
Otto H. 2004. Grundkurs Strafrecht：Allgemeine Strafrechtslehre（7. Auflage）. Berlin：De Gruyter Rechtswissenschaft Verlag
Roxin C. 2006. Strafrecht Allgemeiner Teil Band Ⅰ（4. Auflage）. München：Verlag C. H. Beck
Stratenwerth G，Kuhlen L. 2011. Strafrecht Allgemeiner Teil：Die strafat（6. Auflage）. München：Verlag Franz Vahlen
Welzel H. 1935. Naturalismus und Wertphilosophie im Strafrecht. Berlin：Deutsches Druck- und Verlags-Haus
Welzel H. 1969. Das Deutsche Strafrecht（Elfte neubearbeitete und erweiterte Auflage）. Berlin：Walter de Gruyter & Co.
Wessels，Beulke. 2010. Strafrecht Allgemeiner Teil：Die Straftat und ihr Aufbau（40. Auflage）. Hamburg：C. F. Müller

附录一　德国刑法学者师承关系图①

- Bennecke
  - Ernst Beling（1866~1933）
    - Edmund Mezger（1884~1962）
    - Eduard Kern（1887~1972）
      - Wilhelm Class（1901~1973）
        - Wolfgang Preiser（1903~　）
          - Klaus Lüderssen（1932~　）
        - Güntern Spendel（1922~　）
      - H. H. Jescheck（1915~　）
        - Theo Vogler（1929~　）
        - Rudolf Leibinger（1928~　）
        - Joachim Herrmann（1933~　）
        - Reinhard Moos（1932~　）
        - Otto Triffterer（1931~　）
        - Justus Krümpelmann（1935~　）
        - Wolfgang Heinz（1942~　）
        - Jürgen Meyer（1936~　）
        - Gerhardt Grebing（1942~　）
        - Peter Hünerfeld（1938~　）
      - Eberhard Schmidhäuser（1920~　）
        - Heinz Wagner（1937~　）
        - Winrich Langer（1939~　）

- Albert Coenders（1883~1963）
  - Karl Peters（1904~　）
    - Jürgen Baumann（1922~　）
      - Udo Arzt（1936~　）
      - Ulrich Weber（1934~　）
      - Gerhard Fezer（1938~　）
    - Klaus Tiedemann（1938~　）

- Germann
  - Peter Noll（1926~　）

① 参见王荣圣：《刑法上危险概念之研究——以“构成要件理论”为中心》附录三《德国刑法学者师承系统图》，http://ndltd. ncl. edu. tw/cgi-bin/gs32/gsweb. cgi/ccd=5irkCk/record? r1=2&h1=1。

Franz v.Liszt（1851~1919）

- Robert v.Hippel（1866~1951）
  - Richard Honig（1890~1981）
  - Friedrich Schaffstein（1905~　）
    - Gerald Grünwald（1929 ~　）
      - Erich Samson
      - Friedrich Dencker（1942 ~　）
    - Olaf Miehe（1935~　）
- Ottokar Tesar（1881~1965）
- Gustav Radbruch（1878~1949）
  - Georg Dahm（1904~1963）
  - Arthur Kaufmann（1923~2001）
    - Joachim Hruschka（1935~　）
    - Winfried Hassemer（1940~　）
    - Fritjof Haft（1940~　）
    - Leonhard Backmann（1938~　）
    - Michael Marx（1940~　）
- zu Dohna（　~1944）
  - Wilhelm Sauer（1879~1962）
    - Horst Schröder（1913~1973）
      - Walter Stree（1923~　）
        - Wilfried Küper（1939 ~　）
      - Karl Lenckner（1917~　）
      - Peter Cramer（1932~　）
      - Albin Eser（1935~　）
  - Erik Wolf（1902~　）
    - Karl Alfred Hall（1906~1974）
      - Erich Hupe（1932~　）
    - Thomas Wütenberger（1907 ~　）
      - Heinz Müller-Dietz（1931 ~　）
      - Diethelm Kienapfel（1935~　）
      - Rüdiger Herren（1931 ~　）
    - Werner Maihofer（1918~　）
      - Lothar Philipps（1934~）
      - Otto Backes（1936~　）
      - Ralf-Peter Calliess（1935~　）
- Kohlrausch（1874~1948）
  - Wegner

        - Dietrich Oehler（1915~　）
          - Rolf Dietrich Herzberg（1940~　）
    - Wilhelm Gallas（1903~　）
      - Ernst Amadeus Wolff（1928~　）
      - Manfred Maiwald（1939~　）
      - Jürgen Welp（1936~　）
    - Richard Lange（1906~　）
      - Heinz-Günter Warda（1926~　）
        - Volker Krey（1940~　）
      - Heribert Waider（1917~　）
      - Reinhard v.Hippel（1931~　）
    - Paul Bockelmann（1908~　）
      - Günter Bemmann（1927~　）
      - Detlev Krauß（1934~　）
      - Klaus Volk（1944~　）
    - Adolf Schönke（1908~1953）
      - Gerhard Kielwein（1922~　）
        - Hans Heiner Kühne（1943~　）
        - Hans Heike Jung（1942~　）
- Eberhard Schmidt（1891~1977）
  - Rudolf Sieverts（1903~　）
    - Werner Hardwig（1907~　）
    - Horst Schüler-Springorum（1928~　）
      - Hans-Dieter Schwind（1936~　）
      - Arthur Kreuzer（1938~　）
    - Anne-Eva Brauneck（1910~　）
      - H.Otto（1937~　）
      - Stephan Quensel（1936~　）
    - Herbert Jäger（1928~　）
      - Pcter Thoss（1937~　）
    - Hans Joachim Schneider（1928~　）
  - Georg Schwalm（1905~　）
  - Werner Niese（1905~1963）
    - Rudolf Schmitt（1922~　）
      - Klaus B.Geppert（1941~　）
    - Ernst-Joachim Lampe（1933~　）
- Ernst Heinrich Rosenfeld（1869~1952）
  - Karl Siegert（1901~　）

- Adolf Merkel（1836~1896）
  - Moritz Liepmann（1869~1928）
    - Max Grünhut（1893~1964）
      - Erich Schwinge（1903~ ）
        - Ernst-Walter Hanack（1929~ ）
          - Udo Ebert（1940~ ）
          - Klaus Rolinski（1927~ ）
    - Ernst Heinitz（1902~ ）
      - Günter Less（1904~ ）

- P.J.A. Mittermaier（1867~1956）
  - Karl Engisch（1899~1990）
    - Ulrich Klug（1913~ ）
      - Günter Kohlmann（1933~ ）
      - Herbert Fiedler（1929~ ）
  - Hans v.Hentig（1887~1974）

- Johannes Nagler（1876~1951）
  - Reinhart Maurach（1902~1976）
    - Hermann Blei（1929~ ）
      - Giehring（1940~ ）
    - Heinz Zipf（1939~ ）
    - Horst Schröder（1913~1973）
    - Karl Heinz Gössel（1932~ ）
    - Martin Fincke（1937~ ）
  - Dietrich Lang-Hinrichsen（1902~1975）

- Oetker（ ~1973）
  - Hellmuth Mayer（1895~?）
    - Friedrich Geerds（1925~ ）
    - Wolfgang Naucke（1933~ ）
    - Joachim Hellmer（1925~ ）
    - Friedrich Wilhelm Krause（1920~ ）

- Rittler
  - Armand Mergen（1919~　）
    - Martin Gschwind（1919~　）

- R.Schmidt
  - Hellmuth v.Weber（1893~1970）
    - Hilde Kaufmann (1920~　)
      - Helmut Marquardt
  - Richard Busch（1893~?）
  - Ulrich Stock（1896~1974）
  - Gotthold Bohne（1890~1958）
    - Hans Welzel（1904~1977）
      - Stratenwerth（1924~　）
      - Armin Kaufmann（1922~　）
        - Eckhard Horn（1938~　）
        - Georg Schilling（1936~　）
      - Gerd Geilen（1931~　）
        - Klaus Ulsenheimer（1940~　）
      - Hans Joachim Hirsch（1929~　）
      - Günter Jakobs（1937~　）
      - Hinrich Rüping（1942~　）
      - Hans-Ludwig Schreiber（1933~　）
        - Fritz Loos（1939~　）
    - Gottfried Boldt（1906~1957）
    - Walter Sax（1912~　）

- K.Schneider
  - Hans Göppinger（1919~　）
    - Günther Kaiser（1928~　）
      - Josef Kürzinger（1940~　）
    - Ulrich Eisenberg（1939~　）
    - Heinz Schöch（1940~　）
    - Hans-Jürgen Kerner（1924~　）
  - Heinz Leferenz（1913~　）
    - Siegfried W.Engel（1943~　）

Baumgarten

Heimberger

Freudenthal(　~1920)

- → Heinrich Henekl（1903~　）
  - → Hans-Jürgen Bruns（1908~　）
    - → Werner Schmid（1927~　）
    - → Wolfgang Frisch（1943~　）
  - → Claus Roxin（1931~　）
    - → Hans-Joachim Rudolphi（1934~　）
    - → Bernhard Haffke（1943~　）
    - → Bernd Schünemann（1944~　）
    - → Knut Amelung（1939~　）
    - → Hans Achenbach（1941~　）

附录二　第二次世界大战后日本刑法学者师承关系图[①]

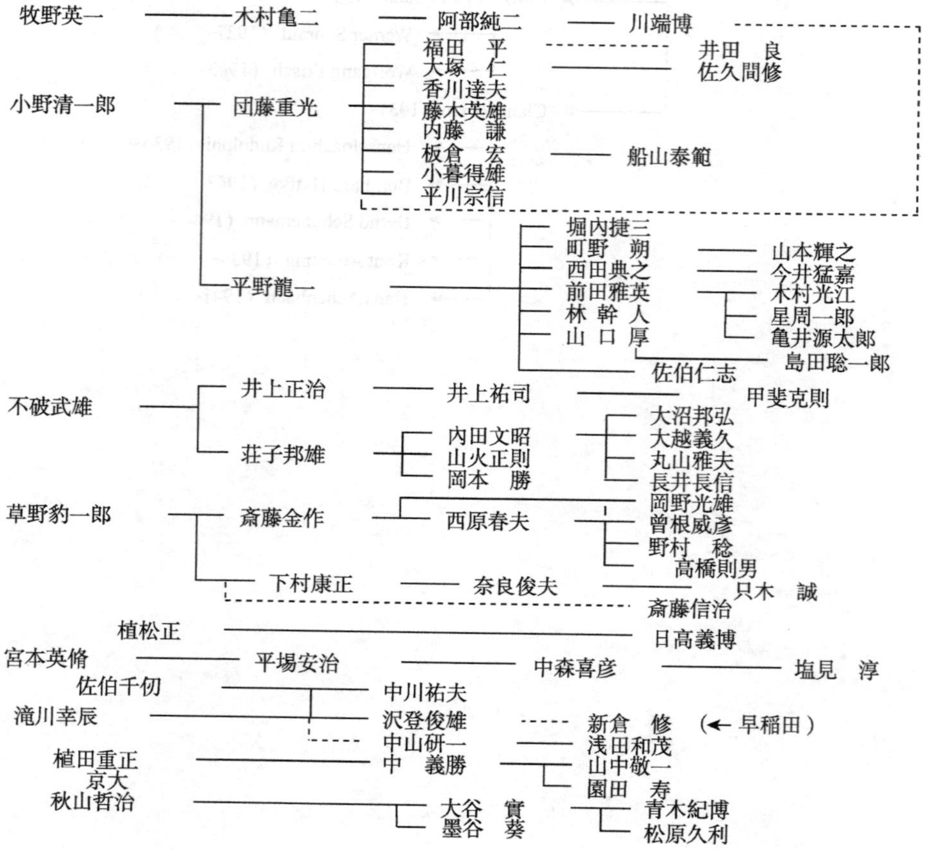

---

① 〔日〕前田雅英：《刑法理论和实务：过失犯论》，http://www.itojuku.co.jp/stream/shihou/pdf/020920.pdf。

后　记

无论东方还是西方，关于刑法的文字记载，古已有之。但是，刑法学成为一门相对独立的法律科学，严格地说，是在18世纪欧洲资产阶级革命时期才出现的。中华文明上下几千年，虽然法律文化发达，但中国古代的立法传统却是诸法合体。直至清末修律借鉴大陆法系刑法理论和立法实践，中国近代的刑法才由此产生。当代中国刑法学，萌芽于新民主主义革命时期，创建于中华人民共和国成立之后。新中国虽然已经积累了六十余年的刑事立法和司法实践经验，但是对于刑法理论的研究却相对薄弱。我们认为，研究中国刑法学，不能顾影自怜、故步自封，而要善于吸取古今中外一切文明成果。西方大陆法系刑法学经过两百多年的历史积淀，硕果累累，其中诸多刑法文明成果如罪刑法定原则等，已为中国刑法所借鉴和采纳。可见，全面、系统、深入地学习和研究外国刑法理论是十分必要的。我们应当结合外国刑事立法和司法实践，科学分析其刑法理论的优点与不足，并立足中国的国情，对外国刑法理论予以合理扬弃，做到“洋为中用”。只有这样，才能在坚定道路自信、理论自信、制度自信的同时，更好地发展和完善中国刑法理论。这也正是本书写作的缘起。

在关于刑法的学习、教学和科研活动中，笔者一直关注外国刑法理论的最新进展。在武汉大学师从李希慧教授攻读刑法学博士期间，恩师嘱我关注外国刑法理论，并将我的博士学位论文选题确定为《论中止犯》，虽然后来因种种原因被迫改变选题，致使笔者研习外国刑法学的计划一度被搁置，却促使我迈出了探究德日刑法的关键一步。2011年笔者赴北京师范大学跟随赵秉志教授开展博士后合作研究，有幸以德日阶层式犯罪论体系为研究选题，北京师范大学刑事法律科学研究院的卢建平教授、张远煌教授、宋英辉教授、刘志伟教授、王秀梅教授、王志祥教授、左坚卫教授、阴建峰教授等诸位老师给我提出了宝贵的建议，武汉大学法学院康均心教授、陈家林教授、中南财经政法大学刑事司法学院童德华教授热情提供了大量外文资料，为我完成夙愿增添了信心和勇气。其间，笔者还有幸当面聆听高铭暄先生的教诲，先生高屋建瓴，高瞻远瞩，指出要有迎难而上的精神，要将中国刑法学置于世界历史与现实的坐标之中来研究，充分展示了先生宽广的胸怀和宏大的气魄。仰仗前辈和老师们的提携，加之数年来给博士、硕士研究生讲授《欧陆日本刑法学》的感悟，我在学生们的鼓动和要求下，决心撰写此书。

我要特别感谢我指导的博士生张娟、雷志春、李俊、李蕾和硕士生陈勇、范津、徐瑜、万鹏、王培、谢良、贺欢、栾洁、方颖、李阳、任远迪、张希鹏、李毓静、周婷、石珍、孙楠、王晓艳、丁伟伟、潘杏琼、杨佳彬、谈绪军、李琴、黄子耘、邹莹莹、操文卿、夏俊、龚善军、段军霞、彭爱民、刘仕华、余雪飞等同学，还有虽非我直接指导，但曾经修过我的课，或者参与过我所主持的课题的同学，如向宏明、李美福、徐东、石玲、吕晚霞、刘春阳、马勇等同学，他们有的在课堂提问中启发我，有的在课后帮助收集资料、翻译文献、校对文稿，有的甚至参与撰写有关章节。可以说，没有他们的付出和努力，本书就不可能如此之快地面世。

感谢科学出版社财务总监石强先生的推介！感谢责任编辑籍达心女士和责任校对徐榕榕女士的辛勤工作！记得笔者2012年将百万余字的初稿交给编辑时，却被告知必须删减至80万字，当时那个心痛的感觉，至今记忆犹新。但删稿令不啻一声棒喝，我转念悟出车舟歧于燕吴，裘葛分于寒燠，非有优劣，适者宜矣，乃得释怀。又忆及当年马克昌先生在为拙作《渎职罪构成研究》作序时，曾引庄子名言阐发厚积薄发的道理，更促使我大刀阔斧，删繁就简，于是形成眼前的规模。然而，字数虽已减少，质量未必提高，且囿于学识和水平，仓促之间难免误删，致使详略失当，乃至文是而意非。疏漏之处，敬请读者诸君不吝郢正！

本书系在华中科技大学"教学质量工程"精品教材第四批立项项目"外国刑法总论（大陆法系）"结项成果的基础上修改完善而成的。本书在写作过程中得到了华中科技大学教务处、人文社科处、研究生院、法学院以及法律与公共政策研究院的大力支持，并于2011年获华中科技大学自主创新研究基金（人文社科）立项（项目批号：2011WC043）。本书出版获华中科技大学2010年教材建设基金、2012年研究生教改基金和中央高校基本科研业务费资助，并被纳入湖北省财政厅宣传文化发展专项经费资助范围。在此，笔者向各级财政部门、学校有关管理机构以及法学院和法律与公共政策研究院的同仁表示衷心的感谢！

为了慰勉末学，学界泰斗高铭暄先生亲自为本书作序，笔者感激之余，非但毫无完稿后的如释重负，反而如荆在脊。我当以此时刻警示自己，不待扬鞭，自应奋蹄！

贾济东

2013年6月于武昌喻家山麓